Frank Sackenheim

Astronomie

Der Praxisguide für die Himmelsbeobachtung

Rheinwerk
Computing

Liebe Leserin, lieber Leser,

erinnern Sie sich noch an das erste Mal, als Sie bewusst in einen *wirklich dunklen* Nachthimmel geblickt haben? Vielleicht konnten Sie sogar die Milchstraße erkennen und Ihnen wurde zum ersten Mal bewusst, in was für einem gewaltigen Universum wir uns befinden. Wer einmal von der Faszination des Kosmos gepackt wurde, will bald mehr: mehr verstehen, mehr beobachten und noch tiefer eintauchen.

Dafür braucht es keineswegs riesige Weltraumteleskope oder millionenschwere Forschungsstationen. Ein klarer Himmel, das nötige Wissen und etwas technisches Geschick genügen am Anfang schon, um faszinierende Phänomene zu beobachten. Und wenn Sie erst beginnen, Ausrüstung zu nutzen, die sie selbst konstruiert haben, verwandelt sich die Amateur-Astronomie bald in ein unvergleichbar bereicherndes Hobby. Genau das ist der Ansatz dieses Buches: selbst sehen, selbst verstehen, selbst machen.

Unser Autor Frank Sackenheim hat seine eigene Begeisterung für die Astronomie in jede Zeile einfließen lassen. Er führt Sie Schritt für Schritt in die Himmelsbeobachtung ein: von der ersten Nacht unter den Sternen über die Wahl des passenden Teleskops bis hin zu spannenden Praxisprojekten. Ob selbst gebautes Sky-Quality-Meter, AllSky-Kamera, eigenes Spektroskop oder Startracker für beeindruckende Langzeitbelichtungen – dieses Buch verbindet fundiertes astronomisches Wissen mit echtem Tüftlergeist und begleitet Sie sogar sicher bei Ihren ersten Schritten in der Astrofotografie.

Zum Schluss noch ein Hinweis in eigener Sache: Dieses Buch wurde mit großer Sorgfalt geprüft und produziert. Sollten Sie dennoch Fehler entdecken oder Anregungen haben, schreiben Sie mir gerne. Ich freue mich auf den Austausch mit Ihnen.

Und nun wünsche ich Ihnen viel Freude auf Ihrer Reise zu den Sternen – und stets klare Nächte!

Ihr Felix Jüstel
Lektorat Rheinwerk Computing

felix.juestel@rheinwerk-verlag.de
www.rheinwerk-verlag.de
Rheinwerk Verlag • Rheinwerkallee 4 • 53227 Bonn

Auf einen Blick

Wir hoffen, dass Sie Freude an diesem Buch haben und sich Ihre Erwartungen erfüllen. Falls Sie Anregungen, Wünsche und Kommentare haben, lassen Sie es uns wissen: **service@rheinwerk-verlag.de**.

Informationen zu unserem Verlag und Kontaktmöglichkeiten finden Sie auf unserer Verlagswebsite **www.rheinwerk-verlag.de**. Dort können Sie sich auch umfassend über unser aktuelles Programm informieren und unsere Bücher und E-Books bestellen.

Autor Frank Sackenheim
Fachgutachter Uwe Post
Lektorat Felix Jüstel
Copy-Editing Roman Lehnhof, Berlin
Typografie & Layout Vera Brauner
Satz SatzPro, Krefeld
Herstellung Stefanie Häb
Covergestaltung Bastian Illerhaus
Coverbild istock: 1345648112 © Oscar Gutierrez Zozulia
Druck mediaprint solutions, Paderborn

PEFC
PEFC/04-31-0810

Dieses Buch wurde auf PEFC-zertifiziertem Papier gedruckt.
Hergestellt in Deutschland.

Bibliografische Information der Deutschen Nationalbibliothek:
Die Deutsche Nationalbibliothek verzeichnet diese Publikation in der Deutschen Nationalbibliografie; detaillierte bibliografische Daten sind im Internet über *http://dnb.dnb.de* abrufbar.

ISBN 978-3-367-10881-7

1. Auflage 2026

Rheinwerk Verlag GmbH • Rheinwerkallee 4 • 53227 Bonn
service@rheinwerk-verlag.de

Inhalt

Einleitung

Jedem Anfang wohnt ein Zauber inne – so schrieb Hermann Hesse. Sie stehen nun am Anfang eines faszinierenden Hobbys: der Beobachtung des Nachthimmels und dem Verstehen astronomischer Zusammenhänge.

Der Sternenhimmel hat die Menschheit seit jeher fasziniert. Unsere frühesten Vorfahren blickten staunend in die Nacht, völlig frei von künstlichem Störlicht. Einen solch ungetrübten Blick auf die Sterne finden wir heute nur noch in entlegenen Wüsten oder auf hoher See. Was mussten die frühen Menschen wohl empfunden haben, als sie den Mond in seinen Phasen sahen oder das plötzliche Aufblitzen eines Meteors? Wahrscheinlich hielten sie höhere Wesen für diese Erscheinungen verantwortlich.

Archäologische Funde zeigen jedoch, dass bereits Jahrtausende vor Christus Menschen den Himmel systematisch beobachteten. Die Himmelsscheibe von Nebra oder die Steinkreise von Stonehenge sind eindeutige Zeugnisse früher astronomischer Studien. Später wurden die Bewegungen der Gestirne genutzt, um Kalender zu erstellen, Saat- und Erntezeiten zu bestimmen und die Orientierung zu erleichtern.

Abbildung 0.1: Die Himmelsscheibe von Nebra aus der Bronzezeit. Quelle: WFS.Berlin: https://commons.wikimedia.org/wiki/File:Himmelsscheibe.Nebra.vorne.P1034154.jpg

In der Antike widmeten sich Gelehrte wie Aristoteles, Ptolemäus, Hipparch und Pythagoras der Erforschung des Himmels. Sie entwickelten Theorien, die natürliche Erklärungen für Himmelsphänomene lieferten und sich von religiösen Vorstellungen abgrenzten. Dabei waren es diese Gelehrten, die das geozentrische Weltbild entwarfen, demzufolge die Erde im Zentrum des Universums stand. Dieses Modell dominierte bis ins Mittelalter. Auch in anderen Kulturen wurde Astronomie betrieben, etwa im Islam und im alten China. Noch heute verwenden wir Sternnamen wie *Denebola* oder *Altair*, deren Namen aus dem Arabischen stammen' und durch die islamische Astronomie des Mittelalters überliefert wurden.

Im Mittelalter wurde das wissenschaftliche Denken von gegensätzlichen Faktoren geprägt. Während kirchliche Institutionen in einigen Fällen den Fortschritt hemmten, förderten sie an anderen Stellen die Wissenschaft, etwa durch die Gründung von Universitäten. Astronomische Forschung wurde weiterhin betrieben, insbesondere in der islamischen Welt und später in europäischen Klöstern. Dennoch blieb das geozentrische Weltbild lange bestehen, da es mit theologischen Vorstellungen im Einklang stand.

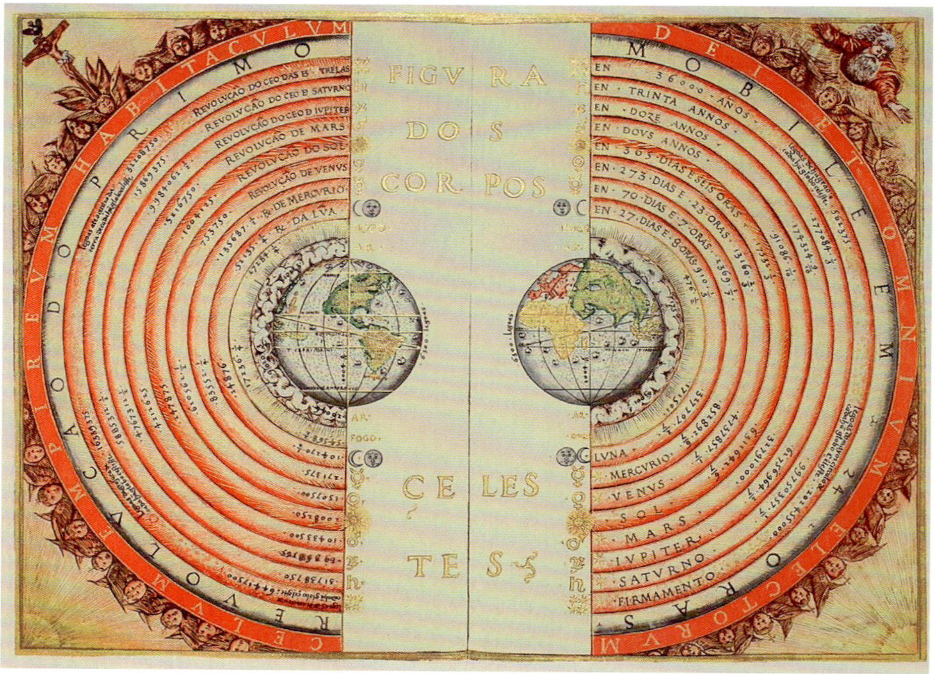

Abbildung 0.2: Das geozentrische Weltbild setzte die Erde in den Mittelpunkt des Universums. Quelle: https://commons.wikimedia.org/wiki/File:Bartolomeu_Velho_1568.jpg

Erst in der Renaissance erlebte die Astronomie eine Wiedergeburt. Nikolaus Kopernikus stellte im 16. Jahrhundert das heliozentrische Weltbild auf, das Galileo Galilei mit dem neu erfundenen Teleskop bestätigte. Seine Beobachtung der vier großen Jupitermonde lieferte den Beweis, dass nicht alle Himmelskörper um die Erde kreisten. Johannes Kepler präzisierte dieses Modell und zeigte, dass sich die Planeten in Ellipsen um die Sonne bewegen – die Geburt der modernen Astronomie!

Die Astronomie ist als Wissenschaft einzigartig, weil sie weitgehend auf der Beobachtung basiert. Experimente im Labor sind kaum möglich. Daher treiben Wissenschaftler und Wissenschaftlerinnen die Entwicklung immer leistungsfähigerer Teleskope und Messinstrumente voran. Heute können wir Planeten fremder Sonnen nachweisen und sogar das erste Bild eines schwarzen Lochs aufnehmen.

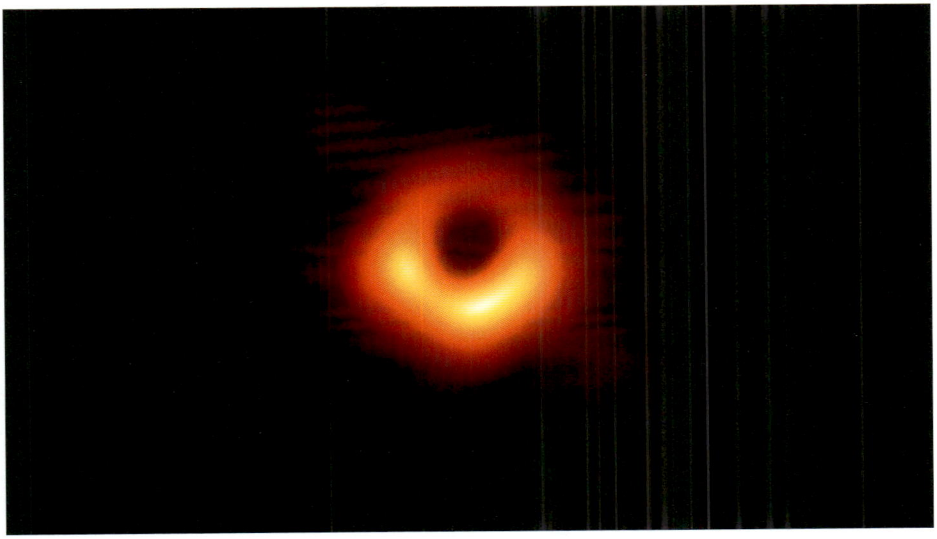

Abbildung 0.3: Das erste Bild eines schwarzen Lochs in der Galaxie Messier 87.
Quelle: ESO, CC BY 4.0 www.eso.org/public/images/eso1907a

Viele dieser Beobachtungen können auch Hobby-Astronomen nachempfinden. Mit Teleskopen und Kameras erkunden Amateurastronomen den Himmel und beobachten und fotografieren Gasnebel, Planeten und ferne Galaxien. In diesem Buch nehme ich Sie mit auf eine Reise durch die Welt der Astronomie. Sie lernen, den Sternenhimmel zu beobachten – mit bloßem Auge, Teleskop und Kamera. Sie werden Sternbilder erkennen, Galaxien und Nebel aufspüren, den Mond und die Planeten beobachten und fotografieren.

Menschen, die sich für den Weltraum interessieren, haben nicht selten ein allgemeines wissenschaftliches beziehungsweise technisches Interesse. In diesem Buch geht es daher auch um die Technik hinter der Astronomie.

Sie werden einfache Computerprogramme schreiben, um zum Beispiel die Mondphasen zu berechnen. Außerdem bauen Sie eine Kamera, mit der Sie den Himmel überwachen und dabei unter anderem Meteore oder Polarlichter erfassen können.

Ein weiterer Aspekt dieses Buches ist die elektronisch assistierte Astronomie (EAA), die in den letzten Jahren stark an Popularität gewonnen hat. Darunter versteht man die Beobachtung astronomischer Objekte mithilfe von Teleskopen, Digitalkameras und spezieller Software.

Viele bedeutende Astronomen haben nicht nur durch ihre Theorien und Beobachtungen zur Astronomie beigetragen – oft haben sie auch ihre Beobachtungsinstrumente selbst gebaut. Auch dazu möchte ich Sie in diesem Buch inspirieren: den Bau Ihrer eigenen Beobachtungsinstrumente.

Ich wünsche Ihnen viel Freude mit Ihrem neuen Hobby – der Astronomie!

Kapitel 1
Die erste Nacht unter dem Sternenhimmel

Bevor Sie sich das erste Mal bewusst dem Sternenhimmel widmen, möchte ich Ihnen einige hilfreiche Tipps mit auf den Weg geben. In diesem Kapitel lernen Sie, sich auf Ihre nächtlichen Exkursionen vorzubereiten und sich am Nachthimmel zu orientieren.

Viele von uns haben vermutlich in der Kindheit zum ersten Mal bewusst den Sternenhimmel wahrgenommen. Bei mir waren es die lauen Sommerabende beim Grillen mit meinen Eltern, an denen wir zu später Stunde in den Himmel blickten – und manchmal sogar das Band der Milchstraße sahen. Ich hatte das Glück, in einer ländlichen Gegend aufzuwachsen, wo die Nächte noch dunkel waren. Menschen in Städten haben dieses Glück oft nicht. Aufgrund der starken Lichtverschmutzung bleibt ihnen der Anblick eines wirklich dunklen, mit Sternen übersäten Himmels häufig verwehrt. Wer in einer Metropole wie Shanghai oder New York aufwächst, hat vielleicht sein Leben lang nur die hellsten Sterne und den Mond gesehen – aber nie die Sternbilder oder gar die Milchstraße.

Vielleicht sind Sie zum ersten Mal im Urlaub über einen atemberaubenden Sternenhimmel gestolpert – im Alpenraum, am Mittelmeer oder sogar in noch entlegeneren Gegenden wie Afrika oder dem Westen der USA. Irgendeine Verbindung zu den Sternen haben Sie sicherlich, sonst würden Sie dieses Buch nicht lesen. Doch um den Sternenhimmel nicht nur zu bestaunen, sondern ihn bewusst zu beobachten und selbst zu erforschen, braucht es etwas Vorbereitung.

Zunächst werden wir gemeinsam den Nachthimmel mit bloßem Auge beobachten. Auch wenn dieses Buch einen klaren technischen Schwerpunkt hat, halte ich es für unverzichtbar, dass Sie sich zuerst ohne jegliche Hilfsmittel am Himmel orientieren können. Der Nachthimmel ist für Sie möglicherweise eine völlig unbekannte Landschaft – eine, die Sie zunächst mit all Ihren Sinnen wahrnehmen sollten.

In diesem ersten Kapitel lernen Sie, einen geeigneten Ort für die Himmelsbeobachtung zu finden. Sie erfahren, wann die besten Zeiten für die Sternbeobachtung sind und wie Sie sich auf Ihre erste Beobachtungsnacht vorbereiten können. Anschließend lernen Sie, sich am Himmel zu orientieren: vom Großen Wagen über den Polarstern bis hin zu den bekanntesten Sternbildern, die das ganze Jahr über sichtbar sind. Danach werfen wir einen Blick auf die Highlights der jeweiligen Jahreszeiten und darauf, welche Sternbilder im Frühjahr, Sommer, Herbst und Winter besonders auffallen. Außerdem erfahren Sie, wann die Milchstraße am besten sichtbar ist. Am Ende dieses Kapitels werden Sie bereits über eine solide Orientierung am Sternenhimmel verfügen.

1.1 Bereiten Sie sich vor

Bevor Sie den Sternenhimmel genießen, sollten Sie sich überlegen, wo Sie die besten Bedingungen dafür finden. Wenn Sie in einer ländlichen Gegend leben, weit entfernt von Straßenlaternen und städtischem Licht, haben Sie großes Glück. Dann reicht es, auf die Terrasse oder in den eigenen Garten zu treten. Die meisten Menschen wohnen jedoch in einer mehr oder weniger besiedelten Region und müssen einen gewissen Weg auf sich nehmen, um der Lichtverschmutzung zu entfliehen.

Ein hilfreiches Werkzeug für die Suche nach dunklen Beobachtungsplätzen ist die interaktive Weltkarte zur Lichtverschmutzung. Die *Light Pollution Map* finden Sie unter *www.lightpollutionmap.info* (siehe Abbildung 1.1). Dort können Sie Ihren Standort eingeben und herausfinden, wie stark die Lichtverschmutzung in Ihrer Umgebung ist.

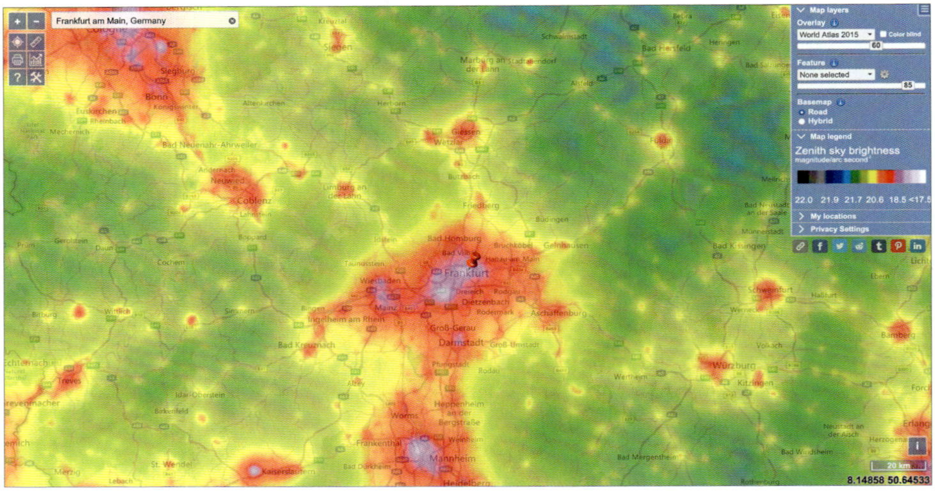

Abbildung 1.1: Lichtverschmutzung im Großraum Frankfurt am Main

Die Farbkodierung reicht von Schwarz (beste Bedingungen) über Grau, Blau, Grün und Gelb bis hin zu Rot und Violett. Weiße Zonen kennzeichnen Gebiete mit maximaler Lichtverschmutzung, wie sie in großen Metropolen vorkommen. Ich werde in Kapitel 3 genauer auf die Bedeutung der angegebenen Messwerte eingehen.

1.1.1 Wie weit muss ich fahren?

Um Sternbilder und vielleicht sogar die Milchstraße sehen zu können, sollten Sie mindestens eine grüne oder gelbe Zone aufsuchen. Meiner Erfahrung nach ist es von jeder deutschen Großstadt aus möglich, innerhalb von etwa 30 Autominuten eine grüne oder zumindest gelbe Region zu erreichen. Die besonders dunklen blauen Zonen sind hingegen selten geworden. Sie finden sich vor allem in Brandenburg, im Bayerischen Wald oder in den Alpenregionen nahe der österreichischen und Schweizer Grenze.

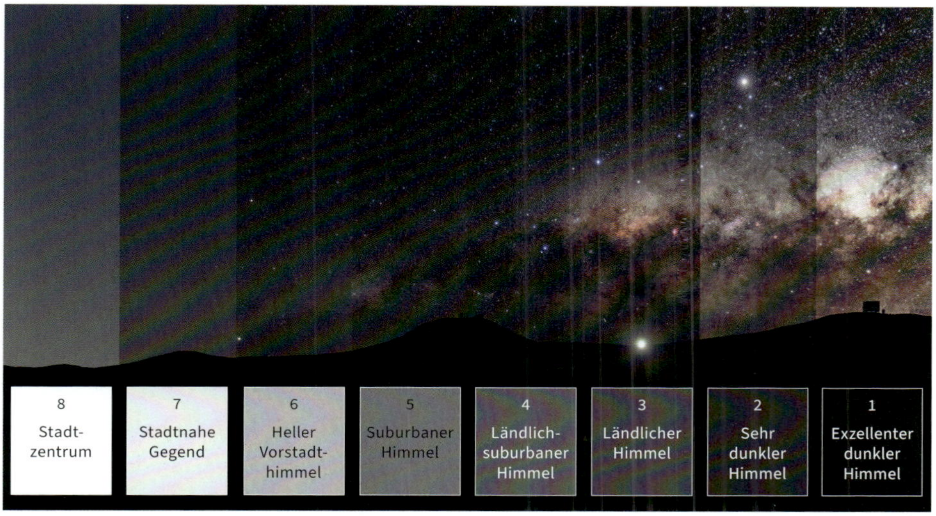

Abbildung 1.2: Der Nachthimmel unter verschiedenen Lichtbedingungen.
Quelle: ESO/P. Horálek, M. Wallner, CC BY 4.0: https://commons.wikimedia.org/wiki/File:How_light_pollution_affects_the_dark_night_skies_(dark-skies)_(flipped_left-right).jpg

1.1.2 Höhe und Wetterbedingungen

Neben der Lichtverschmutzung spielt auch die Höhe Ihres Beobachtungsplatzes eine Rolle. Je höher Sie sich befinden, desto weniger Atmosphäre liegt zwischen Ihnen und den Sternen. Dadurch werden störende Partikel wie Staub und Aerosole reduziert, was die Sicht verbessert. Allerdings müssen Sie sich für einen spürbaren Effekt schon auf hohe Gipfel begeben. Auch Mittelgebirge bieten jedoch Vorteile: Sie haben oft eine freie Rundumsicht auf den gesamten Himmel.

Bei bestimmten Wetterlagen, insbesondere im Herbst und Winter (sogenannte Inversionswetterlagen), bleibt der Nebel in den Tälern hängen, während die Gipfel darüber hervorragen. Das kann den Himmel deutlich klarer erscheinen lassen und künstliches Licht abschirmen. Schon ab etwa 500 Metern Höhe kann dieser Effekt spürbar sein.

1.1.3 Die richtige Standortwahl

Vor Ihrem ersten nächtlichen Ausflug sollten Sie mögliche Beobachtungsplätze tagsüber erkunden. Machen Sie einen kleinen Ausflug und prüfen Sie verschiedene Orte:

- Wanderparkplätze sind oft gut geeignet, können aber durch hohe Bäume oder gelegentlichen nächtlichen Verkehr eingeschränkt sein (siehe Abbildung 1.3).

Abbildung 1.3: Das Sternbild Orion über einer Winterlandschaft – dieser Platz liegt unweit eines Wanderparkplatzes im Ebbegebirge.

- Wirtschaftswege auf dem Land bieten oft ungestörte Sicht auf den Himmel. Achten Sie aber darauf, keinen Flurschaden zu verursachen! Statt mit dem Auto auf eine Wiese zu fahren, gehen Sie lieber zu Fuß. Falls Sie sich nicht sicher sind, ob ein Platz betreten werden darf, fragen Sie den örtlichen Landwirt um Erlaubnis.
- Vermeiden Sie Orte direkt an stark befahrenen Straßen, da vorbeifahrende Autos mit ihren Scheinwerfern Ihre Augen ständig blenden würden.

Tipp: Besuchen Sie einen Sternenpark

In Deutschland gibt es ausgewiesene Sternenparks, die speziell für die Himmelsbeobachtung eingerichtet wurden. Diese Gebiete sind besonders lichtarm, und oft gibt es dort sogar offizielle Beobachtungsplätze. Unter *www.lichtverschmutzung.de/seiten/sternenparks* finden Sie eine Liste der Sternenparks in Deutschland und Europa.

1.1.4 Der Mond – Freund und Feind der Astronomen

Bevor Sie Ihre erste Nacht unter dem Sternenhimmel verbringen, sollten Sie sich mit dem größten Feind der Sternengucker vertraut machen: dem Mond.

Natürlich ist der Mond selbst ein faszinierendes Himmelsobjekt, dem wir uns in Kapitel 7 widmen werden. Doch für die Beobachtung schwacher Sterne ist er oft störend. Seine

Helligkeit kann einen dunklen Himmel regelrecht überstrahlen – ein Vollmond kann den Nachthimmel so stark aufhellen, dass er fast wie der Himmel über einer Stadt erscheint. Selbst ein Halbmond beeinträchtigt bereits die Sicht auf lichtschwache Sterne. Um den Neumond herum ergibt sich ein Zeitfenster von etwa einer Woche, in der Sie den Sternenhimmel uneingeschränkt beobachten können. Zur ersten Orientierung am Nachthimmel können Sie aber auch in Mondnächten ihre ersten Schritte machen.

Mondphasen und die Zeiten von Mondaufgang und Monduntergang finden Sie auf vielen Wetterseiten oder in astronomischen Kalendern. In Kapitel 4 erfahren Sie, wie Sie die Mondphasen noch gezielter in Ihre Planung einbeziehen können.

1.1.5 Tipps für eine angenehme Nacht unter den Sternen

Damit Sie Ihre erste Beobachtungsnacht entspannt genießen können, sollten Sie sich gut vorbereiten:

- **Warme Kleidung**: Auch im Sommer kann es nachts überraschend kühl werden, vor allem auf offenen Wiesen oder am Waldrand. Ziehen Sie sich in Schichten an, besonders im Winter! Am schnellsten kühlen Hände, Füße und der Kopf aus – dicke Socken, warme Schuhe und eine Mütze sind essenziell.
- **Heißgetränke**: Eine Thermoskanne mit heißem Tee oder Kaffee sorgt für wohlige Wärme und hält Sie wach.
- **Kein Alkohol**: Auch wenn ein Glas Wein unter dem Sternenhimmel romantisch erscheint, kühlt Alkohol den Körper schneller aus und beeinträchtigt zudem die Wahrnehmung.
- **Snacks**: Wenn Sie eine längere Fahrt zum Beobachtungsplatz auf sich nehmen, sollten Sie sich mit kleinen Snacks versorgen – nichts ist ärgerlicher, als die Beobachtung wegen eines knurrenden Magens abbrechen zu müssen.
- **Lichtquellen**: Licht ist in der Astronomie der größte Störfaktor. Dennoch benötigen Sie eine Lichtquelle, um sich im Dunkeln zurechtzufinden. Am besten eignen sich Stirnlampen, da sie die Hände freihalten. Besonders praktisch sind Modelle mit Rotlichtfunktion, denn rotes Licht stört die Dunkeladaptation der Augen am wenigsten. Falls Ihre Lampe diese Funktion nicht hat, können Sie eine rote Folie davor befestigen.
- **Stuhl**: Wenn Sie einen bequemen Campingstuhl haben oder eine andere praktische Sitzgelegenheit, schadet das sicher nicht. Vor allem eine Nackenstütze kann nach einiger Zeit ein wahrer Segen sein. Zwingend notwendig ist das aber nicht, ich lehne mich auch gerne an die Tür meines Autos.

Musik – ja oder nein?

Ob Sie während der Beobachtung Musik hören, bleibt Ihnen überlassen. Manche Menschen fühlen sich mit Musik wohler, besonders wenn ihnen die Dunkelheit nicht behagt. Ich persönlich bevorzuge die Stille, um die Geräusche der Natur wahrzunehmen und meine Umgebung besser im Blick zu haben. Auch Wildtiere danken es Ihnen, wenn Sie auf laute Musik verzichten. Falls Sie dennoch Musik hören möchten, achten Sie auf eine angemessene Lautstärke und nehmen Sie Rücksicht auf andere Beobachter oder verwenden Sie Kopfhörer.

1.2 Finden Sie sich am Sternenhimmel zurecht

In diesem Abschnitt lernen Sie, sich am Nachthimmel zu orientieren. Dazu machen wir uns mit einigen der bekanntesten Sternbilder vertraut. Da sich dieses Buch an Beobachter auf der Nordhalbkugel richtet, konzentrieren wir uns auf Sternbilder des nördlichen Sternenhimmels, die in unseren Breiten besonders gut zu sehen sind. Besonders nützlich ist dabei der Große Wagen (Abbildung 1.4), den fast jeder kennt. Auch wenn es beeindruckendere Sternbilder gibt, gehört er zur astronomischen Allgemeinbildung. Das liegt vor allem daran, dass er das ganze Jahr über sichtbar ist, während andere Sternbilder nur saisonal erscheinen. Denken Sie daran, dass sich die Erde dreht und somit die Sterne und Sternbilder im Laufe der Nacht über den Himmel zu wandern scheinen. Doch auch der Lauf der Erde um die Sonne hat einen Einfluss, der dazu führt, dass die Sternbilder im Laufe eines Jahres über den Himmel zu ziehen scheinen.

Abbildung 1.4: Der Große Wagen. Quelle: Arne Hoffmann

Der Große Wagen ist leicht zu finden, wenn Sie nach Norden blicken. Falls Sie unsicher sind, nutzen Sie einen Kompass – die meisten Smartphones haben eine entsprechende App. Das Sternbild besteht aus sieben hellen Sternen: vier Kastensternen und drei weiteren Sternen, die als *Deichsel* bezeichnet werden. Genau genommen ist der Große Wagen kein eigenständiges Sternbild, sondern Teil des Großen Bären (lateinisch *Ursa Major*). Diese offizielle Bezeichnung wird auch von Astronomen verwendet. In den USA nennt man ihn »Big Dipper«, was übersetzt »großer Schöpflöffel« bedeutet – eine treffendere Bezeichnung, wenn Sie mich fragen.

Die Position des Großen Wagens verändert sich im Laufe des Jahres (siehe Abbildung 1.5).

- Im **Herbst** steht er tief über dem Horizont und erscheint fast aufrecht.
- Im **Winter** findet man ihn nordöstlich mit der Deichsel zum Horizont.
- Im **Frühjahr** steht er hoch am Himmel und wirkt auf den Kopf gestellt.
- Im **Sommer** steht er nordwestlich, die Deichsel zeigt nach oben.

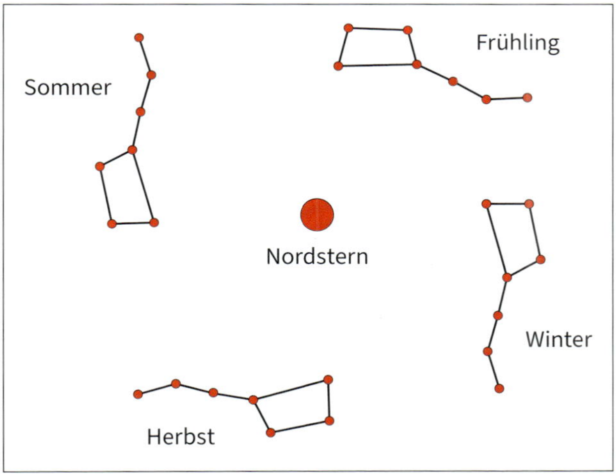

Abbildung 1.5: Das Sternbild Großer Wagen im Lauf der Jahreszeiten

Der Große Wagen ist nicht nur leicht zu finden, sondern auch ein praktischer Wegweiser zu anderen wichtigen Sternen und Sternbildern. Verlängert man die beiden vorderen Kastensterne etwa um das Fünffache ihres eigenen Abstands, gelangt man zum Polarstern. Entgegen einer weit verbreiteten Annahme ist der Polarstern nicht der hellste Stern am Himmel – auch wenn das in vielen Filmen und Büchern oft so dargestellt wird. Trotzdem gehört er zu den helleren Sternen und ist leicht zu identifizieren.

Der Polarstern, auch *Polaris* genannt, bildet das Ende der Deichsel des Kleinen Wagens (Ursa Minor). Seine offizielle astronomische Bezeichnung lautet *Alpha Ursae Minoris*, da er der hellste Stern dieses Sternbilds ist. Polaris steht weniger als ein Grad vom Himmelsnordpol entfernt. Das ist jener gedachte Punkt, um den sich der gesamte Sternenhimmel scheinbar dreht – genau dort, wo die Erdachse in den Himmel ragt. Aus diesem Grund spielt der Polarstern eine wichtige Rolle in der Navigation: Mit ihm lässt sich zuverlässig Norden bestimmen. Kein Wunder also, dass er früher in der Seefahrt eine unverzichtbare Orientierungshilfe war.

Der Kleine Wagen ähnelt dem Großen Wagen, nur in kleinerer Form. Beide zählen zu den zirkumpolaren Sternbildern. Das bedeutet, dass sie das ganze Jahr über sichtbar sind und niemals unter den Horizont sinken, zumindest in unseren nördlichen Breiten. Das liegt daran, dass sie sich nahe am Himmelsnordpol befinden. Ein weiteres auffälliges zirkumpolares Sternbild ist die Cassiopeia, die wegen ihrer markanten Form auch als »Himmels-W« bekannt ist. Sie steht fast genau gegenüber dem Großen Wagen, wenn man den Polarstern als Mittelpunkt betrachtet.

Die anderen zirkumpolaren Sternbilder sind weniger auffällig, aber diese drei sollten Sie sich gut einprägen. Machen Sie eine kleine Übung daraus: Suchen Sie den Großen Wagen am Himmel und nutzen Sie ihn, um den Polarstern, den Kleinen Wagen und die Cassiopeia zu finden (siehe Abbildung 1.6). Je öfter Sie dies tun, desto schneller werden Sie sich am Sternenhimmel orientieren können.

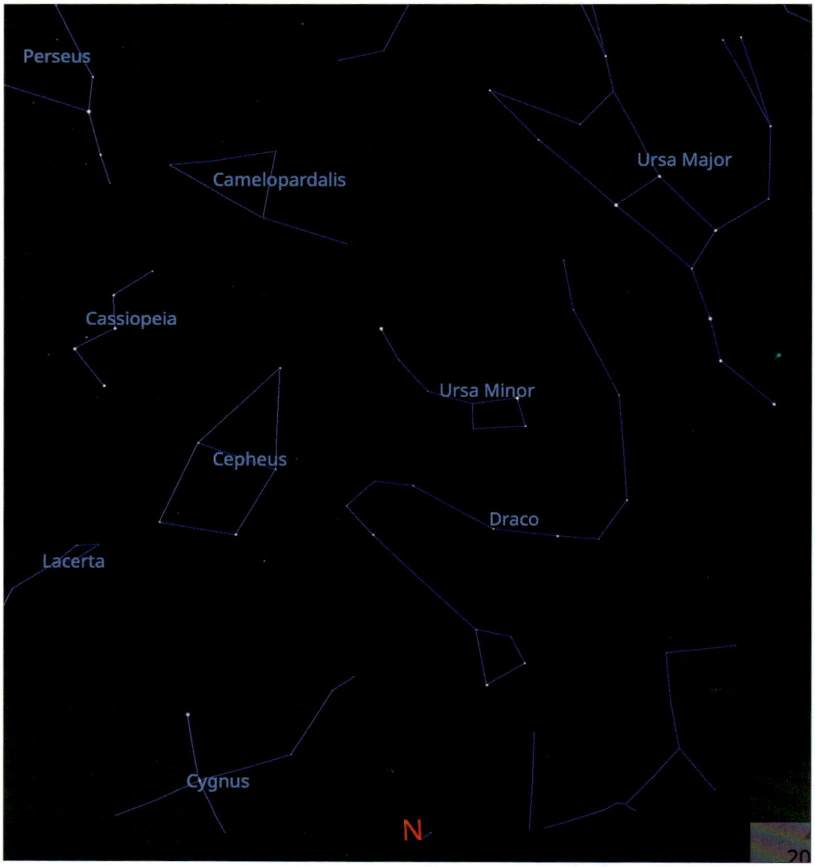

Abbildung 1.6: Die zirkumpolaren Sternbilder des Nordhimmels

1.3 Jede Jahreszeit bietet einen anderen Sternenhimmel

Im Gegensatz zu den zirkumpolaren Sternbildern, die das ganze Jahr über sichtbar sind, gibt es viele Sternbilder, die nur zu bestimmten Jahreszeiten erscheinen. Das mag auf den ersten Blick verwirrend wirken, doch mit einem einfachen Gedankenexperiment lässt sich dieses Phänomen gut veranschaulichen.

Stellen Sie sich vor, Sie befinden sich am Nordpol. Von dort aus scheint sich der gesamte Himmel um Sie herum zu drehen, während der Himmelsnordpol direkt über Ihnen im Zenit steht. Alle Sterne, die Sie sehen, bleiben dauerhaft über dem Horizont – sie gehen niemals auf oder unter, weil das Firmament aus dieser Perspektive nicht geneigt erscheint. Senkrecht zur Drehachse liegt der Himmelsäquator, der sich genau entlang des Horizonts erstrecken würde.

Bewegen wir uns nun südlich vom Nordpol in Richtung gemäßigter Breiten, beginnt sich die Drehachse des Himmels scheinbar zu neigen (siehe Abbildung 1.7). Dadurch wandern einige Sterne im Laufe der Nacht unter den Horizont, während andere das ganze Jahr über sichtbar bleiben – diese nennt man zirkumpolar.

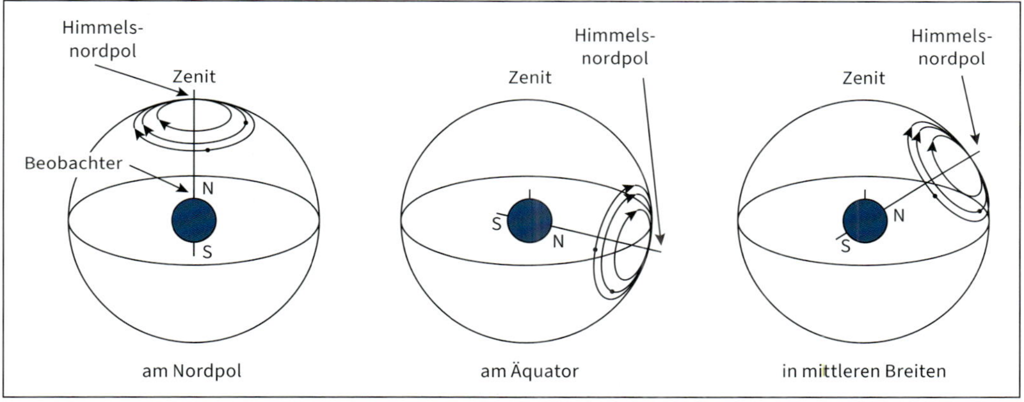

Abbildung 1.7: Der Himmelsnordpol von verschiedenen Standorten der Erde aus betrachtet

Nehmen wir als Beispiel die Stadt Köln, die auf einer geografischen Breite von etwa 50° liegt. Von dort aus steht der Himmelsnordpol in einer Höhe von knapp 50° über dem Horizont. Der Himmelsäquator hingegen verläuft teilweise unterhalb des Horizonts und erreicht an seinem höchsten Punkt 40° über dem Südhorizont.

Theoretisch würden wir in Richtung Süden blickend im Verlauf von 24 Stunden alle Sternbilder vorbeiziehen sehen. In der Praxis verhindert jedoch das Tageslicht die Sichtbarkeit der Sterne. Da die Erde nicht nur um ihre eigene Achse rotiert, sondern sich auch um die Sonne bewegt, verändert sich die scheinbare Position des Sternenhimmels im Laufe eines Jahres. Jeden Tag verschiebt sich der Sternenhimmel ein kleines Stück weiter, sodass wir innerhalb eines Jahres alle von unserer geografischen Breite aus sichtbaren Sternbilder einmal sehen können.

Auf der Südhalbkugel ergibt sich ein völlig anderes Bild: Dort sind viele Sternbilder sichtbar, die auf der Nordhalbkugel niemals über den Horizont steigen.

1.3.1 Die Sternbilder des Frühjahrs

Im Frühjahr dominiert das Sternbild Löwe den südlichen Nachthimmel (Abbildung 1.8). Mit etwas Fantasie erinnert seine Form tatsächlich an einen liegenden Löwen. Es ist leicht zu finden, wenn Sie wieder vom Großen Wagen ausgehen. Im Frühjahr steht der Große Wagen hoch im Zenit, während der Löwe unter ihm, etwa auf halber Höhe über dem Südhorizont, zu sehen ist.

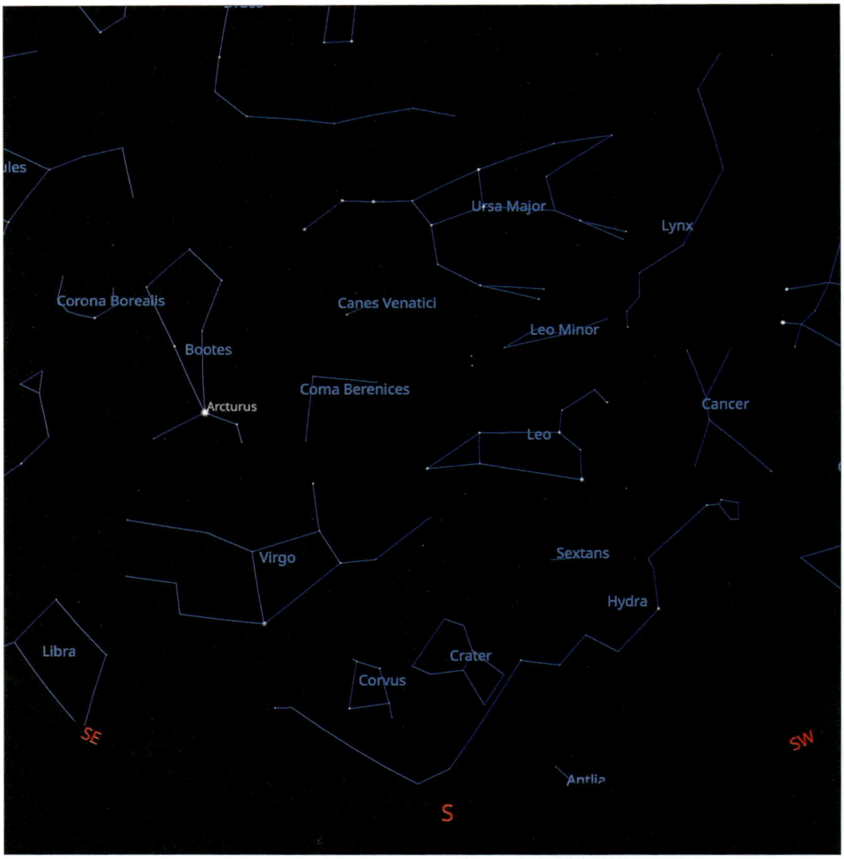

Abbildung 1.8: Der Sternenhimmel im Frühjahr, Blick Richtung Süden

Der hellste Stern im Löwen ist Regulus, der symbolisch die Vorderpfote des Löwen markiert. Der Löwe gehört zu den *Tierkreissternbildern* (lat. *Zodiak*), also jenen Sternbildern, durch die die scheinbare Bahn der Sonne verläuft – die sogenannte *Ekliptik*. Auch die Planeten und der Mond bewegen sich entlang dieser Linie. Es ist daher gut möglich, dass ein heller Planet oder der Mond zeitweise im Sternbild Löwe steht.

Westlich des Löwen liegt das unauffällige Sternbild Krebs, das mit seinen lichtschwachen Sternen schwer zu erkennen ist. Unter einem dunklen Himmel kann man jedoch ein nebliges Fleckchen in diesem Sternbild entdecken: den offenen Sternhaufen *Praesepe*, auch als *Messier 44 (M44)* bezeichnet. Schon in einem kleinen Teleskop oder Fernglas lassen sich die einzelnen Sterne dieser Ansammlung erkennen.

Östlich des Löwen steht das deutlich markantere Sternbild Bärenhüter (Bootes). Die Deichsel des Großen Wagens dient hier als Orientierungshilfe. Verlängert man ihre geschwungene Form in Richtung Süden, stößt man auf den auffällig hellen Stern *Arktur* (Abbildung 1.9). Arktur erscheint leicht orange, was daran liegt, dass es sich um einen sogenannten Roten Riesen handelt. Arktur ist der hellste Stern des Sternbildes Bärenhüter (Bootes) und trägt daher die astronomische Bezeichnung *Alpha Bootis*.

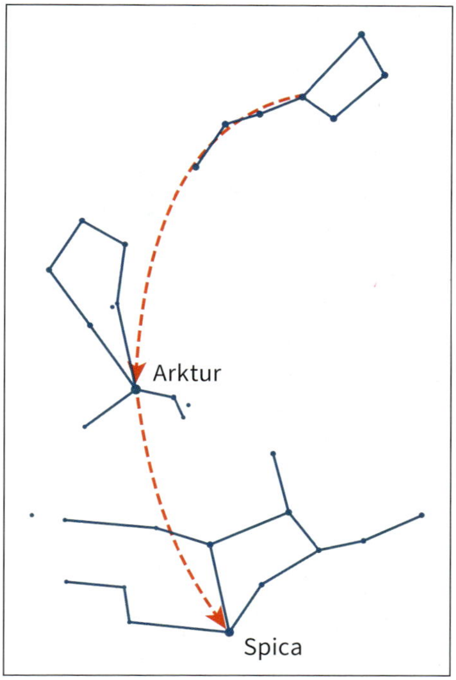

Abbildung 1.9: Der Große Wagen dient als Aufsuchhilfe für die Sterne Arktur und Spica.

Etwas westlich des Bärenhüters befindet sich das kleine, aber markante Sternbild Nördliche Krone (Corona Borealis).

Wenn Sie der gedachten Linie von der Deichsel des Großen Wagens weiter über Arktur hinaus folgen, treffen Sie auf einen weiteren hellen Stern: *Spica*, Hauptstern des Sternbilds Jungfrau (Virgo). Die Jungfrau zählt ebenfalls zu den Tierkreissternbildern, ist als zusammenhängendes Sternbild jedoch schwer zu erkennen.

Im Frühjahr bietet der Sternenhimmel für das bloße Auge vergleichsweise wenige auffällige Sterne und Sternbilder. Mit großen Teleskopen lassen sich in diesen Sternbildern jedoch zahlreiche Galaxien beobachten. Der Grund dafür: In dieser Himmelsregion blicken wir nahezu senkrecht aus unserer eigenen Galaxie, der Milchstraße, hinaus in die Tiefen des Universums.

1.3.2 Der Sternenhimmel im Sommer

Im Sommer lädt der Nachthimmel besonders zum Beobachten ein (Abbildung 1.10). Die warmen Temperaturen und langen Abende machen es angenehm, sich draußen aufzuhalten.

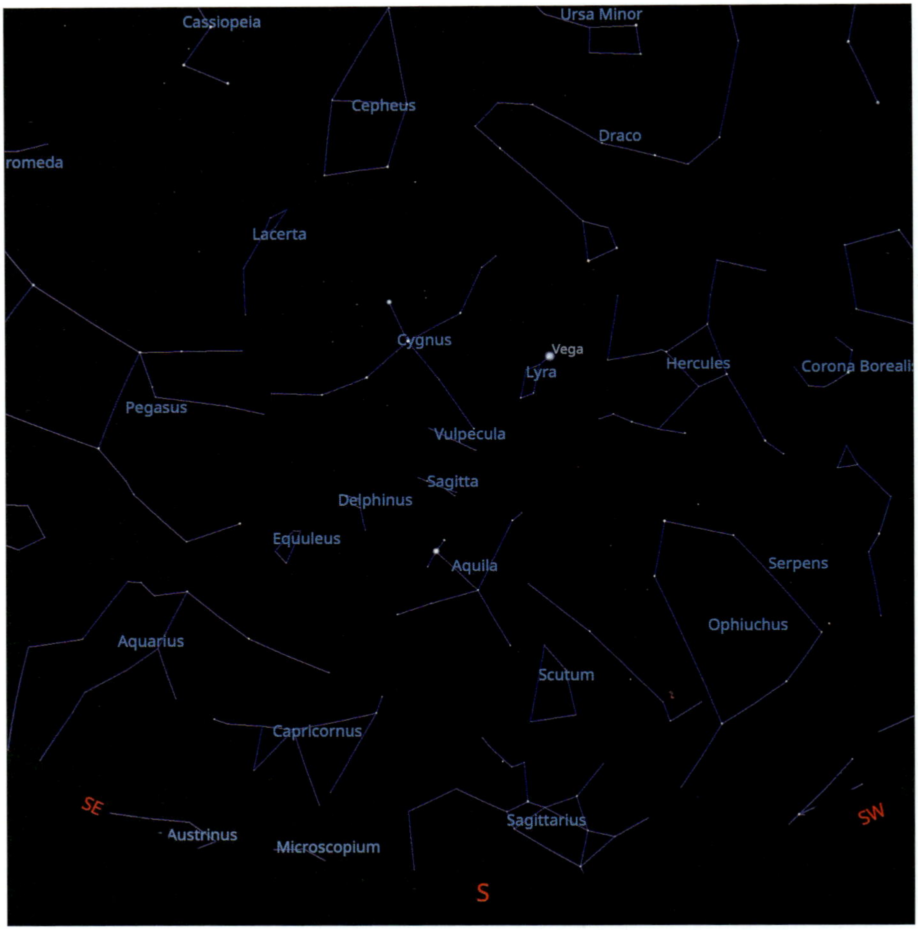

Abbildung 1.10: Der Sternenhimmel im Sommer. Die Sterne Deneb, Wega und Altair bilden das Sommerdreieck.

Viele Menschen verbinden diese Jahreszeit mit romantischen Erinnerungen an ihre Kindheit oder an einen Urlaub in südlichen Gefilden – oft begleitet von dem beeindruckenden Anblick eines sternübersäten Himmels.

Allerdings sind die Sommermonate astronomisch betrachtet nicht ideal für die Himmelsbeobachtung. Die Nächte sind kurz und die Sonne steht oft nur wenige Grad unter dem Horizont. In Norddeutschland und im Baltikum spricht man in dieser Zeit von den »Weißen Nächten«, da es selbst nach Sonnenuntergang nicht vollständig dunkel wird. Der Süden Deutschlands und das Mittelmeergebiet bieten bessere Bedingungen, da dort die Nächte etwas länger und dunkler sind.

Der hellste und auffälligste Stern am Sommerhimmel ist *Wega* im Sternbild Leier. Die strahlend weiße Farbe macht diesen Stern unverwechselbar. Einen Trick zum Aufsuchen gibt es zwar nicht, doch wenn Sie im Juli am späten Abend den Kopf in den Nacken legen und Richtung Zenit blicken, werden Sie Wega nicht verfehlen. *Alpha Lyrae*, so der offizielle Name, ist der hellste Stern der Leier (lat. *Lyra*). Dieses kleine, aber markante Sternbild erinnert in seiner Form an ein Parallelogramm.

Östlich der Leier liegt ein weiteres helles Sternbild: der Schwan. Sein Hauptstern *Deneb* (*Alpha Cygni*) leuchtet hell und bildet den Schwanz des Schwans. Die Anordnung der übrigen Sterne lässt mit etwas Fantasie tatsächlich einen fliegenden Schwan erkennen. Einige Sterne des Schwans sind zirkumpolar und bleiben das ganze Jahr über sichtbar, doch im Sommer steht das Sternbild besonders hoch und wirkt dadurch besonders eindrucksvoll.

Ein weiteres prägnantes Sternbild des Sommerhimmels ist der Adler. Sein hellster Stern, *Altair* (*Alpha Aquilae*), ist etwa so hell wie Deneb und leicht zu finden. Blicken Sie vom Zenit in Richtung Süden, so werden Sie Altair etwa auf halber Höhe über dem Horizont entdecken. Zusammen mit Wega und Deneb bildet Altair das Sommerdreieck – eine der markantesten Sternformationen der warmen Jahreszeit.

Tief am Südhorizont liegen der Skorpion und der Schütze. Der rötlich leuchtende *Antares*, der Hauptstern des Skorpions, schafft es nur knapp über den Horizont und ist daher aus Mitteleuropa nur eingeschränkt sichtbar. Das ausladende Sternbild Schütze grenzt direkt an den Skorpion. Sollten Sie einmal Urlaub in südlicheren Regionen machen, etwa auf den Kanaren, bietet sich Ihnen die Gelegenheit, beide Sternbilder in ihrer vollen Pracht zu bestaunen.

Ein weiteres Sternbild des Sommerhimmels ist Herkules. Zwischen den Sternbildern Leier und Nördliche Krone fällt es weniger auf, da es keinen besonders hellen Stern besitzt. Dennoch ist es für Himmelsbeobachter von Interesse, denn hier befindet sich einer der eindrucksvollsten Kugelsternhaufen des Nachthimmels: Messier 13 (M13). Erst mit einem Fernglas oder Teleskop wird die dichte Ansammlung von Sternen sichtbar (Abbildung 1.11).

Mehrere Sternbilder des Sommerhimmels sind eng mit der Milchstraße verbunden. Besonders der Schwan, der Adler und der Schütze verlaufen direkt durch das markante Sternenband (Abbildung 1.12). Wer sich an einem dunklen Standort befindet und seinem Auge Zeit zur Dunkeladaption gibt, kann die Milchstraße als leuchtendes Band am Himmel erkennen. Besonders eindrucksvoll ist sie in Richtung Südhorizont im Sternbild

Schütze. In Spätsommernächten blicken wir genau ins Zentrum unserer Galaxie – ein Anblick, der den Himmel besonders sternenreich erscheinen lässt.

Abbildung 1.11: Der Kugelsternhaufen Messier 13 im Sternbild Herkules. Quelle: Giuseppe Donatiello, https://commons.wikimedia.org/wiki/File:Messier_13_-_The_Hercules_Globular_Cluster.jpg

Abbildung 1.12: Das Zentrum der Milchstraße steht im Sommer über dem Südhorizont. Rechts der rot leuchtende Stern Antares im Sternbild Skorpion. Quelle: Stefan Binnewies

1.3.3 Die Herbststernbilder

Der Herbsthimmel (Abbildung 1.13) bietet einige spannende Beobachtungsmöglichkeiten. Die Milchstraße zieht sich von Osten über den Zenit bis nach Westen und bildet eine eindrucksvolle Kulisse. Doch unterhalb dieses leuchtenden Bandes blicken wir tief ins Universum hinaus, weshalb der Himmel in manchen Bereichen voller Sterne erscheint, während in Richtung Süden kaum helle Sterne oder auffällige Sternbilder zu finden sind.

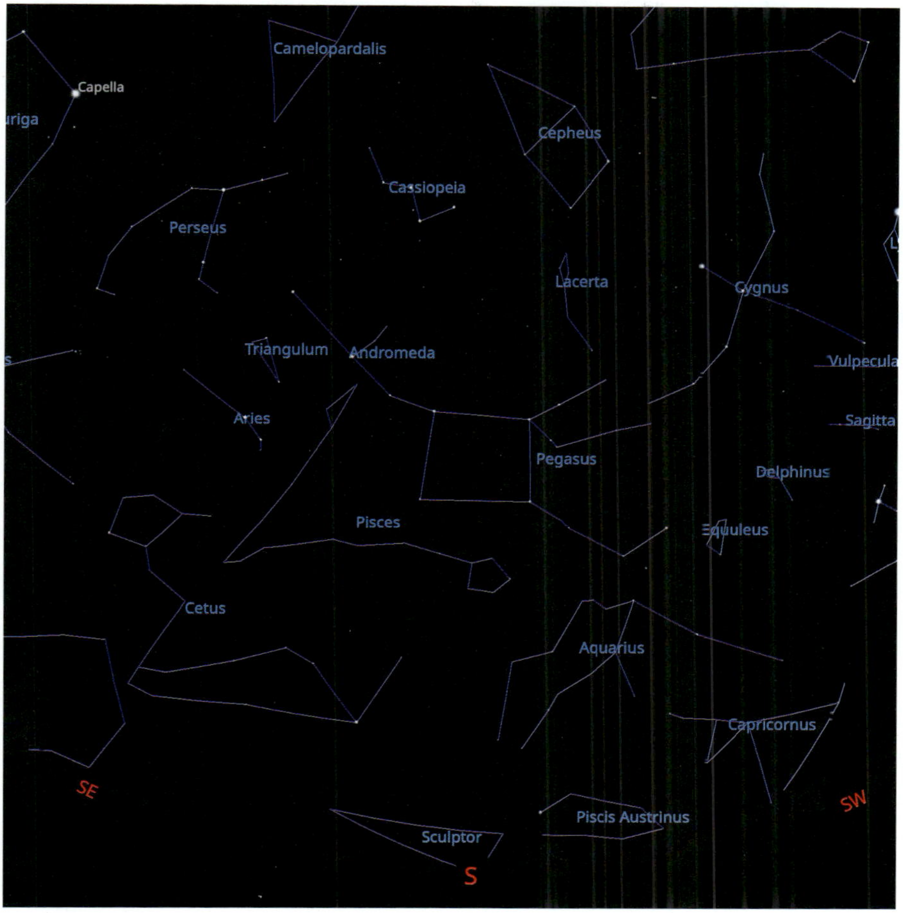

Abbildung 1.13: Der Sternenhimmel im Herbst. Im Zenit thront die Cassiopeia.

Besonders interessant ist der Herbsthimmel, weil viele seiner Sternbilder eng mit der griechischen Mythologie verknüpft sind. Hier finden wir die Figuren aus der Legende von Perseus und Andromeda. Laut Überlieferung war Kassiopeia, die Frau von König Kepheus und Mutter der Andromeda, für ihre Eitelkeit berüchtigt. Als sie behauptete, schöner als die Meeresnymphen (Nereiden) zu sein, erzürnte sie Poseidon, der zur Strafe das Meerungeheuer Ketos aussandte und das Land mit einer Flut bedrohte. Um das Ungeheuer zu besänftigen, wurde Andromeda an einen Felsen im Meer gekettet und geopfert. Perseus entdeckte sie, besiegte Ketos und nahm Andromeda zur Frau. Nach ihrem Tod wurden alle Beteiligten an den Himmel versetzt, wo wir sie heute als Sternbilder wiederfinden (Abbildung 1.14).

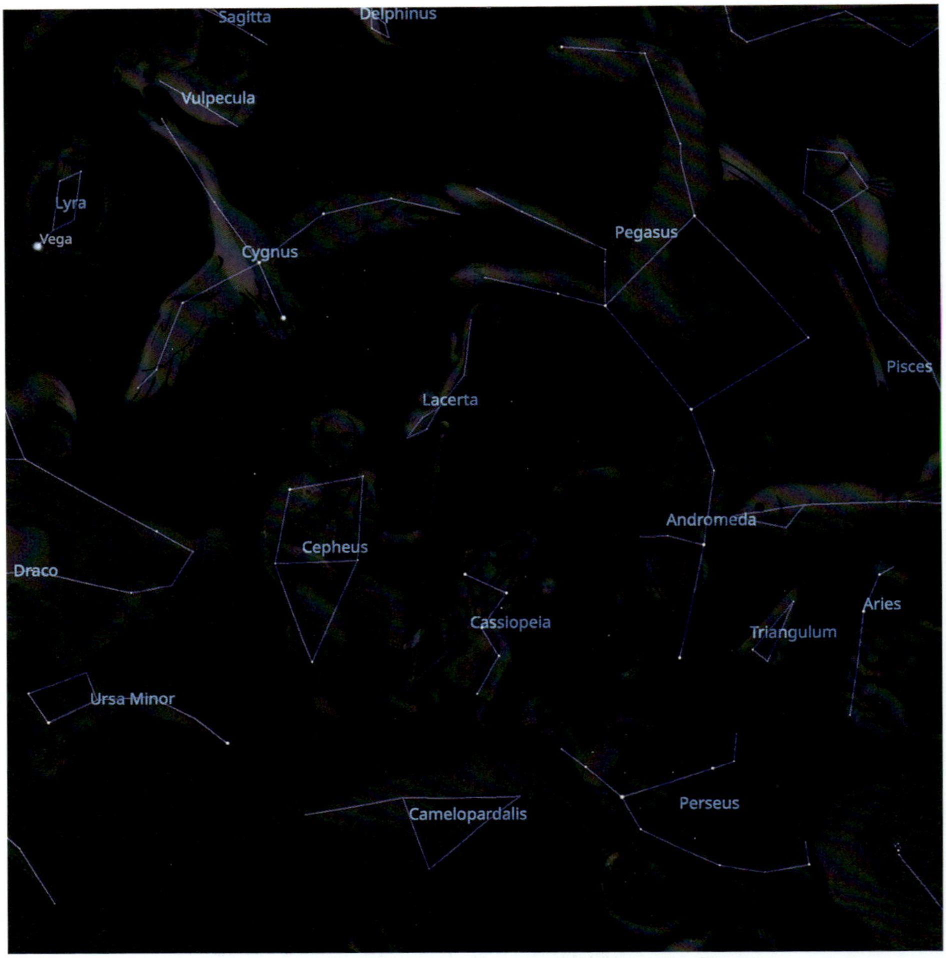

Abbildung 1.14: Die Helden der Andromeda-Sage am herbstlichen Sternenhimmel

Im Herbst steht das markante Sternbild Kassiopeia hoch am Himmel. Dieses auffällige W-förmige Sternbild ist zirkumpolar und das ganze Jahr über sichtbar. Folgen Sie der offenen Seite des W und blicken Sie leicht nach rechts oben – dort finden Sie Kepheus. Seine Form erinnert an das »Haus des Nikolaus«, was es einfacher macht, ihn zu identifizieren.

Südöstlich der Kassiopeia leuchtet ein heller Stern: *Algol*, der Hauptstern des Perseus. Das Sternbild Perseus selbst ist eher unscheinbar, verdankt seine Bekanntheit aber dem bekannten Meteorstrom der nach ihm benannten Perseiden, der jedes Jahr im August zahlreiche Sternschnuppen an den Himmel zaubert (Abbildung 1.15).

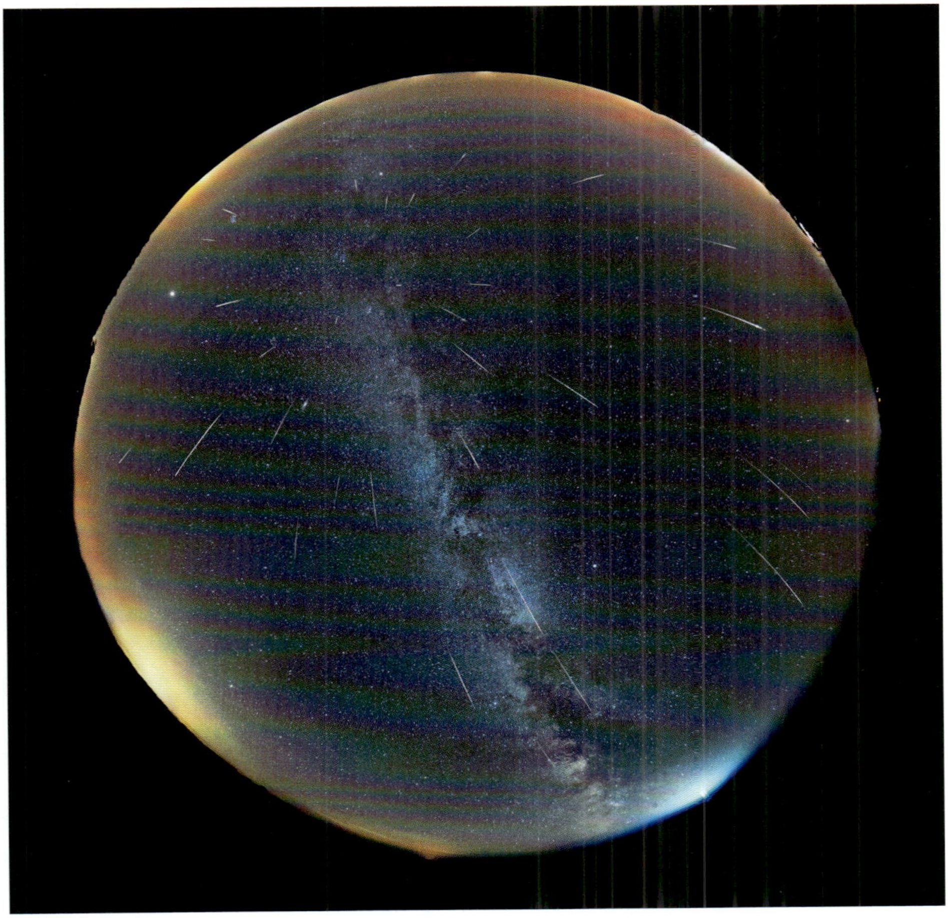

Abbildung 1.15: Der Meteorstrom der Perseiden (zusammengesetzte Langzeitaufnahme). Quelle: Stefan Binnewies

Unterhalb der Kassiopeia befindet sich ein großes, kastenförmiges Sternbild: Pegasus. Es dominiert den Herbsthimmel in Richtung Süden. Der linke obere Stern des Pegasus-Kastens gehört bereits zum benachbarten Sternbild Andromeda, das sich östlich anschließt. Wer an einem dunklen Standort beobachtet, kann in der Andromeda ein schwaches, nebliges Fleckchen erkennen. Dabei handelt es sich um *Messier 31 (M31)*, die Andromedagalaxie – unsere nächste große Nachbargalaxie. Als Kind habe ich immer gedacht, es sei ein Dromedar (ähnlich einem Kamel) mit einem Höcker. Die Andromeda-Galaxie liegt direkt oberhalb dieses Höckers.

Das Erkennen dieses Nebelfleckchens hängt von der Qualität des Himmels ab und erfordert etwas Übung. Doch es lohnt sich: Die Andromedagalaxie ist das entfernteste Objekt, das unter guten Bedingungen mit bloßem Auge sichtbar ist – und damit eine faszinierende Herausforderung für angehende Himmelsbeobachterinnen und Himmelsbeobachter (Abbildung 1.16).

Abbildung 1.16: Die Andromedagalaxie (Messier 31)

1.3.4 Der Wintersternhimmel

Der Wintersternhimmel (Abbildung 1.17) ist beeindruckend, doch in Mitteleuropa verhindern Wolken und Regen oft die Sicht darauf. Besonders in den Monaten November und Dezember dominieren nasskaltes Wetter und dichte Bewölkung. Dennoch gibt es auch in dieser Zeit klare Nächte. Im Januar und Februar steigen die Chancen auf sternklare Nächte, die allerdings oft mit eisiger Kälte einhergehen. Ein Vorteil des Winters ist die frühe Dunkelheit – die Beobachtung kann schon am frühen Abend beginnen.

Das auffälligste Sternbild des Winterhimmels ist Orion. Mit seinen hellen Sternen und markanten Linien ist es leicht zu erkennen. Eine Aufsuchhilfe ist nicht nötig: Wer im Januar oder Februar nach Süden blickt, sieht Orion prachtvoll über dem Horizont stehen.

Das Sternbild beherbergt zwei besonders helle Sterne. Die linke Schulter wird von Beteigeuze markiert, einem roten Riesenstern, der sich in einem späten Stadium seiner Entwicklung befindet. Kosmisch betrachtet steht er kurz vor einer Supernovaexplosion. Im Jahr 2020 verlor Beteigeuze plötzlich stark an Helligkeit, was zunächst als Hinweis auf eine bevorstehende Explosion gedeutet wurde. In den folgenden Jahren wurde er jedoch wieder heller – sogar heller als zuvor. Die offizielle astronomische Bezeichnung des Sterns lautet *Alpha Orionis*. International wird er als *Betelgeuse* bezeichnet, eine aus dem Arabischen stammende Bezeichnung, die im Deutschen ursprünglich falsch übersetzt wurde. Freunde der Science-Fiction-Literatur kennen Beteigeuze aus dem Roman »Per Anhalter durch die Galaxis«.

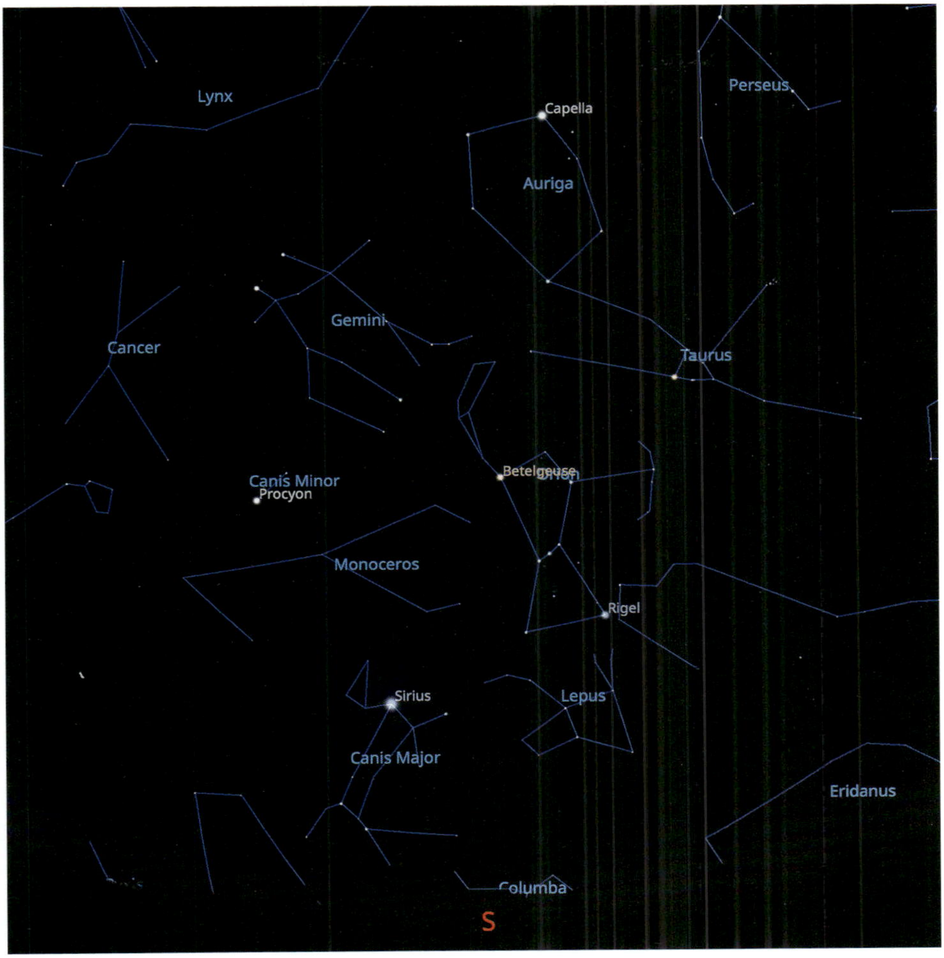

Abbildung 1.17: Blick nach Süden im Winter. Der Orion dominiert den Winterhimmel.

Der zweite markante Stern im Orion ist Rigel. Er bildet den rechten Fuß des Sternbildes und ist ein blauer Stern. Ein interessanter Beobachtungstipp: Versuchen Sie einmal, den Farbunterschied zwischen Beteigeuze und Rigel bewusst wahrzunehmen.

Die Mitte des Orion wird von drei markanten Sternen gebildet, die als Gürtel des Orion bekannt sind: Alnitak, Alnilam und Mintaka. Verlängert man diese Linie nach Osten, trifft man auf Sirius, den hellsten Stern am Nachthimmel. Sirius gehört zum Sternbild Großer Hund und steht tief über dem Horizont. Neben seiner enormen Helligkeit fällt er durch sein starkes Funkeln auf.

Unter den drei Gürtelsternen des Orion befindet sich das Schwert des Orion. Es handelt sich dabei um eine kleine Sternengruppe aus drei lichtschwachen Sternen. In diesem Schwert liegt der bekannteste und hellste Gasnebel am Winterhimmel: der Große Orionnebel, auch Messier 42 genannt. Der mittlere »Stern« dieser kleinen Sternkette ist in Wirklichkeit bereits der Orionnebel. Mit bloßem Auge erscheint er zunächst wie ein schwacher Stern. Bei genauem Hinsehen erkennt man jedoch seine leicht nebelige Natur. Im Fernglas oder Teleskop zeigt M 42 schließlich seine ganze Pracht (Abbildung 1.18).

Abbildung 1.18: Der Große Orionnebel (Messier 42)

Das Funkeln der Sterne

Sterne funkeln am Himmel – eine Beobachtung, von der Sie immer wieder hören oder die Sie auch selbst machen werden. Tatsächlich ist dieses Flackern mal stärker, mal schwächer ausgeprägt und wird oft von einem Farbenspiel begleitet. Besonders beim hellen Sirius wird häufig gesagt, er funkle in allen Farben.

Dieses Flackern hat nichts mit den Sternen selbst zu tun, sondern wird durch die Erdatmosphäre verursacht. Stellen Sie sich die Erdatmosphäre wie einen riesigen Ozean aus Luft vor. Genau wie im Wasser wird das Licht darin ständig gebrochen. Je nach klimatischen und geografischen Bedingungen kann die Atmosphäre mal ruhiger, mal turbulenter sein. Ich vergleiche das gerne mit einem Bach: In ruhigen Abschnitten kann man ungehindert auf den Grund sehen, doch dort, wo das Wasser durch Stromschnellen aufgewühlt wird, erscheint alles verzerrt und unruhig.

Diese wechselnde Bildqualität wird in der Astronomie als *Seeing* bezeichnet. Bei schlechtem Seeing erscheint das Bild unruhig, Sterne funkeln besonders stark, und Details im Teleskop verschwimmen. Während das Funkeln für das bloße Auge reizvoll sein kann, stellt es für astronomische Beobachtungen eine große Herausforderung dar.

Nordwestlich von Orion befindet sich das Sternbild Stier mit dem rötlich leuchtenden Hauptstern Aldebaran. Dieser sollte nicht mit dem fiktiven Planeten Alderaan aus der Star-Wars-Saga verwechselt werden. Das Sternbild Stier zeigt sich besonders eindrucksvoll, wenn es im Frühjahr tief am Horizont steht, da seine Form dann besonders gut an den Kopf und die Hörner eines Stiers erinnert.

Noch weiter nordwestlich von Aldebaran liegt der Sternhaufen der *Plejaden*, auch Siebengestirn genannt (Abbildung 1.19). Es ist schwer, alle sieben Sterne mit bloßem Auge zu erkennen, doch fünf bis sechs sind selbst unter lichtverschmutztem Himmel sichtbar. Im Teleskop zeigen sich Hunderte von Sternen. Die blauen Nebelfetzen sind nur auf Fotografien zu erkennen. Die Plejaden gehören zu den bekanntesten offenen Sternhaufen.

Nördlich von Orion finden Sie das Sternbild Fuhrmann mit dem hellen Stern Capella. Der Fuhrmann hat die Form eines großen Sechsecks – allerdings fällt es schwer, darin tatsächlich einen Fuhrmann zu erkennen.

Östlich des Fuhrmanns liegt das Sternbild Zwillinge mit seinen beiden markanten Sternen Kastor und Pollux. Betrachtet man eine Sternkarte mit eingezeichneten Verbindungslinien, lässt sich tatsächlich die Form zweier nebeneinanderstehender Figuren erkennen.

Das unscheinbarste Sternbild am Winterhimmel ist der Kleine Hund. Er liegt östlich des Orion und südlich der Zwillinge. Erwähnenswert ist er vor allem wegen seines Hauptsterns Procyon. Zusammen mit Sirius, Rigel, Aldebaran, Capella und Pollux bildet Procyon das sogenannte Wintersechseck. Diese auffällige Konstellation umrahmt die Wintermilchstraße, die zwar weniger ausgeprägt ist als ihr sommerliches Pendant, aber dennoch beeindruckende Gasnebel und Sternhaufen enthält, über die Sie in Kapitel 9 mehr erfahren werden.

Abbildung 1.19: Der Sternhaufen der Plejaden

1.4 Wann sieht man die Milchstraße am besten?

In den vorherigen Abschnitten haben Sie bereits erste Einblicke in die Sichtbarkeit der Milchstraße erhalten. Eine häufig gestellte Frage ist, wann die beste Zeit ist, um die Milchstraße zu beobachten oder zu fotografieren. Doch bevor wir uns damit beschäftigen, lohnt sich ein genauerer Blick darauf, was die Milchstraße eigentlich ist.

Der Begriff *Milchstraße* ist ursprünglich ein umgangssprachlicher Name, doch er ist so etabliert, dass er selbst in der Wissenschaft gebräuchlich ist – oft im Zusammenhang mit der Milchstraßengalaxie, also unserer Heimatgalaxie. Der Name leitet sich vom altgriechischen »gála« (Milch) ab. Der Mythologie nach entstand das leuchtende Band am Himmel durch die verspritzte Milch der Göttin Hera.

Was wir als milchiges Band am Himmel wahrnehmen, sind in Wirklichkeit unzählige Sterne, die unser Auge nicht mehr als einzelne Lichtpunkte auflösen kann. Schon ein kleines Fernglas oder Teleskop offenbart, dass die Milchstraße aus zahllosen Sternen besteht. Diese Sterne gehören alle zu unserer Galaxie. Beim Anblick der Milchstraße blicken wir also direkt in die Scheibe unserer eigenen Galaxie (Abbildung 1.20).

Abbildung 1.20: Die Position unseres Sonnensystems innerhalb der Milchstraßenscheibe. Quelle: NASA

Da sich unser Sonnensystem am Rand der Milchstraße befindet, erklärt sich ihr Erscheinungsbild mit etwas räumlicher Vorstellung. Blicken wir in Richtung des galaktischen Zentrums, erscheint uns die Milchstraße am hellsten und breitesten. Dieses Zentrum befindet sich im Sternbild Schütze. Da der Schütze aus Mitteleuropa betrachtet tief am Horizont steht, erkennen wir die wahre Struktur der Galaxie nicht vollständig. In südlicheren Breiten, wo das Zentrum der Milchstraße hoch am Himmel steht, ist dieser Anblick wesentlich eindrucksvoller. Seitlich des Zentrums blicken wir in die Spiralarme der Galaxie, die sich als leuchtendes Band über den Himmel ziehen. Blicken wir hingegen senkrecht aus der galaktischen Ebene heraus – etwa im Frühjahr –, sehen wir nur einzelne Sterne in unserer Umgebung und erhalten einen ungehinderten Blick in die Tiefen des Universums.

Die Sichtbarkeit der Milchstraße variiert im Jahresverlauf. Ihr hellster und auffälligster Teil ist in den Sommermonaten zu sehen, wenn das Sternbild Schütze tief im Süden steht. Von dort aus erstreckt sich die Milchstraße bis in das Sternbild Schwan, wo sie ebenfalls noch deutlich sichtbar ist. In den Herbst- und Wintermonaten verläuft sie durch die Sternbilder Perseus, Orion, Fuhrmann und Zwillinge, ist aber deutlich schwächer ausgeprägt und nur unter sehr dunklem Himmel gut zu erkennen (Abbildung 1.21).

Abbildung 1.21: Die Wintermilchstraße (unten) ist deutlich unscheinbarer als der Anblick der Milchstraße im Sommer (oben). Quelle: Stefan Binnewies

Im Frühjahr ist die Milchstraße kaum sichtbar, da wir in dieser Zeit senkrecht aus der galaktischen Ebene hinausschauen. Erst in den frühen Morgenstunden von April und Mai taucht sie wieder auf und erstreckt sich als sanfter Bogen über den Osthorizont – eine lohnende Beobachtung für Frühaufsteher.

Sie haben nun schon sehr viel über den Sternenhimmel und die astronomische Beobachtung gelernt. Selbstverständlich können und sollen Sie das nun Gelernte anwenden, so oft es das Wetter zulässt. Nur so gewinnen Sie an Routine. Wenn Sie sich sicherer am Himmel fühlen, können Sie auch ihre Kinder, Partner oder Freunde einmal einladen zu einer nächtlichen Tour am Sternenhimmel. Zeigen Sie, was Sie bereits über den Sternenhimmel wissen, und Sie werden sehen, das schafft Begeisterung und gleichzeitig werden Sie souveräner bei der Orientierung am Nachthimmel.

In den nächsten Kapiteln lernen Sie weitere Hilfsmittel kennen: Sternkarten und Apps, die Ihnen bei der Orientierung helfen. Und sicher brennt Ihnen das Thema Teleskope bereits unter den Nägeln. Denn Astronomie, das verbindet man zwangsläufig auch mit einem Teleskop. Im nächsten Kapitel widmen wir uns darum ganz diesem spannenden Thema.

Kapitel 2

Welche Ausrüstung benötigt man zum Sterne schauen?

Wenn Sie an Astronomie denken, dann denken Sie vermutlich auch an Teleskope. Obwohl sich viele interessante Dinge am Nachthimmel auch ohne Teleskop beobachten lassen, offenbaren die meisten Objekte ihre Schönheit erst im Teleskop.

Im ersten Kapitel haben Sie bereits erfahren, dass das neblige Fleckchen im Sternbild Krebs eigentlich ein Sternhaufen ist und der Nebel in der Andromeda eine riesige Galaxie. Sicher wird bei Ihnen schnell der Wunsch nach einem Teleskop aufkommen, und darum soll es in diesem Kapitel gehen.

Der Markt für Teleskope ist unüberschaubar geworden. Ein Anfänger hat bei speziellen Teleskophändlern ohne Beratung kaum eine Chance, ein passendes Modell zu finden. Oft bieten auch Discounter oder Versandhäuser Teleskope an, die meist von ziemlich schlechter Qualität sind. Und doch haben die meisten Hobbyastronomen genau mit solchen Versandhaus-Teleskopen ihr Hobby begonnen, bevor sie sich ein hochwertigeres Modell zugelegt haben.

Eine Alternative bietet das Beobachten mit einem Fernglas. Viele Haushalte besitzen bereits eines, allerdings sind diese oft von eher bescheidener Qualität. Doch wenn Sie bereits ein Fernglas haben oder sich vielleicht ein Teleskop bei Aldi oder Lidl gekauft haben, dann fangen Sie einfach damit an, den Nachthimmel zu erkunden.

Dennoch werde ich Ihnen zunächst einen Überblick über die verschiedenen Teleskoptypen geben – und Ihnen natürlich auch beim Kauf eines geeigneten Modells helfen.

Das Discounter-Teleskop

Immer wieder werden in Supermärkten oder Einzelhandelsketten Einsteiger-Teleskope angeboten. Meist handelt es sich dabei um einfache Modelle mit minderwertigen Komponenten (Abbildung 2.1). Erstaunlich ist, dass sich die Bauweise dieser Teleskope in mehr als vierzig Jahren kaum verändert hat!

Meine eigene Laufbahn als Hobbyastronom begann Mitte der 1980er-Jahre genau mit einem solchen Teleskop. Auch wenn der Preis verlockend ist: Investieren Sie lieber etwas mehr Geld in ein hochwertigeres Modell, um den Frust zu vermeiden, den unzählige Hobbyastronomen vor Ihnen bereits erlebt haben.

Abbildung 2.1: Ein typisches Discounter-Teleskop. Quelle: Omegon, Astroshop

2.1 Fernglas oder Teleskop?

Wie bereits gesagt, können Sie sowohl mit einem Teleskop als auch mit einem Fernglas den Nachthimmel beobachten. Der große Nachteil von Ferngläsern ist, dass sie in der Hand gehalten werden und das Bild dadurch stark wackelt. Zwar gibt es mittlerweile bildstabilisierende Ferngläser, doch diese sind oft sehr kostspielig. Eine Alternative wäre es, das Fernglas auf einem Stativ zu befestigen. Doch auch hier ist Vorsicht geboten: Nicht alle Ferngläser verfügen über eine Vorrichtung, um sie beispielsweise auf einem Fotostativ zu montieren.

Zudem stellt der gerade Einblickwinkel ein Problem dar, da Sie nachts in den Himmel blicken und somit den Kopf in den Nacken legen müssen. Selbst mit einem Stativ ist das oft mühsam und ermüdend. Alternativ können Sie einen Liegestuhl verwenden und das Fernglas auf den Armlehnen abstützen – ideal ist diese Lösung jedoch auch nicht. Echte Astronomie-Profis und Fernglas-Liebhaber nutzen daher spezielle Halterungen, die ähnlich wie Kamerakräne für TV-Kameras funktionieren. Damit lässt sich das Fernglas leicht bewegen, und das Bild bleibt absolut ruhig. Solche Vorrichtungen sind im Astrohandel erhältlich, jedoch oft recht teuer. Geschickte Bastler können sich eine solche Parallelogramm-Halterung wie in Abbildung 2.2 selbst bauen.

Abbildung 2.2: Eine professionelle Fernglashalterung. Quelle: Omegon, Astroshop

Der Vorteil eines Fernglases liegt eindeutig im Sehen mit beiden Augen. Um durch die Milchstraße zu »surfen«, nutze ich sehr gerne ein Fernglas – idealerweise, wie oben beschrieben, montiert. Eine gute Wahl für die Astronomie ist ein Fernglas mit den Werten 10 × 50 (Abbildung 2.3). Profis verwenden auch größere Modelle, etwa 20 × 80 oder gar 25 × 100.

Die typischen Angaben bei Ferngläsern beziehen sich auf die Vergrößerung und die Öffnung der Frontlinse in Millimetern. Die erste Zahl gibt die Vergrößerung an, beispielsweise 8-fach (8 × 40) oder 20-fach (20 × 80). Die zweite Zahl bezeichnet die Objektivöffnung in Millimetern. Ein Fernglas mit den Werten 10 × 50 hat also eine zehnfache Vergrößerung und eine Frontlinse mit 50 mm Durchmesser.

Abbildung 2.3: Ein Mittelklasse-Fernglas, geeignet für Natur- und astronomische Beobachtung. Quelle: Vixen, Astroshop

Viele Menschen denken intuitiv, dass die Vergrößerung das entscheidende Kriterium für ein Fernglas ist. Doch in der Astronomie ist das anders: Die Öffnung ist der wichtigste Faktor. Sie bestimmt sowohl die Auflösung (also wie deutlich feine Details erkennbar sind) als auch das Lichtsammelvermögen. Die Vergrößerung beeinflusst hingegen, wie hell das Bild erscheint. Große Öffnungen und kleine Vergrößerungen liefern ein helleres Bild – das kann bei der Beobachtung von Gasnebeln oder Kometen entscheidend sein.

Alternative

Teleskope haben dagegen den Vorteil, dass sie sich deutlich größer bauen lassen – Öffnungen von 100 mm oder mehr sind problemlos realisierbar. Zudem kann ein Teleskop stabil montiert werden, sodass verwacklungsfreie, detailreiche Bilder möglich sind. Viele Teleskope bieten zudem über einen Umlenkspiegel (Zenitspiegel) einen komfortableren Einblick als Ferngläser.

Der Nachteil: Beim Teleskop schaut man nur mit einem Auge, was für viele Menschen ungewohnt und anfangs irritierend ist. Doch man gewöhnt sich schnell daran.

Fazit: Haben Sie bereits ein Fernglas? Dann nutzen Sie es für Ihre ersten Beobachtungen! Falls Sie sich jedoch ohnehin ein Teleskop anschaffen möchten, helfen Ihnen die nächsten Seiten, das passende Modell zu finden.

2.2 Teleskoptypen: Refraktoren und Reflektoren

Es gibt verschiedene Teleskoptypen, wobei man grundsätzlich zwischen Linsenteleskopen (*Refraktoren*) und Spiegelteleskopen (*Reflektoren*) unterscheidet. Der Refraktor ist der Urtyp des Teleskops. Der Niederländer Hans Lipperhey soll ihn im Jahr 1608 erfunden haben. Galileo Galilei verfeinerte dieses Teleskop (siehe Abbildung 2.4) und machte damit seine ersten Beobachtungen am Nachthimmel, die später als Beginn der modernen Astronomie angesehen wurden.

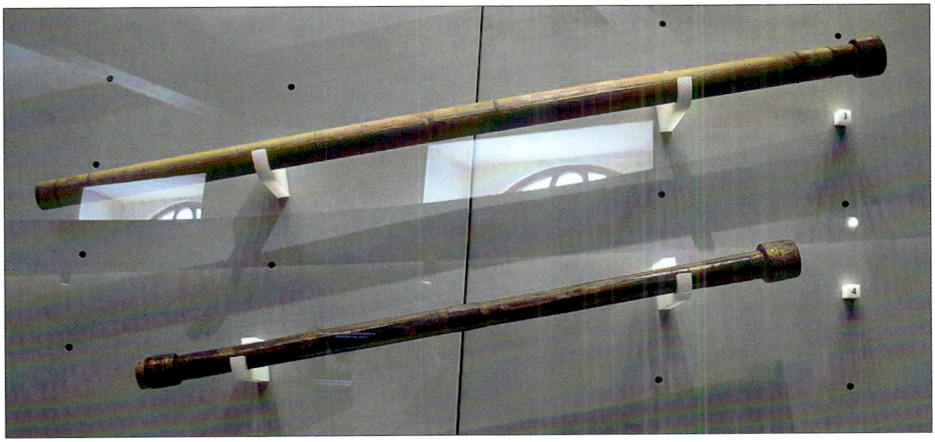

Abbildung 2.4: Teleskope von Galileo Galilei im Galileo Museum in Florenz.
Quelle: Sailko, CC BY SA 3.0, https://commons.wikimedia.org/wiki/File:Galileo_galilei,_telescopi_del_1609-10_ca..JPG

Ein einfacher Refraktor besteht aus einer Frontlinse, die das Licht in einem Brennpunkt fokussiert und dort ein auf dem Kopf stehendes Bild erzeugt. Am anderen Ende des Teleskop-Tubus befindet sich eine weitere Linse, mit der dieses Bild betrachtet wird – die sogenannte Okularlinse (Abbildung 2.5). Dieses einfache Galilei-Fernrohr findet heute kaum noch Verwendung, doch das Grundprinzip eines Refraktors ist nach wie vor dasselbe. Moderne Teleskope haben ein Objektiv, das aus zwei oder sogar drei Glaslinsen besteht. Am anderen Ende des Teleskops können verschiedene Okulare eingesetzt werden, die ebenfalls aus mehreren Linsen bestehen und unterschiedliche Brennweiten haben, um verschiedene Vergrößerungen zu ermöglichen.

In der Amateurastronomie sind heute vor allem zwei verschiedene Linsenteleskoptypen verbreitet. Zum einen der sogenannte achromatische Refraktor (kurz: Achromat). Hier werden zwei Linsen als Objektiv kombiniert: eine aus Kronglas, die andere aus Flintglas. Durch diese Kombination können Farbfehler verringert werden, die bei Linsenteleskopen auftreten. Farbfehler entstehen, weil Glas die verschiedenen Farben des Lichts unterschiedlich stark bricht. Blaues Licht wird stärker abgelenkt als rotes Licht, sodass die Farben nicht exakt im selben Punkt fokussiert werden. Dadurch können um helle Sterne oder Planeten farbige Ränder sichtbar werden. Achromaten eignen sich gut als Anfängerteleskope für die visuelle Beobachtung, da sie kostengünstig erhältlich sind. Allerdings werden die Farbfehler nicht vollständig eliminiert.

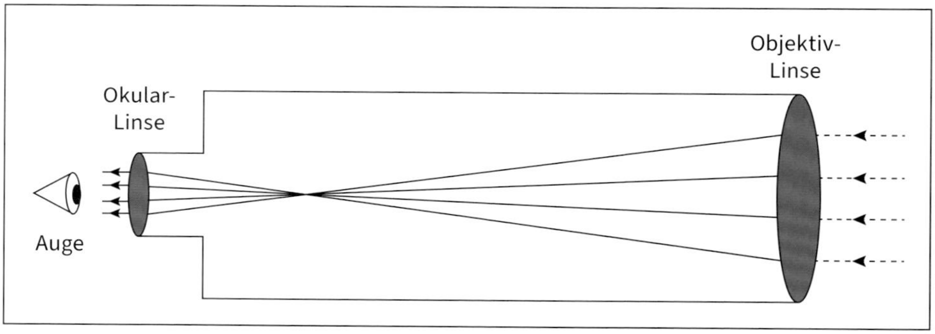

Abbildung 2.5: Schematischer Aufbau eines einfachen Refraktors

Darum gibt es einen zweiten, hochwertigeren Teleskoptyp: den Apochromaten oder kurz APO. Apochromatische Teleskope haben meist Objektive mit drei oder vier Linsen, um ein wirklich farbreines Bild zu erzeugen. Die Linsen bestehen aus Spezialglas, oft ED-Glas (Extra Low Dispersion), das eine sehr geringe Farbstreuung aufweist. APOs sind aufgrund der aufwendigen Optik schwerer als Achromaten und durch die Spezialgläser auch deutlich teurer. Sie sind daher eher für fortgeschrittene Beobachter gedacht, die großen Wert auf eine exzellente Abbildung legen.

Beim Achromaten werden zwei Farben gut korrigiert, nämlich Rot und Blau. Dennoch können Farbsäume an hellen Sternen, Planeten oder dem Mond auftreten. Der Apochromat korrigiert hingegen drei Farben (Rot, Grün und Blau) und bietet daher die beste Korrektur, aber zu einem hohen Preis. Einen guten Kompromiss bietet ein dritter Refraktor-Typ, der ED-Refraktor. Diese Teleskope verwenden ED-Gläser wie Apochromaten, ihre Objektive bestehen jedoch meist nur aus zwei Linsen. Sie bieten also eine Mittellösung zwischen Achromaten und Apochromaten. Für Anfänger sind ED-Refraktoren eine empfehlenswerte Wahl.

Refraktoren haben den Vorteil, dass sie kompakt und robust sind. Ein ED-Refraktor zum Beispiel ist schnell aufgebaut und einsatzbereit. Er liefert ein scharfes, kontrastreiches Bild. Zudem sind die optischen Elemente ab Werk justiert und benötigen in der Regel keine weitere Justage (siehe Abschnitt 2.2.2). Der Tubus, also die Röhre des Refraktors, verträgt auch mal einen Stoß und lässt sich leicht transportieren.

Ein Nachteil der Refraktoren ist jedoch ihr hoher Preis bei größeren Öffnungen und längeren Brennweiten. Während Refraktoren mit 60 bis 120 mm Öffnung in der Amateurszene sehr beliebt sind, werden größere Modelle schnell sehr teuer und schwer. Dieses Problem führte Anfang des 20. Jahrhunderts dazu, dass ein anderer Teleskoptyp den Refraktor in der professionellen Astronomie ablöste. Während in historischen Sternwarten noch einige große Linsenteleskope zu bewundern sind, setzen moderne Großteleskope und Weltraumteleskope auf Spiegeloptiken.

2.2.1 Der Reflektor – das Spiegelteleskop

Kein Geringerer als Sir Isaac Newton entwickelte im Jahr 1668 das erste funktionierende Spiegelteleskop, das bis heute als *Newton-Teleskop* oder einfach *Newton* bekannt ist (Abbildung 2.6). Anders als ein Refraktor, der eine Linse als Objektiv nutzt, sammelt und bündelt das Newton-Teleskop das Licht mit einem konkaven Hauptspiegel.

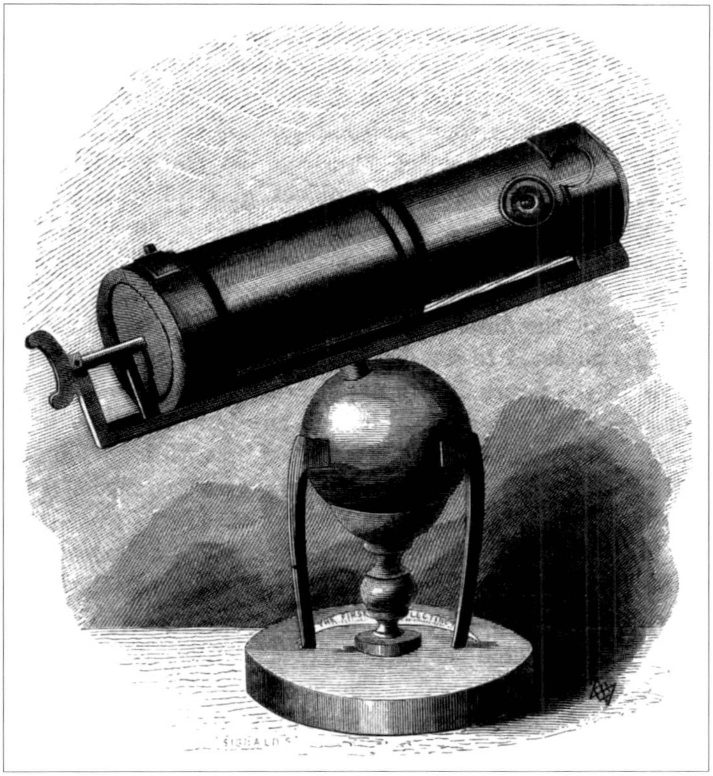

Abbildung 2.6: Illustration eines Newton-Teleskops. Quelle: https://commons.wikimedia.org/wiki/File:Newton%27s_reflecting_telescope.jpg

Vielleicht kennen Sie Hohlspiegel aus dem Badezimmer – sie vergrößern das Spiegelbild und bündeln Licht ähnlich wie eine Linse. Doch ein Problem liegt in der Natur der Sache: Wenn Sie in einen Spiegel schauen, sehen Sie sich selbst, aber nur einen Teil dessen, was hinter Ihnen liegt.

Um dieses Problem zu lösen, wandte Newton einen Trick an: Er platzierte einen zweiten, deutlich kleineren Spiegel – den sogenannten Fangspiegel – einige Zentimeter vor dem Brennpunkt des Hauptspiegels. Dieser hat keine eigene Vergrößerungswirkung, sondern lenkt das Licht im 90-Grad-Winkel zur Seite aus dem Tubus heraus. Dort befindet sich der Okularauszug, in den das Okular eingesetzt wird. Das Okular vergrößert das gebündelte Licht und macht das Bild sichtbar. Abbildung 2.7 zeigt den schematischen Aufbau eines Newton-Spiegelteleskops.

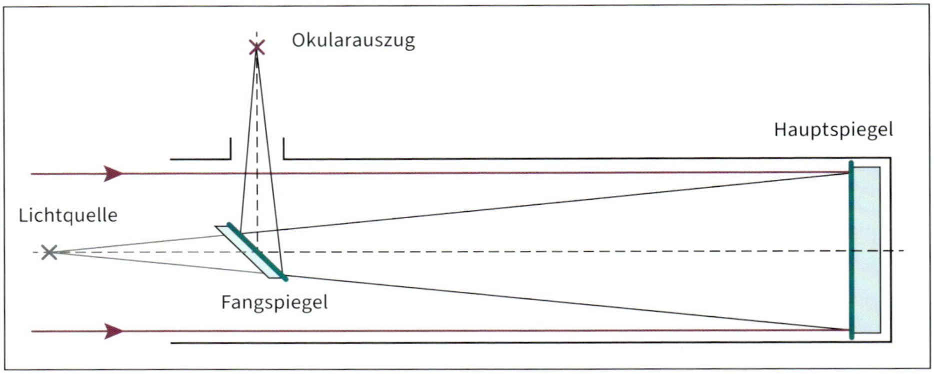

Abbildung 2.7: Aufbau eines Newton-Teleskops mit Hauptspiegel und Fangspiegel

Newton verwendete noch sphärische Spiegel, deren Krümmung der Oberfläche einer Kugel entsprach. Allerdings führte das zu Abbildungsfehlern, da das Licht nicht exakt in einem Punkt gebündelt wurde. Später wurden Newton-Teleskope maßgeblich verbessert, indem Parabolspiegel verwendet wurden, die eine deutlich bessere Abbildungsqualität liefern. Auch die ursprünglichen Metallspiegel, die schnell anliefen, wurden durch Glasspiegel mit reflektierenden Schichten aus Silber oder Aluminium ersetzt – ein Standard, der bis heute gilt.

In der Amateurastronomie ist eine besondere Bauform des Newton-Teleskops weit verbreitet: das Dobson-Teleskop (Abbildung 2.8). Hier sitzt das Teleskop auf einer einfachen Holzkiste und kann in alle Richtungen geschoben werden. Diese Bauweise erlaubt eine schnelle und unkomplizierte Ausrichtung auf Himmelsobjekte ohne komplexe Montierung. Nutzer solcher Dobsons nennen sich selbst scherzhaft »Dobsonschubser«.

Benannt wurde diese Bauweise nach John Dobson, einem US-amerikanischen Amateurastronomen, der in den 1960er-Jahren zu einer Ikone der »Sidewalk Astronomer«-Szene wurde. Diese Hobbyastronomen bauten ihre Teleskope oft selbst und stellten sie auf Gehwegen auf, um Passanten einen Blick in den Himmel zu ermöglichen.

Newton-Teleskope – und insbesondere Dobson-Teleskope – können mit deutlich größeren Öffnungen gebaut werden als Refraktoren. Ein Spiegelteleskop im Amateurbereich hat oft Spiegeldurchmesser von 150 bis 350 mm. Dabei sind die Anschaffungskosten vergleichsweise gering. Zum Vergleich: Ein apochromatischer Refraktor mit 80 mm Öffnung kann bis zu 1000 Euro kosten – eine passende Montierung nicht mit eingerechnet. Ein Newton-Teleskop in Dobson-Bauweise mit 200 mm Öffnung kostet dagegen etwa 500 Euro.

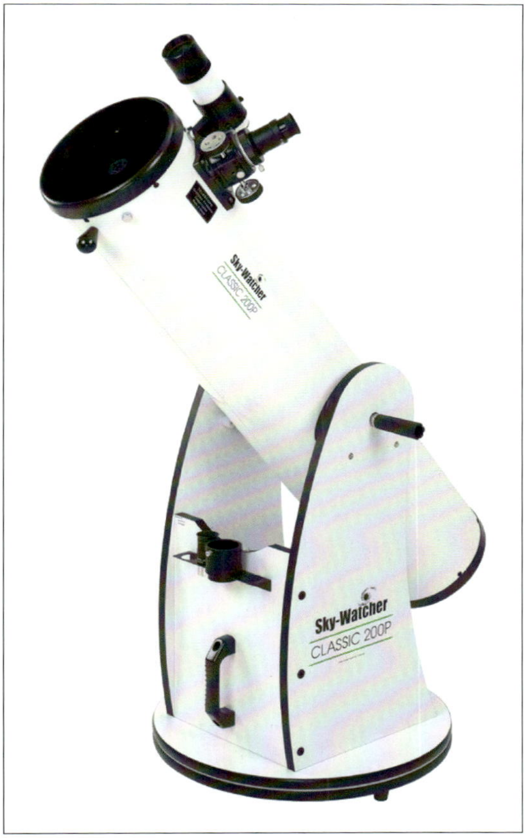

Abbildung 2.8: Ein Dobson-Teleskop. Quelle: Sky-Watcher, Astroshop

Neben dem Newton-Teleskop gibt es weitere Spiegelteleskop-Designs, etwa das Ritchey-Chrétien-Teleskop (RC) oder das Schmidt-Cassegrain-Teleskop (SC). Diese Teleskoptypen kombinieren große Öffnungen mit langen Brennweiten und kompakter Bauweise. Schmidt-Cassegrain-Teleskope waren in den 1980er-Jahren sehr beliebt und werden auch heute noch von Amateurastronomen genutzt, insbesondere für Planetenbeobachtung und Astrofotografie. Zum Einstieg sind sie jedoch weniger geeignet, da sie teurer sind und komplexer aufgebaut als ein klassischer Newton.

2.2.2 Justage von Spiegelteleskopen

Ein wichtiger Punkt bei Spiegelteleskopen ist die regelmäßige Justage der optischen Elemente, also von Haupt- und Fangspiegel. In der Fachsprache bezeichnet man das als *Kollimation* (von lat. *collimare*, »in eine Linie bringen«). Ist ein Teleskop dejustiert, erscheinen Sterne unförmig. Während ein Refraktor meist keine Justage benötigt, sind Spiegelteleskope aufgrund ihrer Bauweise empfindlicher.

Zur Justage gibt es verschiedene Hilfsmittel, darunter Justierokulare, Concenter-Okulare oder Laser-Kollimationswerkzeuge. Besonders mit einem Laser lässt sich ein Newton-Teleskop relativ schnell justieren (Abbildung 2.9). Allerdings erfordert dies etwas Übung und ein Verständnis für den optischen Aufbau.

Abbildung 2.9: Mit einem Justage-Laser lässt sich ein Spiegelteleskop relativ leicht kollimieren. Quelle: Baader Planetarium, Astroshop

Kenngrößen von Teleskopen

Zwei der wichtigsten Kenngrößen von Teleskopen sind die Teleskopöffnung und die Brennweite. Als Öffnung bezeichnet man den Durchmesser der vorderen Linse beziehungsweise des Spiegels bei einem Spiegelteleskop. Die Brennweite ist der Abstand zwischen der Frontlinse oder dem Spiegel und dem Fokuspunkt, also dem Punkt, an dem das Licht gebündelt wird.

In der Teleskopwelt werden Größen häufig in Zoll angegeben. Ein Zoll entspricht 25,4 mm. Vor allem bei der Teleskopöffnung sollten Sie sich an die Zollschreibweise gewöhnen. Ein Teleskop mit 106 mm Öffnung wird beispielsweise als »Vierzöller« bezeichnet, auch wenn die Umrechnung nicht ganz exakt ist.

Im Amateurbereich sind Newton-Teleskope mit 203 mm Öffnung (8 Zoll) und 254 mm Öffnung (10 Zoll) besonders verbreitet. Die Öffnung wird mit *D* angegeben.

Die Brennweite hingegen wird in Millimetern angegeben und mit *f* bezeichnet. Ein 8-Zoll-Newton-Teleskop mit 203 mm Öffnung hat üblicherweise eine Brennweite von entweder 800 mm oder 1000 mm. Die Brennweite hat maßgeblichen Einfluss auf das Gesichtsfeld eines Teleskops. Teleskope mit kurzer Brennweite zeigen ein großes Feld am Himmel, während Teleskope mit großer Brennweite nur einen kleineren Bereich des Himmels erfassen (siehe Abbildung 2.11 in Abschnitt 2.3).

Das Verhältnis von Brennweite zur Öffnung ergibt das Öffnungsverhältnis. Achten Sie darauf, dass bei der Berechnung beide Werte in Millimetern verwendet werden, also Zollangaben entsprechend umgerechnet werden müssen. Ein 10-Zoll-Newton-Teleskop mit 254 mm Öffnung und einer Brennweite von 1250 mm hat ein Öffnungsverhältnis von f/D = 5, geschrieben als f/5 (gesprochen: »f zu fünf«).

Das Öffnungsverhältnis gibt an, wie hell das Bild im Teleskop erscheint. Teleskope mit großer Öffnung, aber geringer Brennweite sind besonders lichtstark – man spricht von einem schnellen Teleskop. Solche Instrumente eignen sich gut für die Beobachtung von Gasnebeln oder Sternhaufen in der Milchstraße.

Für die Beobachtung von Planeten, bei der es auf feine Details ankommt, bevorzugt man hingegen Teleskope mit einem höheren Öffnungsverhältnis. Ein Universalteleskop für alle Zwecke gibt es also nicht. Üblicherweise haben Amateurteleskope heute ein Öffnungsverhältnis zwischen f/4 und f/6.

2.3 Okulare

Während die ersten Teleskope noch feste Einheiten aus Objektiv- und Okularlinse waren, nutzt man moderne Teleskope mit Wechselokularen (Abbildung 2.10). Diese werden in den Okularauszug des Teleskops gesteckt und meist mit zwei feinen Schrauben fixiert. Der Okularauszug dient maßgeblich dazu, den idealen Schärfepunkt zu finden, da dieser von Beobachter zu Beobachter schwankt und auch je nach Okular unterschiedlich liegt.

Bei den heute gebräuchlichen Okularen ist es schwer, den Überblick zu behalten. Es gibt verschiedene Okulartypen, die sich in ihrem Linsenaufbau unterscheiden. Kaufhausteleskope werden oft mit sehr einfachen Okularen vom Typ Huygens ausgeliefert. Diese bestehen aus zwei Linsen und sind meist von schlechter Qualität. Falls Sie bereits ein solches

Teleskop besitzen, können Sie die Abbildungsqualität erheblich verbessern, indem Sie in hochwertigere Okulare investieren.

Ich werde Ihnen nicht alle Okulartypen im Detail erklären, aber weit verbreitet sind Plössl- und Erfle-Okulare. Sie bieten ein gutes Preis-Leistungs-Verhältnis und bestehen in der Regel aus vier bis sechs Linsen. Etwas aufwendiger konstruiert sind Nagler- und Ethos-Okulare, die bis zu acht Linsen enthalten, aber auch extrem teuer sein können. So kostet ein einzelnes Ethos-Okular des Herstellers Tele Vue um die 1000 €!

Abbildung 2.10: Ein Plössl-Okular mit einer 1¼-Zoll-Steckhülse. Die Brennweite des Okulars ist gut lesbar aufgedruckt. Quelle: Explore Scientific, Astroshop

Von Zoom-Okularen mit flexibler Brennweite rate ich ab. Zwar sind sie komfortabel in der Handhabung, doch das geht meist auf Kosten der optischen Qualität.

Okulare gibt es mit verschiedenen Brennweiten, die zwischen etwa 32 mm und 6 mm variieren. Entgegen der Intuition sind es die Okulare mit den geringeren Brennweiten, die eine höhere Vergrößerung ermöglichen. Okulare mit längeren Brennweiten bieten dafür ein größeres Gesichtsfeld und ein insgesamt helleres Bild. Ich empfehle Ihnen ein Set aus drei Okularen mit Brennweiten von 32 mm, 20 mm und 12 mm.

Die Steckhülsen der Okulare haben verschiedene Durchmesser. Am weitesten verbreitet sind Okulare mit 31,75 mm Steckdurchmesser (1,25 Zoll). Größere Teleskope verfügen häufig über Okularauszüge, die Okulare mit 2 Zoll (50,8 mm) aufnehmen können. Üblicherweise wird dann ein Adapter verwendet, mit dem sich auch 1,25-Zoll-Okulare einsetzen lassen.

Vergrößerung und Bildfeld

Die Vergrößerung einer Teleskop-Okular-Kombination errechnet sich einfach aus der Brennweite des Teleskops geteilt durch die Brennweite des Okulars:

Vergrößerung = Teleskop-Brennweite / Okular-Brennweite

Ein Teleskop mit 1000 mm Brennweite und ein Okular mit 10 mm Brennweite ergeben also eine 100-fache Vergrößerung (1000 / 10 = 100).

Da der Himmel einer Kugeloberfläche gleicht, wird das Gesichtsfeld einer Teleskop-Okular-Kombination in Grad angegeben. Auf Okularen wird in der Regel das scheinbare Gesichtsfeld (Apparent Field of View, AFOV) angegeben.

Um das tatsächliche Gesichtsfeld eines Teleskops mit einem bestimmten Okular zu berechnen, teilt man das scheinbare Gesichtsfeld des Okulars durch die Vergrößerung:

Tatsächliches Gesichtsfeld (in Grad) = AFOV / Vergrößerung

Beispiel: Ein Okular mit einem scheinbaren Gesichtsfeld von 68° und einer Vergrößerung von 100-fach ergibt:

68° / 100 = 0,68° tatsächliches Gesichtsfeld

Aufgabe: Vergrößerung und Gesichtsfeld berechnen

Schreiben Sie ein kleines Computerprogramm, das die Vergrößerung und das tatsächliche Gesichtsfeld einer Teleskop-Okular-Kombination berechnet. Die benötigten Formeln haben Sie in den vergangenen Abschnitten kennengelernt.

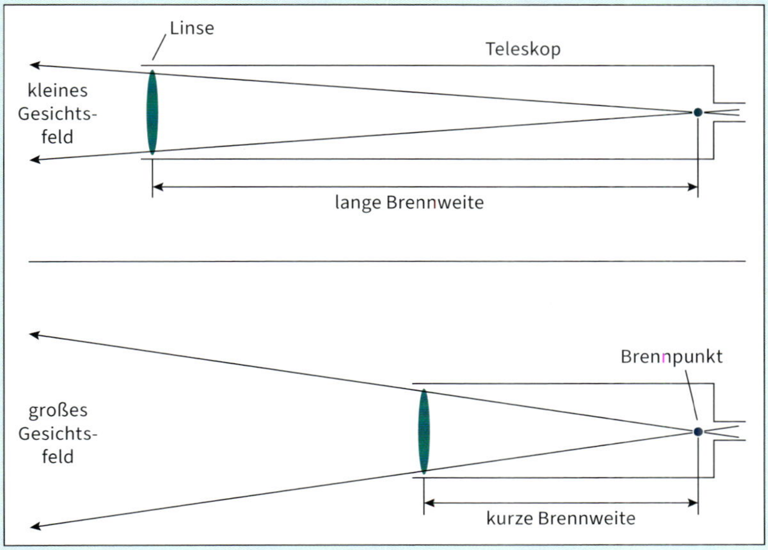

Abbildung 2.11: Langbrennweitiges und kurzbrennweitiges Teleskop

Falls Sie bereits eine Programmiersprache beherrschen, dürfte diese Aufgabe leicht zu lösen sein. Aber auch für den Einstieg in die Programmierung ist es ein interessantes kleines Projekt.

Als mögliche Lösung finden Sie hier das Listing 2.1 in der Sprache Python.

```
def berechne_vergroesserung(brennweite_teleskop,
                            brennweite_okular):
    """
    Berechnet die Vergrößerung eines Teleskops mit
    einem bestimmten Okular.
    Formel: Vergrößerung = Brennweite des Teleskops / Brennweite
            des Okulars
    """
    return brennweite_teleskop / brennweite_okular

def berechne_gesichtsfeld(apparent_fov, vergroesserung):
    """
    Berechnet das tatsächliche Gesichtsfeld eines Teleskops.
    Formel: Tatsächliches Gesichtsfeld = Scheinbares
            Gesichtsfeld / Vergrößerung
    """
    return apparent_fov / vergroesserung

# Eingaben des Benutzers
brennweite_teleskop = float(input("Geben Sie die Brennweite des
Teleskops in mm ein: "))
brennweite_okular = float(input("Geben Sie die Brennweite des
Okulars in mm ein: "))
apparent_fov = float(input("Geben Sie das scheinbare Gesichtsfeld
des Okulars in Grad ein: "))

# Berechnungen
groesse_vergroesserung = berechne_vergroesserung(brennweite_
teleskop, brennweite_okular)
groesse_gesichtsfeld = berechne_gesichtsfeld(apparent_fov,
groesse_vergroesserung)

# Ergebnisse ausgeben
print(f"\nDie Vergrößerung beträgt: {groesse_vergroesserung:.2f}-
fach")
print(f"Das tatsächliche Gesichtsfeld beträgt: {groesse_
gesichtsfeld:.2f} Grad")
```

Listing 2.1: Programm zur Berechnung der Vergrößerung und des tatsächlichen Gesichtsfelds eines Teleskops

2.4 Teleskopmontierungen

Teleskope besitzen eine zu hohe Vergrößerung und sind außerdem zu schwer, um sie freihändig ruhig zu halten. Ein Teleskop sollte daher auf einer möglichst stabilen Montierung sitzen. Beim Dobson-Teleskop haben Sie bereits eine sehr einfache und stabile Montage des Teleskops kennengelernt. Doch es gibt auch spezielle Teleskopmontierungen, die ich im Einzelnen erläutern möchte.

2.4.1 Azimutale Montierung

Die einfachste Montierungsform ist die azimutale Montierung (siehe Abbildung 2.12). Ähnlich wie bei einem Fotostativ kann das Teleskop in zwei Achsen gedreht werden: von links nach rechts (Astronomen würden eher von Ost nach West sagen) oder von unten nach oben. Die horizontale Achse wird dabei *Azimutachse* genannt, die vertikale *Altitudachse*.

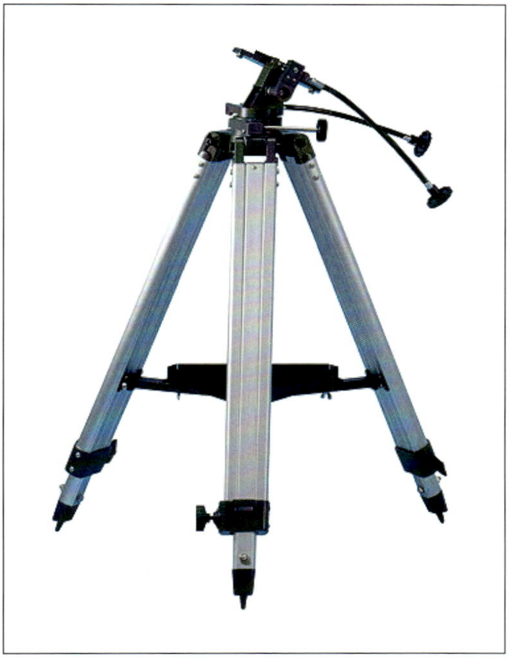

Abbildung 2.12: Eine einfache Azimutalmontierung auf einem Dreibeinstativ aus Aluminium. Die biegsamen Wellen dienen der Feinverstellung der Achsen. Quelle: Sky-Watcher, Astroshop

Da sich die Erde dreht, bewegen sich die Sterne scheinbar am Himmel – von Ost nach West. Beim Blick durch ein Teleskop wandern sie sogar sichtbar weiter und sind bereits nach wenigen Minuten nicht mehr im Gesichtsfeld des Okulars. Da sich die Sterne jedoch nicht parallel zum Horizont bewegen, sondern auf einem scheinbaren Bogen, muss man mit einer azimutalen Montierung das Teleskop in zwei Achsen ständig nachführen.

Der Vorteil azimutaler Montierungen liegt in ihrer einfachen Handhabung. Sie sind kostengünstig, stabil und auch für Anfänger leicht zu bedienen.

2.4.2 Äquatoriale Montierung

Bei der äquatorialen Montierung (kurz EQ-Montierung, aus dem Englischen für *Equatorial Mount*) ist eine Achse parallel zur Erdachse ausgerichtet und zeigt exakt auf den Himmelsnordpol (siehe Abbildung 2.13). Diese Achse wird *Rektaszensionsachse* genannt. Eine zweite Achse ermöglicht das Verstellen der Höhe des Teleskops, sie wird *Deklinationsachse* genannt.

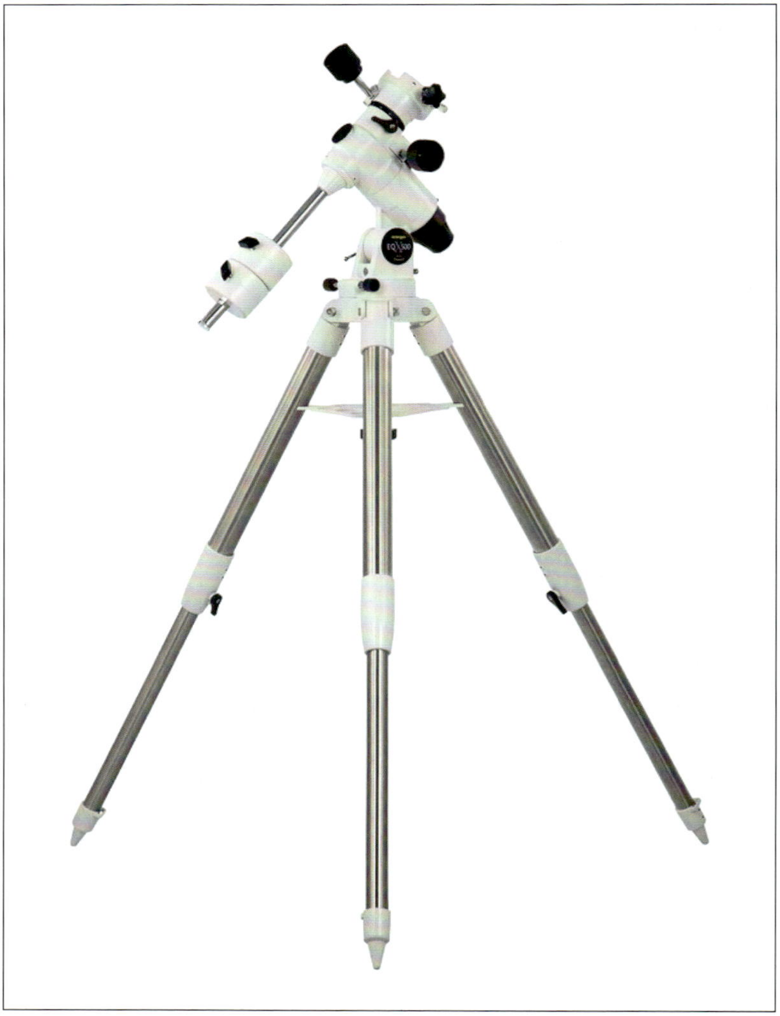

Abbildung 2.13: Eine einfache äquatoriale Montierung auf einem stabilen Dreibeinstativ. Die Achsen lassen sich zusätzlich motorisieren. Quelle: Omegon, Astroshop

Über die Begriffe *Rektaszension* und *Deklination* erfahren Sie mehr in Abschnitt 4.5. Für den Moment reicht es, sich die Bezeichnungen zu merken. Es bedarf etwas räumlicher Vorstellungskraft, um zu verstehen, wie eine solche EQ-Montierung funktioniert.

Ihr großer Vorteil: Hat man einmal ein Objekt am Himmel eingestellt, muss man nur noch die Rektaszensionsachse nachführen, um es im Gesichtsfeld zu behalten. Moderne EQ-Montierungen verfügen über Motoren, deren Getriebe exakt so eingestellt sind, dass sie die Erddrehung ausgleichen.

Varianten der äquatorialen Montierung

Es gibt verschiedene Typen äquatorialer Montierungen. Am häufigsten wird die deutsche äquatoriale Montierung verwendet (früher auch »parallaktische Montierung« genannt). Eine andere Variante basiert auf einer gekippten azimutalen Montierung, bei der die Azimutachse parallel zur Erdachse ausgerichtet ist. Dies wird als *Gabelmontierung* bezeichnet. Sie eignet sich besonders für kompakte Teleskope wie Schmidt-Cassegrain-Teleskope.

So komfortabel diese Montierungen klingen, sie haben einen entscheidenden Nachteil: Eine gute äquatoriale Montierung kostet oft mehr als das Teleskop selbst. Zudem steigen die Kosten mit zunehmender Größe des Teleskops. Ich würde daher erst dann eine solche Montierung empfehlen, wenn Sie in die Astrofotografie einsteigen möchten.

2.4.3 Motorisierte Montierungen und GoTo-Steuerung

Grundsätzlich können sowohl azimutale als auch äquatoriale Montierungen motorisiert werden. Bei einer EQ-Montierung übernimmt der Motor, der die Rektaszensionsachse antreibt, auch den Ausgleich der Erddrehung.

Viele moderne Montierungen verfügen zudem über eine GoTo-Steuerung (aus dem Englischen für »Gehe zu«), siehe Abbildung 2.14. Dabei wird das Teleskop zunächst auf einen bekannten Stern ausgerichtet, bis dieser exakt in der Mitte des Gesichtsfelds steht. Anschließend gibt man der Teleskopsteuerung an, um welchen Stern es sich handelt. Mithilfe einer internen Datenbank synchronisiert das System das Teleskop auf die Himmelskoordinaten dieses Sterns.

Nach diesem sogenannten Star-Alignment kann das Teleskop jedes bekannte Objekt ansteuern. In der Datenbank sind meist Tausende Sterne und Deep-Sky-Objekte gespeichert, die bequem per Suchfunktion ausgewählt werden können.

GoTo-Montierungen bieten vor allem dann großen Komfort, wenn Sie in die Astrofotografie einsteigen möchten. Sie ermöglichen es, Himmelsobjekte präzise anzufahren und zuverlässig im Gesichtsfeld einer Kamera zu positionieren. Bei der visuellen Beobachtung gehört das eigenständige Aufsuchen der Objekte jedoch für viele Beobachter zum eigentlichen Erlebnis dazu. Natürlich steht es Ihnen frei, den Komfort einer GoTo-Montierung zu nutzen.

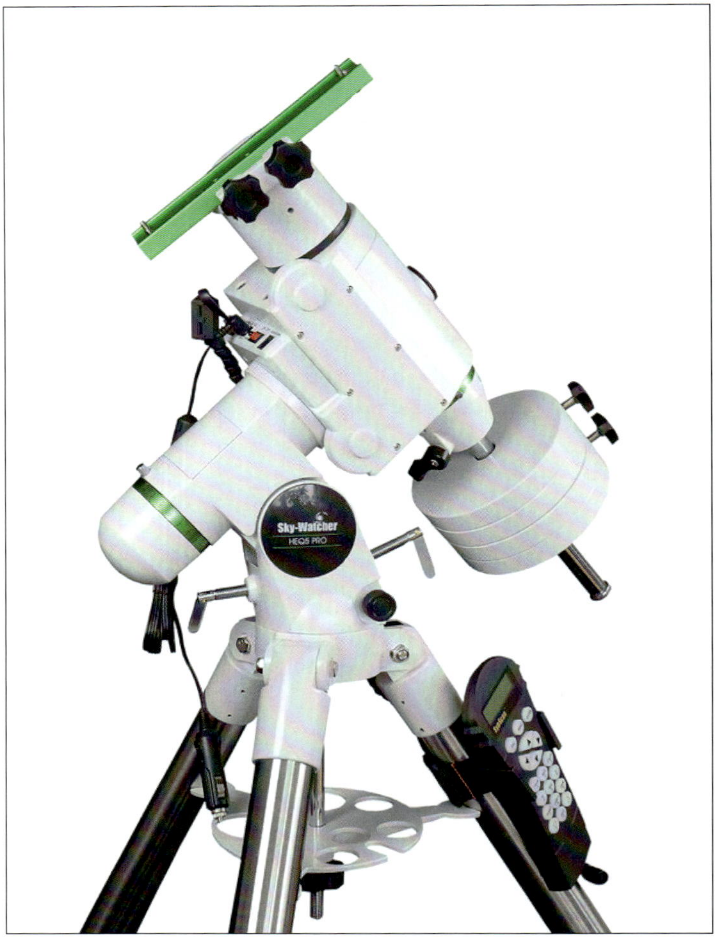

Abbildung 2.14: EQ-Montierung mit GoTo-Steuerung. Quelle: Sky-Watcher, Astroshop

2.5 Welches Zubehör wird noch benötigt?

Neben den Okularen für Ihr Teleskop und gegebenenfalls einer Teleskopmontierung benötigen Sie nicht viel weiteres Zubehör. Im Lieferumfang der meisten Teleskope ist bereits ein Sucherfernrohr enthalten. Der Sucher ist ein Miniteleskop, das auf dem eigentlichen Teleskop montiert ist. Meist verfügen solche Sucher über ein Fadenkreuz, ähnlich dem Zielfernrohr eines Gewehrs (siehe Abbildung 2.15).

Dieser Sucher sitzt in der Regel in einer Halterung mit drei Schrauben, mit denen sich seine Ausrichtung einstellen lässt. Es ist wichtig, dass der Sucher und das Hauptteleskop exakt in die gleiche Richtung zeigen. Zur Justierung kann man bei Tageslicht einen entfernten Turm oder Mast anpeilen. Nachdem das Hauptteleskop auf die Spitze des Masts oder Kirchturms ausgerichtet wurde, justiert man das Sucherfernrohr entsprechend. Hochwertige Sucher sind oft beleuchtet – das Fadenkreuz leuchtet dann schwach rötlich, um sich vom dunklen Nachthimmel abzuheben.

Eine Alternative zu optischen Suchern sind verschiedene Typen von Leuchtpunktsuchern. Diese haben keine vergrößernde Wirkung und dienen nur dazu, Objekte grob am Himmel anzuvisieren. Für die meisten Teleskope reicht ihre Genauigkeit vollkommen aus, weshalb sie klassische Sucherfernrohre weitgehend abgelöst haben. Manchmal ist es jedoch praktisch, beide Varianten zu nutzen. Einige Objekte sind mit bloßem Auge nicht sichtbar, aber bereits in einem kleinen Sucherfernrohr. Dann peilen Sie mit dem Leuchtpunktsucher zunächst die betreffende Region am Himmel an und stellen danach das Objekt im Sucherfernrohr ein.

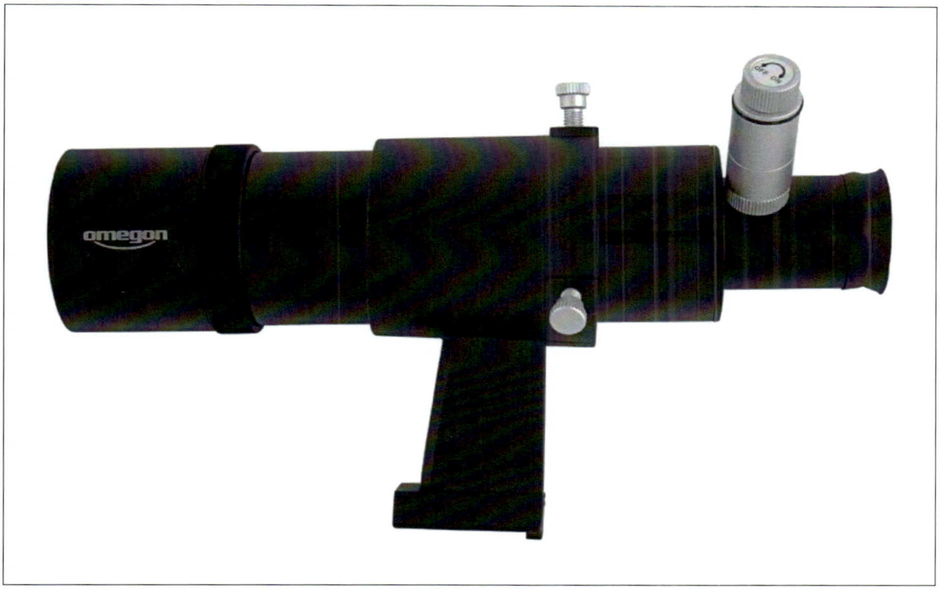

Abbildung 2.15: Ein Sucherfernrohr mit Beleuchtungseinheit. Beim Einblick ins Okular erkennt man ein rot leuchtendes Fadenkreuz. Quelle: Omegon, Astroshop

Eine besonders weit verbreitete Variante dieser Peilhilfen ist der sogenannte Telrad-Sucher. Hierbei werden drei rot leuchtende Kreise auf eine Mattscheibe projiziert – eine Technik, die an ältere Zielvorrichtungen von Jagdbombern erinnert und tatsächlich davon inspiriert wurde. Viele Sternkarten und Astronomie-Apps bieten die Möglichkeit, diese Telrad-Kreise anzuzeigen. Dadurch lassen sich selbst schwache Objekte am Himmel sehr einfach anvisieren.

Bei Refraktoren kann es – ähnlich wie bei Ferngläsern – schnell ermüdend sein, wenn man Objekte beobachtet, die hoch am Himmel stehen. Um den Einblickwinkel angenehmer zu gestalten, gibt es 90°-Spiegel, die das Licht des Teleskops im rechten Winkel umlenken. Diese sogenannten Zenitspiegel (siehe Abbildung 2.16) sind als Zubehör erhältlich, einige Hersteller liefern sie bereits mit ihren Teleskopen mit. Sie werden einfach in den Okularauszug gesteckt und bieten an ihrem anderen Ende eine Aufnahme für Okulare.

Abbildung 2.16: Zenitspiegel mit 1¼-Zoll-Steckhülse zur bequemen Beobachtung an Refraktorteleskopen. Quelle: Omegon, Astroshop

2.6 Ein paar Hilfestellungen zum Kauf eines Teleskops

Welcher Typ sind Sie? Mögen Sie schnelle Autos? Tragen Sie elegante Uhren? Oder sind Sie eher der Naturbursche und mögen es solide und robust? Spaß beiseite. Ein Teleskop ist kein Statussymbol und sollte daher nach praktischen Gesichtspunkten ausgewählt werden.

Sie haben in diesem Kapitel einen Überblick bekommen über die verschiedenen Teleskoptypen, dennoch kann es sein, dass Sie nun immer noch unsicher sind, welches Teleskop das richtige für Sie ist. Darum werde ich Ihnen im Folgenden noch ein paar Ideen mit auf den Weg geben.

Ich rate Ihnen zum Kauf eines Dobson-Teleskops. Die Spiegeloptiken gängiger Amateurteleskope sind von sehr guter Qualität und kosten nicht so viel wie vergleichbare Linsenoptiken. Das Preis-Leistungs-Verhältnis ist damit bei Spiegelteleskopen besser. Im weiteren Verlauf des Buches werden Sie daher häufig ein Dobson-Teleskop sehen.

Ich rate Ihnen zudem, gleich mit einer nicht zu geringen Teleskopöffnung anzufangen. Ein 8-Zoll-Dobson oder ein 10-Zoll-Dobson halte ich für ideal zum Einstieg. Speziell für Kinder gibt es recht kleine Tisch-Dobsons mit einer Öffnung von 76 mm und einer Brennweite von 300 mm. Diese eignen sich hervorragend für erste Beobachtungen. Für Erwachsene und Jugendliche werden solche Teleskope jedoch schnell langweilig, da sie nur an den hellsten und größten Objekten Details zeigen, etwa am Mond oder an den großen Gasplaneten.

Vermeiden Sie in jedem Fall die sogenannten Kaufhaus-Teleskope, wie etwa azimutal montierte Refraktoren mit 70 mm Öffnung und 700 mm Brennweite oder Reflektoren mit ähnlichen Kenngrößen. Solche Teleskope sind von schlechter optischer, aber vor allem mechanischer Qualität. Die Beobachtung ist äußerst mühsam, und Ihnen wird schnell der Spaß an der Astronomie vergehen. Mein erstes erspartes Geld habe ich im Alter von zehn Jahren in einen solchen Newton mit 76 mm Öffnung investiert. Es war meine erste, frustrierende Erfahrung mit Billigteleskopen.

Hier ein paar ausgewählte Dobson-Teleskope, die ich Ihnen guten Gewissens empfehlen kann. Es handelt sich um die 8-Zoll-Variante. Wenn Sie das Geld übrig haben, kaufen Sie die 10-Zoll-Variante!

- Skywatcher Dobson-Teleskop N 200/1200 Skyliner Classic DOB
- GSO N200/1200 DOB
- Omegon Dobson-Teleskop Advanced X 203/1200

Alle diese Teleskope kosten derzeit knapp unter 500 Euro.

Einige Nachteile der Dobson-Teleskope müssen aber erwähnt werden. Bereits das 8-Zoll-Dobson ist unhandlich, erst recht noch größere Modelle. Der Transport zu einem entfernteren Beobachtungsort ist nur mit dem Auto möglich. Wohnen Sie in ländlicher Gegend und müssen nur raus in den Garten oder auf die Terrasse, ist das kein großes Hindernis. Vielleicht reisen Sie gerne und genießen den Sternenhimmel in südlicheren Gefilden oder in den Bergen? Dann ist ein Dobson nicht gut geeignet.

Ein Dobson muss außerdem regelmäßig kollimiert werden. Sie sollten also einen Justierlaser gleich mit einkalkulieren. Zum Justieren benötigen Sie etwas räumliches Vorstellungsvermögen, Geschick, ein ruhiges Händchen beim Einstellen der Justierschrauben sowie etwas Geduld. Sollten Sie diese Fähigkeiten nicht bei sich sehen, ist ein Spiegelteleskop vielleicht nicht das richtige für Sie. Anleitungen zur Kollimation eines Spiegelteleskops finden Sie zahlreiche im Internet. Zur Justage mit Hilfe eines Justierlasers, hilft Ihnen vielleicht dieser Link weiter: *www.astroshop.de/magazin/tutorials-und-videos/tutorials/teleskop-zubehoer/justierlaser-kollimation-newton-teleskop/i,1145*

Möchten Sie etwas mobiler sein und Ihr Teleskop vielleicht sogar einmal auf eine Flugreise mitnehmen, dann ist ein Refraktor vermutlich die bessere Wahl. Refraktoren sind kompakter und müssen nicht justiert werden. Allerdings werden Sie dann eher Refraktoren mit maximal 4 Zoll Öffnung kaufen. Zum Beobachten von großen Gasnebeln und Sternhaufen in der Milchstraße ist so ein Teleskop bestens geeignet. Auch der Mond mit seinen Kratern, Rillen und Bergen sieht beeindruckend aus in einem Refraktor.

Folgende Refraktoren kann ich Ihnen guten Gewissens empfehlen:

- Skywatcher AC 102/500 Startravel 102 AZ-5
- Omegon AC 102/660 AZ-3
- Skywatcher AC 120/600 Startravel BD AZ-3

Vergleich Refraktor vs. Newton-Reflektor

Wenn Sie nun Preise der oben genannten Teleskope einholen, werden Sie feststellen, dass die Refraktoren günstiger sind als die Dobson-Teleskope, obwohl Refraktoren bei gleicher Öffnung generell zu den teureren Bauformen gehören. Der niedrigere Preis erklärt sich durch ihre deutlich geringere Öffnung. Diese lässt sich allerdings nicht direkt mit der eines Newton-Teleskops vergleichen. Refraktor und Newton sammeln Licht auf unterschiedliche Weise: Im Newton-Teleskop verursacht der Fangspiegel eine Obstruktion (Abschattung) des Hauptspiegels, und die Spiegelbeschichtungen schlucken einen Teil des Lichts. Als grobe Orientierung gilt: Ein Refraktor mit 100 mm Öffnung entspricht ungefähr einem Newton-Teleskop mit 110 bis 120 mm Öffnung. Dieser Wert variiert je nach Bauform – bei Systemen mit besonders großem Fangspiegel kann der Unterschied etwas größer ausfallen.

Wie bereits erwähnt: Wenn Sie auf die Websites der großen Online-Teleskophändler gehen, werden Sie von der Flut der verfügbaren Teleskope erschlagen. Sehen Sie vom Kauf spezieller Teleskope wie etwa Schmidt-Cassegrain- oder Maksutov-Teleskopen ab. Auch wenn diese sehr kompakt sind und beeindruckend aussehen, werden Sie mit den oben genannten Teleskopen mehr Freude haben.

Die meisten Teleskope werden mit einem kleinen Satz einfacher Okulare geliefert. Zusätzliche Okulare können jederzeit nachgekauft werden. Die meisten Teleskope verfügen zudem über einen Sucher. Informieren Sie sich beim Kauf genau über das mitgelieferte Zubehör, um keine böse Überraschung bei den ersten Beobachtungen zu erleben.

Sie können natürlich auch in ein Teleskop investieren, das äquatorial montiert ist. Seien Sie sich jedoch darüber im Klaren, dass Sie dann in eine wirklich gute – und damit meist auch teure – Ausrüstung investieren müssen. Auch der Umgang mit solchen Montierungen, insbesondere deren genaue Aufstellung, muss zunächst erlernt werden. Diese Variante kann ich Ihnen vor allem dann empfehlen, wenn Sie früher oder später sicher in die Astrofotografie einsteigen möchten. Gerade hier machen sich eine motorisierte Nachführung und eine GoTo-Steuerung bezahlt, da sie lang belichtete Aufnahmen überhaupt erst ermöglichen. Wenn Sie von vornherein einen sehr komfortablen und einsteigerfreundlichen Zugang zur Himmelsbeobachtung suchen, sollten Sie sich mit Smartteleskopen beschäftigen (siehe Kapitel 14). Dennoch rate ich Ihnen dazu, zunächst mit einem klassischen Teleskop einzusteigen. Die Kosten sind meist geringer, und Sie lernen die grundsätzliche Funktionsweise sowie den Umgang mit einem Teleskop besser kennen.

Kapitel 3

Lichtverschmutzung: ein wichtiges Thema für Astronomen

»Lichtverschmutzung« ist ein Begriff, der vielen Menschen nicht geläufig sein dürfte. Während Umweltverschmutzung schon seit Jahrzehnten im Bewusstsein der Gesellschaft verankert ist, wird der Einfluss künstlicher Beleuchtung darauf oft übersehen. Doch nicht nur künstliche Lichtquellen tragen zur Aufhellung des Nachthimmels bei – auch der Mond und seltene atmosphärische Phänomene können den Himmel erhellen.

Wenn ich auf Reisen in einer Großstadt bin, erkundige ich mich meist als Erstes nach einem städtischen Observatorium. In vielen Metropolen bin ich bereits fündig geworden, etwa in Sydney oder Kopenhagen. Eine bekannte Kulisse für zahlreiche Hollywoodfilme ist das Griffith Observatory in Los Angeles (Abbildung 3.1).

Abbildung 3.1: Das Griffith Observatory in Los Angeles. Quelle: Matthew Field, CC BY 2.5: https://commons.wikimedia.org/wiki/File:Griffith_observatory_2006.jpg

In Deutschland finden sich historische Sternwarten beispielsweise in Potsdam, wo eine beeindruckende Kuppel den »Großen Refraktor« beherbergt. Noch vor etwa 100 Jahren wurden astronomische Beobachtungen mitten in den Städten durchgeführt. Heute hingegen befinden sich große Forschungssternwarten in abgelegenen Regionen, etwa in der Atacama-Wüste in den chilenischen Anden (Abbildung 3.2).

Abbildung 3.2: Das Very Large Telescope (VLT) auf dem Cerro Paranal in Chile.
Quelle: ESO/G. Hüdephol, CC BY 4.0: www.eso.org/public/images/dsc4088

Mit der Erfindung der Glühbirne durch Thomas Edison im Jahr 1879 nahm die Aufhellung des Nachthimmels deutlich zu. Zunächst betraf dies nur die Städte, doch im Laufe des frühen 20. Jahrhunderts wurden nicht nur Stadtzentren, sondern auch Vororte mit künstlicher Beleuchtung ausgestattet. Glühbirnen wurden durch leistungsstärkere Quecksilber- und Natriumdampflampen ersetzt, die das Problem weiter verschärften. Heute kommen überwiegend leistungsstarke LED-Leuchten zum Einsatz. Innerhalb von etwas mehr als 100 Jahren hat künstliches Licht die Sicht auf den Nachthimmel – zumindest in urbanen Gebieten – stark beeinträchtigt.

Innerhalb der Erdatmosphäre wird künstliches Licht von Straßenlampen, Gebäuden und anderen Quellen an Staub, Aerosolen und Luftmolekülen gestreut und teilweise zurück in Richtung Boden reflektiert. Dadurch hellt sich der Hintergrund über Städten deutlich auf. Die Aufhellung verringert den Kontrast zwischen schwachen Himmelsobjekten wie Sternen, Gasnebeln und Galaxien und diesem Hintergrund. Lichtschwache Objekte werden dadurch immer schwerer erkennbar. In Großstädten sind häufig nur noch die hellsten Sterne sichtbar (Abbildung 3.3).

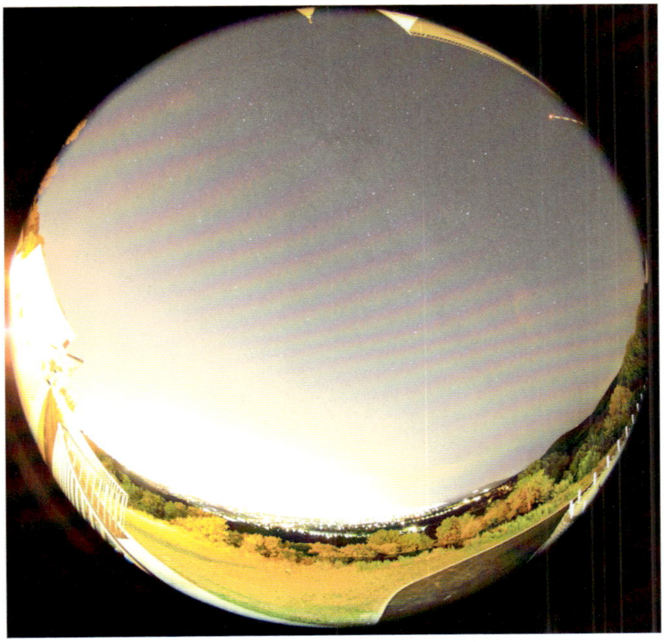

Abbildung 3.3: Aufnahme mit einem Fischaugen-Objektiv auf dem Wiener Kahlenberg im Jahr 2007. Quelle: Georg Zotti

Abbildung 3.4: Die Sophienalpe, ca. 12 km Luftlinie von Wien entfernt Quelle: Georg Zotti

Abbildung 3.5: Der Nachthimmel in der Abgelegenheit der Mongolei. Quelle: Georg Zotti

Auch Teleskope bieten hier nur begrenzt Hilfe, denn sie verstärken nicht nur das Licht der Sterne, sondern ebenso das gestreute Licht der aufgehellten Atmosphäre.

Wir Menschen empfinden es in unserer modernen Welt als völlig normal, dass Häuser und Straßen sowie Fabrikanlagen nachts beleuchtet sind. Das künstliche Licht erhöht die Sicherheit im Straßenverkehr und hat Einfluss auf die Kriminalitätsrate. Andererseits ist die künstliche Erhellung der Nacht Gegenstand neuerer Forschungen, die den Einfluss auf die Umwelt untersuchen. Zweifelsfrei ist es so, dass die Tierwelt unter dieser Art der Lichtverschmutzung leidet. Zugvögel verlieren ihre Orientierung und Insekten werden stark durch künstliches Licht beeinflusst. Auch der Mensch steht im Fokus einiger Studien, die die Auswirkungen der künstlichen Aufhellung auf die Gesundheit untersuchen. Auch wenn künstliches Licht nicht nur Nachteile, sondern auch viele Vorteile mit sich bringt, ist die Lichtverschmutzung in den letzten Jahrzehnten stark angestiegen. Ein effizienterer Einsatz von Lichtanlagen im Straßenverkehr oder in der Industrie könnte die Emissionen auf ein gesundes Maß reduzieren.

Nicht nur künstliches Licht sorgt für eine Aufhellung des Nachthimmels – auch unser nächster Begleiter, der Mond, trägt zumindest temporär dazu bei. Während einer Vollmondnacht sind selbst in den entlegensten Gegenden der Erde nur noch die hellsten Sterne sichtbar, und bereits ein Halbmond erschwert die Beobachtung lichtschwacher Objekte erheblich.

Wegen dieser Umstände bleibt uns Amateurastronomen nur die Flucht in dunklere, ländliche Gegenden – und das bevorzugt in den Nächten rund um den Neumond.

Um ein Gefühl dafür zu bekommen, was ein wirklich dunkler Nachthimmel bedeutet – und auch, um den für Sie besten Standort zu finden –, werden Sie in diesem Kapitel lernen, die Helligkeit Ihres Beobachtungsstandorts einzuschätzen bzw. zu messen. Die einfachste Methode ist die sogenannte *Bortle-Skala*, die unter Amateurastronomen häufig verwendet wird, um einen Eindruck vom Beobachtungsstandort zu vermitteln. Genauer ist jedoch die tatsächliche Messung der Himmelshelligkeit in Magnituden. Das gängigste Messgerät dafür ist das Sky Quality Meter, das allerdings relativ teuer ist. In diesem Kapitel lernen Sie zwei kostengünstige Alternativen kennen: die Sky Quality App und ein selbstgebautes Messgerät zur Bestimmung der Himmelshelligkeit.

3.1 Die Bortle-Skala

Eine leicht verständliche Methode, um die Dunkelheit eines Nachthimmels zu beschreiben, ist die sogenannte Bortle-Skala (Tabelle 3.1). Der US-amerikanische Amateurastronom John E. Bortle stellte im Jahr 2001 diese Skala vor, mit der die Himmelshelligkeit in verschiedene Kategorien eingeteilt werden kann. Seitdem hat die Bortle-Skala eine weite Verbreitung gefunden und ist unter Amateurastronomen die gängige Methode zur Beschreibung der Helligkeit des Nachthimmels. Bortle unterteilte seine Skala in neun Stufen, die er wie folgt beschrieben hat:

Stufe	Beschreibung
Bortle 1	Exzellenter dunkler Himmel. Keine Lichtverschmutzung, die Milchstraße wirft schwache Schatten, das Zodiakallicht ist klar sichtbar.
Bortle 2	Sehr dunkler Himmel. Minimale Lichtverschmutzung, die Milchstraße zeigt viele Details.
Bortle 3	Ländlicher Himmel. Wenige künstliche Lichtquellen, die Milchstraße ist gut sichtbar, aber weniger kontrastreich.
Bortle 4	Ländlich-suburbaner Himmel. Deutliche Aufhellung des Himmels, die Milchstraße ist noch sichtbar, aber weniger detailreich.
Bortle 5	Suburbaner Himmel. Lichtverschmutzung stark spürbar, die Milchstraße nur noch schwach erkennbar.
Bortle 6	Heller Vorstadthimmel. Die Milchstraße ist kaum sichtbar, der Himmelshintergrund deutlich aufgehellt.

Tabelle 3.1: Die neun Stufen der Bortle-Skala

Stufe	Beschreibung
Bortle 7	Stadtnahe Gegend. Nur die hellsten Sterne und Planeten sind sichtbar, keine Spur von der Milchstraße.
Bortle 8	Stadtzentrum. Nur wenige Sterne erkennbar, der Himmel ist stark aufgehellt.
Bortle 9	Innerstädtischer Himmel. Extrem helle Lichtverschmutzung, nur Mond, Planeten und einige helle Sterne sichtbar.

Tabelle 3.1: Die neun Stufen der Bortle-Skala (Forts.)

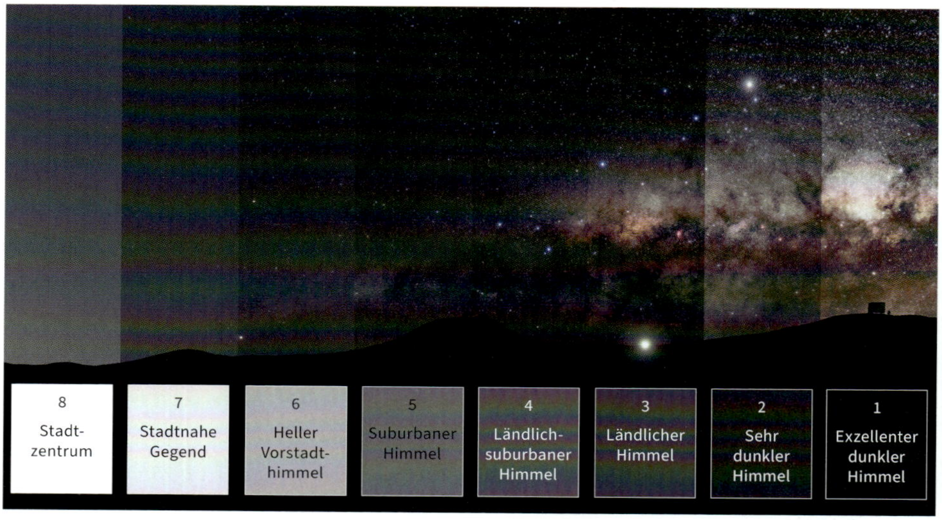

Abbildung 3.6: Die Bortle-Skala mit einem beispielhaften Nachthimmel je Stufe.

Das Problem der Bortle-Skala liegt in ihrer Subjektivität. Eine zuverlässige Einschätzung erfordert bereits einige Erfahrung in der Himmelsbeobachtung. Damit auch Anfänger eine Vorstellung davon bekommen, welcher Wert auf der Skala zu ihrem Beobachtungsplatz passt, habe ich eine eigene Orientierungshilfe erstellt:

- In den Zentren großer deutscher Städte wie Berlin, Hamburg, Köln oder München liegt der Himmel bei etwa Bortle 8.
- Bortle 9 ist Mega-Metropolen wie Tokio oder New York zuzuweisen.
- Kleinere deutsche Städte wie Bamberg, Gera, Oldenburg oder Gießen haben in der Regel einen Bortle-7-Himmel.
- Etwa 20 Kilometer außerhalb einer größeren Stadt kann man von Bortle 6 sprechen.
- Bortle 4 bis Bortle 5 bietet bereits gute Bedingungen für die Himmelsbeobachtung und ist in vielen ländlichen Gebieten zu finden.

- Bortle 3 findet man nur noch in dünn besiedelten Gegenden, etwa in Teilen von Mecklenburg-Vorpommern oder in einigen Mittelgebirgen.
- Bortle 2 kann man in den abgelegenen Regionen der Alpen im zentralen Teil Spaniens und auf einigen Mittelmeerinseln erwarten.
- Ein Bortle-1-Himmel existiert fast nur noch auf dem offenen Meer oder in Wüstenregionen, etwa in Namibia.

3.2 Die Magnituden-Skala

Deutlich präziser kann man die Himmelshelligkeit in Zahlen ausdrücken. Der Wert, der dafür von Forschern und Amateurastronomen benutzt wird, ist Magnituden pro Quadratbogensekunde, kurz *mag/arcsec*^{2}.

Wir nehmen den Himmel als Sphäre wahr. Um Positionen und Flächen darauf zu beschreiben, verwendet man Winkelmaße. Ein Grad wird dabei in 60 Bogenminuten unterteilt, und jede Bogenminute besteht aus 60 Bogensekunden. Die Quadratbogensekunde beschreibt also eine sehr kleine Fläche am Himmel.

Helligkeiten werden in der Astronomie in Magnituden angegeben. Dabei handelt es sich um eine logarithmische Einheit, bei der 5 Magnituden einem 100-fachen Helligkeitsunterschied entsprechen. Je kleiner die Magnitudenwerte sind, desto heller ist das Objekt, und je größer die Werte, desto schwächer erscheint es.

Besonders helle Objekte wie die Sonne oder der Mond haben sogar negative Magnitudenwerte. Die Sonne hat etwa eine Magnitude von –26, der Mond ungefähr –13. Die helle Venus kann als Morgen- oder Abendstern eine Helligkeit von –4,6 erreichen. Die sichtbaren Sterne bewegen sich zwischen Magnitude 0 (hellste Sterne) und Magnitude 6 (gerade noch sichtbar).

Die Himmelshelligkeit in Magnituden pro Quadratbogensekunde reicht etwa von 16–17 mag/arcsec^2 in den Zentren der Städte, und die theoretisch maximale Grenze liegt bei 22 mag/arcsec^2. In den dunkelsten Gegenden wird man eine Himmelshelligkeit von ca. 21,9 mag/arcsec^2 messen können. In deutschen Mittelgebirgen ist man mit 21,5 mag/arcsec^2 bereits sehr gut bedient.

3.3 Das Sky Quality Meter

Um die Himmelshelligkeit präzise zu messen, sind spezielle Geräte erforderlich. Hier kommt das Sky Quality Meter (SQM) ins Spiel, das 2004 von der kanadischen Firma Unihedron entwickelt wurde (Abbildung 3.7). Dies ist ein einfaches Gerät zur Messung der Himmelsqualität. Das SQM kann dabei einfach in der Hand gehalten werden und misst auf Knopfdruck die Himmelshelligkeit in Magnituden pro Quadratbogensekunde. Weltweit ist das SQM das beliebteste Gerät für solche Messungen und nahezu konkurrenzlos.

Abbildung 3.7: Das Sky-Quality-Meter der Firma Unihedron. Quelle: Unihedron, Astroshop

In dem Gerät befindet sich ein kleiner Sensor, der von einem UV/IR-Schutzglas abgedeckt ist. Es gibt ein klassisches SQM und das SQM L, bei dem eine zusätzliche Linse den Messwinkel des Geräts etwas einschränkt. Dadurch richtet sich die Messung gezielt auf einen Bereich um den Himmelszenit. Der Nachthimmel ist nämlich keinesfalls gleichmäßig hell: In Richtung Horizont nimmt die Helligkeit deutlich zu. Um eine möglichst aussagekräftige Messung durchzuführen, konzentriert man sich daher auf Messungen im Zenit.

Im SQM befindet sich zudem eine Platine zur Steuerung des Geräts und auf einem roten LED-Display können die Werte abgelesen werden. Angesichts des einfachen Aufbaus ist das Unihedron SQM mit knapp 200 € vergleichsweise teuer. Alternativen zum SQM werde ich Ihnen im Folgenden vorstellen, allerdings haben diese alle das Problem, dass die Werte nicht absolut bestimmt werden können. Das SQM hingegen wird bereits werkseitig kalibriert und liefert daher absolute Werte. Dennoch gibt es einige Einschränkungen, die die Messungen relativieren.

- Inhomogene Lichtverschmutzung (z. B. durch Lichtkegel am Horizont) kann die Messwerte verzerren.
- Mondlicht verfälscht die Messwerte.
- Hohe Luftfeuchtigkeit oder dünne Schleierwolken reflektieren Störlicht und hellen den Himmel zusätzlich auf.
- Bei extremen Temperaturen können die Messwerte des SQM leicht abweichen.
- Zwischen einzelnen Geräten gibt es leichte Schwankungen.

Um verlässliche Werte zu erhalten, sollte man viele Messungen durchführen und diese mitteln. Dies kann innerhalb einer Nacht geschehen oder über mehrere Nächte hinweg. Immerhin ermöglicht das SQM so zumindest den Vergleich verschiedener Beobachtungsorte untereinander und hilft Tendenzen wie die Verschlechterung oder Verbesserung eines Standorts zu erkennen.

3.4 Die App »Dark Sky Meter«

Eine sehr kostengünstige Möglichkeit, den Nachthimmel zu vermessen, bietet die App »Dark Sky Meter« des niederländischen Amateurastronomen Norbert Schmidt. Der größte Nachteil der App ist allerdings, dass sie nur für das iOS-Betriebssystem verfügbar ist und somit ausschließlich auf einem Apple iPhone installiert werden kann.

Die App ist recht einfach aufgebaut. Sie ist vollständig schwarz mit roter Schrift gestaltet und dadurch besonders bedienfreundlich für die nächtliche Beobachtung. Der Startbildschirm führt Schritt für Schritt durch die notwendigen Messungen. Zunächst muss ein Dunkelbild erstellt werden, in der App als *Dark Frame* bezeichnet (Abbildung 3.8). Dazu muss die Kamera des iPhones komplett lichtdicht verschlossen werden. Mein Mobiltelefon befindet sich in einer Kunststoffhülle, die sich beispielsweise fest auf einen Tisch drücken lässt.

Abbildung 3.8: Um den Dark Frame aufzunehmen, muss man die Kamera des Mobilgerätes verschließen und dann den Button 1 betätigen.

Nach kurzer Zeit ist der Dark Frame erstellt, und die App fordert dazu auf, die Kamera gegen den Himmel zu richten und den Button **2 SKY** zu drücken. Anschließend kann die eigentliche Messung gestartet werden, und das Ergebnis wird im Display angezeigt (Abbildung 3.9). Der Wert für die Himmelshelligkeit wird dabei in der Einheit mag/Quadratbogensekunde angezeigt

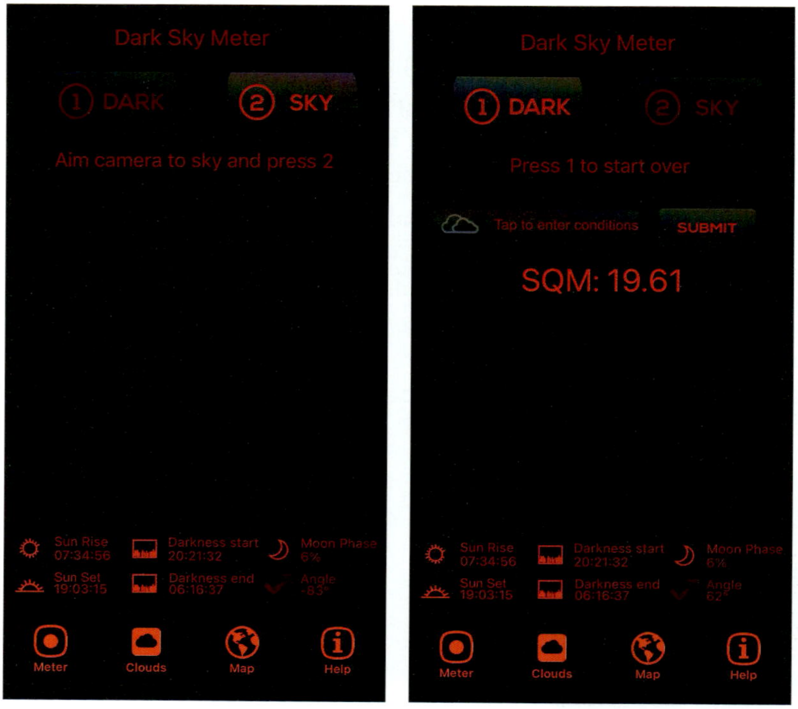

Abbildung 3.9: Nachdem das Handy auf den Himmel gerichtet wird, findet die eigentliche Messung statt.

Die App bietet auch die Möglichkeit, den Wert an eine Datenbank zu übermitteln. In einer Karte auf der Website *www.darkskymeter.com* werden diese Messungen angezeigt (Abbildung 3.10).

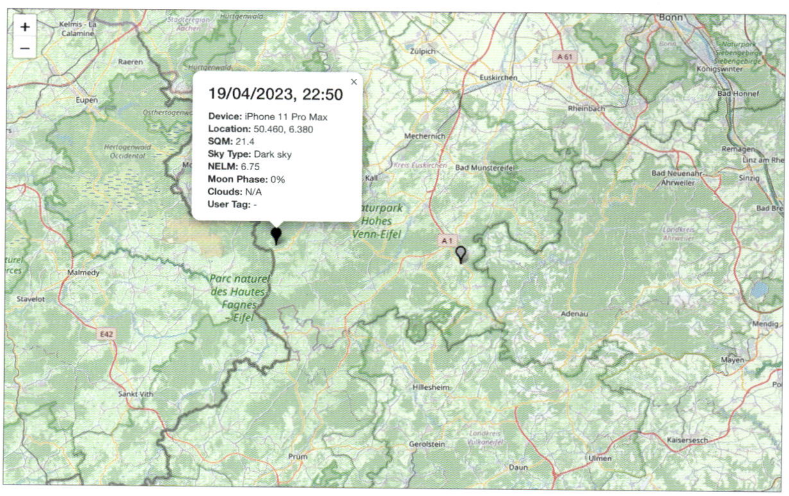

Abbildung 3.10: Die Karte zur App

Neben der Tatsache, dass die DSM-App nur auf Apple-Geräten läuft, hat sie einen weiteren entscheidenden Nachteil: Die gemessenen Werte sind sehr ungenau. Dem Entwickler der App ist dieses Problem bekannt, doch es lässt sich nicht ohne erheblichen Aufwand beheben. Je nachdem, welches iPhone-Modell Sie besitzen, zeigt die App entweder zu optimistische oder zu pessimistische Werte an.

Wie weiter oben bereits erwähnt, reicht die Genauigkeit jedoch aus, um zumindest einen groben Eindruck zu bekommen oder verschiedene Standorte miteinander zu vergleichen. Falls Sie im Bekanntenkreis jemanden kennen, der ein SQM besitzt, können Sie die App kalibrieren. Im Einstellungsmenü des iPhones lässt sich ein Korrekturwert für die App eingeben (Abbildung 3.11).

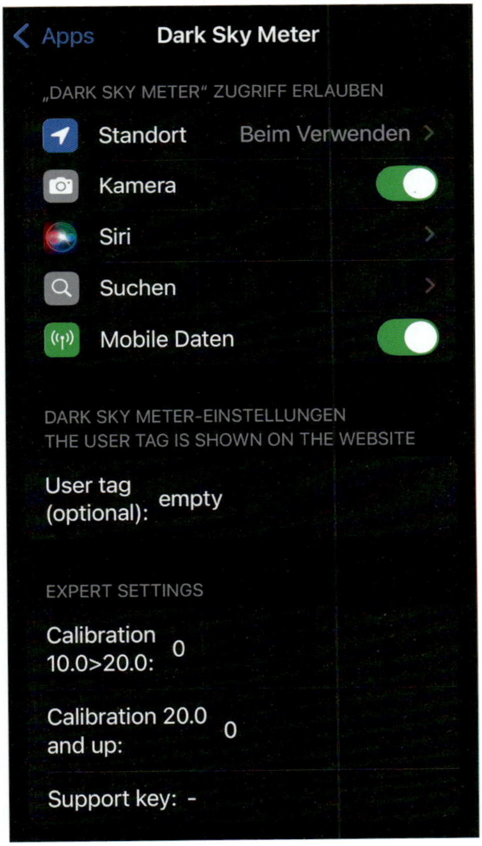

Abbildung 3.11: In den Einstellungen des iPhones und dort in den Einstellungen der App lassen sich Korrekturfaktoren eingeben.

Sie können auch die SQM-Werte der Website *www.lightpollutionmap.info* heranziehen, um die App zu kalibrieren. Damit erreichen Sie bereits eine recht gute Genauigkeit. Klicken Sie dazu auf der Website mit der Maus auf Ihren Standort, und es öffnet sich ein kleines Pop-up-Fenster mit den SQM-Werten und der Bortle-Klasse für Ihren Standort.

3.5 Der Bau eines eigenen Messgerätes – das Simple SQM

Im Folgenden möchte ich Ihnen zeigen, wie Sie Ihr eigenes Gerät zur Messung der Himmelshelligkeit bauen können. Der Kosten- und Bastelaufwand dafür ist überschaubar, allerdings können mit dem Simple SQM keine absoluten Werte erzielt werden, da das Gerät nicht kalibriert werden kann. Dennoch besteht die Möglichkeit, einen Korrekturwert einzustellen, um die Ausgabewerte entweder mit der Light Pollution Map oder dem kommerziellen SQM abzugleichen.

Um Beobachtungsplätze miteinander zu vergleichen, reicht das Gerät jedoch in jedem Fall aus. Zudem macht der Bau des kleinen Kästchens viel Spaß und ist lehrreich. Sie sollten etwas Spaß am Basteln mit Elektronikbauteilen mitbringen und idealerweise etwas löten können. Falls Sie noch nie gelötet haben, schauen Sie sich im Internet ein paar Video-Anleitungen an. Gerade das Löten von Kabeln auf Leiterplatinen ist kinderleicht. Theoretisch können Sie das Projekt aber auch ganz ohne Löten realisieren.

Das Projekt basiert auf einem Arduino, einem sogenannten Mikrocontroller. Im Speziellen verwenden wir einen Arduino Nano – eine besonders kompakte Version dieses beliebten Mikrocontrollers.

Disclaimer: Arduino-Version beachten!

Es gibt verschiedene Versionen des Arduino. Ich kann Ihnen jedoch nur die Bauanleitung liefern, die ich selbst erstellt habe. Es ist möglich, dass das Projekt auch auf anderen Arduinos läuft, gegebenenfalls sind dann aber Anpassungen im Programm (dem sogenannten Sketch) nötig. Hier sind Sie dann etwas auf sich selbst angewiesen.

Folgende Bauteile können im Onlineversandhandel oder bei speziellen Elektronikanbietern gekauft werden (Abbildung 3.12). Die Gesamtkosten dieses Bastelprojekts belaufen sich auf ca. 25 €.

- Arduino Nano mit CH340-Microchip, 5V/16MHz, kompatibel mit Arduino IDE
- Anzeigemodul: I2C 1602 LCD, 16 × 2 Characters
- Digitaler Lichtsensor: TSL2591 I2C, z. B. von Adafruit
- Mini Momentan 2-Pin-Druckknopf
- Jumper-Wire-Kabel, 20 cm
- ABS-Universalgehäuse von Hammond, 40 × 65 × 105

Die wesentlich elegantere Lösung, um ein Gehäuse zu erstellen, ist der 3D-Druck. Da jedoch nicht alle einen 3D-Drucker besitzen, zeige ich hier die Variante mit einem Standardgehäuse. Sollten Sie einen 3D-Drucker haben, können Sie die entsprechende STL-Datei auf der Website des Verlags herunterladen (*www.rheinwerk-verlag.de/6124*).

Verschiedene Online-Anbieter bieten 3D-Druck auch als Dienstleistung an. Auch dafür können Sie die STL-Datei verwenden.

Abbildung 3.12: Die Bauteile des Simple SQM – in der Mitte der Arduino Nano, links davon der Lichtsensor, rechts das LCD-Display und ein Taster

3.5.1 Vorbereitungen

Bevor Sie mit dem Zusammenbau beginnen, noch ein paar Hinweise. Zur Datenübertragung zwischen den Bauteilen wird das sogenannte I2C-Protokoll verwendet. Der Vorteil ist, dass nur zwei Leitungen (zum Beispiel zwischen dem Sensor und dem Mikrocontroller) nötig sind. Es handelt sich um die SDA-Leitung (Serial Data Line) und die SCL-Leitung (Serial Clock Line). Zwei weitere Leitungen sind für die Stromversorgung erforderlich, entweder 3V oder 5V sowie eine Ground-Leitung (GND). Achten Sie beim Kauf der Komponenten darauf, dass es sich um I2C-Bauteile handelt, insbesondere beim Display (Abbildung 3.13).

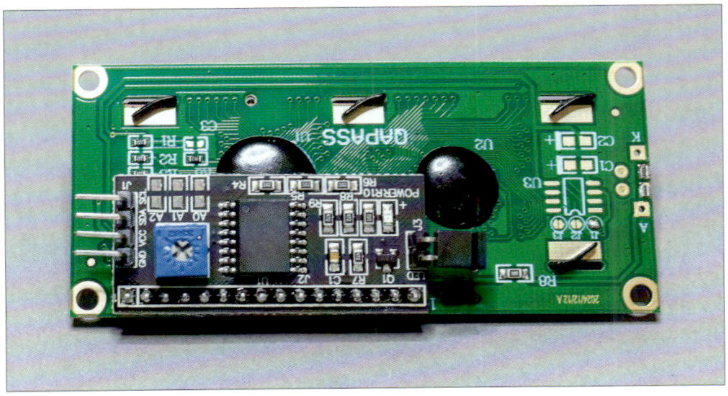

Abbildung 3.13: Rückseite des LCD-Displays. Beachten Sie links die 4 Pins für die I2C-Verbindung.

Durch das I2C-Protokoll wird das Verkabeln der Komponenten erheblich erleichtert.

Sowohl der Arduino als auch der Sensor und das Display werden mit sogenannten Stiftleisten geliefert (Abbildung 3.14). Diese werden in die Lochrasterreihen der jeweiligen Bauteile eingesteckt und mit einem kurzen Lötpunkt befestigt. Wenn Sie bereits Erfahrung mit Elektronikprojekten haben, möchten Sie möglicherweise auf die Stiftleisten verzichten und die Anschlüsse direkt mit den Lötpunkten der Platinen verbinden. Falls Sie jedoch noch unerfahren sind und den Schaltaufbau zunächst auf einem sogenannten Breadboard testen möchten, sollten Sie alle Stiftleisten erst einmal an die entsprechenden Bauteile löten. Danach lassen sich die Verbindungen einfach mit Jumper-Kabeln herstellen. Diese Kabel besitzen an ihren Enden Kunststoffbuchsen, die sich auf die Stecker aufsetzen lassen.

Abbildung 3.14: Vorderseite (links) und Rückseite (rechts) des Arduino Nano. Auf den langen Seiten befinden sich die Lochrasterreihen mit bereits angelöteten Stiftleisten.

Ich habe mich entschieden, dort, wo es nicht nötig ist, auf Löten zu verzichten. Die meisten Verbindungen können mit Jumper-Kabeln realisiert werden. Dort, wo die Leitungen vom Arduino sowohl zum Display als auch zum Sensor führen, habe ich die Kabel gelötet. Sie können dies aber auch mit Lüsterklemmen lösen.

3.5.2 Das Gehäuse

Wie schon weiter oben beschrieben, zeige ich Ihnen hier den Bau des Simple SQM mit einem Standard-Kunststoffgehäuse (Abbildung 3.15). Legen Sie sich zuerst alle Bauteile zurecht und überlegen Sie gründlich, wo die einzelnen Bauteile ihren Platz finden können. Nehmen Sie sich dafür ruhig etwas mehr Zeit.

Abbildung 3.15: Ein Standard-Kunststoffgehäuse mit verschraubbarem Deckel

In das Gehäuse müssen nun einige Aussparungen gebohrt werden, damit die entsprechenden Bauteile hineingesteckt werden können. Ein rundes Loch, zum Beispiel für den Taster, lässt sich mit einer Bohrmaschine sehr einfach ins Gehäuse bohren (Abbildung 3.16). Der Taster muss ins Gehäuse eingebaut werden, bevor Sie mit dem Zusammenbau der anderen Komponenten beginnen.

Abbildung 3.16: Der eingebaute Taster im Gehäuse

Für die anderen Öffnungen habe ich ein Multifunktionswerkzeug verwendet, wie es häufig im Modellbau eingesetzt wird.

Für diese Werkzeuge gibt es verschiedene Aufsätze, etwa kleine Spiralbohrer, Fräsköpfe oder Mini-Trennscheiben. Die Aussparung für die USB-Buchse lässt sich beispielsweise mit einem kleinen Fräser sehr gut anfertigen. Für das LCD-Display habe ich mit einer Trennscheibe ein Fenster in den Gehäusedeckel geschnitten.

Ich habe ein Multifunktionswerkzeug der Firma Proxxon verwendet. Sehr verbreitet sind aber auch die Werkzeuge der Firma Dremel. Der Markenname Dremel hat sich sogar als allgemeine Bezeichnung für diese Multifunktionswerkzeuge etabliert.

Achtung! Verletzungsgefahr

Auch diese recht kleinen Werkzeuge können unangenehme Verletzungen verursachen. Arbeiten Sie vorsichtig, insbesondere beim Einsatz von Fräsern oder Trennscheiben. Verwenden Sie eine Schutzbrille und gegebenenfalls schnittfeste Handschuhe.

Falls Sie handwerklich begabt sind, aber Holz der Werkstoff ist, mit dem Sie besser umgehen können, können Sie selbstverständlich ein Gehäuse aus Holz bauen. Das kann dem kleinen Gerät eine gewisse Wertigkeit verleihen. Und falls Sie einen 3D-Drucker besitzen, können Sie die Vorlage nutzen, die auf der Webseite zum Buch als Download zur Verfügung steht (*www.rheinwerk-verlag.de/6124*). Selbstverständlich können Sie auch Ihr eigenes Gehäuse entwerfen – ganz nach Ihren Vorlieben.

In Abbildung 3.17 sehen Sie links die Öffnung für die USB-Buchse des Arduino. Über diese wird das Gerät mit Strom versorgt. Rechts befindet sich das LCD-Display, das bereits im Deckel des Gehäuses verbaut ist. Zur Befestigung habe ich M2-Schrauben verwendet. Zwischen Display und Schrauben befinden sich noch Abstandshalter. Diese erhalten Sie im Elektronik-Zubehör als PCB-Platinen-Abstandshalter.

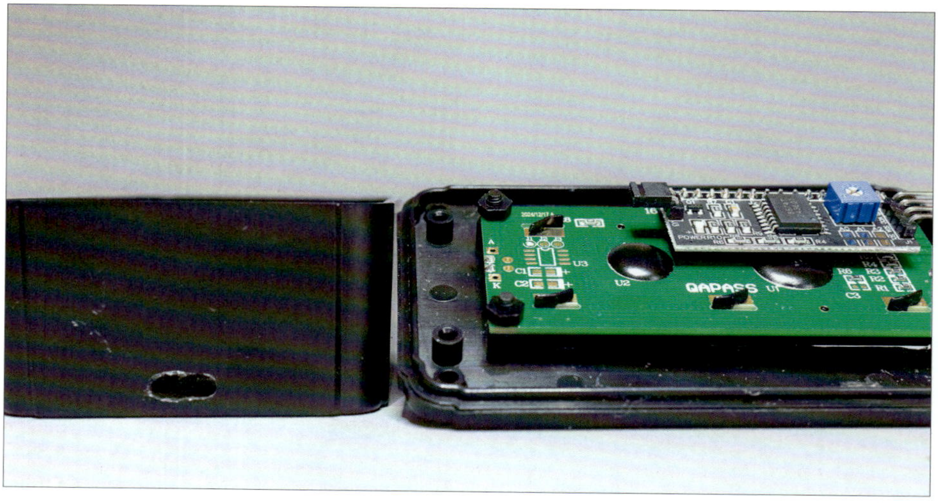

Abbildung 3.17: Die Aussparung für den USB-Anschluss (links) und das montierte Display (rechts)

3.5.3 Die Schaltung

Der Schaltungsaufbau mag auf den ersten Blick komplex erscheinen, ist aber eigentlich ganz einfach. Nehmen Sie sich etwas Zeit und gleichen Sie die folgende Beschreibung mit dem Schaltplan in Abbildung 3.18 ab.

- Der Taster wird mit den Pins GND und D3 des Arduino verbunden. Die Polung spielt dabei keine Rolle.
- Auf der Seite des Arduino, auf der sich die Pins A1 bis A7 befinden, gibt es ebenfalls einen GND-Pin. Dieser wird sowohl mit dem GND-Pin des Displays als auch mit dem GND-Pin des Lichtsensors verbunden.
- Der 5V-Pin des Arduino versorgt ausschließlich das Display über dessen VCC-Pin.
- Die Datenverbindungen erfolgen über den I²C-Bus.
- Der A5-Pin (SCL) wird sowohl mit dem SCL-Pin des Sensors als auch mit dem SCL-Pin des Displays verbunden.
- Die SDA-Pins von Display und Lichtsensor werden mit dem A4-Pin (SDA) des Arduino verbunden.
- Zuletzt wird der 3V3-Pin des Arduino mit dem entsprechenden 3V-Pin des Lichtsensors verbunden.

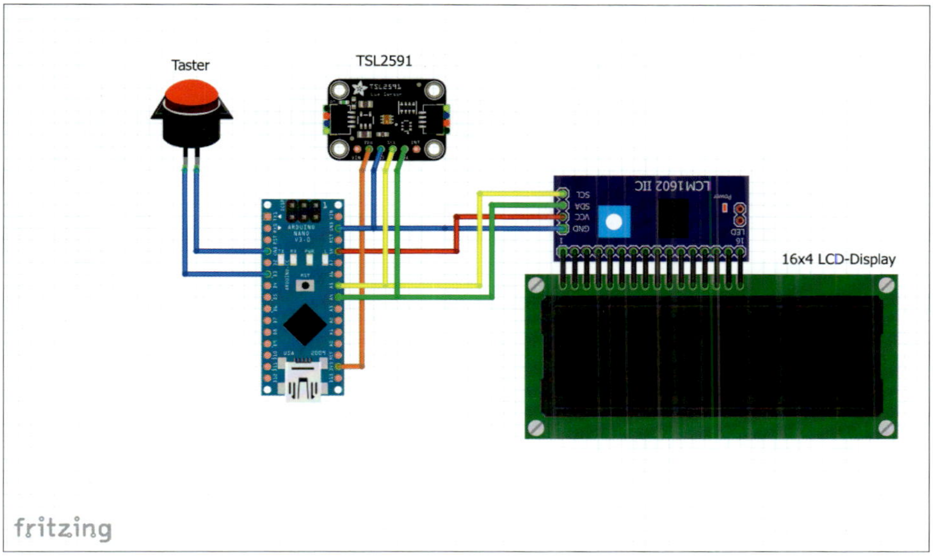

Abbildung 3.18: Der Schaltplan, nach dem die Komponenten verdrahtet werden müssen

3.5.4 Der Zusammenbau

Wie bereits beschrieben, können Sie zunächst die Schaltung auf einem Breadboard testen. Ansonsten können Sie nun die Schaltung zusammenbauen (Abbildung 3.19). Den

Taster können Sie ganz am Ende anlöten, nachdem die anderen Komponenten verbunden sind.

Wenn alles verdrahtet ist, können Sie die Komponenten ins Gehäuse einsetzen. Bei der Version mit dem Standardgehäuse müssen Sie auch hier etwas kreativ sein, was die Befestigungen angeht. Das LCD-Display hat zum Beispiel 2-mm-Bohrungen, mit denen das Display im Gehäuse verschraubt werden kann. Der Lichtsensor hat deutlich kleinere Bohrungen, und der Arduino Nano hat gar keine Bohrungen. Ich habe mir mit einer Heißklebepistole geholfen und die Bauteile kurzerhand mit viel Heißkleber ins Gehäuse gebaut (Abbildung 3.20). Der Gehäusedeckel gewinnt bei meiner Version zwar keinen Schönheitspreis, erfüllt aber seinen Zweck.

Abbildung 3.19: Alle Komponenten sind verdrahtet und das LCD-Display ist bereits in den Gehäusedeckel eingesetzt.

Abbildung 3.20: Das fertig zusammengebaute Simple SQM

3.5.5 Der Sketch: Programmcode für Arduinos

Auf den Arduino des Simple SQM muss nun noch ein Programm geladen werden, das die Messung der SQM-Werte und die Ausgabe der Werte auf dem LCD steuert. Im Englischen werden Programme als *Code* bezeichnet, was sich auch allgemein als Bezeichnung durchgesetzt hat. In der Welt der Microcontroller wurde der Begriff *Sketch* für ein solches Programm etabliert, ich werde also im Folgenden diesen Begriff verwenden.

Das Hochladen des Sketches erfolgt über ein spezielles Programm, die Arduino IDE. Laden Sie zunächst dieses Programm von der Seite *www.arduino.cc/en/software*.

Nach der Installation hat das Programm einen Ordner im Verzeichnis *Dokumente* ihres PCs oder Apple Computers erstellt. Sie können den Sketch-Ordner des Simple SQM auf der Seite zum Buch unter dem Reiter **Materialien** herunterladen (*www.rheinwerk-verlag.de/6124*). Kopieren Sie dann den kompletten Ordner *SQM_2591_LCD.ino* in das Verzeichnis *Dokumente/Arduino*.

Verbinden Sie nun das Simple SQM über die USB-C-Schnittstelle mit einem USB-Port ihres PCs. Sie sollten den typischen Ton für das Erkennen eines USB-Geräts hören. Rufen Sie den Gerätemanager auf und schauen Sie unter **Anschlüsse (COM & LPT)**, welcher COM-Port dem Gerät zugewiesen wurde (Abbildung 3.21).

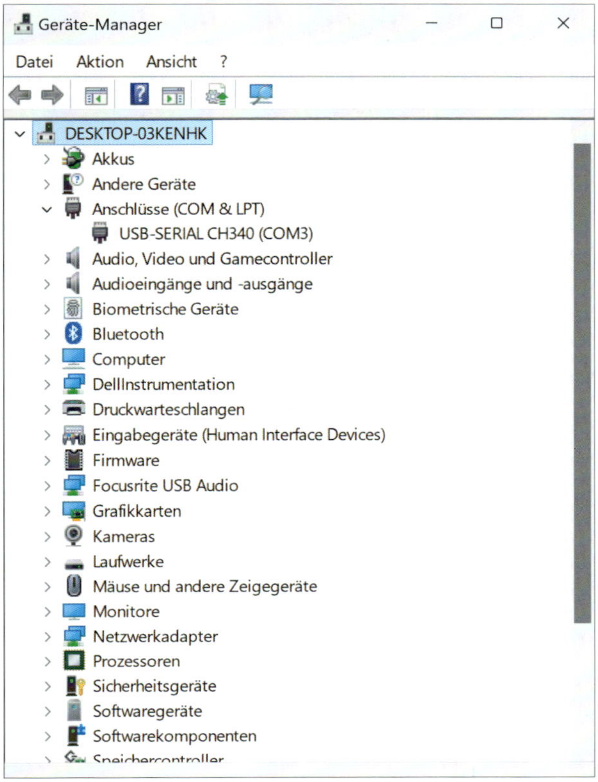

Abbildung 3.21: In meinem Fall wird das Gerät als CH340 am COM-Port 3 erkannt.

Starten Sie nun das Programm *Arduino IDE*. Zunächst müssen Sie das Gerät, also den Arduino Nano, auswählen. Normalerweise erkennt das Programm den angeschlossenen Arduino automatisch und verbindet sich mit ihm. Falls Sie aber keinen Original-Arduino gekauft haben, sondern vielleicht einen Clone von einem anderen Hersteller, müssen Sie ggf. händisch das Gerät wählen und verbinden. Wählen Sie dazu in der Titelleiste der Arduino IDE den Reiter **Werkzeuge • Board • Arduino AVR Boards** und wählen Sie aus der Liste den Eintrag **Arduino Nano**.

Im Reiter **Werkzeuge • Port** können Sie nun noch den COM-Port einstellen, den sie zuvor im Gerätemanager ausgelesen haben. Bei meinem Gerät musste ich zudem den Bootloader ändern. Im Reiter **Werkzeuge • Processor** musste in meinem Fall die Auswahl auf **ATmega328P (Old Bootloader)** geändert werden (Abbildung 3.22).

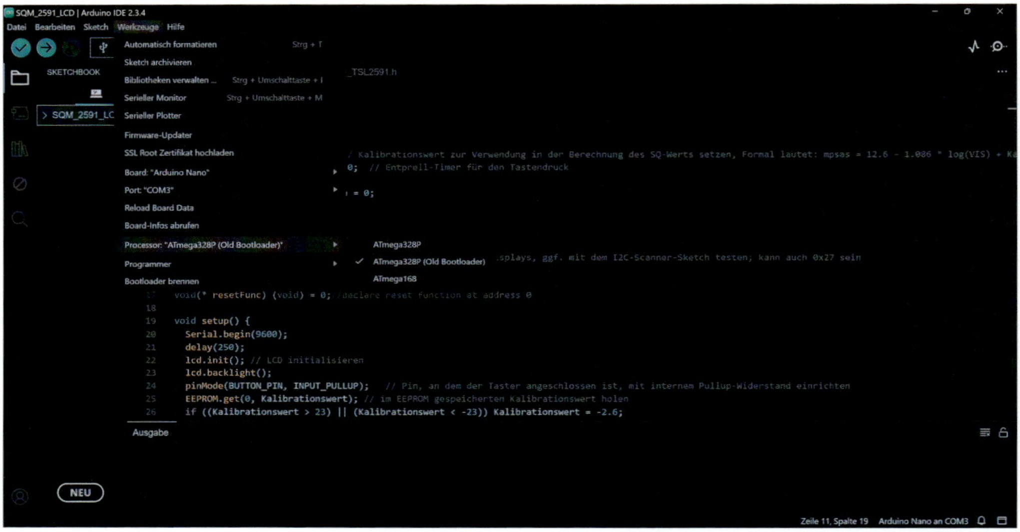

Abbildung 3.22: Im Menü wählen Sie das Arduino-Modell sowie den dazugehörigen COM-Port aus.

Da Sie ganz zu Anfang den Dateiordner mit dem Simple-SQM-Sketch in den Arduino-Ordner gelegt haben, erscheint dieser nun bequemerweise in dem Dateiordnersymbol, das sich ganz am linken Rand der Arduino IDE befindet (Abbildung 3.23). Sie können nun zunächst den Sketch testen. Drücken Sie dazu das Häkchen-Symbol links oben. Nach einiger Zeit sollte in der Ausgabekonsole (unterer Programmteil) eine entsprechende Bestätigung kommen. Sollte hier eine Fehlermeldung erscheinen, lesen Sie sich die Anmerkungen zu den möglichen Fehlern am Ende des folgenden Abschnitt 3.5.6 durch. Sie können außerdem Hilfe auf meinem Discord in Anspruch nehmen, dort wurde das Projekt entwickelt. Sie finden den Discord »Darkmatters« unter der folgenden Adresse: *https://discord.gg/VjNuN677xZ*

Abbildung 3.23: In der Sketch-Bibliothek wird der SQM-Sketch bereits angezeigt.

Sobald die Verbindung zum Arduino hergestellt ist (siehe Status rechts unten), können Sie den Sketch mit dem Pfeil-nach-rechts-Button (links oben) hochladen. Wichtig ist, dass der Arduino wirklich verbunden ist.

Nach kurzer Zeit ist der Sketch auf den Arduino geladen und im LCD-Bildschirm des Simple SQM erscheint die Nachricht **Simple SQM 1.1 Messen: Taste**.

Jetzt ist das Gerät einsatzbereit und Sie können es benutzen. Da es ggf. umständlich ist, das Simple SQM am USB-Port des Computers zu belassen, können Sie es entfernen und stattdessen an eine Powerbank anschließen.

3.5.6 Benutzung des Simple SQM

Die Benutzung des Simple SQM ist denkbar einfach: Richten Sie das Gerät möglichst senkrecht in den Zenit und drücken Sie den Taster. Nach kurzer Zeit erscheint die gemessene Himmelshelligkeit auf dem Display.

Achten Sie darauf, dass die Dämmerungsphase vollständig abgeschlossen ist. Der Himmel sollte wolkenfrei sein, da Wolken künstliches Störlicht reflektieren und die Messung verfälschen können. Auch Dunst und Nebel haben eine ähnliche Wirkung. Zudem kann die hoch stehende Milchstraße – insbesondere zu bestimmten Jahreszeiten – die Messung negativ beeinflussen.

Für eine aussagekräftige Messung sollten Sie den Vorgang mindestens dreimal wiederholen und den Durchschnittswert ermitteln. Je mehr Messwerte Sie über einen längeren Zeitraum hinweg sammeln, desto zuverlässiger wird Ihr Ergebnis.

Das Simple SQM liefert keine absoluten Werte wie ein kommerzielles SQM. Sie können es jedoch kalibrieren, indem Sie es mit einer bekannten Quelle abgleichen – beispielsweise mit den Werten aus der Light Pollution Map für Ihren Standort oder durch einen direkten Vergleich mit einem originalen SQM (falls in Ihrem Bekanntenkreis jemand ein solches Gerät besitzt).

Dazu halten Sie beide Geräte nebeneinander, führen Messungen durch und vergleichen die Werte. Die ermittelte Differenz können Sie mithilfe eines Korrekturwerts in der Software einstellen. Eine spezielle Routine, die über den Taster abrufbar ist, unterstützt Sie bei diesem Vorgang.

- Taster länger als 2 Sekunden, aber kürzer als 5 Sekunden drücken, und Sie gelangen ins Korrektur-Menü
- Taste kurz drücken (unter 0,5 s) addiert 0,1 zum Wert
- Taste etwas länger drücken (ca. 1 s) subtrahiert 0,1 vom Wert
- Tastendruck länger als 3 s führt zurück in den Messmodus

Mögliche Fehler

- Möglicherweise ist die Adresse für das LCD-Display eine andere als die im Sketch verwendete. Ändern Sie in diesem Fall gegebenenfalls die Zeile `LiquidCrystal_I2C lcd(0x26,16,2);` in `LiquidCrystal_I2C lcd(0x27,16,2);`.
- Einige Versionen des TSL2591 haben eine sehr störende, grüne LED auf der Platine. Diese sollte entfernt werden, damit die Messung nicht beeinträchtigt wird. Sie können die LED einfach mit einem Messer oder einer kleinen Zange entfernen.
- Im Betrieb mit einer Powerbank kann es passieren, dass diese nach wenigen Sekunden in einen Schlafmodus wechselt, weil die Last unseres Projekts einfach zu gering ist. Es gibt Powerbanks, die über eine Funktion »Betrieb mit geringer Last« verfügen. Alternativ können Sie auch eine Variante mit einem 9-V-Block bauen. Einen entsprechenden Schaltplan dazu finden Sie ebenfalls auf der Website des Verlags.
- Möglicherweise ist das Display zu dunkel. Auf der Rückseite des Displays befindet sich ein kleines Potentiometer, mit dem sich die Helligkeit einstellen lässt.

3.5.7 Werden Sie Bürgerwissenschaftler bei globeatnight.org

Am Anfang des Kapitels haben Sie erfahren, dass in nur etwas mehr als 100 Jahren der ungestörte Blick auf den Nachthimmel – zumindest in den Städten – fast vollständig verloren gegangen ist. Vielleicht fragen Sie sich nun, wie sich diese Entwicklung bremsen lässt und wie das Bewusstsein dafür in der breiten Öffentlichkeit geschärft werden kann.

Als Einzelperson sind die Möglichkeiten begrenzt, da es internationale politische Anstrengungen erfordern würde, um die Lichtverschmutzung zu minimieren. Dennoch gibt es Initiativen, die sich diesem Thema widmen und versuchen, das Bewusstsein für Lichtverschmutzung in der Öffentlichkeit zu schärfen.

In Deutschland ist insbesondere die Initiative *Dark Sky* der Vereinigung der Sternfreunde e. V. (VdS) zu nennen. Informationen dazu finden Sie unter *www.lichtverschmutzung.de/seiten/sternenparks*. Eine weitere wichtige Initiative ist *Paten der Nacht*, die sich insbesondere auf den Schutz der Tierwelt vor künstlichem Licht konzentriert: *www.paten-der-nacht.de/*.

Von den weltweit tätigen Organisationen ist *DarkSky International* besonders hervorzuheben. Ehemals bekannt als International Dark-Sky Association (IDA), zertifiziert die Vereinigung sogenannte *Dark Sky Places*. In Deutschland wurden folgende Gebiete offiziell anerkannt:

- Sternenpark Westhavelland (2014)
- Nationalpark Eifel (2014)
- Biosphärenreservat Rhön (2014)
- Sternenpark Winklmoosalm (2018)

Diese Parks müssen bestimmte Auflagen erfüllen und aktiv zur Reduzierung der Lichtverschmutzung beziehungsweise zum Erhalt eines natürlichen Nachthimmels beitragen.

Eine weitere interessante Initiative ist die Bürgerwissenschafts-Kampagne *Globe at Night* (*www.globeatnight.org/*), die vom NOIRLab (National Optical-Infrared Astronomy Research Laboratory) ins Leben gerufen wurde. Hier kann jeder mitmachen – auch ohne besondere Vorkenntnisse.

Als Amateurastronom sind Sie jedoch besonders qualifiziert, um Beobachtungen für Globe at Night einzureichen. Sie kennen bereits die wichtigsten Sternbilder und verfügen nun zudem über ein Messgerät oder eine App zur Himmelshelligkeitsmessung.

Globe at Night bietet zwei Möglichkeiten der Teilnahme: direkt über die Website oder über eine App. Im Folgenden werde ich Ihnen die Vorgehensweise anhand der App erklären.

Es handelt sich nicht um eine »klassische App«, die Sie im App-Store laden können, vielmehr ist es eine Web-App, die sich im Browser via *https://app.globeatnight.org* öffnen lässt.

Zunächst müssen Sie der App eine GPS-Ortung erlauben, um Ihren genauen Standort festzustellen (siehe Abbildung 3.24, links). Alternativ können Sie über eine interaktive Karte ihren Standort wählen (siehe Abbildung 3.24, rechts). Das Land, in dem ich mich zu der Zeit befand, wurde scheinbar nicht automatisch erkannt, hier geben Sie das Land ein. In meinem Fall Spanien.

Als Nächstes verfassen Sie einen Kommentar zum Beobachtungsort. Die App gibt Ihnen einen Beispieltext vor (siehe Abbildung 3.25). Orientieren Sie sich daran. Es geht hauptsächlich um geografische Besonderheiten, die auf die Lichtverschmutzung Einfluss haben – in meinem Fall die Nähe zu einem Verkehrsflughafen. Obwohl man die App in verschiedenen Sprachen benutzen kann und auch Deutsch zur Auswahl steht, habe ich den Text zur Sicherheit auf Englisch verfasst.

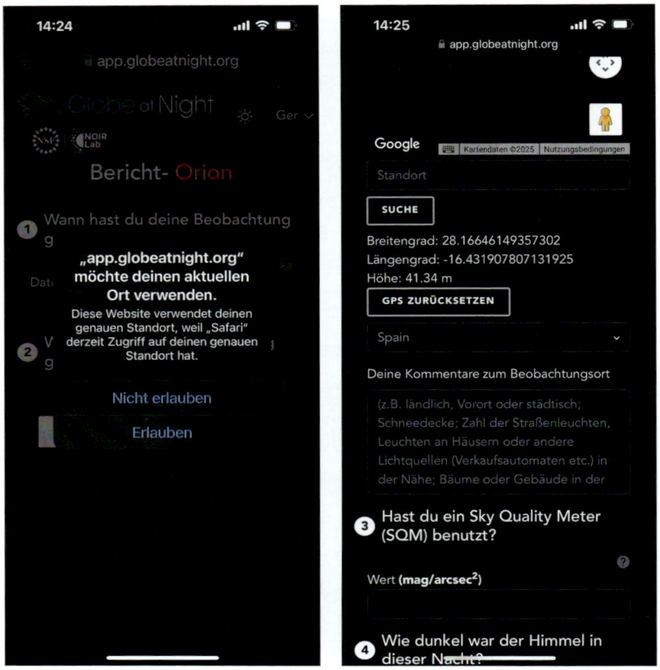

Abbildung 3.24: Die Angabe des Standorts ist für die Nutzung der App essenziell.

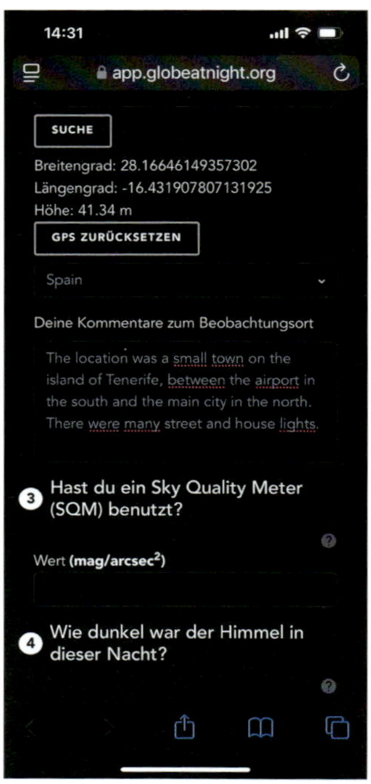

Abbildung 3.25: Kommentare zum Beobachtungsort

In Punkt 3 werden Sie gefragt, ob Sie ein SQM benutzt haben. Wenn Sie hier eine Eingabe machen, deaktiviert sich Punkt 4, den ich im Folgenden erkläre.

Die Hauptidee der App ist, dass Sie sich bestimmte Sternbilder anschauen, in diesem Fall das Sternbild Orion (siehe Abbildung 3.26, links), und dann abschätzen, wie viele Sterne Sie sehen können. (Sie können auch andere Sternbilder wählen.) Das gleichen Sie mit den verschiedenen Beispiel-Sternkarten ab, und anhand der Auswahl wird die vermutliche Himmelshelligkeit ihres Standorts ermittelt. Während meiner Beobachtung konnte ich auch noch schwächere Sterne im Sternbild Orion erkennen, meine Auswahl fiel deshalb auf Kategorie **Mag 5**, Sterne fünfter Magnitude noch sichtbar (siehe Abbildung 3.26, rechts).

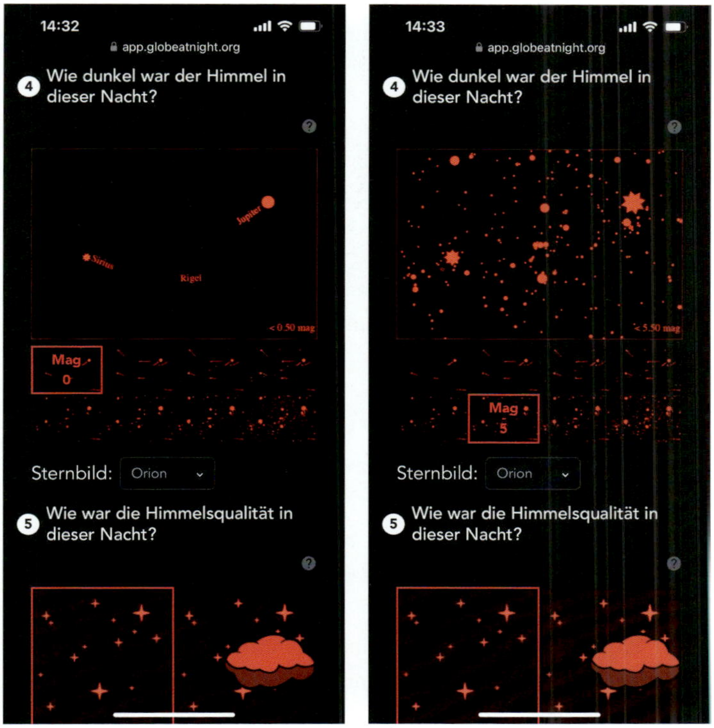

Abbildung 3.26: Über die sichtbaren Sterne eines Sternbildes wird die Helligkeit des Nachthimmels ermittelt.

Am Schluss habe ich noch Angaben zu den Witterungsbedingungen gemacht sowie zu Lichtglocken am Horizont (siehe Abbildung 3.27). Auch hier wird Ihnen ein Beispieltext vorgegeben. Orientieren Sie sich daran. Nun können Sie die Daten übermitteln.

Wenn Sie die Angaben gewissenhaft gemacht haben, haben Sie einen kleinen Beitrag zur Erhaltung der dunklen Nacht geleistet. Die gesammelten Daten geben Aufschluss darüber, wie sich die Himmelsqualität im Laufe der Zeit entwickelt und ob bestimmte Technologien wie etwa LED-Lampen einen Einfluss auf die Dunkelheit der Nacht haben.

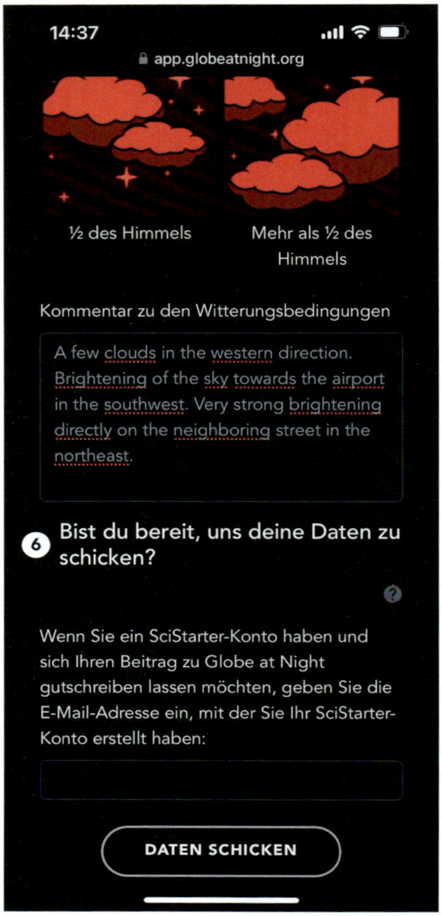

Abbildung 3.27: Unter Punkt 5 können Angaben zur aktuellen Witterung gemacht werden.

Alle oben genannten Organisationen verfolgen vor allem das Ziel, die Öffentlichkeit für das Thema Lichtverschmutzung zu sensibilisieren. Wenn Sie regelmäßig Beobachtungen bei Globe at Night einreichen, vertiefen Sie zudem Ihr Wissen über die Sternbilder und schärfen Ihre Beobachtungsgabe. Dies ist auch eine schöne Aufgabe für jüngere oder unerfahrene Sternfreunde.

Vielleicht probieren Sie es einmal gemeinsam mit Freunden, Nachbarn oder Ihren Kindern aus. So tragen Sie dazu bei, dass das Bewusstsein für Lichtverschmutzung wächst und das Thema in Zukunft eine größere Rolle spielt.

Kapitel 4

Lernen Sie den Sternenhimmel kennen mit Stellarium

Sie werden schnell feststellen, dass Geduld eine der wichtigsten Eigenschaften eines Hobbyastronomen ist. In unseren Breiten ist der Himmel oft von Wolken bedeckt, und nur an wenigen Tagen im Jahr genießen wir eine vollkommen klare Nacht – frei von Wolken und ohne störendes Mondlicht. Doch auch an bewölkten oder regnerischen Tagen können Sie den Sternenhimmel erkunden!

In diesem Kapitel lernen Sie den Umgang mit Sternkarten-Software und erhalten wertvolles Basiswissen zur Astronomie. Wir befassen uns mit der Software *Stellarium*, mit Sternbildern und ihren Grenzen, der Magnitudenskala sowie mit den Unterschieden zwischen Planeten und Fixsternen.

4.1 Lernen Sie den Umgang mit Sternkarten – Die Planetariumssoftware Stellarium

In fast jeder größeren Stadt gibt es ein Planetarium. Mithilfe eines speziellen Projektors wird dort der Sternenhimmel realistisch an eine große Kuppel projiziert. Der erste dieser Apparate wurde 1923 in den Carl-Zeiss-Werken in Jena entwickelt – ein wahres Meisterwerk der Optik und Feinmechanik. In Abbildung 4.1 sehen Sie einen solchen Projektor.

Der erste funktionsfähige Planetariumsprojektor wurde für das Deutsche Museum in München gebaut und kann dort noch heute besichtigt werden. Doch auch in Jena, der Heimatstadt von Carl Zeiss, gibt es spannende Exponate zu entdecken. Sollten Sie einmal in Jena unterwegs sein, lohnt sich ein Abstecher in die Goethe Galerie (ein Einkaufszentrum!): Gleich am Eingang steht ein historischer Planetariumsprojektor – ein faszinierendes Stück Technikgeschichte.

Deutschland besitzt einige der modernsten und bekanntesten Planetarien. Bochum, Stuttgart, Mannheim, Berlin und Hamburg zählen zu den größten und bedeutendsten. Das modernste Planetarium Deutschlands befindet sich in Garching. Dort betreibt die Europäische Südsternwarte (ESO) das Supernova Planetarium und Besucherzentrum – ein beeindruckendes Wissenschaftstheater mit modernster Technik. Viele Planetarien nutzen heute digitale Systeme, doch einige behalten ihren klassischen Zeiss-Projektor – nicht nur aus Nostalgie, sondern weil er ein herausragendes Ingenieurskunstwerk ist.

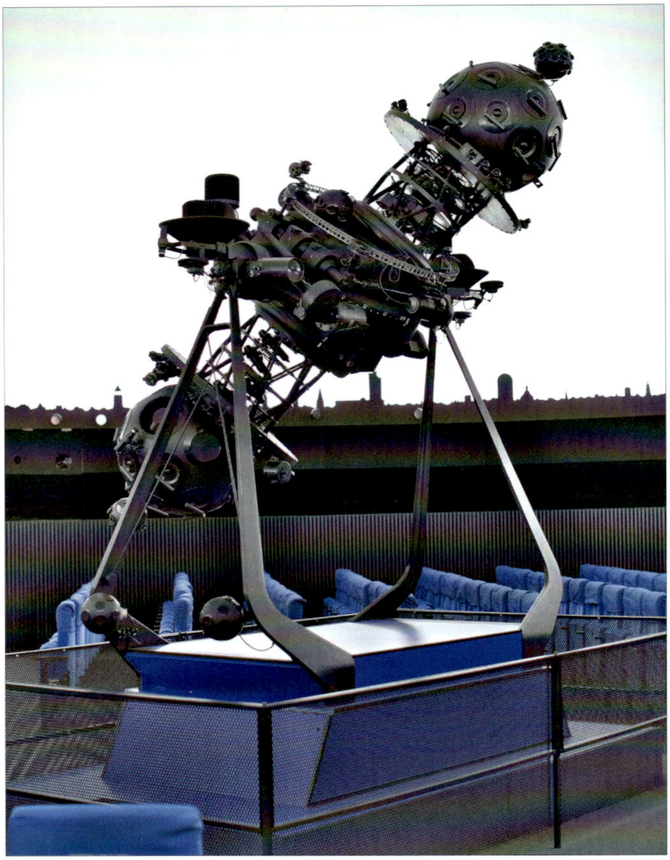

Abbildung 4.1: Der Zeiss-Planetarium-Projektor sieht selbst aus wie ein Ding aus einer anderen Welt.Quelle: Bautsch, https://commons.wikimedia.org/wiki/File:Planetarium.Zeiss-Projektor.Modell.V.P1174231.jpg

Doch nicht nur in Planetarien hat die Technik Fortschritte gemacht. Auch auf dem eigenen Computer stehen leistungsstarke Programme zur Verfügung, die riesige Datenbanken mit Zehntausenden Himmelsobjekten enthalten. Mit solcher Software lassen sich sogar Teleskope steuern und gezielt auf bestimmte Objekte ausrichten.

Eine der beliebtesten Anwendungen unter Amateurastronomen ist *Stellarium* – eine kostenfreie Open-Source-Software mit enormem Funktionsumfang. In diesem Kapitel lernen Sie die grundlegenden Funktionen von Stellarium kennen und erfahren, wie Sie damit den Sternenhimmel erkunden.

4.1.1 Download und Installation

Sie finden die Software auf der offiziellen Website *www.stellarium.org*. Direkt oben auf der Seite sehen Sie Symbole für die verschiedenen Versionen. Stellarium ist für Linux,

Windows und macOS verfügbar. (Stellarium gibt es auch als App für Mobilgeräte, die mobilen Versionen unterscheiden sich jedoch deutlich von der Desktop-Variante, sowohl im Funktionsumfang als auch in der Bedienung.)

Für einen modernen PC mit Windows 10 oder höher wählen Sie die Version **Windows x86, 64, Qt6**. Ein Klick auf den entsprechenden Button startet den Download automatisch.

Nach dem Herunterladen öffnen Sie Ihren Download-Ordner und doppelklicken auf die heruntergeladene *.exe*-Datei. Folgen Sie anschließend den Anweisungen auf dem Bildschirm. Die Installation erfolgt über einen standardisierten Installationsassistenten, den Sie vermutlich bereits von anderer Software kennen – daher verzichte ich hier auf eine detaillierte Beschreibung.

Nach der Installation finden Sie das Stellarium-Startsymbol auf Ihrem Desktop. Möglicherweise bemerken Sie, dass im Programmordner weitere Versionen von Stellarium installiert wurden. Dabei handelt es sich um alternative Startoptionen für den Fall, dass Ihr Computer Probleme mit OpenGL hat. Diese Back-up-Lösungen helfen, Stellarium auch auf älteren oder weniger kompatiblen Systemen zum Laufen zu bringen.

4.1.2 Erste Schritte mit Stellarium

Wenn Sie Stellarium mit einem Doppelklick auf das Programmsymbol geöffnet haben, öffnet sich das Programmfenster. Wenn Sie das Programm am Tag starten, sehen Sie wie in Abbildung 4.2 eine grüne Wiese, blauen Himmel und am Horizont eine Markierung, die Ihnen sagt, dass Sie nach Süden schauen. Öffnen Sie das Programm am Abend oder in der Nacht, sehen Sie dann tatsächlich schon einen Teil des Sternenhimmels.

Abbildung 4.2: Beim Start von Stellarium erwartet Sie tagsüber dieser Bildschirm.

Am unteren Bildrand erkennen Sie Ihren Ort. Hier wird Ihr Einwahlpunkt ins Internet als erster Anhaltspunkt genutzt. Zudem sehen Sie das Gesichtsfeld (Field of View), die Bildrate Ihres Bildschirms in Frames per Second sowie eine genaue Datums- und Uhrzeitangabe, basierend auf der Uhr Ihres Computers. Rechts oben finden Sie vier Symbole, auf die ich gleich eingehen werde.

Die wichtigsten Funktionen sind:

- Pfeiltasten – Bewegen des Himmelsausschnitts
- Mausrad – Rein- und Rauszoomen
- Linke Maustaste halten – Bewegen des Himmelsausschnitts
- Leertaste – Zentrieren auf ein Objekt

Bei Laptops kann es etwas anders sein, da diese kein Mausrad haben. Bei meinem Laptop kann man sowohl mit gedrückter `Strg`-als auch mit der `Fn`-Taste in Kombination mit der `Seite ↑`-oder `Seite ↓`-Taste zoomen. Mit zwei Fingern auf dem Mauspad kann man den Ausschnitt bewegen.

Um schnell in der Zeit zu springen, können Sie `Strg` gedrückt halten und mit gedrückter linker Maustaste entweder in die Zukunft gehen (Maus nach rechts ziehen) oder in die Vergangenheit (Maus nach links ziehen).

Abbildung 4.3: Gehen Sie in der Zeit etwas in die Zukunft. Die Sonne wird untergehen und der Sternenhimmel wird sich zeigen.

4.1.3 Hauptwerkzeugleiste

Wenn Sie mit der Maus über den linken unteren Teil des Programmfensters fahren, öffnet sich die Hauptwerkzeugleiste von Stellarium. Ganz links unten finden Sie ein kleines

Symbol in Form eines Dreiecks, mit dem Sie diese Werkzeugleiste auch anpinnen können. Um die Wirkung der Werkzeuge zu sehen, gehen Sie etwas in die Zukunft, in die Nachtstunden. Nun sollten Sie auch ähnlich wie in Abbildung 4.4 einige Sterne sehen können.

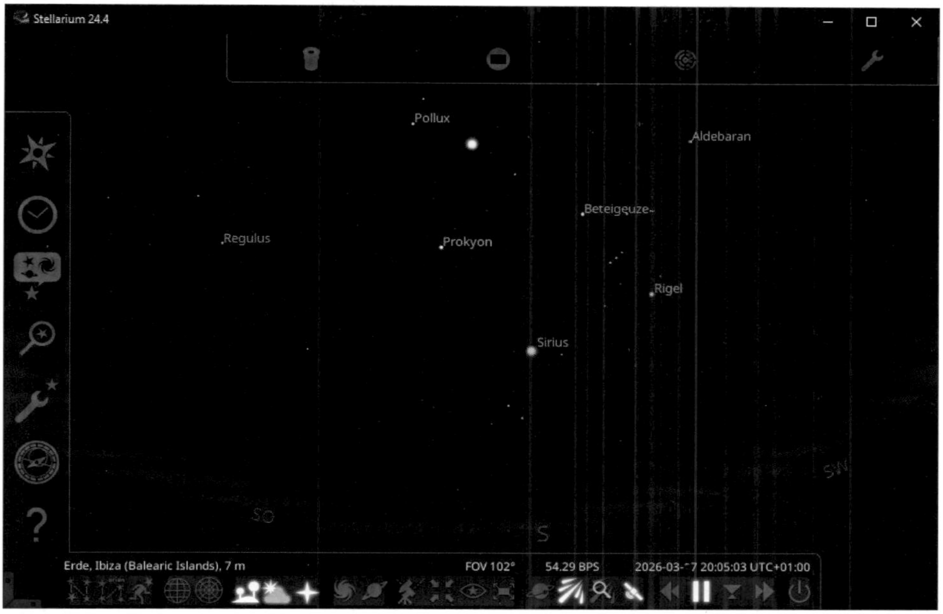

Abbildung 4.4: Ansicht in Stellarium bei Nacht. Am linken, unteren Rand findet sich die Hauptwerkzeugleiste.

Gehen wir der Reihe nach die Schaltflächen durch. Beachten Sie, dass es für jede Schaltfläche auch eine Tastenkombination gibt. Einige dieser sogenannten Shortcuts sind sehr hilfreich.

Ganz links, mit der Schaltfläche **Sternbildlinien** [C], lassen sich die gedachten Verbindungslinien zwischen den Sternen anzeigen. Mit der Schaltfläche **Sternbildbezeichnungen** [V] lassen sich die Namen der Sternbilder anzeigen. Die dritte Schaltfläche, **Sternbildfiguren** [R], zeigt Ihnen eine künstlerische Darstellung der Sternbilder an.

Sie können außerdem Gradnetze für die himmlischen Koordinaten auswählen und festlegen, ob ein Horizont eingeblendet werden soll. Zudem gibt es eine realistische Ansicht des Horizonts, die sie an- und abschalten können, denn die Erdatmosphäre sorgt für eine ganz natürliche Aufhellung des Himmels in Horizontnähe.

Wichtig für den Anfang ist der Button, um vom Vollbildmodus in den Fenstermodus zu wechseln. In der linken, vertikalen Werkzeugleiste finden Sie auch die Schaltfläche **Datum/Zeit-Fenster** [F5], mit der Sie die Zeit vor- und zurückspulen oder anhalten können (mehr dazu im folgenden Abschnitt 4.1.4). Im Standardmodus bewegt sich der Himmel mit fortschreitender Zeit, genau wie in der Natur. Am rechten Ende der Hauptleiste finden Sie noch das Ein/Aus-Symbol zum Beenden der Software (alternativ Strg + Q).

4.1.4 Das Dialogfenster

Wenn Sie mit der Maus über den unteren linken Bildschirmrand fahren, öffnet sich eine weitere Leiste mit Dialogfenstern (Abbildung 4.5). Klicken Sie auf die Schaltfläche **Datum/Zeit-Fenster [F5]** – das zweite Symbol von oben mit dem Uhr-Symbol.

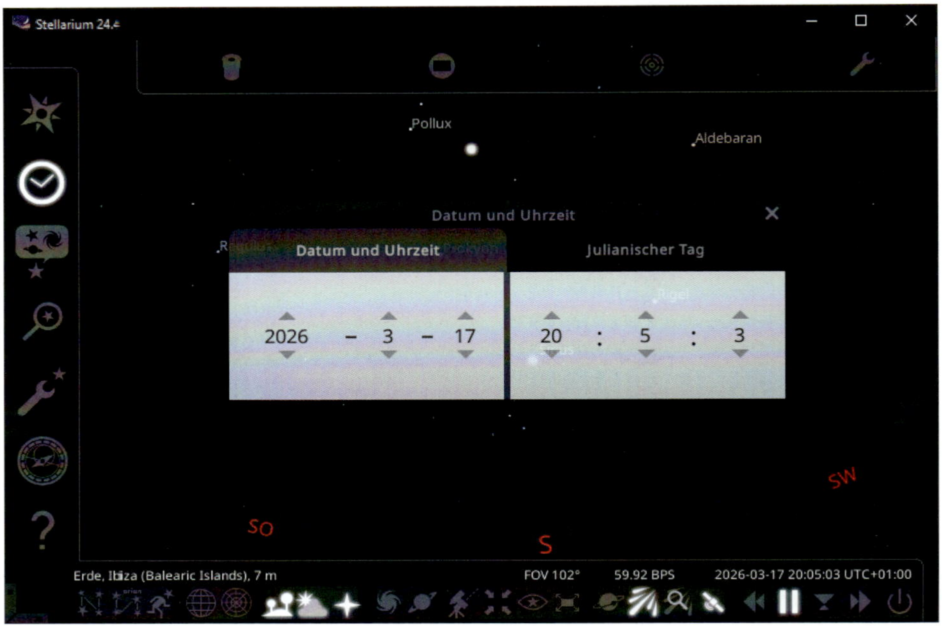

Abbildung 4.5: Am unteren, linken Rand befindet sich ein Menü mit Dialogen. Unter dem Uhren-Symbol befindet sich die Eingabe für das Datum und die Uhrzeit.

Über das Uhrzeit-Menü können Sie nun einen exakten Zeitpunkt angeben, für den Sie eine Ansicht des Nachthimmels wünschen. So können Sie gezielt schauen, welche Sternbilder und Objekte an Ihrem nächsten Beobachtungsabend sichtbar sind. Etwas verwirrend ist vielleicht, dass über der Uhrzeit die Überschrift »Julianischer Tag« steht. Dazu später mehr, es ist lediglich eine Besonderheit des Software-Layouts. Sie können den Uhrzeit-Dialog übrigens auch mit der Funktionstaste F5 aufrufen.

Öffnen Sie nun den ersten Eintrag im Dialog-Menü, das **Standortfenster [F6]** (siehe Abbildung 4.6). Hier können Sie auf mehrere Arten Ihren Beobachtungsstandort eingeben. Das ist sehr wichtig, denn die Ansicht des Nachthimmels hängt entscheidend davon ab, wo Sie sich auf der Erde befinden. Auf der Südhalbkugel sehen Sie beispielsweise ganz andere Sternbilder als auf der Nordhalbkugel. Es macht schon einen bemerkenswerten Unterschied, ob Sie sich in Kiel oder Garmisch befinden. Nicht nur die Höhe der Objekte über dem Horizont spielt dabei eine Rolle, sondern auch der Stand der Sonne unter dem Horizont hat deutliche Auswirkungen. So werden Sie um den 21. Juni im Norden Deutschlands keine dunkle Nacht erleben, während der Himmel im Süden spürbar dunkler ist. In Kiel zum Beispiel gerät die Sonne gerade mal -7° unter den Horizont. In Garmisch sind es am gleichen Tag -16°.

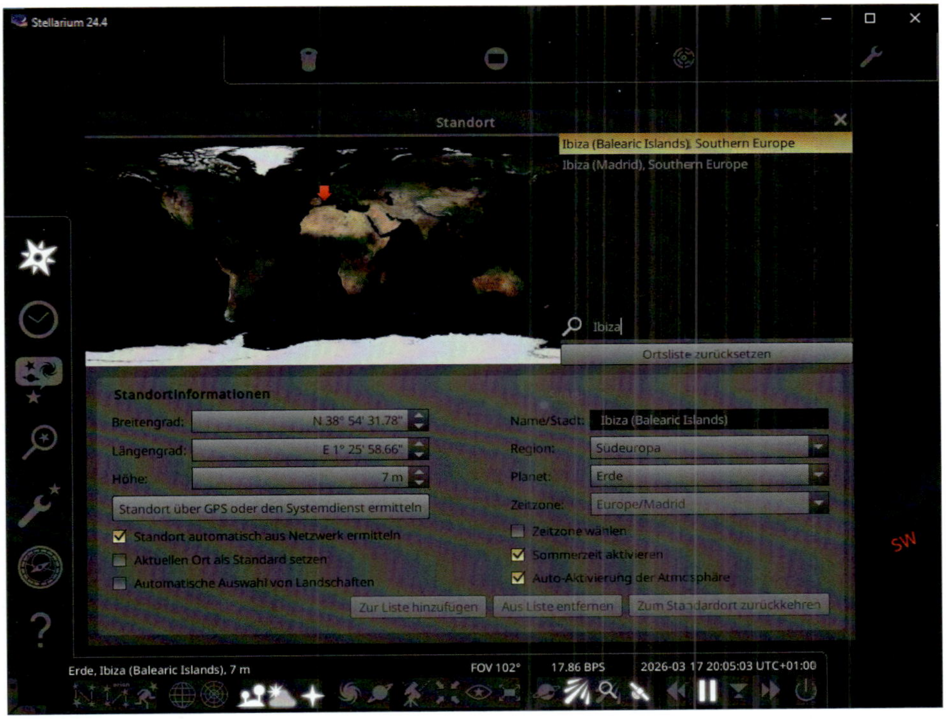

Abbildung 4.6: Das Standortfenster

Stellarium wählt Ihren Standort zunächst nach dem Einwahlpunkt Ihrer Internetverbindung aus. Das kann recht gut funktionieren, aber in meinem Fall ist es ungenau. Ich schreibe dieses Kapitel auf der Kanareninsel Teneriffa, Stellarium denkt jedoch, ich sei auf Ibiza. Es sind zwar beides spanische Inseln, aber astronomisch macht das bereits einen großen Unterschied.

Ein einfacher Weg, um Ihren Standort zu wählen, ist ein Mausklick auf die Weltkarte. Allerdings kann man in diese Karte nicht hineinzoomen, weshalb diese Methode etwas ungenau ist. Alternativ können Sie rechts oben in der Liste der Städte und Länder nach Ihrem Ort suchen. Für Deutschland sind jedoch nur große und mittelgroße Städte wählbar. Das reicht in der Regel aus, aber wenn Sie es ganz genau haben wollen, müssen Sie im Feld links unten Ihre geografischen Koordinaten eingeben. Das geht entweder über die Pfeiltasten oder durch direkte numerische Eingabe. Sie können dann noch einen Namen für den Ort wählen und ihn über die Schaltfläche **Zur Liste hinzufügen** speichern. Wenn Sie das Häkchen **Aktuellen Ort als Standard setzen** auswählen, wird dieser Standort beim nächsten Öffnen des Programms automatisch verwendet.

Koordinaten ermitteln in Google Maps

Eine einfache Möglichkeit, die eigenen geografischen Koordinaten zu ermitteln, bietet Google Maps. Öffnen Sie Google Maps und klicken Sie mit der linken Maustaste etwas länger auf Ihren Standort. Es erscheint eine Kartenmarkierung, und am unteren Bildrand werden die Koordinaten angezeigt, allerdings in Dezimalschreibweise. Klicken Sie mit der Maus auf diese Koordinaten, und es wird Ihnen in einem Pop-up-Fenster der Standort mit den geografischen Daten in der Grad- und Minutenanzeige angezeigt. Diese können Sie dann in Stellarium eingeben.

Zuletzt zeige ich Ihnen noch die Suchfunktion, die sich in der linken Leiste befindet. Über das **Suchfeld** [**F3**] können Sie jedes beliebige Objekt suchen und anzeigen lassen. In Abbildung 4.7 habe ich exemplarisch die Plejaden, also das Siebengestirn, eingegeben.

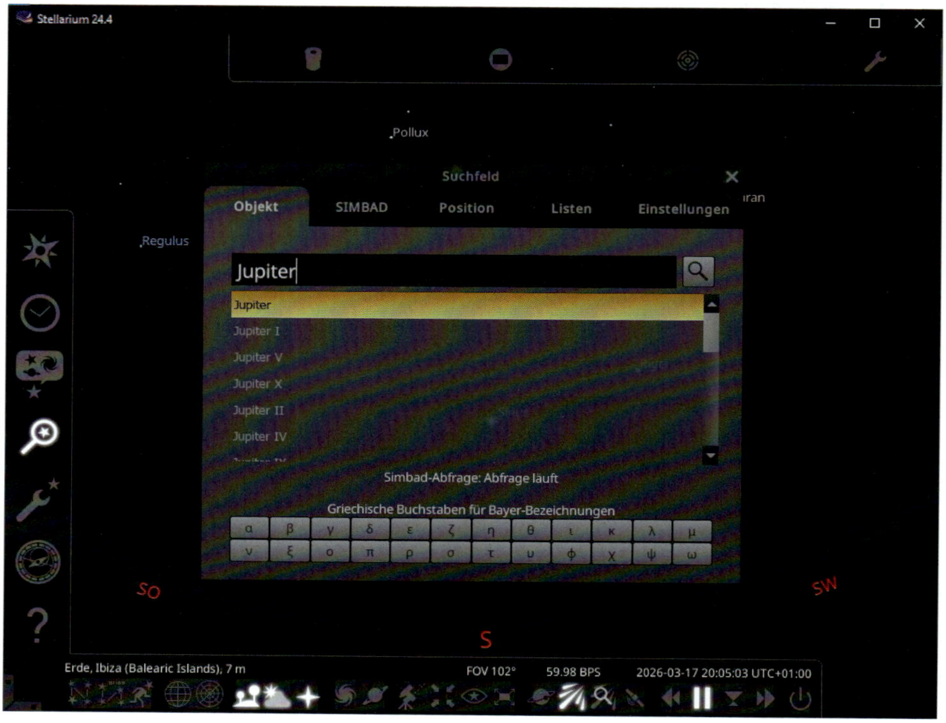

Abbildung 4.7: Über das Suchfenster können Sie beinahe jedes Objekt am Nachthimmel suchen.

Nach erfolgter Suche zentriert Stellarium das Objekt, wie in Abbildung 4.8 zu sehen, und am linken Rand werden zahlreiche Informationen zu dem Objekt angezeigt. Hierbei handelt es sich um astronomische Informationen, zum Beispiel zur Helligkeit, Entfernung oder Typenklasse des Objekts. Auch wenn Ihnen diese Infos zunächst kryptisch vorkommen – wenn Sie dieses Buch durchgearbeitet haben, werden sie schon deutlich mehr von dem verstehen, was hier aufgeführt wird.

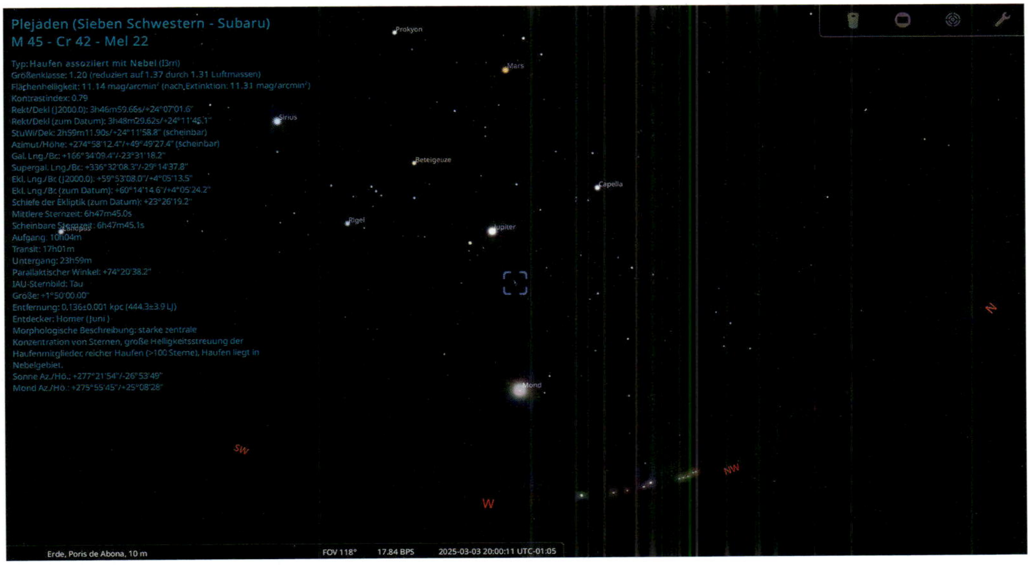

Abbildung 4.8: Die Plejaden in Stellarium

Wenn Sie nun noch etwas hineinzoomen, erkennen Sie, dass Stellarium für bekannte Objekte auch Fotos hinterlegt hat. Das kann allerdings trügerisch sein, denn so detailreich und farbig werden Sie die Objekte selbst im Teleskop nicht sehen.

Sie kennen nun die wichtigsten Funktionen, um mit Stellarium zu arbeiten. Stellarium ist eine unglaublich vielseitige Anwendung, und wir haben gerade einmal an der Oberfläche gekratzt. Im weiteren Verlauf des Buches werde ich auf spezielle Funktionen der Software eingehen, wenn wir diese benötigen. Für den Moment experimentieren Sie einfach mit dem Programm. Schauen Sie sich den Sternenhimmel zu verschiedenen Uhrzeiten oder Jahreszeiten an. Übrigens können Sie mit der Tastenkombination `Strg` + `S` jederzeit ein Foto des Bildschirms aufnehmen. Die Sternkarte wird dann auf Ihrem PC im Ordner *Bilder\Stellarium* abgespeichert.

Aufgabe: Finden Sie den Stern von Bethlehem

Stellen Sie den Sternenhimmel für den 1. Dezember 2020 ein und wählen Sie eine Uhrzeit, bei der der Himmel am Abend noch eine leichte Dämmerung zeigt. Positionieren Sie den Himmelsausschnitt in Richtung Südwesten. Nutzen Sie das Datum/Uhrzeit-Bedienfeld, um Tag für Tag weiterzugehen, und beobachten Sie, wie sich die Planeten Jupiter und Saturn einander annähern.

Um den 18. Dezember 2020 gesellte sich die Mondsichel hinzu, und am 21. Dezember 2020 war die Begegnung beider Planeten so eng, dass sie kaum noch als zwei getrennte Lichtpunkte wahrgenommen werden konnten. Jupiter ist neben Venus übrigens das hellste sternartige Objekt am Nachthimmel. Eine derart enge Begegnung von Planeten nennt man eine *Konjunktion*.

In diesen Tagen riefen mich Freunde an und fragten: »Was ist denn da am Himmel los?« Und das in einem aufgeklärten Zeitalter! Nun stellen Sie sich vor, was die Menschen früher – vor der Aufklärung und lange vor der Industrialisierung – gedacht haben müssen, wenn sie solche Konjunktionen am Himmel sahen. Es gibt Theorien, dass es eine solche Planetenkonjunktion gewesen sein könnte, die als Stern von Bethlehem gedeutet wurde.

Stellen Sie in Stellarium als Standort Bethlehem (Asien) ein und wählen Sie als Datum den 27. Mai des Jahres –7 in den frühen Morgenstunden. Historiker gehen heute davon aus, dass Jesus tatsächlich etwa fünf bis sieben Jahre vor dem Beginn unserer heutigen Zeitrechnung geboren wurde. Der heute verwendete Kalender wurde erst mehrere Jahrhunderte später festgelegt, wobei sich bei der Berechnung des Geburtsjahres ein kleiner Fehler eingeschlichen hat. Deshalb liegt das tatsächliche Geburtsdatum Jesu vermutlich einige Jahre vor dem offiziell angenommenen Jahr 1.

Die Parade der Planeten, Fixsterne und des Mondes muss ein faszinierender Anblick gewesen sein (siehe Abbildung 4.9). Kein Wunder, dass das Himmelsphänomen als bedeutsames Zeichen verstanden wurde. Noch zwei weitere Male sind sich die Planeten Saturn und Jupiter in diesem Jahr sehr eng begegnet.

Abbildung 4.9: Eine Planeten- und Fixsternparade am Morgen des 27.05. im Jahre 7 v. Chr. am Standort Bethlehem

4.2 Was sind eigentlich Sternbilder? Sternbildnamen und ihre Grenzen

Sie haben nun schon einige Sternbilder kennengelernt, etwa den Großen Wagen, den Schwan oder die Cassiopeia. Im Kapitel 1 haben Sie auch gelernt, dass die Sternbilder in anderen Kulturkreisen durchaus andere Bezeichnungen haben. So ist im Amerikanischen die Bezeichnung *Big Dipper* für den Großen Wagen verbreitet, und der Schütze heißt im Englischen *Teapot*. In anderen Kulturen gibt es aber nicht nur andere Bezeichnungen, sondern völlig andere Sternbilder. Fast jede große Kultur hat oder hatte ihre eigenen Sternbilder: China, Indien, Mesopotamien und eine ganze Menge indigener Völker. In Abbildung 4.10 sehen Sie das Sternbild Lama der Inka, das genau genommen kein Sternbild ist, sondern eine große dunkle Wolke inmitten der Milchstraße, die aber nur von der südlichen Hemisphäre aus sichtbar ist.

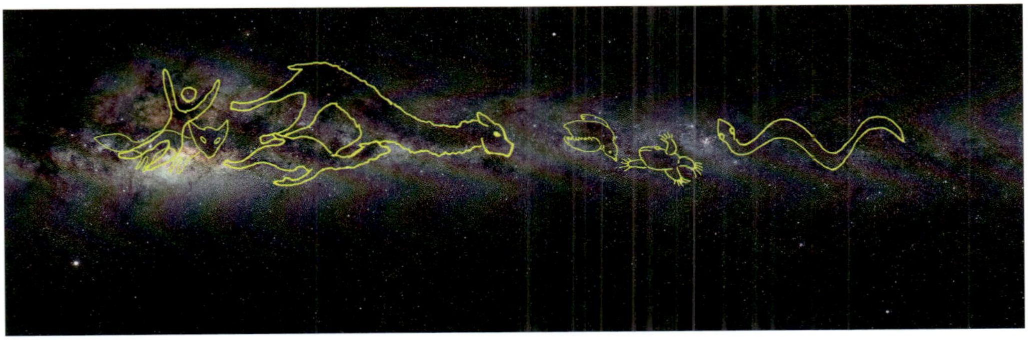

Abbildung 4.10: Die Inka sahen in dieser großen Dunkelwolke ein Lama (in der Inkasprache »yacana«). Quelle: Glastonbury Planetarium

Weltweit gebräuchlich sind heute die aus der griechischen Mythologie bekannten Sternbildnamen des Nordsternhimmels. Hinzu kommen einige Sternbildnamen der südlichen Hemisphäre, die aus dem 18. Jahrhundert stammen, zum Beispiel das Segel des Schiffs oder der Kiel des Schiffs, aber auch die Sternbilder Kompass oder Zirkel. Tatsächlich gab es ein Komitee, das die heute gültigen Sternbildnamen festgelegt hat: die Internationale Astronomische Union, kurz IAU. Zwischen 1922 und 1930 wurden in mehreren Sitzungen der IAU die heute bekannten 88 Sternbilder und ihre Grenzen festgelegt. Diese Sternbildnamen und Grenzen haben bis heute internationale Gültigkeit in der professionellen Astronomie.

Solche bürokratischen Vorgänge bleiben nie ohne Folgen, und so kam es auch zu Kuriositäten. Beispielsweise wurden Sterne, die einst zu einem Sternbild gehörten, plötzlich innerhalb der Grenzen eines anderen Sternbildes eingeordnet. So hat das Sternbild Canis Major (Großer Hund) tatsächlich symmetrisch festgelegte Grenzen innerhalb eines Rechtecks, während Teile des Sternbildes Monoceros (Einhorn) innerhalb der Sternbildgrenzen des Orions liegen (siehe Abbildung 4.11).

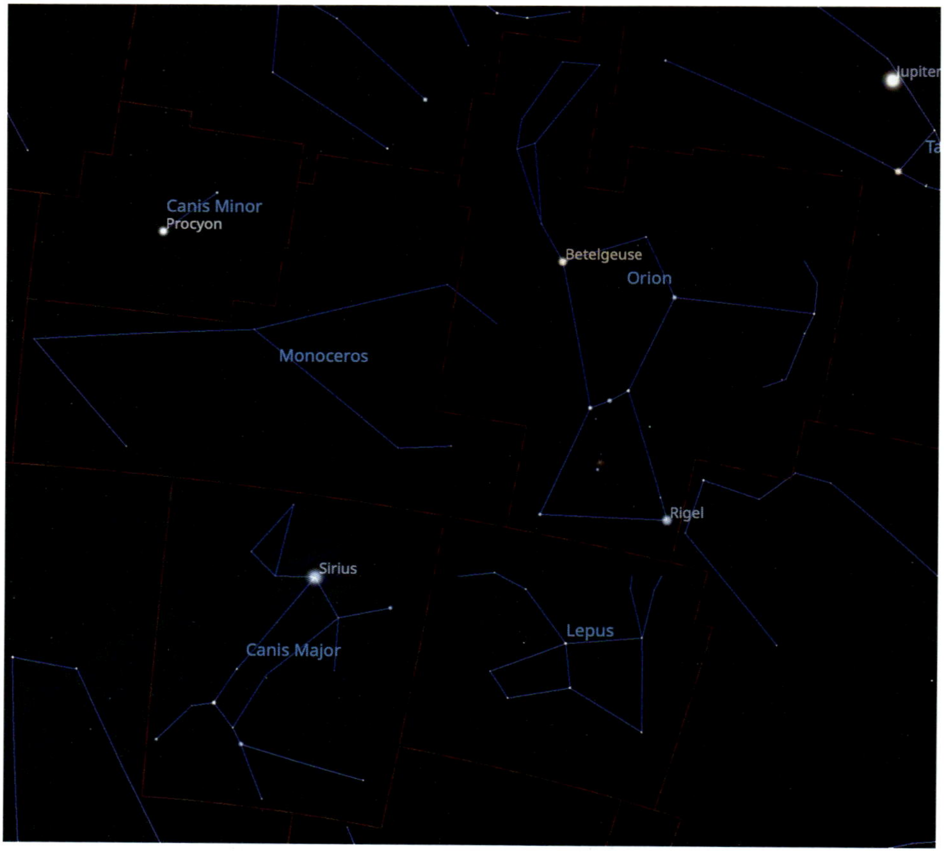

Abbildung 4.11: Die von der IAU festgelegten Sternbildgrenzen fallen mal mehr, mal weniger ordentlich aus.

Asterismen

Genau genommen habe ich einen Fehler gemacht, ich schreibe nämlich immer vom Sternbild Großer Wagen. In der Liste der offiziellen Sternbildnamen der IAU kommt der Große Wagen aber nicht vor. Die offizielle Bezeichnung des Sternbildes ist *Ursa Major* (UMa) also Großer Bär. Der Große Wagen ist ein Asterismus, eine einprägsame Anordnung von Sternen, die aber nicht in der IAU-Liste der 88 Sternbilder verzeichnet ist. Andere Asterismen sind das Sommerdreieck und das Wintersechseck. Es gibt auch kleinere, aber sehr hübsche Asterismen, wie etwa der Kleiderbügel im Sternbild Füchschen (Abbildung 4.12).

Abbildung 4.12: Collinder 399 – ein Asterismus, der auch als »Coathanger« (Kleiderbügel) bezeichnet wird und in Sommernächten schon mit bloßem Auge beobachtet werden kann.

4.3 Warum leuchten die Sterne unterschiedlich hell?

Wenn Sie den Sternenhimmel betrachten, wird Ihnen zweifellos auffallen, dass nicht alle Sterne gleich hell erscheinen. Es gibt herausragend helle Sterne wie Sirius oder Wega, eine Vielzahl mittelheller Sterne, etwa jene, die den Großen Wagen formen, und unzählige schwache Sterne. Je dunkler der Himmel, desto mehr dieser schwachen Sterne können Sie sehen.

Wie hell ein Stern am Himmel erscheint, hängt von verschiedenen Faktoren ab, zuallererst natürlich von seiner Entfernung. Alle Sterne, die wir am Firmament sehen, befinden sich innerhalb unserer eigenen Galaxie, der Milchstraße. Der uns nächstgelegene mit bloßem Auge sichtbare Fixstern ist Alpha Centauri mit einer Entfernung von 4,37 Lichtjahren. Der tatsächlich nächste Stern ist Proxima Centauri, ein Begleiter von Alpha Centauri, der jedoch mit bloßem Auge nicht sichtbar ist. Zum Vergleich: Der Stern Deneb im Sternbild Schwan ist rund 2600 Lichtjahre entfernt, und die fernsten noch mit bloßem Auge sichtbaren Sterne sind etwa 8000 Lichtjahre entfernt.

Interessanterweise erscheinen Deneb und Alpha Centauri in etwa gleich hell, obwohl Deneb rund 600-mal weiter entfernt ist. Die Entfernung allein kann also nicht für die Helligkeit eines Sterns verantwortlich sein.

Ein weiterer entscheidender Faktor ist die Größe der Sterne. Es gibt vergleichsweise kleine Sterne, aber auch regelrecht gigantische Himmelskörper. Alpha Centauri hat lediglich den 1,2-fachen Radius unserer Sonne, während Deneb einen etwa 200-mal größeren Radius aufweist.

Der größte mit bloßem Auge sichtbare Stern am Nachthimmel ist Beteigeuze im Sternbild Orion. Es handelt sich um einen sogenannten Roten Riesen mit einem geschätzten Radius von 750 bis 800 Sonnenradien. Es gibt sogar noch größere Sterne, wie etwa VY Canis Majoris. Am Himmel stehen diese beiden Sterne gar nicht weit auseinander: Beteigeuze bildet eine Schulter des Orion, und VY Canis Majoris befindet sich nicht weit entfernt im Sternbild Großer Hund. In Abbildung 4.13 können Sie sich einen Eindruck von den Größenverhältnissen machen. Bemerkenswert ist, dass VY Canis Majoris mit bloßem Auge nicht sichtbar ist, obwohl seine Entfernung zur Sonne nicht besonders groß ist. Ein weiterer Faktor muss also eine Rolle spielen.

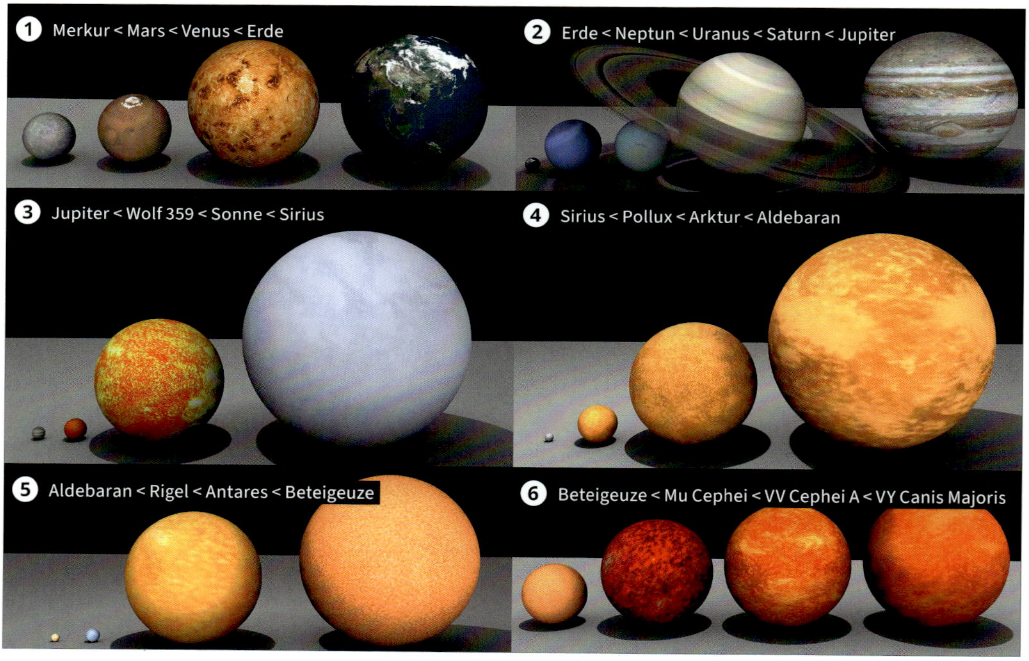

Abbildung 4.13: Größenvergleich von Planeten und Sternen. Quelle: Dave Jarvis, CC BY SA 3.0: https://commons.wikimedia.org/wiki/File:Star-sizes.jpg

Im gleichen Sternbild, Canis Major, befindet sich auch der hellste Stern am Firmament: Sirius. Sirius ist nicht einmal doppelt so groß wie die Sonne, doch mit knapp neun Lichtjahren Entfernung gehört er zu unseren direkten Nachbarn. Entscheidend ist jedoch seine hohe Oberflächentemperatur von beinahe 10.000 °C. Zum Vergleich: Unsere Sonne erreicht etwa 5500 °C, während Beteigeuze lediglich 3300 °C heiß ist. Die Helligkeit eines Sterns hängt also auch maßgeblich von seiner Temperatur ab.

Diese Temperaturunterschiede beeinflussen auch die Farbe der Sterne. Kühlere Sterne erscheinen rötlich, während sehr heiße Sterne blau-weiß leuchten. Diesen Zusammenhang zwischen Temperatur und Leuchtkraft können Sie auch auf der Erde beobachten: Ein glühender Draht mit etwa 500 bis 800 °C erscheint dunkelrot, während ein Wolframdraht in einer Glühbirne bei 2500 bis 3000 °C fast weißlich leuchtet. Der blau-weiße Lichtbogen eines Schweißgeräts erreicht sogar Temperaturen zwischen 4000 und 6000 °C.

Wie hell ein Stern am Himmel erscheint, ist also nicht zwangsläufig eine Folge davon, wie hell der Stern tatsächlich ist. Deshalb haben Astronomen zwei Begriffe eingeführt, um die Helligkeit von Sternen zu beschreiben: die scheinbare Helligkeit und die absolute Helligkeit.

Die scheinbare Helligkeit wird in Magnituden angegeben – diese Einheit kennen Sie bereits aus Abschnitt 3.2. Die erste systematische Einteilung der scheinbaren Sternhelligkeiten erfolgte bereits in der Spätantike durch Klaudios Ptolemäus. Er führte sechs Größenklassen ein, die von 1 (die hellsten Sterne) bis 6 (die schwächsten noch sichtbaren Sterne) reichten. Diese Einteilung hielt er in einem astronomischen Kompendium, dem Almagest, im zweiten Jahrhundert nach Christus fest. Noch heute sprechen Amateurastronomen von Sternen erster oder zweiter Größe bzw. Größenklasse, doch die korrekte Bezeichnung wäre heute die Magnitude.

Norman Pogson erkannte 1856, dass Ptolemäus' Einteilung der Größenklassen einem annähernd logarithmischen Verlauf folgt. Er verfeinerte diese Einteilung mathematisch und erweiterte sie sowohl nach oben als auch nach unten. Logarithmisch bedeutet in diesem Zusammenhang, dass ein Stern sechster Magnitude 100-mal schwächer erscheint als ein Stern erster Magnitude.

Logarithmische Einteilungen verwenden wir immer dann, wenn die Werte extreme Unterschiede aufweisen und es wichtiger ist, wie stark sie sich im Verhältnis zueinander verändern, statt auf absolute Zahlen zu schauen. Andere Beispiele für logarithmische Skalen sind die Dezibel-Skala zur Messung von Lautstärken oder die Richterskala, mit der die Stärke von Erdbeben beschrieben wird.

In Abbildung 4.14 sehen Sie verschiedene astronomische Objekte und ihre scheinbare Helligkeit. Besonders helle Objekte werden mit negativen Magnituden beschrieben.

Die absolute Helligkeit von Sternen wird zwar ebenfalls in Magnituden angegeben, ihre Definition ist jedoch eine andere. Bei der absoluten Helligkeit stellt sich die Frage: Wie hell würde ein Stern in einer bestimmten Entfernung erscheinen? Astronomen haben diese Entfernung auf 10 Parsec festgelegt, also 32,6 Lichtjahre (siehe Kasten: Entfernungsangaben im All).

Die absolute Helligkeit wird mit einem großen M dargestellt, im Gegensatz zur scheinbaren Helligkeit, die mit einem kleinen m angegeben wird.

Der mathematische Zusammenhang lautet:

$$M = m - 5 \cdot \log_{10}(d) + 5$$

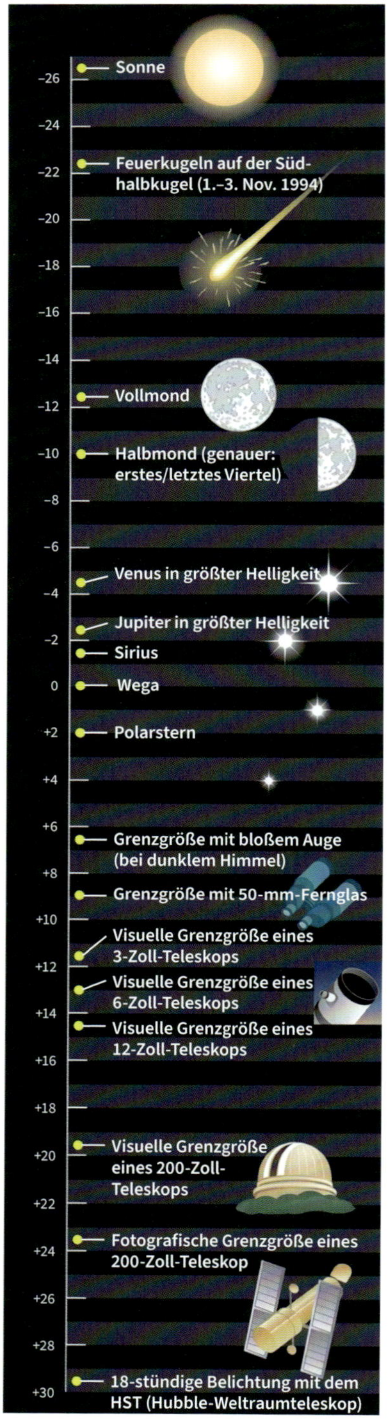

Abbildung 4.14: Die Magnituden-Skala der scheinbaren Helligkeit verschiedener Himmelskörper

Wobei m die scheinbare Helligkeit ist und d die Entfernung des Sterns in Parsec.

Mit dieser Formel können Sie sich ein kleines Programm zur Berechnung wie in Listing 4.1 leicht selber schreiben. Hier ein Beispiel in Python:

```
import math  # Import der Mathematik-Bibliothek für den Logarithmus

def berechne_absolute_helligkeit(m, d):
    """
    Berechnet die absolute Helligkeit eines Sterns basierend auf
    der scheinbaren Helligkeit (m) und der Entfernung in Parsec (d).

    Formel: M = m - 5 * log10(d) + 5

    Parameter:
    m -- scheinbare Helligkeit (Magnitude)
    d -- Entfernung in Parsec

    Rückgabe:
    Absolute Helligkeit (M)
    """
    if d <= 0:
        raise ValueError("Die Entfernung muss größer als 0 sein.")

    M = m - 5 * math.log10(d) + 5  # Berechnung der absoluten Helligkeit
    return M

# Benutzerabfrage
stern_name = input("Um welchen Stern geht es? ")
try:
    m = float(input(f"Welche scheinbare Helligkeit hat {stern_name}? "))
    d = float(input(f"Welche Entfernung in Parsec hat {stern_name}? "))

    # Berechnung der absoluten Helligkeit
    M = berechne_absolute_helligkeit(m, d)

    # Ergebnis ausgeben
    print(f"Die absolute Helligkeit von {stern_name} beträgt: {M:.2f}
mag")

except ValueError:
    print("Bitte geben Sie eine gültige Zahl für die scheinbare
Helligkeit und die Entfernung ein.")
```

Listing 4.1: Python-Programm zur Berechnung der absoluten Helligkeit eines Sterns

Entfernungsangaben im All: Lichtjahr, Parsec und Astronomische Einheit

Da die Entfernungen im All gigantisch sind, hat man sich schnell davon verabschiedet, sie in Kilometern anzugeben.

- **Astronomische Einheit (AE)**: Eine gängige Entfernungseinheit innerhalb unseres Sonnensystems ist die astronomische Einheit (AE). Eine AE entspricht dem mittleren Abstand zwischen Erde und Sonne und beträgt etwa 149,6 Millionen Kilometer. Diese Einheit eignet sich besonders gut für die Angabe von Planetenabständen, da sie eine verständliche Skala für unser eigenes Sonnensystem bietet.
- **Lichtjahr**: Die wohl bekannteste astronomische Entfernungseinheit ist das Lichtjahr. Ein Lichtjahr ist jedoch keine Zeitangabe, sondern die Strecke, die das Licht innerhalb eines Jahres zurücklegt. Das entspricht etwa 9,46 Billionen Kilometern. Lichtjahre werden häufig verwendet, um die Entfernungen zu Sternen und Galaxien anzugeben, da diese oft viele Billionen Kilometer betragen und eine handlichere Einheit notwendig ist.
- **Parsec**: Eine weitere wichtige Entfernungseinheit ist das Parsec. Ein Parsec entspricht etwa 3,26 Lichtjahren oder 31 Billionen Kilometern. Diese Einheit wird vor allem in der professionellen Astronomie verwendet, da sie sich gut für die Angabe großer Entfernungen zwischen Sternen und anderen Objekten unseres Sonnensystems eignet.

Sternbildnamen und Helligkeiten gehören zusammen: die Bayer-Bezeichnung

Der hellste Stern eines Sternbilds (und damit ist die scheinbare Helligkeit gemeint!) wird mit dem griechischen Buchstaben Alpha benannt, der zweithellste mit Beta, der dritthellste mit Gamma usw. Der hellste Stern im Sternbild Ursa Major (Großer Bär) heißt also abgekürzt α UMa. Der vierthellste Stern im Sternbild Schwan (Cygnus) heißt Delta Cygni (man verwendet hier den Genitiv mit der Endung *i* oder *is*, gelesen also: Delta *des* Schwans).

Diese Einteilung der Sternnamen geht auf den deutschen Astronomen Johann Bayer zurück. Er führte dieses System 1603 in seinem Werk *Uranometria* ein.

Viele Sterne tragen darüber hinaus Eigennamen, die aus unterschiedlichen Kulturkreisen stammen. Einige Sternnamen haben arabische Ursprünge, zum Beispiel:

- **Betelgeuse**[1] (Alpha Orionis) – »Achsel des Riesen«
- **Aldebaran** (Alpha Tauri) – »der Nachfolgende« (weil er die Plejaden verfolgt)
- **Vega** (Alpha Lyrae) – »der herabstürzende Adler«

1 Betelgeuse ist ein interessanter Fall, denn der Stern wird im Deutschen Beteigeuze [ˌbətaɪ̯ˈɡɔɪ̯tsə] geschrieben und gesprochen. Tatsächlich handelt es sich um einen Übersetzungsfehler, der niemals korrigiert wurde.

Andere Eigennamen stammen – wie viele Sternbilder auch – aus der griechischen Mythologie:

- **Sirius** (Alpha Canis Major) – »der Glühende«
- **Procyon** (Alpha Canis Minor) – »vor dem Hund« (weil er vor Sirius aufgeht)

Sie haben in diesem Abschnitt gelernt, warum Sterne unterschiedlich hell sind. Verschiedene Faktoren wie etwa die Größe des Sterns, seine Oberflächentemperatur, aber natürlich auch der Abstand des Sterns von der Erde sind dafür verantwortlich. Die Helligkeiten der Sterne zeigen sich auch in ihren Bezeichnungen gemäß der Bayer-Nomenklatur. Darüber hinaus tragen viele der hellsten Sterne Eigennamen aus der Mythologie.

4.4 Nicht alle Sterne sind Fixsterne

Die meisten Sterne am Firmament scheinen sich relativ zueinander nicht zu bewegen. Tatsächlich sind sie jedoch alle in Bewegung. Nur ist diese Eigenbewegung so langsam, dass sie mit bloßem Auge über kurze Zeiträume nicht wahrnehmbar ist. Zwar wandern die Sterne scheinbar gemeinsam über den Himmel, und auch jahreszeitlich verändert sich ihr Anblick, doch die Konstellationen bleiben über lange Zeiträume nahezu unverändert. Schon in der Antike beobachtete man dieses Phänomen und nannte diese Sterne *stellae fixae*, was auf Deutsch »Fixsterne« bedeutet.

Im Gegensatz dazu konnte man einige Himmelskörper beobachten, die ihre Position im Vergleich zu den Fixsternen veränderten und über Jahre hinweg an unterschiedlichen Stellen des Himmels erschienen. Diese wurden *planētēs* genannt, was auf Griechisch »Wanderer« bedeutet – davon leitet sich unser heutiger Begriff »Planeten« ab.

Während Sterne ihr eigenes Licht durch Kernfusion erzeugen, besitzen Planeten keine solche Energiequelle und leuchten daher nicht selbst. Stattdessen reflektieren sie das Licht der Sonne. Mit bloßem Auge ist es schwierig, einen Planeten von einem Stern zu unterscheiden, doch schon in kleinen Teleskopen erscheinen die meisten Planeten nicht als punktförmige Lichtquellen wie Sterne, sondern als kleine Scheibchen. Bei einigen lassen sich sogar Oberflächendetails erkennen.

In Kapitel 9 werde ich Ihnen die Planeten noch ausführlicher vorstellen, doch einige wichtige Fakten über unser Sonnensystem erfahren Sie bereits hier.

Die Erde ist – das wissen Sie sicher – der dritte Planet im Sonnensystem, von der Sonne aus betrachtet. Zwei Planeten, Merkur und Venus, bewegen sich auf Bahnen innerhalb der Erdumlaufbahn. Das hat zur Folge, dass wir diese Planeten am Himmel immer nur in einem kleinen Bereich nahe der Sonne sehen können.

Am Tag überstrahlt das Sonnenlicht sämtliche Himmelskörper – sonst könnten wir Venus und Merkur ständig in der Nähe der Sonne erkennen. Unter bestimmten Bedingungen kann die Venus jedoch auch am Taghimmel sichtbar sein. Erst am Abend oder am Morgen, wenn die Sonne knapp unter dem Horizont steht, werden die inneren Planeten besonders gut sichtbar. Daher erscheint uns die Venus mal als Morgenstern und mal als Abendstern. Wenn Venus und Merkur von der Erde aus gesehen hinter der Sonne stehen, sind sie für uns unsichtbar, da sie vom Sonnenlicht überstrahlt werden. Stehen sie hingegen direkt vor der Sonne, kann es zu einem seltenen Venus- oder Merkurtransit kommen, der mit geeigneten Teleskopen beobachtet werden kann.

Achtung! Passen Sie bei Beobachtungen am Tag gut auf

Wenn Sie versuchen, die Venus am Taghimmel zu beobachten, ist äußerste Vorsicht geboten! Es besteht die Gefahr, dass Sie unbeabsichtigt mit einem Teleskop oder Fernglas direkt in die Sonne blicken. Dies kann zu schweren Augenschäden bis hin zum vollständigen Verlust des Augenlichts führen.

Vermeiden Sie es unbedingt, direkt in die Sonne zu schauen – selbst ohne optische Hilfsmittel kann dies schwerwiegende Folgen haben. Ein Transit von Merkur oder Venus vor der Sonnenscheibe kann nur mit Hilfsmitteln wie speziell dafür vorgesehenen Sonnenfiltern sicher beobachtet werden.

Die restlichen Planeten, also Mars, Jupiter, Saturn, Uranus und Neptun, liegen außerhalb der Erdbahn und sind daher über einen viel größeren Bereich am Himmel sichtbar. Mit Stellarium können Sie sich einen Überblick darüber verschaffen, welche Planeten gerade sichtbar sind. Mars, Jupiter und Saturn sind mit bloßem Auge zu erkennen, während Uranus und Neptun nur im Teleskop sichtbar sind. Besonders Jupiter kann eine bemerkenswerte Helligkeit erreichen und ist daher sehr auffällig am Himmel. Mars und Saturn erscheinen lediglich wie etwas hellere Sterne, sodass man sich am Himmel gut auskennen muss, um sie von den Fixsternen zu unterscheiden. Auch farblich gibt es Unterschiede: Jupiter und Saturn haben eine eher gelbliche Färbung, während Mars deutlich rötlich erscheint.

Interessant bei den Planeten ist ihr ungewöhnlicher Verlauf am Himmel. Normalerweise bewegen sich die äußeren Planeten von West nach Ost vor dem Hintergrund der Fixsterne. Das bedeutet, dass Jupiter, wenn er heute beobachtet wird, am nächsten Tag etwas weiter in Richtung Osten steht. Diese Bewegung verläuft entgegen der scheinbaren Bewegung des Fixsternhimmels, der sich sowohl innerhalb einer Nacht als auch im Jahresverlauf von Ost nach West zu drehen scheint. Doch es wird noch merkwürdiger: Zu bestimmten Zeiten verlangsamt sich die Bewegung der Planeten, kehrt sich sogar für eine gewisse Zeit um und nimmt dann nach einigen Wochen wieder ihren gewohnten Verlauf auf. Diese scheinbare Rückwärtsbewegung nennt man Oppositions- oder Planetenschleife.

In Abbildung 4.15 sehen Sie eine solche Planetenschleife am Beispiel des Mars. Über mehrere Monate wurde der Planet vor dem Fixsternhimmel fotografiert. In der Montage wurden die Fixsterne übereinandergelegt, um die Bewegung des Mars sichtbar zu machen.

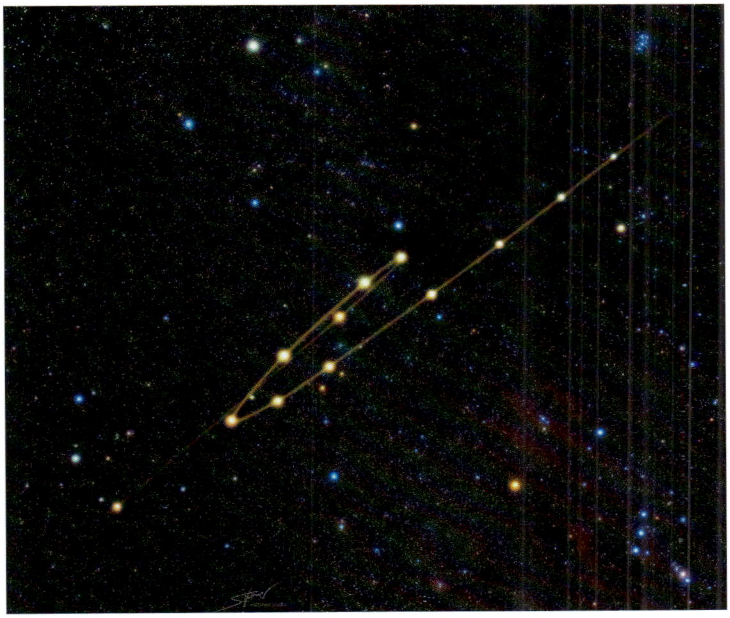

Abbildung 4.15: Fotomontage einer Mars-Schleife. Quelle: Sebastian Voltmer

Abbildung 4.16 veranschaulicht, wie diese Schleifen entstehen. Bedenken Sie, dass sich die inneren Planeten schneller um die Sonne bewegen als die äußeren.

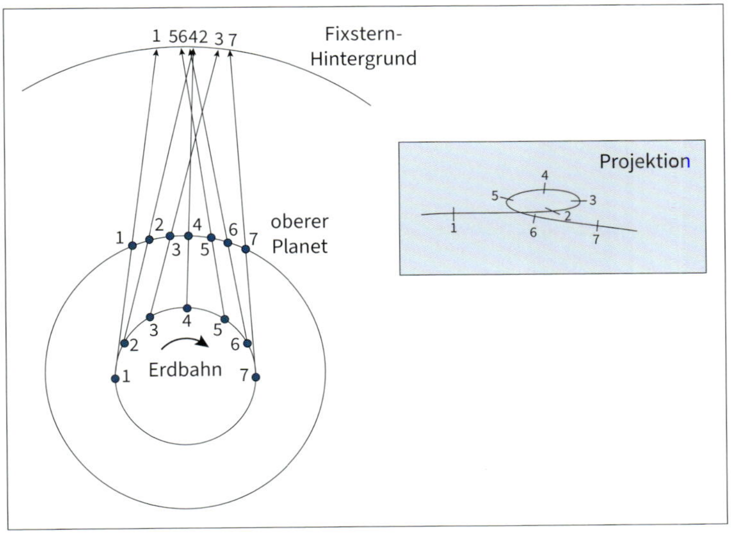

Abbildung 4.16: So entstehen die Schleifen der äußeren Planeten.

Wenn die Erde also einen der äußeren Planeten überholt, sieht es für eine gewisse Zeit so aus, als würde sich der Planet rückwärts bewegen. Nach einiger Zeit setzt er seine Bewegung in der ursprünglichen Richtung fort. Der Punkt, an dem Erde und der äußere Planet von der Sonne aus betrachtet in einer Linie stehen, wird als *Oppositionsstellung* bezeichnet. Die Planeten erscheinen dann merklich heller und teilweise auch größer am Himmel. Dieser Effekt ist am deutlichsten bei Mars zu beobachten, aber auch bei Jupiter.

Bei Saturn steigt die Helligkeit zwar an, doch sein scheinbarer Durchmesser verändert sich kaum. Bei Uranus und Neptun sind die Effekte nicht besonders auffällig.

Sie können die Oppositionsschleife auch in einem kleinen Spiel anschaulich nachvollziehen. Stellen Sie sich mit einer zweiten Person auf eine Wiese oder einen Parkplatz. Markieren Sie die Position der Sonne mit einer Tasche. Bitten Sie dann Ihren Partner, die Rolle des äußeren Planeten zu übernehmen, der sich langsam in eine Richtung bewegt. Sie selbst bewegen sich auf einer kleineren Bahn etwas schneller und richten dabei den Blick stets auf Ihren Partner. Beobachten Sie, wie sich die scheinbare Position Ihres Partners verändert, während Sie ihn auf der inneren Bahn überholen.

In Tabelle 4.1 finden Sie die Oppositionen sowie die Daten zu Beginn und Ende der Oppositionsschleifen des Planeten Mars.

Rückläufig ab	Opposition	Rückläufig bis
10.01.2027	19.02.2027 im Sternbild Löwe	01.04.2027
14.02.2029	25.03.2029 im Sternbild Jungfrau	05.05.2029
29.03.2031	04.05.2031 im Sternbild Waage	13.06.2031
27.05.2033	28.06.2033 im Sternbild Schütze	01.08.2033
15.08.2035	15.09.2035 im Sternbild Wassermann	15.10.2035

Tabelle 4.1: Oppositionen des Mars bis 2035

In Tabelle 4.2 finden Sie die Oppositionen sowie die Daten zu Beginn und Ende der Oppositionsschleifen des Planeten Jupiter.

Rückläufig ab	Opposition	Rückläufig bis
11.11.2025	10.01.2026 im Sternbild Zwillinge	10.03.2026
13.12.2026	11.02.2027 im Sternbild Krebs	13.04.2027
12.01.2028	12.03.2028 im Sternbild Löwe	13.05.2028
10.02.2029	12.04.2029 im Sternbild Jungfrau	13.06.2029
13.03.2030	13.05.2030 im Sternbild Waage	15.07.2030

Tabelle 4.2: Opposition des Jupiters bis 2034

Rückläufig ab	Opposition	Rückläufig bis
15.04.2031	15.06.2031 im Sternbild Schlangenträger	16.08.2031
19.05.2032	19.07.2032 im Sternbild Schütze	17.09.2032
25.06.2033	25.08.2033 im Sternbild Wassermann	23.10.2033
03.08.2034	02.10.2034 im Sternbild Fische	29.11.2034

Tabelle 4.2: Opposition des Jupiters bis 2034 (Forts.)

Da Saturn für einen Umlauf um die Sonne schon deutlich länger braucht, wird er auf der inneren Umlaufbahn der Erde häufiger überholt. So kommt es jährlich zu einer Opposition, und nicht selten finden aufeinanderfolgende Oppositionen im gleichen Sternbild statt. In Tabelle 4.3 sind diese bis zum Jahr 2035 aufgelistet.

Rückläufig ab	Opposition	Rückläufig bis
26.07.2026	04.10. 2026 im Sternbild Fische	11.12.2026
09.08.2027	18.10.2027 im Sternbild Fische	24.12.2027
23.08.2028	30.10.2028 im Sternbild Walfisch	05.01.2029
06.09.2029	13.11.2029 im Sternbild Widder	19.01.2030
20.09.2030	27.11.2030 im Sternbild Stier	02.02.2031
05.10.2031	11.12.2031 im Sternbild Stier	16.02.2031
19.10.2032	24.12.2032 im Sternbild Zwillinge	01.03.2033
02.11.2033	08.01.2034 im Sternbild Zwillinge	16.03.2034
16.11.2034	22.01.2035 im Sternbild Krebs	30.03.2035

Tabelle 4.3: Oppositionen des Saturn bis 2034

Aufgabe: Marsschleife simulieren

Öffnen Sie Stellarium und stellen Sie ein Datum ca. zwei Wochen vor dem Beginn der Rückläufigkeit des Planeten ein. Als Beispiel wählen Sie den ersten Eintrag des Mars, der am 19.02.2027 in Opposition steht. Öffnen Sie in Stellarium das Datum/Uhrzeit-Fenster und geben Sie den 01.12.2026 ein, also zwei Wochen vor Beginn der Marsschleife.

Öffnen Sie das Suche-Werkzeug und geben Sie »Mars« ein. Der Mars wird nun in der Bildmitte zentriert und mit einem roten, sich langsam drehenden Fadenkreuz markiert. Experimentieren Sie etwas mit der Zoomstufe. Sie sollten so weit herauszoomen, dass Sie den Mars schön in der Umgebung der Sternbilder sehen.

Halten Sie nun über dem Tag der Datumsanzeige die Maustaste gedrückt oder benutzen Sie die Pfeil-nach-oben-Taste ihres Computers. Die Tage vergehen nun im Schnellvorlauf, und weil Mars zentriert ist, bleibt er in der Bildmitte. Nun können Sie sehr schön die Marsschleife um die Opposition herum simulieren. Selbst die Größendarstellung und eine Helligkeitszunahme während der Opposition werden angezeigt. Tipp: Sollte die Zentrierung des Mars verloren gehen, klicken Sie mit der Maus auf den Mars und drücken Sie die Leertaste.

4.5 Das Koordinatensystem des Himmels

Bereits in Kapitel 2 habe ich Ihnen die azimutale und äquatoriale Montierung vorgestellt und in diesem Zusammenhang einige Begriffe des himmlischen Koordinatensystems erläutert. In diesem Kapitel möchte ich jedoch noch einmal grundsätzliche Dinge klären.

4.5.1 Ekliptik

Sie haben im vorangegangenen Kapitel etwas über die Bahnen der Planeten gelernt. Vielleicht ist Ihnen aufgefallen, dass sich die Planeten scheinbar alle auf einer gedachten Linie bewegen? Diese Linie wird *Ekliptik* genannt, und sie beschreibt den Verlauf der Sonne über den Himmel. Da sich das Sonnensystem aus einer rotierenden Scheibe aus Gas und Staub gebildet hat, bewegen sich alle anderen Himmelskörper des Sonnensystems mehr oder weniger in einer Ebene und folgen dementsprechend dem Lauf der Ekliptik am Himmel.

Leichte Abweichungen gibt es allerdings schon bei den Planeten. Nehmen wir die Ebene der Erde als Referenz und setzen ihre Bahnneigung auf 0°. Die Bahnebene des Mars ist beispielsweise um 1,8° geneigt. Bei Saturn sind es 2,5°, und Merkur hat eine Bahnneigung von 7° gegenüber der Erdbahn.

Zwischen Mars und Jupiter gibt es einen Gürtel aus Millionen von Kleinstplaneten, sogenannten Asteroiden. Dieser wird als *Asteroidengürtel* bezeichnet. Die Bahnneigungen der Asteroiden sind sehr unterschiedlich: Es gibt welche mit geringer Bahnneigung, aber auch solche, deren Bahn bis zu 30° gegenüber der Erdbahn geneigt ist. Kleinplaneten wie Vesta oder Ceres sind also tendenziell in der Ebene der Ekliptik zu finden.

Auch die Bahn des Mondes liegt nahe der Ekliptik, allerdings mit einer Neigung von 5,1°. Wäre die Mondbahn nicht geneigt, käme es ständig zu Bedeckungen des Mondes durch den Erdschatten (Mondfinsternis) oder der Sonne durch die Mondscheibe (Sonnenfinsternis). In der Realität sind solche Ereignisse jedoch selten, eben aufgrund dieser Neigung. Übrigens kommt es auch zu anderen Bedeckungen: Beispielsweise kann der Mond einen Planeten verdecken, und die inneren Planeten können vor der Sonnenscheibe entlanglaufen.

Wir betrachten zwar die Erdbahn als Referenzpunkt im Sonnensystem, was ihre Bahnneigung angeht, jedoch ist die Erdachse selbst um 23,5° gekippt (siehe Abbildung 4.17). Das hat weitreichende Folgen! Im Laufe eines Jahres ändert sich der scheinbare Verlauf der Sonne über den Himmel. Im Winter steht die Sonne sehr tief, die Ekliptik verläuft nur wenige Grad über dem Horizont. Am 21. Dezember steigt die Sonne in Berlin maximal 14,5° über den Horizont. Zur Sommersonnenwende am 21. Juni steht die Sonne dagegen hoch am Himmel. In Köln erreicht sie mittags eine Höhe von 62,5° über dem Horizont.

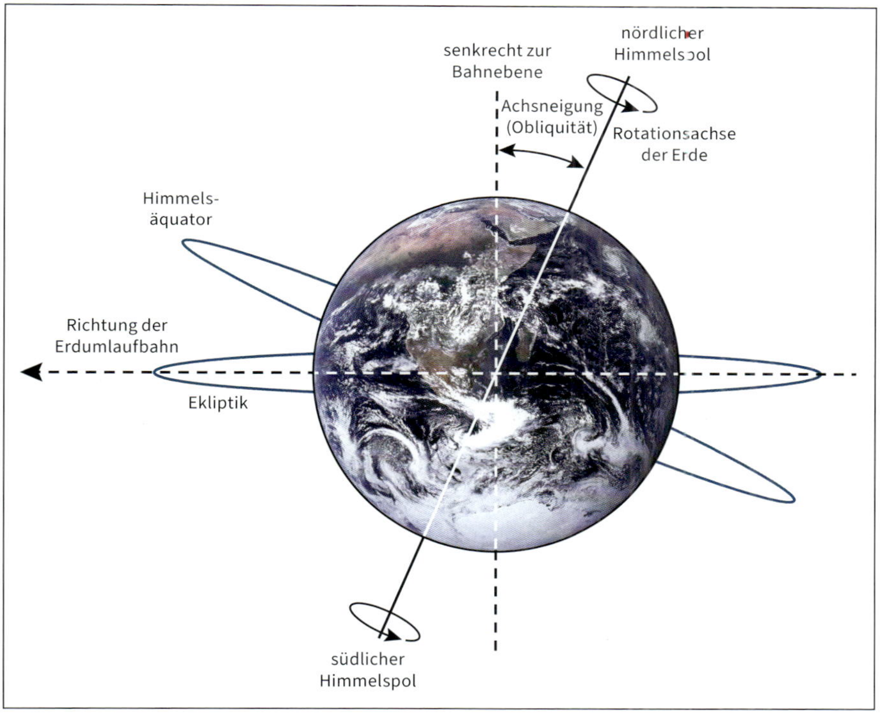

Abbildung 4.17: Durch die Neigung der Erdachse kommen die Jahreszeiten zustande.

Da die Sonnenstrahlen im Sommer in einem direkteren Winkel auf die Erdoberfläche treffen, ist es auf der Nordhalbkugel dann deutlich wärmer. Im Winter hingegen fallen die Sonnenstrahlen in einem sehr flachen Winkel auf die Erde, wodurch es kalt wird. All dies gilt nur für die Nordhalbkugel – auf der Südhalbkugel ist es genau umgekehrt! In Australien feiern die Menschen Weihnachten oft mit einem kühlen Getränk am Strand.

Nicht nur die Jahreszeiten sind eine Folge der Neigung der Erdachse, auch die verschiedenen Klimazonen entstehen dadurch. An den Polen ist der Einfallswinkel der Sonnenstrahlen naturgemäß immer ungünstig, weshalb es dort sehr kalt ist. Ganz anders am Äquator, wo es in diesem Sinne gar keine Jahreszeiten gibt.

In der Nacht verhält es sich mit der Ekliptik genau umgekehrt wie am Tag. Während die Sonne im Winter auf der Nordhalbkugel sehr tief steht, befindet sich der Mond oft hoch am Himmel. Und im Sommer streift der Mond hingegen meist knapp über den Horizont. Auch hier gilt: Auf der Südhalbkugel ist es genau andersherum.

Es erfordert einiges an räumlicher Vorstellungskraft, um die Himmelsmechanik zu begreifen. Schnell raucht da der Kopf – manchen fällt es leichter, sich die Bahnen und Projektionen der Himmelskörper vorzustellen, andere tun sich damit schwer. Ein hilfreiches Tool, um das Ganze besser zu veranschaulichen, ist die Website *NASA's Eyes* (*https://eyes.nasa.gov/apps/solar-system/*). Dabei handelt es sich um ein Online-Planetarium der amerikanischen Weltraumbehörde NASA, in dem insbesondere die Bewegungen der Himmelskörper unseres Sonnensystems dargestellt werden (siehe Abbildung 4.18). Auch werden die aktuellen Positionen aller NASA-Sonden dargestellt.

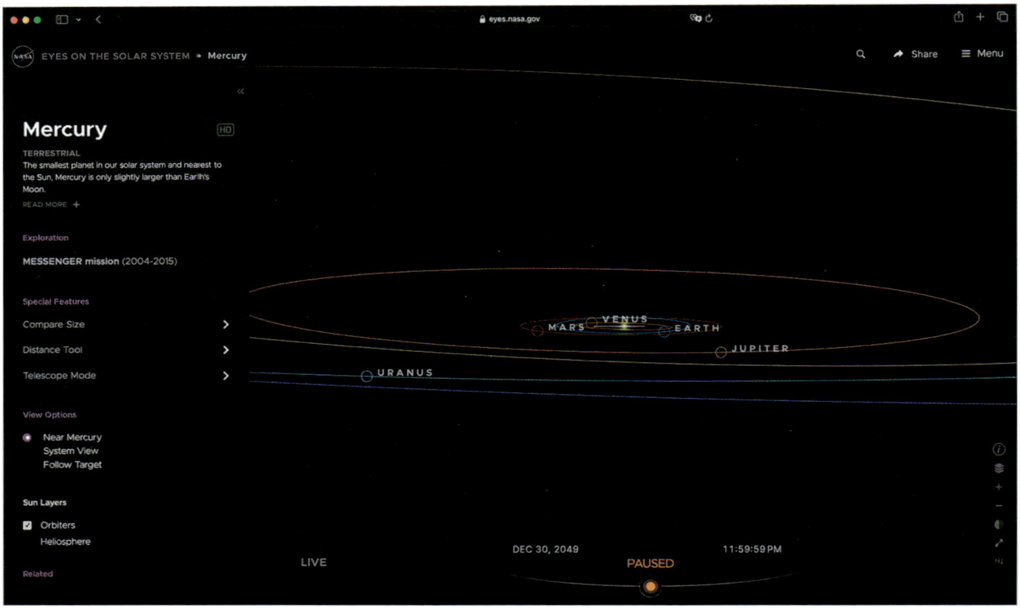

Abbildung 4.18: Die Darstellung unseres Sonnensystems von NASA's Eyes.

Öffnen Sie die Seite und klicken Sie am rechten unteren Bildschirmrand auf das Menü mit den drei Ebenen (siehe Abbildung 4.19). Dort können Sie zunächst das Häkchen bei **Spacecrafts** entfernen und zusätzlich das Häkchen bei **Constellations** setzen. Jetzt probieren Sie einfach ein wenig aus – die Bedienung ist sehr intuitiv. Mit gehaltener Maustaste können Sie das Sonnensystem aus jedem beliebigen Winkel betrachten. Zoomen Sie mit dem Mausrad nach Belieben hinein oder heraus.

Am unteren Bildrand können Sie die Zeiteinstellung anpassen. Standardmäßig ist die Ansicht auf Echtzeit eingestellt, doch wenn Sie das Zeitrad beschleunigen, lassen sich die Bewegungen der Planeten noch besser verfolgen.

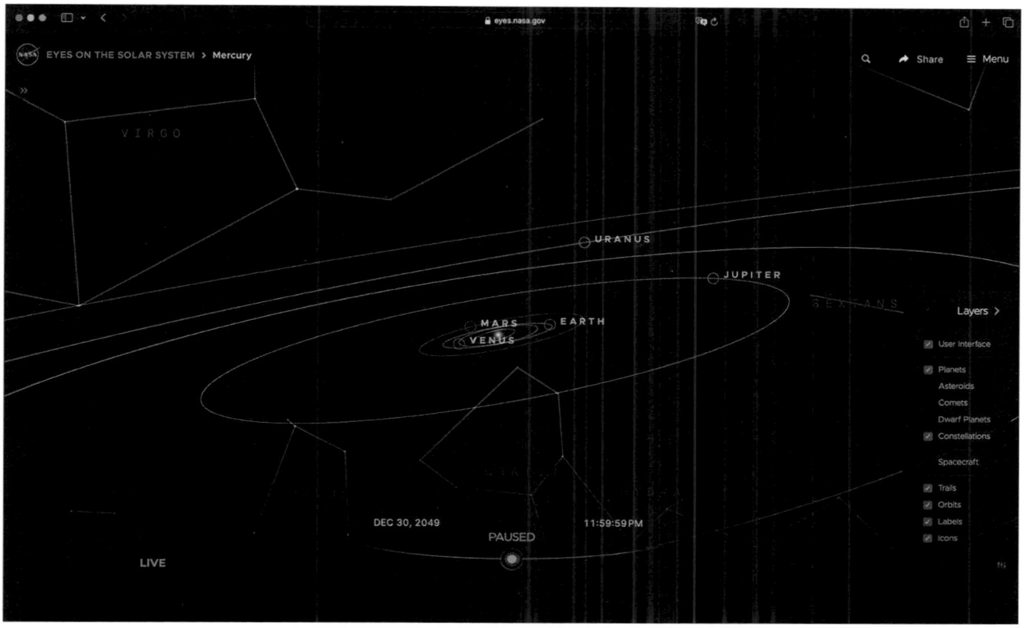

Abbildung 4.19: Das Menü »Layers«

Constellations ist der englische Begriff für »Sternbilder«. Legen Sie einmal das Sonnensystem genau in die Ebene, also die Seitenansicht. Wenn Sie nun mit gedrückter Maustaste am Sonnensystem drehen, werden Sie bemerken, dass sich die ganzen Planetenbahnen vor bestimmten Sternbildern abspielen. Von der Erde aus scheint es also, als würde die Sonne genauso wie die anderen Himmelskörper nur in bestimmten Sternbildern sichtbar. Diese Sternbilder werden *Zodiak* oder *Tierkreissternbilder* genannt:

Tierkreiszeichen (deutsch)	Tierkreiszeichen (lateinisch)
Widder	Aries
Stier	Taurus
Zwillinge	Gemini
Krebs	Cancer
Löwe	Leo
Jungfrau	Virgo
Waage	Libra
Skorpion	Scorpius

Tabelle 4.4: Die 13 Tierkreiszeichen

Tierkreiszeichen (deutsch)	Tierkreiszeichen (lateinisch)
Schlangenträger	Ophiuchus
Schütze	Sagittarius
Steinbock	Capricornus
Wassermann	Aquarius
Fische	Pisces

Tabelle 4.4: Die 13 Tierkreiszeichen (Forts.)

4.5.2 Das äquatoriale Koordinatensystem

Schauen Sie sich Abbildung 4.20. an. Stellen Sie sich einfach vor, die Erde wäre im Weltraum von einer riesigen Glaskugel umgeben.

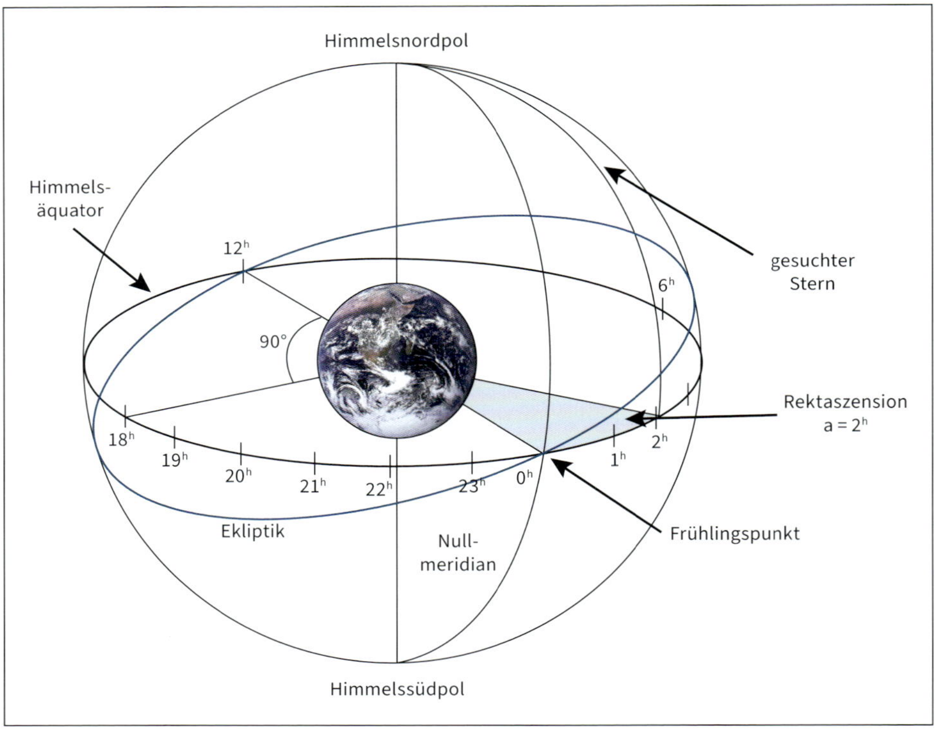

Abbildung 4.20: Rektaszension (himmlischer Längengrad) und Deklination (Höhe des Sterns über/unter dem Himmelsäquator)

Auf diese projizieren wir nun unser auf der Erde bekanntes Koordinatensystem mit Nord- und Südpol sowie dem Äquator. Nun übertragen wir auch das Koordinatensystem auf den Himmel, also unsere Längen- und Breitengrade. So erhalten wir ein Koordinatensystem, mit dem wir jeden Punkt am Himmel angeben können. Der Längengrad auf der Erde entspricht der sogenannten *Rektaszension* am Himmel, und die Breite wäre am Himmel die *Deklination*. Die Deklination am Himmelsnordpol beträgt 90° und am Himmelssüdpol – 90°. Am Himmelsäquator beträgt die Deklination 0°.

Die Rektaszension unterteilen wir nicht in Grad, sondern in Stunden. Einmal um den Himmelsäquator herum sind es 24 Stunden, beginnend bei einem Punkt, den wir als *Frühlingspunkt* bezeichnen. Er ist einer von zwei Punkten, an denen die Ekliptik den Himmelsäquator schneidet. Dort überquert die Sonne um den 20./21. März herum den Himmelsäquator von Süd nach Nord. Der exakte Zeitpunkt wird auch Tag-und-Nacht-Gleiche oder *Äquinoktium* genannt. Dieser Frühlingspunkt hat gleichzeitig die Rektaszension 0 und 24 (genauer gesagt nur 0, denn wir zählen einmal herum bis 23 h 59 m 59 s und landen dann wieder bei 0). Ab diesem Nullpunkt wird die Rektaszension ostwärts gezählt.

Die Rektaszension wird in Stunden, Minuten und Sekunden angegeben, die Deklination in Grad, (Bogen-)Minuten und (Bogen-)Sekunden. Der Stern Wega im Sternbild Leier (Alpha Lyrae) hat die Koordinaten RA 18 h 36 m 56,336 s (die Sekundenangaben werden bei sehr genauen Werten mit Komma geschrieben) und Dec +38° 47′ 01,29″.

In einigen astronomischen Datenbanken werden diese Koordinaten in einer Dezimalschreibweise dargestellt. Für astronomische Berechnungen ist das von Vorteil. Wegas Himmelskoordinaten in der Dezimalschreibweise sind:

- Rektaszension (RA): 18,61564
- Deklination (Dec): +38,78369

Die Umrechnung von der Stunden – Minuten – Sekunden Schreibweise in die Dezimalschreibweise erfolgt über folgende Formel:

$$\mathrm{RA}_{dezimal\ (\mathrm{Stunden})} = \mathrm{h} + (\frac{\mathrm{m}}{60}) + (\frac{\mathrm{s}}{3600})$$

Beispiel Wega:

$$\mathrm{RA}_{\mathrm{Wega}} = 18 + \left(\frac{36}{60}\right) + \left(\frac{56{,}336}{3600}\right)$$

$$\mathrm{RA}_{\mathrm{Wega}} = 18 + 0{,}6 + 0{,}0156$$

$$\mathrm{RA}_{\mathrm{Wega}} = 18{,}6156$$

In Listing 4.2 finden Sie ein kleines Python-Programm auf sehr einfachem Niveau, das die Umrechnung vornimmt. Beachten Sie, dass das Komma bei der Eingabe der Sekunden als Punkt ausgeschrieben wird.

```
# Eingabe der Werte
h = int(input("Gib die Stunden (h) ein: "))
m = int(input("Gib die Minuten (m) ein: "))
```

```
s = float(input("Gib die Sekunden (s) ein: "))

# Umrechnung in dezimale Stunden
dezimale_stunden = h + (m / 60) + (s / 3600)

# Ausgabe des Ergebnisses
print(f"Die Rektaszension in Dezimalschreibweise: {dezimale_
stunden:.6f} Stunden")
```

Listing 4.2: Umrechnung von Gradangaben in die Dezimalschreibweise

Für die Deklination gilt die gleiche Formel, allerdings wird sie in Grad und nicht in Stunden angegeben. Wenn Sie bereits gute Programmierkenntnisse haben, können Sie die Aufgabe beliebig erweitern und beispielsweise ein komplexeres Programm schreiben, das auch die Umrechnung in die andere Richtung ermöglicht. Haben Sie bereits Erfahrung im Programmieren mit einfachen grafischen Benutzeroberflächen (GUI), können Sie sich ein wirklich nützliches Tool selbst programmieren.

Sicher fragen Sie sich nun, ob es in diesem Koordinatensystem auch Meridiane gibt (wie im irdischen Koordinatensystem). Tatsächlich kann man Meridiane definieren, und ein himmlisches Koordinatennetz würde solche Linien ebenfalls zeigen. Doch Vorsicht: Der Begriff *Meridian* wird in der Astronomie etwas anders verwendet.

Als *Meridian* bezeichnet man die gedachte Linie, die vom Himmelsnordpol über den Zenit bis zum Himmelssüdpol verläuft und dabei genau auf der geografischen (irdischen) Nord-Süd-Linie eines Beobachtungsorts liegt. Sobald ein Gestirn im Laufe einer Nacht diese Linie passiert, erreicht es seinen höchsten Punkt über dem Horizont. Dieser Moment wird in der Astronomie als *Kulmination* bezeichnet.

Öffnen Sie Stellarium und geben als Datum den 8. Juli 2029 ein. Schalten Sie über die untere Schaltfläche das azimutale Koordinatensystem ein und schauen Sie, wann der Stern Wega den Südpunkt (Meridian) durchquert. Mit etwas Herumspielen in der Datum/Uhrzeit-Anzeige bin ich auf 1 h 4 m und 44 s gekommen. Klicken Sie auf den Stern Wega und lesen Sie in den Informationen am linken Bildrand den Transit ab. Dort steht 1 h 5 m (*Transit* ist ein anderer Begriff für die Kulmination bzw. den Meridiandurchgang).

4.5.3 Das azimutale Koordinatensystem

Sie haben gerade in Stellarium das azimutale Koordinatensystem bereits eingeschaltet. Für viele ist dieses System das intuitivere Koordinatensystem. Letztendlich wird die Höhe eines Gestirns schlicht über dem Horizont angegeben. Das bedeutet: Ein Objekt, das exakt auf der Höhe des Horizonts steht, hat eine Höhe von 0°. Die Höhe im azimutalen System wird als Höhenwinkel oder Elevation oder *Altitude* bezeichnet, ähnlich wie in der

Fliegersprache. Darum spricht man auch vom *Alt/Az-System* oder von *Alt/Az-Montierungen*. Der höchste Punkt am Himmel hat dann eine Altitude von 90° und wird als *Zenit* bezeichnet (das Gegenteil des Zenits ist der *Nadir*, der untere Punkt, den man ja aber nicht sehen kann).

Der andere Begriff ist der Namensgeber des Systems, der *Azimut*. Der Azimut gibt den Winkel an, ab dem Nordpunkt und zwar im Uhrzeigersinn (also von Norden Richtung Osten usw.) in 360° unterteilt. Der Meridian hat demnach den Azimut 180°.

Das heißt: Auch mit dem azimutalen System hat man zwei Koordinaten, mit denen man die Position eines Objekts am Himmel angeben kann. Es gibt aber einen entscheidenden Nachteil. Da sich der Himmel durch die Drehung der Erde scheinbar ständig fortbewegt, kann man Altitude (umgangssprachlich *Höhe*) und Azimut nur verwenden, wenn man die exakte Zeit dazu angibt.

Das war in der frühen Schiffsnavigation ein Problem. Man hatte zwar einen Kompass, konnte also den Referenzpunkt für den azimutalen Nullpunkt bestimmen, auch gab es Winkelmesser (mit einem Sextanten wurde die Höhe eines Gestirns recht genau über dem Horizont gemessen), aber ohne eine exakte Uhrzeit konnte man schlecht die Position bestimmen. Die Erfindung des Marine-Chronografen hat das entscheidend verändert.

In der Praxis werden Sie beide Koordinatensysteme verwenden. Amateurastronomen sprechen ständig von der Höhe über dem Horizont. Zum Beispiel: »Der Stern Sirius steht derzeit im Südosten ca. 15° über dem Horizont.« Oder: »Die Wega steht gerade hoch oben im Zenit.« Oder: »Der Löwe kulminiert im Frühjahr« – was eine sehr ungenaue Angabe ist, aber jeder Astronom weiß, was gemeint ist, nämlich dass der Löwe in den Monaten März und April seinen höchsten Stand am Abendhimmel hat. In Sternkarten werden Sie es eher mit Rektaszension und Deklination zu tun haben. Auch wenn Sie später vielleicht ein computergestütztes Teleskop verwenden, werden Sie nur noch mit diesen Angaben zu tun haben. Kennen sollten Sie beide Systeme, wenn Sie sich mit der Astronomie auseinandersetzen.

Kapitel 5

Die zweite Nacht unter dem Sternenhimmel

Nachdem Sie die ersten Kapitel dieses Buches gelesen haben, ist es nur natürlich, dass Sie den Sternenhimmel noch besser kennenlernen möchten. In diesem Kapitel tauchen wir tief in die Beobachtung ein. Neben atmosphärischen und irdischen Lichterscheinungen erkunden Sie die faszinierende Welt der Deep-Sky-Objekte – darunter Galaxien, Nebel und Sternhaufen. Lernen sie den Himmel besser kennen, suchen Sie gezielt nach Objekten.

Als ich etwa zehn Jahre alt war, bekam ich mein erstes richtiges Teleskop. Es war genau die Art von Teleskop, vor der ich Sie im zweiten Kapitel gewarnt habe: ein kleines Spiegelteleskop mit 76 mm Öffnung auf einer viel zu wackeligen Montierung. Solche Modelle werden noch heute fast unverändert verkauft – mit denselben Schwächen in Bauweise und Qualität.

Mit meinen zehn Jahren hatte ich bereits viel über Astronomie gelesen. Ich besaß gute Sternkarten und kannte zumindest theoretisch einige Himmelsobjekte. Doch sie im Teleskop zu finden, wollte mir einfach nicht gelingen.

1986 erschien der Komet Halley und wurde in den Medien als großes astronomisches Ereignis gefeiert. Mit bloßem Auge sollte er am Morgenhimmel sichtbar sein. Doch so sehr ich mich bemühte – weder mit noch ohne Teleskop konnte ich ihn entdecken. Erst viel später wurde mir klar, dass ich eine falsche Vorstellung davon hatte, wie solche Objekte tatsächlich aussehen. Zudem war Halley deutlich unscheinbarer als die Berichterstattung vermuten ließ.

Auch die Andromedagalaxie, Messier 31 (Abbildung 5.1), sollte unter dunklem Himmel sogar mit bloßem Auge sichtbar sein – erst recht durch mein kleines Teleskop. Doch trotz aller Theorie und meinen Sternkarten fand ich sie nicht.

Eines Abends im Herbst, als ich schon im Bett lag, nahm mein Vater mein Teleskop und versuchte sein Glück. Plötzlich ging das Licht an, und er stand in meinem Zimmer: »Ich habe sie!« Ich zog mich schnell wieder an und lief hinaus. Und tatsächlich: Als ich durch das Okular blickte, sah ich zum ersten Mal die Andromedagalaxie (Abbildung 5.2).

Von diesem Moment an gelang es mir immer wieder, sie selbst im Teleskop einzustellen. Ich hatte etwas Wichtiges gelernt: dass Beobachtung nicht nur Technik ist, sondern auch Erfahrung. Und dass viele Objekte ganz anders aussehen, als man sie sich vorstellt – vor allem, wenn man sie nur aus farbenprächtigen Aufnahmen kennt. (Die Bilder dieser Himmelsobjekte entstehen durch Langzeitbelichtungen, bei denen die Kamera über mehrere Minuten bis hin zu mehreren Stunden Licht sammelt. Da viele Objekte am Nachthimmel sehr lichtschwach sind, wäre auf einer kurzen Aufnahme oft kaum etwas zu erkennen. Erst durch die lange Belichtungszeit werden Details und Strukturen sichtbar.)

Abbildung 5.1: Die Andromedagalaxie

Abbildung 5.2: Im Okular eines Teleskops wird die Andromedagalaxie eher so aussehen.

5.1 Lernen Sie, gezielt Objekte am Himmel zu finden

Die nötige Strategie zum Auffinden von Himmelsobjekten haben Sie bereits kennengelernt. Mit Stellarium können Sie Objekte eingeben und suchen, oder Sie nutzen eine App wie SkyView, um bestimmte Himmelskörper zu lokalisieren. Doch es braucht etwas Übung, Sternkarten richtig auf den Himmel zu übertragen.

Ein häufiges Problem beim ersten Blick durchs Teleskop ist die verkehrte Darstellung im Okular. Viele Teleskope zeigen das Bild auf dem Kopf, so dass Bewegungen ungewohnt erscheinen: Wenn Sie das Teleskop nach oben schwenken, wandern die Sterne im Gesichtsfeld nach unten – und umgekehrt. Diese Umkehrung ist eine der ersten Herausforderungen, die Sie meistern müssen.

Ein weiteres Hindernis ist der Abbildungsmaßstab. Durch die Vergrößerung des Teleskops wirkt der Bildausschnitt viel kleiner, als man erwartet. Schon kleinste Bewegungen können dazu führen, dass ein Objekt aus dem Gesichtsfeld verschwindet. Um das zu vermeiden, sollten Sie zunächst ein Okular mit der geringsten Vergrößerung verwenden. Das ist das Okular mit der größten Brennweite, also der höchsten aufgedruckten Zahl – zum Beispiel 24 mm oder 30 mm. Diese Okulare bieten eine gute Übersicht und erleichtern das Auffinden von Objekten.

Falls Ihr Teleskop oder Fernglas über einen Sucher verfügt, sollten Sie diesen unbedingt vor der Beobachtung genau ausrichten. Am besten tun Sie das bereits am Tag, indem Sie einen festen Orientierungspunkt wie eine Turmspitze ins Visier nehmen. Richten Sie das Teleskop auf eine entfernte Landmarke. Nutzen Sie ggf. Bauteile am Teleskop als Kimme und Korn (Abbildung 5.3). Schauen Sie danach durch das Okular des Teleskops und stellen Sie den Turm genau in die Mitte des Gesichtsfeldes (Abbildung 5.4). Schauen Sie nun durch den Sucher. Mit den drei Justierschrauben können Sie den Sucher so verstellen, dass ihr Zielobjekt genau in der Mitte des Fadenkreuzes liegt (Abbildung 5.5).

Abbildung 5.3: Anpeilen einer Landmarke über Bauteile am Teleskop. Quelle: Astroshop

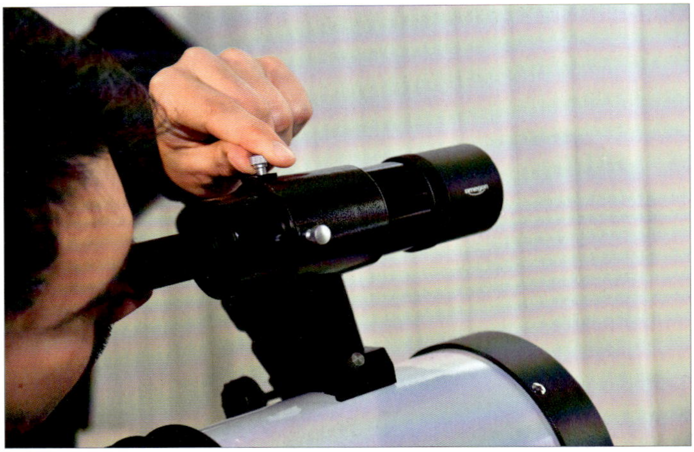

Abbildung 5.4: Der Sucher kann mittels der Justierschrauben exakt eingestellt werden. Quelle: Astroshop

Abbildung 5.5: Tagsüber kann eine Turmspitze helfen, den Sucher einzustellen. Der Anblick auf dem Kopf ist ungewohnt.

Suchen Sie sich ein Sternbild aus, mit dem Sie bereits einigermaßen vertraut sind. Nehmen wir als Beispiel die Konstellation des Großen Wagens. Der rechte obere Kastenstern ist der hellste Stern im Großen Wagen und wird auch als Alpha Ursae Majoris (α UMa) bezeichnet.

Peilen Sie den Stern zunächst grob über den Rücken des Teleskops an. Schauen Sie dann durch den Sucher – dabei sollten Sie beide Augen geöffnet lassen und nicht reflexartig eines zukneifen. Richten Sie α UMa im Sucher ein. Durch das offene zweite Auge werden Sie merken, ob Sie den richtigen Stern gefunden haben.

Nun blicken Sie durch das Hauptteleskop mit geringer Vergrößerung (= große Brennweite). Sie sollten einen sehr hellen Stern im Bildfeld sehen. Falls der Fokus nicht stimmt, wird das Bild unscharf erscheinen oder wie verschwommene Lichtscheiben (Abbildung 5.6). Nutzen Sie die Feineinstellung am Okularauszug, um den Fokus präzise einzustellen. Drehen Sie den Auszug zunächst in eine Richtung und beobachten Sie, ob die Sternabbildung kleiner oder größer wird. Wird sie größer, drehen Sie in die entgegengesetzte Richtung, bis die Sterne möglichst punktförmig erscheinen. Gehen Sie dabei immer wieder ein kleines Stück über den Fokuspunkt hinaus und anschließend wieder zurück. Auf diese Weise lässt sich der genaue Schärfepunkt besonders präzise finden.

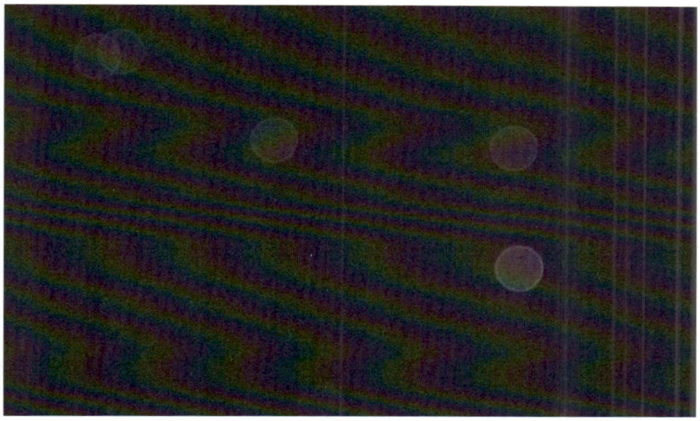

Abbildung 5.6: Sterne erscheinen im Okular als Scheibchen – das Teleskop ist nicht fokussiert.

Wenn Sie bereits zuvor ein Objekt am Horizont fokussiert hatten, sollte die Schärfeeinstellung jetzt weitgehend passen.

Haben Sie α UMa gefunden, bewegen Sie das Teleskop zum rechten unteren Kastenstern des Großen Wagens: Beta Ursae Majoris (β UMa), den zweithellsten Stern im Sternbild. Diese Technik, bei der man sich von Stern zu Stern bewegt, nennt man *Starhopping* – die wichtigste Methode, um Himmelsobjekte ohne technische Hilfsmittel aufzufinden. Bei Dobson-Teleskopen ist das Verschieben des Teleskops besonders einfach, da sie über Teflon-Lager verfügen, die sanfte Bewegungen ermöglichen und das Teleskop gleichzeitig in der eingestellten Position halten. Bei einem azimutal oder sogar äquatorial montierten Teleskop müssen dagegen vor jeder Bewegung zunächst die Arretierungsschrauben etwas gelöst und anschließend wieder festgezogen werden).

Nachdem Sie die Kastensterne durchgegangen sind, wenden Sie sich den Deichselsternen zu. Beim mittleren Deichselstern, Mizar, wird Ihnen etwas Besonderes auffallen: Er ist ein Doppelstern mit einem kleineren Begleiter namens Alkor. Werfen Sie nun erneut einen Blick mit bloßem Auge auf den Stern – Sie werden feststellen, dass dieses Doppelsternsystem bereits ohne Teleskop sichtbar ist.

Hinweis für Brillenträger

Brillenträger können beim Beobachten oft auf ihre Brille verzichten. Kurz- oder Weitsichtigkeit lässt sich einfach über den Fokus des Teleskops ausgleichen. Anders ist es bei einer stärkeren Hornhautverkrümmung (Astigmatismus). In diesem Fall kann es sinnvoll sein, die Brille auch beim Blick durchs Okular zu tragen, damit Sterne möglichst punktförmig erscheinen. Wichtig sind dann Okulare mit ausreichend großem Augenabstand (Eye Relief), damit das gesamte Gesichtsfeld auch mit Brille überblickt werden kann. Lassen Sie sich bei der Auswahl der Okulare im Fachhandel beraten.

Aufgabe: Doppelsterne suchen mit der Starhopping-Methode

Je nach Jahreszeit gibt es verschiedene interessante Doppelstern-Highlights, die Sie entdecken können.

Frühjahr: Izar oder Epsilon Boötis im Sternbild Bärenhüter. Ggf. benötigen Sie bereits eine etwas höhere Vergrößerung, um die Sterne zu trennen.

Sommer: Albireo (Beta Cygni), der vielleicht schönste Doppelstern. In kleinen Teleskopen sind bereits die Farben der Sterne erkennbar. Albireo erscheint deutlich blau, während sein Begleiter goldgelb ist.

Herbst: Eta Cassiopeiae im Himmels-W, ein leicht zu trennender Doppelstern.

Winter: Castor (Alpha Geminorum) im Sternbild Zwillinge. Kein leichtes Objekt für Anfänger – mal schauen, ob Sie und Ihr Teleskop es schaffen, diesen Doppelstern zu trennen.

Diese Übung, Doppelsterne zu finden, gibt Ihnen ein direktes Feedback. Sollten Sie die aufgeführten Doppelsterne nicht eindeutig als solche erkennen, haben Sie vermutlich den falschen Stern eingestellt. So lernen Sie nicht nur den Umgang mit Ihrem Teleskop, sondern verbessern auch Ihre Orientierung am Himmel.

5.2 Hilfe, ich habe ein UFO gesehen! Was da noch so rumfliegt

Während der Covid-19-Pandemie kam es vermehrt zu UFO-Meldungen. Das hatte mehrere Gründe. Während der Lockdowns hatten viele Menschen mehr Zeit, sich in ihren Garten zu setzen und den Himmel zu beobachten. Dadurch stiegen nicht nur die UFO-Meldungen deutlich an, sondern auch der Verkauf von Teleskopen und Zubehör nahm in dieser Zeit erheblich zu.

Ein weiterer möglicher Grund für die vermehrten UFO-Sichtungen war psychologischer Natur. Zu diesem Phänomen gab es sogar wissenschaftliche Untersuchungen, die sich mit der Häufung solcher Meldungen befassten.

Eine besonders häufige UFO-Sichtung während der Pandemie betraf seltsame Lichterketten, die langsam in Formation über den Himmel zogen (Abbildung 5.7).

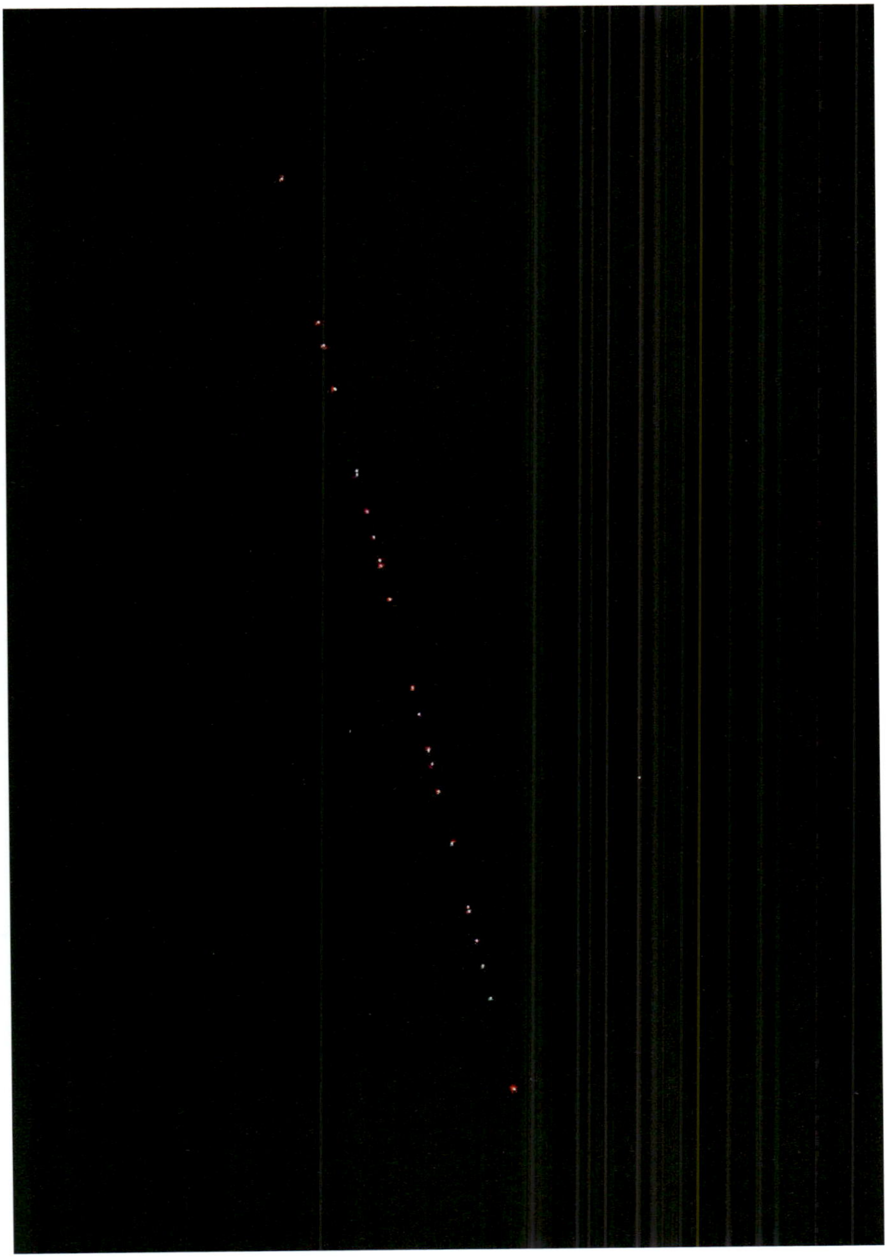

Abbildung 5.7: Eine Starlink-Kette. Quelle: Jakub Hałun, CC BY 4.0: https://commons.wikimedia.org/wiki/File:Starlink_satellites_seen_from_Poland,_20241031_1752_2631.jpg

Dabei handelte es sich um ganze Gruppen künstlicher Erdsatelliten, die die private Weltraumorganisation SpaceX seit 2019 ins All bringt. Diese Satelliten sind Teil des globalen Kommunikationsnetzwerks Starlink. Wenige Stunden nach dem Start einer Starlink-Mission bewegen sich die einzelnen Satelliten wie auf einer Perlenschnur aufgereiht über den Himmel.

5.2.1 Flugzeuge

Der Flugverkehr nimmt stetig zu, und so sind am Nachthimmel zahlreiche Flugzeuge zu sehen. Meist erkennt auch ein Laie diese Lichterscheinungen recht schnell. Zum einen sind Flugzeuge oft zu hören, wenn sie sich nicht in großer Höhe befinden, zum anderen sind die typischen rot und grün blinkenden Positionslichter an den Tragflächen allgemein bekannt. Auch Kleinflugzeuge und Hubschrauber müssen bei Nacht diese Positionslichter einschalten, wodurch sie leicht als Flugobjekte identifiziert werden können.

Etwas schwieriger wird es, wenn Flugzeuge ihre Landescheinwerfer aktivieren. Besonders wenn sich ein Flugzeug in Horizontnähe direkt auf den Beobachter zubewegt, ist es nicht sofort als solches zu erkennen. Zunächst erscheint lediglich ein heller »Stern«, der scheinbar stillsteht. Erst nach einiger Zeit wird entweder das Abdrehen des Flugzeugs sichtbar oder es sind die typischen Geräusche beim Näherkommen zu hören. Diese Erscheinung kann selbst erfahrene Amateurastronomen für einige Zeit verwirren.

5.2.2 Künstliche Erdsatelliten

Als *Satellit* bezeichnet man grundsätzlich alles, was um einen Himmelskörper kreist. Astronomisch gesehen ist zum Beispiel der Mond ein Satellit der Erde. Um zu verdeutlichen, dass wir von menschengemachten Raumfahrzeugen sprechen, verwenden wir den Begriff *künstliche Erdsatelliten*. Der erste künstliche Satellit, Sputnik, wurde 1957 von der Sowjetunion gestartet und umkreiste die Erde 92 Tage lang, bevor er in der Erdatmosphäre verglühte.

Heute tummeln sich Tausende Satelliten in der Erdumlaufbahn, und Experten warnen längst vor den damit verbundenen Problemen. Zum einen können künstliche Satelliten astronomische Beobachtungen stören, zum anderen steigt die Gefahr von Kollisionen im All. Eine solche Kollision kann einen Kaskadeneffekt auslösen, bei dem Trümmerteile weitere Satelliten oder sogar bemannte Raumfahrzeuge treffen und zerstören.

Seit 2019 hat die Anzahl der Satelliten sprunghaft zugenommen, insbesondere durch den Start der Starlink-Satelliten. Solche Netzwerke aus Hunderten oder sogar Tausenden von Kommunikationssatelliten nennt man Megakonstellationen. Neben SpaceX sind auch andere Unternehmen, etwa das von Amazon-Gründer Jeff Bezos, in dieses Geschäft eingestiegen.

Satelliten erscheinen am Nachthimmel als kleine Lichtpunkte, die ruhig zwischen den Sternen ihre Bahn ziehen. Besonders in den Sommermonaten sind sie häufiger zu sehen, da die Sonne dann nicht sehr tief unter dem Horizont steht. Dass Satelliten überhaupt sichtbar sind, liegt daran, dass ihre Oberflächen – oft metallisch – das Sonnenlicht reflektieren. Da sie sich in großer Höhe befinden, werden sie noch von der Sonne beleuchtet, während am Standpunkt des Beobachters schon dunkle Nacht herrscht. Dies begünstigt ihre Sichtbarkeit besonders in den Abendstunden nach Sonnenuntergang oder auch am frühen Morgen vor Sonnenaufgang (Abbildung 5.8).

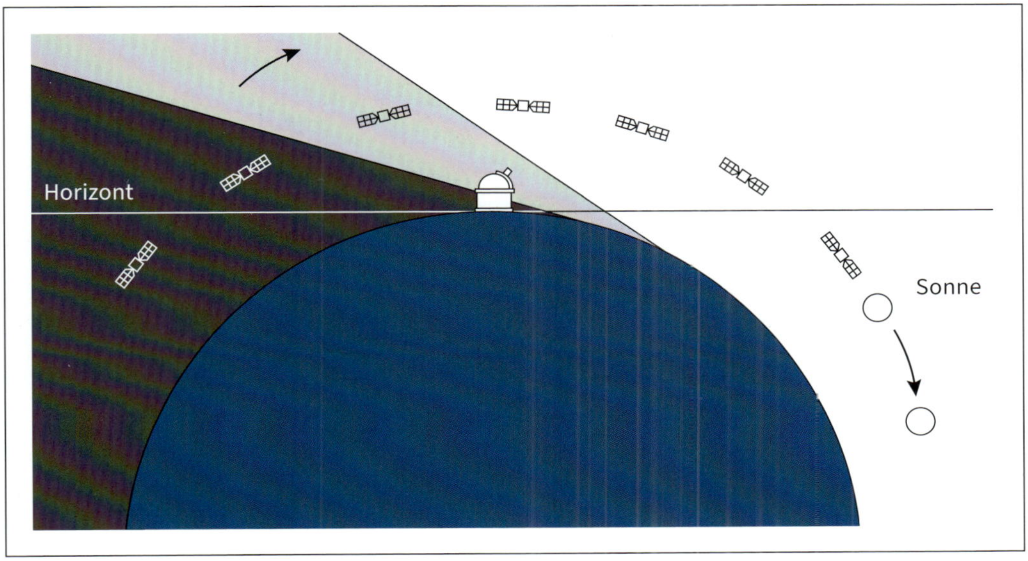

Abbildung 5.8: Diese Grafik erklärt, warum Satelliten sichtbar sind.

Es gibt auch sogenannte geostationäre Satelliten, die sich in etwa 36.000 Kilometern Höhe auf einer Kreisbahn über dem Äquator befinden. Von der Erde aus betrachtet erscheinen sie daher ortsfest. Besonders Wettersatelliten und Kommunikationssatelliten für den Fernsehempfang werden in geostationären Umlaufbahnen eingesetzt. Solche geostationären Satelliten sind fürs bloße Auge nicht erkennbar, auf Astrofotografien kann man sie aber durchaus erkennen.

Die meisten Satelliten sind relativ lichtschwach, oft vergleichbar mit schwachen Sternen. Doch es gibt Ausnahmen: Die Internationale Raumstation ISS leuchtet etwa so hell wie die Venus und ihr Überflug ist immer ein beeindruckendes Ereignis (Abbildung 5.9). Auf der Website *spotthestation.nasa.gov* können Sie nachsehen, wann die ISS von Ihrem Standort aus sichtbar ist. Besonders spannend ist der Moment, wenn die ISS aus westlicher Richtung über den Himmel zieht und dann in den Erdschatten eintritt – ihr Licht wird schwächer und erlischt schließlich ganz. Manchmal kann man sogar ein Raumfahrzeug beobachten, das gerade von der ISS abgedockt ist oder sich im Anflug befindet. In diesem Fall sieht man einen zweiten, schwächeren Lichtpunkt, der sich in exakt derselben Bahn bewegt.

Abbildung 5.9: Die ISS zieht als sehr heller Lichtpunkt über den Himmel. Bei längeren Belichtungszeiten (hier einige Sekunden) erscheint in den Fotos eine Strichspur. Quelle: Katja Seidel

Ein weiteres Phänomen sind plötzliche Lichtblitze am Himmel. Diese entstehen, wenn ein Satellit kurzzeitig so ausgerichtet ist, dass beispielsweise seine Solarpaneele das Sonnenlicht besonders stark reflektieren. Für einige Sekunden kann er dann so hell werden wie die hellsten Sterne, bevor er wieder verblasst. Ebenso kann ein Satellit regelmäßig heller und dunkler werden, wenn er sich dreht oder taumelt.

5.2.3 Meteore und Feuerkugeln

Meteore werden umgangssprachlich als *Sternschnuppen* bezeichnet und können jede Nacht beobachtet werden. Sie erscheinen als leuchtende Spuren am Himmel, die sich schnell bewegen und typischerweise aufglühen. Oft erkennt man eine grünliche Färbung, die für Meteore charakteristisch ist (Abbildung 5.11).

Die Helligkeit eines Meteors hängt maßgeblich von der Größe des Himmelskörpers ab, der in der Atmosphäre verglüht. Dabei kann es sich um winzige Staubkörner oder um Objekte von der Größe eines Fußballs handeln. Besonders helle Meteore werden als *Feuerkugeln* oder *Boliden* bezeichnet. In extremen Fällen sind sie sogar am Tageshimmel sichtbar. Bei besonders großen Exemplaren lässt sich oft ein Auseinanderbrechen des Meteors in mehrere Teile beobachten.

Dass Himmelskörper auf die Erde treffen und in der Atmosphäre verglühen, ist ein völlig natürlicher Prozess, der seit Jahrmillionen vorkommen kann. Während der Entstehung des Sonnensystems blieben unzählige kleine Partikel übrig, die seither zwischen den Planeten umherfliegen. Sobald sie in das Schwerefeld eines Planeten geraten, bewegen sie sich auf ihn zu. Die Atmosphäre der Erde verursacht enorme Reibung an den Luftmolekülen und der Meteor verglüht – anders als auf dem Mond, wo es keine Atmosphäre gibt und selbst kleine Himmelskörper ungehindert aufschlagen und Krater hinterlassen.

Manchmal erreichen jedoch größere Himmelskörper die Erde, ohne vollständig zu verglühen. Ein eindrucksvolles Beispiel ereignete sich am Abend des 8. März 2026, als ein Himmelskörper über Frankreich und Westdeutschland in die Erdatmosphäre eintrat. Der Himmel war an diesem Tag wolkenlos, und mehrere Spaziergänger sowie Webcams zeichneten eine sehr helle Feuerkugel auf. Durch die enorme Hitze, die durch die Reibung in der Erdatmosphäre entsteht, zerplatzte der Meteoroid in etwa 50 Kilometern Höhe. Augenzeugen berichteten von einem deutlich hörbaren dumpfen Knall. Die Reste des Himmelskörpers fielen mit etwa 150 bis 200 km/h zu Boden und beschädigten dabei sogar ein Wohnhaus im Raum Koblenz. Glücklicherweise wurde dabei niemand verletzt. Solche Ereignisse treten selten auf, etwa ein- bis zweimal pro Jahrzehnt. Die meisten Meteoriten fallen in die Ozeane oder in unbewohnte Gegenden, sodass Menschen nur äußerst selten zu Schaden kommen.

Die Begriffe für solche Ereignisse können mitunter verwirrend sein:

- Ein Himmelskörper, der sich noch im Weltraum befindet, wird *Meteoroid* genannt.
- Die leuchtende Erscheinung beim Eintritt in die Erdatmosphäre ist der *Meteor*.
- Die Überreste, die auf der Erde landen, nennt man *Meteoriten*.

Abbildung 5.10 veranschaulicht die Unterschiede.

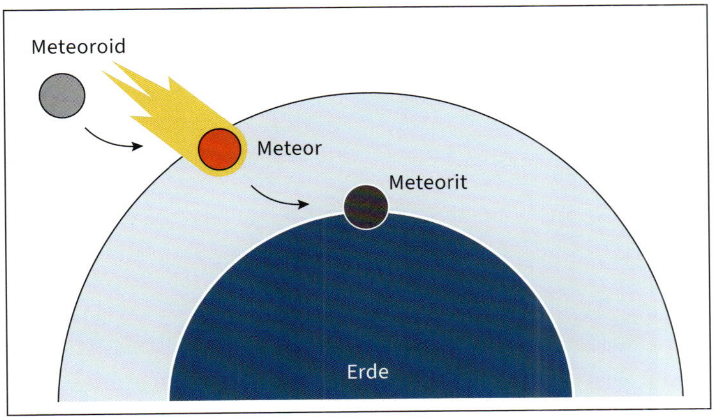

Abbildung 5.10: Meteoroid, Meteor und Meteorit

In manchen Nächten treten Meteore gehäuft auf – dann kann es zu Erscheinungen im Minutentakt kommen. Ursache dafür sind Meteorströme, die entstehen, wenn die Erde eine alte Kometenbahn durchquert, in der besonders viel Staub verteilt ist. Alle Meteore eines

Meteorstroms scheinen aus demselben Punkt am Himmel zu kommen, der als *Radiant* bezeichnet wird. Anschaulich lässt sich das mit einer Autofahrt in einem Schneeschauer vergleichen. Aus der Sicht des Fahrers scheinen sich die Schneeflocken von einem Punkt vor dem Fahrzeug aus in alle Richtungen zu bewegen. Nach der Lage dieses Punktes im Sternbild wird der Meteorstrom benannt. So erscheinen die Perseiden um den 12. August aus Richtung der Sternbilder Perseus und Cassiopeia, während die Geminiden um den 14. Dezember aus dem Sternbild Zwillinge (Gemini) stammen.

Nicht alle Meteore sind natürlichen Ursprungs. Auch Weltraumschrott kann beim Wiedereintritt in die Erdatmosphäre verglühen. Besonders größere Teile wie Satelliten oder Raketenstufen erzeugen spektakuläre Lichterscheinungen. Diese Objekte ziehen meist deutlich langsamer über den Himmel als Meteore und leuchten oft orange bis rötlich, während natürliche Meteore typischerweise eine grünliche Färbung aufweisen. Raumfahrzeuge zerbrechen beim Wiedereintritt oft in zahlreiche Fragmente, was zu auffälligen Leuchterscheinungen führt. Solche Ereignisse haben in den letzten Jahren zugenommen, unter anderem durch Megakonstellationen und die Aktivitäten privater Raumfahrtunternehmen.

Abbildung 5.11: Die Leuchtspur eines Meteors – am hellsten Punkt erkennt man die grüne Färbung. Quelle:Michael Ebert, CC BY SA 4.0, https://commons.wikimedia.org/wiki/File:Meteor,_8.5.2016.jpg

5.2.4 Polarlichter, Halos und andere atmosphärische Ereignisse

Einen Regenbogen hat jeder schon einmal gesehen. Gelegentlich lässt sich ein ähnliches Phänomen um die Sonne oder sogar um den Mond beobachten – ein leuchtender Halo, der teilweise in den Farben des Regenbogens schimmert (Abbildung 5.12). Diese Lichterscheinung entsteht durch Lichtbrechung an Eiskristallen und variiert im Aussehen je nach Form und Ausrichtung der Kristalle. Besonders im Winter sind solche Erscheinungen häufig zu sehen.

Abbildung 5.12: Halo-Erscheinung um den Mond. Quelle: Dnalor 01, CC BY SA 3.0, https://de.wikipedia.org/wiki/Datei:Mond_Halo_%28Lichteffekt%29,_Graz,_Österreich,_23._Oktober_2010.jpg

Halo-Sichtungen können unterschiedlich komplex sein. Manchmal erscheint nur ein einzelner Ring in einem bestimmten Abstand von etwa 22 Grad um den Mond. Bei der Sonne sind gelegentlich Nebensonnen zu beobachten – helle Lichtflecken neben der Sonne, die ebenfalls in bestimmten Abständen sichtbar sind und oft farbig leuchten. Kurz vor oder nach Sonnenuntergang können zudem Lichtsäulen entstehen – säulenförmige Halo-Erscheinungen, die sich über oder unter der Sonne erstrecken.

Sehr bekannt, aber vielen nur aus Dokumentationen oder Filmen vertraut, sind Polarlichter. Wie der Name bereits andeutet, treten sie vor allem in den Polarregionen auf. Doch unter bestimmten Bedingungen können Polarlichter auch in unseren Breiten beobachtet werden, wenn auch meist weniger spektakulär als etwa in Norwegen oder auf Island. In den Jahren 2024 bis 2026 kam es mehrfach zu spektakulären Polarlichtern in Mitteleuropa, teilweise waren diese noch in Italien sichtbar. Ich selbst hatte das Glück, diese Polarlichter mehrfach beobachten und fotografieren zu können (Abbildung 5.13).

Polarlichter entstehen in der Hochatmosphäre durch einen komplexen Prozess. Bei hoher Sonnenaktivität treten sie häufiger auch in niedrigeren Breiten auf. Ursache dafür sind sogenannte koronale Massenauswürfe, die die Erde treffen und starke geomagnetische Stürme auslösen können. Die eigentliche Leuchterscheinung entsteht, wenn elektrische Felder Sauerstoff- und Stickstoffatome in der Erdatmosphäre ionisieren und zum Leuchten anregen.

Abbildung 5.13: Smartphone-Aufnahme eines Polarlichts am 20.01.2026. Visuell war nur eine leichte Aufhellung in der Deichsel des Großen Wagens sichtbar.

Es gibt verschiedene Apps, mit denen sich Polarlichter vorhersagen lassen. Dabei wird häufig der Kp-Index verwendet, ein Maß für die Stärke geomagnetischer Störungen des Erdmagnetfelds. Bei einem Kp-Index von etwa 7 bis 9 sind Polarlichter gelegentlich auch in unseren Breiten sichtbar. Generell ist die Vorhersage von Polarlichtern jedoch recht unsicher und meist erst kurz vorher zuverlässig – oft nur etwa eine Stunde oder sogar erst wenige Minuten vor Beginn der Aktivität. Wenn Sie das Thema interessiert, finden Sie viele Infos auf *www.spaceweatherlive.com*.

Polarlichter sind mit bloßem Auge häufig nur als schwache rötliche oder grünliche Aufhellung am nördlichen Horizont zu erkennen. Auf Fotografien erscheinen sie dagegen meist deutlich heller und farbintensiver. Schon mit einem Smartphone lassen sich heute beeindruckende Aufnahmen machen.

5.2.5 Zodiakallicht, Lichtbrücke, Gegenschein

Eine andere Erscheinung, die den Halo-Erscheinungen zwar ähnelt, aber eine völlig andere Ursache hat, ist das sogenannte *Zodiakallicht* (Abbildung 5.14). In Mitteleuropa lässt es sich unter sehr dunklem Himmel besonders im Frühjahr nach Sonnenuntergang und im Herbst vor Sonnenaufgang beobachten. Der Name deutet bereits darauf hin, dass dieses Phänomen in der Nähe des Zodiaks, also der Tierkreissternbilder, auftritt.

Das Zodiakallicht zeigt sich als parabelförmige Leuchterscheinung, die am Horizont beginnt und sich bis etwa 15 Grad darüber erstreckt. Da es genau in der Ebene der Ekliptik liegt, lässt sich vermuten, dass es mit den Planeten in Zusammenhang steht. Tatsächlich handelt es sich um Staubpartikel zwischen den Planetenbahnen, die von der Sonne angestrahlt werden.

Diese Erscheinung ist sehr lichtschwach und kann nur an den besten Beobachtungsorten Europas mit bloßem Auge wahrgenommen werden. Fotografisch ist sie jedoch deutlicher nachweisbar. Noch schwächere Formen des Zodiakallichts sind die Lichtbrücke und der Gegenschein, die nur in den dunkelsten Regionen der Erde sichtbar sind.

Abbildung 5.14: Die helle Venus und das Zodiakallicht über dem Observatorium Izana auf der Kanareninsel Teneriffa. Am obersten rechten Bildrand ist die Andromedagalaxie zu erkennen.

5.2.6 Leuchtende Nachtwolken

Leuchtende Nachtwolken, auch Noctilucent Clouds (NLCs) genannt, sind eine seltene atmosphärische Erscheinung, die häufig um die Zeit der Sommersonnenwende in den »weißen Nächten« beobachtet werden kann (Abbildung 5.15). Sie treten auf, wenn die Sonne nicht sehr tief unter dem Horizont steht und ihre Strahlen die höchsten Schichten der Erdatmosphäre noch beleuchten.

Ihr Aussehen ist charakteristisch und deutlich von normaler Zirrusbewölkung zu unterscheiden. NLCs zeigen oft eine wellige Struktur und schimmern in perlmuttartigen Farben. Sie bestehen aus Eiskristallen, die in großen Höhen von der Sonne angestrahlt werden. Sichtbar werden sie nach Sonnenuntergang am nordwestlichen Horizont oder vor

Sonnenaufgang im Nordosten. Meist bewegen sie sich entlang des Horizonts, in seltenen Fällen reichen sie jedoch bis in den Zenit.

Abbildung 5.15: Leuchtende Nachtwolken in der späten Dämmerung. Quelle: Matthias Süßen, CC BY SA 4.0, https://commons.wikimedia.org/wiki/File:Noctilucent-clouds-msu-6817.jpg

Ähnlich wie Polarlichter können NLCs ihr Erscheinungsbild innerhalb weniger Minuten verändern. Da sie erst seit dem Industriezeitalter dokumentiert wurden, wurde zunächst ein Zusammenhang mit menschlichen Aktivitäten vermutet. Heute geht man davon aus, dass Überreste von Meteoren als Kristallisationskeime für die Eiskristalle dienen. Tatsächlich entstehen leuchtende Nachtwolken in derselben Höhe, in der auch viele Meteore verglühen – in der sogenannten Mesopause in etwa 85 Kilometern Höhe. Damit gehören sie zu den höchsten Wolken der Erdatmosphäre.

5.2.7 Kometen

Ich habe bereits erwähnt, dass während der Covid-19-Pandemie die Verkaufszahlen für Teleskope stark gestiegen sind. Ein weiterer Grund dafür dürfte die Erscheinung des Kometen C/2020 F3 (NEOWISE) im Sommer 2020 gewesen sein. NEOWISE war im Juli 2020 mit bloßem Auge sichtbar und einer der spektakulärsten Kometen seit Hale-Bopp 1997 (Abbildung 5.16).

Kometen sind den Meteoroiden und Asteroiden nicht unähnlich, denn sie sind Überreste aus der Entstehungszeit unseres Sonnensystems. Allerdings bestehen Kometen zu einem großen Teil aus Eis. Zusätzlich enthalten sie gefrorene Gase sowie Staub und Silikate. Aufgrund dieser Zusammensetzung werden Kometen oft als »schmutzige Schneebälle« bezeichnet. Die meisten stammen aus einer Region am Rand unseres Sonnensystems, die als *Oortsche Wolke* bekannt ist. Diese Region liegt weit außerhalb der Planetenbahnen. Normalerweise bewegen sich die dortigen Himmelskörper auf stabilen Umlaufbahnen um die Sonne. Durch äußere Einflüsse kann es jedoch passieren, dass ein Objekt aus dieser Wolke in Richtung Sonne gelenkt wird und auf eine stark elliptische Umlaufbahn gerät. Diese Kometen nennt man *langperiodische Kometen*. Sie benötigen für eine Umrundung der Sonne mehr als 200 Jahre.

Abbildung 5.16: Der Komet NEOWISE, durch ein Teleskop fotografiert. Man erkennt die Koma (grün), den Staubschweif (weißgelb) und den Ionenschweif (blau).

Daneben gibt es *kurzperiodische Kometen*, deren Umlaufzeiten unter 200 Jahren liegen. Diese stammen aus einer anderen Region des Sonnensystems, dem Kuipergürtel, der sich jenseits der Neptunbahn erstreckt.

Ein vorbeiziehender Stern, die Milchstraße selbst oder die großen Gasplaneten können durch ihre Gravitation dafür verantwortlich sein, dass ein Komet in Richtung Sonne gelenkt wird. Sobald er sich etwa in der Entfernung des Jupiters befindet, beginnt er durch die zunehmende Sonnenstrahlung eine Koma zu bilden – eine diffuse Hülle aus Gas und Staub. Da es im Weltraum keinen Luftdruck gibt, gehen Eis und gefrorene Gase direkt vom festen in den gasförmigen Zustand über.

Je näher der Komet der Sonne kommt, desto stärker wird der Einfluss des Sonnenwinds, der die Gase regelrecht vom Kometenkern wegbläst. Dadurch bildet sich ein Schweif, der immer von der Sonne wegzeigt. Tatsächlich entstehen dabei zwei Schweife: ein Plasmaschweif aus ionisierten Gaspartikeln, der bläulich leuchtet, und ein Staubschweif, der weißlich bis gelblich erscheint.

Nähert sich der Komet der Erdbahn, steigt die Wahrscheinlichkeit, dass er von der Erde aus sichtbar wird. Wie hell und auffällig er erscheint, hängt von seiner Größe, seiner Aktivität und der Entfernung zur Erde ab. Auch seine Position am Himmel spielt eine Rolle –

erscheint er am Nordhimmel oder am Südhimmel, beeinflusst dies seine Sichtbarkeit in verschiedenen Regionen der Erde.

Der Punkt, an dem der Komet der Sonne am nächsten kommt, wird *Perihel* genannt. Da er in dieser Phase besonders aktiv ist, sind Kometen häufig in den Stunden vor Sonnenaufgang oder nach Sonnenuntergang am Horizont sichtbar. Manche Kometen überleben die Sonnenumrundung nicht und zerbrechen in der Nähe ihres Perihels. Aber auch eine Begegnung mit einem Gasriesen wie Jupiter oder Saturn kann einem Kometen zum Verhängnis werden.

Ein berühmtes Beispiel dafür ist der Komet Shoemaker-Levy 9. 1992 wurde er durch die Gravitationskräfte Jupiters zerrissen und stürzte 1994 in mehreren Trümmerteilen auf den Gasriesen. Dieses Ereignis konnte mit Teleskopen von der Erde aus beobachtet werden und gilt als eines der bedeutendsten astronomischen Ereignisse des 20. Jahrhunderts.

In den letzten 50 Jahren gab es immer wieder spektakuläre Kometenerscheinungen. Pro Jahrzehnt kann man mit einem wirklich außergewöhnlichen Kometen rechnen, während schwächere Kometen fast jährlich zu beobachten sind.

Name	Jahr	Beschreibung
C/1969 Y1 (Bennett)	1970	auffälliger Komet mit gut sichtbarem Schweif
C/1975 V1 (West)	1976	spektakulärer Komet mit deutlicher Teilung des Schweifs
C/1980 Y1 (Bradfield)	1980	auffällig, aber nur kurz sichtbar
1P/Halley	1986	berühmtester Komet, jedoch weniger spektakulär als erwartet
C/1996 B2 (Hyakutake)	1996	sehr nahe an der Erde, riesige Koma sichtbar
C/1995 O1 (Hale-Bopp)	1997	außergewöhnlich lange sichtbar und extrem hell
C/2006 P1 (McNaught)	2007	extrem hell, bester Tageslichtkomet seit Jahrzehnten
C/2011 L4 (PanSTARRS)	2013	heller Komet, besonders in der Dämmerung sichtbar
C/2012 S1 (ISON)	2013	großes Potenzial, aber zerbrach in Sonnennähe
C/2020 F3 (NEOWISE)	2020	beeindruckender Schweif, mit bloßem Auge sichtbar

Die Namen der Kometen

Früher wurden Kometen meist von Amateurastronomen oder professionellen Astronomen entdeckt, die den Himmel systematisch nach neuen Objekten absuchten. Ihre Namen gingen oft in die Bezeichnung der Kometen ein, sodass berühmte Kometen wie Hale-Bopp oder Shoemaker-Levy nach ihren Entdeckern benannt wurden. Heute werden die meisten Kometen durch computergestützte Suchprogramme entdeckt, die mithilfe automatisierter Teleskope und spezieller Algorithmen den Himmel nach veränderlichen oder neuen Lichtpunkten absuchen.

Ein Beispiel für ein solches System ist das Weltraumteleskop NEOWISE. Ursprünglich als WISE gestartet, um den Himmel im Infrarotbereich zu kartieren, wurde es später zur gezielten Suche nach erdnahen Objekten reaktiviert und in NEOWISE umbenannt. Im Jahr 2020 entdeckte es den Kometen C/2020 F3, der daraufhin nach der Mission benannt wurde.

Die heutigen Kometennamen folgen einer standardisierten Nomenklatur. Ein führender Buchstabe gibt die Art des Kometen an, C für nicht-periodische Kometen und P für periodische Kometen mit einer Umlaufzeit unter 200 Jahren. Die folgende Jahreszahl zeigt das Entdeckungsjahr, während ein Buchstabe die Entdeckungsperiode innerhalb des Jahres angibt. Eine fortlaufende Nummer ordnet den Kometen innerhalb dieser Periode ein.

Ein Beispiel ist C/2020 F3 (NEOWISE). Das C zeigt an, dass es sich um einen nicht-periodischen Kometen handelt. 2020 steht für das Entdeckungsjahr. F bedeutet, dass er in der zweiten Hälfte des März entdeckt wurde (das astronomische Jahr ist in 24 Halbmonatsintervalle aufgeteilt, denen jeweils ein Buchstabe (ohne I) zugeordnet wird). Die Zahl 3 zeigt, dass es der dritte entdeckte Komet in dieser Periode war. Der Name NEOWISE gibt an, dass er mit dem gleichnamigen Weltraumteleskop gefunden wurde.

Bei periodischen Kometen bleibt die Bezeichnung erhalten, sie erhalten aber zusätzlich eine fortlaufende Nummer, sobald ihre Bahn bestätigt ist. Ein bekanntes Beispiel ist 1P/Halley, der berühmte Komet Halley.

5.3 Objekte des tiefen Kosmos – ein Deep-Sky-Objekt für jede Jahreszeit

Sie haben nun bereits die Sterne kennengelernt, Sternbilder und Konstellationen sowie die Objekte unseres Sonnensystems, darunter die Planeten, den Mond und die Asteroiden. Nun wollen wir gemeinsam tiefer in den Weltraum eindringen und die faszinierendsten Objekte des Weltalls kennenlernen, die Deep-Sky-Objekte. Zu den Deep-Sky-Objekten zählen einerseits die nicht-stellaren Objekte unserer eigenen Milchstraße, das sind Gasnebel sowie Sternhaufen, aber auch die weit entfernten Galaxien.

Interstellare Gas- und Staubnebel sind ein wichtiger Bestandteil der Milchstraße. Die sogenannten HII-Regionen bestehen aus leuchtendem Wasserstoffgas. Die Bezeichnung stammt aus der astronomischen Nomenklatur: H steht für Wasserstoff, die römische Zahl II für ionisierten Wasserstoff. Gemeint sind also Gaswolken, in denen die Strahlung heißer junger Sterne den Wasserstoff zum Leuchten anregt und ionisiert. Es handelt sich also um selbstleuchtende Nebel, die oft in Sternentstehungsgebieten zu finden sind. Reflexionsnebel hingegen leuchten nicht selbst, sondern streuen das Licht benachbarter Sterne. Dunkelnebel bestehen aus Gas und Staub und absorbieren das Licht dahinterliegender Sterne, wodurch sie als dunkle Silhouetten erscheinen. Planetarische Nebel sind abgestoßene Gaswolken sterbender Sterne und leuchten durch die Strahlung ihres heißen Zentralsterns. Supernova-Überreste sind expandierende Gaswolken, die nach einer Supernova-Explosion entstehen und ebenfalls selbst leuchten.

Der Begriff *Nebel* ist historisch bedingt. Beim Blick durch ein Teleskop erscheinen diese Objekte als neblige, graue Fleckchen. Daher wurden sie von den frühen Astronomen entsprechend bezeichnet. Auch wenn heute mehr über ihre Natur bekannt ist, hat sich der Begriff gehalten.

Zu den Deep-Sky-Objekten innerhalb unserer Milchstraße gehören auch die Sternhaufen. Offene Sternhaufen sind Ansammlungen junger, neu entstandener Sterne, die häufig mit Nebelregionen in Verbindung stehen. Kugelsternhaufen sind extrem dichte, kugelförmige Gebilde aus sehr alten Sternen, die unsere Milchstraße in einem Halo umgeben.

Deep-Sky-Objekte außerhalb unserer Milchstraße sind die Galaxien. Sie werden je nach ihrer Erscheinungsform in verschiedene Typen eingeteilt. Spiralgalaxien besitzen eine zentrale Verdickung mit ausgeprägten Spiralarmen. Elliptische Galaxien haben keine Spiralstruktur und erscheinen elliptisch oder fast kugelförmig. Irreguläre Galaxien zeigen keine klare Struktur und haben oft unregelmäßige Formen.

Die wenigsten Deep-Sky-Objekte sind mit bloßem Auge sichtbar. Zu den Ausnahmen gehören die Andromedagalaxie, der Orionnebel sowie einige offene Sternhaufen wie die Plejaden, Messier 45, oder der Sternhaufen Messier 44 im Sternbild Krebs. Viele größere Gasnebel sind bereits in kleinen Teleskopen oder Ferngläsern sichtbar. Für Galaxien benötigt man meist größere Teleskope, da sie aufgrund ihrer enormen Entfernung am Himmel sehr klein erscheinen (mit wenigen Ausnahmen). In Kapitel 10 werden wir die Deep-Sky-Objekte genauer betrachten, aber ich möchte Ihnen schon einen Vorgeschmack geben und ein leichtes Deep-Sky Objekt für jede Jahreszeit vorstellen.

5.3.1 Frühjahr: Messier 101 – eine Spiralgalaxie im Großen Bären

Messier 101, auch *Feuerradgalaxie* genannt, befindet sich über der Deichsel des Großen Wagens. Sie können zunächst versuchen, einen Lucky Punch zu erzielen, indem Sie einfach ein Dreieck aus Mizar (mit Alkor) und dem hinteren Deichselstern Alkaid bilden. M101 befindet sich an der Spitze eines gleichschenkligen Dreiecks, wobei die Kastensterne die Basis bilden. Sollten Sie M101 so nicht auf Anhieb finden, hangeln Sie sich von Mizar und Alkor entlang einer Sternenkette. Springen Sie zu 83 Ursae Majoris, den Sie schon im Teleskop mit rötlicher Färbung sehen sollten, von da aus zu 84 UMa und weiter zu 86 UMa, beide eher bläulich-weiß gefärbt. Von 86 UMa geht es in Richtung Nordhorizont ein kleines Stück hinunter, über eine Zweierkombination von Sternen, schließlich zu M101.

Wählen Sie zum Aufsuchen immer die geringste Vergrößerung. Erwarten Sie nicht zu viel – außer einem nebeligen Fleckchen werden Sie vermutlich erst einmal nichts erkennen können. Mit etwas Übung und mehr Vergrößerung können Sie dann die Spiralstruktur der Galaxie sehen.

Abbildung 5.17: Die Sterne des Großen Wagens. In der Deichsel befindet sich die Galaxie Messier 101.

Abbildung 5.18: Von Mizar und Alkor ausgehend können Sie über eine markante Sternenkette M101 finden.

5.3.2 Sommer: Der Kugelsternhaufen Messier 13

Das Sternbild Herkules ist nicht das auffälligste Sternbild am Nordhimmel. Den hellen, orange leuchtenden Arktur finden Sie, wenn Sie die Deichsel des Großen Wagens in einem geschwungenen Bogen verlängern. Von da aus versuchen Sie zunächst, die Sternbilder Bärenhüter und Nördliche Krone zu finden. Etwas weiter entfernt, nordöstlich, steht die helle, weiß strahlende Wega – und genau dazwischen befindet sich das unscheinbare Sternbild Herkules. Wichtig ist es, den Kasten des Herkules zu erkennen.

Etwa auf einem Drittel der Strecke zwischen dem oberen rechten Kastenstern und dem unteren rechten Kastenstern befindet sich Messier 13. Bei kleiner Vergrößerung könnten Sie diesen zunächst für einen verwaschenen Stern halten. Mit etwas mehr Vergrößerung zeigt sich die wahre Natur des Kugelsternhaufens.

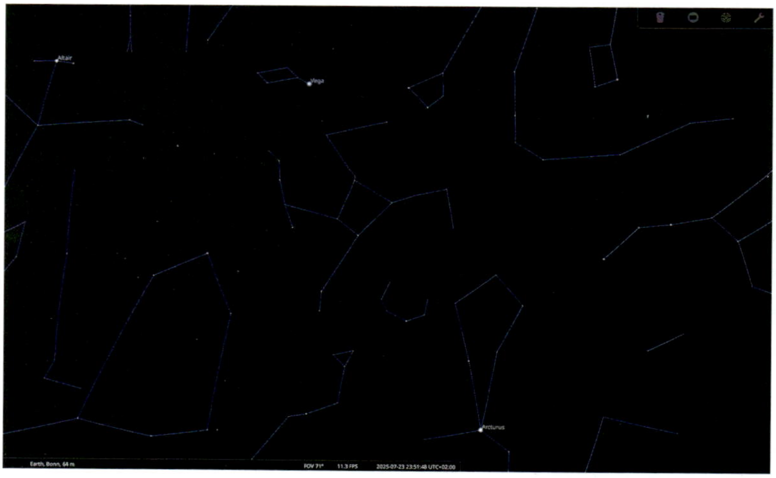

Abbildung 5.19: Finden Sie das unscheinbare Sternbild Herkules.

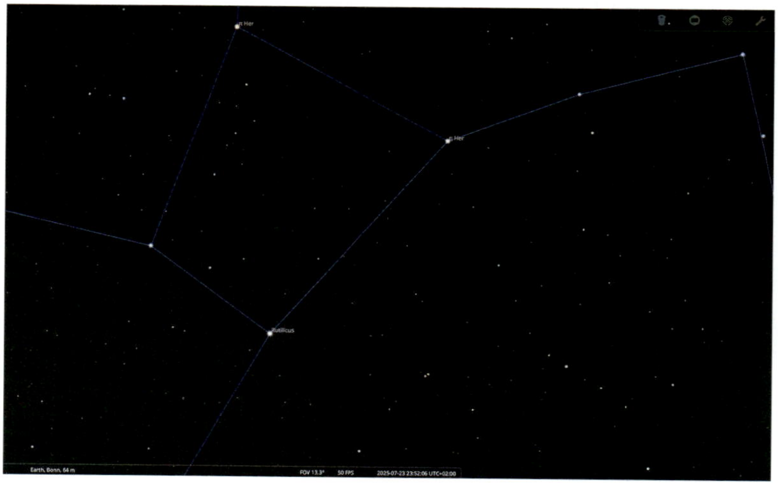

Abbildung 5.20: Auf einem Drittel der Strecke zwischen Eta und Zeta Herculis befindet sich der Kugelsternhaufen Messier 13.

5.3.3 Herbst: Messier 31 – Andromedagalaxie

Der Klassiker im Herbst ist die Andromedagalaxie – Sie erinnern sich, das Objekt, das ich als Kind nicht finden konnte.

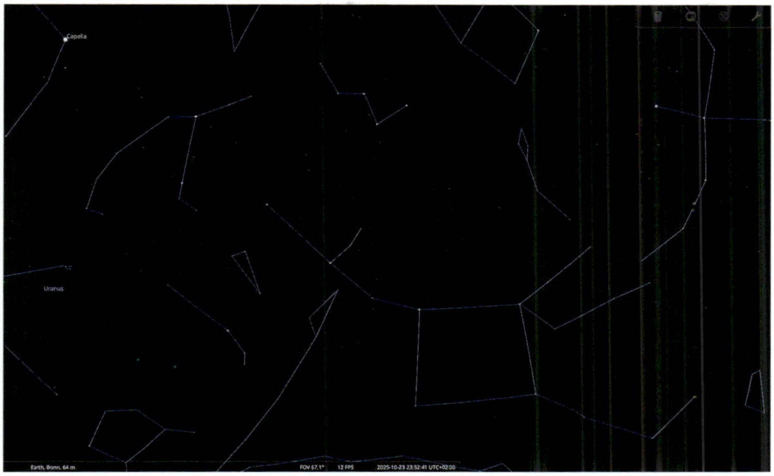

Abbildung 5.21: Das Sternbild Andromeda befindet sich südlich der Kassiopeia. Es beginnt mit dem linken, oberen Kastenstern des Pegasus.

Abbildung 5.22: Von Mirach ausgehend folgen Sie der Sternenkette aus 37 And und 35 And. Dann finden Sie Messier 31 sehr leicht.

Orientieren Sie sich am Himmels-W, der Kassiopeia. Die beiden rechten Schenkel des W bilden ein V, dessen Spitze Ihnen den Weg zur Andromedagalaxie weist. Folgen Sie diesem Richtungsweiser in südliche Richtung. Das Sternbild Andromeda bildet die Erweiterung des Pegasus, der als großer Kasten am Herbsthimmel sichtbar ist. Der linke obere Kastenstern (α And) bildet gleichzeitig den Ausgangspunkt für Andromeda, das (den Kastenstern mitgezählt) aus einer Kette von vier Sternen besteht. In der Mitte steht Beta Andromedae, auch Mirach genannt. Von dort aus geht es zu zwei markanteren Sternen nördlich – zunächst zu 37 And und schließlich zu 35 And. Ganz leicht nordwestlich davon steht die Andromedagalaxie Messier 31.

Bei kleiner Vergrößerung sehen Sie ein stark elliptisches, milchiges Fleckchen. Mit höheren Vergrößerungen sind möglicherweise Details wie Staubbänder in der Galaxie sichtbar.

5.3.4 Winter: Der Große Orionnebel Messier 42

Das Sternbild Orion sollten Sie leicht finden – es hat eine markante Form und steht im Winter eindrucksvoll über dem Südhorizont. Drei Sterne in der Mitte des Sternbildes bilden eine beinahe perfekte Linie, den Gürtel des Orion. Genau unterhalb des mittleren Gürtelsterns, im unteren Kasten des Orion, steht eine Formation aus drei deutlich schwächeren Sternen senkrecht übereinander. Der mittlere dieser drei Sterne ist der Orionnebel.

Bereits bei geringer Vergrößerung sehen Sie den Nebel, der etwas an eine Muschel oder eine Eistüte erinnert. Mit höheren Vergrößerungen können Sie Details in den Staubbändern des Nebels erkennen und das Trapez des Orionnebels – eine trapezförmige Anordnung von vier eng beieinanderstehenden Sternen.

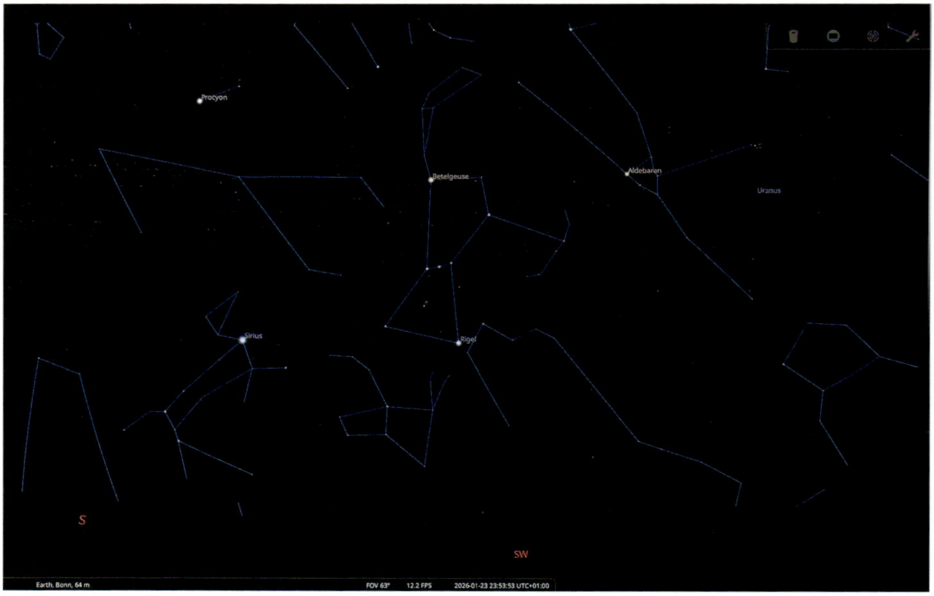

Abbildung 5.23: Das Sternbild Orion ist nicht zu übersehen am winterlichen Himmel. Orientieren Sie sich an den drei Gürtelsternen des Orion.

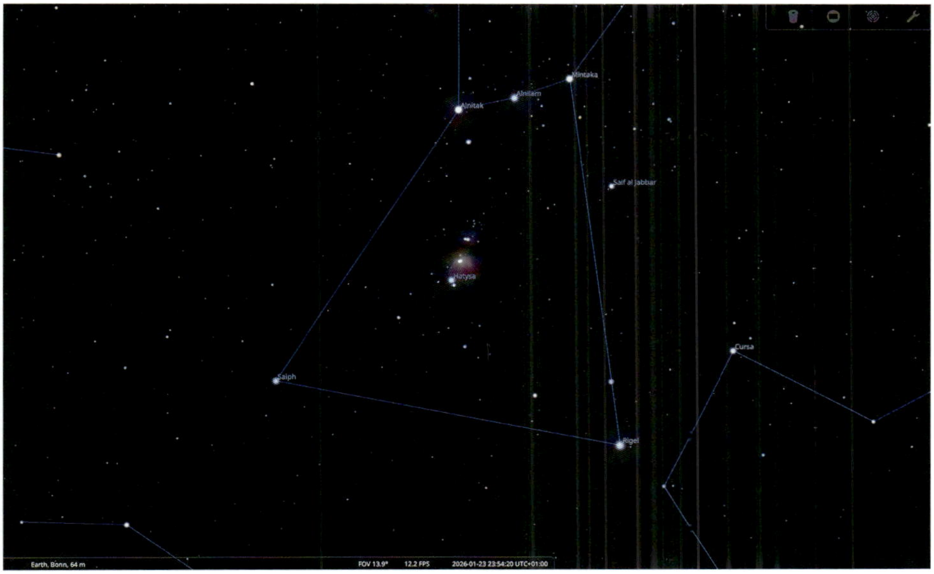

Abbildung 5.24: Das Schwertgehänge des Orion. Der mittlere der drei Sterne ist der Große Orionnebel M42.

Sie haben nun Ihre ersten anspruchsvolleren Beobachtungen am Nachthimmel gemacht. Die hier aufgeführten Beispiele dienen als einfache Einstiegshilfe. Mit Stellarium und Ihren inzwischen bereits fortgeschrittenen Kenntnissen können Sie nun auch eigene Beobachtungen planen. Suchen Sie weitere Kugelsternhaufen, Galaxien oder Gasnebel und versuchen Sie, diese mit Ihrem Teleskop oder Fernglas zu entdecken. Das Astro-Virus hat Sie inzwischen vermutlich schon gepackt.

Kapitel 6

Eine Überwachungskamera für den ganzen Himmel: die All-Sky-Kamera

Der Sternenhimmel lässt sich nicht nur visuell betrachten – mit bloßem Auge oder durch ein Teleskop. Mithilfe moderner Kameratechnik kann man den Himmel auch in digitalen Bildern festhalten. Man spricht dabei allgemein von Astrofotografie, einem faszinierenden, aber zugleich komplexen und vielschichtigen Gebiet.
In diesem Kapitel möchte ich Ihnen ein besonders spannendes Projekt vorstellen: eine 180°-Überwachungskamera, die den gesamten Nachthimmel im Blick behält.

Schon kurz nach der Erfindung der Fotografie wurden erste Versuche unternommen, Himmelsobjekte durch ein Teleskop fotografisch festzuhalten. Die Fotografie und die Astronomie waren also von Anfang an eng miteinander verknüpft.

Einen bedeutenden Fortschritt brachte erst die Einführung digitaler Bildsensoren in den 1970er-Jahren: sogenannte CCDs (Charge-Coupled Devices). Doch bis diese Technologie im Consumer-Markt ankam, vergingen noch rund zwei Jahrzehnte. Inzwischen ist es freilich sogar mit einem Smartphone möglich, beeindruckende Aufnahmen des nächtlichen Himmels anzufertigen.

Die digitalen Bildsensoren – heutzutage meist sogenannte CMOS-Chips (Complementary Metal Oxide Semiconductor) – wurden im Laufe der Zeit immer empfindlicher. Was heute im Amateurbereich möglich ist, hätte die Pioniere der Astrofotografie ins Staunen versetzt.

In diesem Kapitel möchte ich Ihnen ein Projekt vorstellen, das in den letzten Jahren in der Astronomie-Community stark an Beliebtheit gewonnen hat: den Bau einer All-Sky-Kamera (siehe Abbildung 6.1). Ich erkläre Ihnen, was sich hinter dem Begriff verbirgt, wie eine solche Kamera aufgebaut ist, welche Komponenten Sie benötigen – und natürlich, wie Sie sie selbst einsetzen können.

Die Anschaffungskosten für dieses Projekt sind zwar nicht unerheblich, doch jeder, der eine solche Kamera einmal gebaut oder regelmäßig genutzt hat, ist begeistert von den Ergebnissen. Nicht zuletzt können Sie sich dabei auch wieder als Citizen Scientist engagieren – etwa, indem Sie Beobachtungen von Feuerkugeln an das europäische Feuerkugelnetzwerk melden.

Viel Spaß also mit Ihrer Überwachungskamera für den ganzen Himmel!

Abbildung 6.1: Eine selbstgebaute Überwachungskamera für den ganzen Himmel. Quelle: Thomas Jacquin

6.1 Was ist eine All-Sky Kamera?

Der Aufbau einer All-Sky-Kamera ist im Prinzip recht einfach. Es handelt sich um eine digitale Kamera mit einem sogenannten Fischaugenobjektiv, das ein Bildfeld von 160 bis 180 Grad abdeckt. Die Kamera wird in ein wetterfestes Gehäuse eingebaut und kann sowohl stationär als auch mobil rund um die Uhr betrieben werden.

Die Kamera belichtet den Nachthimmel in einem vorgegebenen Zeitintervall, zum Beispiel 15 Sekunden, danach folgt eine kurze Pause, bevor die nächste Aufnahme startet. Auf diese Weise entstehen im Laufe einer Nacht hunderte Einzelbilder, die später nach Feuerkugeln oder anderen atmosphärischen Erscheinungen wie Polarlichtern oder leuchtenden Nachtwolken durchsucht werden können. Moderne Software kann solche Ereignisse teilweise sogar automatisch erkennen und markieren.

Zusätzlich erstellt die Kamerasoftware aus den Einzelbildern eine Zeitraffersequenz, die den Verlauf der gesamten Nacht zeigt. Am Morgen lässt sich so in wenigen Minuten nachvollziehen, wie sich Wolken, Sterne oder besondere Himmelserscheinungen über den Himmel bewegt haben.

Das Besondere an unserem Projekt ist, dass alle verwendeten Komponenten vergleichsweise preisgünstig sind. Zum Einsatz kommt zum Beispiel ein Kleincomputer vom Typ

Raspberry Pi – ein beliebter Einplatinencomputer, der in unzähligen Maker-Projekten Verwendung findet. Professionelle All-Sky-Kameras kosteten früher oft mehr als 1000 Euro, doch seit dieses DIY-Projekt ins Leben gerufen wurde, hat das kommerzielle Angebot deutlich abgenommen.

Auch die Software ist durchdacht aufgebaut. Die Belichtung der Kamera wird während der Dämmerung automatisch angepasst, es werden automatisch Video-Zeitraffersequenzen der gesamten Nacht erstellt, und zusätzlich dazu erhalten Sie ein automatisch generiertes Summenbild aller Aufnahmen in Form einer Sternstrichspuraufnahme (siehe Abbildung 6.2).

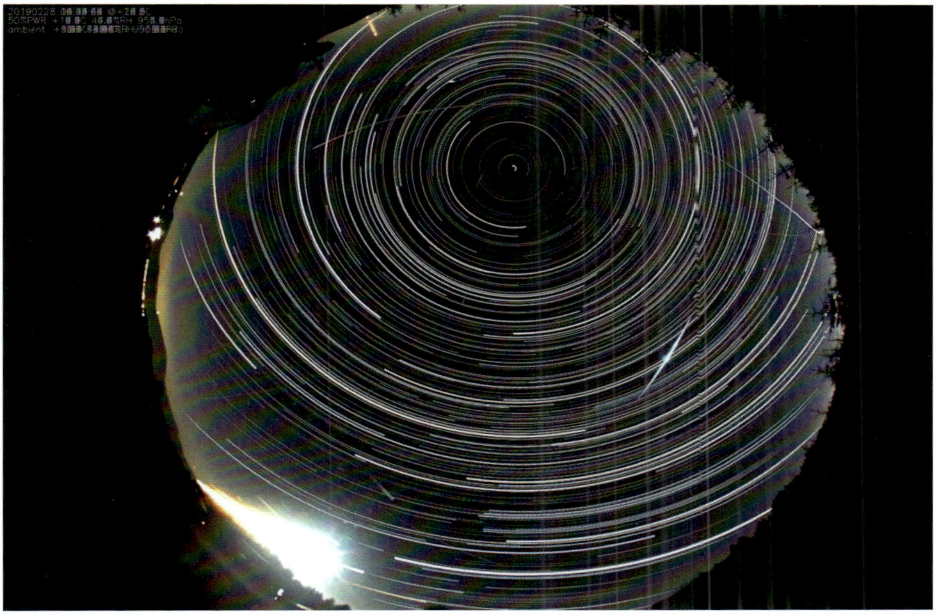

Abbildung 6.2: Sternstrichspuraufnahme der All-Sky-Kamera mit Mondaufgang (unten links), Polarstern (Mitte oben), Feuerkugel (Mitte rechts) und der Spur der ISS (oberer Bildteil).

Neben dem bereits erwähnten Raspberry Pi kommt eine digitale CMOS-Kamera zum Einsatz. In unserem Fall nutzen wir eine High-Definition-Kamera, die speziell als Zubehör für den Raspberry Pi angeboten wird. Das Projekt lässt aber auch den Einsatz spezieller Kameras aus dem Astronomiebereich zu. Die Pi-HD-Kamera ist jedoch für unsere Zwecke völlig ausreichend und zugleich kostengünstiger.

Fischaugenobjektive mit passendem Anschluss für die Pi-Kamera sind sowohl im Astronomie-Fachhandel als auch bei den üblichen Online-Versandhäusern erhältlich. Die Qualität kann dabei sowohl optisch als auch mechanisch stark variieren. Für Ihre erste All-Sky-Kamera empfehle ich, zunächst ein preisgünstiges Modell zu verwenden. Wenn Sie später höhere Ansprüche entwickeln, lässt sich das Objektiv problemlos durch ein hochwertigeres ersetzen.

Beim Gehäuse haben Sie viele Möglichkeiten. Für erste Tests bei Nacht benötigen Sie im Grunde kein Gehäuse. Wichtig ist lediglich, dass Kamera und Minicomputer so montiert sind, dass nichts beschädigt werden kann. Für gelegentliche Einsätze während Ihrer nächtlichen Exkursionen reicht es, wenn Sie Kamera und Computer in ein einfaches Behältnis wie eine Brotdose einbauen.

Das ursprüngliche Projekt nutzt eine Konstruktion aus Abflussrohren mit passenden Endstopfen. Werfen Sie hierzu gerne einen Blick auf die Seite des Initiators Thomas Jacquin: *www.thomasjacquin.com/all-sky-camera*

Mittlerweile werden von Einzelpersonen auch 3D-gedruckte Gehäuse mit vielen praktischen Details kommerziell angeboten. Falls Sie über einen eigenen 3D-Drucker verfügen, können Sie sich Ihr Gehäuse auch selbst anfertigen.

Ich selbst habe mich für einen Kompromiss entschieden und verwende ein handelsübliches Kunststoffgehäuse, wie es bei elektrischen Außeninstallationen verwendet wird. Es ist wasserdicht und erfüllt den IP65-Standard, also die internationale Schutzklasse für Staubdichtigkeit und Spritzwasserschutz.

Wie bei Kamera und Objektiv lässt sich auch das Gehäuse später jederzeit verbessern. Mir geht es hier zunächst um eine einfache und schnelle Umsetzung mit möglichst geringen Kosten und wenig Aufwand bei der Verarbeitung.

Für die Bearbeitung des Gehäuses benötigen Sie Schneide- oder Bohrwerkzeuge. Bitte gehen Sie dabei vorsichtig vor, um Verletzungen zu vermeiden.

Lötkenntnisse sind für dieses Projekt nicht erforderlich, ebenso wenig müssen Sie selbst programmieren. Eine grundlegende Vertrautheit mit Netzwerktechnik und der Installation von Betriebssystemen ist hilfreich, aber nicht zwingend notwendig. Ich werde Sie Schritt für Schritt durch alle Details führen. Zunächst gebe ich Ihnen aber eine Auflistung aller benötigten Komponenten.

6.2 Teileliste

Folgende Teile benötigen Sie zum Bau der All-Sky-Kamera (siehe Abbildung 6.3):

Elektronische und optische Bauteile:

- Raspberry Pi 4, Modell B (4GB), ca. 65 €
- Aluminium-Kühlkörper für den Raspberry Pi, ca. 5 €
- Raspberry Pi High Quality Camera mit C-Mount-Anschluss (Sony IMX477-Sensor), ca. 65 €
- Optional 2 m flexibles FFC-Flachbandkabel für die Kamera, ca. 10 €
- ZWO ASI 2,5 mm 170°-Objektiv mit CS-Mount, ca. 35 €
- Netzteil für Raspberry Pi

Abbildung 6.3: Bauteile für die Kamera: links der Raspberry Pi, mittig die Kamera mit Kühlkörpern, rechts das Objektiv und davor eine SD-Karte (32 GB) mit Laptop-Adapter. Nicht abgebildet ist das LAN-Kabel und das Netzteil.

Bauteile für das Gehäuse (siehe Abbildung 6.4):

- IP65-Abzweigkasten/Verteilerdose, 24 × 16 × 9 cm, ca. 30 €
- Acryldome mit Krempe, 10 cm Durchmesser, ca. 15 €

Werkzeuge und Kleinteile:

- IP68-Kabeldurchführung PG16/Verschraubung, im Set ca. 10 €
- Montagekleber »UHU Polymax glasklar«, ca. 10 €
- Optional: Lochsägeset
- PCB-Platinen-Abstandshalter sowie Schrauben und Muttern M3 im Set
- USB-C-Kabel
- Netzwerkkabel Cat 6
- Optional: Velours-Klebefolie von »d-c-fix«

Die Gesamtkosten belaufen sich auf ca. 250 €. Die Preise für die Komponenten schwanken, da sich immer mal wieder Angebote finden. Leider sind die Preise für Elektronikbauteile generell in den letzten Jahren gestiegen. Auch wenn dieses Projekt relativ teuer in der Anschaffung ist, ist der Eigenbau deutlich günstiger als die Anschaffung einer kommerziellen All-Sky-Kamera. So kostet die Oculus Pro der Firma StarlightXpress satte 1182 € (Stand 2025).

Abbildung 6.4: Bauteile für das Gehäuse: eine IP65-Verteilerdose, ein 10-cm-Acryldome, Montagekleber sowie Werkzeuge und Kleinteile

Um nicht alles auf einmal kaufen zu müssen, können Sie sich auch zunächst nur die elektronischen Bauteile kaufen. Die Aufrüstung mit dem wasserdichten Gehäuse kann später immer noch vorgenommen werden.

Im Folgenden werde ich Ihnen daher auch zunächst die Installation der Software sowie den elektronischen Aufbau zeigen, und dann erst den Einbau in ein Gehäuse.

6.3 Installation der Software und Zusammenbau der elektronischen Komponenten

Zunächst werde ich Sie durch den Download und die Installation des Betriebssystems für den Raspberry-Pi-Computer leiten. Die Raspberry-Pi-Community stellt ein eigenes Betriebssystem zur Verfügung, ebenso wie ein Programm, mit dem Sie dieses auf die SD-Karte schreiben können. Die SD-Karte dient als Festplatte für den Kleincomputer.

Öffnen Sie im Internet die Seite *https://raspberrypi.com/software* und scrollen Sie herunter zum Bereich **Install Raspberry Pi OS using Raspberry Pi Imager** (siehe Abbildung 6.5). Klicken Sie auf den entsprechenden Button. Ihr Betriebssystem wurde vermutlich automatisch erkannt, und der passende Download-Button ist blau hinterlegt.

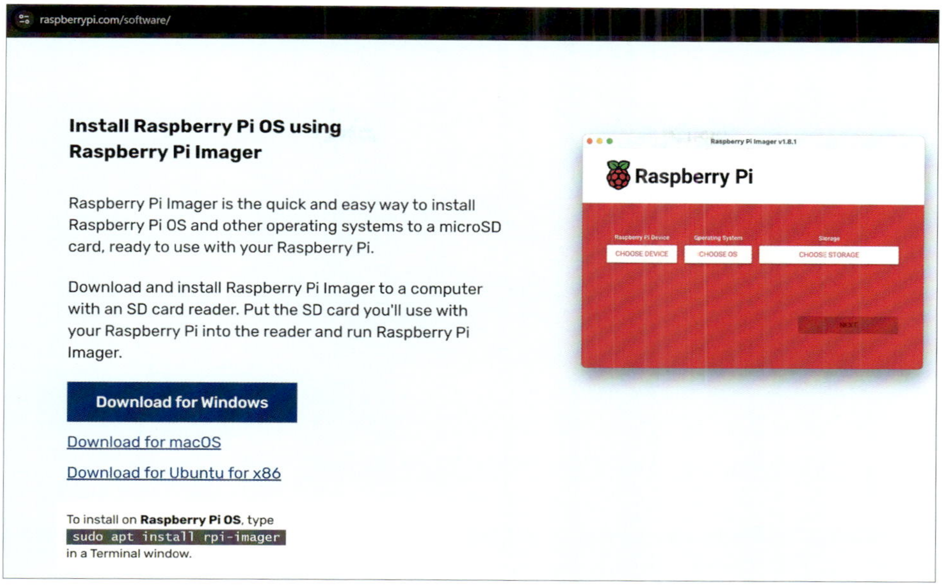

Abbildung 6.5: Die Internetseite der Raspberry-Pi-Community

In Ihrem Download-Ordner befindet sich nun eine Datei mit dem Namen *imager_1.8.5.exe*. Klicken Sie doppelt auf diese Datei, um das Programm zu starten. Sie werden nun durch die übliche Installationsroutine Ihres Betriebssystems geführt. Unter Windows öffnet sich ein Pop-up-Fenster mit Informationen und der Aufforderung **Click install to start the installation**. Folgen Sie dieser Anweisung und klicken Sie auf den Install-Button. Anschließend drücken Sie auf **Finish**, und das Programm startet automatisch. In Abbildung 6.6 sehen Sie den Startbildschirm der Installationssoftware.

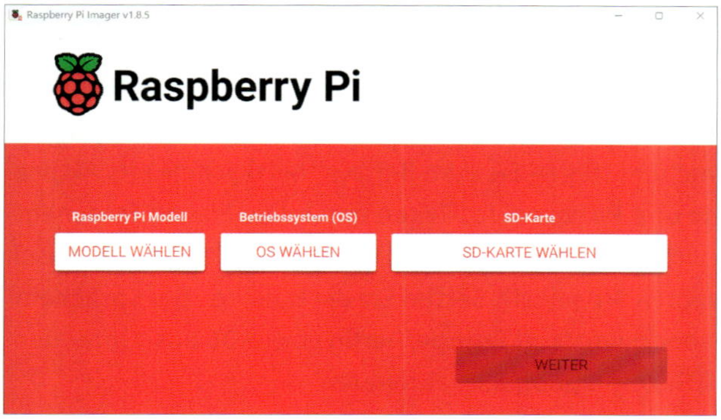

Abbildung 6.6: Der Startbildschirm des Installers

Wählen Sie nun gemäß Abbildung 6.7 nacheinander das Modell Ihres Raspberry Pi aus (in meinem Fall den Raspberry Pi 4 Model B), dann das Betriebssystem in der 64-Bit-Version und schließlich die SD-Karte, nachdem Sie diese in ihren PC eingesteckt haben. Es stehen auch 32-Bit-Systeme zur Auswahl.

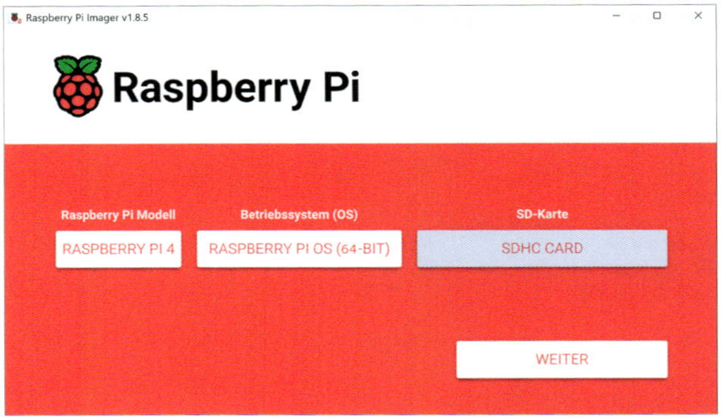

Abbildung 6.7: Auswahl von Modell, Betriebssystem und SD-Karte

Drücken Sie auf **Weiter**, und Sie erhalten ein Menü wie in Abbildung 6.8. Wählen Sie dort den Eintrag **Einstellungen bearbeiten** aus.

Abbildung 6.8: Option »Einstellungen bearbeiten«

Es öffnet sich ein weiteres Fenster. Füllen Sie dieses entsprechend Abbildung 6.9 aus. Setzen Sie ein Häkchen bei **Hostname** und tragen Sie zum Beispiel »allskycam« ein. Aktivieren Sie die Option **Benutzername und Passwort festlegen** und füllen Sie die Felder entsprechend aus (der Benutzer wird vermutlich vom System ihres PCs automatisch eingetragen und das Passwort wählen Sie selbst). Setzen Sie ein Häkchen bei **Spracheinstellungen** und wählen Sie im Dropdown-Menü **Europe/Berlin** sowie **DE** aus. Unter dem zweiten Reiter **Dienste** aktivieren Sie die Option **SSH aktivieren**.

Drücken Sie nun auf **Speichern** und bestätigen Sie die Anpassungen im nächsten Fenster (Abbildung 6.10), mit **Ja**. Möglicherweise erscheint ein weiteres Pop-up-Fenster, das Sie fragt, ob Sie wirklich fortfahren möchten und damit eventuell bereits vorhandene Daten auf der SD-Karte gelöscht werden. Bestätigen Sie auch dies mit **Ja**.

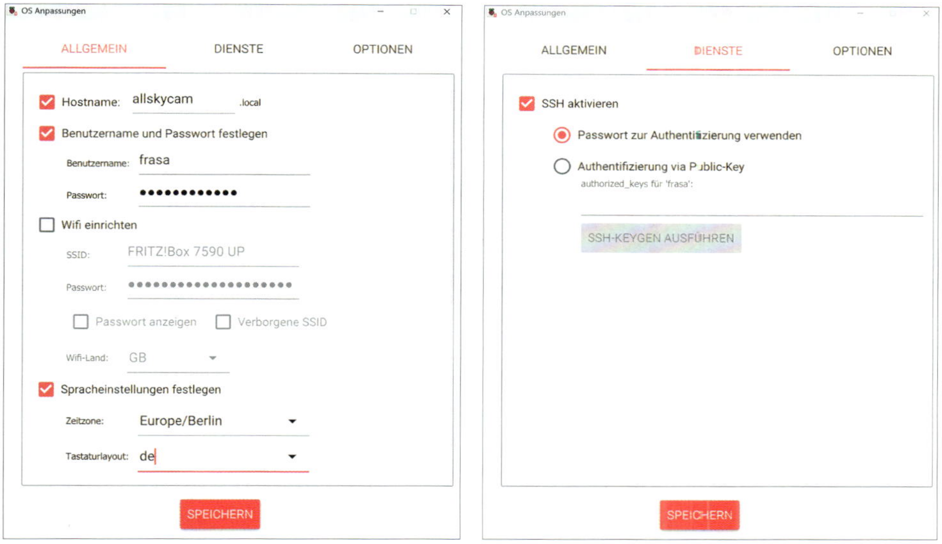

Abbildung 6.9: In diesem Menü nehmen Sie wichtige Einstellungen für den Raspberry Pi vor.

Abbildung 6.10: Die vorgenommenen Einstellungen übernehmen

Nun wird das Betriebssystem auf die SD-Karte geschrieben, was einige Minuten dauern kann. Anschließend erhalten Sie die Meldung, dass Sie die Karte aus Ihrem Computer entnehmen können.

Wir bereiten nun gemeinsam die Installation auf dem Raspberry Pi vor.

6.3.1 Vorbereitung des Raspberry Pi

Bevor wir mit der Installation der Software beginnen, müssen wir den Raspberry Pi 4 noch etwas vorbereiten. Zunächst kleben Sie die Aluminium-Kühlkörper auf die entsprechenden Bauteile des Raspberry Pi. Entfernen Sie dazu die blaue Schutzfolie des doppelseitigen Klebebands an der Unterseite der Kühlkörper und drücken Sie diese mit leichtem

Druck auf die vorgesehenen Prozessorbauteile (siehe Abbildung 6.11). Form und Größe sind selbsterklärend.

Abbildung 6.11: Kleben Sie die Kühlrippen auf die entsprechenden Bauteile.

Als Nächstes verbinden Sie die HD-Kamera mit dem Raspberry Pi. Die Kamera wird in der Regel mit einem kurzen Flachbandkabel geliefert. Je nach verwendetem Gehäuse und verfügbarem Platz benötigen Sie jedoch möglicherweise ein längeres Kabel. Ich habe daher gleich ein 1-Meter-Flachbandkabel bestellt und verbinde die Kamera direkt über dieses.

Lösen Sie zunächst an der Kamera den schwarzen Klemmriegel an der Schnittstelle, indem Sie ihn mit den Fingernägeln oder einer kleinen Zange vorsichtig zurückziehen (siehe Abbildung 6.12).

Abbildung 6.12: Auf der Rückseite der Kamera befindet sich der Slot für das Flachbandkabel. Zunächst muss die Verriegelung hinausgezogen werden.

Sie können nun das mitgelieferte Flachbandkabel entfernen und das neue Kabel in die Schnittstelle einschieben. Dabei zeigt die durchgehend blaue Markierung des Kabels immer zur Seite mit dem Klemmbügel. Drücken Sie nun den Bügel wieder vorsichtig zurück – das Kabel ist damit fixiert (siehe Abbildung 6.13).

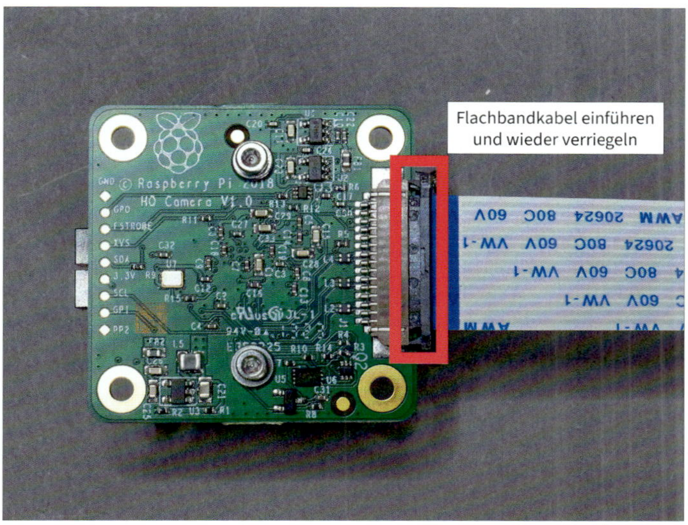

Abbildung 6.13: Führen Sie das Flachbandkabel ein und schließen Sie die Verriegelung wieder durch Hineinschieben.

Anschließend verbinden Sie das andere Ende des Flachbandkabels mit dem Raspberry Pi. Achtung: Der Raspberry Pi besitzt zwei solcher Schnittstellen! Eine befindet sich am Rand der Platine für den Anschluss eines HD-Monitors, die andere liegt neben der Audiobuchse und ist entsprechend mit »Camera« beschriftet – hier wird das Kamerakabel eingesteckt. Auch hier gilt: Klemmriegel vorsichtig zurückziehen, Kabel mit der blauen Markierung zum Riegel hin einführen und dann den Bügel wieder sanft hineindrücken (siehe Abbildung 6.14).

Abbildung 6.14: Das andere Ende des Flachbandkabels wird auf die gleiche Art und Weise in die Kamera-Buchse am Raspberry Pi eingeführt.

Verbinden Sie nun den Raspberry Pi über ein Netzwerkkabel mit Ihrem Heimnetzwerk, indem Sie das Kabel in die Netzwerkbuchse des Raspberry Pi einstecken. Schließen Sie ein USB-C-Netzteil an die entsprechende Buchse des Raspberry Pi an und führen Sie die SD-Karte, auf die Sie vorher das Betriebssystem geschrieben haben, in den entsprechenden Kartenslot des Raspberry Pi ein. Damit sind alle Vorbereitungen abgeschlossen – jetzt kann die Softwareinstallation beginnen.

6.3.2 Installation des Betriebssystems und der Software

Starten Sie den Raspberry Pi, indem Sie ihn mit Strom versorgen. Der Rechner bootet nun und ist nach wenigen Sekunden betriebsbereit. Ihr Computer und der Raspberry Pi müssen sich im gleichen Heimnetzwerk befinden. Wenn das der Fall ist, öffnen Sie unter Windows eine Konsole. Drücken Sie dazu die [⊞]-Taste und den Buchstaben [R] gleichzeitig. In das sich öffnende Fenster geben Sie den Befehl `cmd` ein und bestätigen mit [↵] (Abbildung 6.15)

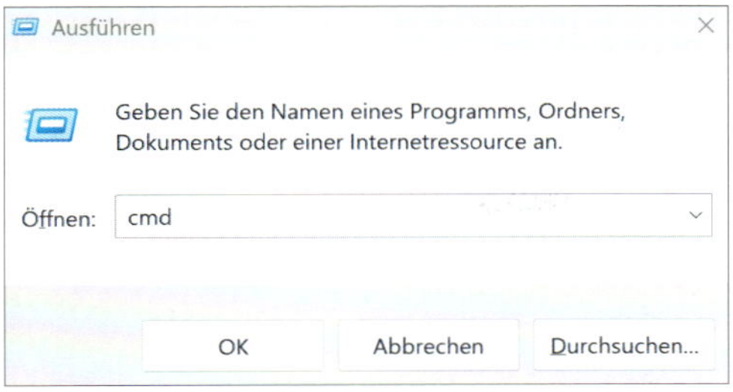

Abbildung 6.15: Das Fenster »Ausführen«

Es öffnet sich nun eine sogenannte Konsole, auch bekannt als Terminalfenster. Geben Sie in dieses Fenster den Befehl `ssh [deinbenutzername]@allskycam.local` ein und bestätigen Sie mit ⏎. Die anschließende Sicherheitsabfrage, ob Sie der Verbindung vertrauen, beantworten Sie mit `yes`. Danach werden Sie aufgefordert, das Passwort einzugeben, das Sie zuvor für den Benutzer vergeben haben. Tippen Sie das Passwort ein und bestätigen Sie erneut mit ⏎ (Abbildung 6.16). Das Passwort wird dabei nicht sichtbar angezeigt und es gibt keine visuelle Rückmeldung für Ihre Eingabe, also tippen sie am besten langsam und konzentriert.

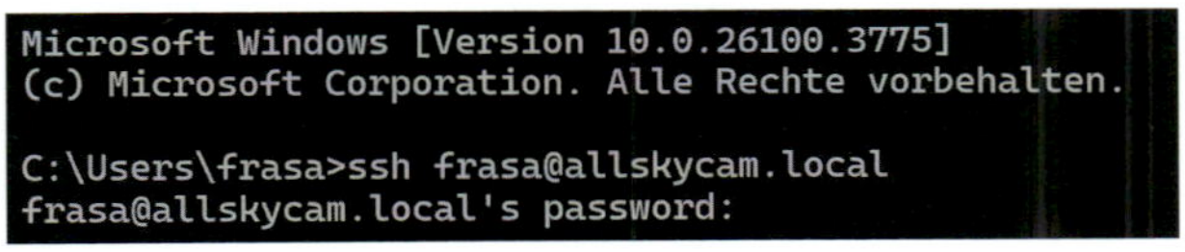

Abbildung 6.16: Im Terminalfenster öffnen Sie die SSH-Verbindung.

Wenn alles geklappt hat, sehen Sie nun eine Eingabeaufforderung wie in Abbildung 6.17 – Sie sind jetzt mit dem Raspberry Pi verbunden und können ihn über das Terminal fernsteuern. Nun können Sie die Installation der Software starten.

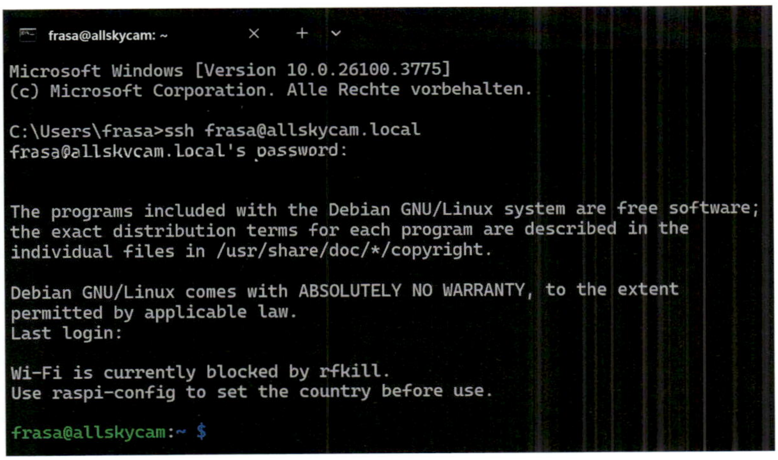

Abbildung 6.17: Eingabeaufforderung des Raspberry Pi

Zunächst muss das Programm Git installiert werden, das den Zugriff auf die Plattform GitHub ermöglicht. Geben Sie dazu im Kommandozeilenfenster den Befehl `sudo apt-get install git` ein und bestätigen Sie mit [↵]. Vermutlich müssen Sie anschließend noch eine Ja/Nein-Frage beantworten.

Nun wird die eigentliche Allsky-Software vom Github-Server auf Ihren Raspberry Pi geladen, und zwar mit folgender Eingabe: `git clone -recursive https://github.com/thomasjacquin/allsky.git`

Anschließend wechseln Sie in das Verzeichnis dieser Software mit dem Befehl `cd allsky`. Nun starten Sie die Installation durch die Eingabe von `./install.sh` (Abbildung 6.18).

Abbildung 6.18: Grün eingefärbt ist die »Eingabeaufforderung« bzw. »Shell«. Rechts daneben sehen Sie jeweils die Texteingaben, die für die Installation der Allsky-Software nötig sind.

Es erscheint ein Pop-up-Fenster des Allsky-Installers (Abbildung 6.19). Sie werden darauf hingewiesen, dass während der Installation die Kamera bereits angeschlossen sein muss. Dann folgen einige Abfragen, die Sie jeweils mit **YES** oder **OK** bzw. mit der [↵]-Taste beantworten. Der gesamte Vorgang kann einige Minuten bis hin zu einer Stunde dauern. Zwischendurch werden Sie nach Ihrer Position gefragt, also nach geografischer Länge und Breite. Der Installer schlägt Ihnen hier eine Position vor, die er auf Grundlage Ihres Internet-Einwahlpunkts ermittelt hat. Wenn Sie eine genauere Position angeben möchten, nutzen Sie die Tastatur. Die Eingabe erfolgt in Dezimalschreibweise – was das bedeutet, wissen Sie ja inzwischen. Alternativ können Sie die genaue Position später aber auch in der Software selbst verbessern.

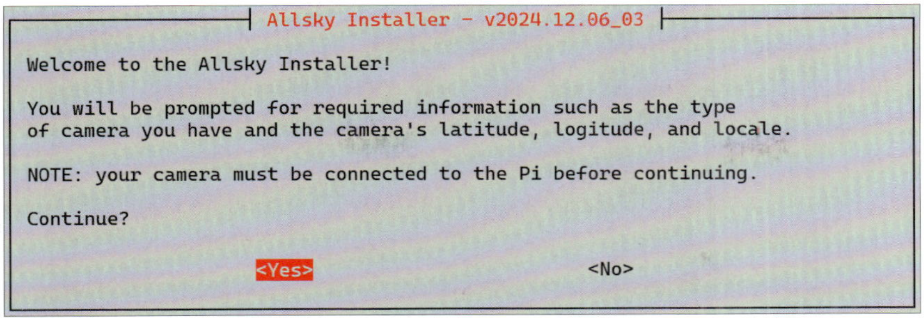

Abbildung 6.19: Das Installer-Fenster der Allsky-Software

Wenn die Installation erfolgreich war, bekommen Sie eine Meldung wie in Abbildung 6.20, die Sie auffordert den Raspberry Pi neu zu booten. Dazu bestätigen Sie einfach mit ↵. Warten Sie einige Zeit, bis der Minicomputer wieder hochgefahren ist, und öffnen Sie dann ein Fenster eines Internetbrowsers. Dort geben Sie in die Adresszeile die Adresse des Raspberry Pi ein – in meinem Fall ist das *http://allskycam.local*. Es öffnet sich ein Fenster mit einer Sicherheitsabfrage. Geben sie als Benutzer `admin` ein und als Passwort `secret` (Abbildung 6.21). Danach öffnet sich der Startbildschirm des Raspberry Pi mit der bereits automatisch gestarteten Allsky-Software.

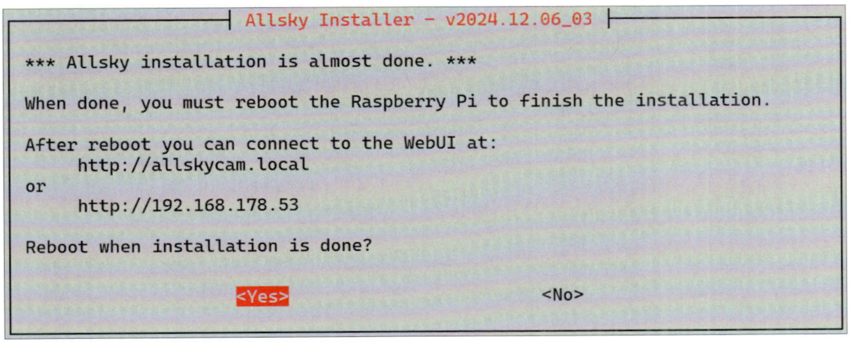

Abbildung 6.20: Diese Meldung erscheint am Ende der Installation.

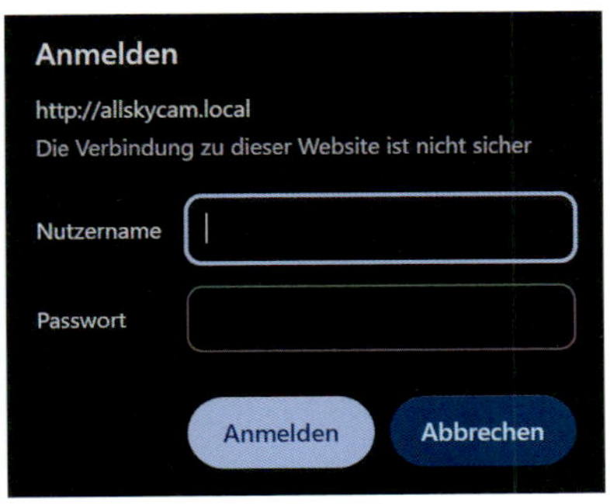

Abbildung 6.21: Sicherheitsabfrage im Browser

Herzlichen Glückwunsch, der erste große Schritt ist geschafft, und sie haben die wichtigsten Hardwarekomponenten sowie die Software erfolgreich zum Laufen gebracht. Im Prinzip ist die All-Sky-Kamera nun bereits vollständig einsatzbereit. Sie müssen nur noch ein paar Einstellungen vornehmen, worauf Sie mit der Meldung **Please configure the Allsky settings – Go to the 'Allsky Settings' page to do so** hingewiesen werden (Abbildung 6.22). Dieser Schritt ist notwendig, auch wenn Sie vielleicht an den Einstellungen nichts ändern werden.

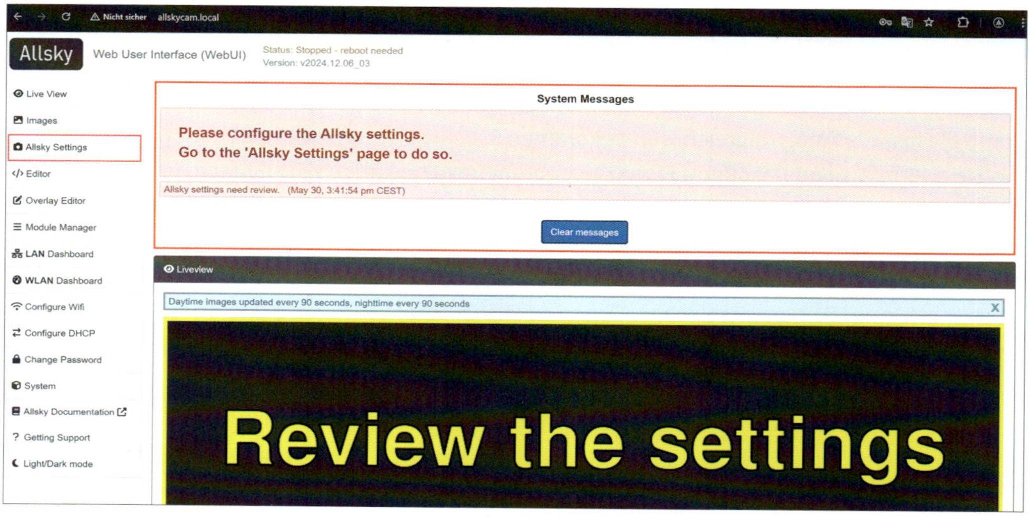

Abbildung 6.22: Wechseln Sie links in den Tab »Allsky Settings«.

6.3.3 Einstellungen und Funktionsweise von Allsky

Bevor ich Ihnen die Grundeinstellungen von Allsky zeige, lassen Sie mich kurz erklären, wie die Software grundsätzlich funktioniert. Das Programm startet automatisch, sobald der Raspberry Pi hochfährt. Das heißt: Ist der Raspi mit Strom verbunden, bootet er, und kurz danach startet Allsky.

Die Software ist so konfiguriert, dass sie im Prinzip pausenlos Bilder aufnimmt und diese theoretisch auch abspeichern kann. Da es sich hier aber um eine astronomische Kamera handelt, ist sie standardmäßig so eingestellt, dass Bilder nur zwischen der Abend- und Morgendämmerung tatsächlich gespeichert werden. Am Ende der Nacht wird außerdem eine Strichspuraufnahme aller Bilder erstellt (dazu werden alle Einzelbilder übereinandergelegt), eine Zeitrafferaufnahme im Videoformat sowie ein sogenanntes Keogramm. Ein Keogramm ist im Grunde ein Bild, das einen schnellen Überblick über den Verlauf des Tages (bzw. der Nacht) liefert. Dabei wird aus jedem Einzelbild eine senkrechte Linie – genau eine Pixelspalte aus der Bildmitte – herausgenommen und von links nach rechts zusammengesetzt. So entsteht am Ende eine Art Zeitstrahl in Bildform.

Die Voreinstellung der Software sieht also vor, dass tagsüber zwar Aufnahmen gemacht, aber nicht gespeichert werden (was Sie natürlich jederzeit ändern können). Es sollte logisch erscheinen, dass die Kameraeinstellungen für Tagaufnahmen anders sind als für Nachtaufnahmen, da der Taghimmel viel heller ist als der Nachthimmel. Tagsüber werden Aufnahmen mit sehr kurzen Belichtungszeiten gemacht, dann wird einige Sekunden gewartet, und erst danach erfolgt die nächste Aufnahme. Nachts läuft das anders: Es wird eine Aufnahme mit etwa zehn Sekunden Belichtungszeit gemacht, nur kurz gewartet und dann direkt die nächste Aufnahme erstellt.

Im ersten Schritt werden wir diese Einstellungen grundsätzlich vornehmen. Klicken Sie also im Menü links auf die Schaltfläche **Settings**. Es öffnet sich ein Fenster wie in Abbildung 6.23.

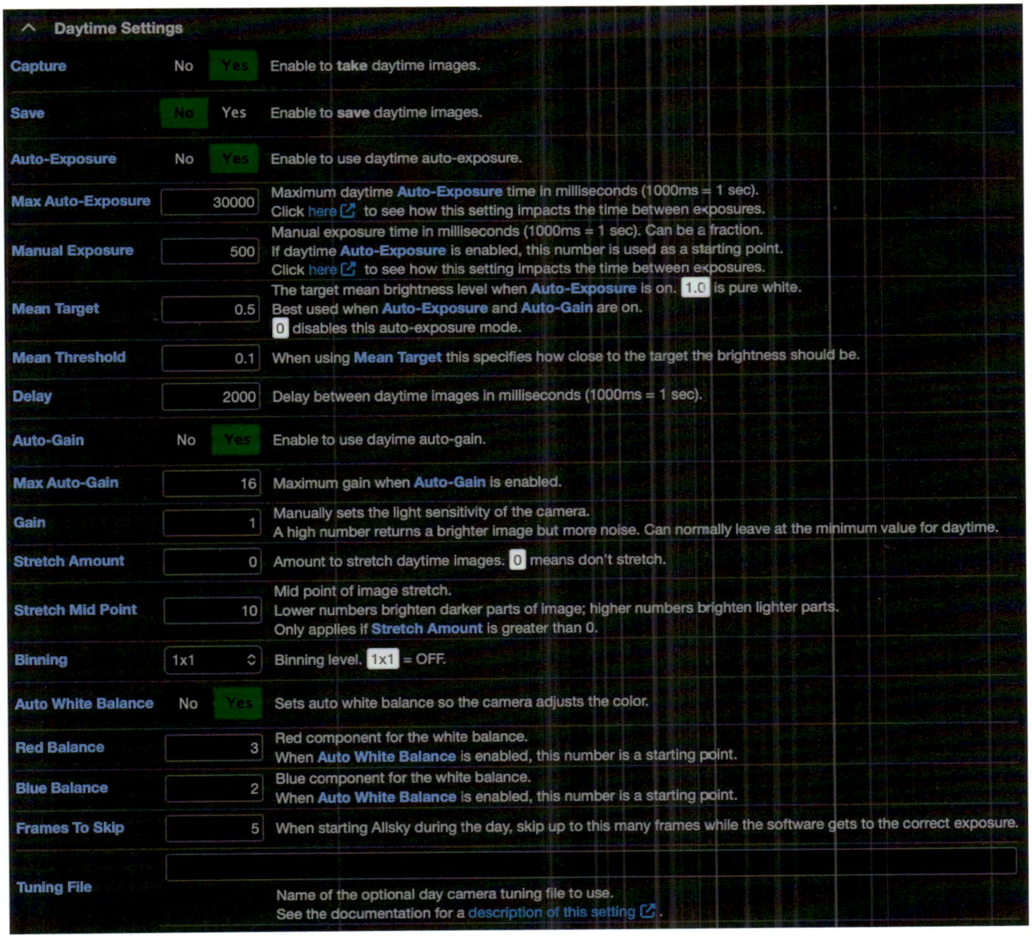

Abbildung 6.23: Einstellungen für Tagaufnahmen

Kontrollieren Sie die folgenden Einstellungen und passen Sie sie an, falls das nicht schon automatisch geschehen ist (Tabelle 6.1). Alle anderen Einstellungen lassen Sie vorerst unangetastet.

Einstellung	Wert
Capture	Yes
Auto Exposure	Yes
Auto Gain	Yes
Auto White Balance	Yes
Max Auto-Exposure	30000
Delay	2000

Tabelle 6.1: Wichtige Werte für die Einstellungen im Menüpunkt »Daytime Settings«

Nun wechseln Sie in die **Nighttime Settings** und ändern folgende Werte (siehe Tabelle 6.2), falls nicht schon automatisch generiert (siehe Abbildung 6.24):

Einstellung	Wert
Capture	Yes
Save	Yes
Auto-Exposure	Yes
Max Auto-Exposure	60000
Manual Exposure	10000
Delay	1000

Tabelle 6.2: Wichtige Werte für die Einstellungen im Menüpunkt »Nighttime Settings«

Wenn Sie die Einstellungen vorgenommen haben, bestätigen Sie diese einmal mit einem Klick auf die Schaltfläche **Configuration done; start AllSky**, wie in Abbildung 6.25 gezeigt. Dann startet die Allsky-Kamera, und Sie sollten nach einigen Sekunden das erste Bild sehen. Zu diesem Zeitpunkt wird es ggf. notwendig sein, das Objektiv zu fokussieren. Das geschieht am Objektiv selbst, durch Drehen des vorderen Objektivrings. Falls Ihnen die aufeinanderfolgenden Bilder nicht schnell genug angezeigt werden, können Sie nochmal in die Daytime Settings gehen und den Delay auf 500 ms einstellen. Dann werden Ihnen die aufeinanderfolgenden Bilder in einer schnelleren Reihenfolge angezeigt. Das sollten Sie anschließend aber wieder zurücksetzen!

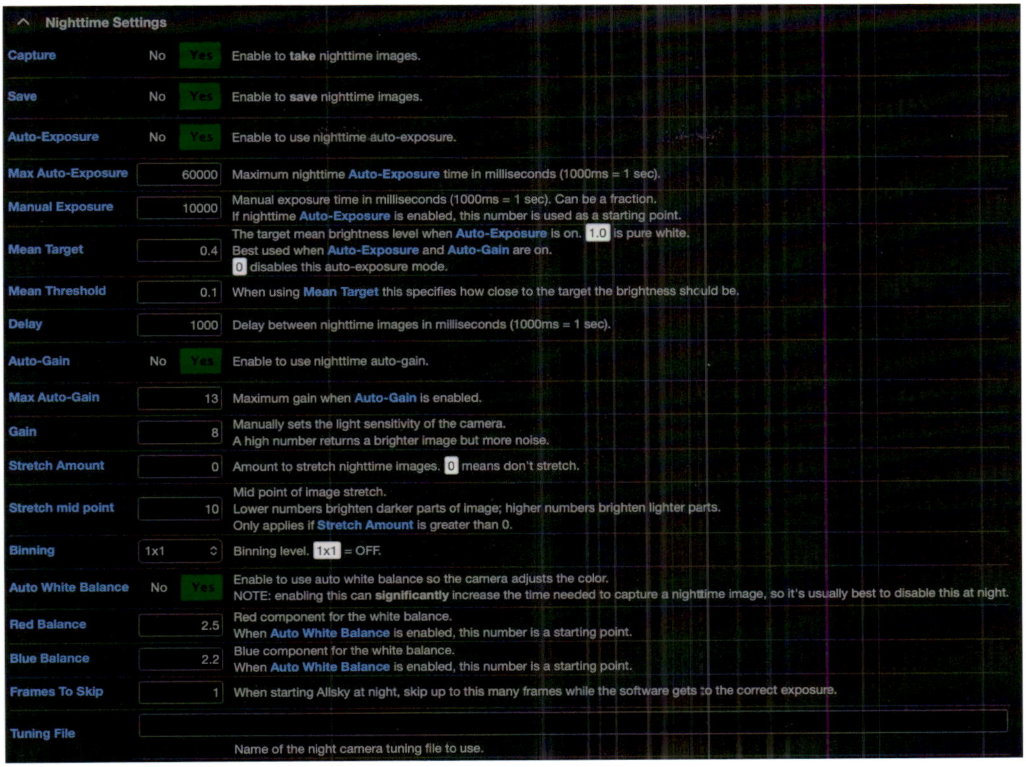

Abbildung 6.24: Einstellungen für Nachtaufnahmen

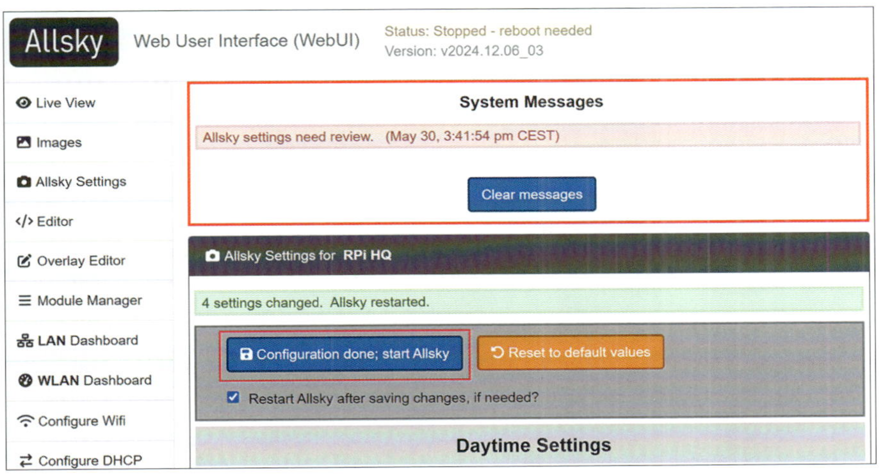

Abbildung 6.25: Konfiguration abschließen und Kamera starten

Richten Sie die Kamera auf ein entferntes Objekt und stellen Sie am Objektiv die Schärfe so ein, bis es passt. Nun ist die All-Sky Kamera endgültig einsatzbereit!

6.4 Zusammenbau des Gehäuses

Der Bau eines wetterfesten Gehäuses für Ihre All-Sky-Kamera ist optional. Sie können zunächst auch eine einfache Lösung wählen, etwa den Einbau der Kamera in einen kleinen Behälter, zum Beispiel in eine Brotdose, in die Sie ein Loch für das Kameraobjektiv schneiden. Für den Betrieb benötigen Sie lediglich eine Powerbank, die Sie mit dem Raspberry Pi verbinden. So können Sie Ihre All-Sky-Cam problemlos zu nächtlichen Exkursionen mitnehmen. Beachten Sie jedoch: Die All-Sky-Software funktioniert nur dann korrekt, wenn Sie die genauen Koordinaten Ihres Beobachtungsplatzes eingegeben haben. Außerdem muss die Kamera in jedem Fall bis zum Morgen durchlaufen, denn nur so erstellt das System automatisch die finalen Ergebnisse aus den aufgenommenen Bildern – also Zeitraffer, Strichspuren und Keogramme.

Falls Sie sich jedoch entscheiden, die Kamera ortsfest zu installieren und für eine systematische Himmelsüberwachung zu nutzen, sollten Sie alles in ein wetterfestes Gehäuse integrieren. Im Internet finden sich zahlreiche Beispiele für geeignete Konstruktionen. Manche Anbieter verkaufen sogar bereits fertig 3D-gedruckte Gehäuse, meiner Meinung nach allerdings zu überhöhten Preisen. Ich zeige Ihnen im Folgenden eine Variante auf Basis eines staub- und spritzwassergeschützten Gehäuses, auch bekannt als »Verteilerkasten«. In Abbildung 6.4 hatte ich Ihnen die benötigten Bauteile bereits gezeigt.

Zunächst bohren Sie in den Deckel des Gehäuses ein Loch, passgenau für die Kamera. Legen Sie dazu den Kunststoff-Dome einmal auf den Gehäusedeckel und markieren Sie grob die Position, an der die Kamera später sitzen soll. Messen Sie den Durchmesser des Objektivs und wählen Sie entsprechend einen geeigneten Bohrer (sog. Lochkreissäge). Bohren Sie das Loch an der vorgesehenen Stelle (Abbildung 6.26).

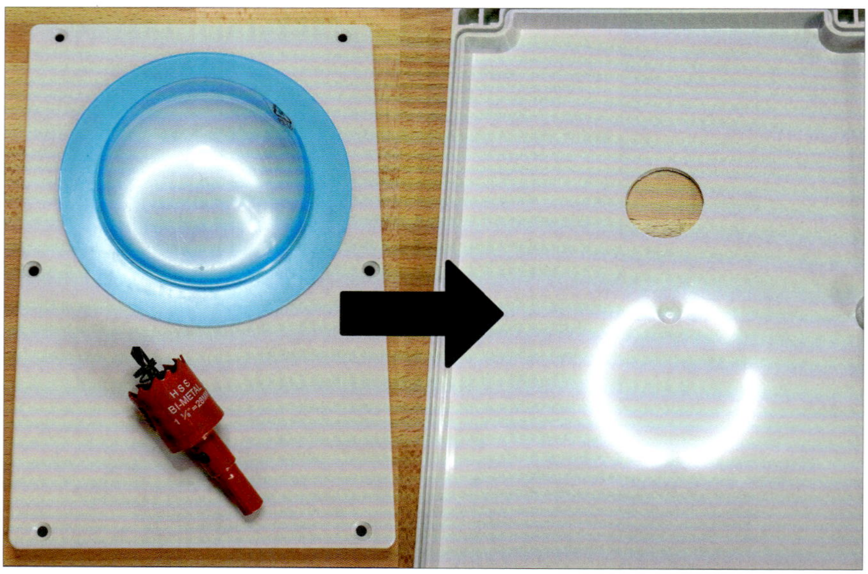

Abbildung 6.26: Ein Loch für das Objektiv bohren

Schieben Sie anschließend die HD-Kamera von unten durch dieses Loch und markieren Sie an der Innenseite des Gehäuses vier Punkte entsprechend den vier Befestigungslöchern in den Ecken der Kamera. Diese können Sie nun mit einem kleinen 3-mm-Bohrer ins Gehäuse bohren. Optional können Sie zusätzlich einige Lüftungslöcher ins Gehäuse setzen, um eine Luftzirkulation zwischen Gehäuse und Dome zu ermöglichen. Legen Sie dafür zur Orientierung den Dome erneut auf, damit Sie keine Löcher an unerwünschten Stellen bohren (Abbildung 6.27).

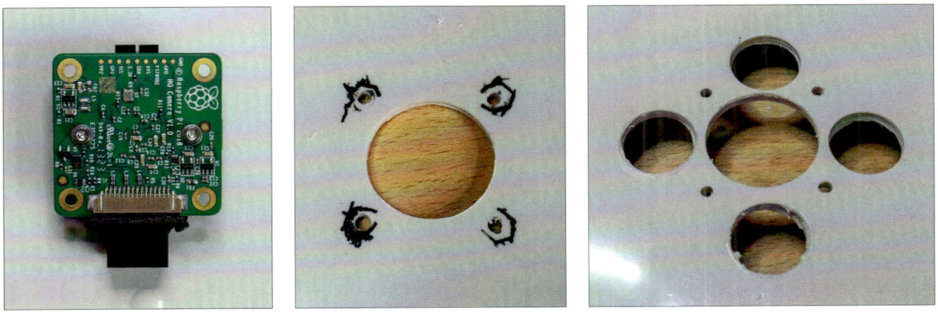

Abbildung 6.27: Löcher zur Befestigung und Luftzirkulation bohren

Schieben Sie vier PCB-Platinen-Abstandshalter von unten durch die vorbereiteten Bohrlöcher und fixieren Sie diese mit Muttern von oben. Nun kann die HD-Kamera auf die Abstandshalter gelegt und mit vier M3-Schrauben befestigt werden. Entfernen Sie bei dieser Arbeit vorsichtshalber das Flachbandkabel, um es nicht zu beschädigen (Abbildung 6.28).

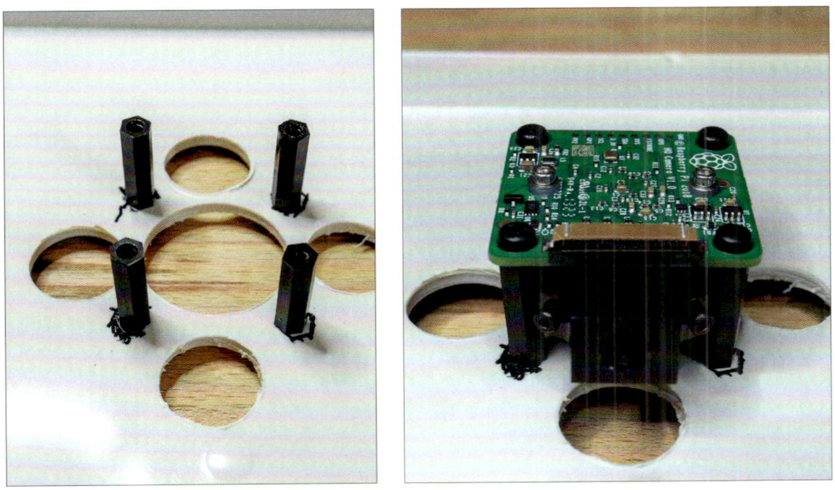

Abbildung 6.28: Abstandshalter und Kamera montieren

Bohren Sie nun ein weiteres Loch in die Seitenwand des Gehäuses für die Kabeldurchführung. Testen Sie im Vorfeld, durch welche IP68-Kabeldurchführung Ihr Netzwerkkabel zusammen mit dem USB-C-Kabel passt, und wählen Sie entsprechend den richtigen Bohrer.

Nachdem das Loch gebohrt ist, setzen Sie den passenden Kabeldurchführungsstopfen ein (Abbildung 6.29).

Abbildung 6.29: Loch für die Kabeldurchführung bohren

Bringen Sie jetzt vier weitere PCB-Abstandshalter auf der Unterseite des Raspberry Pi an. Diese dienen als Stelzen zur Befestigung im Gehäuse. Theoretisch können Sie auch hier wieder Löcher bohren und die Abstandshalter mit Muttern von außen fixieren, doch dies wäre eine potenzielle Schwachstelle für eindringende Feuchtigkeit. Ich habe die Stelzen daher lediglich mit einer Heißklebepistole im Gehäuse fixiert. Platzieren Sie den Raspberry Pi mittig, sodass Sie im Zweifelsfall noch an alle Schnittstellen und die SD-Karte gelangen. Es ist von Vorteil, dass der Raspi unter dem Gehäuse etwas Luft hat. Zum einen erlaubt es die Luftzirkulation (der kleine Computer wird recht warm), zum anderen schützt es vor Taubeschlag (Abbildung 6.30).

Abbildung 6.30: Abstandshalter und Raspberry Pi befestigen

Führen Sie nun das USB-Kabel für die Stromversorgung sowie das Netzwerkkabel ins Gehäuse ein und verbinden Sie sie mit dem Raspberry Pi. Durch den Schraubverschluss sollte die Dichtung eigentlich so zusammengedrückt werden, dass die Kabel wasserdicht geführt sind. Wahrscheinlich wird die Buchse jedoch zu groß sein, da der Stecker des Netzwerkkabels sonst nicht hindurchpasst. In diesem Fall sollten Sie die Durchführung zusätzlich mit einer guten Portion Silikonkleber abdichten. Stecken Sie jetzt auch das Flachbandkabel wieder in die HD-Kamera und den Raspberry Pi und schließen Sie das Gehäuse vorläufig (Abbildung 6.31).

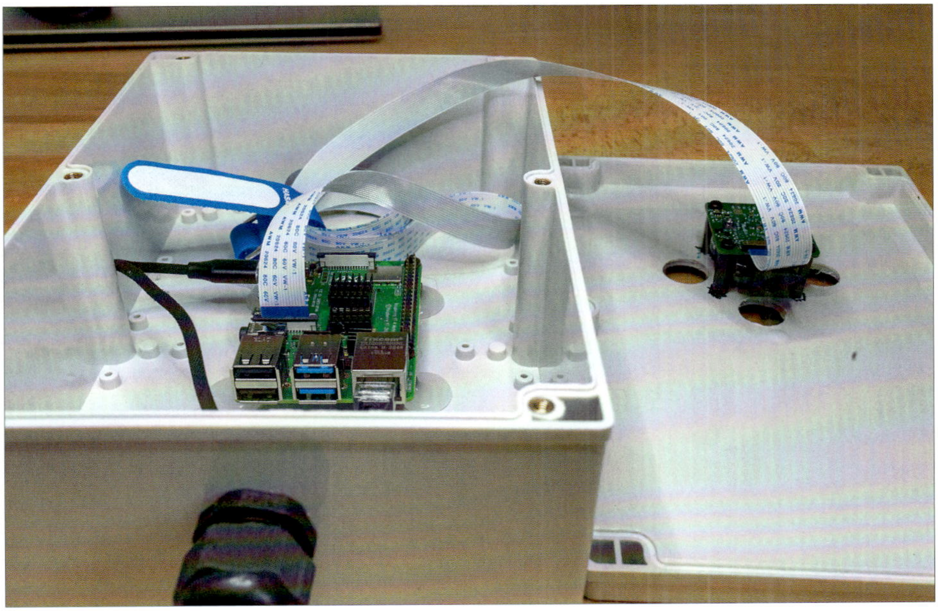

Abbildung 6.31: Alle Teile verkabeln

Es ist fast geschafft, doch nehmen Sie sich nun nochmal etwas Zeit und Geduld, um den Fokus der Kamera final einzustellen. Im letzten Schritt habe ich ein Stück Velours über die Kameraöffnung gelegt, um Reflexionen des Gehäuses im Plexiglas-Dome zu vermeiden (Abbildung 6.32). Die Lüftungslöcher im Velours habe ich mit einem Cuttermesser ausgeschnitten.

Entfernen Sie jetzt die blaue Schutzfolie des Plexiglasdomes – verwenden Sie idealerweise Handschuhe, um Fingerabdrücke zu vermeiden – und bestreichen Sie die Krempe des Domes großzügig mit Silikonkleber. Auch hier wäre eine Verschraubung theoretisch möglich, stellt jedoch ebenfalls eine potenzielle Eintrittsstelle für Feuchtigkeit dar. Verschließen Sie nun das Gehäuse endgültig mit den mitgelieferten Schrauben. Falls nicht schon geschehen, legen Sie die Dichtung des Gehäuses in die entsprechende Rille ein. Lassen Sie den Kleber gut trocknen, und Ihre All-Sky-Kamera ist fertig (Abbildung 6.33)!

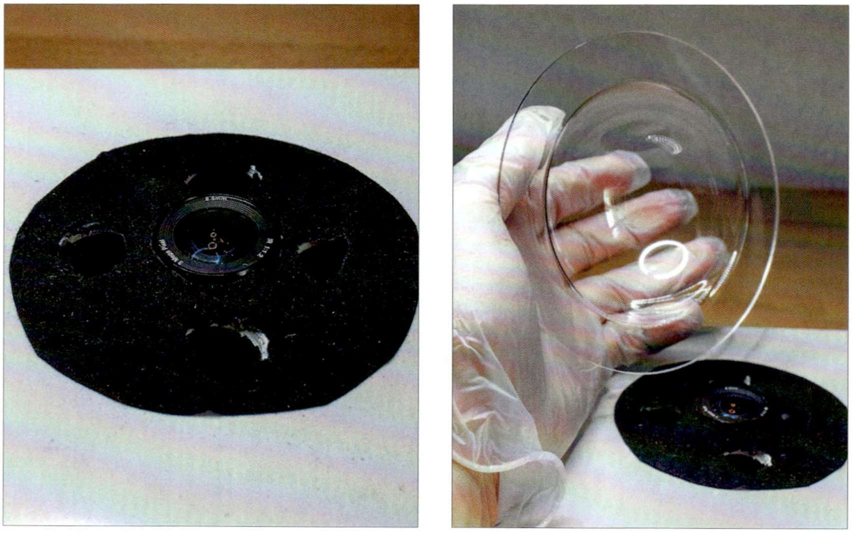

Abbildung 6.32: Die Veloursfolie soll Reflexionen auf der Kuppelinnenseite vermeiden.

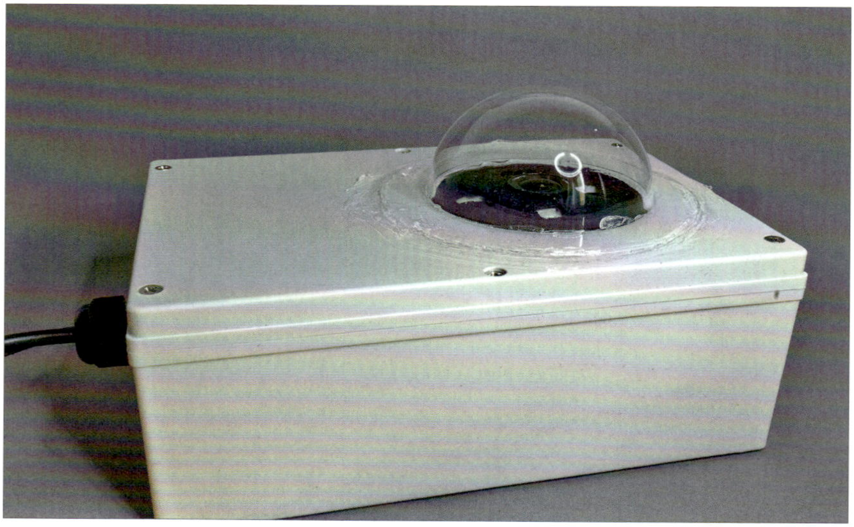

Abbildung 6.33: Die fertige Kamera

6.5 Aufstellung und Benutzung

Bei der Aufstellung der All-Sky-Kamera sollte klar sein, dass diese eine möglichst freie Rundumsicht benötigt. Das ist nicht nur wichtig, um den gesamten Himmel überwachen zu können, sondern auch deshalb, weil Hauswände oder Hecken die automatische Belichtung der Kamera beeinflussen können. Das wiederum kann zu unschönen Helligkeitsschwankungen in den Aufnahmen führen. Vermeiden Sie daher möglichst eine Einstrahlung durch Fremdlichtquellen. Wenn Sie die Kamera auf Ihrem Grundstück aufstellen, werden Sie vermutlich versuchen, sie relativ hoch über dem Boden zu montieren. Sollten Sie die Kamera sogar im Dachgiebel oder auf dem Dach Ihres Hauses anbringen wollen, gibt es einige sicherheitsrelevante Punkte zu beachten:

- Sowohl die Cat6-Leitung als auch das USB-Kabel können bei einem Blitzeinschlag potenziell gefährlich werden. Achten Sie deshalb unbedingt auf geeigneten Überspannungsschutz.
- Stellen Sie außerdem sicher, dass die Kamera datenschutzkonform ausgerichtet ist und weder den öffentlichen Raum noch das Grundstück Ihrer Nachbarn erfasst.
- Im Zweifelsfall empfiehlt es sich, die geplante Installation mit einer Fachperson zu besprechen. Bedenken Sie stets, dass im Schadensfall erhebliche Nachteile entstehen können, wenn unsachgemäße Installationen verwendet wurden.

6.6 Die Auswertung mit der Software

Die Allsky-Software startet – sofern Sie keine abweichenden Einstellungen vorgenommen haben – zu Beginn der astronomischen Dämmerung mit der Aufzeichnung der Bilder. Das bedeutet: Sobald die Sonne zwischen 12 und 18 Grad unter dem Horizont steht, gilt der Himmel als ausreichend dunkel für astronomische Aufnahmen. Am darauffolgenden Morgen finden Sie unter dem Menüpunkt **Images** alle Bilder der Nacht. Diese werden für 14 Tage auf dem Raspberry Pi gespeichert. Innerhalb dieses Zeitraums haben Sie die Möglichkeit, die Aufnahmen zu sichten, besondere Ereignisse zu dokumentieren oder relevante Bilder extern zu sichern.

Die Allsky-Software bietet darüber hinaus zahlreiche Zusatzfunktionen, die an dieser Stelle nicht alle ausführlich behandelt werden können. Eine umfassende Anleitung finden Sie unter dem Menüpunkt **Allsky Camera Documentation** – oder direkt online im offiziellen Benutzerhandbuch: *http://htmlpreview.github.io/?https://github.com/AllskyTeam/allsky/master/html/documentation/index.html*

Ein Beispiel für eine erweiterte Funktion: Sie können das Live-Bild Ihrer Allsky-Kamera auch in eine bestehende Website einbinden – ideal, wenn Sie Ihre Beobachtungen öffentlich zugänglich machen oder eine private Astronomie- oder Wetterseite betreiben möchten.

6.7 Meteore und andere Erscheinungen melden

Sollten Sie Ihre All-Sky-Kamera dauerhaft in Betrieb nehmen und den Himmel lückenlos überwachen, werden Ihnen früher oder später Himmelserscheinungen ins Netz gehen, die ich bereits in Abschnitt 5.2.3 und den folgenden beschrieben habe. Zu Zeiten erhöhter

Sonnenaktivität können das zum Beispiel Polarlichter sein. Diese erscheinen in nördlicher Richtung am Horizont und verraten sich in unseren Breiten meist durch einen rötlichen oder magentafarbenen Schimmer. In seltenen Fällen treten auch grüne Farben auf.

Des Weiteren kann es in den Sommermonaten zu leuchtenden Nachtwolken kommen. Auch diese stehen meist am Nordhorizont, können in Ausnahmefällen jedoch große Bereiche des Himmels bedecken. Ihre Erscheinung erinnert sowohl farblich als auch strukturell an Perlmutt. Auch Halo-Erscheinungen, etwa um den Mond, können mit der All-Sky-Kamera sichtbar gemacht werden.

Die wohl beeindruckendste Beobachtung, die Sie machen können, ist jedoch der Eintritt eines Boliden (einer Feuerkugel) in die Erdatmosphäre. Abbildung 6.34 zeigt eine solche Feuerkugel, die mithilfe einer All-Sky-Kamera detektiert wurde. Am rechten Rand sieht man das Sternbild Orion untergehen, ziemlich zentral das Sternbild Löwe und der helle Stern am linken Bildrand ist Arktur. Das Band der Wintermilchstraße verläuft parallel zum Westhorizont. Das Bild entstand demnach im Frühjahr.

Abbildung 6.34: Volltreffer! Auf diesem Einzelbild einer All-Sky-Kamera ist deutlich eine helle Feuerkugel zu erkennen.

Besonders helle Meteore können sogar den Erdboden erreichen und sollten daher unbedingt gemeldet werden. Je mehr Meldungen eingehen, desto präziser kann die Flugbahn des Meteors rekonstruiert und eine mögliche Fundstelle lokalisiert werden. Die Analyse solcher Gesteinsbrocken verrät den Wissenschaftlern einiges über die Entstehung unseres Sonnensystems. Ihre All-Sky-Aufnahmen können also durchaus auf wissenschaftliches Interesse stoßen.

Feuerkugel oder ISS – was habe ich beobachtet?

Bevor Sie eine Feuerkugel melden, sollten Sie zunächst ausschließen, dass es sich nicht um ein anderes Phänomen handelt. Auf einigen Ihrer Aufnahmen werden Sie lange Strichspuren entdecken, die auf künstliche Erdsatelliten zurückzuführen sind. Die Internationale Raumstation ISS ist etwa so hell wie die Venus und zieht eine durchgehende Spur fast über den halben Himmel. Auch andere Satelliten können helle Spuren hinterlassen. Die Länge der Strichspuren unterscheidet sich jedoch deutlich von der eines Meteors: Satellitenspuren sind meist wesentlich länger.

Ähnlich verhält es sich mit Flugzeugen – insbesondere dann, wenn sie mit eingeschalteten Landescheinwerfern fliegen. Ihre Spuren erscheinen häufig mehrteilig oder unterbrochen. Flugzeuge besitzen Positionslichter an den Tragflächenenden sowie ein Antikollisionslicht am Bug. Durch das Blinken dieser Lichter entstehen charakteristische unterbrochene Spuren; meist sind auch die roten oder grünen Farbtöne der Positionslichter zu erkennen.

Einige Satelliten können bei günstiger Ausrichtung zur Sonne kurzzeitig extrem hell aufleuchten – etwa durch reflektierende Solarpaneele oder metallische Oberflächen. Diese Lichtblitze dauern oft nur wenige Sekunden und sind schwer von Meteoren zu unterscheiden.

Das Charakteristische an einer echten Feuerkugel ist neben der Flugbahn vor allem die Farbentwicklung: Die Leuchtspur beginnt schwach und wird rasch heller. Im Anfangs- und Endbereich zeigen sich oft bräunliche bis grünliche Farbtöne. Im Verlauf der Erscheinung gibt es ein Helligkeitsmaximum; bei besonders großen Meteoren kommt es sogar zu einem explosionsartigen Helligkeitsanstieg – meist in der Mitte oder im letzten Drittel der Spur. Schauen Sie sich Abbildung 6.34 an und versuchen Sie, die hier beschriebenen Merkmale nachzuvollziehen. Mit etwas Übung werden Sie Meteore sicher von anderen Leuchterscheinungen unterscheiden können.

Arbeitskreis Meteore e.V.

Die erste Anlaufstelle im Internet für die Meldung von atmosphärischen Erscheinungen und Feuerkugeln ist die Seite *www.meteoros.de* des Arbeitskreises Meteore e. V. Auf der Homepage des Arbeitskreises finden Sie nicht nur zahlreiche Informationen über Polarlichter, atmosphärische Erscheinungen und Meteore, sondern Sie können dort auch Feuerkugeln melden. Das sollten Sie allerdings nur dann tun, wenn Sie sich sicher sind, dass es sich tatsächlich um einen Meteor handelt und dieser außergewöhnlich hell war. Orientieren Sie sich dazu an den Abbildungen in diesem Buch und an den Hinweisen im Infokasten.

In der Rubrik **Meteore** gibt es eine Unterrubrik mit dem Titel **Feuerkugel gesehen**. Wenn Sie dort auf den Button **Feuerkugel melden** klicken, werden Sie zur Seite *https://fireballs.imo.net/members/imo/report_intro* weitergeleitet. Dort sehen Sie zunächst einige Beispielbilder, die Ihnen helfen sollen, Ihre Beobachtung besser einzuschätzen. Unter den Bildern finden Sie den Button **Jetzt starten**. Mit einem Klick darauf werden Sie durch ein Formular geführt, in dem Sie Ihr Bild sowie weitere Informationen hochladen können.

Sie haben in diesem Kapitel einiges gelernt. Nicht nur haben Sie Ihre eigene Himmelsüberwachungskamera gebaut, sondern dabei auch wertvolle Einblicke in die Astrofotografie, den Einsatz von Minicomputern und die Feinheiten der Auswertungssoftware gewonnen. Gleichzeitig haben Sie Ihre Beobachtungsgabe geschärft – besonders im Hinblick auf Feuerkugeln und andere eindrucksvolle Himmelserscheinungen.

Langsam, aber sicher entwickeln Sie sich vom Einsteiger der Himmelsbeobachtung zu einem echten Kenner – einem engagierten Amateurastronomen! Ich hoffe, dass Ihnen diese Entdeckungsreise ebenso viel Freude bereitet wie mir, Sie dabei zu begleiten.

In den kommenden Kapiteln werden wir unseren Blick noch weiter ins All richten – und tiefer in die faszinierende Welt der Astronomie eintauchen.

Kapitel 7

Der Mond – unser Erdtrabant im Fokus

Der Mond genießt unter Astronomen einen zweifelhaften Ruf, denn meistens erschwert er astronomische Beobachtungen oder macht sie sogar unmöglich. Wenn er am Himmel sichtbar ist, erscheint er sehr groß – vor allem aber äußerst hell.
Gleichzeitig bietet der Mond jedoch den idealen Einstieg in die astronomische Beobachtung. Jedes Kind – und auch so manch Erwachsener – ist zutiefst erstaunt, wenn es die mit Kratern übersäte Oberfläche des Mondes zum ersten Mal im Teleskop sieht.

Es kam schon häufig vor, dass ich Nachrichten aus meinem Freundeskreis bekommen habe, die in etwa so lauteten: »Meine Frau / mein Freund / meine Tochter / mein Sohn hat ein Teleskop bekommen. Gestern haben wir den Mond betrachtet und waren alle total begeistert.« Meistens folgt kurze Zeit später ein Foto, aufgenommen mit dem Mobiltelefon durch das Teleskop.

Auch ich habe als Kind mein erstes Teleskop sofort auf den Mond gerichtet. Und tatsächlich ist es absolut beeindruckend, dass man selbst in einem einfachen Kinderteleskop bereits Details wie Krater oder Gebirge auf der Mondoberfläche erkennen kann. Wenn ich Himmelsführungen anbiete, plane ich diese bevorzugt an Tagen, an denen der Halbmond sichtbar ist. Der Blick durchs Teleskop auf die zerklüftete Mondoberfläche ist ein Garant für begeisterte Ausrufe.

Der Mond ist der Himmelskörper, der der Erde am nächsten steht – und im Vergleich zu anderen Monden im Sonnensystem sowie zur Erde selbst überraschend groß. Die Erde misst im Durchmesser 12.742 Kilometer, der Mond 3.476 Kilometer – also mehr als ein Viertel (Abbildung 7.2).

Betrachten wir zum Vergleich den Mars und seine beiden Monde Phobos und Deimos, werden die Größenverhältnisse besonders deutlich: Der Mars hat einen Durchmesser von 6.779 Kilometern (er ist also nur etwa doppelt so groß wie unser Mond!), Phobos misst gerade einmal 22,5 Kilometer und Deimos 12,5 Kilometer im Durchmesser. Schon allein diese Relation macht unseren Erdmond zu einer Besonderheit im Sonnensystem.

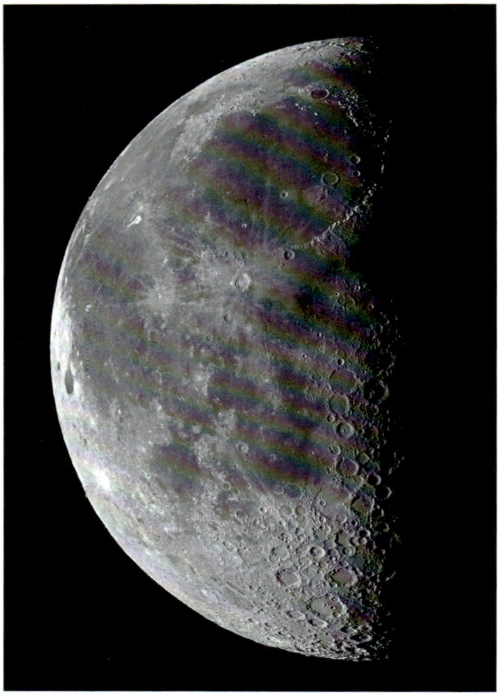

Abbildung 7.1: Schon in kleinen Teleskopen erkennt man die Krater auf der Mondoberfläche – jeder, der zum ersten Mal den Mond im Teleskop betrachtet, ist von diesem Anblick fasziniert. Quelle: Torsten Edelmann, CC BY 2.5, https://commons.wikimedia.org/wiki/File:HalfMoon.jpg

Abbildung 7.2: Erde und Mond im Vergleich. Quelle: NASA, https://commons.wikimedia.org/wiki/File:Moon_Earth_Comparison.png

Mit bloßem Auge erkennt man auf der Mondoberfläche bereits die sogenannten *Mare* (Lat. für »Meer«) – große, dunkle Flächen, die früher für Wasserflächen gehalten wurden. Seit jeher interpretieren Menschen ein Gesicht in diese Strukturen und sprechen vom »Mann im Mond«. Mit einem kleinen Teleskop oder sogar einem Fernglas lassen sich dann deutlich Krater, Gebirgszüge und kleinere Mare erkennen.

In diesem Kapitel lernen Sie viele wissenswerte Details unseres kosmischen Nachbarn kennen. Darüber hinaus zeige ich Ihnen, wie Sie Ihre ersten eigenen Aufnahmen vom Mond machen können. Mithilfe einfacher Programme, die wir in der Programmiersprache *Python* erstellen, nähern wir uns außerdem den Mondphasen sowie den Auf- und Untergangszeiten des Mondes. Sie werden sehen: Der Mond ist nicht nur ein vermeintlicher Spielverderber bei nächtlichen Beobachtungen, sondern er hält auch einige überraschende Entdeckungen für Sie bereit.

7.1 Der Mond im Teleskop

Eigentlich bedarf es keiner besonderen Anleitung zur Betrachtung des Mondes im Teleskop – auch eine Planung ist meist nicht notwendig. Sie sehen schließlich, wann der Mond am Himmel steht und wann nicht. Dennoch möchte ich Ihnen ein paar Dinge mit auf den Weg geben.

Grundsätzlich ist die Beobachtung des Mondes am besten, wenn er als Halbmond sichtbar ist. Der Grund ist einfach: Bei Halbmond fallen die Sonnenstrahlen von der Erde aus betrachtet seitlich auf die Mondoberfläche. Dadurch werfen Krater und Gebirge lange Schatten, was die Strukturen besonders plastisch erscheinen lässt – ähnlich wie Bäume oder Häuser am Morgen oder Abend lange Schatten werfen. Besonders dramatisch wirkt sich das am sogenannten *Terminator* aus, also der Tag/Nacht-Linie auf dem Mond. Bei Vollmond hingegen fallen die Sonnenstrahlen nahezu senkrecht auf die Oberfläche, sodass Krater kaum Schatten werfen (Abbildung 7.3).

Abbildung 7.3: Je nach Mondphase wirken die Krater unterschiedlich. Quelle: NASA/GSFC, https://www.dlr.de/de/bilder/2020/02/vom-super-vollmond-bis-neumond

Außerdem ist der Mond bei Vollmond so hell, dass die Beobachtung im Teleskop unangenehm werden kann. Hier kann man spezielle Neutraldichte-Filter (ND-Filter) einsetzen, die das Licht des hellen Mondes verringern. Solche Filter sind im Astrohandel als 1,25"-Schraubfilter erhältlich. Die meisten Okulare haben entsprechende Gewindeaufnahmen, um solche Filter aufzunehmen.

Die Höhe des Mondes über dem Horizont variiert stark – im Winter steht er besonders hoch, im Sommer hingegen recht niedrig. Ein tief stehender Mond mag zwar stimmungsvoll aussehen, ist aber für die Beobachtung weniger geeignet. Das Mondlicht muss dann nämlich eine viel längere Strecke durch die Erdatmosphäre zurücklegen. Astronominnen und Astronomen sprechen dabei von der sogenannten *Air mass* (»Luftmasse«). Je tiefer der Mond steht, desto mehr Luftschichten müssen seine Lichtstrahlen durchdringen, was bei unruhiger Atmosphäre die Details auf der Oberfläche deutlich verschmieren kann. Überhaupt werden Sie bei der Mondbeobachtung schnell feststellen, dass die Erdatmosphäre ständig in Bewegung ist. Dadurch wirkt das Bild im Teleskop oft verformt und flirrend – dieses Phänomen wird als *Seeing* bezeichnet.

Wenn Sie verschiedene Okulare mit unterschiedlichen Brennweiten besitzen, wählen Sie zunächst eines mit langer Brennweite, um eine niedrige Vergrößerung zu erreichen. So bekommen Sie gegebenenfalls die komplette Mondscheibe oder zumindest große Teile davon ins Gesichtsfeld. Der Kontrast der Mondoberflächendetails wirkt bereits bei geringer Vergrößerung beeindruckend, und beim Betrachten entsteht ein scheinbarer 3D-Effekt.

Nun können Sie schrittweise die Vergrößerung erhöhen, also kurzbrennweitigere Okulare verwenden. Hohe Vergrößerungen sind generell anspruchsvoller, was die Beobachtung mit dem Teleskop angeht. Zwar erkennt man möglicherweise mehr Details, doch bei einem azimutal montierten Teleskop, etwa einem Dobson, wandert das Objekt deutlich schneller aus dem Gesichtsfeld.

Beim Dobson spricht man dann vom *Dobson-Schubsen*. Gemeint ist, dass man das Teleskop ständig leicht nachführen muss, um das Objekt im Okular zu halten. Azimutale Montierungen, wie sie häufig bei kleinen Refraktoren eingesetzt werden, verfügen oft über sogenannte biegsame Wellen. Damit lässt sich die Montierung über ein kleines Drehrad feinfühlig verstellen.

Ein weiteres Problem bei hohen Vergrößerungen ist das bereits erwähnte Seeing, also das Flimmern der Erdatmosphäre. Denn dieses wird ebenfalls vergrößert, wodurch die vermeintlich höhere Auflösung in der Praxis oft keine wirkliche Verbesserung bringt. Je nach Seeing-Bedingungen kann es daher vorteilhaft sein, zunächst mit geringer Vergrößerung zu beobachten und nur dann, wenn sich das Seeing verbessert, auf höhere Vergrößerungen zu wechseln.

Später, bei der Planetenbeobachtung (siehe Kapitel 10), wird dieser Aspekt noch eine besonders große Rolle spielen.

Der virtuelle Mond

Die Details der Mondoberfläche wurden seit jeher kartografiert. Dementsprechend groß ist die Auswahl an Medien, die die Mondoberfläche darstellen. Angefangen bei historischen Mondkarten, die man sich als Wandschmuck ins Wohnzimmer hängen kann, über Mondatlanten – der bekannteste, von Antonín Rükl, ist allerdings ebenfalls bereits als historisch zu betrachten – bis hin zu Mondgloben. Im Informationszeitalter finden Sie jedoch die eindrucksvollsten Mondkarten im Internet.

Unter *https://moon.nasa.gov/moon-observation/daily-moon-guide* bekommen Sie interaktiv die tägliche Mondphase angezeigt. Sie erhalten einige Informationen, zum Beispiel darüber, wie viel Prozent der Mondoberfläche beleuchtet sind, wie weit der Mond entfernt ist und wie viele Bogensekunden er am Himmel misst. In Overlays werden einige Monddetails beschriftet. Eine ganz nette erste Anlaufstelle im Internet (Abbildung 7.4).

Abbildung 7.4: Der »Daily Moon Guide« der NASA

Die wohl beeindruckendste Seite im Internet ist unter *https://quickmap.lroc.im-ldi.com* zu finden. Es handelt sich um einen interaktiven Online-Mondatlas, der auf Bildern des Lunar Reconnaissance Orbiter (LRO) basiert. Dabei handelt es sich um ein Raumfahrzeug der NASA, das 2009 gestartet wurde und den Mond in einem niedrigen Orbit überflog, um dabei systematisch hochauflösende Fotos der Mondoberfläche aufzunehmen. Ziel der Mission war es, eine sehr detaillierte Karte der Mondoberfläche zu erstellen. Auch die Apollo-Landeplätze wurden überflogen und fotografiert – tatsächlich konnte man so erstmals Bilder der Landefähren sehen, und sogar Spuren der Astronauten sind erkennbar, etwa bei der Aufnahme der Landestelle von Apollo 11 (Abbildung 7.5).

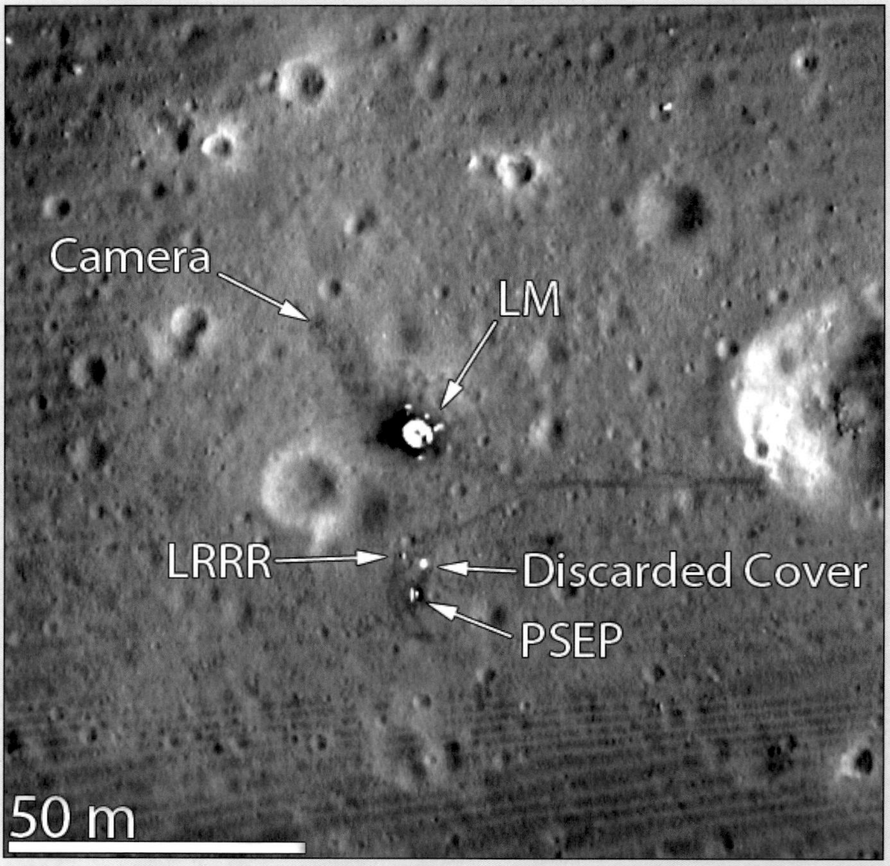

Abbildung 7.5: Die Landestelle von Apollo 11 im Meer der Ruhe. Quelle: NASA/GSFC/Arizona State University, https://lroc.im-ldi.com/images/484

7.2 Auf Erkundungstour – Sightseeing auf dem Mond

Die Vielfalt auf dem Mond ist so beeindruckend, man kann ein ganzes Leben damit verbringen, sich den Details zu widmen. Für Ihre erste Erkundungstour habe ich Ihnen eine »Best of«-Route zusammengestellt (Abbildung 7.6).

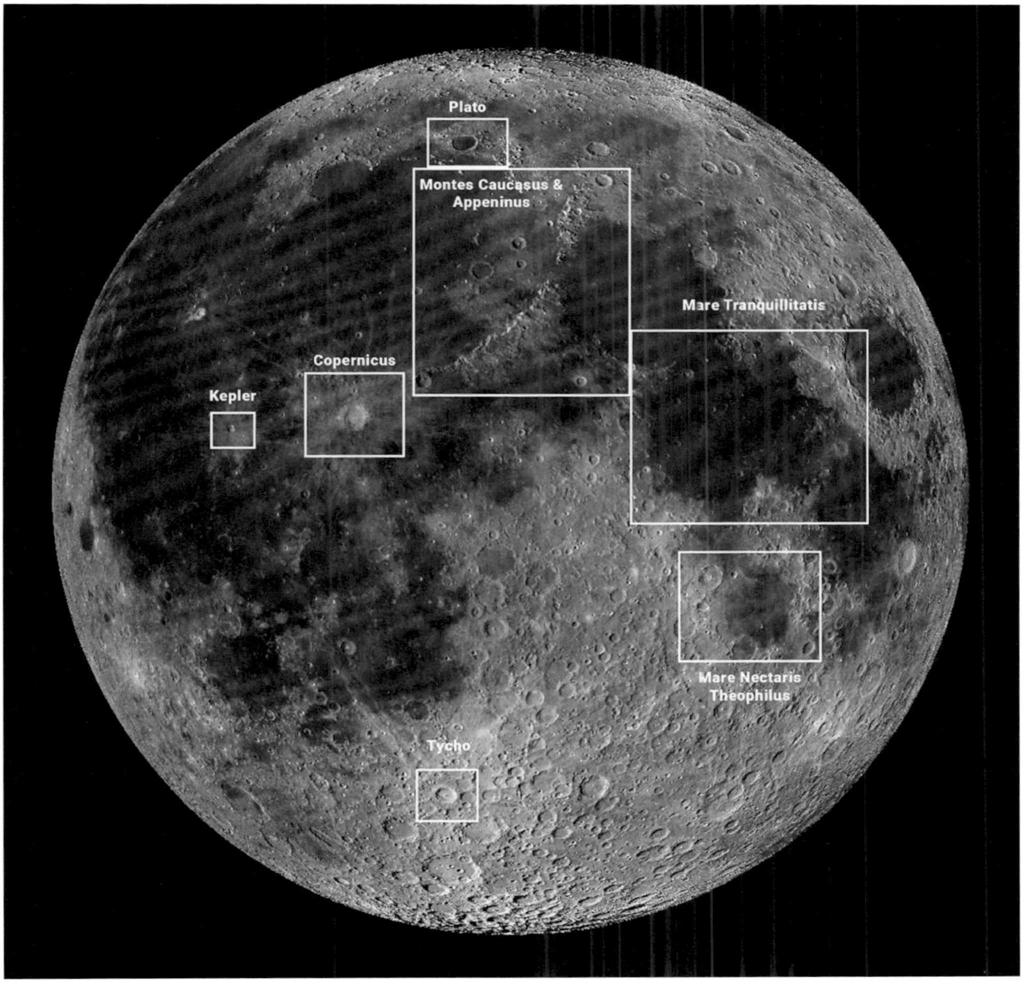

Abbildung 7.6: Ausgewählte Highlights der Mondoberfläche. Quelle: LRCC

7.2.1 Krater Plato und Mare Imbrium

Im Nordwesten des Mondes befindet sich der Krater Plato, der auch schon in kleinen Ferngläsern und Teleskopen beobachtet werden kann. Es ist ein sehr flacher Krater mit weniger steilem Kraterrand. Auffällig an Plato ist auch, dass er keinen Zentralberg hat. Stattdessen schaut es so aus, als wäre innerhalb des Kraters Lava geschmolzen und hätte sich zu einem kleinen Mare ausgebildet. Südlich des Kraters öffnet sich die riesige Ebene des Mare Imbrium (Abbildung 7.7).

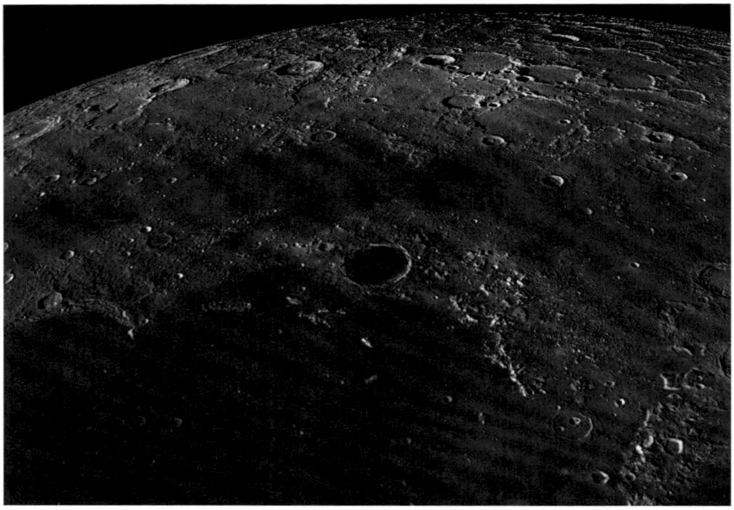

Abbildung 7.7: Der Krater Plato und das Mare Imbrium

7.2.2 Montes Caucasus und Montes Apenninus

Westlich des Mare Imbrium kann man leicht eine riesige Gebirgskette erkennen, die sich vom Norden bogenförmig Richtung Südwest erstreckt. Der nördliche Teil dieser Kette bildet Montes Caucasus, der südliche Teil Montes Apenninus. Unterbrochen wird die Kette durch ein breites Tal, das das Mare Imbrium im Westen mit dem Mare Serenitatis im Osten verbindet. Westlich der Gebirgskette befindet sich noch der Krater Aristillus, der über einen Zentralberg verfügt, und der größere Krater Archimedes, der eine gewisse Ähnlichkeit zu Plato aufzeigt (Abbildung 7.8).

Abbildung 7.8: Montes Caucasus und Montes Apenninus, dazwischen ein breites Tal

7.2.3 Mare Tranquillitatis – Meer der Ruhe

Im Nordosten des Mondes befinden sich drei Mare, von denen das bekannteste wohl das Mare Tranquillitatis sein dürfte. Es verdankt seine Bekanntheit dem Landeplatz der Apollo-11-Mission (Abbildung 7.5), bei der zum ersten Mal Menschen den Mond betreten haben. Neil Armstrong war der erste Mensch, der den Mond betrat und dabei den legendären Satz sagte: »Es ist ein kleiner Schritt für einen Menschen, aber ein riesiger Sprung für die Menschheit.« Eingerahmt ist das Meer der Ruhe vom Mare Serenitatis im Nordwesten, dem Mare Fecunditatis im Südosten und dem Mare Crisium am östlichen Rand des Mondes (Abbildung 7.9).

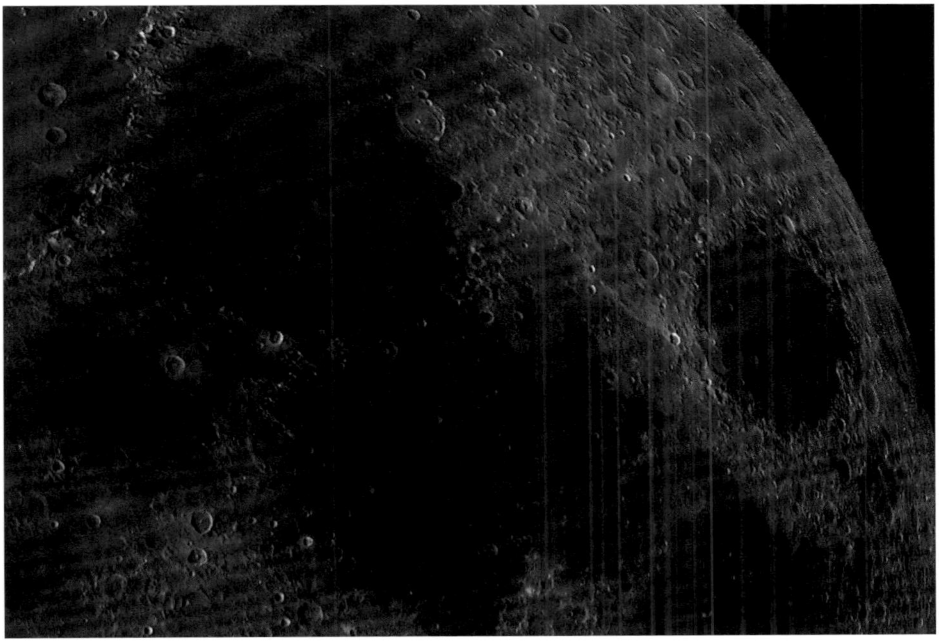

Abbildung 7.9: Das Mare Tranquillitatis

7.2.4 Krater Tycho – das vernarbte Gesicht des Mondes

Im Süden des Mondes erkennt man eine Landschaft mit unzähligen Kratern. Inmitten dieser befindet sich der eindrucksvolle Krater Tycho, der vor allem durch seinen steilen Kraterrand, sein markantes Zentralgebirge und durch die Kraterstrahlen auffällt, die sich bis zu 1.500 km von Tycho ausbreiten (Abbildung 7.10). Diese Strahlen entstanden durch den Auswurf, den der Einschlag des Körpers verursacht hat, der für Tycho verantwortlich war. Die Tatsache, dass diese Strahlen noch relativ hell erscheinen, deutet darauf hin, dass Tycho noch vergleichsweise jung ist. Sollten Sie ein Science-Fiction-Fan sein, dann wissen Sie sicher, dass in Stanley Kubricks Meisterwerk »2001 – Odyssee im Weltraum« der Krater Tycho eine entscheidende Rolle spielt. Wussten sie nicht? Dann können Sie ab jetzt mit diesem Fachwissen glänzen.

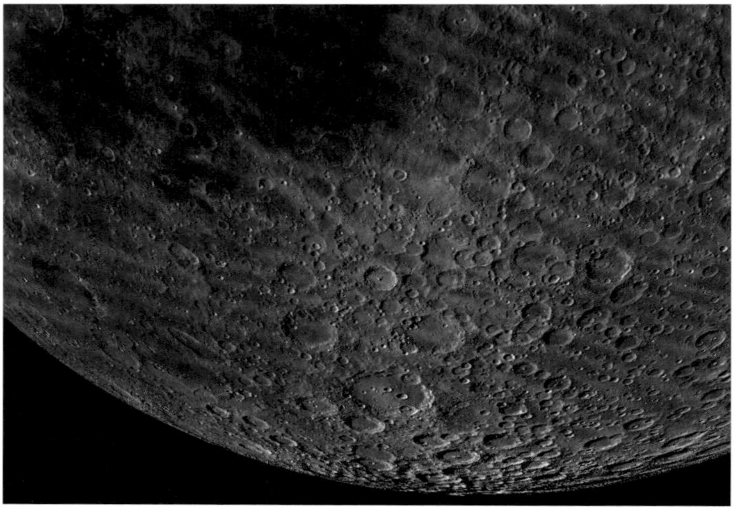

Abbildung 7.10: Der Krater Tycho

7.2.5 Ende unserer Tour – die Krater Kopernikus und Kepler

Wir beenden unsere Tour über den Mond nahe dem Ausgangspunkt unserer kleinen Reise, nämlich im Nordwesten der Mondoberfläche. Dort befindet sich ebenfalls ein auffällig großer Krater: Kopernikus. Auch von Kopernikus gehen Strahlen aus, ähnlich wie von Tycho. Jedoch reichen diese nicht ganz so weit, und sie sind auch dunkler, was auf ein höheres Alter hinweist. Westlich von Kopernikus befindet sich Kepler. Im Durchmesser kein sehr großer Krater, doch auch von ihm gehen deutlich sichtbar Strahlen aus. Abbildung 7.11

Abbildung 7.11: Kopernikus (Mitte) und Kepler (links)

Info: der Mond in Zahlen

- Durchmesser: ca. 3.474 Kilometer
- Entfernung zur Erde: durchschnittlich 384.400 Kilometer
- Gravitationskraft: etwa ein Sechstel der Erdanziehungskraft (0,165 g)
- Tageslänge: 27 Tage, 7 Stunden, 43 Minuten (entspricht der Umlaufzeit um die Erde)
- Temperaturen: bis zu +127 Grad Celsius auf der Tagseite, bis zu –173 Grad Celsius auf der Nachtseite
- Atmosphäre: nur eine extrem dünne Exosphäre mit einer Dichte von etwa einem Billionstel der Erdatmosphäre
- Wasser: Vorkommen von Wassereis in dauerhaft schattigen Kratern nahe den Polen. Gesamtmenge ca. 50 Billionen Liter, das entspricht dem Bodensee.
- Oberfläche: mit feinem Staub überzogen, dem sogenannten Regolith. Die Dicke der Schicht variiert und ist im Schnitt 4-5 Meter dick.
- Masse: $7{,}35 \times 10^{22}$ Kilogramm (etwa ein 81stel der Erdmasse)
- Alter: etwa 4,5 Milliarden Jahre

7.3 Wussten Sie eigentlich …? – Fakten über den Mond

Bereits die allerersten Menschen haben den Mond gesehen, seine Phasen beobachtet und erkannt, dass er einem regelmäßigen Zyklus folgt. Die Wörter »Mond« und »Monat« sind verwandt. Es ist kaum verwunderlich, dass der Mond im Lauf der Geschichte zum Gegenstand zahlreicher Mythen wurde.

In unzähligen Illustrationen sehen wir Wölfe, die den Vollmond anheulen. Beinahe bei jeder Party erwähnt früher oder später jemand, dass er bei Vollmond schlecht schlafen könne. Manche Menschen lassen sich bei Vollmond nicht operieren, andere wiederum lassen sich dann die Haare schneiden.

Auch moderne Mythen, sogenannte Verschwörungserzählungen, ranken sich um den Mond – etwa die Behauptung, die Mondlandung habe nie stattgefunden und sei stattdessen in einem Fernsehstudio inszeniert worden.

Viele dieser Geschichten lassen sich leicht widerlegen. Ein eindrucksvolles Beispiel dafür liefern die bemannten Apollo-Missionen zum Mond: Bei drei Missionen wurden Reflektoren auf der Mondoberfläche installiert. Diese reflektieren Laserstrahlen, die von der Erde aus gesendet werden. Auf diese Weise lässt sich die Entfernung zum Mond bis heute äußerst präzise bestimmen.

Andere Mondmythen sind dagegen tatsächlich Gegenstand wissenschaftlicher Untersuchungen. So wurden beispielsweise Menschen in Schlaflaboren beobachtet, um herauszufinden, ob der Mond die Schlafqualität tatsächlich beeinflusst.

Ein zentrales Problem solcher Studien besteht darin, dass es kaum möglich ist, die Probanden davon abzuhalten, die aktuelle Mondphase unbewusst wahrzunehmen. Die Ursache für schlechten Schlaf bei Vollmond ist daher vermutlich eine selbsterfüllende Prophezeiung: Wer glaubt, bei Vollmond schlecht zu schlafen, wird es wahrscheinlich auch tun.

Auch die Vorstellung, dass Wölfe den Mond anheulen, ist ein Missverständnis. Wölfe kommunizieren über Heulen miteinander – bevorzugt nachts. Bei Vollmond können wir sie dabei lediglich besser sehen als bei Neumond.

Die Astronomie ist eine Wissenschaft, und als solche muss sie sich vor Denkfehlern und voreiligen Schlüssen in Acht nehmen. Dennoch: Der Mond hat tatsächlich einen nachweisbaren Einfluss auf das Leben auf der Erde – das ist keine Mythologie, sondern belegbare Realität.

7.3.1 Fakt 1 – der Mond verursacht Ebbe und Flut

Jede Masse hat eine Fernwirkung auf andere Massen – wir nennen diese Kraft *Gravitation*. Der große Isaac Newton hat sie 1687 in seinem Gravitationsgesetz festgehalten. Wobei wir seit Albert Einstein ein etwas anderes Verständnis von Gravitation haben – aber für viele anschauliche Darstellungen reicht die klassische Physik vollkommen aus.

Die Erde übt also eine Anziehungskraft auf den Mond aus, doch auch der Mond zerrt an der Erde. Eindrucksvoll sichtbar wird das durch die Gezeiten, also den Wechsel von Ebbe und Flut.

Die Gravitation des Mondes sorgt dafür, dass sich in den Ozeanen der Erde zwei große Wasserberge bilden. Einer dieser Wellenberge befindet sich auf der dem Mond zugewandten Seite der Erde, der andere auf der gegenüberliegenden Seite. Während sich die Erde unter diesen beiden Wasserbergen hindurchdreht, erleben die Küstenregionen abwechselnd steigendes und fallendes Wasser – also Ebbe und Flut.

Die beiden Ebbe-Täler liegen jeweils etwa im 90-Grad-Winkel zu diesen Flutbergen (Abbildung 7.12). Daher wechseln sich Ebbe und Flut etwa alle sechs Stunden ab – es sind allerdings nicht exakt sechs Stunden, da sich der Mond währenddessen ebenfalls weiter auf seiner Bahn bewegt.

Die genauen Dynamiken hinter Ebbe und Flut sind weitaus komplexer, als ich sie hier schildere – mit vielen lokalen Effekten, Küstenformen, Meeresströmungen und Resonanzen. Aber Fakt ist: Ohne den Mond gäbe es keine Gezeiten, wie wir sie kennen.

Und ja, diese Kräfte wirken nicht nur auf das Wasser, sondern auf alles, was sich auf Erde und Mond befindet. Vielleicht sollten Sie sich also die Haare bei Flut schneiden lassen.

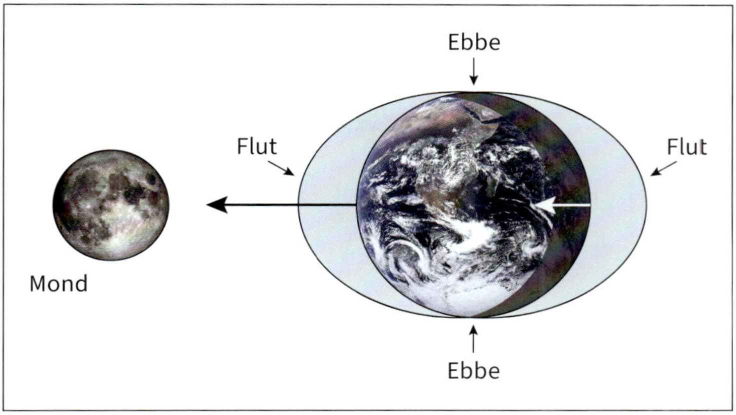

Abbildung 7.12: Durch Gezeitenkräfte entstehen Ebbe und Flut.

7.3.2 Fakt 2 – der Mond zeigt uns immer die gleiche Seite!

Wenn Sie den Mond beobachten, fällt Ihnen vielleicht auf: Wir sehen stets nur eine seiner Seiten. Doch warum ist das so? Dahinter steckt ein faszinierendes Wechselspiel der Gezeitenkraft – diesmal allerdings nicht die der Erde, sondern jene, die die Erde auf den Mond ausübt.

Die gewaltige Anziehungskraft unseres Planeten hat die Eigenrotation des Mondes im Laufe von Jahrmillionen so stark abgebremst, dass sich ein Zustand eingestellt hat, den Astronomen als *gebundene Rotation* bezeichnen. Das bedeutet: Der Mond rotiert in genau dem Tempo um die eigene Achse, in dem er die Erde umkreist. So zeigt er uns dauerhaft dieselbe Seite (siehe Abbildung 7.13).

Ganz unbeweglich wirkt der Mond dennoch nicht: Eine sanfte Taumelbewegung, die sogenannte Libration, erlaubt es uns, mit etwas Geduld auch einen kleinen Blick über den Rand hinaus zu erhaschen. Auf der oben verlinkten NASA-Seite zur Simulation der Mondphasen lässt sich dieses Phänomen sehr anschaulich beobachten.

Fun Fact: Der Mond beeinflusst die Erde nicht nur in Form der Gezeiten – seine Gravitation wirkt sich auch auf die Eigenrotation unseres Planeten aus. Dadurch werden die Tage auf der Erde jedes Jahr im Durchschnitt 17 Mikrosekunden länger. Eine winzige Veränderung, aber auf lange Sicht durchaus bemerkenswert.

Und noch etwas Überraschendes: Die gegenseitige gravitative Wechselwirkung zwischen Erde und Mond wirkt wie ein kosmischer Stabilisator. Ohne den Mond würde die Erdachse viel stärker ins Taumeln geraten – etwa dann, wenn der Mars auf seiner Bahn relativ nahe an der Erde vorbeizieht. Dieses Schlingern hätte dramatische Folgen für unser Klima. Der Mond trägt also ganz wesentlich dazu bei, dass unser Planet ein lebensfreundlicher Ort bleibt – und vermutlich auch dazu, dass Leben auf der Erde überhaupt entstehen konnte.

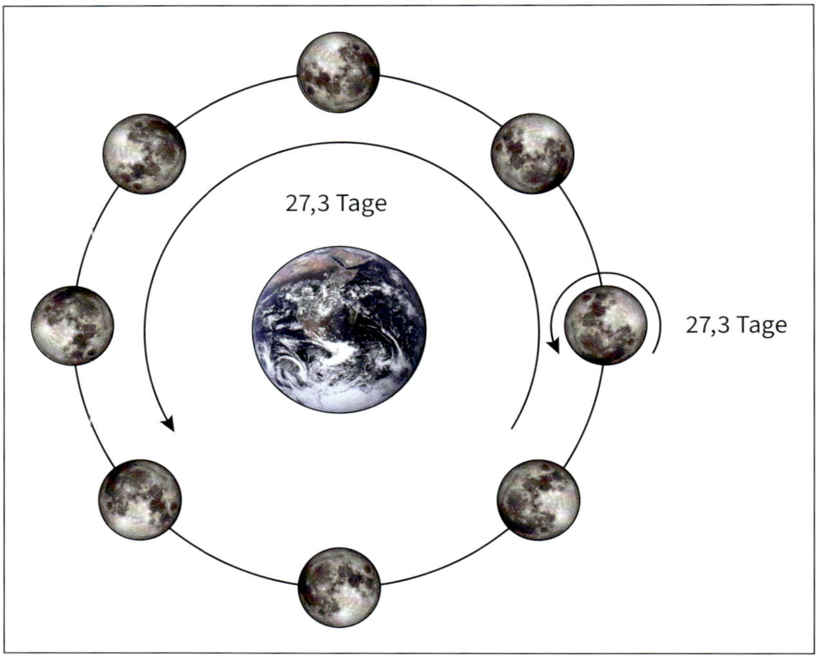

Abbildung 7.13: Die Drehung des Mondes um sich selbst und die Drehung des Mondes um die Erde sind synchron.

7.3.3 Fakt 3: Die Rückseite des Mondes unterscheidet sich deutlich von der Vorderseite

Noch nie hat ein Mensch seinen Fuß auf die Rückseite des Mondes gesetzt. Dennoch ist sie längst kein unbekanntes Terrain mehr: Raumsonden, insbesondere der Lunar Reconnaissance Orbiter der NASA, haben die Rückseite des Mondes gründlich erforscht und kartografiert. So wissen wir heute genau, wie sie aussieht – auch wenn wir sie von der Erde aus niemals sehen werden.

Interessanterweise ist die Kruste des Mondes auf der Rückseite offenbar dicker. Es gibt dort so gut wie keine Mare – zumindest keine großflächigen – und die gesamte Fläche scheint von Mondkratern übersät zu sein (Abbildung 7.14). Das hat die Wissenschaft vor ein Rätsel gestellt: Warum unterscheiden sich die beiden Mondhälften so stark? Hat es vielleicht mit der gebundenen Rotation zu tun, also damit, dass der Mond uns immer dieselbe Seite zeigt?

Tatsächlich ist dieses Rätsel bis heute nicht vollständig gelöst. Es gibt verschiedene Theorien, doch jede weist gewisse Schwächen auf. Möglicherweise ist es gar nicht ein einzelner Effekt, sondern eine Kombination mehrerer Faktoren, die zur ungleichen Entwicklung geführt haben.

Eine gängige Theorie besagt, dass nach der Entstehung des Mondes die Erde selbst noch glühend heiß war. Dadurch könnte ein starkes Temperaturgefälle auf dem Mond entstanden sein, das wiederum beeinflusste, auf welcher Seite sich die Mare bildeten – nämlich auf der der Erde zugewandten.

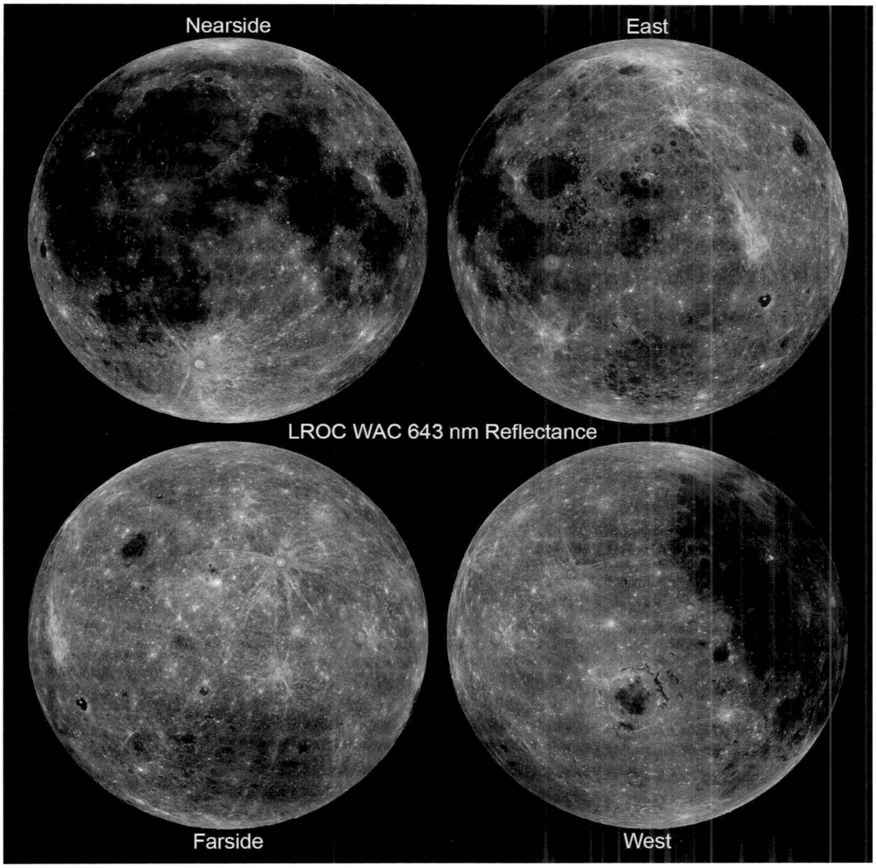

Abbildung 7.14: Die Vorderseite des Mondes (links oben) und die Rückseite (links unten). Quelle: NASA/GSFC/Arizona State University, https://science.nasa.gov/resource/four-sides-of-the-moon

Eine andere Theorie geht davon aus, dass es einst einen zweiten Erdmond gab, der mit dem heutigen Mond kollidierte. Auch das könnte zu den auffälligen Unterschieden geführt haben.

7.3.4 Fakt 4 – der Erdmond ist aus der Erde entstanden

Im Laufe der Jahrzehnte gab es viele überzeugende Erklärungsansätze dafür, wie der Mond entstanden sein könnte. Eine Möglichkeit: Der Mond bildete sich gleichzeitig mit der Erde – schließlich ist das gesamte Sonnensystem aus einer gigantischen Gas- und

Staubwolke hervorgegangen. Auch denkbar: Die Erde könnte den Mond irgendwann eingefangen haben. Mit ihrem starken Schwerefeld wäre es durchaus vorstellbar, dass ein kleinerer Himmelskörper wie der Mond eingefangen und in eine stabile Umlaufbahn gezwungen wurde.

Doch es gibt einige Details, die nicht zu diesen Theorien passen. Besonders auffällig ist die Zusammensetzung des Mondgesteins: Sie ähnelt der irdischen Kruste – und zwar nicht einfach allgemein, sondern so, als hätte man einen Teil der äußeren Erdschichten genommen und daraus einen neuen Himmelskörper geformt.

Die derzeit plausibelste Theorie, die das erklärt, ist die sogenannte Kollisionstheorie. Demnach könnte ein anderer großer Himmelskörper – etwa so groß wie der Mars und *Theia* genannt – die junge Erde vor etwa 4,5 Milliarden Jahren getroffen haben. Wie eine Billardkugel, die eine andere trifft, aber nicht zerschlägt. Die Erde wurde bei dieser gewaltigen Kollision nicht zerstört, doch es wird angenommen, dass enorme Mengen Material aus dem Erdmantel ins All geschleudert wurden. Aus diesen Trümmern formte sich dann durch Gravitation ein neuer Himmelskörper: unser Mond (Abbildung 7.15).

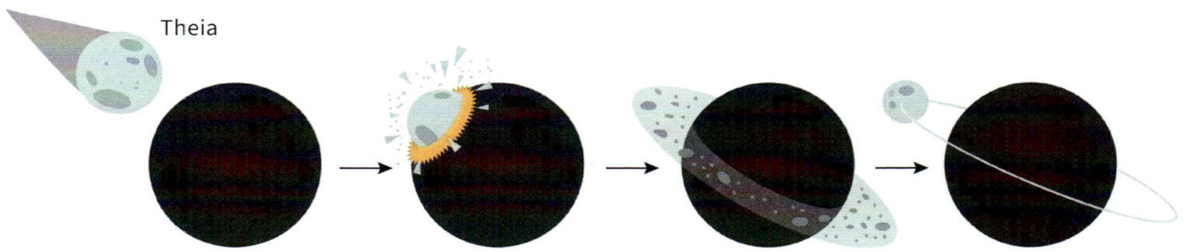

Abbildung 7.15: Veranschaulichung der »Great Impact Theory«

Nicht nur die Ähnlichkeit des Gesteins, sondern auch der hohe Drehimpuls des Erde-Mond-Systems lässt sich mit diesem Szenario gut erklären. Die Kollisionstheorie ist daher derzeit die am besten anerkannte Erklärung für die Entstehung des Mondes – auch wenn es im Detail noch offene Fragen gibt.

7.3.5 Fakt 5 – es gibt Wasser auf dem Mond

Schon seit einiger Zeit sind sich Wissenschaftler sicher, dass es auf dem Mond Wasser gibt – allerdings in Form von Wassereis, gebunden im Mondgestein. Lange ging man davon aus, dass es sich nur um verschwindend geringe Mengen handelt. Doch inzwischen ist klar: Es gibt weitaus mehr Wasser auf dem Mond als früher angenommen.

Natürlich findet sich dieses Wasser nicht in flüssiger Form – dafür fehlt dem Mond die Atmosphäre. Flüssiges Wasser würde unter den dortigen Bedingungen sofort verdampfen. Auch die dunklen Mare auf dem Mond sind keine alten Meeresbecken, wie man sie zum

Beispiel auf dem Mars vermutet. Stattdessen konzentriert sich das Wasser vermutlich in Form von Eis in den permanent schattigen Kratern nahe den Mondpolen – Orte, an die niemals Sonnenlicht gelangt.

Im Laufe der Jahrzehnte wurden die Wissenschaftler immer optimistischer, was die vorhandene Menge betrifft. Mittlerweile geht man davon aus, dass dort beträchtliche Wasservorkommen lagern könnten – viel mehr, als man noch vor wenigen Jahren für möglich hielt.

Für zukünftige Mondmissionen oder sogar eine dauerhafte Besiedlung des Mondes könnte das von entscheidender Bedeutung sein. Denn Wasser ist nicht nur ein lebenswichtiges Element für den Menschen – es lässt sich auch aufspalten: in Sauerstoff zum Atmen und in Wasserstoff, der gemeinsam mit Sauerstoff als Raketentreibstoff dienen kann.

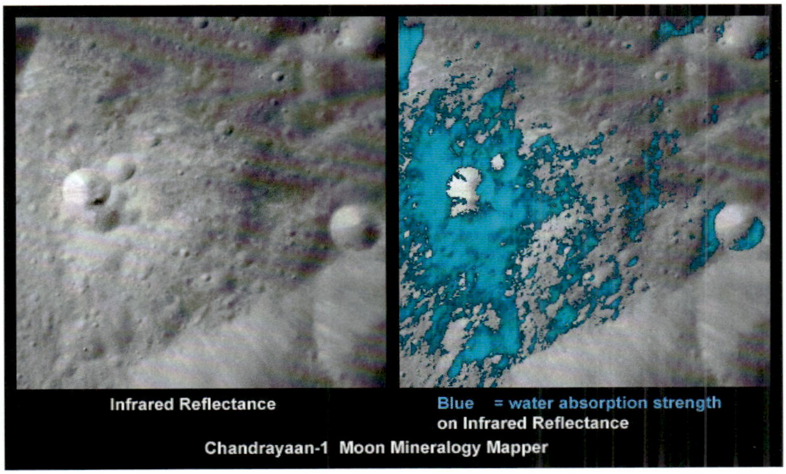

Abbildung 7.16: Mit einem Spektrometer an Bord der Raumsonde Chandrayaan-1 wurde Wasser im Mondgestein detektiert (blau eingefärbt). Quelle: ISRO/NASA/JPL-Caltech/USGS/Brown U, https://commons.wikimedia.org/wiki/File:Chandrayaan1_Spacecraft_Discovery_Moon_Water.jpg

7.4 Berechnen Sie die Mondphasen in Python

Ich möchte Ihnen nun einen etwas tieferen Einblick in astronomische Berechnungen geben. Versetzen wir uns zurück ins Mittelalter: Astronomen wie Tycho Brahe und Johannes Kepler beschäftigten sich mit den Bahnen der Planeten und versuchten, deren Bewegungen zu erklären und vorherzusagen. Sie entwickelten verschiedene Theorien darüber, wie sich die Himmelskörper bewegen, doch ihre Berechnungen und die daraus abgeleiteten Vorhersagen hatten noch Mängel.

Sie sehen also: Die Mathematik spielt in der Astronomie eine entscheidende Rolle!

Die Mondphasen sauber erklärt

Die Bezeichnungen der Mondphasen können mitunter verwirrend sein – besonders, wenn man zwischen umgangssprachlichem und astronomischem Sprachgebrauch unterscheidet. Im Volksmund sprechen wir meist von *Neumond*, *Vollmond* und *Halbmond*. Letzterer ist sowohl in der zunehmenden als auch in der abnehmenden Phase zu sehen – eine Unterscheidung wird dabei in der Alltagssprache meist nicht gemacht.

In der Astronomie hingegen ist eine präzisere Terminologie gebräuchlich: Man spricht vom *ersten Viertel* (zunehmender Halbmond) und vom *letzten Viertel* (abnehmender Halbmond). Das mag zunächst irritieren – schließlich sieht man jeweils nur die Hälfte des Mondes, während der Begriff »Viertel« verwendet wird. Diese Bezeichnung bezieht sich jedoch nicht auf das sichtbare Erscheinungsbild, sondern auf den Verlauf im gesamten Mondphasenzyklus, der als Kreis mit 360° verstanden werden kann.

Die Mondphasen lassen sich als Teile eines Kreises darstellen:

- 0° (Neumond)
- 90° (erstes Viertel, zunehmender Halbmond)
- 180° (Vollmond)
- 270° (letztes Viertel, abnehmender Halbmond)

Diese Darstellung werden wir später auch in der Programmierung verwenden, um die Mondphasen systematisch zu erfassen und darzustellen.

Im Folgenden möchte ich mit Ihnen der Berechnung der Mondphasen auf die Spur gehen. Wir nutzen dafür die Programmiersprache *Python*, mit der wir uns einfache Programme schreiben. Python ist in der Wissenschaft – und besonders in der Astronomie – sehr beliebt. Zum einen ist es eine vergleichsweise einfache Sprache, die es Physikern erlaubt, sich auf die Inhalte zu konzentrieren statt auf die Programmiersyntax. Zum anderen stellt Python eine Vielzahl von fertigen Modulen zur Verfügung, sogenannte *Pakete*, die astronomische Berechnungen erheblich erleichtern. Man muss also nicht ganz bei null anfangen.

Das bekannteste dieser Pakete ist *Astropy*. Es enthält unter anderem Werkzeuge zur Berechnung von Ephemeriden (Positionsdaten der Himmelskörper), zur Umrechnung astronomischer Koordinatensysteme und zum Umgang mit astronomischen Dateiformaten. Mit dem Paket *Astroquery* kann man sogar direkt auf bekannte astronomische Datenbanken zugreifen – ein mächtiges Werkzeug für Forschung und Hobbyastronomie gleichermaßen.

Nun höre ich Sie sagen: In Stellarium kann ich mir doch ganz bequem die Mondphasen anzeigen lassen. Das stimmt auch, aber das hindert uns ja nicht daran, auch zu verstehen, wie solche Berechnungen zustande kommen. Also legen wir los!

In Listing 7.1 finden Sie ein Python-Programm zur Berechnung der Mondphasen. Es bedient sich dazu beim Paket Astropy. Es ist sehr wahrscheinlich, dass ihre Python-Installation (ich nutze *PyCharm*) noch nicht über die Bibliothek Astropy verfügt, Sie müssen diese also nachinstallieren. Das geschieht recht einfach über den Konsolenbefehl `pip install astropy`. Hier nun das fertige Python-Programm:

```
from datetime import datetime
from zoneinfo import ZoneInfo
import numpy as np
from astropy.time import Time
from astropy.coordinates import get_sun, get_body,
GeocentricTrueEcliptic
from astropy.coordinates import solar_system_ephemeris
import astropy.units as u
# Aktuelle lokale Zeit (für Anzeige)
tz = ZoneInfo("Europe/Berlin")
now_local = datetime.now(tz)
print(f"Aktuelle lokale Zeit: {now_local}")
# Umwandlung in Astropy-Zeitobjekt (UTC!)
t = Time(now_local.astimezone(ZoneInfo("UTC")))
# Hochwertige Ephemeriden aktivieren
with solar_system_ephemeris.set("de432s"):
    sonne = get_sun(t)
    mond = get_body("moon", t)
# Transformation in ekliptische Koordinaten
sonne_ecl = sonne.transform_to(GeocentricTrueEcliptic(equinox=t))
mond_ecl = mond.transform_to(GeocentricTrueEcliptic(equinox=t))
# Ekliptische Längengrade berechnen
sonne_lon = sonne_ecl.lon.deg % 360.0
mond_lon = mond_ecl.lon.deg % 360.0
# Phasenwinkel und Phase
phase_angle = (mond_lon - sonne_lon) % 360.0
elongation = phase_angle if phase_angle <= 180 else 360 - phase_angle
illum_fraction = (1 - np.cos(np.radians(elongation))) / 2 * 100
# Ausgabe
print(f"Ekliptischer Winkelabstand (Mondphase): {phase_angle:.1f}°")
print(f"Beleuchteter Anteil der Mondscheibe: {illum_fraction:.1f}%")
```

Listing 7.1: Ein einfaches Python-Skript zur Berechnung der Mondphasen

Die ersten sieben Zeilen unseres Codes dienen dazu, Werkzeuge aus bestehenden Bibliotheken zu importieren. So wird aus der internen Python-Standardbibliothek `datetime` die gleichnamige Klasse `datetime` importiert. Sie erlaubt es uns, mit Datum und Uhrzeit zu arbeiten. Mit `timezone` können wir außerdem die lokale Zeitzone berücksichtigen – das erspart uns eine manuelle Umrechnung der Weltzeit (UTC) in unsere eigene Zeitzone.

Numpy ist eine Standardbibliothek für numerische Berechnungen, etwa für Sinus- und Kosinusfunktionen. Hier wird `numpy` ein Kurzname, ein sogenannter Alias, zugewiesen – in diesem Fall `np`. Wir können also im Programm auf `numpy` einfach via `np` zugreifen.

Nun geht es ans Eingemachte: Wir öffnen die Werkzeugkiste von `astropy`. Daraus entnehmen wir `Time`, ein mächtiges Werkzeug zur Arbeit mit dem julianischen Datum, mit UTC und anderen Zeitsystemen. Mit `get_sun` erhalten wir die Position der Sonne, während `get_body` uns die Position eines beliebigen Himmelskörpers liefert – in unserem Fall des Mondes. `GeocentricTrueEcliptic` schließlich ist ein Koordinatensystem, das sich an der Ekliptik orientiert – also an der scheinbaren Bahn der Sonne am Himmel. Mit `solar_system_ephemeris` importieren wir das Herzstück unseres Codes, eine Datenbank mit hochpräzisen Bahndaten (Ephemeriden). Zum Abschluss dieses Programmblocks teilen wir dem Programm noch mit, dass wir mit standardisierten Einheiten arbeiten möchten, also Sekunden, Grad und Kilometer.

```
from datetime import datetime
from zoneinfo import ZoneInfo
import numpy as np
from astropy.time import Time
from astropy.coordinates import get_sun, get_body,
GeocentricTrueEcliptic
from astropy.coordinates import solar_system_ephemeris
import astropy.units as u
```

Im ersten Codeblock »Aktuelle lokale Zeit« berechnen wir lediglich die aktuelle Uhrzeit an unserem Standort und geben sie einmal aus. Das dient hauptsächlich dazu, dem Benutzer des Programms ein Feedback zu geben, zu welcher Zeit und in welcher Zeitzone die Mondphase ausgegeben wird. Die Variable `tz` steht dabei für die gewünschte Zeitzone. Sie wird an die Funktion `datetime.now` übergeben und das Ergebnis in der neuen Variablen `now_local` gespeichert.

Über den Befehl `print` wird dieser Zeitwert anschließend zusammen mit dem Text »Aktuelle lokale Zeit« ausgegeben – als formatierter String (`f`-String).

```
# Aktuelle lokale Zeit (für Anzeige)
tz = ZoneInfo("Europe/Berlin")
now_local = datetime.now(tz)
print(f"Aktuelle lokale Zeit: {now_local}")
```

Im nächsten Codeblock »Umwandlung in Astropy-Zeitobjekt« wird die zuvor ermittelte lokale Zeit in eine Form gebracht, die von Astropy verarbeitet werden kann. Die Variable `t` speichert dabei die Zeit als Weltzeit (UTC) und wird anschließend an Astropy übergeben.

```
# Umwandlung in Astropy-Zeitobjekt (UTC!)
t = Time(now_local.astimezone(ZoneInfo("UTC")))
```

Nun wird es langsam spannend: Die letzten Vorbereitungen in unserem Programm stehen an, bevor es an die eigentliche Berechnung geht. Im Abschnitt »Hochwertige Ephemeriden berechnen« wird zunächst ein Kontextmanager aktiviert. Dabei legen wir fest, dass das hochpräzise Ephemeridenmodell `de432s` verwendet wird. Dieses basiert auf Bahndaten des Jet Propulsion Laboratory der US-Weltraumbehörde NASA. Das Modell enthält extrem genaue Planeten- und Mondbahnen, wie sie vom Jet Propulsion Laboratory über Jahrzehnte hinweg berechnet wurden. Für viele astronomische Anwendungen ist diese Genauigkeit unerlässlich – zum Beispiel bei Sonnenfinsternissen oder bei der präzisen Bestimmung der Mondphase.

Nun werden `get_sun` und `get_body("moon")` für den Zeitpunkt `t` abgerufen. Dabei liefert `get_sun` die Position der Sonne und `get_body` mit dem Argument `"moon"` die Position des Mondes – jeweils bezogen auf den zuvor festgelegten Zeitpunkt.

```
# Hochwertige Ephemeriden aktivieren
with solar_system_ephemeris.set("de432s"):
    sonne = get_sun(t)
    mond = get_body("moon", t)
```

Nun werden erneut zwei Variablen erstellt – diesmal für die Koordinaten bezogen auf das Koordinatensystem der Ekliptik. Dies geschieht über die Methode `transform_to`. Mit dem Argument `equinox=t` wird dabei die aktuelle Zeit als Bezugspunkt festgelegt.

```
# Transformation in ekliptische Koordinaten
sonne_ecl = sonne.transform_to(GeocentricTrueEcliptic(equinox=t))
mond_ecl = mond.transform_to(GeocentricTrueEcliptic(equinox=t))
```

Aus den ekliptischen Koordinaten werden nun die Werte in Grad berechnet. Ein sogenannter *Modulo* sorgt dabei dafür, dass die Ergebnisse stets im Wertebereich zwischen 0° und 360° liegen.

```
# Ekliptische Längengrade berechnen
sonne_lon = sonne_ecl.lon.deg % 360.0
mond_lon = mond_ecl.lon.deg % 360.0
# Phasenwinkel und Phase
```

Nun kommen wir zur finalen Berechnung der Mondphase. Zunächst wird der sogenannte *Phasenwinkel* bestimmt. Schauen Sie sich dazu Abbildung 7.17 an. Der Phasenwinkel ist der Winkel zwischen Mond und Sonne, vom Bezugssystem Erde aus betrachtet. Im Programm ergibt er sich aus der Differenz zwischen der Mondposition auf der Ekliptik und der Sonnenposition auf der Ekliptik. Auch hier wird wieder sichergestellt, dass sich der Wert im Bereich zwischen 0° und 360° bewegt.

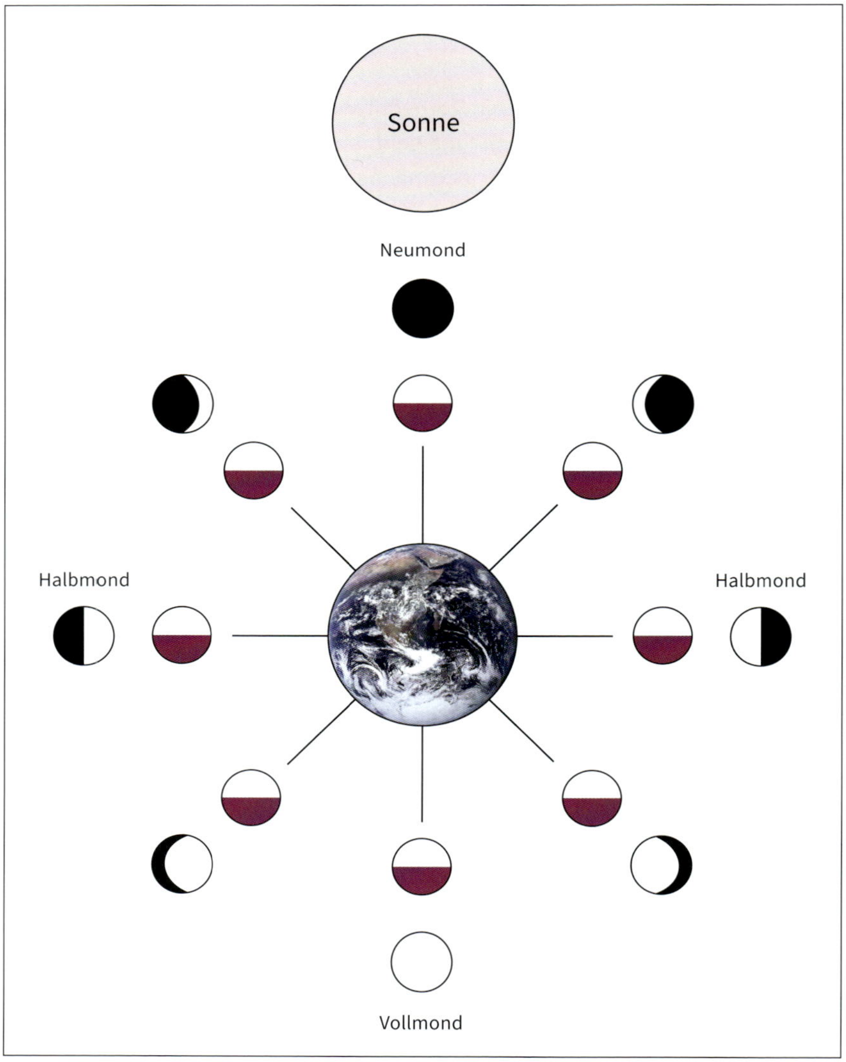

Abbildung 7.17: Darstellung der Mondphasen

Etwas verwirrend erscheint nun, dass zusätzlich die Elongation berechnet wird (lateinisch *elongare* = verlängern oder entfernen). Die Elongation ist ein gebräuchlicher Begriff in der Astronomie und bezeichnet den scheinbaren Winkelabstand eines Himmelskörpers von der Sonne – wie er von der Erde aus gesehen wird. Bei 0° Elongation steht der Mond in Konjunktion mit der Sonne, es ist Neumond. Bei 180° Elongation steht er in Opposition zur Sonne – es ist Vollmond.

Aber worin unterscheidet sich nun die Elongation vom Phasenwinkel? Der Phasenwinkel beschreibt einen vollständigen Kreis von 360°, während sich die Elongation nur auf einen

Halbkreis von 0° bis 180° bezieht. Bedenken Sie: Wenn der Mond bei 90° Elongation steht, kann dies sowohl bei einer Position von 90° als auch von 270° Phasenwinkel der Fall sein – denn in beiden Fällen beträgt der Abstand zur Sonne 90°.

Genau das wird durch die mathematische Operation im Code berücksichtigt: Die Elongation entspricht dem Phasenwinkel, solange dieser kleiner oder gleich 180° ist. Ist der Phasenwinkel größer als 180°, so wird die Elongation durch 360° minus Phasenwinkel berechnet.

Abschließend wird die Mondphase in eine prozentuale Angabe der beleuchteten Mondfläche umgewandelt. Dazu wird der Kosinus der Elongation verwendet. Der Kosinus berechnet sich jedoch im Bogenmaß (Radiant), nicht im Gradmaß. Daher muss die Elongation vor der Berechnung entsprechend umgewandelt werden.

```
phase_angle = (mond_lon - sonne_lon) % 360.0
elongation = phase_angle if phase_angle <= 180 else 360 - phase_angle
illum_fraction = (1 - np.cos(np.radians(elongation))) / 2 * 100
```

In den letzten beiden Zeilen des Codes werden nun die Elongation und der beleuchtete Anteil der Mondfläche als formatierter String (f-String) ausgegeben. Der Zusatz `.1f` sorgt dabei dafür, dass die Zahlenwerte mit einer Nachkommastelle dargestellt werden – also zum Beispiel 93.4° statt 93.421389°.

```
# Ausgabe
print(f"Ekliptischer Winkelabstand (Mondphase): {phase_angle:.1f}°")
print(f"Beleuchteter Anteil der Mondscheibe: {illum_fraction:.1f}%")
```

Ich habe Ihnen in diesem Abschnitt anhand des Programms die Syntax der Programmiersprache Python nähergebracht sowie die Bibliothek Astropy und ihre vielseitigen Einsatzmöglichkeiten vorgestellt. Ganz nebenbei haben Sie die Berechnung der Mondphasen kennengelernt – und damit ein konkretes Beispiel astronomischer Berechnungen.

Sollten Sie bereits über Erfahrung in der Programmierung mit Python verfügen, können Sie das Programm natürlich gerne erweitern. Beispielsweise durch eine Benutzereingabe, mit der der Zeitpunkt abgefragt wird, für den die Mondphase berechnet werden soll. Auch eine kleine grafische Benutzeroberfläche (GUI) wäre denkbar.

7.5 Finsternisse des Mondes und der Sonne

Finsternisse gehören zu den eindrucksvollsten Schauspielen am Himmel. Sie entstehen, wenn Sonne, Erde und Mond in einer besonderen geometrischen Konstellation zueinanderstehen. Im System Sonne–Erde–Mond kann es dabei zu sogenannten Finsternissen kommen, die im englischsprachigen Raum als Eclipses bezeichnet werden. Man unterscheidet grundsätzlich zwischen Mond- und Sonnenfinsternissen.

Bei einer Mondfinsternis durchläuft der Mond den Schatten der Erde und wird dabei abgedunkelt. Dieses Ereignis kann nur auftreten, wenn sich der Mond in seiner Vollmondposition befindet. Man unterscheidet zwischen einer totalen Mondfinsternis, bei der der Mond vollständig in den Kernschatten der Erde eintritt, und einer partiellen Mondfinsternis, bei der der Mond den Kernschatten nur teilweise durchquert. Eher unspektakulär ist dagegen die sogenannte Halbschattenfinsternis, bei der der Mond lediglich den Halbschatten der Erde streift.

Die beeindruckendste Form ist die totale Mondfinsternis. Dabei wird der Mond nicht vollständig dunkel, sondern erscheint in einem geheimnisvollen rötlichen Licht. Im Volksmund wird dieses Phänomen auch »Blutmond« genannt. Die rötliche Färbung entsteht dadurch, dass Sonnenlicht in der Erdatmosphäre gebrochen und gestreut wird. Vor allem langwelliges, rötliches Licht wird dabei in den Erdschatten gelenkt und erreicht so noch die Mondoberfläche.

In Abbildung 7.18 sehen Sie die totale Mondfinsternis vom 27. Juli 2018. Kurz nach Aufgang des Mondes trat dieser in den Kernschatten der Erde ein. Der Mond wurde dabei in ein typisches rotes Licht getaucht. Der helle Stern am unteren Bildrand ist der ebenfalls rötlich leuchtende Mars. Eine besonders schöne Konjunktion.

Abbildung 7.18: Totale Mondfinsternis vom 27.07.2018

Eine Sonnenfinsternis entsteht, weil Mond und Sonne am Himmel nahezu die gleiche scheinbare Größe von etwa 0,5° aufweisen. Wenn der Mond vor der Sonne vorbeizieht, kann er sie daher vollständig bedecken – man spricht dann von einer totalen Sonnenfinsternis. Sonnenfinsternisse können nur bei Neumond auftreten. Abbildung 7.19 zeigt eine Fotocollage der totalen Sonnenfinsternis am 3. November 1994 über den chilenischen Anden. Man erkennt den Beginn der Bedeckung durch den Mond, die Totalität sowie das Ende der Bedeckung.

Abbildung 7.19: Fotocollage der Sonnenfinsternis vom 03.11.1994, aufgenommen in den chilenischen Anden. Quelle: Stefan Binnewies

Auch hier gibt es partielle Finsternisse. Sie entstehen, wenn der Mond die Sonnenscheibe nur teilweise verdeckt. Eine besondere Form ist die ringförmige Sonnenfinsternis. Dabei ist der Mond scheinbar etwas kleiner als die Sonne und kann sie nicht vollständig bedecken. Es bleibt ein heller Ring der Sonnenscheibe sichtbar. Ursache dafür sind die schwankenden Entfernungen im Sonne-Erde-Mond-System, die sich aus den leicht elliptischen Umlaufbahnen ergeben.

Finsternisse sind relativ seltene Ereignisse. Der Grund dafür liegt in der Neigung der Mondbahn gegenüber der Erdbahnebene. Wäre diese Bahnneigung nicht vorhanden, käme es bei jedem Vollmond zu einer Mondfinsternis und bei jedem Neumond zu einer Sonnenfinsternis.

Finsternisse sind zudem nur von bestimmten Regionen der Erde aus zu beobachten und nicht gleichzeitig auf der gesamten Erde sichtbar. Während eine Mondfinsternis meist von großen Teilen einer Erdhalbkugel aus beobachtet werden kann und häufig auf ganzen Kontinenten sichtbar ist, verhält es sich bei Sonnenfinsternissen anders. Die Totalität einer Sonnenfinsternis ist nur innerhalb eines relativ schmalen Korridors auf der Erdoberfläche zu sehen, der durch den Kernschatten des Mondes entsteht.

Die Beobachtung einer totalen Sonnenfinsternis erfordert daher eine sorgfältige Planung und oft auch eine Reise in die entsprechende Sichtbarkeitszone. Die letzte totale Sonnenfinsternis, die von Deutschland aus beobachtet werden konnte, fand am 11. August 1999 statt. Die nächste totale Sonnenfinsternis, die wieder über Deutschland sichtbar sein wird, ereignet sich erst am 3. September 2081.

Mondfinsternisse treten hingegen deutlich häufiger auf. Eine totale Mondfinsternis ist im Durchschnitt etwa alle zwei bis drei Jahre irgendwo auf der Erde zu beobachten.

Abbildung 7.20 zeigt die unterschiedlichen Entstehungsarten von Mond- und Sonnenfinsternissen und veranschaulicht, warum Mondfinsternisse länger andauern als Sonnenfinsternisse.

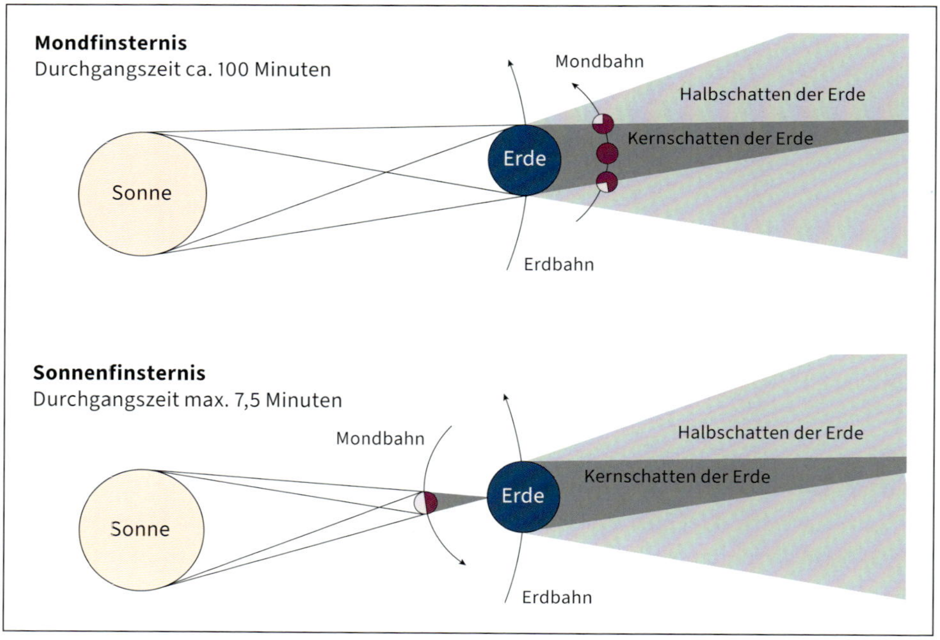

Abbildung 7.20: Die Entstehung von Mond- und. Sonnenfinsternissen

7.6 Fotografieren Sie den Mond mit ihrem Smartphone

Jeder hat vermutlich schon einmal versucht, den Mond mit einem Smartphone zu fotografieren. Leider erscheint er dabei meist nur als heller Fleck ohne jegliche Details auf dem Foto. Mit einem Teleskop jedoch lassen sich auch mit einem Smartphone sehr detailreiche Aufnahmen des Mondes machen, auf denen Krater, Mare und Gebirge sichtbar werden.

Eigentlich müssen Sie dafür lediglich Ihr Smartphone hinter das Okular halten und auslösen. Mit etwas Übung gelingt das durchaus, jedoch ist diese Vorgehensweise recht umständlich – und nach einiger Zeit wird man vermutlich entnervt aufgeben.

Im Astrohandel gibt es spezielle Halterungen, mit denen man das Smartphone relativ stabil am Okular des Teleskops oder Fernglases befestigen kann. In Abbildung 7.21 und Abbildung 7.22 sehen Sie eine solche Halterung (links die Vorderseite, rechts die Rückseite).

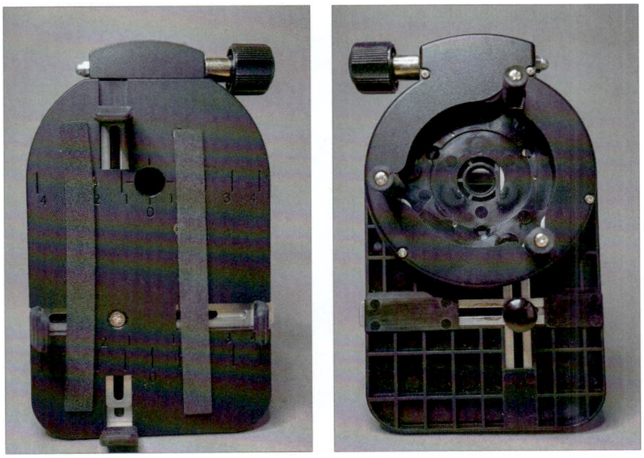

Abbildung 7.21: Smartphone-Halterung für Teleskope

Abbildung 7.22: Halterung mit montiertem iPhone

Mithilfe der Klammern wird das Smartphone in der Position gehalten. Mit den drei Bügeln lässt sich die Halterung am Okular befestigen. Die große Rändelschraube dient der Verstellung der Bügel. Die kleinere Schraube dient zur Fixierung der Halteklammern auf der Vorderseite.

Positionieren Sie zunächst das Smartphone so, dass es fest in der Halterung sitzt und die Kameralinse genau mittig im Guckloch der Halterung liegt. Schieben Sie dann die gesamte Halterung über das Okular des Teleskops oder Fernglases (Abbildung 7.23). Öffnen Sie nun die Kamera-App.

Abbildung 7.23: Halterung mit iPhone und Okular

Es ist ratsam, den Mond bereits vorher ins Gesichtsfeld des Okulars zu bringen, da es mit angebrachter Kamera unter Umständen schwierig wird, ihn exakt zu zentrieren. Insgesamt ist es eine etwas fummelige Angelegenheit, die Halterung genau mittig zu montieren und den Mond präzise im Zentrum zu treffen – mit etwas Geduld und Übung gelingt das aber recht gut.

Sobald der Mond im Bild zentriert ist, stellen Sie zunächst mit dem Okularauszug die Schärfe so gut wie möglich ein. Nutzen Sie gegebenenfalls die Vergrößerungsfunktion des Smartphone-Displays, um die Schärfe besser beurteilen zu können.

In den meisten Fällen kann man durch Antippen des Displays die Belichtungszeit automatisch einstellen. Bei einem iPhone kann man durch längeres Drücken auf das Display eine gelbe Umrandung aktivieren, die mit einem Sonnensymbol gekennzeichnet ist. Mit dem Finger lässt sich durch Hoch- oder Runterschieben dieses Symbols die Belichtung manuell anpassen.

Sie können natürlich auch spezielle Kamera-Apps verwenden, mit denen sich – ganz wie bei einer professionellen Kamera – zahlreiche Einstellungen vornehmen lassen. Unter anderem können Bilder dabei im unkomprimierten TIFF-Format gespeichert werden, was Ihnen ermöglicht, die Aufnahmen später in einer Bildbearbeitungssoftware weiter zu optimieren. Nach einigen Experimenten mit solchen Apps bin ich allerdings zu dem Schluss gekommen, dass sich dieser Aufwand in den meisten Fällen nicht lohnt.

Machen Sie am besten mehrere Aufnahmen und beurteilen Sie jeweils Schärfe und Belichtung. Manchmal braucht es einige Versuche, bis wirklich alles passt. Meine Ergebnisse mit der gezeigten Halterung und einem klassischen 8"-Dobson sehen sie in Abbildung 7.24. Auch wenn man bei Vollmond alle Oberflächendetails der Mondoberfläche sieht, empfiehlt es sich, den Mond bei Halbmond zu fotografieren. Durch den flachen Winkel des Sonnenlichts erscheinen die Gebirge und Krater am Terminator (Tag/Nacht-Übergang) deutlich kontrastreicher und plastischer.

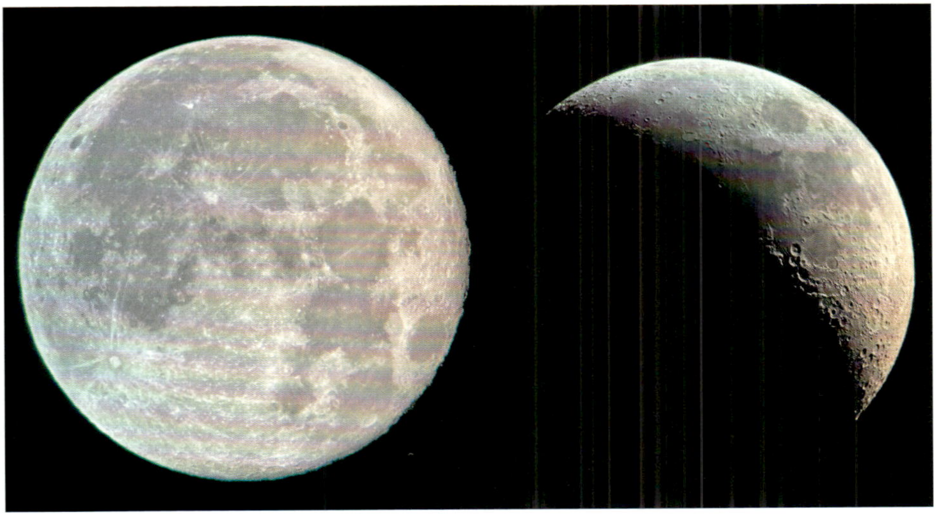

Abbildung 7.24: Der Mond, fotografiert mit einem iPhone 15 an einem Newton-Teleskop (200/1000 mm) nach Dobson-Bauweise

Kapitel 8

Spektroskopie – zerlegen Sie das Licht der Sonne

Lange Zeit beobachtete man die Objekte des Kosmos mit Teleskopen, um die Himmelskörper zu erforschen und Antworten auf ihre Geheimnisse zu finden. Doch mit der Einführung der Spektroskopie eröffneten sich völlig neue Wege, die Natur der Sterne zu entschlüsseln – es war die Geburtsstunde der modernen Astrophysik. Plötzlich war man in der Lage, die chemische Zusammensetzung der Sterne zu bestimmen, ihre Temperatur zu messen und sogar die Ausdehnung des Universums nachzuweisen. Bis heute ist die Analyse von Spektren eine der elementaren Disziplinen der Astronomie.

Die Sterne, Gasnebel und Galaxien sind viel zu weit entfernt, um sie jemals vor Ort studieren zu können. Das Licht des uns nächstgelegenen Sterns, Proxima Centauri, benötigt vier Jahre, um uns zu erreichen. Das bedeutet: Selbst mit Lichtgeschwindigkeit würde ein Raumschiff vier Jahre brauchen, um diesen Stern zu erreichen. 1977 startete die Raumsonde Voyager 1 zu einer Mission zu den Gasriesen Jupiter und Saturn. Derzeit (2026) befindet sich die Sonde in 24 Milliarden Kilometern Entfernung und hat dabei gerade erst die Grenzen unseres Sonnensystems erreicht. Zum Vergleich: 24 Milliarden Kilometer sind 170 Astronomische Einheiten. Das entspricht 0,0027 Lichtjahren oder knapp einem Lichttag.

Die Astronomen haben jedoch eine Methode entwickelt, um die chemische Zusammensetzung eines Sterns allein anhand seines Lichtspektrums zu bestimmen. Dieses Teilgebiet der Astronomie nennt sich *Spektroskopie*. Jedes Objekt am Himmel hat also einen individuellen »Fingerabdruck«, den wir mit Teleskopen und Spektrometern von der Erde aus erkennen können. So lassen sich Aussagen über die Zusammensetzung von Sternen und Galaxien treffen – selbst in unglaublichen Entfernungen.

Die Spektroskopie ist eine der bedeutendsten Errungenschaften der Wissenschaft (Abbildung 8.1). An ihrer Entdeckung war unter anderem Isaac Newton beteiligt, aber auch der deutsche Optiker Joseph von Fraunhofer spielte eine entscheidende Rolle in dieser Geschichte.

Sie haben sicher mehr als einmal einen Regenbogen gesehen. Im Herbst oder Frühjahr ist dieses Schauspiel in unseren Breiten häufiger zu beobachten (Abbildung 8.2). Aber auch kleine Regenbögen, die etwa am Wasserstrahl eines Gartenschlauchs oder an einem Wasserfall entstehen, sind für uns Menschen selbstverständlich. Regenbögen sind wirklich nichts Ungewöhnliches – zwar hübsch anzusehen und Gegenstand vieler Mythen, aber verglichen mit den Geschichten rund um den Mond wirken die Erzählungen über Regenbögen doch recht harmlos. Kurzum: Regenbögen dürften der Menschheit bereits seit ihren Anfängen bekannt sein.

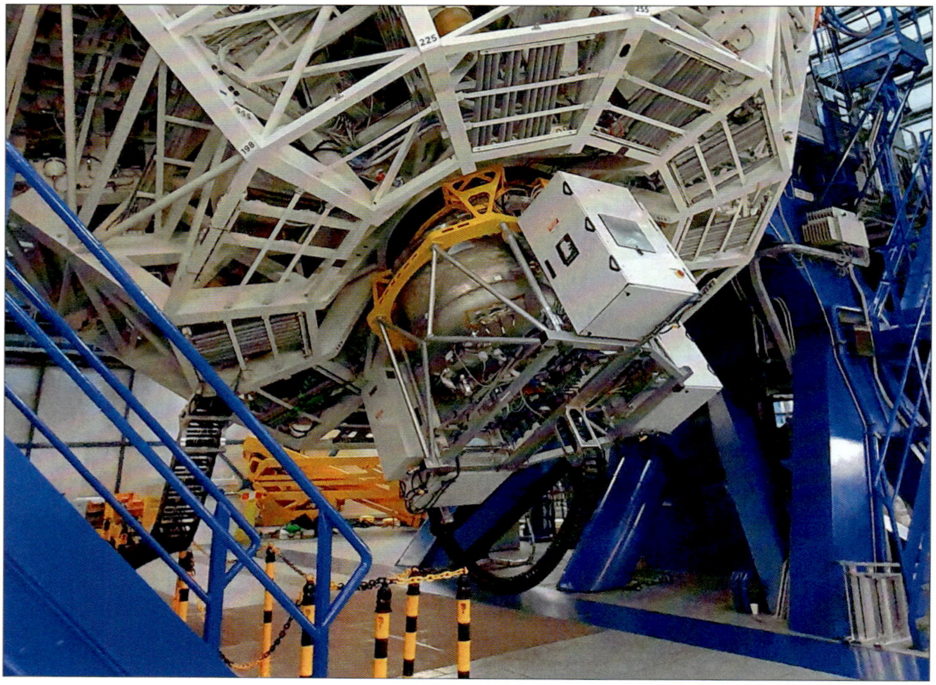

Abbildung 8.1: Der ERIS-Spektrograf am Very Large Telescope. Quelle: ESO/Ric Davies, www.eso.org/public/germany/images/eris3crop/?lang

Abbildung 8.2: Ein Regenbogen zeigt das Spektrum des Sonnenlichts von Rot über Gelb und Grün bis hin zu Blau und Violett. Quelle: LeonardoWeiss, GNU 1.2, https://commons.wikimedia.org/wiki/File:Double-Rainbow.jpg

Was man jedoch lange Zeit nicht wusste, war, was man da eigentlich wirklich sieht. Zwar war früh klar, dass es irgendetwas mit Regen und der Sonne zu tun haben musste (daher der Name), aber was sich physikalisch hinter dem Phänomen Regenbogen verbirgt, war lange Zeit alles andere als sicher.

Was Sie in dem Bogen am Himmel sehen, ist das Licht der Sonne, zerlegt in seine Spektralfarben. Denn das weiße Licht der Sonne ist in Wirklichkeit eine Mischung aus sämtlichen für den menschlichen Organismus sichtbaren Lichtwellenlängen. Das Licht wird in den Regentropfen wellenlängenabhängig gebrochen.

Man kann das Licht der Sonne auch mit einem Glasprisma oder einem sogenannten optischen Gitter in seine Regenbogenfarben zerlegen und anschließend genauer analysieren. Genau das möchte ich Ihnen in diesem Kapitel zeigen. Sie werden ein eigenes Spektroskop bauen – also ein Gerät zur Zerlegung und systematischen Analyse von Licht. Damit können wir sogar unser Zentralgestirn, die Sonne, analysieren und ihr ein physikalisches Geheimnis entlocken. Ganz nebenbei werden Sie einiges über das Themengebiet der Spektroskopie und ihre Bedeutung in der Astronomie erfahren. Doch zunächst schauen wir uns den uns nächstgelegenen Stern, die Sonne, einmal im Detail an.

8.1 Die Sonne ist ein ganz normaler Stern! Ein paar Fakten

Tatsächlich ist der uns am nächsten gelegene Stern die Sonne selbst. Die Sonne ist das Zentralgestirn unseres Sonnensystems. Entstanden ist sie zusammen mit den Planeten vor vielen Milliarden Jahren aus einer gigantischen Molekülwolke. Solche Molekülwolken beobachten wir zum Beispiel in der Milchstraße. Es handelt sich um Ansammlungen großer Mengen an Gas und Staub. Solche Wolken sind eigentlich recht stabil und entwickeln von allein keine Eigendynamik. Jedoch kann es durch äußere Einflüsse – wie etwa eine Supernova oder die Gravitation eines anderen großen Objekts – dazu kommen, dass solche Wolken unter ihrem eigenen Gewicht kollabieren. Immer dann, wenn große Massen dicht in einem Punkt zusammengedrängt werden, entstehen auch große Energien. Im Zentrum solcher Gaswolken verdichten sich die Gase so sehr, dass irgendwann neue Sterne geformt werden. Zunächst bleiben diese neu geborenen Sterne noch zusammen als sogenannte *Sternhaufen*. Später jedoch verlieren sie sich regelrecht in den enormen Weiten der Heimatgalaxie – unserer Milchstraße.

Unsere Sonne ist 4,5 Milliarden Jahre alt und befindet sich in ihrem mittleren Alter. Die Kernfusion, die im Inneren der Sonne stattfindet, ist für die enorme Energieabgabe des Sterns verantwortlich. Unter den hohen Drücken fusionieren Wasserstoffatomkerne zu Helium, wobei Energie frei wird, die die Sonne in Form von Licht und Wärme abstrahlt.

Doch die Sonne ist nicht nur ein wichtiger Energiespender, der unter anderem das Leben auf der Erde ermöglicht. Sie ist auch die zentrale Masse unseres Sonnensystems: 99,9 Prozent der Gesamtmasse aller Himmelskörper im Sonnensystem befindet sich in der

Sonne selbst. Damit ist sie das zentrale Schwerezentrum des Sonnensystems, um das sich alle anderen Himmelskörper auf Kreisbahnen bewegen.

Abbildung 8.3 zeigt die Sonne, fotografiert von einer Raumsonde der NASA. Die Aufnahme ist eingefärbt und zeigt den Stern im ultravioletten Licht. Man erkennt die strukturreiche Oberfläche sowie Ausbrüche, die *Protuberanzen* genannt werden.

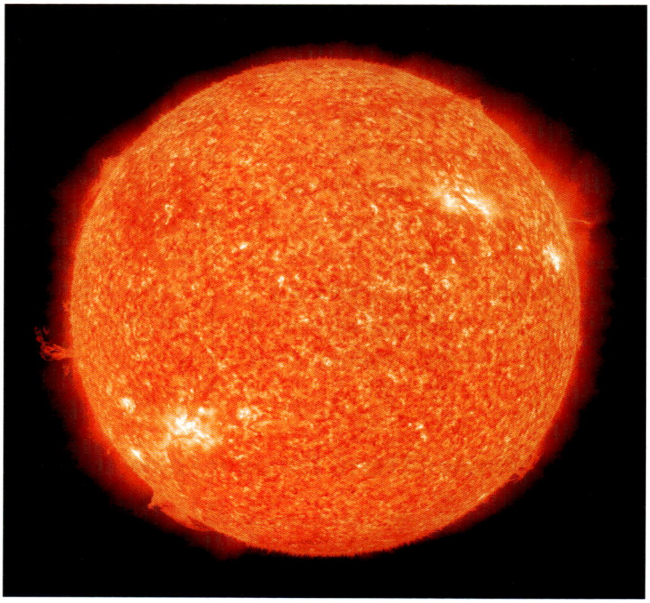

Abbildung 8.3: Die Sonne. Quelle: NASA/SDO (AIA), https://commons.wikimedia.org/wiki/File:The_Sun_by_the_Atmospheric_Imaging_Assembly_of_NASA%27s_Solar_Dynamics_Observatory_-_20100819.jpg

Die Sonne – ein gigantischer Fusionsreaktor

Der Durchmesser der Sonne beträgt 1,39 Millionen Kilometer. Sie könnte also mehr als eine Million Erden aufnehmen. Mit einer Masse von 1,99 Trillionen Tonnen vereint sie 99,9 Prozent der Gesamtmasse unseres Sonnensystems.

Ein Mensch mit einem Gewicht von 70 Kilogramm würde auf der Sonnenoberfläche rund 1.960 Kilogramm wiegen. Das entspricht etwa dem Gewicht eines Mittelklasse-Wagens.

Die Entfernung zur Erde beträgt im Schnitt 150 Millionen Kilometer. Das ist etwa 390 Mal so weit wie die Entfernung zwischen Erde und Mond oder mehr als 3.700 Erdumfänge.

Mit einer Oberflächentemperatur von ca. 5.500 Grad Celsius ist die Sonne etwa 20 Mal heißer als flüssige Lava auf der Erde. In ihrem Kern finden bei 15 Millionen Grad Celsius Kernfusionsprozesse statt, die die Sonne strahlen lassen.

Die Sonne besteht hauptsächlich aus Wasserstoff (74 %) und Helium (24 %), sowie geringen Mengen schwerer Elemente wie Sauerstoff, Kohlenstoff, Neon und Eisen.

Sie ist ca. 4,6 Milliarden Jahre alt. Wenn sie ein 46-jähriger Mensch wäre, hätte sie noch etwa 50 Jahre vor sich. Sie steht also in der Lebensmitte.

Die Lichtlaufzeit zur Erde beträgt ca. 8 Minuten. Zum Vergleich: Ein moderner Passagierjet würde für die gleiche Strecke über 20 Jahre benötigen – ohne Zwischenstopp.

Die Rotation am Äquator dauert ca. 25 Tage. Im Vergleich dazu dreht sich die Erde einmal in 24 Stunden um ihre Achse.

Obwohl die Sonne uns vergleichsweise nah ist, gibt sie uns immer noch viele Rätsel auf. Ein Problem bei ihrer Erforschung ist selbstverständlich die enorme Hitze. Die Helligkeit kann in Teleskopen mit geeigneten Filtern verringert werden, sodass man die Oberfläche der Sonne sehr gut beobachten kann. Auch die äußeren Schichten der Sonne – die sogenannte Korona – sind von der Erde aus gut sichtbar. Was sich allerdings unter der Oberfläche abspielt, darüber können Forscherinnen und Forscher nur mutmaßen (Abbildung 8.4). Ziemlich sicher ist man sich jedoch über den groben Aufbau des Sterninneren: Im Zentrum der Sonne befindet sich der Kern, der etwa ein Viertel des Durchmessers der Sonne einnimmt. Im Kern findet die Fusion der Wasserstoffatomkerne zu Helium statt – also der Prozess, den wir als *Kernfusion* bezeichnen.

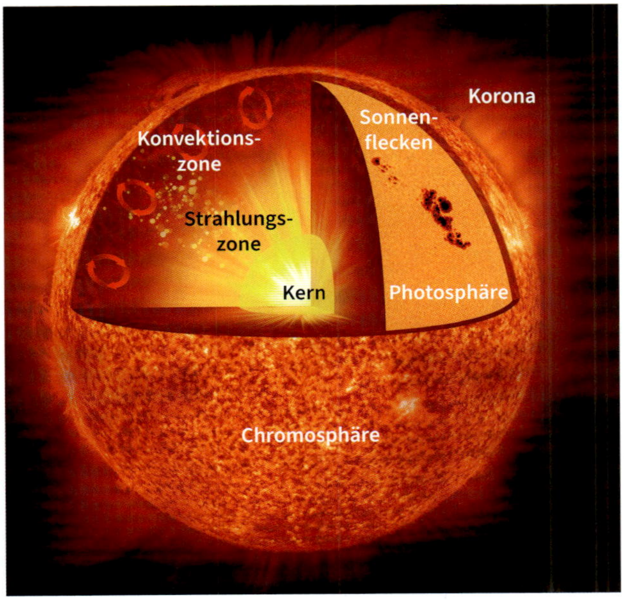

Abbildung 8.4: Der Aufbau der Sonne. Quelle: NASA

In der sogenannten Strahlungszone wird die im Sonneninneren erzeugte Energie nach außen transportiert. Daran schließt sich die Konvektionszone an, die einen großen Teil des äußeren Sonneninneren ausmacht. Diese Zone kann man sich wie eine gewaltige Walze vorstellen: Heißes Plasma strömt aufwärts in Richtung Sonnenoberfläche, während kältere Massen wieder zurück in Richtung Kern absinken. An der Sonnenoberfläche zeigt sich diese Konvektion in Form kleiner Zellen, die an Bläschen erinnern – ähnlich wie bei einem Pudding, der langsam auf der Herdplatte köchelt. Diese Oberflächenstruktur wird *Granulation* genannt und lässt sich bereits mit Amateur-Teleskopen sichtbar machen.

Als Photosphäre bezeichnet man den sichtbaren Teil der Sonnenoberfläche. Gleichzeitig bildet sie die unterste Schicht der Sonnenatmosphäre. Neben der bereits erwähnten Granulation können wir auf der Photosphäre auch Sonnenflecken beobachten. Das sind dunkle Bereiche mit einem meist sehr dunklen Zentrum (Umbra) und einem etwas helleren Randbereich (Penumbra), wie sie in Abbildung 8.5 zu sehen sind. Sonnenflecken variieren in ihrer Größe und rotieren mit der Sonne. Das bedeutet, dass sie nur einige Tage sichtbar sind, bevor sie am Sonnenrand verschwinden. Die Lebensdauer eines Sonnenflecks beträgt meist nur wenige Tage bis Wochen. Es ist ein faszinierendes Schauspiel, wenn solche Flecken erscheinen und wieder vergehen.

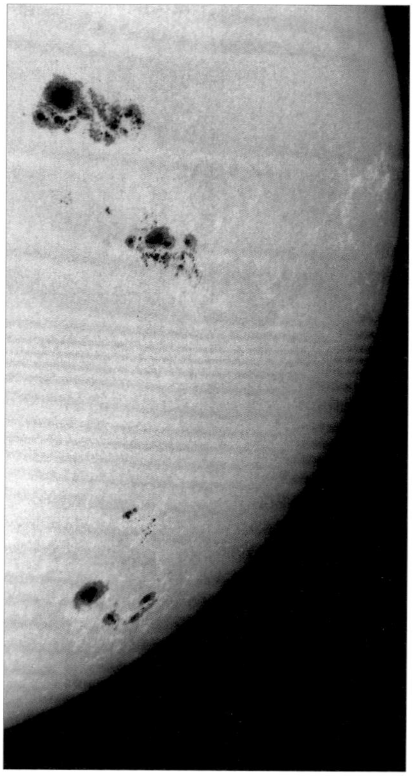

Abbildung 8.5: Sonnenflecken auf der Oberfläche der Sonne. Die Flecken können unterschiedlich groß sein, in Gruppen oder einzeln erscheinen. Quelle: Hans Bernhard (Schnobby), CC BY SA 3.0, https://de.wikipedia.org/wiki/Datei:Sunspots.JPG

Die Häufigkeit und Intensität der Sonnenflecken unterliegt einem etwa elfjährigen Zyklus. Alle elf Jahre erreicht die Aktivität der Sonne ein Maximum, in dem besonders viele und große Sonnenflecken sichtbar sind. Dieses Stadium wird als Sonnenfleckenmaximum bezeichnet. In Zeiten geringer Aktivität – dem Sonnenfleckenminimum – sind entsprechend weniger und kleinere Flecken zu sehen. Im Jahr 2024 befand sich die Sonne in einem Maximum, sodass in den kommenden Jahren mit einer abnehmenden Aktivität zu rechnen ist.

Die äußeren Schichten der Sonnenatmosphäre bilden die Chromosphäre. Sie verdankt ihren Namen der Tatsache, dass sie während einer Sonnenfinsternis farbig leuchtend sichtbar wird (griechisch *chrōma* = Farbe). Die äußerste Schicht der Sonnenatmosphäre ist die Korona, die sich über mehrere Sonnenradien hinweg in den Weltraum ausdehnt. Auch sie ist bei einer Sonnenfinsternis sichtbar und trägt wesentlich zur Faszination eines solchen Naturschauspiels bei.

Besonders interessant ist, dass die Korona wesentlich heißer ist als die Sonnenoberfläche. Während die Oberfläche – die Photosphäre – Temperaturen von durchschnittlich etwa 6.000 °C aufweist, kann die Korona bis zu 4 Millionen Grad Celsius erreichen. Der Grund dafür liegt in den starken Magnetfeldern der Sonne, die das dünne Gas der Korona aufheizen.

Neben den bereits erwähnten Sonnenflecken und der Granulation der Oberfläche können auch gewaltige Ausbrüche auf der Sonne beobachtet werden: sogenannte Protuberanzen. Diese sind bei Sonnenfinsternissen am Rand der Sonnenscheibe gut sichtbar. Sie lassen sich jedoch auch mit speziellen Sonnenteleskopen, sogenannten Hα-Teleskopen, beobachten. Protuberanzen sind riesige Materieauswürfe an der Sonnenoberfläche, die den Linien der starken Magnetfelder der Sonne folgen. Besonders eindrucksvoll wirken sie am Rand der Sonnenscheibe, da sie sich dort deutlich von dem dunklen Hintergrund des Weltraums abheben.

Mit der Erde haben wir einen idealen Standort, um die Sonne in aller Ruhe zu erforschen. Weltweit gibt es zahlreiche Teleskope, die speziell zur Beobachtung der Sonne gebaut wurden. Sollten Sie einmal die Kanareninsel Teneriffa besuchen, werden Sie bei einem Ausflug in den Teide-Nationalpark schon von Weitem die Türme der Sonnenteleskope GREGOR und VTT (Vacuum Tower Telescope) sehen (Abbildung 8.6). Beide Teleskope werden vom Institut für Sonnenphysik in Freiburg betrieben. Auf Hawaii steht das DKIST (Daniel K. Inouye Solar Telescope), das mit einer Öffnung von 4 Metern das größte Sonnenteleskop der Erde ist.

In den vergangenen Jahrzehnten wurden auch zahlreiche Raumsonden zur Erforschung der Sonne gestartet. Das SOHO (Solar and Heliospheric Observatory) ist stationär an einem sogenannten Lagrange-Punkt positioniert. Das sind Orte im All, an denen sich die Gravitationskräfte von Sonne und Erde so ausgleichen, dass eine Raumsonde antriebslos zusammen mit der Erde um die Sonne kreisen kann und diese bequem im Blick behält.

Abbildung 8.6: Auf dem Gelände des Observatorio del Teide stehen große, weiße Türme, in denen sich Sonnenteleskope verbergen. Quelle: H. Raab (User: Vesta), CC BY SA 3.0, https://de.wikipedia.org/wiki/Datei:Teide_Observatorium_VTT.jpg

Die Parker Solar Probe der NASA hingegen wurde gestartet, um die Sonne so nah wie möglich zu umkreisen und Messungen direkt im Bereich der Korona vorzunehmen. Auch die europäische Weltraumorganisation ESA hat 2020 eine Raumsonde zur Erforschung der Sonne gestartet: den Solar Orbiter. Dieser umkreist die Sonne auf einer stark geneigten Bahn, um auch die Polregionen der Sonne zu erforschen. Während ich diese Zeilen schreibe, berichten zahlreiche Medien über die ersten Bilder des Sonnensüdpols, die mithilfe des Solar Orbiter gewonnen wurden.

Obwohl wir mit der Erde einen idealen Standort zur Erforschung der Sonne haben, stellt uns unser Zentralgestirn immer noch vor große Rätsel. So ist bis heute nicht abschließend geklärt, warum die Korona millionenfach heißer ist als die Sonnenoberfläche. Auch die genaue Ursache des etwa elfjährigen Sonnenzyklus und die Mechanismen, die dazu führen, dass sich das Magnetfeld der Sonne in diesem Rhythmus umpolt, sind noch Gegenstand intensiver Forschung. Ebenso ist der Aufbau des Sonneninneren nicht vollständig verstanden. Schließlich können wir keine Sonde auf der Sonne landen, um dort eine Art »Kernbohrung« vorzunehmen.

Trotz unseres großen Standortvorteils und der stetig fortschreitenden Entwicklung von Messmethoden, Simulationen und Beobachtungstechniken gibt uns die Sonne bis heute viele ihrer Geheimnisse nicht preis.

Die Sonne ist gelb – oder doch nicht?

Fragen Sie irgendwen, welche Farbe die Sonne hat, und Sie werden ohne Umschweife hören: Die Sonne ist gelb. Doch das stimmt so nicht. Tatsächlich wird die Sonne in vielen Darstellungen gelb gezeigt, und selbst in wissenschaftlichen Publikationen erscheint sie meist gelblich bis rötlich. Auch wird sie als »gelber Zwergstern« bezeichnet, was den Eindruck erweckt, die Sonne sei tatsächlich gelb. Physikalisch betrachtet ist die Sonne jedoch weiß. Sie strahlt Licht aller Wellenlängen aus, die sich im Mittel für unser Auge als weißes Licht zeigen. Genau genommen liegt der Schwerpunkt der abgestrahlten Energie im Bereich des grünen Lichts, die Sonne müsste uns also eher leicht grünlich erscheinen. Warum erscheint sie uns dann als eher gelber Stern?

Das liegt an der Atmosphäre der Erde und den darin enthaltenen Partikeln. Die Atmosphäre streut kurzwelliges, also blaues Licht, deutlich stärker als langwelliges rotes Licht. Steht die Sonne hoch am Himmel, wird ein Teil des blauen Lichts herausgestreut, und die Sonne erscheint uns gelblich. Am Horizont ist die Dichte an Aerosolen und Staub in der Luft größer, blaues und grünes Licht werden nahezu vollständig gestreut oder absorbiert. Die Sonne erscheint dann orange bis rot. Vom Weltraum aus betrachtet ist die Sonne tatsächlich weiß.

8.2 Die Sonne im Teleskop

Um die Sonne im Fernglas oder Teleskop betrachten zu können, benötigen Sie geeignete Filter, die im Fachhandel für Astronomie erhältlich sind (Abbildung 8.7). Vermeiden Sie unbedingt zweckentfremdete Lösungen wie Schweißerglas oder ähnliche Materialien.

Warnhinweis

Die direkte Betrachtung der Sonne mit bloßem Auge kann schwere Schäden an den Augen verursachen. Durch ein Fernglas oder Teleskop wird dieser Effekt um ein Vielfaches verstärkt. Die Augen können innerhalb von Sekundenbruchteilen schwerste Schäden nehmen. Vermeiden Sie in jedem Fall die direkte Beobachtung der Sonne mit einem Fernglas oder Teleskop.

Die günstigste und zugleich bewährte Lösung ist die sogenannte AstroSolar-Folie der Firma Baader Planetarium. Dabei handelt es sich um eine aluminiumbedampfte Folie, die den größten Teil des Sonnenlichts sowie der schädlichen UV-Strahlung reflektiert. Diese Folien gibt es in verschiedenen Neutraldichte-Varianten: Es existieren Filterfolien für die Fotografie und solche für die visuelle Beobachtung. Nutzen Sie keinesfalls die fotografische Folie zur visuellen Betrachtung! Im Zweifel lassen Sie sich von einem Fachhändler beraten, welche Folie für Ihr Teleskop am besten geeignet ist

Abbildung 8.7: Ein Objektivsonnenfilter der Firma Omegon. Quelle: Omegon, Astroshop

Die Folien sind sowohl als einzelne Bögen als auch in bereits vorgefertigten Fassungen erhältlich. Sie können sich auch selbst eine Fassung aus Karton oder ähnlichem Material basteln, mit der die Folie sicher vor dem Teleskop angebracht wird. Achten Sie dabei unbedingt auf eine stabile Befestigung, sodass die Folie nicht etwa durch einen Windstoß während der Beobachtung weggerissen werden kann. Auch sollten Sie Sucherteleskope entweder vollständig abdecken oder ebenfalls mit der Filterfolie versehen.

Mit diesen Filtern können Sie die Sonne gefahrlos im Teleskop beobachten. Vermeiden Sie unbedingt Filter, die ins Okular eingeschraubt werden. Bei günstigen Teleskopen werden solche Sonnenfilter gelegentlich mitgeliefert. Meist handelt es sich dabei um Schweißerglas von unzuverlässiger Qualität. Es besteht die Gefahr, dass das Glas durch die große Hitzeeinwirkung platzt.

Eine heute nur noch selten genutzte Methode der Sonnenbeobachtung ist die Projektion des Sonnenbildes hinter dem Okular auf eine weiße Fläche. Im einfachsten Fall genügt dafür bereits ein weißes Blatt Papier, das hinter das Okular eines Teleskops oder Fernglases gehalten wird. Im Fachhandel sind außerdem spezielle Sonnenprojektionsschirme erhältlich, die direkt am Okularauszug befestigt werden können. Besonders für größere Gruppen ist diese Methode gut geeignet, da mehrere Personen das projizierte Bild gleichzeitig betrachten können. Heute wird sie jedoch nur noch selten eingesetzt und ist weitgehend von modernen Sonnenfilterfolien verdrängt worden.

Es gibt spezielle Sonnenteleskope, die es ermöglichen, die Sonne in ganz bestimmten Wellenlängen zu beobachten – vornehmlich in der sogenannten H-alpha-Linie. Diese Teleskope liefern atemberaubende Bilder der Sonnenoberfläche und der Protuberanzen, sind jedoch vergleichsweise teuer. Das derzeit kleinste und günstigste Sonnenteleskop kostet bereits etwa 1.200 Euro. Mit diesem Teleskop lässt sich allerdings ausschließlich die Sonne beobachten und fotografieren, was das Preis-Leistungs-Verhältnis einschränkt.

8.3 Auf den Spuren Isaac Newtons: das weiße Licht der Sonne in Spektralfarben zerlegt

Isaac Newton, der von 1643 bis 1727 lebte, war ein Universalgelehrter. Er hat nicht nur Bahnbrechendes auf dem Feld der Gravitation und der Mathematik geleistet, sondern auch in der Optik entscheidende Impulse gesetzt. Und damit ist nicht nur die Erfindung des Newton-Teleskops gemeint! Wenn Sie im Internet nach Bildern von Newton suchen, werden Sie sehr oft eine Darstellung sehen, in der er ein Glasprisma hält, mit dem das Licht der Sonne durch einen Spalt in seine Regenbogenfarben zerlegt wird. Diese Darstellung beruht auf den Berichten, die er in seinem Werk *Opticks: Or, a Treatise of the Reflexions, Refractions, Inflexions and Colours of Light* erwähnt, das 1704 erschien.

Newton beschreibt dort, dass er sein Zimmer verdunkelt hat und nur durch einen kleinen Spalt etwas Sonnenlicht von außen auf ein Glasprisma gelenkt wurde. Hinter dem Prisma wurde das Sonnenlicht in Farben zerlegt, die er als Rot, Orange, Gelb, Grün, Blau, Indigo und Violett bezeichnete. Er schreibt weiter, dass es ihm anfangs Freude bereitete, diese kräftig leuchtenden Farben zu betrachten. Doch nach einiger Zeit begann er natürlich darüber nachzudenken, wie diese wohl entstehen (Abbildung 8.8).

Abbildung 8.8: Dieser Kupferstich zeigt Isaac Newton und kursiert heute als kolorierte Variante und in allerlei Stilisierungen im Internet.

Was Newton dort beobachtet hat, ist nichts anderes als das, was auch beim Regenbogen passiert: die Zerlegung des weißen Lichts in seine Spektralfarben. Das weiße Licht der

Sonne besteht also in Wirklichkeit aus vielen verschiedenen Wellenlängen. Umgekehrt kann man das aufgespaltene Licht mit einem weiteren Prisma wieder zu weißem Licht vereinen – das ist quasi die Gegenprobe dieser Theorie.

Man bezeichnet das in der Physik als *Dispersion* (Lat. für »Verstreuung«). Darunter versteht man die Tatsache, dass Licht beim Übergang von einem Medium in ein anderes unterschiedlich stark gebrochen wird — und zwar abhängig von seiner Wellenlänge. Kurzwelliges Licht (zum Beispiel blaues Licht) wird stärker gebrochen als langwelliges Licht (zum Beispiel rotes Licht).

Anschaulich kann man das auf folgende Art und Weise erklären: Stellen Sie sich vor, Sie sitzen am Strand, und plötzlich ruft jemand im Wasser um Hilfe. Die Person befindet sich nicht direkt gegenüber von Ihnen, sondern einige Meter strandaufwärts. Sie rennen nun los, um zur Rettung zu eilen. Sie wissen jedoch, dass Sie sich im Wasser langsamer bewegen als an Land. Deshalb rennen Sie zunächst ein gutes Stück strandaufwärts, bevor Sie sich ins Wasser werfen und den Rest der Strecke schwimmen. Die Tatsache, dass Sie sich in unterschiedlichen Medien unterschiedlich schnell bewegen, führt dazu, dass Ihr Weg nicht gerade, sondern »geknickt« ist. Der Weg wird also gebrochen (Abbildung 8.9).

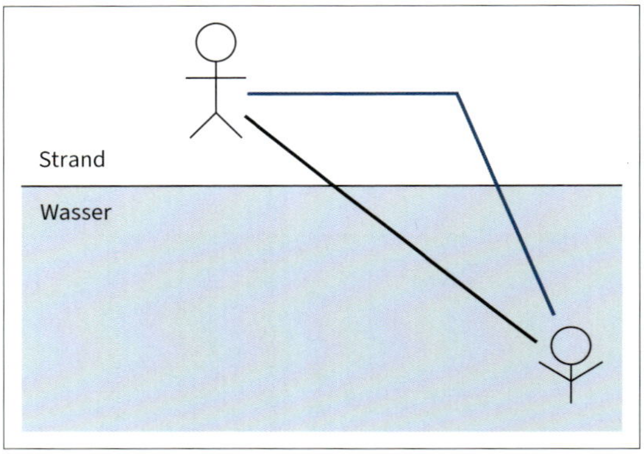

Abbildung 8.9: Anschauliche Darstellung zur Brechung von Licht

Das ist nur eine anschauliche Darstellung, aber sie hat mir im Physikunterricht geholfen zu verstehen, warum Licht überhaupt gebrochen wird.

Etwa einhundert Jahre nach Newton gelang eine weitere sehr wichtige Entdeckung. Der Münchener Optiker Joseph von Fraunhofer beobachtete im Spektrum der Sonne dunkle Linien. Dazu verwendete er ebenfalls ein Glasprisma, betrachtete das Spektrum jedoch mithilfe eines kleinen Fernrohrs. Diese Konstruktion ist heute als Spektroskop bekannt.

Fraunhofer untersuchte nicht nur das Licht der Sonne auf diese Weise, sondern auch das Licht anderer Himmelskörper – zum Beispiel des Mondes, der Venus und einiger der hellsten Sterne. Beim Mond und bei der Venus erkannte er ein Spektrum, das dem der Sonne gleicht. Beim Sirius jedoch sah er Abweichungen in der Darstellung der Linien. Auch testete Fraunhofer sein Spektroskop an irdischen Lichtquellen. Dabei fand er ebenfalls dunkle Linien im Spektrum, diese stimmten jedoch nicht mit denen des Sonnenspektrums überein.

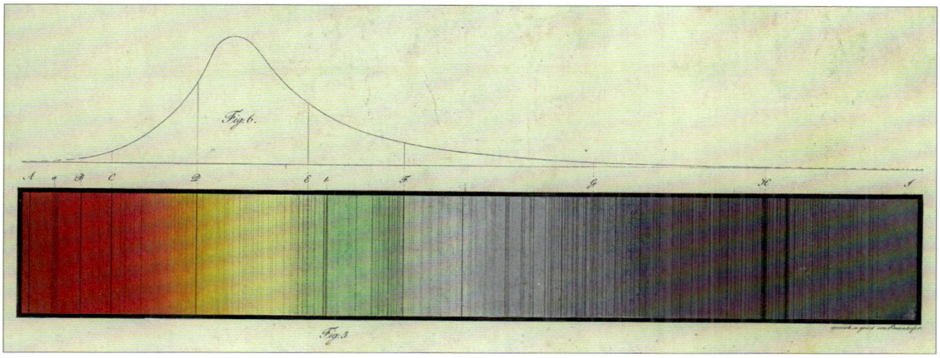

Abbildung 8.10: Fraunhofers erstaunlich detaillierte Originalzeichnung. Quelle: Deutsches Museum, Archiv, BN 43952, CC BY SA 4.0, https://commons.wikimedia.org/wiki/File:Fraunhofer_Spektrum_Medium.jpg

Fraunhofer und Newton: zwei Männer, ein Ziel

Was beide verband, war ihr Ehrgeiz, das Teleskop entscheidend zu verbessern.

Interessant ist die Tatsache, dass sowohl Newton als auch Fraunhofer Bedeutendes zur Entwicklung des Teleskops beitragen konnten. Denn genau der Effekt der Dispersion sorgt dafür, dass das Licht in Glaslinsen ungleichmäßig gebrochen wird. In der Folge gibt es eine farbliche Fehlabbildung, auch *chromatische Aberration* genannt.

Newton war der Überzeugung, dass die besten Teleskope darum nicht mit Glaslinsen, sondern mit Spiegeln gebaut werden müssen. Und so erfand er den bis heute beliebten Newtonschen Reflektor.

Fraunhofer kombinierte stattdessen zwei Linsen aus unterschiedlichen Materialien (Kronglas und Flintglas) geschickt und entwickelte so den Fraunhofer-Achromaten – damals das Beste, was es an Teleskop-Optiken gab. Um die Qualität seiner Linsen zu prüfen, untersuchte er das Licht – und entdeckte dabei die berühmten Fraunhofer-Linien im Sonnenspektrum.

Mitte des 19. Jahrhunderts stellten Robert Wilhelm Bunsen und Gustav Robert Kirchhoff die Theorie auf, dass die von Fraunhofer entdeckten Linien charakteristische Merkmale spezieller Elemente seien. Sie führten Untersuchungen durch, bei denen sie verschiedene Salze in eine Flamme hielten. Fun Fact: Um eine farblich saubere Flamme zu erzeugen, musste erst ein neuartiger Brenner entwickelt werden – der Bunsenbrenner.

Sie beobachteten, dass verschiedene Salze in einer Flamme ein charakteristisches Leuchten verursachen. In ihrem weiterentwickelten Spektroskop erschienen diese Farben ebenfalls als Linien. Anders als beim Sonnenspektrum waren das jedoch keine dunklen

Linien, sondern helle, farbige Linien. Man spricht heute von *Emissionslinien* (hell) und *Absorptionslinien* (dunkel).

Kirchhoff und Bunsen folgerten weiter, dass die Absorptionslinien, die Fraunhofer im Sonnenspektrum beobachtet hatte, auf bestimmte Elemente in der Sonnenphotosphäre hinweisen. Damit war die Spektralanalyse geboren – eine der wichtigsten Methoden der Astronomie. Abbildung 8.11 zeigt oben das Sonnenspektrum, darunter die Spektren der Experimente mit verschiedenen Salzen. Am Beispiel des Natriums erkennt man den Unterschied zwischen einer Emissionslinie und einer Absorptionslinie.

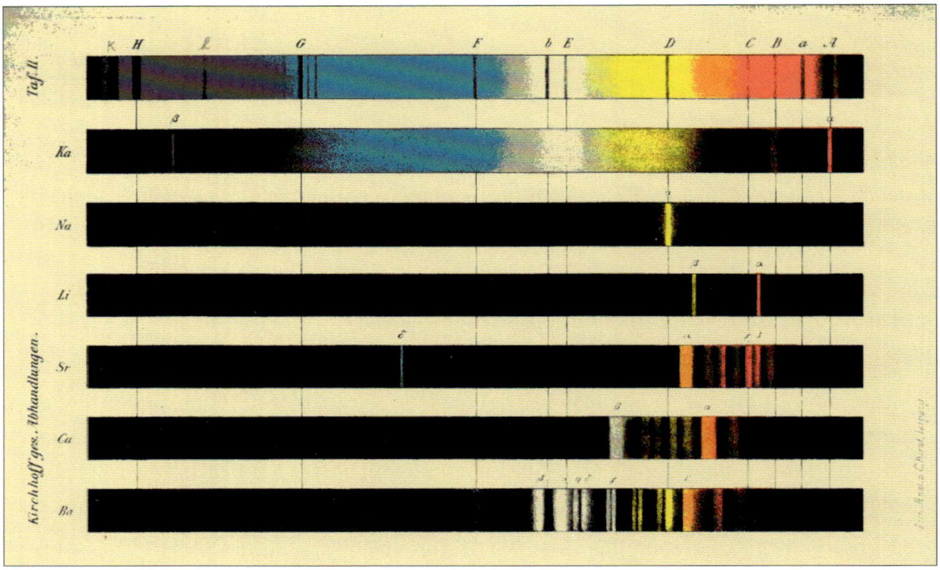

Abbildung 8.11: Spektren von Kirchhoff und Bunsen. Quelle: Abbildung aus: Kirchhoff, G. & Bunsen, R. (1860): Chemische Analyse durch Spectralbeobachtungen. In: Annalen der Physik und Chemie, Bd. 110, No. 6, S. 161–189. Digitalisiert durch die Universitätsbibliothek Heidelberg, DOI: 10.11588/heidok.00015657

Fraunhofer hat den von ihm entdeckten Linien einfache Bezeichnungen gegeben: Er benannte sie schlicht nach den Buchstaben des Alphabets. So gab es eine A-Linie, eine B-Linie, D-Linien und so weiter. In der heutigen Physik werden jedoch genaue Bezeichnungen verwendet. Vor allem die Wellenlänge der Linie ist hier relevant. Diese wird entweder in Nanometern (nm) oder in Ångström (Å) angegeben.

Historisch werden die Fraunhofer-Namen in einigen Kontexten dennoch weiterhin verwendet — zum Beispiel, wenn man von der D-Linie des Natriums oder der K-Linie des Calciums spricht.

In der Astronomie ist auch die sogenannte Balmer-Serie unbedingt zu erwähnen. Tatsächlich hat Wasserstoff nicht nur eine charakteristische Linie, sondern gleich mehrere, die zusammen als *Balmer-Serie* bezeichnet werden. Die Bezeichnung der Linien folgt einer festen Nomenklatur: Das »H« steht stets voran als Kennzeichnung des chemischen Elements Wasserstoff. Die erste Linie (bei 656 nm, rot) wird als Hα-Linie bezeichnet, die zweite (bei 486 nm, blaugrün) als Hβ-Linie, die dritte (bei 434 nm, blau) als Hγ -Linie und so weiter. Einige Linien der Balmer-Serie liegen dabei außerhalb des für den Menschen wahrnehmbaren sichtbaren Spektrums. Den Wellenlängen der charakteristischen Linien entsprechen bestimmte energetische Anregungszustände der Elektronen. Eine ausführlichere Erklärung findet sich in der Atomphysik, wie sie in Oberstufen- oder Einführungslehrbüchern der Physik behandelt wird.

Wasserstoff ist das häufigste Element im Universum. Der Begriff Hα-Linie wird Ihnen in der Astronomie daher immer wieder begegnen.

Wir werden uns nun ein einfaches Spektroskop bauen, mit dem wir das Licht der Sonne in seine Spektralfarben zerlegen und darin sogar die Fraunhoferlinien nachweisen können.

8.4 Projekt: Der Bau eines Spektrometers

Ich zeige Ihnen im Folgenden den Bau eines einfachen Spektrometers, mit dem Sie bereits verschiedene Untersuchungen durchführen können. Sie können sich die Spektren unterschiedlicher Lichtquellen anschauen und sogar die feinen Spektrallinien im Sonnenspektrum beobachten.

Spektroskop oder Spektrometer? Welche Bezeichnung ist richtig?

Von einem *Spektroskop* redet man dann, wenn das Gerät lediglich der Betrachtung eines Spektrums dient. Mit einem *Spektrometer* kann man hingegen ein Spektrum auch qualitativ und quantitativ vermessen.

Das Selbstbau-Spektrometer basiert auf einer Anleitung, die Sie im Internet unter dem Begriff *Theremino Spectrometer* finden. Die Seite *https://theremino.com* ist eine Sammlung verschiedener DIY-Projekte aus dem Bereich Wissenschaft und Technik.

Falls Sie lieber nicht selbst basteln möchten, können Sie ein solches Spektrometer auch fertig kaufen. Stand 2026 gibt es auf einem chinesischen Versandportal für etwa 80 bis 100 € das sogenannte *Little Garden Spectrometer*, das auf dem Theremino-Projekt beruht, jedoch im 3D-Druckverfahren hergestellt wurde. (Selbstverständlich können Sie auch selber ein Spektroskop im 3D-Druck anfertigen). Das Little Garden Spectrometer arbeitet mit einem Monochromsensor. Farbsensoren haben den Nachteil, dass sie eine deutlich geringere Auflösung bieten als Monosensoren. Die feinen Spektrallinien im Sonnenspektrum lassen sich zum Beispiel nur mit einem Monosensor gut abbilden. Beim Selbstbau haben Sie die Wahl zwischen einem Mono- oder einem Farbsensor. Wenn Sie das Projekt zum ersten Mal umsetzen, empfehle ich Ihnen zunächst die Farbvariante. Ein Monosensor kann anfangs in der Handhabung etwas anspruchsvoll sein, da sich das Spektrum für Ungeübte nicht immer leicht erkennen lässt. Anders als bei Farbsensoren fehlen zunächst die gewohnten Farbinformationen, sodass Strukturen und Kontraste erst richtig interpretiert werden müssen. Später können Sie den Farbsensor problemlos durch einen Monosensor ersetzen.

Die folgende Anleitung ist kein starres Schema. Sie können den Aufbau nach Belieben anpassen, solange Sie die Funktionsweise des kleinen Geräts verstanden haben. Schauen Sie sich auch alternative Bauanleitungen im Internet an. Ich selbst habe das Spektrometer beispielsweise schon in einer Holzkiste aufgebaut und das Objektiv einer alten Webcam verwendet – auch das hat funktioniert.

Beachten Sie außerdem, dass bestimmte Bauteile wie Sensoren oder Gehäuse, die heute erhältlich sind, in wenigen Jahren möglicherweise nicht mehr oder nur unter anderem Namen verfügbar sein werden. In diesem Fall ist etwas Improvisation gefragt.

Nun aber genug der Worte – viel Spaß beim Bau und Einsatz Ihres Spektrometers!

8.4.1 Teileliste

Zum Bau des Spektrometers benötigen Sie folgende Teile:

- Mehrzweck-Kunststoffgehäuse, 150 × 80 × 50 mm, z. B. von HeiGroup
- Winkelleiste/Winkelprofil, 35 × 35 mm
- Rasierklingen
- PCB-Abstandshalter und M2.5-Schrauben (am besten ein Set)
- Veloursklebefolie von d-c-fix
- Beugungsgitter-Folie, 1000 Linien pro mm (alternativ gerahmt)
- Innomaker 1080p USB 2.0 UVC-Kameramodul (Farb-CMOS) oder alternativ Innomaker USB 2.0 UVC-Kameramodul Mono-Sensor OV9281

Abbildung 8.12 zeigt alle Einzelteile. Ebenfalls benötigen Sie eine Bohrmaschine oder einen Dremel/Proxxon sowie Bohrer mit 2,5 und 3 mm und ggf. eine Rundfeile, Heißklebepistole oder Klebstoff.

Abbildung 8.12: Einzelteile zum Bau des Spektrometers

8.4.2 Der Bau des Spektrometers

Sägen Sie aus dem Winkelprofil ein ca. 3,5 cm langes Stück heraus. Es sollte groß genug sein, um das Kamera-Modul aufzunehmen. Legen Sie das Kamera-Modul einmal an und markieren mit einem Filzschreiber die Bohrlöcher der Platine auf dem Winkel. Bohren Sie nun mit einem geeigneten Bohrer vier Löcher zur Befestigung des Moduls. Befestigen Sie vier PCB-Abstandshalter von 1 cm Länge in diesen vier Bohrlöchern. Diese dienen zur Aufnahme des Moduls. Bringen Sie dann das Modul mit entsprechenden Schrauben an (Abbildung 8.13).

Abbildung 8.13: Kamera-Halterung montieren

In den anderen Schenkel der Winkelhalterung bohren Sie mittig ein 3-mm-Loch, etwa auf der Höhe, auf der sich die Kameralinse befindet. Dieses Loch dient zur Befestigung und Drehung des Kamera-Moduls im Gehäuse. Halten Sie nun den Winkel einmal im Gehäuse an, und finden Sie den geeigneten Platz an einer Seite des Gehäuses, wo Sie die Kamera anbringen können. Achten Sie darauf, dass sie die Kamera nicht zu hoch montieren, ansonsten bekommen Sie später Probleme, den Schlitz an der gegenüberliegenden Wand zu setzen. Achten Sie zudem darauf, dass sich der Winkel etwas drehen lässt, ohne am Gehäuse anzuschlagen. Die Kamera sollte später in einem 30°-Winkel im Gehäuse sitzen (plus/minus ein paar Grad).

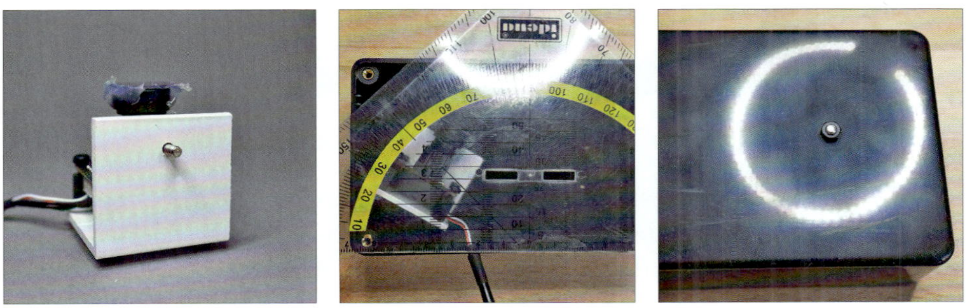

Abbildung 8.14: Kamera-Halterung im Gehäuse befestigen

Halten Sie die Kamera einmal in ihrer Position an – schon im bereits genannten 30°-Winkel – und markieren Sie auf der gegenüberliegenden Gehäuseseite, auf welcher Höhe sich der Schlitz befinden muss.

Mit einem Dremel oder einem ähnlichen Werkzeug fräsen Sie nun einen Schlitz in das Gehäuse (Abbildung 8.15). Dieser sollte möglichst waagerecht sein. Besonders genau müssen Sie aber ansonsten nicht arbeiten, weil wir den Schlitz später noch verfeinern werden.

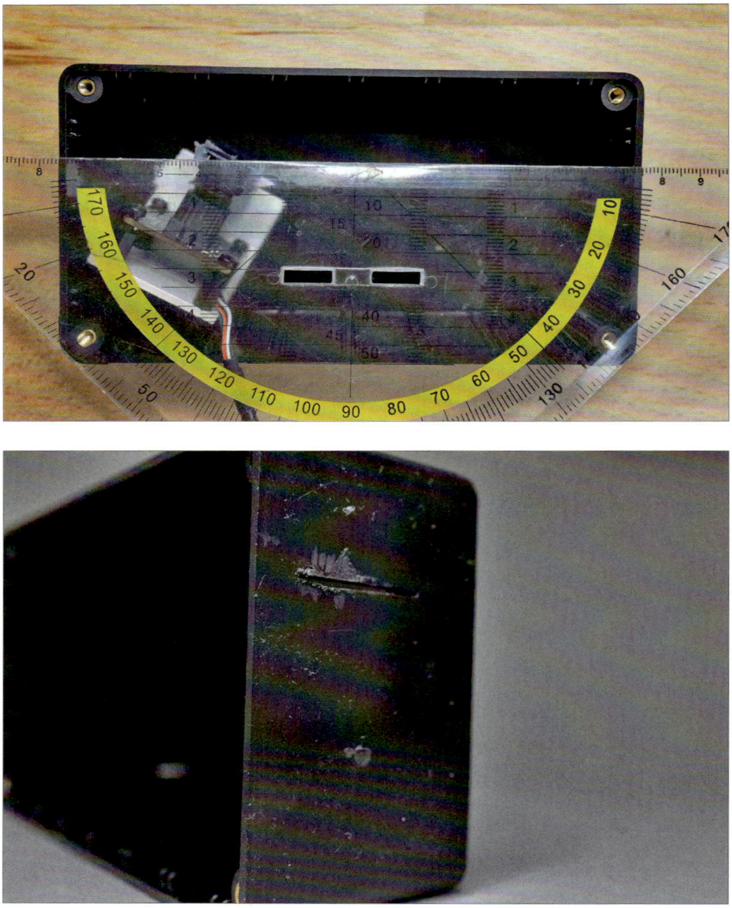

Abbildung 8.15: Schlitz fräsen

Bevor Sie nun alles zusammenbauen, kleiden Sie das gesamte Gehäuse sowie den Gehäusedeckel von innen mit Velours aus, um störende Reflexionen zu vermeiden. Fräsen oder feilen Sie eine kleine Kerbe in die Gehäusekante und den Deckel, um das Kabel der Kamera nach außen zu führen, ohne es zu beschädigen.

Nun müssen wir noch eine passende Halterung für die Gitterfolie basteln. Ich habe dazu die Schutzkappe der Kamera mit einem Cuttermesser ausgeschnitten und ein Stück der Folie mit der Heißklebepistole angebracht (arbeiten Sie hier bevorzugt mit Handschuhen, um Fingerabdrücke auf der Gitterfolie zu vermeiden). Der Kreativität sind keine Grenzen gesetzt, es muss nur stabil und leicht zu montieren sein (Abbildung 8.17).

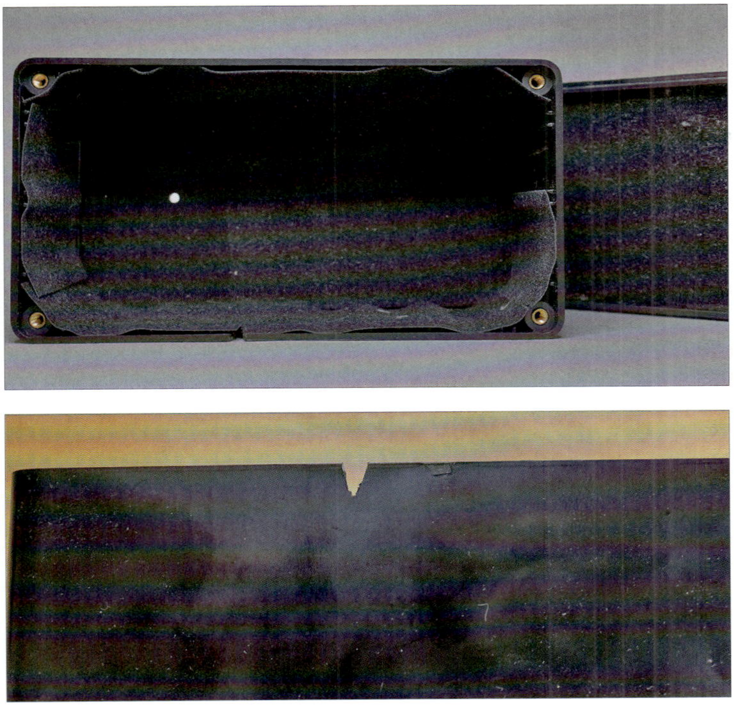

Abbildung 8.16: Das ausgekleidete Gehäuse mit Kerbe

Abbildung 8.17: Der Staubschutzdeckel des Objektivs wird als Halterung modifiziert.

Achtung, Verletzungsgefahr!

Wenn Sie die Rasierklingen aus ihrer Schutzpackung holen, besteht große Verletzungsgefahr! Rasierklingen sind extrem scharf, und mehrmals habe ich bereits beim Basteln blutige Schnittwunden erlitten. Benutzen Sie im Zweifel geeignete Handschuhe, die gegen Schnittverletzungen wirksam sind.

Bringen Sie die Rasierklingen so an dem vorhin gefrästen Schlitz an, dass zwei sich gegenüberliegende Rasierklingen einen winzigen Schlitz formen. Das kann etwas fummelig sein, und dabei besteht eben erneut die Gefahr von Schnittwunden. Fixieren Sie die Rasierklingen mit etwas Klebeband, etwa Isolierband oder Gaffer Tape.

Bevor Sie nun alles zusammenbauen und das Gehäuse verschließen, müssen wir uns zunächst um die Software kümmern.

Abbildung 8.18: Spalt zwischen zwei Rasierklingen

8.4.3 Die Theremino-Spektrometer-Software

Leider ist die Theremino-Homepage eine der unübersichtlichsten Seiten, die das Internet je hervorgebracht hat.

Über den Link *www.theremino.com/downloads/automation#spectrometer* gelangen Sie direkt zum Spektrometer-Projekt, allerdings in italienischer Sprache. Auf der Startseite können Sie zwar die Sprache umstellen, müssen dann aber erneut zur Spektrometer-Seite zurücknavigieren. Diese befindet sich im Abschnitt »Automation«. Einfacher ist es, die Übersetzungsfunktion Ihres Browsers zu benutzen (Abbildung 8.19).

Scrollen Sie auf der Seite nach unten. Sie finden dort PDF-Dateien mit Anleitungen in Englisch, Italienisch und Chinesisch. Hier können Sie sich auch nochmals die Original-Bauanleitung ansehen. Wenn Sie weiter nach unten scrollen, ganz ans Ende der Projektseite, finden Sie den Software-Download. Klicken Sie auf den Link, und das Programm wird heruntergeladen.

Im Download-Ordner Ihres Computers finden Sie eine ZIP-Datei mit dem Namen *Theremino_Spectrometer_V5.0*. Mit einem Rechtsklick erhalten Sie unter anderem die Option »Alle extrahieren«. Wählen Sie diesen Eintrag, dann erhalten Sie einen gleichnamigen, aber nicht komprimierten Ordner. Öffnen Sie diesen Ordner – darin befinden sich mehrere Unterordner, eine Datei mit der Endung *.ini* sowie die eigentliche Anwendungsdatei.

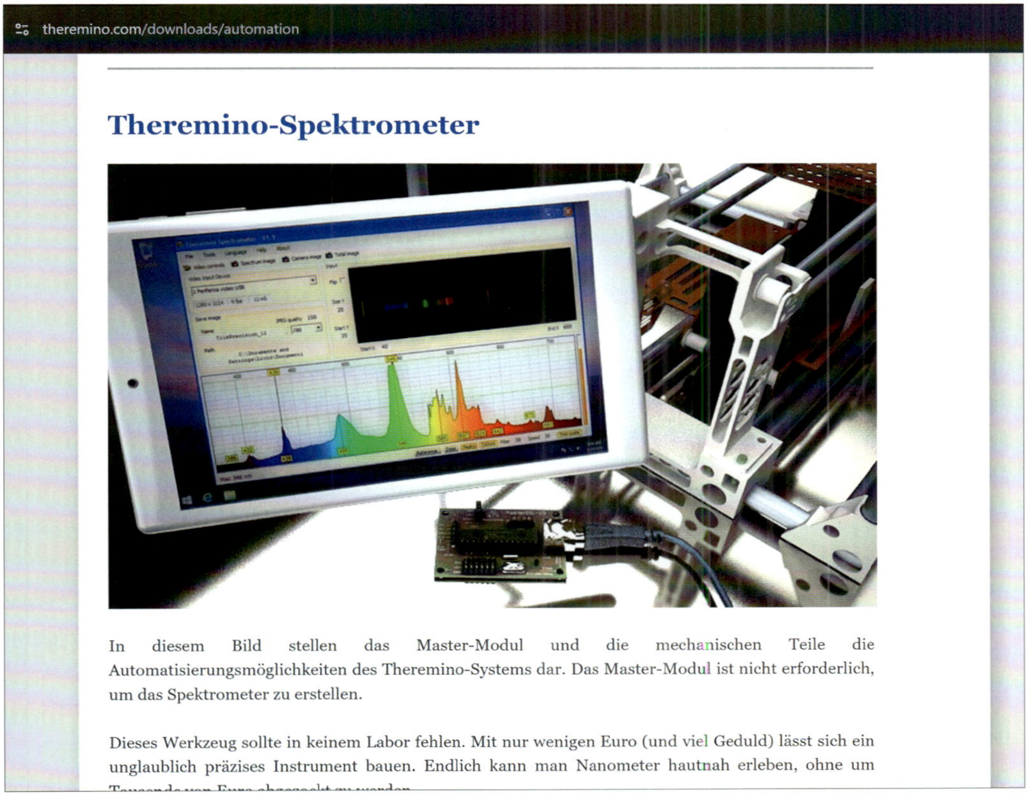

Abbildung 8.19: Die Theremino-Website ist wie ein Blog aufgebaut.

Das Programm kann nicht installiert werden, es startet einfach mit einem Doppelklick auf die Anwendungsdatei. Unter Windows erscheint beim erstmaligen Ausführen in der Regel ein Pop-up-Fenster mit dem Hinweis, dass der Computer durch Windows geschützt wurde. Klicken Sie auf »Weitere Informationen« und anschließend auf »Trotzdem ausführen«, um die Anwendung zu starten.

Sobald das Programmfenster geöffnet ist, schließen Sie die Kamera Ihres Spektrometers an einen USB-Port Ihres Computers an – Sie hören das typische Verbindungssignal. Links oben im Feld »Video Input Device« sollte nun Ihre Kamera im Drop-down-Menü zur Auswahl stehen, zum Beispiel **Innomaker-U20Cam-1080p-S1**. Sollte Ihr Modell nicht explizit genannt sein, wählen Sie den Eintrag **Webcam**. Drücken Sie auf **Connect**, und die Kamera sollte starten.

Hinweis: Sollten Sie das Feld »Sensor Samples« nicht sehen, wählen Sie oben in der zweiten Menüleiste den Eintrag **Options**. Danach sollte ein Livebild Ihrer Kamera sichtbar sein.

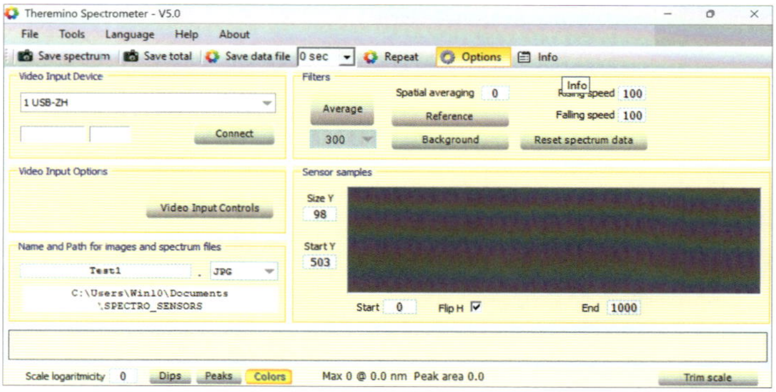

Abbildung 8.20: Das Programmfenster von »Theremino Spectrometer«

Fokussieren der Kamera und Zusammenbau des Spektrometers

Halten Sie die Kamera etwa in der Position, in der sie später im Gehäuse sitzt, und richten Sie sie auf den Schlitz am vorderen Ende des Gehäuses. Der Schlitz sollte scharf abgebildet werden. Ist dies nicht der Fall, können Sie durch Drehen der Kameralinse fokussieren.

Wenn Sie das erledigt haben, bringen Sie die Gitterfolie vor dem Objektiv an und bauen alle Teile zusammen. Achten Sie darauf, dass die Kamera in einem Winkel von 30° montiert ist. Die lange Kante des Bildsensors (dort, wo auch der Anschluss des USB-Kabels sitzt) zeigt in Ihre Richtung – also hin zum Gehäusedeckel. Die Gitterfolie sollte parallel zum Schlitz ausgerichtet sein.

Wenn Sie alles korrekt zusammengebaut haben, sollten Sie im Feld »Sensor Samples« der Theremino-Software ein Livebild Ihres ersten Spektrums sehen (Abbildung 8.21).

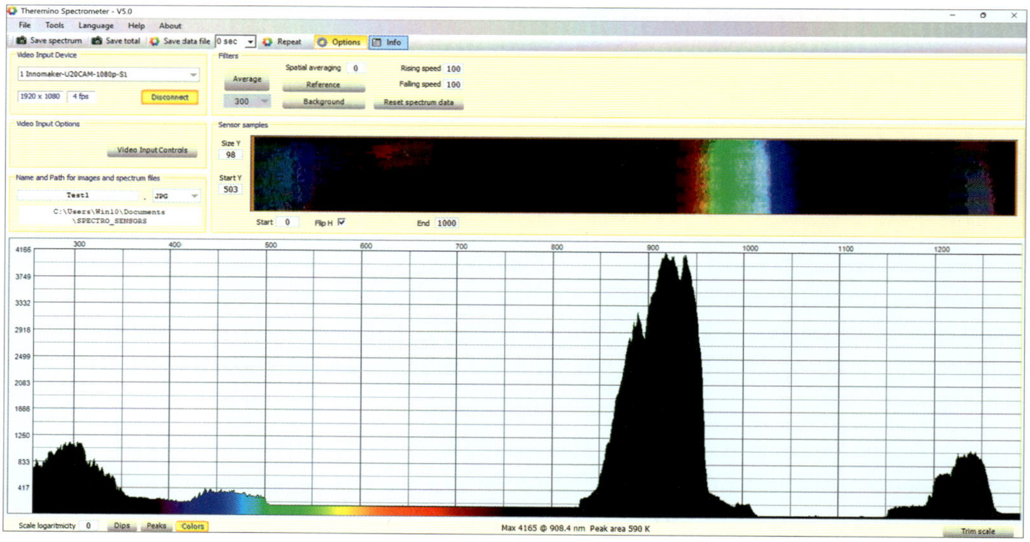

Abbildung 8.21: So könnte es aussehen, nachdem Sie das Spektrometer zusammengebaut und die Software gestartet haben.

Im Programmfenster finden Sie oben links den grau hinterlegten Button **Video Input Controls**. Klicken Sie darauf – es öffnet sich ein Kontrollfenster für die Webcam-Einstellungen. Entfernen Sie dort das Häkchen bei **Auto** und erhöhen Sie den Wert **Exposure**. Sie können gegebenenfalls mit weiteren Einstellungen experimentieren.

8.4.4 Kalibrierung des Spektrometers

Wenn Sie das Spektrometer bei Tageslicht aus dem Fenster schauen lassen oder es auf eine gleichmäßig beleuchtete Fläche richten, sollten Sie das typische Regenbogenspektrum sehen. Im Fenster »Sensor Samples« sehen Sie Auswahlboxen für **Size Y** und **Start Y** sowie **Start** und **End**. Im Kästchen **Flip H** sollte der Haken in der Regel nicht gesetzt sein. Wie auch immer – Ihr Spektrum sollte vom Violetten über Blau, Grün und Gelb bis hin zu Rot verlaufen. Ist das nicht der Fall, können Sie das Spektrum mit **Flip H** umdrehen.

Start Y gibt an, in welcher Pixelreihe horizontal der Sensor ausgelesen wird. Wir benötigen keinesfalls das gesamte Bildfeld des Sensors. Ganz im Gegenteil: Wir betrachten nur den für uns interessanten Ausschnitt, nämlich das Spektrum erster Ordnung. Die Software analysiert mehrere Pixelreihen, die jedoch gemittelt werden. Mit dem Wert **Size Y** geben Sie an, wie viele Pixelreihen gemittelt werden sollen – idealerweise zwischen 10 und 40. Ich habe den Wert auf 30 eingestellt; der Wert für **Start Y** hat sich danach automatisch angepasst. Dieser Wert sorgt dafür, dass das Spektrum zentriert und oben und unten abgeschnitten wird. Sollte sich der Wert bei Ihnen nicht automatisch anpassen, variieren Sie ihn leicht, bis Sie ein schönes, zentriertes Spektrum erhalten.

Start und **End** sind weitgehend selbsterklärend. Diese Werte geben an, wo der Sensor in der Vertikalen ausgelesen wird. Orangefarbene Markierungen im Sichtfenster helfen Ihnen bei der Einstellung. Platzieren Sie diese so, dass nur das helle, mittlere Spektrum ausgelesen wird – nicht der helle Klecks am linken Bildrand und auch nicht das dunklere, sekundäre Spektrum am rechten Rand. Wenn alles korrekt eingestellt ist, sollte es etwa so aussehen wie in Abbildung 8.22. Dies ist das kontinuierliche Spektrum der Sonne.

Damit das Spektrometer Farben und gegebenenfalls Spektrallinien exakt einer Wellenlänge zuordnen kann, muss es kalibriert werden. Dabei werden bekannte Spektrallinien bestimmten Wellenlängenwerten zugewiesen.

Am einfachsten gelingt dies mit einer Energiesparlampe. Technisch handelt es sich dabei um eine Niederdruck-Quecksilberdampf-Entladungsröhre. Diese Lampen erzeugen in der Regel ein sehr typisches Linienspektrum mit klar definierten Spektrallinien. Solche Leuchtmittel erhalten Sie im Onlinehandel unter dem Namen »Kompaktleuchtstofflampe« oder »Energiesparlampe«. Die Lampen erkennt man oft an ihrer Form – manche haben eine gewundene Röhre, andere haben eine Ummantelung und sind birnen- oder kerzenförmig.

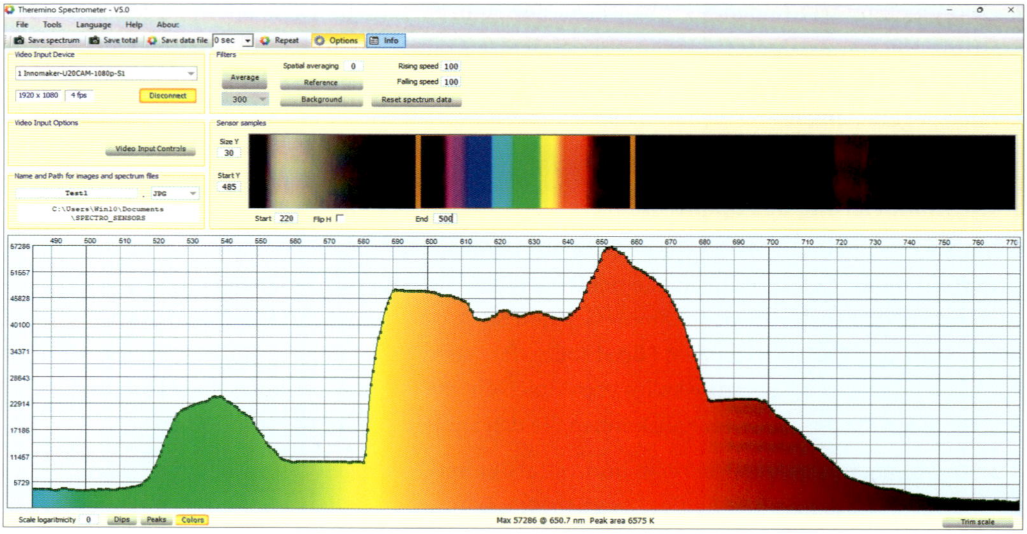

Abbildung 8.22: Wenn Sie die Einstellungen für X und Y vorgenommen haben, sehen Sie in etwa ein solches Bild.

Richten Sie den Spalt des Spektrometers auf die Lampe, die sich in einiger Entfernung befinden sollte. Warten Sie einige Minuten, bis die Lampe vollständig leuchtet. Dann sollten Sie ein Linienspektrum wie in Abbildung 8.23 sehen. In der Theremino-Software sind bereits zwei Wellenlängen von Energiesparlampen voreingestellt.

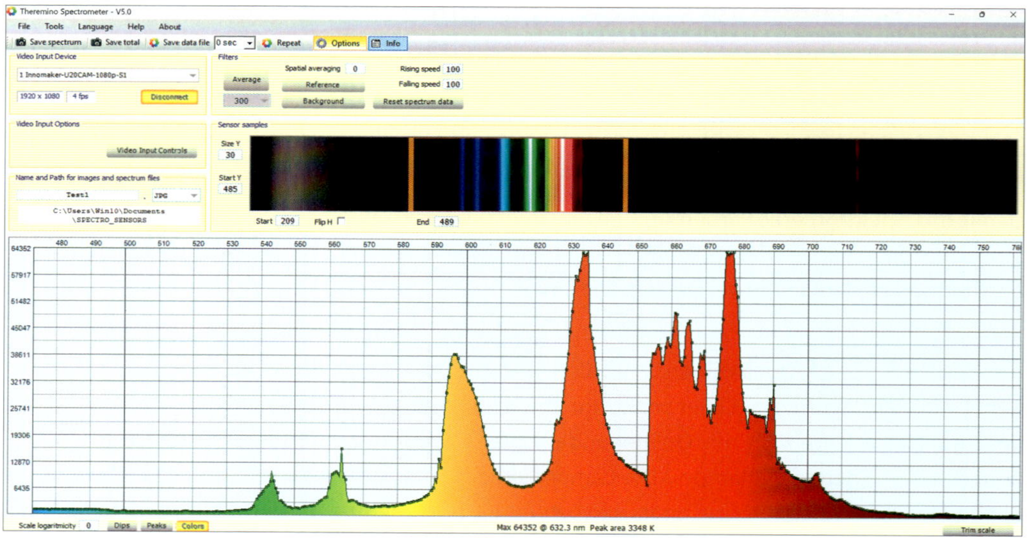

Abbildung 8.23: Typisches Spektrum einer Energiesparlampe

Aktivieren Sie unten links den Button **Peaks**. Damit werden an den Spitzen der Spektrallinien deren Werte angezeigt. Aktivieren Sie außerdem unten rechts den Button **Trim scale** – im Spektrumfenster sollten zwei gelbe Marker mit den Werten 436 und 546 nm erscheinen. Falls nur einer sichtbar ist, zoomen Sie mit dem Mausrad hinein oder hinaus. Platzieren Sie die Marker wie in Abbildung 8.24. Gegebenenfalls müssen Sie dies in mehreren Durchgängen tun und zusätzlich die Zoom-Stufe sowie die Werte für **Start** und **End** leicht anpassen.

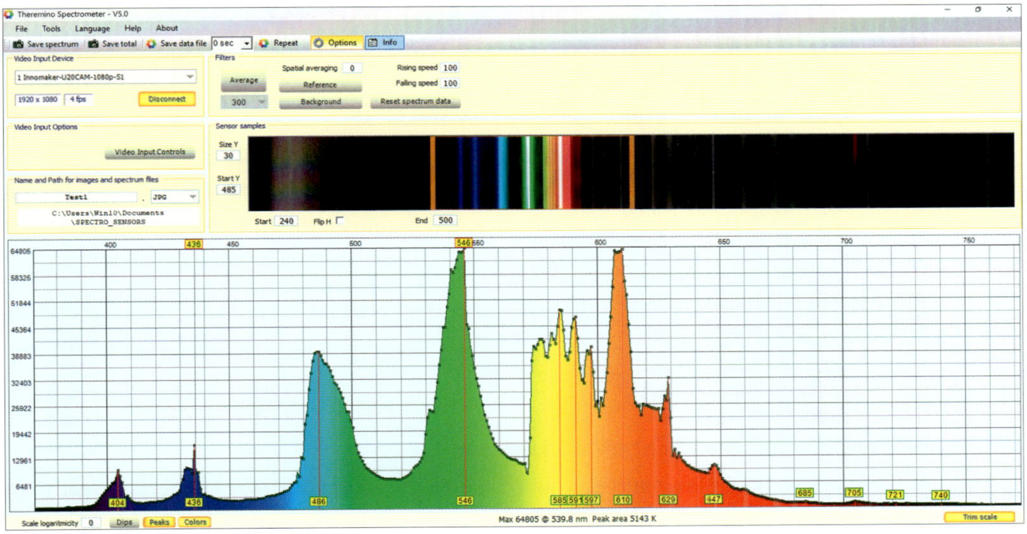

Abbildung 8.24: Nach erfolgter Kalibrierung: Die beiden Marker wurden mit ihren entsprechenden Linien in Deckung gebracht.

Nach erfolgter Kalibrierung sollte Ihr Spektrum dem in Abbildung 8.24 ähneln.

Sie können auch weitere Kalibriermarker setzen. Klicken Sie dazu mit der rechten Maustaste in den Bereich mit den Wellenlängenangaben. Ein kleines Fenster erscheint mit der Meldung »Add a new trimming point«. Bestätigen Sie mit **OK**. Mit gedrückter linker Maustaste können Sie den Marker nach links oder rechts verschieben. Mit gedrückter `Strg`-Taste und gehaltener linker Maustaste verändern Sie den Wert des Kalibriermarkers.

Widerstehen Sie jedoch der Versuchung, zu viele Kalibriermarker zu setzen – dies verbessert die Genauigkeit nicht, auch wenn es naheliegend erscheinen mag.

Dies ist nur eine von mehreren Methoden zur Kalibrierung des Spektrometers. Sie können auch andere Lichtquellen mit bekannten Spektrallinien verwenden, zum Beispiel einen grünen und einen roten Laserpointer (vorausgesetzt, Sie kennen deren Wellenlängen genau). Richten Sie beide Laser auf ein weißes Blatt Papier, richten Sie anschließend den Spalt des Spektrometers auf die beleuchtete Fläche und beobachten Sie die Linien im Spektrum. Setzen Sie entsprechende Trimming Points, und auch dann sollte ihr Spektrometer kalibriert sein.

Hinweis zur Genauigkeit

Ein DIY-Spektrometer genügt zwar nicht wissenschaftlichen Ansprüchen, dennoch lässt sich damit Erstaunliches anstellen. In meinem Fall konnte ich die Kalibrierung leider nicht so exakt vornehmen, dass mir Spektrallinien zuverlässig auf den Nanometer genau angezeigt wurden. Teilweise kam es zu Abweichungen von wenigen Nanometern. Für die Veranschaulichung der Funktionsweise eines Spektrometers ist diese Genauigkeit jedoch vollkommen ausreichend.

8.4.5 Experimente mit dem DIY-Spektrometer

Sie haben nun bereits zwei grundlegende Spektren kennengelernt: ein kontinuierliches (durchgehendes) Spektrum, wie es bei Tageslicht oder einer herkömmlichen Glühbirne auftritt, sowie ein Linienspektrum, wie es eine Energiesparlampe erzeugt. Damit haben Sie bereits zwei zentrale Spektraltypen der Spektroskopie anschaulich dargestellt.

Nun können Sie Lichtquellen analysieren – etwa einen Laser, verschiedene LEDs oder auch die Flamme einer Kerze bzw. eines Feuerzeugs. Doch es lassen sich noch viele weitere spannende Untersuchungen durchführen.

Auf den Spuren von Kirchhoff und Bunsen

Im Baumarkt oder Onlinehandel finden Sie kleine Gasbrenner, wie sie beispielsweise in der Küche zur Zubereitung einer Crème brûlée verwendet werden. Diese Gasbrenner erzeugen eine beinahe unsichtbare, heiße, bläuliche Flamme.

Mit einem Stück Draht können Sie verschiedene Salze in die Flamme halten und beobachten, welche Farben diese bei der Verbrennung erzeugen (siehe Abbildung 8.25). Profis machen das mit Magnesiumstäbchen, die im Laborbedarf erhältlich sind. In Ihrer Küche finden Sie mit hoher Wahrscheinlichkeit Natriumchlorid – besser bekannt als »Kochsalz«. Geben Sie eine kleine Menge dieses Salzes in die Flamme des Bunsenbrenners (so nennt man diese Art Gasbrenner im fachlichen Kontext) und beobachten Sie in der Theremino-Software das Aufleuchten der typischen gelben Natrium-D-Linie.

Im Onlinehandel – oder gegebenenfalls auch in der Apotheke – erhalten Sie weitere Salze, zum Beispiel Kaliumchlorid oder verschiedene Kupfersalze. Damit lassen sich zusätzliche spannende Experimente zur Flammenfärbung und Spektralanalyse durchführen.

Bitte beachten Sie dabei jedoch unbedingt die entsprechenden Sicherheitshinweise: Einige dieser Salze sind gesundheitsschädlich oder sogar giftig. Gehen Sie daher stets vorsichtig und verantwortungsvoll mit den Substanzen um – insbesondere bei Experimenten mit offener Flamme und feinen Pulverformen.

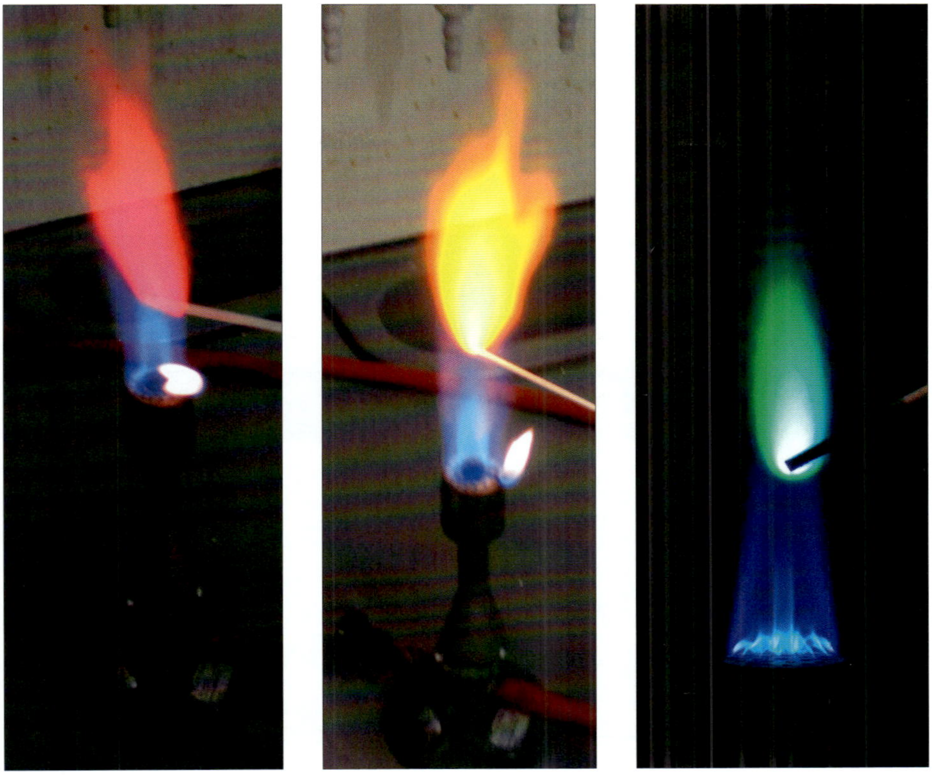

Abbildung 8.25: Flamme eines Bunsenbrenners – links eine Färbung durch Lithiumsalz, in der Mitte Natrium und rechts Kupfer.
Quellen (v.l.n.r.): https://nds.wikipedia.org/wiki/Bild:Flammenf%C3%A4rbungLi.png; https://de.wikipedia.org/wiki/Datei:Flammenf%C3%A4rbungCa.png; S k y r, CC BY 4.0, https://de.wikipedia.org/wiki/Datei:Flammenf%C3%A4rbung_Kupfer_%28Cu%29_ohne_Halogene.jpg

Sicherheit geht vor

Bei der Arbeit mit Metallsalzen – insbesondere Kupfer-, Barium- oder Strontiumverbindungen – sollten Handschuhe getragen und Dämpfe nicht eingeatmet werden. Führen Sie Experimente mit offenen Flammen nur in gut belüfteten Räumen oder im Freien durch.

Ein Gasnebel im Badezimmer?

Nein, es ist nicht das, was Sie bei dieser Überschrift vielleicht denken. Aber in meinem Bad – genauer gesagt: vor meinem Bad – habe ich im Lichtschalter eine kleine sogenannte Glimmlampe entdeckt. Solche Lampen finden sich auch in alten Elektrogeräten, zum Beispiel in Backöfen oder Mehrfachsteckdosen mit Schalter.

Diese Glimmlampen enthalten das Edelgas Neon, das durch eine angelegte Spannung zum Leuchten angeregt wird. Physikalisch ist das der gleiche Prozess, der auch in den leuchtenden Gasnebeln der Milchstraße stattfindet – mit dem Unterschied, dass dort überwiegend Wasserstoffgas angeregt wird.

Mit dem DIY-Spektrometer konnte ich die charakteristischen Linien des Neonspektrums eindeutig nachweisen (Abbildung 8.26).

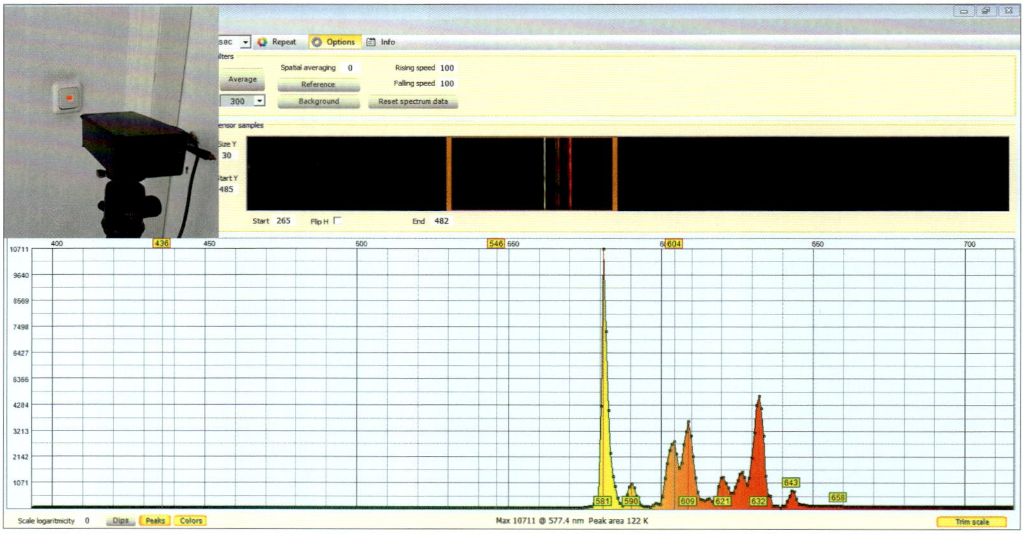

Abbildung 8.26: Das Spektrum einer kleinen Neonröhre, wie Sie in Lichtschaltern vorkommen kann

Das Sonnenspektrum mit dem DIY-Spektrometer

Mit der Farbvariante meines DIY-Spektrometers konnte ich die Spektrallinien im Sonnenspektrum leider nicht nachweisen. Nachdem ich den Sensor jedoch gegen einen Monochromsensor ausgetauscht hatte, konnte ich tatsächlich einige Linien erkennen und bestimmten Elementen zuordnen.

Tipps zum Umgang mit dem Monochromsensor

Das Arbeiten mit einem Monochromsensor ist deutlich anspruchsvoller, da sich das Spektrum als solches nicht so leicht erkennen lässt. Daher hier ein paar Tipps, falls Sie es ebenfalls mit einem monochromen Sensor versuchen möchten:

- Stellen Sie in den Video-Input-Controls die Kompression auf YUY2 ein. Bei der Farbkamera habe ich damit keine besseren Ergebnisse erzielt, bei der Monochromvariante hingegen schon.
- Schauen Sie sich zunächst das Spektrum einer Energiesparlampe an. Ein Linienspektrum ist in Schwarz-Weiß wesentlich leichter zu erkennen als ein kontinuier-

liches Spektrum. Nehmen Sie sich Zeit für die Kalibrierung. Platzieren Sie das Spektrometer ruhig 60 bis 80 cm von der Energiesparlampe entfernt. So erscheinen die Peaks schmaler und lassen sich besser zuordnen. Spielen Sie gegebenenfalls etwas mit den Kameraeinstellungen. Mit dem Mausrad können Sie zudem beim Spektrum hinein- und herauszoomen – das hilft zusätzlich bei der genauen Zuordnung der Trimming Points.

- Stellen Sie beim Sonnenspektrum im Programmfenster unten links von **Peaks** auf **Dips** um. Es handelt sich hierbei um Absorptionslinien, also dunkle Linien vor einem hellen Spektrum.

Ich habe das Spektrometer bei Sonnenschein auf die gegenüberliegende Wand eines Hauses gerichtet. Sie müssen gegebenenfalls etwas mit der Ausrichtung des Spektrometers sowie den Belichtungseinstellungen experimentieren. Ziel ist es, die Linien im Spektrum deutlich zu erkennen und zuverlässig zuzuordnen. Das Spektrum reicht vom Violetten bis hin zum Infrarotbereich (Abbildung 8.27). Einige Spektrallinien sind eindeutig zu erkennen. Die dominanteste Linie im roten Teil des Spektrums stammt allerdings nicht von der Sonnenoberfläche, vielmehr handelt es sich um Sauerstoff in der Erdatmosphäre.

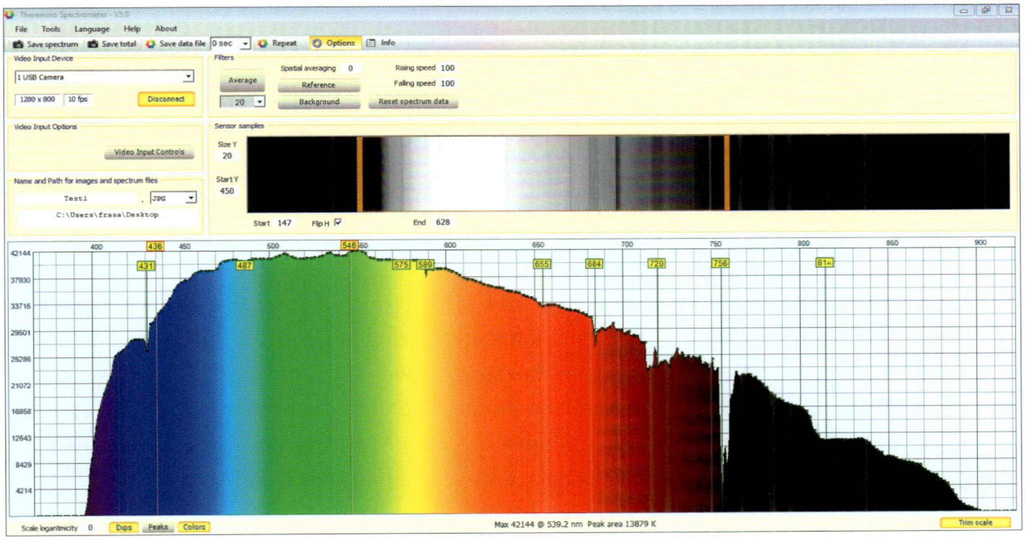

Abbildung 8.27: Ein Sonnenspektrum, aufgenommen mit dem DIY-Spektrometer.

Bei meinen Versuchen konnte ich einige Linien visuell im Spektrum identifizieren. Auch die Software hat die »Dips« recht treffsicher zugeordnet. Folgende Linien konnte ich dabei nachweisen:

- 431 nm – das sogenannte G-Band, verursacht durch CH-Moleküle in der Photosphäre der Sonne

- 487 nm – H-beta, eine Linie der Balmer-Serie des Wasserstoffs (exakt bei 486,1 nm)
- 589 nm – das Natrium-D-Doppellinienpaar bei 588,9 und 589,6 nm
- 655 nm – H-alpha, ebenfalls Teil der Balmer-Serie, bei 656,3 nm
- 684 nm – das O_2-B-Band, das durch molekularen Sauerstoff in der Erdatmosphäre verursacht wird
- 720 nm – ein H_2O-Band, das auf tellurische Absorption durch Wasserdampf zurückgeht
- 756 nm – das sehr starke O_2-A-Band, ebenfalls verursacht durch Sauerstoff in der Erdatmosphäre

Ich hoffe, Sie haben Freude an Ihrem DIY-Spektrometer. Das ist nur der Anfang, und ich bin selbst erstaunt, was mit so einfachen Mitteln bereits möglich ist. Das Feld der Spektroskopie ist sehr weitreichend, wird jedoch in der Hobbyastronomie leider nur von wenigen Amateuren ernsthaft betrieben. Dabei sind die Einstiegshürden heutzutage erstaunlich gering. Früher musste man sich sehr teure Spektrografen leisten, die mehrere Tausend Euro kosteten. Heute gibt es Filter, die bereits für vergleichsweise kleines Geld den Einstieg in die Spektroskopie ermöglichen. Für etwa 220 Euro ist beispielsweise der StarAnalyzer-Filter erhältlich. Allerdings benötigen Sie dafür – zusätzlich zu Ihrem Teleskop – noch eine geeignete Aufnahmekamera.

In Kapitel 10 werden Sie erste Schritte kennenlernen, wie man bereits mit einfachen Kameras und einem Dobson-Teleskop beeindruckende Astro-Aufnahmen machen kann. Die Kombination aus Astrofotografie und Spektroskopie geht allerdings über den Rahmen dieses Buches hinaus.

8.5 Die Enden des Farbspektrums: Infrarot- und UV-Strahlung

Friedrich Wilhelm Herschel war einer der bedeutendsten Astronomen seiner Zeit. Ursprünglich aus Hannover stammend, lebte er später in London (ab 1757) und wurde dort unter dem Namen William Herschel bekannt. Er war zunächst Musiker von Beruf, widmete sich aber im Laufe seines Lebens zunehmend der Astronomie – ein Feld, das er zusammen mit seiner Schwester Caroline Herschel in mehreren Bereichen maßgeblich prägte. Auch sein Sohn John Herschel wurde ein bedeutender Astronom.

William Herschel wollte herausfinden, wie viel Wärme die einzelnen Filter durchließen, mit denen er die Sonne durch sein Teleskop beobachtete. Dazu führte er das Newton-Experiment erneut durch, allerdings in einer abgewandelten Form. Er lenkte Sonnenlicht durch ein Prisma und platzierte in dem aufgefächerten Farbspektrum Thermometer, um die Temperatur in den verschiedenen Farben zu messen. Als Kontrollgröße stellte er auch ein Thermometer außerhalb des sichtbaren Spektrums auf, jenseits des roten Endes – dort, wo kein Licht mehr zu sehen war.

Zu seinem Erstaunen stellte er fest, dass genau dort ein Temperaturanstieg auftrat. Herschel schlussfolgerte, dass sich jenseits des sichtbaren roten Lichts eine weitere Art von Strahlung befinden müsse – die heute sogenannte Infrarotstrahlung.

Das Herschel-Experiment wird heute oft in Schulen und Universitäten im Physikunterricht gezeigt. Wenn Sie das Experiment selber einmal durchführen möchten, könnte die Internetseite der Universität Wien für Sie interessant sein: *https://space.univie.ac.at/projekte/regenbogen/das-experiment/heute/*

In der modernen Astronomie spielt die Infrarotstrahlung eine entscheidende Rolle. Denn mit speziellen Teleskopen, die entweder auf sehr hohen Gipfeln oder sogar im Weltraum postiert sind, lässt sich der Kosmos im infraroten Licht beobachten. Damit kann man nicht nur in jene Molekülwolken hineinblicken, aus denen einst unsere Sonne entstand, sondern auch sehr weit entfernte Galaxien beobachten, die Aufschluss über das junge Universum geben sollen.

Das wohl bekannteste Infrarotteleskop ist das James Webb Space Telescope. Eines der ersten Bilder, die das Teleskop gemacht hat, wurde zu einer ikonischen Aufnahme (Abbildung 8.28). Es zeigt die kosmischen Klippen der Sternentstehungsregion die wir als Carina-Nebel kennen. Aufnahmen in verschiedenen Infrarotwellenlängen wurden eingefärbt, woraus letztendlich ein farbiges Bild entstand.

Abbildung 8.28: Der Carina-Nebel, aufgenommen vom James Webb Space Telescope. Quelle: NASA, ESA, CSA, STScI, https://science.nasa.gov/asset/webb/cosmic-cliffs-in-the-carina-nebula-nircam-image

Auch am anderen Ende des Spektrums, am blauen Ende, gibt es eine Strahlung jenseits des blau-violetten Farbbereichs. Erneut wurde diese Strahlung durch ein Experiment entdeckt, das dem von Newton und Herschel nachempfunden war. Der deutsche Physiker

Johann Wilhelm Ritter experimentierte im Jahr 1801 mit sogenanntem Silberchloridpapier – dem Vorläufer des fotografischen Films. Silberchlorid (oder generell die Alkalisalze des Silbers) reagieren auf Licht, indem sie eine schwarze Färbung annehmen.

Ritter platzierte Papierstreifen mit Silberchlorid entlang des aufgefächerten Spektrums und stellte dabei fest, dass die Streifen jenseits des blauen Spektrums schneller geschwärzt wurden als die im sichtbaren Bereich. Er schloss – genau wie Herschel zuvor – dass es jenseits des sichtbaren Lichts noch eine weitere Form von Strahlung geben müsse. Diese Strahlung bezeichnen wir heute als UV-Strahlung.

UV-Strahlung ist Ihnen vielleicht auch als Schwarzlicht bekannt, das früher gerne in Diskotheken verwendet wurde. Da viele Waschmittel optische Aufheller enthalten, die auf UV-Strahlung reagieren, leuchten insbesondere helle Kleidungsstücke wie weiße T-Shirts unter UV-Licht besonders intensiv. Auf ähnliche Weise können Sie UV-Strahlung auch selbst nachweisen: Halten Sie ein weißes Stofftuch in den Bereich eines aufgespaltenen Sonnenspektrums, der sich jenseits des blauen Lichts befindet – dort, wo das sichtbare Licht endet.

Auch in der Astronomie spielt UV-Strahlung eine wichtige Rolle – allerdings fast ausschließlich bei Weltraumteleskopen, da die Erdatmosphäre den größten Teil der UV-Strahlung absorbiert (Abbildung 8.29).

Abbildung 8.29: Die Galaxie Messier 81 im UV-Licht, fotografiert vom GALEX-Weltraumteleskop. Quelle: NASA/JPL-Caltech/J. Huchra (Harvard-Smithsonian CfA), https://www.galex.caltech.edu/media/glx2007-02r_img01.html

Besonders in der Spektroskopie liefert das UV-Licht wertvolle Informationen, denn es enthält weitere Absorptionslinien, darunter auch einige Übergänge des Wasserstoffs, die zur Balmer-Serie gehören.

8.6 Das erweiterte elektromagnetische Spektrum und dessen Bedeutung in der Astronomie

Nicht nur die Infrarotstrahlung und die UV-Strahlung verbergen sich jenseits des sichtbaren Lichts. Die ganze Wahrheit ist: Das sichtbare Licht ist nur ein sehr kleiner Teil eines viel größeren Spektrums, das die Physik als *elektromagnetisches Spektrum* bezeichnet.

Im kurzwelligen Teil des Spektrums unterscheidet man heute das nahe Ultraviolett und das sich anschließende extreme Ultraviolett. Jenseits davon folgt die Röntgenstrahlung, die noch weiter unterteilt wird in weiche und harte Röntgenstrahlung. Am energiereichsten ist schließlich die Gammastrahlung, die bei radioaktiven Zerfallsprozessen oder in extremen kosmischen Ereignissen entsteht. Sie kann dem menschlichen Organismus großen Schaden zufügen.

Im langwelligen Teil des elektromagnetischen Spektrums liegt die bereits erwähnte Infrarotstrahlung. Auch sie wird in mehrere Bereiche unterteilt: in das nahe, mittlere und ferne Infrarot. Daran schließt sich die Mikrowellenstrahlung an, die ebenfalls in mehrere Unterbereiche wie extrem hohe, superhohe und ultrahohe Frequenzen gegliedert wird.

Jenseits der Mikrowellenstrahlung beginnt schließlich der Bereich der Radiowellen – ein breites Feld mit insgesamt acht definierten Frequenzbändern, das bis zu Wellenlängen von mehreren Kilometern reicht.

Natürlich gibt es in all diesen Frequenzbereichen Anwendungen. UV-Strahlung und Röntgenstrahlung (X-Ray), teilweise sogar Gammastrahlung, werden in der Medizin eingesetzt – etwa zur Diagnostik oder in der Krebsbehandlung.

Die Wärmestrahlung (Infrarot) erleben Sie täglich am eigenen Leib – sei es durch Sonnenwärme oder dann, wenn sie einen warmen Gegenstand spüren, ohne ihn zu berühren. Auch die Thermografie, also das Sichtbarmachen von Temperaturunterschieden, beruht auf Infrarotstrahlung.

Einen Mikrowellenofen haben Sie vielleicht in Ihrer Küche stehen – auch das ist eine direkte Anwendung elektromagnetischer Strahlung. Radiowellen begegnen uns ebenfalls ständig im Alltag. Sie übertragen nicht nur klassisches Radio und Fernsehen, sondern auch viele moderne Funktechnologien wie WLAN, Bluetooth oder Mobilfunk. All diese Technologien nutzen unterschiedliche Bereiche desselben elektromagnetischen Spektrums.

Doch auch in der Astronomie spielt das gesamte elektromagnetische Spektrum eine Rolle. Es gibt also nicht nur optische Teleskope, sondern auch solche, die in Teilbereichen des erweiterten Spektrums arbeiten – etwa im Radiobereich, im Infraroten, im Ultravioletten oder sogar im Röntgen- und Gammaspektrum.

Im Jahr 1933 arbeitete der junge Ingenieur Karl Jansky für die amerikanischen Bell Telephone Laboratories. Seine Aufgabe war es, Störungen bei transatlantischen Funkübertragungen zu analysieren und Lösungen zur Verbesserung zu entwickeln. Dazu baute er eine 30 Meter große, drehbare Radioantenne. Dabei stellte er ein wiederkehrendes Störsignal fest – das sich schließlich als Radiostrahlung aus dem Zentrum der Milchstraße herausstellte. Jansky hatte – gewissermaßen zufällig – den Himmel »gehört«. Die Radioastronomie war geboren.

Während der Kriegsjahre des Zweiten Weltkriegs entwickelte sich die Technik für Radar- und Funkübertragungen rasant weiter. Diese Fortschritte konnten in der Nachkriegszeit für den Bau erster Radioteleskope genutzt werden. In den 1950er-Jahren begann der erste Boom der Radioastronomie. In den Niederlanden wurde nahe dem Ort Dwingeloo ein Radioteleskop errichtet. Eines der ersten deutschen Radioteleskope entstand bei Bad Münstereifel: der Astropeiler Stockert, der heute noch besichtigt werden kann. Wenn Sie schon in der Eifel unterwegs sind: Nur etwa 20 Minuten entfernt befindet sich das lange Zeit größte vollbewegliche Radioteleskop der Welt – das Radioteleskop Effelsberg.

Abbildung 8.30: Das Radioteleskop des Max-Planck-Instituts für Radioastronomie der Universität Bonn. Quelle: © Raimond Spekking, CC BY SA 4.0 https://commons.wikimedia.org/wiki/File:Radioteleskop_Effelsberg-0215.jpg

Mithilfe der Radioastronomie wurden unter anderem die Quasare entdeckt – weit entfernte Galaxienkerne, die enorme Mengen elektromagnetischer Strahlung aussenden. Sie tun dies, weil sich in ihrem Zentrum ein supermassereiches Schwarzes Loch befindet. Da diese Objekte im optischen Teleskop punktförmig erscheinen und einem Stern ähneln, nannte man sie »quasi-stellare Objekte«, kurz: *Quasare*.

Die wohl spektakulärste Beobachtung, die je mit Radioteleskopen gemacht wurde, war die Darstellung der Umgebung eines schwarzen Lochs – sowohl in der Galaxie M87 als auch im Zentrum unserer eigenen Milchstraße. Dazu wurden über ein Dutzend Radioteleskope weltweit zusammengeschaltet – das sogenannte *Event Horizon Telescope*. (Der Ereignishorizont ist die Grenze eines schwarzen Lochs, ab der nichts mehr entkommen kann.) Möglich wurde diese Leistung durch eine Technik namens *Long-Baseline-Interferometrie* – eine hochkomplexe Koordination der Teleskope, die deren gemeinsame Auflösung enorm steigert.

Zu den bekanntesten Radioteleskopen zählen das bereits erwähnte Radioteleskop Effelsberg, das Jodrell-Bank-Observatorium in Großbritannien und das Arecibo-Teleskop in Puerto Rico, das im Jahr 2020 spektakulär kollabierte. Große interferometrische Radioteleskopanlagen stehen etwa in New Mexico (Very Large Array) und in der chilenischen Atacama-Wüste (ALMA).

Die Radioastronomie hat das Verständnis des Kosmos in den letzten 80 Jahren enorm erweitert. Während die Radioastronomie problemlos von der Erde aus betrieben werden kann – sogar bei bewölktem Himmel –, ist die Erdatmosphäre (zum Glück) für viele andere Strahlungsarten undurchlässig. Infrarotteleskope wurden daher früher bevorzugt auf hohen Bergen installiert, um möglichst wenige störende Luftschichten zwischen sich und dem Weltall zu haben.

Einige Teleskope wurden sogar mit Flugzeugen in große Höhen gebracht – zum Beispiel das SOFIA-Teleskop an Bord einer umgebauten Boeing 747.

Den eigentlichen Durchbruch jedoch brachten Weltraumteleskope. Heute gibt es zahlreiche dieser Teleskope, die den Himmel in verschiedenen Bereichen des elektromagnetischen Spektrums beobachten – etwa im Infraroten (James Webb Space Telescope, Spitzer), im Röntgenbereich (eROSITA, Chandra) oder im Gammastrahlenbereich (SWIFT, Fermi).

Das Webb-Teleskop (Abbildung 8.31) ist ein Wunder der modernen Technik. Im Jahre 2022 erreichte es seine finale Umlaufbahn und wenige Monate später wurden die ersten Bilder des Teleskops der Öffentlichkeit vorgestellt. Das JWST übertrifft bereits nach wenigen Jahren die Erwartungen der Wissenschaft.

Moderne Astronomen betrachten viele Himmelsobjekte heute in sämtlichen Wellenlängenbereichen – vom Radiobereich bis zur Gammastrahlung. Dadurch können sie deutlich genauere Rückschlüsse auf die physikalische Natur dieser Objekte ziehen.

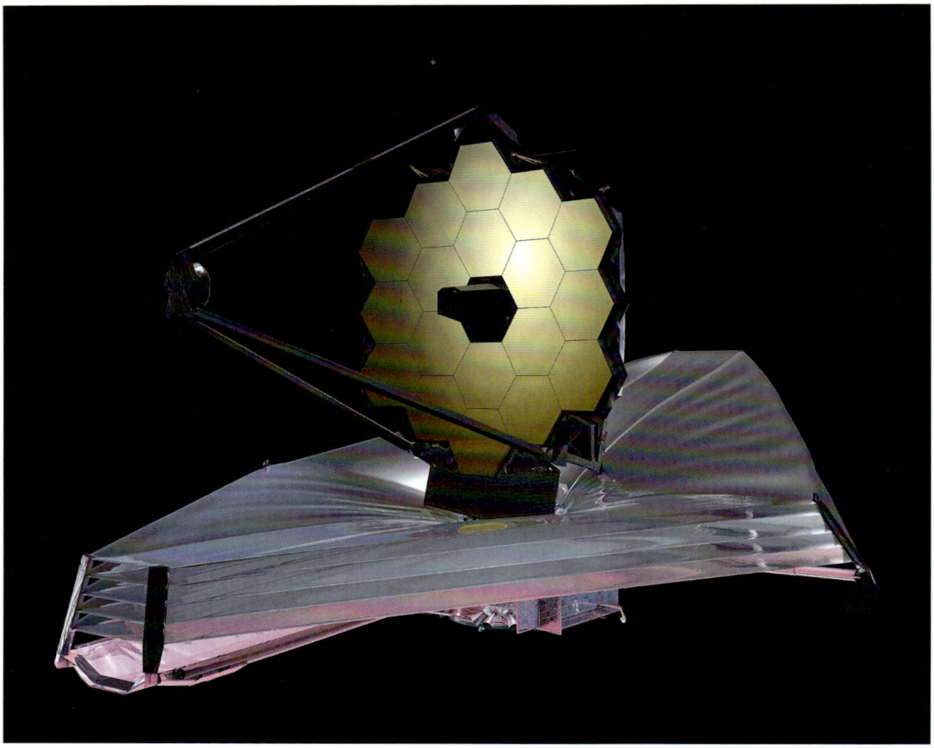

Abbildung 8.31: Das James Webb Space Telescope (JWST). Quelle: NASA, https://commons.wikimedia.org/wiki/File:James_Webb_Space_Telescope_2009_top.jpg

In diesem Kapitel haben Sie nicht nur unser Zentralgestirn näher kennengelernt, sondern auch einige Meilensteine der Astronomiegeschichte entdeckt. Sie haben selbst ein Spektroskop gebaut und damit Spektren analysiert – bis heute eine der wichtigsten Methoden, um Erkenntnisse über das Universum zu gewinnen.

Im nächsten Kapitel begeben wir uns langsam weiter hinaus ins All und lernen die Planeten unseres Sonnensystems kennen, bevor es schließlich in die Tiefen des Universums geht.

Kapitel 9
Ein Besuch bei den Nachbarn: die Planeten unseres Sonnensystems

Schon unsere Urahnen müssen bemerkt haben, dass sich am Himmel einige helle Sterne vor dem Hintergrund der übrigen Sterne langsam bewegen und gemächlich über das Firmament wandern. In der Antike nannten die Griechen diese Wandelsterne planḗtēs astḗr, was so viel bedeutet wie »wandernder Stern«. Davon leitet sich unser heutiges Wort »Planet« ab.

Mit zehn Jahren bekam ich mein erstes Teleskop. Auch wenn es heute für Anfänger deutlich bessere Teleskope gibt – das erste Teleskop ist etwas Besonderes, ganz gleich, wie gut oder schlecht es ist. Mit diesem kleinen Instrument begann ich, den Himmel zu erkunden und den Mond sowie die Planeten zu beobachten. Ein besonderes Highlight war der Saturn: Selbst in diesem einfachen Teleskop konnte man die Ringe des Saturn sehen. Nicht nur mich hat dieser Anblick fasziniert. Meine Eltern, Freunde und Nachbarn haben ebenfalls durch mein Teleskop geschaut, und der Saturn war immer für ein erstauntes »Wow!« gut.

Etwa zur gleichen Zeit sendete das Zweite Deutsche Fernsehen eine Serie namens »Unser Kosmos«, eine BBC-Produktion mit dem berühmten Astronomen Carl Sagan. In der ersten Folge begibt sich Sagan in einem imaginären Raumschiff auf eine Reise vom äußersten Rand des Universums bis hin zu unserem Heimatplaneten, der Erde. Kurz vor der Ankunft macht er auch Halt bei den anderen Planeten unseres Sonnensystems: beim Saturn, dem gigantischen Jupiter und natürlich beim Mars. Der Mars hat die Menschen schon immer fasziniert und gilt bis heute als der Planet, auf dem man als Erstes außerirdisches Leben vermuten würde. Die Science-Fiction ist voller Geschichten über den Mars und mögliche Marsbewohner. Sagan widmete dem Mars eine ganze Folge seiner Serie.

Nachdem wir uns bisher intensiv um Mond und Sonne gekümmert haben, soll es in diesem Kapitel nun ganz um die Planeten gehen. Ich werde Ihnen zunächst einen Überblick über die Planeten unseres Sonnensystems geben und Ihnen erklären, warum Pluto 2006 zum Zwergplaneten degradiert wurde. Danach erfahren Sie mehr über all die anderen Objekte, die es neben den Planeten in unserem Sonnensystem gibt. Und zum Schluss schauen wir uns an, wie die Planeten im Teleskop tatsächlich erscheinen.

Also, sind Sie bereit für eine kleine Reise durch unser Sonnensystem?

9.1 Die Planeten auf einen Blick

Die Planeten unseres Sonnensystems zu kennen und in der richtigen Reihenfolge aufsagen zu können, sollte eigentlich zur Allgemeinbildung gehören. Fakt ist jedoch: Selbst Menschen, die sich für Astronomie interessieren, scheitern oft an dieser Aufgabe. Darum nun schriftlich, ohne lange Umschweife.

Die Namen und die Reihenfolge der Planeten unseres Sonnensystems (von der Sonne aus betrachtet, siehe Abbildung 9.1) lauten: Merkur, Venus, Erde, Mars, Jupiter, Saturn, Uranus und Neptun.

Abbildung 9.1: Die Planeten unseres Sonnensystems – die Abstände sind nicht realistisch dargestellt, jedoch die Größe der Planeten zueinander. Quelle: NASA, https://commons.wikimedia.org/wiki/File:Solar_system_scale.jpg

Man unterscheidet dabei zum einen zwischen den inneren Planeten Merkur und Venus, also jenen, die sich auf einer Bahn innerhalb der Erdbahn bewegen, und den äußeren Planeten Mars, Jupiter, Saturn, Uranus und Neptun, die in Bahnen außerhalb der Erdbahn um die Sonne kreisen.

Eine weitere Unterscheidung ist die zwischen terrestrischen (erdähnlichen) Planeten, die über eine feste Oberfläche verfügen, und den Gasplaneten, die hauptsächlich aus Gas bestehen und vermutlich keine feste Oberfläche besitzen, höchstens einen festen Kern. Zu den Gasplaneten zählen Jupiter, Saturn, Uranus und Neptun. Hier kann man noch feiner unterscheiden in die Gasriesen (Jupiter und Saturn) und die Eisriesen (Uranus und Neptun).

Gehen wir die Planeten nun der Reihe nach durch.

9.1.1 Merkur

Benannt nach dem römischen Götterboten Merkur, ist Merkur der innerste und damit sonnennächste Planet. Seine mittlere Entfernung zur Sonne beträgt 57,9 Millionen Kilometer, was 0,39 Astronomischen Einheiten entspricht. Als Astronomische Einheit bezeichnet man die mittlere Entfernung der Erde zur Sonne. Dieses Maß zeigt anschaulich, wie nahe uns andere Planeten sind bzw. wie weit sie im Vergleich zur Erde von der Sonne entfernt sind.

Die Bahn des Merkur hat eine vergleichsweise starke Exzentrizität von 0,2 (Verhältnis der kleinsten zur größten Ausdehnung). Das bedeutet, dass die Merkurbahn relativ stark elliptisch geformt ist. Die Neigung der Merkurachse beträgt beinahe 0°, was bedeutet, dass es auf Merkur keine Jahreszeiten gibt. Da Merkur nahezu keine Atmosphäre besitzt, ist er der Sonnenstrahlung ungehindert ausgesetzt. Am Tag kann es auf Merkur bis zu 430 °C heiß werden, während in der Nacht Temperaturen bis zu –180 °C erreicht werden.

Allerdings dauern Tag und Nacht auf Merkur auch sehr lange. Schauen wir uns diese Daten im Detail an: Merkur benötigt 88 Tage für einen Umlauf um die Sonne. Seine Rotationsdauer beträgt jedoch langsame 59 Tage. Ein kompletter Merkurtag (also von Sonnenaufgang bis zum nächsten Sonnenaufgang) dauert satte 176 Erdtage!

Merkurs Oberfläche ähnelt der des Mondes: Unzählige Krater überziehen die Merkuroberfläche (Abbildung 9.2). Da Merkur über ein schwaches Magnetfeld verfügt, nimmt man an, dass er einen flüssigen Eisenkern besitzt.

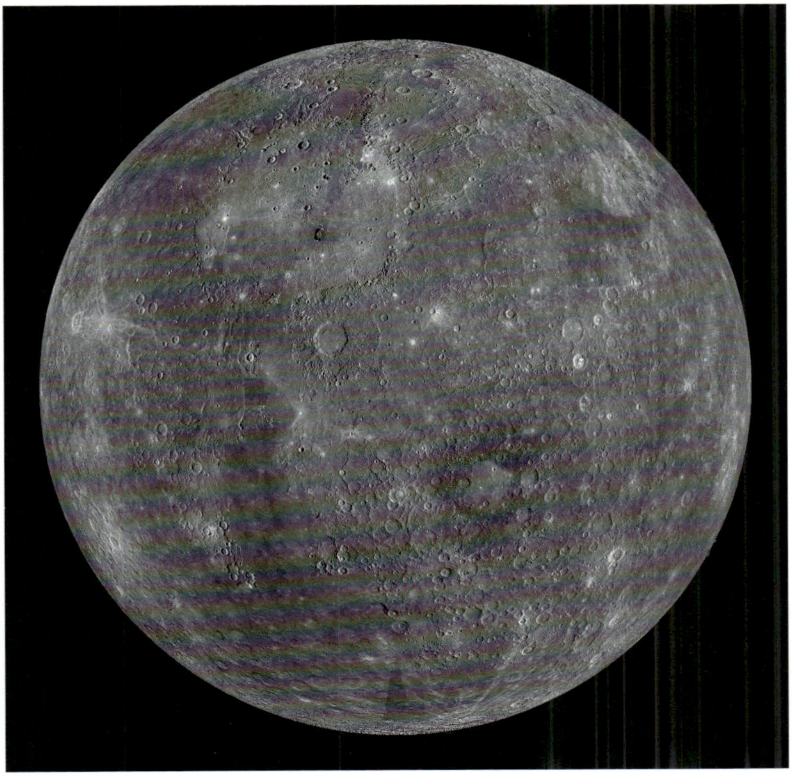

Abbildung 9.2: Der Planet Merkur, aufgenommen von der Messenger-Raumsonde. Quelle: https://science.nasa.gov/mercury

Ansonsten ist Merkur nicht nur der sonnennächste, sondern auch der kleinste Planet des Sonnensystems. Mit einem Durchmesser von gerade einmal 4.880 Kilometern ist er nur etwa 1.400 Kilometer größer als der Erdmond. Und noch ein interessantes Detail: Merkur hat keine Monde.

9.1.2 Venus

Venus war die römische Göttin der Liebe und Schönheit, nach ihr ist der zweite Planet im Sonnensystem benannt – derjenige, der die größte Ähnlichkeit mit der Erde aufweist. Die Venus ist 108 Millionen Kilometer von der Sonne entfernt, was 0,72 Astronomischen Einheiten entspricht.

Mit einem Durchmesser von 12.104 Kilometern ist sie beinahe so groß wie die Erde (95 %), und mit einer Masse von $4{,}87 \times 10^{24}$ Kilogramm besitzt sie eine vergleichbare Masse und Dichte (82 % der Erde).

Die Venus hat sogar eine beachtliche Atmosphäre, die zu 96,5 % aus Kohlendioxid, zu 3,5 % aus Stickstoff und Spuren von Schwefeldioxid besteht. In höheren Schichten der Atmosphäre befinden sich dichte Wolken aus Schwefelsäure (Abbildung 9.3).

Abbildung 9.3: Die Raumsonde Mariner 10 machte 1974 diese Aufnahme der Venus, die eindrucksvoll die dichte Atmosphäre zeigt. Quelle: https://science.nasa.gov/venus

Leider ist diese Atmosphäre alles andere als lebensfreundlich. Sie erzeugt am Boden einen Druck von 92 bar, was etwa dem Druck auf der Erde in 900 Metern Meerestiefe entspricht. Zudem sorgt die Atmosphäre für einen extrem starken Treibhauseffekt, sodass auf der Venus-Oberfläche Temperaturen von beinahe 470 °C herrschen – also noch höhere Temperaturen als auf Merkur, obwohl dieser näher an der Sonne liegt.

Ebenso kurios ist die Tatsache, dass die Venus »auf dem Kopf zu stehen« scheint: Im Vergleich zu allen anderen Planeten dreht sie sich entgegen der Drehrichtung von Erde oder Merkur. Die Planetenachse der Venus hat eine Neigung von 177,36°, wodurch es auch auf der Venus keine Jahreszeiten gibt. Ein Venustag ist mit 234 Erdtagen extrem lang – so lang, dass sogar der Umlauf der Venus um die Sonne, also ein Venusjahr, schneller vergeht: Es dauert nur 225 Erdtage.

Die Venus ist insofern spannend, als sich die Frage stellt, ob es auf ihr schon immer so ausgesehen hat wie heute oder ob es vielleicht einmal Bedingungen gab, die denen auf der Erde ähnelten. Damit verbunden ist auch die Frage, ob es möglicherweise einmal einfaches Leben auf der Venus gegeben haben könnte.

Das Problem: Die Venus zu erforschen ist aufgrund des extremen Drucks und der hohen Temperaturen sowie der teilweise ätzenden Atmosphäre äußerst schwierig. Umso beachtlicher ist es, dass in der Frühzeit der Raumfahrt in den 1970er-Jahren mehrere Raumsonden der damaligen Sowjetunion tatsächlich auf der Venusoberfläche gelandet sind (Abbildung 9.4). Die Sonden Venera und Vega haben es geschafft, mehrere Minuten bis hin zu einigen Stunden lang Bilder und Daten von der Venusoberfläche zu senden. Spätere Missionen wurden meist als Orbiter konzipiert oder untersuchten die Venusatmosphäre.

Abbildung 9.4: Die einzigen existierenden Bilder der Venusoberfläche stammen von den Venera-Raumsonden, die zwischen 1961 und 1983 gestartet wurden. Quelle: Bildrechte der Originalfotos © 1982 CCCP Academy of Sciences, https://jenarchiv.wordpress.com/2020/09/27/leben-auf-der-venus-wissenschaftler-haben-hinweise-hierauf-entdeckt/

Details zur Venus-Oberfläche verdanken wir daher überwiegend Radaraufnahmen, beispielsweise von der NASA-Raumsonde Magellan. Wir wissen heute, dass es auf der Venus unzählige Vulkane und große Mengen an Lavagestein gibt. Die größten Vulkangebiete sind so groß wie Australien (Ishtar Terra im Norden des Planeten) oder sogar so groß wie Afrika (Aphrodite Terra in der Äquatorebene).

Die Venus hat weder Monde noch ein nennenswertes Magnetfeld.

9.1.3 Erde

Die meisten von Ihnen werden die Erde ganz gut kennen. Dennoch hier ein paar astronomische Fakten über den dritten Planeten im Sonnensystem.

Die Erde ist im Mittel 149,6 Millionen Kilometer von der Sonne entfernt, was einer Astronomischen Einheit entspricht. Mit einem Durchmesser von 12.742 Kilometern und einer Masse von $5{,}97 \times 10^{24}$ Kilogramm ist sie der größte der terrestrischen Planeten. Ein Erdentag dauert 24 Stunden, während die Erde in 365,25 Tagen einmal die Sonne umkreist.

Die Erde verfügt über eine stickstoff- und sauerstoffreiche Atmosphäre, die nicht nur das Atmen ermöglicht, sondern auch vor schädlicher Strahlung schützt. Etwa 70 % der Erdoberfläche sind von Wasser bedeckt, was die Erde aus dem All als blauen Planeten erscheinen lässt (Abbildung 9.5).

Abbildung 9.5: Dieses Bild der Erde wurde 1972 von der Apollo-17-Besatzung gemacht. Es ging als »Blue Marble« in die Geschichte ein. Man erkennt den afrikanischen Kontinent, Madagaskar, die arabische Halbinsel und das Eis der Antarktis. Qelle: NASA/Apollo 17 crew, https://de.wikipedia.org/wiki/Datei:The_Earth_seen_from_Apollo_17.jpg

Ein weiteres Alleinstellungsmerkmal ist der Mond, der die Erde begleitet und für Gezeiten sorgt. Das Magnetfeld der Erde schützt sie vor dem Sonnenwind und trägt zusammen mit der Atmosphäre entscheidend dazu bei, dass auf der Erde Leben existieren kann.

9.1.4 Mars

Benannt nach dem römischen Kriegsgott Mars, ist der vierte Planet im Sonnensystem zugleich unser äußerer Nachbarplanet. Der Mars ist im Mittel 227,9 Millionen Kilometer von der Sonne entfernt, was 1,52 Astronomischen Einheiten entspricht.

Mit einem Durchmesser von 6.779 Kilometern ist er etwa halb so groß wie die Erde und besitzt nur rund 11 % ihrer Masse. Ein Marstag, auch *Sol* genannt, dauert 24 Stunden und 37 Minuten, während ein Marsjahr 687 Erdtage umfasst.

Die Achse des Mars ist um 25,2° geneigt, wodurch es auch dort Jahreszeiten gibt, die jedoch etwa doppelt so lang sind wie auf der Erde. Die Atmosphäre des Mars besteht zu 95 % aus Kohlendioxid, enthält aber nur einen sehr geringen Druck (etwa 0,6 % des Erdluftdrucks), wodurch flüssiges Wasser an der Oberfläche nicht stabil existieren kann.

Charakteristisch für den Mars ist seine rötliche Farbe (Abbildung 9.6), verursacht durch eisenhaltigen Staub.

Abbildung 9.6: Echtfarben-Aufnahme des Mars von der OSIRIS-Kamera an Bord der Rosetta-Mission. Quelle: ESA & MPS for OSIRIS Team MPS/UPD/LAM/IAA/RSSD/INTA/UPM/DASP/IDA, CC BY SA 3.0, https://www.esa.int/ESA_Multimedia/Images/2007/02/True-colour_image_of_Mars_seen_by_OSIRIS

Die Landschaftsformationen auf dem Mars sind beeindruckend: Olympus Mons, der größte Vulkan im Sonnensystem, erhebt sich 22 Kilometer über die Marsoberfläche, und Valles Marineris, ein gewaltiges Grabensystem, ist über 4.000 Kilometer lang und bis zu 7 Kilometer tief.

Der Mars besitzt zwei kleine Monde, Phobos und Deimos, die vermutlich eingefangene Asteroiden sind.

Besonders spannend ist der Mars, weil er als einer der aussichtsreichsten Orte für die Suche nach außerirdischem Leben gilt. Zahlreiche Raumsonden und Rover haben die Marsoberfläche bereits untersucht und Hinweise auf früher vorhandenes Wasser gefunden. Die Aufnahmen dieser Sonden sind einzigartig (Abbildung 9.7). Einige Aufnahmen sind so detailreich und realistisch, dass man glauben könnte, sie seien auf der Erde entstanden, etwa in Wüstengebieten oder dem Grand Canyon. Es gibt ganz klare Erkenntnisse darüber, dass es mal flüssiges Wasser auf dem Mars gegeben hat. Die Mars-Raumsonden haben ausgetrocknete Flussläufe, Flussdeltas und große Seen entdeckt, zudem hat man ganz eindeutig Sedimentschichtungen nachweisen können, die auf ein langsames Absinken von Partikeln unter Wasser hindeuten.

Abbildung 9.7: Panoramaaufnahme des Gale-Kraters auf dem Mars, erstellt vom Rover Curiosity. Quelle: NASA, https://science.nasa.gov/photojournal/telephoto-vista-from-ridge-in-mars-gale-crater

Forscherinnen und Forscher vermuten, dass der Mars einst ein Magnetfeld besaß, das seine Atmosphäre schützte – ähnlich wie es das Magnetfeld der Erde tut. Möglicherweise kühlte sich der flüssige Kern des Mars im Laufe der Zeit so weit ab, dass das Magnetfeld verschwand. Ohne diesen Schutz wurde die Mars-Atmosphäre durch den Sonnenwind (Teilchenstrom der Sonne) förmlich abgetragen.

In der Folge könnte der Mars dadurch auch einen Großteil seines Wassers verloren haben. Es ist faszinierend, dass sich der Mars theoretisch ganz ähnlich wie die Erde hätte entwickeln können. Möglicherweise hätte sich dort ebenfalls Leben bilden können. Es war also knapp.

9.1.5 Jupiter

Der fünfte Planet im Sonnensystem ist in allen Belangen gigantisch. Jupiter, benannt nach dem römischen Göttervater, ist der größte Planet im Sonnensystem mit einem Durchmesser von 142.984 Kilometern. Damit ist er etwa elfmal so groß wie Erde. Das klingt zunächst nach gar nicht so viel, dramatischer werden die Zahlen jedoch beim Volumen- und Massenvergleich: Jupiters Volumen ist rund 1.300 Mal so groß wie das der Erde, und seine Masse ist 318 Mal so groß.

Jupiter besteht dabei fast ausschließlich aus Gas, hauptsächlich Wasserstoff (90 %) und Helium (10 %) sowie Spuren von Methan, Ammoniak und Wasserdampf. Damit ähnelt seine Zusammensetzung der eines Sterns. Allerdings hat Jupiter trotz seiner Größe nicht annähernd die Masse, um eine Kernfusion zu zünden.

Jupiter besitzt eine beeindruckende Atmosphäre mit farbenfrohen Bändern und Wirbeln (Abbildung 9.8). Das markanteste Detail dieser Atmosphäre ist der Große Rote Fleck (GRF), ein gigantischer Wirbelsturm, der bereits seit Jahrhunderten, wenn nicht gar seit Jahrtausenden existiert. Sicher ist, dass der GRF in der Zeit, in der er systematisch beobachtet wird, kleiner geworden ist.

Abbildung 9.8: Der Gasriese Jupiter, fotografiert vom Hubble-Weltraumteleskop. Quelle: NASA, https://commons.wikimedia.org/wiki/File:Jupiter_OPAL_2024_(cropped).png

Jupiter ist 5,2 Astronomische Einheiten von der Sonne entfernt, was 778 Millionen Kilometern entspricht. Trotz seiner Größe dreht er sich sehr schnell um seine Achse – in nur knapp zehn Stunden. Das führt dazu, dass Jupiter deutlich sichtbar abgeplattet ist. Seine Umlaufzeit um die Sonne beträgt knapp zwölf Jahre, und die Achse ist nur um etwa 3° geneigt. Jahreszeiten gibt es auf Jupiter daher nicht.

Beachtlich sind auch die Monde des Jupiter. Die vier größten Monde wurden bereits von Galileo Galilei beobachtet und werden daher als *Galileische Monde* bezeichnet (Abbildung 9.9). Ihre Namen sind Io, Europa, Ganymed und Kallisto. Ganymed ist dabei ein weiterer Rekordhalter, denn er ist mit knapp 5.300 km Durchmesser der größte Mond im Sonnensystem. Die Monde Io und Europa sind in etwa so groß wie der Erdmond. Insgesamt sind bis 2026 etwa 95 Jupitermonde bekannt und klassifiziert, wobei diese Zahl schwankt, da immer wieder neue Monde entdeckt oder umklassifiziert werden. Zum Vergleich: In den Astronomiebüchern, die ich als Kind las, waren 1986 gerade einmal 16 Jupitermonde bekannt.

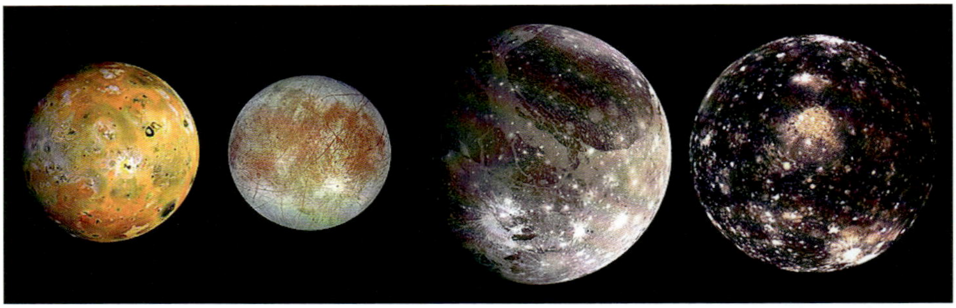

Abbildung 9.9: Die vier Galileischen Monde des Jupiters: Io, Europa, Ganymed und Callisto. Quelle: NASA, https://commons.wikimedia.org/wiki/File:Galilean_satellites.jpg

Das Innere des Jupiter ist noch nicht vollständig erforscht. Zwar haben einige Raumsonden wie Pioneer, Voyager und Juno den Jupiter besucht, doch nur eine kleine Sonde, die von der Raumsonde Galileo abgeworfen wurde, ist jemals in die Jupiteratmosphäre eingetreten. Vermutlich geht der Jupiter in seinem Inneren zunächst in einen flüssigen und dann in einen metallischen Zustand über, und es wird angenommen, dass er einen Kern aus Gestein und Eis besitzt.

Jupiter spielt eine zentrale Rolle im Sonnensystem. Aufgrund seiner enormen Masse und Anziehungskraft wirkt er wie ein kosmischer Staubsauger, der Asteroiden und Kometen einfängt, die ansonsten deutlich häufiger aus den Randbereichen des Sonnensystems zu den inneren Planeten gelangen würden. Das verringert die Wahrscheinlichkeit von Einschlägen auf der Erde erheblich und könnte einer der Gründe sein, warum sich das Leben auf unserem Planeten ungestört entwickeln konnte.

Im Juli 1994 wurden wir Zeugen, wie Jupiter mit seiner gewaltigen Gravitation den Kometen Shoemaker-Levy 9 einfing, ihn in seiner Umlaufbahn zerriss und die Bruchstücke anschließend in seine Atmosphäre stürzen ließ (Abbildung 9.10). Diese Einschläge konnten von der Erde aus mit Teleskopen direkt beobachtet werden.

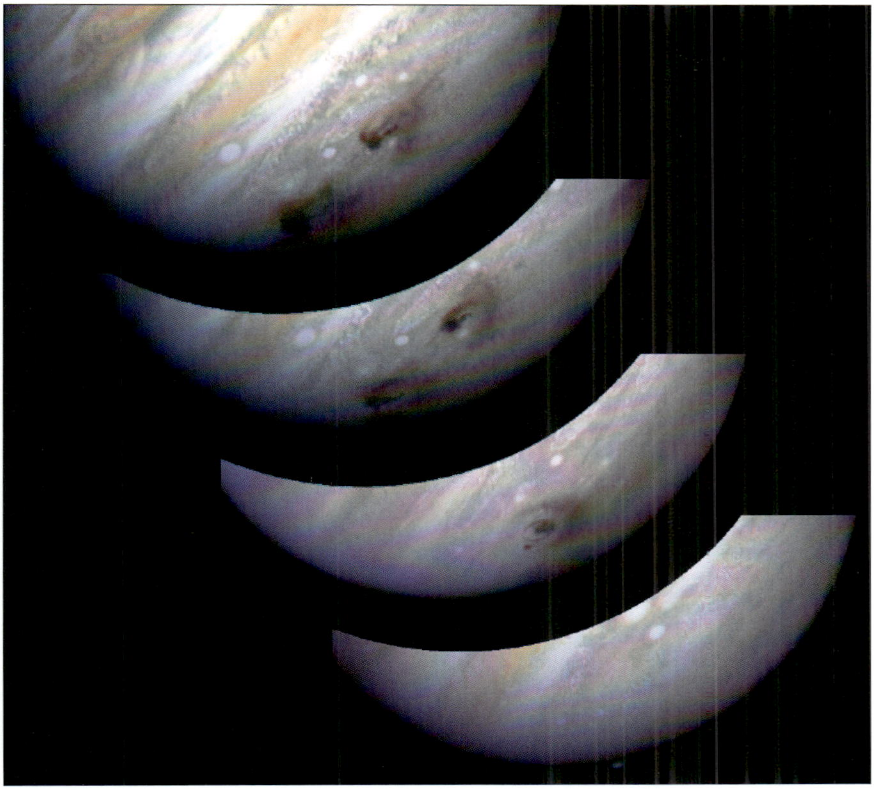

Abbildung 9.10: Die Einschlagstelle eines Fragments von Shoemaker-Levy 9, beobachtet vom Hubble-Weltraumteleskop einige Tage nach dem Impakt. Quelle: NASA, https://commons.wikimedia.org/wiki/File:Com%C3%A8te_Shoemaker-Levy_9.jpg

9.1.6 Saturn

Der zweite Gasriese im Sonnensystem ist der Saturn. In vielen Belangen ähnelt er stark dem Jupiter. Auch Saturn ist ein Gasplanet und besteht überwiegend aus Wasserstoff (96 %), Helium (3 %) sowie Spuren von Methan, Ammoniak und anderen Gasen. Seine Masse beträgt $5{,}68 \times 10^{26}$ kg, was etwa 95 Erdmassen entspricht, und sein Durchmesser liegt bei 120.500 Kilometern, was Saturn etwa 9,5 Mal so groß wie die Erde macht.

Für einen Umlauf um die Sonne benötigt Saturn mehr als ein Vierteljahrhundert, genau genommen 29,5 Erdenjahre. Genau wie Jupiter dreht er sich jedoch sehr schnell um seine eigene Achse: Ein Saturntag dauert nur 10 Stunden und 33 Minuten. Dadurch ist auch Saturn sichtbar abgeplattet, und die Stürme in seiner Atmosphäre erreichen Rekordgeschwindigkeiten von bis zu 1.800 km/h.

Die Achsneigung des Saturn beträgt 26,7°, ähnlich wie die der Erde, sodass es auch auf Saturn Jahreszeiten gibt. Allerdings dauert dort ein Frühling etwa sieben Jahre. Die Temperaturen sind auf Saturn generell niedrig, da er weit von der Sonne entfernt ist. Die Jahreszeiten haben zwar einen Einfluss, dieser ist jedoch nicht mit den irdischen Jahreszeiten vergleichbar.

Das bekannteste Merkmal des Saturn ist sein gewaltiges Ringsystem, das schon in kleinen Teleskopen sichtbar ist (Abbildung 9.11). Zwar wurde im Laufe der Zeit entdeckt, dass auch Jupiter und Uranus Ringe besitzen, doch die Ringe des Saturn sind ein Superlativ: Sie sind im Schnitt nur 10 bis 20 m dick, bestehen zu 99 % aus Eisbrocken (der Rest ist Gestein), erreichen jedoch eine beeindruckende Ausdehnung von 280.000 Kilometern. Das Ringsystem besteht aus Tausenden einzelner Ringe, die grob in A-, B- und C-Ring unterteilt werden. Zwischen dem A- und dem B-Ring befindet sich eine auffällige Lücke, die als *Cassinische Teilung* bekannt ist.

Abbildung 9.11: Die beeindruckenden Aufnahmen der Cassini-Raumsonde wirken fast wie Animationen. Dies ist eine Mosaikaufnahme aus mehreren Weitwinkelbildern. Quelle: NASA, https://science.nasa.gov/mission/cassini

Zusätzlich zu seinem Ringsystem besitzt Saturn eine enorme Anzahl von Monden. Derzeit sind etwa 146 bekannt. Zum Vergleich: In den Astronomiebüchern meiner Kindheit waren es 1986 gerade einmal etwas über 20.

Einige dieser Monde sind besonders interessant. So konnte man beim Mond Enceladus gigantische Geysire beobachten, die bis zu 500 Kilometer hoch ins All schießen. Die größten Geysire auf der Erde hingegen sind etwa 100 Meter hoch. Unter der Oberfläche von Enceladus wird ein riesiger Ozean vermutet, und es wurden Hinweise auf organische Materialien gefunden. Durch die Gezeitenkräfte des Saturn bleibt es unter der Eiskruste relativ warm, sodass viele Voraussetzungen für Leben auf Enceladus gegeben sein könnten.

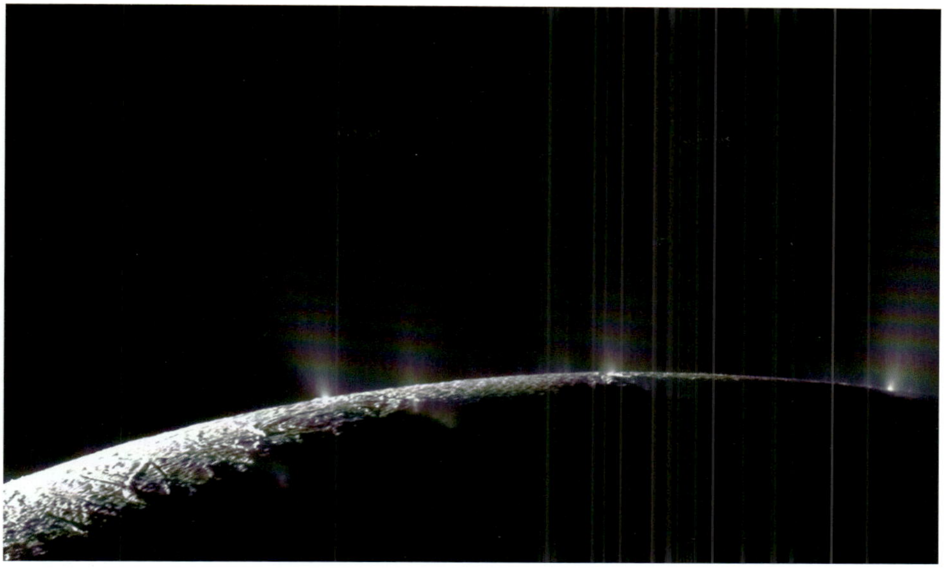

Abbildung 9.12: Geysire auf Enceladus. Diese Aufnahme zeigt Auswürfe, die die Raumsonde Cassini während eines Überflugs aufnehmen konnte. Quelle: NASA, https://science.nasa.gov/mission/cassini

Im Jahr 2005 landete die Raumsonde Huygens auf dem Saturnmond Titan, nachdem sie zuvor von der größeren Cassini-Sonde abgeworfen worden war. Titan ist der einzige bekannte Mond mit einer dichten Atmosphäre, die größtenteils aus Stickstoff besteht. Huygens sendete Bilder von der Oberfläche, die verblüffende Ähnlichkeiten mit irdischen Flusslandschaften aufwiesen. Doch anstelle von Wasser fließt dort flüssiges Methan, während Wassereis in Form von gefrorenen Kieseln vorkommt. Eine bizarre Welt – und wir stehen erst am Anfang ihrer Erforschung.

9.1.7 Uranus

Der siebte Planet des Sonnensystems ist Uranus, benannt nach dem griechischen Himmelsgott Uranos. Früher galt auch Uranus als Gasplanet, da seine Atmosphäre größtenteils aus Wasserstoff, Helium und Methan besteht. Das Methan sorgt für die bläuliche Färbung des Planeten (Abbildung 9.13). Uranus wurde 1781 von Wilhelm (William) Herschel entdeckt, dessen Name Ihnen in der Astronomie noch häufiger begegnen wird. Damit ist Uranus der erste Planet, der mit einem Teleskop gefunden wurde, während alle bisher genannten Planeten mit bloßem Auge sichtbar sind.

Heute wird Uranus als Eisriese bezeichnet, was allerdings eine etwas irreführende Bezeichnung ist. Im Inneren des Uranus herrschen extrem hohe Drücke und Temperaturen, sodass die klassischen Aggregatzustände, wie wir sie von der Erde kennen, dort nicht mehr existieren. Flüchtige Stoffe wie Methan, Ammoniak und Wasser werden unter diesen Bedingungen zu einem Fluid, das Eigenschaften von Flüssigkeiten und Gasen vereint. Planetologen sprechen in diesem Zusammenhang von »Volatilen« oder »Ices«, wovon sich der Name *Eisriese* ableitet.

Abbildung 9.13: Der Uranus, aufgenommen 1986 von der Voyager-Sonde. Quelle: NASA, https://science.nasa.gov/uranus

Eine der bemerkenswertesten Eigenschaften des Uranus ist seine Achsenneigung von fast 90 Grad. Der Planet »rollt« daher auf seiner Umlaufbahn um die Sonne. Für einen Umlauf benötigt er 82 Erdjahre. Seine mittlere Entfernung zur Sonne beträgt 19,2 AE, was etwa 2,87 Milliarden Kilometern entspricht. Aufgrund der extremen Neigung liegen die Pole des Planeten zur Seite, wodurch die Jahreszeiten auf Uranus besonders ausgeprägt sind. 42 Jahre lang kann ein Pol im Sonnenlicht liegen, während der andere in Dunkelheit bleibt.

Mit einer Rotationsperiode von 17 Stunden und 14 Minuten dreht sich Uranus für seine Größe relativ schnell um die eigene Achse. Dies führt zu einer Abplattung, und durch die extreme Neigung wirkt der Planet eher wie ein liegendes Rugby-Ei.

Uranus ist etwa viermal so groß wie die Erde und zählt somit zu den Riesenplaneten, ist jedoch im Vergleich zu Jupiter und Saturn deutlich kleiner. Mit einer Dichte von 1,27 g/cm^3 ist er relativ leicht, was typisch für einen Eisriesen ist. Die Gravitation ist mit 8,7 m/s^2 vergleichbar mit der auf der Erde, sie beträgt etwa 0,89 Erdbeschleunigungen. Würden Sie also auf der eisigen Oberfläche des Uranus ausrutschen, würde es nur etwa 0,89 Mal so weh tun wie auf der Erde.

Auch Uranus besitzt ein Ringsystem, das jedoch im Vergleich zu den eindrucksvollen Ringen des Saturn eher unscheinbar wirkt. Es wurde erst in den 1970er-Jahren entdeckt. Der Planet hat über 27 bekannte Monde, die alle nach Figuren aus den Werken von Shakespeare und Pope benannt sind. Die wichtigsten Monde sind Umbriel, Miranda, Ariel, Titania und Oberon.

Im Jahr 1986 flog die NASA-Raumsonde Voyager 2 am Uranus vorbei und lieferte die ersten detailreichen Bilder seiner Atmosphäre. Weitere Missionen zu Uranus hat es bislang nicht gegeben, weshalb er bis heute ein vergleichsweise unerforschter Planet geblieben ist.

9.1.8 Neptun

Der achte und damit letzte Planet im Sonnensystem ist Neptun, der nicht aufgrund seiner blauen Farbe nach dem Gott des Meeres benannt wurde, sondern aus Tradition. Die Entdeckung Neptuns ist eine spannende Geschichte, denn erstmals wurde ein Planet durch Berechnungen vorhergesagt. Der Franzose Urbain J. J. Le Verrier und der Engländer John Couch Adams berechneten (unabhängig) die Existenz eines achten Planeten aus Unregelmäßigkeiten in der Bahn des Uranus. Irgendeine Masse musste sich also noch im Raum bewegen, und Le Verrier gelang tatsächlich eine ziemlich genaue Bestimmung der Position dieser unbekannten Masse.

Der deutsche Astronom Johann Gottfried Galle und sein Assistent Heinrich Louis d'Arrest richteten am 23. September 1846 den Fraunhofer-Refraktor der Berliner Sternwarte auf die Himmelsregion, in der der neue Planet vermutet wurde. Sie notierten die Positionen der Sterne und verglichen sie mit den eingetragenen Positionen der damals vorhandenen Sternkarten. Bereits nach kurzer Zeit wurden sie fündig, da einer der »Sterne« nicht in den Karten verzeichnet war.

Machen Sie sich kurz klar, was für ein Triumph das war: Es wurde eine Theorie aufgestellt, die durch Beobachtung bestätigt wurde. Zwar geschah dies nicht zum ersten Mal, doch in einer so symbolträchtigen Weise prägte dieses Ereignis die moderne Astronomie.

Nun noch ein paar Fakten zum Neptun: Mit einem Durchmesser von 49.244 Kilometern ist er nur unwesentlich kleiner als Uranus. Sein Aufbau ist dem des Uranus sehr ähnlich, mit einer Atmosphäre aus Wasserstoff, Helium und Methan. Auch Neptun wird daher als Eisriese bezeichnet. Die Neigung seiner Rotationsachse beträgt 28,32 Grad, was in etwa der Neigung der Erdachse entspricht. Somit gibt es auch auf Neptun Jahreszeiten, die allerdings jeweils etwa 40 Jahre dauern, denn für einen Umlauf um die Sonne benötigt Neptun 165 Jahre. Seit seiner Entdeckung 1846 hat er also erst eine vollständige Umrundung der Sonne vollzogen. Neptun ist bereits 4,5 Milliarden Kilometer von der Sonne entfernt, was etwa 30 Astronomischen Einheiten entspricht.

Ähnlich wie Uranus besitzt auch Neptun ein schwaches Ringsystem aus Eis und Gestein, das jedoch sehr unscheinbar ist. Es sind 14 Monde bekannt, von denen Triton der größte ist. Da sich dieser Mond entgegen der Rotationsrichtung des Planeten bewegt, nimmt man an, dass es sich um einen eingefangenen Himmelskörper handelt. Apropos Rotation: Neptun dreht sich ebenfalls recht schnell, nämlich in 16 Stunden und 6 Minuten einmal um die eigene Achse. Dies führt zu enormen Stürmen, die Windgeschwindigkeiten von über 2.000 Kilometern pro Stunde erreichen können. Ähnlich wie auf Jupiter gibt es auch auf Neptun Sturmgebiete, die sich jedoch nicht als rote Flecken zeigen, sondern als blauweiße Wirbel in der Atmosphäre.

Auch am Neptun ist bisher nur eine Raumsonde vorbeigeflogen, nämlich Voyager 2 im Jahr 1989. Weitere Missionen zum äußersten Planeten unseres Sonnensystems hat es bislang nicht gegeben.

Abbildung 9.14 zeigt eine Aufnahme des Neptun von Voyager 2. Dieses Bild wurde erst vor wenigen Jahren farblich korrigiert. In älteren Publikationen sah der Neptun immer deutlich bläulicher aus als Uranus. Es stellte sich jedoch heraus, dass dies ein Effekt der Bildverarbeitung war, der in den 2020er-Jahren korrigiert wurde.

Abbildung 9.14: Farblich korrigierte Aufnahme des Neptun. Quelle: NASA, https://science.nasa.gov/neptune

9.2 Der arme Pluto, wurde zum Zwerg degradiert

Es gibt neun Planeten – zumindest lässt sich dieser Gedanke nicht mehr aus meinem Kopf verbannen. In jedem Astronomiebuch der 1980er- und 1990er-Jahre stand es schließlich so geschrieben. Pluto wurde am 18. Februar 1930 von Clyde Tombaugh, einem amerikanischen Astronomen, am Lowell-Observatorium in Flagstaff (Arizona, USA) entdeckt und nach dem römischen Gott der Unterwelt benannt. Übrigens waren es auch hier wieder Bahnstörungen in den Umlaufbahnen von Uranus und Neptun, die Astronomen vermuten ließen, dass es noch einen weiteren Himmelskörper geben müsse, der die mysteriöse Bezeichnung »Planet X« erhielt.

Abbildung 9.15 zeigt den Pluto, fotografiert von der Raumsonde New Horizons. Man erkennt Krater, Gebirge, tiefe Täler und große Eisflächen. Obwohl uns Uranus und Neptun näherstehen als Pluto, gibt es von Pluto Bilder in besserer Qualität. Zum einen, weil er keine Atmosphäre besitzt, zum anderen, weil New Horizons in den 2010er-Jahren den Pluto besucht hat.

Abbildung 9.15: Detailreiches Foto des Pluto. Quelle: NASA, https://science.nasa.gov/dwarf-planets/pluto

Mit der Entdeckung des Pluto war unser Sonnensystem viele Jahrzehnte lang eine heile Welt. Doch mit immer besseren Beobachtungsmethoden wurden zunehmend Himmelskörper jenseits der Neptunbahn entdeckt, die als TNOs (Transneptunische Objekte) bezeichnet werden. Im Jahr 2005 schließlich entdeckte man Eris, einen Himmelskörper, der sogar größer als Pluto war. Einige Medien berichteten damals bereits von der Entdeckung eines »zehnten Planeten«.

Am 24. August 2006 fand in Prag eine Sitzung der Internationalen Astronomischen Union (IAU) statt, dem weltweit größten Zusammenschluss von Astronomen (Abbildung 9.16). Auf dieser Sitzung wurde eine Definition verabschiedet, die eindeutig festlegt, wann ein Himmelskörper als »Planet« bezeichnet werden darf:

- Er muss die Sonne umkreisen und darf kein Mond sein.
- Er muss eine Masse besitzen, die aufgrund der eigenen Schwerkraft eine annähernd kugelförmige Gestalt bewirkt.
- Er muss das dominierende Objekt auf seiner Umlaufbahn sein und andere Kleinkörper »geräumt« haben.

Obwohl Pluto die ersten beiden Kriterien erfüllt, teilt er sich seine Umlaufbahn mit zahlreichen weiteren Objekten und ist nicht das dominante Objekt in seiner Region.

Folglich musste Pluto sein Planetendasein aufgeben und wurde in eine neue Kategorie eingeordnet: die Zwergplaneten. Besonders in den USA kam dieser Beschluss nicht gut an, schließlich war Pluto der einzige »amerikanische« Planet im Sonnensystem. Die Entscheidung der IAU wurde kontrovers diskutiert, denn viele Astronomen weltweit waren emotional mit Pluto als neuntem Planeten verbunden. Wissenschaftlich betrachtet war die Entscheidung jedoch konsequent.

Abbildung 9.16: Foto von der IAU-Konferenz am 24.08.2006. Quelle: Aldebarium, CC BY SA 4.0, https://commons.wikimedia.org/wiki/File:IAU-GA-2006-Pluto-Vote.jpg

Heute wird übrigens wieder ein Planet X (manchmal »Planet Neun« genannt) jenseits der Pluto-Bahn vermutet. Bis heute wurde aber dieser Planet nicht gefunden, obwohl die Teleskope immer größer und besser werden. 2026 hat das Vera C. Rubin Observatory in der chilenischen Atacama-Wüste den Betrieb aufgenommen. Das Teleskop durchmustert den Himmel in einer vorher nicht gekannten Genauigkeit. Wenn ein Teleskop einen solchen Himmelskörper entdecken könnte, dann dieses.

9.3 Asteroiden und Meteoriten

Im Kapitel über die Sonne haben wir gesehen, dass sie aus einer gigantischen Wolke aus Gas und Staub entstanden ist. Doch nicht nur die Sonne ging aus dieser Wolke hervor, sondern das gesamte Sonnensystem – inklusive der Planeten, Zwergplaneten, Monde und Millionen weiterer kleiner Himmelskörper, den sogenannten Kleinplaneten oder Asteroiden. Der Raum zwischen den Planeten ist also keineswegs leer (Abbildung 9.17).

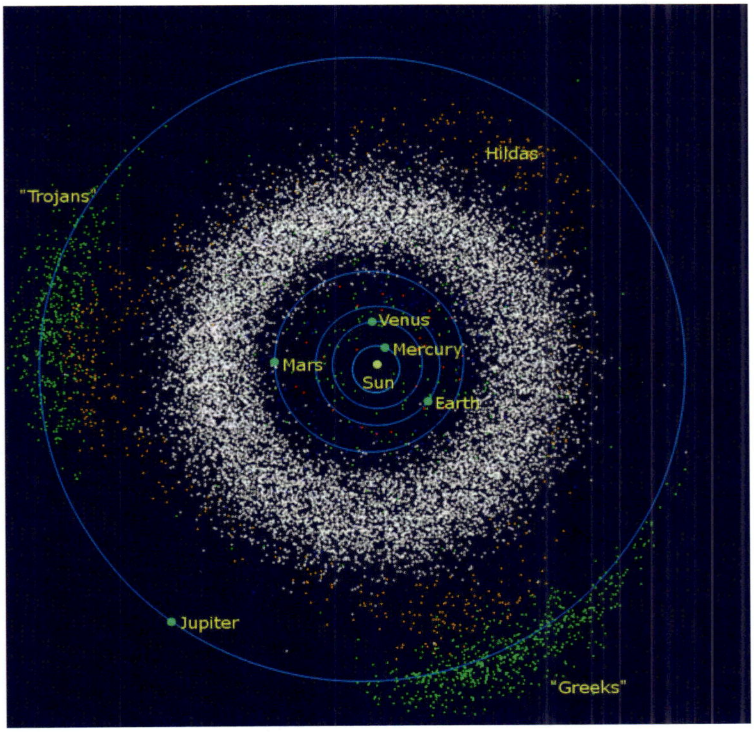

Abbildung 9.17: Der Asteroidengürtel zwischen Mars und Jupiter. Quelle: Mdf, https://commons.wikimedia.org/wiki/File:InnerSolarSystem-en.png

Besonders zwischen Mars und Jupiter befinden sich rund eine Million Himmelskörper, die kleiner als ein Kilometer sind, sowie viele Milliarden Staubteilchen und Gebilde von der Größe eines Meters. Ständig werden neue dieser Himmelskörper entdeckt. Allein das neue Vera C. Rubin Observatory hat bei seinen ersten Beobachtungen 2.104 neue Asteroiden in nur wenigen Tagen aufgespürt.

Der Hauptasteroidengürtel (englisch: Main Asteroid Belt) ist vermutlich entstanden, weil die enorme Gravitation des Jupiters die Bildung eines weiteren Planeten zwischen Mars und Jupiter verhindert hat. »Hauptgürtel« wird er deshalb genannt, weil sich dort der Großteil der Masse aller Asteroiden im Sonnensystem befindet. Es gibt jedoch noch weitere Regionen, in denen sich Asteroiden tummeln.

Der Kuipergürtel jenseits der Neptunbahn ist eine solche Region. Pluto gehört ebenfalls zu diesem Kuipergürtel, dessen Himmelskörper als KBOs (Kuiper Belt Objects) bezeichnet werden. Die Asteroiden im Hauptgürtel sind überwiegend steinig und felsig, während die Objekte im Kuipergürtel oft aus Eis bestehen. Die kurzperiodischen Kometen stammen aus dem Kuipergürtel (siehe Abschnitt 5.2.5).

Sowohl der Hauptgürtel als auch der Kuipergürtel sind scheibenförmig und erinnern in ihrer Form eher an einen Donut. Die Objekte umkreisen die Sonne also ebenfalls in einer Ebene, ähnlich wie die Planeten.

Anders verhält es sich mit der Oortschen Wolke, die noch viel weiter draußen existiert und das Sonnensystem wie ein Halo umschließt. Aus der Oortschen Wolke stammen die langperiodischen Kometen, die aufgrund ihrer weiten Umlaufbahnen extreme Bahnneigungen haben können und daher manchmal steil von oben oder unten in Richtung Sonne fliegen.

Doch nicht nur im Hauptgürtel oder im Kuipergürtel gibt es Asteroiden. Es kann auch vorkommen, dass durch die Gravitation des Jupiters Asteroiden aus dem Hauptgürtel abgelenkt werden und eine Umlaufbahn zum Beispiel um die Erde einnehmen. Dabei können Asteroiden der Erde sehr nahekommen; man spricht dann von *Near Earth Objects*, kurz NEOs. Immer wieder geraten solche NEOs auch in die Medien und werden reißerisch als Killer-Asteroiden bezeichnet. Die Wahrscheinlichkeit, dass ein Asteroid von bedrohlicher Größe die Erdbahn so kreuzt, dass er alles Leben auf der Erde auslöscht, ist jedoch äußerst gering. Nichtsdestotrotz werden NEOs von Astronomen genauestens beobachtet, und ihre Bahnen werden immer wieder neu berechnet, damit eine mögliche Bedrohung frühzeitig erkannt wird.

Am 15. Februar 2013 um 9:20 Uhr schreckten in der russischen Ortschaft Tscheljabinsk die Menschen auf, als eine helle Leuchterscheinung am Himmel sichtbar wurde. Zahlreiche Videokameras, sogenannte Dashcams, zeichneten das Ereignis auf. Ein kleiner Asteroid drang in die Erdatmosphäre ein und erzeugte heftige Detonationen, deren Hauptdruckwelle zahlreiche Fensterscheiben zerstörte. Mehr als 1000 Menschen erlitten Verletzungen, meist Prellungen oder Schnittwunden. Knapp 50 Personen mussten sogar in Krankenhäusern behandelt werden.

Der Asteroid zerbrach in viele Teile. Der mit etwa 570 kg größte Brocken wurde im Herbst 2013 aus einem See geborgen. Die Wissenschaftler sind sich sicher, dass es sich um ein Bruchstück eines NEOs gehandelt haben muss, dessen ursprüngliche Größe auf 20 Meter geschätzt wird.

Neben den Asteroiden gibt es Milliarden kleinerer Körper im Sonnensystem, von Staubkorngröße bis hin zur Größe eines Medizinballs. Diese Meteoroide treffen ständig auf die Planeten, und in jeder klaren Nacht können wir Sternschnuppen beobachten, die das Resultat dieser kleinen Himmelskörper sind. In der Frühphase des Sonnensystems haben zahlreiche Brocken durch ihre Einschläge die Oberflächen des Merkur, des Mondes und anderer Planeten und Monde maßgeblich geformt. Dass wir auf der Erde die Folgen dieses »Heavy Bombardments« nicht mehr sehen, liegt daran, dass die meisten Himmelskörper in der Atmosphäre verglühen und dass Meteoritenkrater durch Erosion über Jahrhunderte ihre Form verlieren. Nichtsdestotrotz gibt es auf der Erde Krater, die vom Einschlag größerer Himmelskörper zeugen.

In Arizona gibt es zum Beispiel den Barringer-Krater (Abbildung 9.18), der vor etwa 50.000 Jahren vermutlich durch den Einschlag eines metallreichen Asteroiden von 20 bis 50 Metern Größe entstand. Auch in Deutschland existiert ein großer Krater, den man jedoch als solchen kaum mehr erkennen kann: das Nördlinger Ries. Es handelt sich dabei um eine Senke mit etwa 20 Kilometern Durchmesser rund um die Ortschaft Nördlingen, die durch den Einschlag eines Meteoriten vor 14,6 Millionen Jahren entstanden ist.

Abbildung 9.18: Der Barringer-Krater in Arizona. Quelle: Deborah Lee Soltesz, USGS, https://commons.wikimedia.org/wiki/File:Barringer_Crater_USGS.jpg

9.4 Die Planeten im Teleskop

9.4.1 Merkur im Teleskop

Der Merkur ist aufgrund seiner Nähe zur Sonne sehr schwer zu beobachten. Nur dann, wenn der Merkur von der Erde aus betrachtet rechts oder links von der Sonne steht, haben wir überhaupt eine Chance, ihn zu sehen. In der Astronomie spricht man allerdings nicht von »links« oder »rechts«, sondern verwendet den Fachausdruck »Elongation«. Bei der größten westlichen Elongation können wir Merkur kurz vor Sonnenaufgang am Osthorizont sehen, während er bei der größten östlichen Elongation vor Sonnenuntergang am Westhorizont steht.

Auch die Ekliptik, also die scheinbare Ebene, in der sich Sonne, Mond und Planeten bewegen, spielt hier eine Rolle. Im Frühjahr steht die Ekliptik recht steil am Horizont. So kann sich am Abend eine gute Sichtbarkeit des Merkur ergeben, da er sich bei einer steil stehenden Ekliptik besser vom Horizont abhebt. Im Herbst gilt das Gleiche für die Morgensichtbarkeit.

Um die beste Sichtbarkeit herauszufinden, schauen Sie am besten in astronomische Kalender oder Monatszeitschriften. Dort werden günstige Beobachtungsfenster für den Merkur immer angegeben. Auch die Software Stellarium hilft Ihnen, die Sichtbarkeit des Merkur zu visualisieren.

Selbst wenn Sie Merkur erfolgreich gesichtet haben, wird er im Teleskop kaum Details offenbaren. Er zeigt zwar – ähnlich wie der Mond und die Venus – Phasen und kann also eine Sichelgestalt haben, doch selbst das ist teilweise schwer zu beobachten, da die Luftunruhe über dem Horizont die Sicht im Teleskop meist stark beeinträchtigt.

Merkur ist also eine nette Herausforderung, aber leider kein spektakuläres Objekt im Teleskop (Abbildung 9.19).

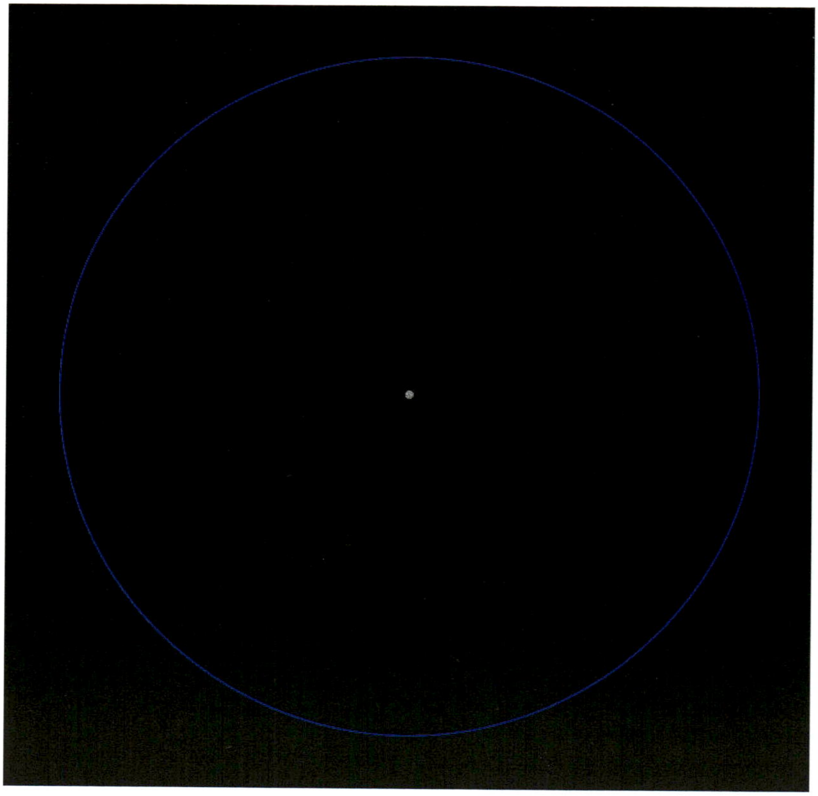

Abbildung 9.19: Simulation mit Stellarium: Bei Merkur erkennen Sie die Scheibchenform und eine gelbliche Farbe – mit etwas Glück können sie Phasen erkennen.

9.4.2 Venus im Teleskop

Auch die Venus ist am besten während ihrer größten westlichen oder östlichen Elongation zu beobachten. Je nachdem wird sie im Volksmund als Morgen- oder Abendstern bezeichnet. Noch besser wird es, wenn die Ekliptik dabei steil zum Horizont steht.

Da die Venus jedoch deutlich weiter von der Sonne entfernt ist als der Merkur, ist die Auswirkung der Elongation viel größer: Sie steht länger und viel höher am Himmel als der Merkur. Und nicht nur das: Ihre dichte Atmosphäre reflektiert das Sonnenlicht sehr stark. Die Astronomen sprechen hier von der Albedo, einem Maß für das Rückstrahlvermögen des Sonnenlichts. Die Venus hat eine Albedo von 0,76 und reflektiert somit 76 % des Sonnenlichts, während die Erde gerade einmal 30 % reflektiert. In der Folge kann die Venus sehr hell am Himmel werden und ist damit der hellste Himmelskörper am Nachthimmel nach Sonne und Mond. Während ihrer Sichtbarkeitsphasen ist sie kaum zu übersehen.

Wenn Sie Ihr Teleskop auf die Venus richten, können Sie die Scheibchenform des Planeten erkennen sowie die Phasen der Venus beobachten. Auch die Größe der Venusscheibe kann deutlich unterschiedlich sein, je nachdem, wie nah die Venus der Erde steht (Abbildung 9.20).

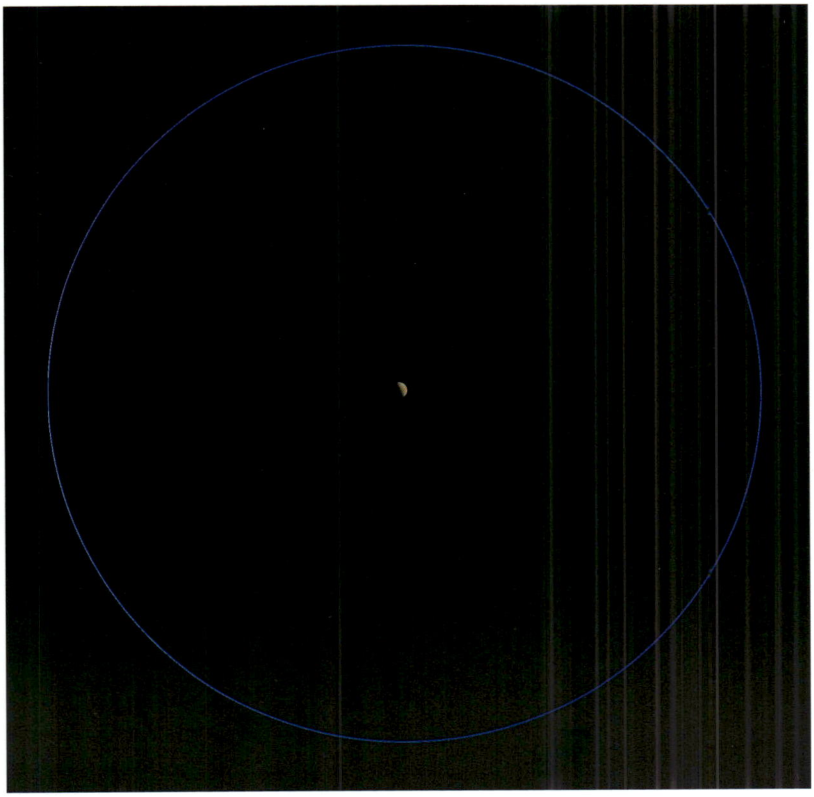

Abbildung 9.20: Simulation mit SkySafari Pro: Die Venus ist gut zu beobachten, allerdings nicht ihre Oberflächendetails bzw. Details in der Atmosphäre.

Mehr Details sind visuell auf der Venus jedoch nicht zu erkennen, da ihre dichte Atmosphäre den Blick auf die Oberfläche verhindert. Details in der Atmosphäre lassen sich mit Amateurteleskopen nur schwer sichtbar machen, wenn überhaupt, dann mit speziellen Filtern (z. B. UV-Filter) und mithilfe der Astrofotografie.

9.4.3 Der Mars im Teleskop

Der Mars ist der erste Planet außerhalb der Erdbahn, und die Elongation spielt bei ihm keine große Rolle mehr. Wichtiger ist hier seine Nähe zur Erde. Während der Opposition, also der größten Annäherung des Mars an die Erde, ist er am besten zu beobachten. Die Daten der Mars-Oppositionen können Sie im Internet oder in Fachmagazinen finden. In der Regel werden diese Ereignisse ausführlich angekündigt – eben wegen der guten Beobachtungsmöglichkeiten.

Der Mars erscheint deutlich rot leuchtend am Himmel und ist recht hell, sodass er auch für Anfänger leicht auffindbar ist. Im Teleskop sehen Sie deutlich die Scheibchenform des Planeten (Abbildung 9.21).

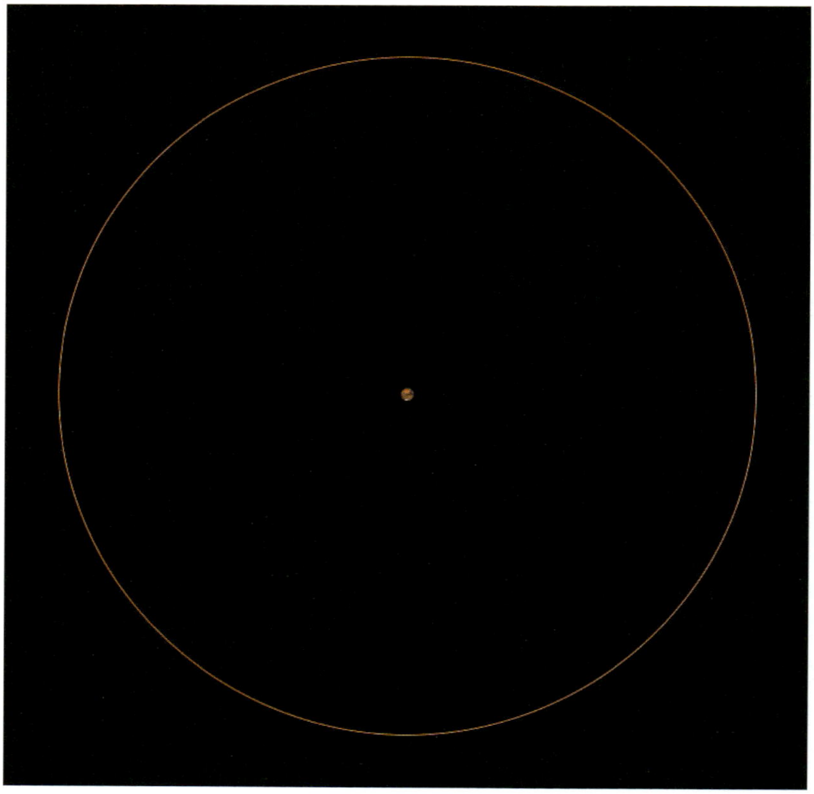

Abbildung 9.21: Simulation mit Stellarium: Der Mars ist ein dankbarer Planet für die Beobachtung durch das Teleskop.

Ein Detail, das leicht zu beobachten ist, sind die weißen, eisbedeckten Pole des Mars. Außerdem gibt es auf dem Mars großflächige dunkle Gebiete, etwa die Große Syrte (Syrtis Major), und hellere Bereiche wie das Hellasbecken.

Wann Sie welche Details am besten beobachten können, können Sie sich in der Stellarium anzeigen lassen. Wenn Sie den Mars dort zentrieren, können Sie stark hineinzoomen und erhalten eine Simulation seiner Oberflächendetails.

9.4.4 Jupiter im Teleskop

Jupiter ist vielleicht der dankbarste Planet zur Beobachtung im Teleskop. Er ist in seinen Sichtbarkeitszeiträumen meist über Wochen und Monate hinweg am Himmel sichtbar und nach der Venus einer der hellsten Himmelskörper überhaupt. Er ist also leicht zu finden und im Teleskop einzustellen.

Schon bei geringer Vergrößerung werden Sie sofort drei oder vier der Galileischen Monde als kleine, sternförmige Objekte neben dem Jupiter sehen. Ihre Positionen können Sie über mehrere Tage hinweg beobachten – ganz so, wie es einst Galileo Galilei getan hat. Auch die zwei großen Staubbänder, die sich in der Nähe des Jupiter-Äquators befinden, sind schon in kleinen Teleskopen bei geringer Vergrößerung sichtbar (Abbildung 9.22).

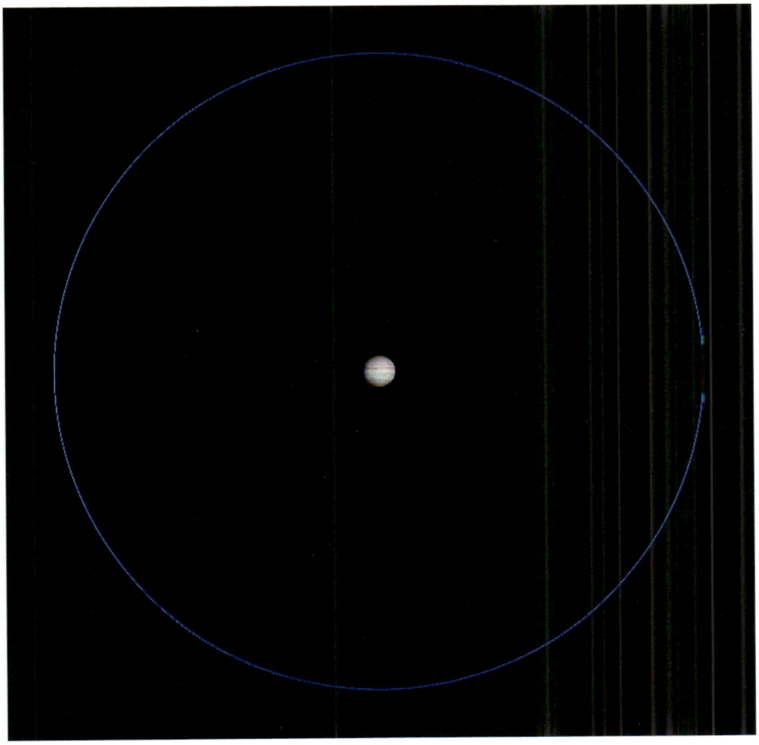

Abbildung 9.22: Simulation mit Stellarium: Jupiter ist aufgrund seiner enormen Größe ein dankbares Objekt für jedes Teleskop.

Etwas herausfordernder ist die Beobachtung des Großen Roten Flecks oder der Schatten, die die Jupitermonde auf die Oberfläche des Planeten werfen. Selbstverständlich ist die Beobachtung des Jupiters während seiner Opposition deutlich einfacher, doch auch außerhalb der Oppositionsphasen (während der Konjunktion) sind die meisten dieser Details sichtbar. Auch beim Jupiter können Sie dessen Details in Stellarium simulieren. Dort erkennen Sie die Positionen der Monde und wann der GRF sichtbar ist.

9.4.5 Saturn im Teleskop

Wie bereits erwähnt, ist der Saturn der Planet mit dem größten Wow-Effekt im Teleskop. Die Ringe des Saturn werden schon in kleinen Teleskopen und bei niedriger Vergrößerung sichtbar. Ebenso wie der Jupiter ist der Saturn während seiner Sichtbarkeitsphasen über mehrere Monate am Himmel zu sehen.

Leider gibt es Phasen, die sich über viele Jahre erstrecken, in denen der Saturn nur sehr tief am Himmel steht und somit nicht optimal beobachtet werden kann. Auch die Lage seiner Ringe verändert sich im Laufe der Jahre, je nachdem, wie die Ringebene geometrisch zur Erde steht. So war im März 2025 die Geometrie so, dass wir von der Erde aus genau auf die Kante der Ringe geblickt haben. Da die Ringe extrem dünn sind, verschwinden sie in dieser Position förmlich. Dieses Phänomen war jedoch ohnehin nicht sichtbar, da der Saturn im März 2025 zu nahe an der Sonne stand.

Seit Ende 2025 wird die Sichtbarkeit der Ringe wieder besser, da sich der Winkel wieder vergrößern wird. Sobald die Ringe wieder deutlicher sichtbar sind, können Sie versuchen, die Cassini-Teilung im Teleskop zu erkennen. Das ist die Lücke zwischen den beiden großen A- und B-Ringen des Saturn. Die Sichtbarkeit der Cassini-Teilung wird oft als »Gütesiegel« für die Qualität der Saturnbeobachtung angesehen.

Auch der größte Mond des Saturn, der Titan, sollte bei der Beobachtung nicht fehlen. Simulieren Sie dazu wieder die Sichtbarkeit in Stellarium (Abbildung 9.23). Vielleicht gelingt es Ihnen sogar, weitere der zahlreichen Saturnmonde zu beobachten.

Je nach Geometrie – also je nachdem, wie Erde, Saturn und Sonne zueinander stehen – kann man manchmal sogar Teile des riesigen Schattens sehen, den der Saturn auf sein Ringsystem wirft. Weitere Details erfordern eine große Teleskopöffnung, sehr ruhige Luft und eine hohe Vergrößerung.

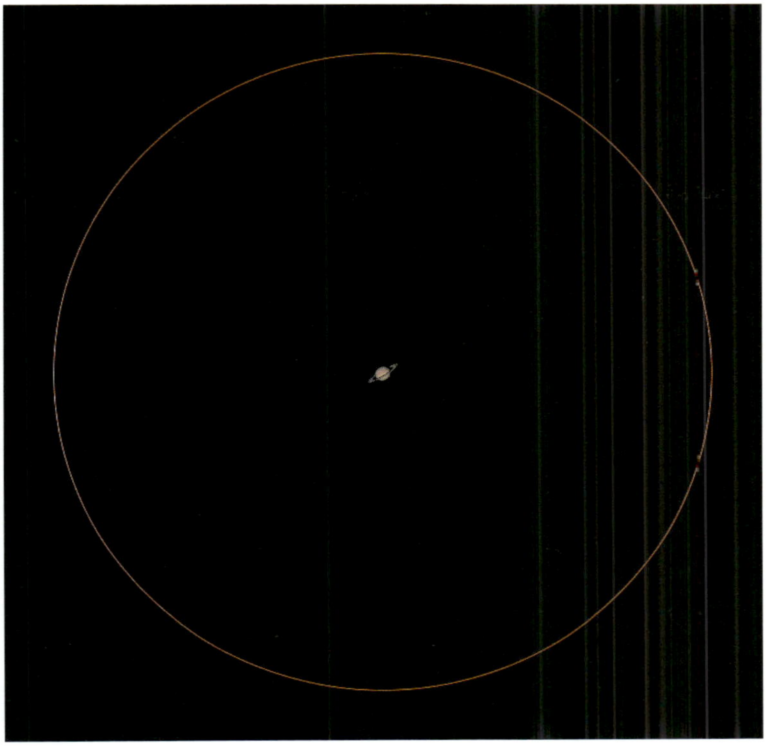

Abbildung 9.23: Simulation mit Stellarium: Die Ringe des Saturn begeistern jeden sofort bei einem Blick durchs Teleskop.

9.4.6 Uranus und Neptun im Teleskop

Uranus und Neptun sind überhaupt erst mit dem Teleskop sichtbar. Abgesehen von ihrer Scheibchenform und der typischen grünlichen (Uranus) beziehungsweise bläulichen Farbe (Neptun) werden Sie bei beiden Planeten jedoch keine Details beobachten können.

Uranus wird sich im Dezember 2026 zwischen dem orange-roten Aldebaran und dem Sternhaufen der Plejaden befinden. Neptun wird sich im Laufe der nächsten Jahre durch das Sternbild Fische bewegen.

Im Zusammenhang mit den Planeten gibt es immer wieder auch besondere Ereignisse. So können die inneren Planeten Merkur und Venus vor der Sonnenscheibe durchwandern. Bei Merkur wird das erst wieder am 13. November 2032 in den frühen Morgenstunden der Fall sein. Bei der Venus sind diese Ereignisse jedoch sehr selten. Zuletzt war es 2004 und 2012 der Fall (Venustransite finden paarweise im Abstand von acht Jahren statt), doch der nächste Transit wird erst im Jahr 2117 stattfinden.

Wesentlich häufiger kommt es zu besonderen Konstellationen, insbesondere der hellen Planeten am Himmel. Solche Ereignisse werden als *Konjunktionen* bezeichnet. Am 16. November 2026 werden sich Mars und Jupiter sehr eng am frühen Morgenhimmel begegnen. Auch die Tage danach werden spannend, wenn sich am 4. November 2026 der Mond zu den beiden Planeten gesellt.

Am Abend des 30. April 2028 und am 1. Mai 2028 stehen Venus, Mond und Jupiter in einer Linie am Westhorizont. Auch das wird ein wunderschöner Anblick, den man mit bloßem Auge genießen kann.

Solche Konstellationen bzw. Konjunktionen lassen sich ebenfalls sehr gut mit Stellarium simulieren. Der Mond, die Venus und Jupiter sind immer ein Garant für schöne Himmelskonstellationen.

Der Mond kann einige Planeten sogar bedecken. Am frühen Morgen des 20. Januar 2031 wird der Mond den Jupiter streifend bedecken. Gerade das wird im Teleskop spektakulär aussehen, da hierbei auch die Jupitermonde teilweise mitbedeckt werden. In der Nacht vom 21. auf den 22. November 2031, gegen Mitternacht, wird der Mond den Jupiter erneut bedecken. Dabei wird der Jupiter zuerst von der unbeleuchteten Seite des Mondes bedeckt und tritt später an der beleuchteten Seite wieder hinter dem Mond hervor.

Am 09. Dezember 2036 wird es in den frühen Morgenstunden eine Bedeckung des Saturn durch den Mond geben. Auch das wird im Teleskop einen spektakulären Anblick geben.

Besonders häufig sind diese Ereignisse nicht, aber auch Bedeckungen heller Sterne durch den Mond können toll aussehen, und sind häufiger zu beobachten.

Die Beobachtung der Planeten durch ein Teleskop ist besonders faszinierend – vor allem, weil sich auf ihren Oberflächen im Laufe der Zeit tatsächlich Veränderungen beobachten lassen. Im nächsten Kapitel erfahren Sie, wie Sie den Mond – und vielleicht auch die Planeten – mit dem Teleskop fotografieren können. So werden viele Details noch besser sichtbar. Mit der Astrofotografie betreten Sie eine der spannendsten und zugleich kreativsten Disziplinen der Himmelsbeobachtung.

Kapitel 10

Detailaufnahmen des Mondes und der Planeten

Als die Voyager-Sonden in den 1980er-Jahren spektakuläre Bilder der Gasriesen Jupiter und Saturn zur Erde funkten, konnten Amateurastronomen diese Planeten lediglich durchs Fernrohr betrachten. Von den farbigen Details, die die Raumsonden damals übermittelten, konnte man als Hobbyastronom nur träumen.

Heute sieht das ganz anders aus: Mithilfe moderner CMOS-Kameras und einer speziellen Technik – dem sogenannten Lucky Imaging – können auch Amateurastronomen beeindruckende Aufnahmen von Planeten, dem Erdmond und sogar der Sonne erstellen. Diese Technik lässt sich mit vergleichsweise einfachen Mitteln selbst erlernen und anwenden.

Alles, was Sie dafür benötigen, ist Ihr Teleskop, ein Windows-Laptop sowie eine geeignete, relativ kostengünstige Kamera. Mit etwas Übung und dem richtigen Aufnahme- und Bildverarbeitungsprogramm entstehen so erstaunlich detailreiche Bilder – oft deutlich bessere, als der Blick durch das Okular erwarten lässt.

Der größte Unterschied zwischen Teleskopen auf der Erde und solchen im Weltraum besteht darin, dass letztere nicht durch die Erdatmosphäre blicken müssen. Stellen Sie sich die Atmosphäre wie einen riesigen Swimmingpool vor, auf dessen Grund Sie sitzen. Wenn Sie nach oben schauen, erkennen Sie andere Personen an der Wasseroberfläche nur schemenhaft. Die vielen kleinen Wellen und Wirbel verzerren ständig das Bild und lassen nur einen unscharfen, flimmernden Eindruck der Außenwelt zu.

Unsere Atmosphäre wirkt auf ähnliche Weise auf das Licht der Sterne und Planeten. Sie wären überrascht, wie klar und detailreich das Bild in Ihrem Dobson-Teleskop wäre, wenn Sie sich außerhalb dieser störenden Lufthülle befänden. Zugegeben: Das wäre eine sehr lebensfeindliche Umgebung, in der Sie ohne Raumanzug keine Sekunde überleben würden – aber optisch wäre sie ideal.

Die Analogie mit dem Schwimmbecken ist deshalb so passend, weil sich an Wasser die optischen Eigenschaften der Atmosphäre sehr anschaulich erklären lassen. Stellen Sie sich vor, Sie sitzen auf dem Grund des Pools – und plötzlich wird das Wasser vollkommen ruhig. Keine einzige Welle stört die Sicht. In diesem Moment könnten Sie die Personen außerhalb des Wassers sehr klar und scharf erkennen.

Dasselbe Prinzip lässt sich auch umgekehrt erleben: Vielleicht haben Sie bei einem Spaziergang schon einmal auf einer Brücke über einen kleinen Bach gestanden. Ist der Bach wild und unruhig, sehen Sie kaum etwas vom Grund. Fließt er dagegen ruhig und gleichmäßig dahin, können Sie – trotz der Bewegung – oft glasklar den Grund erkennen, mit Steinen, Sand und vielleicht sogar ein paar Fischen.

Dieses Phänomen nennt man laminaren Strom. Und genau solch ein laminarer Fluss kann auch in der Erdatmosphäre auftreten. Das bedeutet: Selbst wenn in großen Höhen starke Winde wehen, kann der Blick zu den Sternen für kurze Zeit vollkommen ruhig und ungestört sein – eine ideale Gelegenheit für besonders scharfe Beobachtungen. Professionelle Teleskope befinden sich darum häufig in abgelegenen Regionen und auf hohen Berggipfeln. Besonders Inseln sind als Standorte sehr geeignet, da die Luftströme durch das umgebene Meer sehr laminar sind. Wichtige Standorte sind die Inseln Hawaiis sowie die Kanarischen Inseln (siehe Abbildung 10.1).

Abbildung 10.1: Das Gran Telescopio Canarias (GTC) auf La Palma. Quelle: Zyance, CC BY SA 2.5, https://commons.wikimedia.org/wiki/File:Roque_z04.jpg

Wir Amateurastronomen haben jedoch nicht immer die Wahl, was unseren Beobachtungsstandort angeht. Die wenigsten von uns leben auf einem Berg, umgeben von einem Ozean. Doch es gibt eine Technik, die es ermöglicht, dem Seeing dennoch ein Schnippchen zu schlagen: das Lucky Imaging.

Das Prinzip des Lucky Imaging beruht darauf, eine durchgehende Sequenz sehr kurzer Einzelbilder aufzunehmen – also einen Film mit vielen Einzelbildern. Aus dieser Bildfolge wählt man später nur diejenigen Frames aus, bei denen das atmosphärische Seeing besonders günstig war. Diese »glücklichen« Bilder werden anschließend zu einem scharfen, detailreichen Endbild kombiniert.

Mit dieser Technik können Sie bereits mit einem Dobson-Teleskop beeindruckende Aufnahmen des Mondes sowie der großen und hellen Planeten machen. Sie haben zuvor gelernt, den Mond mit dem Smartphone zu fotografieren – mit der Lucky-Imaging-Technik werden Sie Details deutlich schärfer und kontrastreicher erfassen. Der Aufwand lohnt sich, wie die Aufnahmen des englischen Astrofotografen Damian Peach beweisen (*www.damianpeach.com*). Peach ist einer der weltweit besten Planeten-Fotografen, seine Aufnahmen entstehen allerdings mit vergleichsweise großer Optik, einem Schmidt-Cassegrain-Teleskop mit einem Spiegeldurchmesser von 14".

In diesem Kapitel lernen Sie zunächst die speziellen Kameras kennen, die sich besonders gut für diese Technik eignen. Dabei werden Sie mit einigen wichtigen Kenngrößen vertraut gemacht, die für die Auswahl und Anwendung entscheidend sind. Natürlich wird auch die eigentliche Vorgehensweise bei der Bildaufnahme Schritt für Schritt erklärt.

Nach der Aufnahme ist allerdings noch etwas Nachbearbeitung nötig. Sie lernen daher auch die notwendige Software kennen und erfahren, wie Sie Ihre Bilddaten in mehreren Bearbeitungsschritten zu einem hochwertigen Endergebnis verarbeiten.

Viel Freude nun bei Ihren ersten Schritten in die faszinierende Welt der Astrofotografie von Planeten und dem Mond!

10.1 Astrokameras speziell für die Astrofotografie

Der Markt für Kameras, die in der Astrofotografie eingesetzt werden, ist in den letzten Jahren regelrecht explodiert. Immer neue Hersteller und Modelle machen die Auswahl zunehmend unübersichtlich. Vielleicht stellen auch Sie sich die Frage, warum überhaupt eine spezielle Kamera nötig ist – und ob nicht auch ein Smartphone oder eine herkömmliche Kamera (DSLR/DSLM) ausreichen würde.

Beim Smartphone ist die Antwort relativ einfach: Diese Geräte besitzen sehr kleine Bildsensoren. Das Bildfeld wird durch eine Weitwinkellinse erzeugt, die deutlich sichtbar auf der Rückseite Ihres Smartphones sitzt. Diese Kombination aus kleiner Linse und kleinem Sensor reicht für unsere Zwecke nicht aus – denn wir möchten die Linse ja durch ein Teleskop ersetzen und benötigen dafür Sensoren mit einer passenden Größe und geeigneter Technik.

Bei Spiegelreflex- oder spiegellosen Systemkameras (DSLR/DSLM) ist das Problem ein anderes: Ihre Sensoren sind oft zu groß für die Planeten-, Mond- oder Sonnenfotografie. Dadurch wird das Bildfeld zu weit – der Planet erscheint winzig auf dem Bild, während gleichzeitig große Datenmengen entstehen. Das macht schnelle Bildserien mit tausenden Einzelbildern, wie sie beim Lucky Imaging nötig sind, unpraktisch bis unmöglich.

Die speziell für die Planeten-, Sonnen- und Mondfotografie entwickelten Astrokameras bieten hier viele Vorteile. Sie sind in der Regel kaum größer als ein Okular und werden einfach in den Okularauszug des Teleskops gesteckt. Ihre Sensorgröße ist optimal auf kleine Himmelsobjekte abgestimmt, und sie liefern durch ihre hohe Bildrate ideale Voraussetzungen für das Lucky Imaging.

Ein weiterer Vorteil dieser Kameras: Sie sind oft speziell für astronomische Zwecke optimiert – etwa durch eine besonders hohe Empfindlichkeit im Nahinfrarot oder durch geringe Auslesezeiten, was für die Erfassung feiner Details entscheidend ist.

Farb- oder Monochrom-Kameras

Die allermeisten Astrokameras sind entweder als Farbkamera oder als monochrome Kamera erhältlich. Farbkameras werden in der Modellbezeichnung meist mit einem »C« gekennzeichnet (etwa in »Touptek G3M 678C«), wohingegen Monokameras mit einem »M« bezeichnet werden (wie in »Touptek 678M«). Zum Einstieg empfehle die Farbvariante – in der Astronomie spricht man gerne von OSC-Kameras (One-Shot-Color).

Um mit einer monochromen Kamera ein Farbbild zu erhalten, benötigt man zusätzlich ein Filterrad mit Farbfiltern. Dabei werden jeweils eine rot-, grün- und blaugefilterte Aufnahme erstellt. Diese werden später in einer Software zu einem Farbbild kombiniert. Das bedeutet jedoch einen zusätzlichen Schwierigkeitsgrad, der nur einen vergleichsweise geringen Vorteil bei der Auflösung mit sich bringt.

Farbkameras wird oft eine deutlich schlechtere Auflösung nachgesagt als den gleichen Sensoren in der Monovariante. Das ist jedoch ein Missverständnis, da die Auflösung in Farbkameras durch geschickte Algorithmen (sogenanntes Debayering) nahezu vollständig rekonstruiert wird.

Ein weiterer Vorteil der Farbkameras ist, dass diese meist günstiger sind in der Anschaffung.

Gekühlte oder Ungekühlte Kameras

Wenn Sie sich intensiver mit Astrokameras beschäftigen, werden Sie feststellen, dass einige Modelle über eine integrierte Kühlung verfügen. Diese Kameras sind deutlich teurer als ungekühlte Varianten und überschreiten häufig die Marke von 1.000 Euro. Die Kühlung verringert dabei die Temperatur um bis zu 30 °C oder sogar 40 °C.

Ermöglicht wird dies durch ein sogenanntes Peltier-Element, das für die Abkühlung des Kamerasensors sorgt. Die dabei entstehende Abwärme wird über einen kleinen Lüfter und Lüftungsschlitze nach außen abgeführt (Abbildung 10.2). Für die Planetenfotografie ist das Overkill.

Abbildung 10.2: Mit Peltier-Elementen wird diese Kamera gekühlt. Quelle: ZWO, Astroshop

Warum aber überhaupt kühlen? Die Kühlung reduziert den sogenannten Dunkelstrom, also ein elektrisches Signal, das nicht durch Lichteinwirkung entsteht, sondern durch Wärme. Anders gesagt: Eine erhöhte Sensortemperatur erzeugt ein schwaches Grundrauschen im Bild, das nichts mit dem eigentlichen Lichtsignal zu tun hat.

Zwar kann man diesen Effekt rechnerisch herausfiltern, indem man sogenannte Dunkelbilder (Dark Frames) aufnimmt und vom eigentlichen Bild abzieht, doch das funktioniert nur begrenzt. Denn zusätzlich zum Dunkelstrom entsteht ein temperaturabhängiges, störendes Bildrauschen – das sich nicht einfach herausrechnen lässt. Je geringer die Sensortemperatur, desto geringer ist auch dieses Rauschen.

Gekühlte Astrokameras sind daher vor allem für Langzeitbelichtungen gedacht, wie sie bei der Deep-Sky-Fotografie üblich sind – etwa bei Galaxien, Nebeln oder Sternhaufen. Für die Planeten-, Mond- oder Sonnenfotografie sind dagegen ungekühlte Kameras völlig ausreichend, da hier mit extrem kurzen Belichtungszeiten gearbeitet wird. In diesem Bereich ist der Einfluss des Dunkelstromrauschens vernachlässigbar.

10.2 Ein paar Kenngrößen: Auflösung, Bittiefe und Ausleserauschen

Anhand einer typischen Astrokamera für die Planetenfotografie möchte ich Ihnen einige der technischen Kenngrößen erklären, die Hersteller in ihren Produktbeschreibungen angeben. Als Beispiel dient die ZWO ASI678MC (Abbildung 10.3).

Abbildung 10.3: Die ZWO ASI678MC ist eine gängige Kamera für das Lucky Imaging. Quelle: ZWO, Astroshop

10.2.1 Auflösung

Die Chipgröße beschreibt die physischen Abmessungen des Sensors in Millimetern. Typisch sind Chips in der Größe eines Fingernagels (Abbildung 10.4). Die ASI678MC hat eine Chipgröße von 7,67 × 4,32 Millimetern.

Die Pixelgröße gibt an, wie groß ein einzelnes Bildelement (Pixel) ist. Bei dieser Kamera beträgt sie nur 2 Mikrometer. Auf der langen Seite des Sensors finden 3.840 Pixel Platz, auf der kurzen 2.160. Das ergibt insgesamt 8.294.400 Pixel – also 8,3 Megapixel. Diese Zahl wird oft als Auflösung der Kamera bezeichnet. In der Astronomie verstehen wir unter »Auflösung« allerdings etwas anderes, nämlich die Fähigkeit eines Teleskops, feinste Details sichtbar zu machen und eng benachbarte Strukturen noch getrennt wahrnehmen zu können.

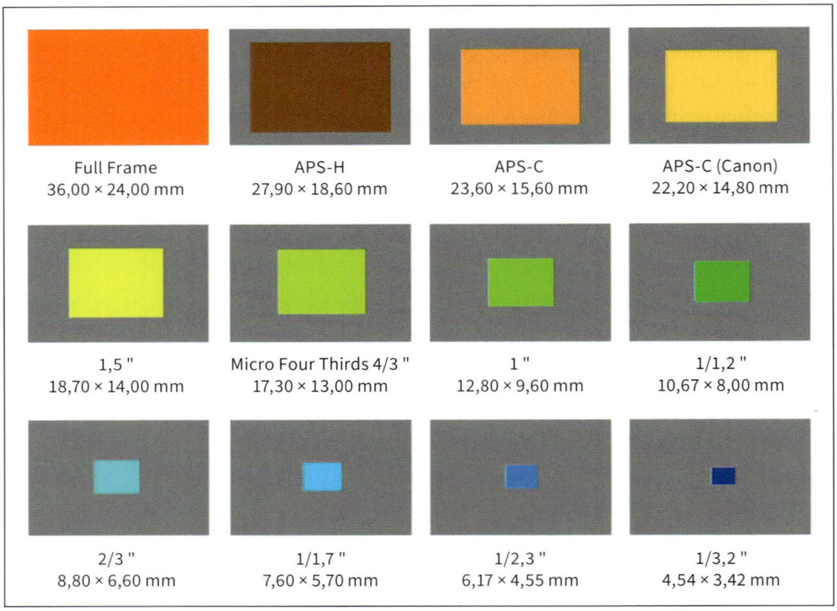

Abbildung 10.4: Größenvergleich gängiger Sensoren für Astrokameras. Für die Planeten- und Mondfotografie kommen eher kleinere Chips infrage, also bis zu einer Größe von 1". Quelle: Touptek, https://www.touptekastro.com/de-eu/blogs/tutorials/how-to-choose-the-right-astrophotography-camera-sensor-size

10.2.2 Bit-Tiefe

Die Bit-Tiefe, auch Bit-Auflösung genannt, beschreibt eine andere Eigenschaft: wie viele Helligkeitsstufen der Sensor digital unterscheiden kann. Typische Werte reichen von 8 Bit (256 Stufen) bis 16 Bit (65.536 Stufen). Eine 1-Bit-Darstellung kennt nur reines Weiß und reines Schwarz. Bereits bei 8 Bit kann das Auge die einzelnen Stufen nicht mehr erkennen. Dennoch arbeiten moderne Kameras mit noch höheren Bit-Tiefen.

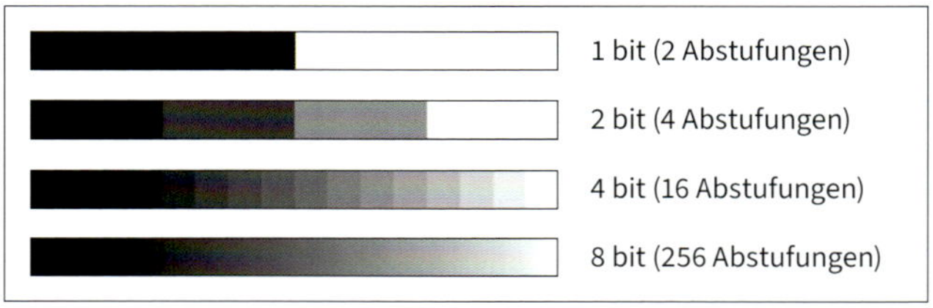

Abbildung 10.5: Die Bittiefe gibt an, wie viele Intensitätsstufen dargestellt werden können.

Unsere Beispielkamera bietet 12 Bit, das entspricht 4.096 Helligkeitsabstufungen. Diese Umwandlung erfolgt durch einen sogenannten Analog-Digital-Wandler, abgekürzt ADC.

10.2.3 Quanteneffizienz (QE)

Ein weiterer Wert in den technischen Daten ist die sogenannte Quanteneffizienz, kurz QE. Dieser Begriff bezeichnet den Wirkungsgrad des Sensors. Eine QE von 83 % bedeutet, dass 83 von 100 auftreffenden Photonen in messbare Elektronen umgewandelt werden. Für lichtstarke Objekte wie Planeten ist das ein sehr guter Wert. Für lichtschwache Deep-Sky-Objekte sind Kameras mit noch höherer QE üblich. Die QE ist abhängig von der Wellenlänge des Lichts (Abbildung 10.6). Nicht selten werden die Angaben normiert auf die Wellenlänge mit der höchsten Empfindlichkeit des jeweiligen Chips, dieser wird dann mit 100 % angegeben. Diese Werte sind dann relativ (im Gegensatz zur absoluten QE). Angaben der QE sind daher immer mit etwas Vorsicht zu genießen. Die meisten Sensoren haben ihren höchsten Wert im Bereich des grünen Lichts um die 550 nm.

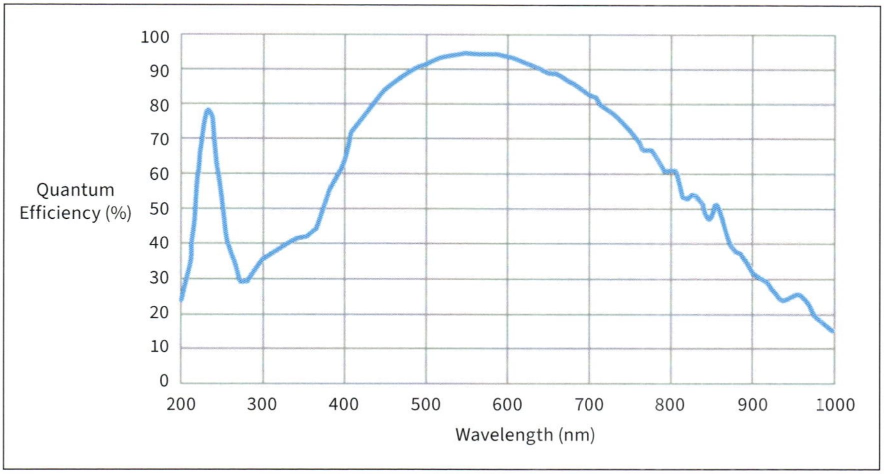

Abbildung 10.6: Die Quanteneffizienz eines modernen Chips

10.2.4 Ausleserauschen

Eine ebenfalls wichtige Kenngröße ist das Ausleserauschen. Es beschreibt ein technisch bedingtes Signalrauschen, das beim Auslesen jedes einzelnen Bildes entsteht. Unsere Kamera liegt mit einem Ausleserauschen zwischen 0,6 und 2,7 Elektronen im sehr guten Bereich. Je niedriger dieser Wert, desto besser – denn je weniger Rauschen entsteht, desto mehr schwache Details bleiben im Bild erhalten. Wenn beispielsweise 100 Photonen auf den Sensor treffen und 83 davon in Elektronen umgewandelt werden, dann würden etwa 2,7 davon durch das Ausleserauschen verloren gehen.

Neben diesen bildrelevanten Werten enthalten die technischen Daten meist auch Angaben zu Gewicht und Größe der Kamera, zur Verbindung mit dem Computer (zum Beispiel über USB 3.0) und zur maximalen Bildrate – also wie viele Bilder pro Sekunde aufgenommen werden können. Die ASI678MC schafft bis zu 47,5 Bilder pro Sekunde. Damit lassen sich selbst bei unruhiger Luft (schlechtem Seeing) noch gute Aufnahmen erzielen.

10.3 Geeignete Kameras für die Mond-, Sonnen- und Planetenfotografie

Kameras, die für die Lucky-Imaging-Technik geeignet sind, haben sich in den letzten 20 Jahren rasant weiterentwickelt. Noch Mitte der 2000er-Jahre kamen häufig einfache Webcams zum Einsatz. Danach folgten Industriekameras, die ursprünglich für Überwachungsaufgaben in Fertigungsstraßen entwickelt worden waren. Erst später traten die CMOS-Kameras, wie wir sie heute verwenden, ihren Siegeszug an.

Doch auch innerhalb der einzelnen CMOS-Generationen fand – und findet – eine stetige Weiterentwicklung statt. Stand 2026 kann ich folgende Chips beziehungsweise Kameras für die Planetenfotografie empfehlen:

- **Sony IMX462**
  Zum Beispiel in der ZWO ASI462, der Player One Mars-C, Touptek GPM462c
- **Sony IMX664**
  Zum Beispiel in der Player One Neptune 664c, Touptek G3M664c, ZWO ASI664mc
- **Sony IMX678**
  Zum Beispiel in der QHY 5-III 678c, Touptek G3M678 oder ZWO ASI 678MC

Es gibt noch zahlreiche andere Chips, mit denen Sie sicherlich auch sehr gute Ergebnisse erzielen, die jedoch schon etwas älter sind. Die Marken, die ich hier aufgeführt habe, sind etablierte Marken in der Astroszene. Oft werden Kameras eines Herstellers aber auch unter anderem Markennamen vertrieben. Die Kameras der Firma Touptek finden Sie in Deutschland unter anderem unter den Händlerbezeichnungen »TS-Optics«, »Omegon« oder »Lacerta«. QHY wird in Deutschland auch als »ALccd« verkauft.

10.4 Bereiten Sie Teleskop und Kamera für die Bildaufnahme vor

Egal, über welches Teleskop Sie verfügen – wenn Sie es im Fachhandel gekauft haben, liegt in der Regel eine Reduzierhülse bei. Diese reduziert vom 2"-Format (50,8 mm) auf das standardisierte 1,25"-Maß (31,75 mm), das für kleinere Okulare verwendet wird (Abbildung 10.7).

Die meisten Planetenkameras besitzen genau dieses 1,25"-Steckmaß. Sollten Sie eine Kamera mit C-Mount- oder CS-Mount-Gewinde verwenden, liegt ihr in der Regel eine passende 1,25"-Steckhülse bei, die einfach aufgeschraubt wird.

Abbildung 10.7: Reduzierhülse von 2" auf 1,25". Quelle: Omegon, Astroshop

Führen Sie die Kamera in die Reduzierhülse ein und schieben Sie die gesamte Einheit in den 2"-Okularauszug Ihres Teleskops. Fixieren Sie alles sorgfältig mit den Klemmschrauben, damit die Kamera sicher sitzt (Abbildung 10.8).

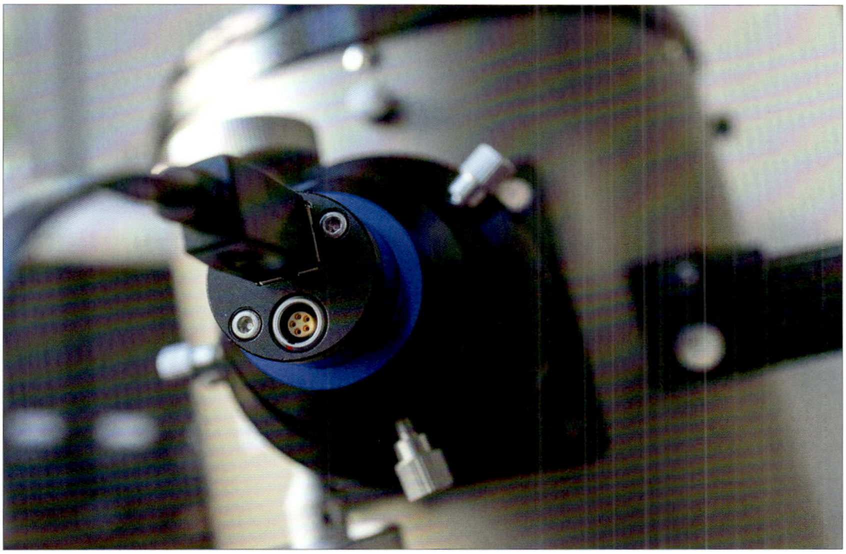

Abbildung 10.8: Eine Kamera mit Adapter (1,25" auf 2") ist am Okularauszug montiert. Das USB-Kabel zur Bildübertragung ist bereits angeschlossen.

Durch vorsichtiges Verschieben der Kamera in der Steckhülse können Sie den Fokusbereich leicht beeinflussen. Die präzise Scharfstellung erfolgt jedoch über den Feintrieb des Okularauszugs.

Es kann vorkommen, dass Sie trotz vollständig eingefahrenem oder ausgefahrenem Okularauszug keinen Fokus erreichen. Testen Sie dies am besten tagsüber an einem sehr weit entfernten Objekt – etwa an einem Turm, einem Sendemast oder einem Windrad am Horizont. So vermeiden Sie nächtlichen Frust unter dem Sternenhimmel.

Sollten Sie feststellen, dass der Okularauszug weiter ausgefahren sein müsste, um den Fokus zu erreichen, benötigen Sie eine 2"-Verlängerungshülse aus dem Fachhandel. Diese schafft den nötigen zusätzlichen Abstand zwischen Kamera und Teleskop (Abbildung 10.9).

Abbildung 10.9: Eine 2"-Verlängerungshülse. Quelle: ASToptics, Astroshop

Verbinden Sie die Kamera anschließend mit dem mitgelieferten USB-Kabel mit Ihrem Laptop. In der Regel hören Sie nun das typische akustische Signal, das beim Anschließen eines USB-Geräts ertönt.

Im nächsten Schritt installieren Sie eine geeignete Aufnahmesoftware, mit der Sie das Kamerabild anzeigen und Videos aufnehmen können.

Die Planeten winzig klein? Eine Barlow-Linse hilft!

Um den Mond zu fotografieren, ist die Brennweite eines Teleskops in Verbindung mit dem kleinen Sensor einer Planetenkamera häufig bereits zu groß. Mit einem Dobson-Teleskop beispielsweise können Sie meist nur einen Teil der Mondoberfläche aufnehmen, nicht jedoch die komplette Mondscheibe.

Anders verhält es sich bei den Planeten. Selbst große Planeten wie Jupiter erscheinen in einem 10"-Dobson mit angesetzter Kamera überraschend klein. Abhilfe schafft hier eine sogenannte Barlow-Linse (Abbildung 10.10), benannt nach Peter Barlow. Sie wird wie ein Okular in den Strahlengang des Teleskops eingesetzt. In der Tageslichtfotografie entspricht sie einem Telekonverter oder Tele-Extender.

Eine Barlow-Linse verlängert die effektive Brennweite des Teleskops. Die Verlängerung wird als Faktor angegeben, beispielsweise 2× oder 3×. Aus einem Teleskop mit 1.200 mm Brennweite werden mit einer 2×-Barlow somit 2.400 mm effektive Brennweite.

Bei einfachen Barlow-Linsen kann sich dieser Verlängerungsfaktor verändern, wenn der Abstand zwischen Linse und Kamerasensor vergrößert wird. Zieht man die Kamera etwas aus der Steckhülse heraus, erhöht sich die effektive Brennweite weiter. Hochwertigere, sogenannte telezentrische Barlows zeigen diesen Effekt nicht; sie liefern einen konstanten Verlängerungsfaktor und eine gleichmäßigere Ausleuchtung.

Abbildung 10.10: Eine einfache Barlow-Linse mit 1,25"-Steckhülse. Diese 2×-Barlow verlängert die Brennweite eines Teleskops effektiv um das doppelte. Quelle: Orion, Astroshop

Doch Vorsicht: Die Verwendung einer Barlow-Linse hat auch Nachteile. Durch die verlängerte Brennweite steigt das Öffnungsverhältnis, das System wird »langsamer«. Aus einem f/4-Teleskop wird mit einer 2×-Barlow beispielsweise ein f/8-System. Dadurch gelangt weniger Licht pro Zeiteinheit auf den Sensor, was längere Belichtungszeiten oder höhere Gain-Werte erforderlich macht.

Zudem steigen die Anforderungen an Fokussierung und mechanische Stabilität deutlich. Schon kleinste Vibrationen wirken sich stärker aus. Ohne motorische Nachführung wandern die Objekte aufgrund der Erdrotation sehr schnell aus dem Gesichtsfeld, sodass kaum Zeit für eine sinnvolle Aufnahme bleibt. Spätestens hier wird eine präzise Nachführung nahezu unerlässlich.

Wichtig ist außerdem: Eine längere Brennweite bedeutet nicht automatisch mehr sichtbare Details. Nur bei sehr gutem Seeing – also ruhiger Atmosphäre – geht die höhere Vergrößerung mit einer besseren Detailabbildung einher. Bei schlechtem oder durchschnittlichem Seeing erhalten Sie lediglich ein größeres, aber ebenso unscharfes Bild des Planeten.

Für Anfänger ist der Einsatz einer Barlow-Linse daher oft mit zusätzlicher Frustration verbunden. Für fortgeschrittene und erfahrene Planetenfotografen hingegen ist sie ein unverzichtbares Werkzeug, um das Auflösungsvermögen ihres Teleskops optimal auszunutzen.

10.5 Eine Lucky-Imaging-Aufnahme anfertigen

Im Folgenden zeige ich Ihnen, wie Sie eine Lucky-Imaging-Aufnahme erstellen und anschließend bearbeiten. Die hier gezeigte Technik eignet sich für Aufnahmen des Mondes und der Planeten – mit geeignetem Filter lässt sie sich auch für die Sonne einsetzen.

10.5.1 Geeignete Software zur Aufnahme von Planeten und des Mondes

Um Aufnahmen der Planeten und des Mondes durch ein Teleskop zu machen, gibt es verschiedene Programme, doch zwei sollen hier besonders hervorgehoben werden. Zum einen ist das die Software *FireCapture* des deutschen Autors Torsten Edelmann, zum anderen die *SharpCap* des britischen Autors Robin Glover. Während im deutschsprachigen Raum unter erfahrenen Planetenfotografen FireCapture sehr beliebt ist, konzentrieren wir uns auf SharpCap, da diese auch zu anderen Zwecken verwendet werden kann, etwa der sogenannten EAA, die wir in Kapitel 13 noch kennenlernen werden.

SharpCap ist eine kostenlose Software, allerdings gibt es auch eine Pro-Version, die zusätzliche Funktionen freischaltet – diese werden wir jedoch zunächst nicht benötigen. Eine Jahreslizenz kostet derzeit nur etwa 17 €. Für den Einstieg reicht uns die kostenfreie Version völlig aus.

Bevor es losgeht, müssen Sie die passenden Treiber für Ihre Kamera herunterladen und installieren. Schauen Sie dazu im Downloadbereich des Kameraherstellers nach. Astrokameras werden üblicherweise mit einem sogenannten ASCOM-Treiber angesteuert. ASCOM ist eine internationale Plattform zur Steuerung astronomischer Geräte mithilfe von PCs auf Windows-Basis. Weniger verbreitet ist INDI – eine Plattform, die auch Linux-Betriebssysteme einschließt.

Nahezu jede Software im Astrobereich arbeitet mit ASCOM, daher ist davon auszugehen, dass auch jede kommerziell erhältliche Hardware über einen entsprechenden ASCOM-Treiber verfügt. Meist handelt es sich um ein kleines, als ZIP-Datei komprimiertes Paket, das Sie herunterladen, entpacken und durch einen Doppelklick installieren müssen. Im Zweifel informieren Sie sich bitte direkt beim Hersteller Ihrer Kamera.

Computer in der Astronomie – kein Weg führt vorbei an Windows

Im Verlauf dieses Buches sind Sie bereits mehrfach mit dem Einsatz von Computern in Berührung gekommen. In den meisten Fällen spielte es dabei keine große Rolle, ob Sie einen stationären Computer oder einen Laptop verwenden oder ob es sich um einen Windows-Rechner oder einen Apple Macintosh handelt.

Sobald es jedoch um die Aufnahme und spätere Verarbeitung astronomischer Bilder geht, wird das Thema Betriebssystem deutlich wichtiger.

Die meisten Programme zur Steuerung astronomischer Geräte – etwa Kameras oder Teleskopmontierungen – sind leider primär oder ausschließlich für Windows-PCs verfügbar. Hinzu kommt, dass der weit verbreitete ASCOM-Standard zur Kommunikation zwischen Geräten und Computern auf der Windows-Plattform basiert. Dadurch ist Windows im Bereich der Gerätesteuerung faktisch zum Standard geworden.

Zwar existieren Alternativen wie das INDI-Protokoll, das vor allem im Linux-Umfeld eingesetzt wird, doch ist es insgesamt weniger verbreitet als ASCOM und wird nicht von allen Herstellern gleichermaßen unterstützt.

Bei der Bildverarbeitung ist die Situation etwas entspannter. Hier gibt es leistungsfähige Programme für verschiedene Betriebssysteme. Ich selbst arbeite beispielsweise mit einem Apple Macintosh und führe die komplette Bildbearbeitung ausschließlich dort durch. Für die Steuerung meiner Astrogeräte verwende ich jedoch seit vielen Jahren zusätzlich einen günstigen oder gebrauchten Windows-Laptop, der ausschließlich für diesen Zweck im Einsatz ist.

Diese Zweiteilung hat sich in der Praxis bewährt: ein robuster, eventuell älterer Windows-Rechner für die Technik draußen unter dem Himmel – und ein leistungsfähiger Computer für die Bildbearbeitung im Warmen.

Nur mit installierten Treibern kann die Kamera in der verwendeten Software auch tatsächlich erkannt und genutzt werden. Daher ist dies ein zwingend notwendiger Schritt, bevor wir uns die eigentliche Software ansehen.

Nachdem Sie den Treiber installiert haben, empfiehlt es sich, den PC einmal neu zu starten. Schließen Sie anschließend Ihre Kamera an einen USB-Port des PCs an. Es sollte ein typisches Geräusch zu hören sein, das signalisiert, dass ein USB-Gerät erkannt wurde. Gegebenenfalls können Sie im Gerätemanager von Windows nachsehen, ob und an welchem COM-Port Ihre Kamera erkannt wurde (Abbildung 10.11). Im Gerätemanager eines Windows-Betriebssystems wird die angeschlossene Kamera angezeigt – hier sogar als eigene Kategorie **AstroImaging Equipment**. Manche Kameras werden im Reiter **Kameras** oder **USB-Geräte** angezeigt.

Gehen Sie nun auf die Website von SharpCap und laden Sie das Programm unter *www.sharpcap.co.uk/sharpcap/downloads* herunter. Wählen Sie die Version mit der aktuellsten Versionsnummer und passend zu Ihrem Betriebssystem (Abbildung 10.12).

Ich empfehle Ihnen, für Ihre ersten Versuche mit der Himmelsbeobachtung beim Mond zu beginnen. Er ist oft sichtbar, leicht zu finden und bietet eine Fülle an Details, die sich gut fotografieren lassen. Mit dem Mond werden Sie sicherlich von Anfang an ein Erfolgserlebnis haben.

Danach können Sie sich an die Planeten heranwagen – zunächst Jupiter und Mars, später vielleicht auch Saturn. Venus, Merkur, Uranus und Neptun sind eher Ziele für Fortgeschrittene.

Also, los geht es mit dem Mond.

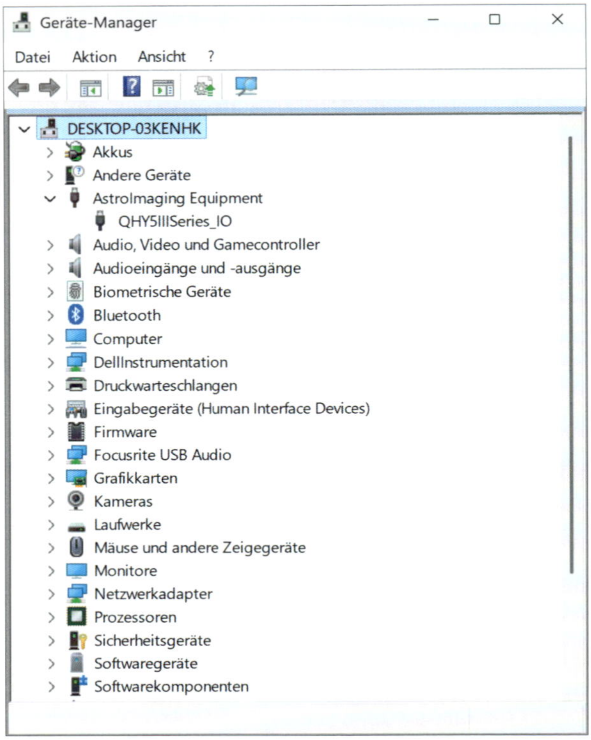

Abbildung 10.11: Die Kamera im Windows-Gerätemanager

Abbildung 10.12: Download-Bereich der SharpCap-Website

Starten Sie SharpCap und wählen Sie links oben im Menü unter **Kamera** Ihre Kamera aus. Im Hauptfenster sollte nun ein Livebild Ihrer Kamera erscheinen. Wenn Sie die Kamera an ein Teleskop angeschlossen haben, sehen Sie ein mehr oder weniger scharfes Bild des Objekts, auf das Ihr Teleskop gerade ausgerichtet ist (Abbildung 10.13). Sollten Sie die Software tagsüber einfach einmal ausprobieren, sehen Sie entweder ein stark unterbelichtetes Bild, wenn die Kamera abgedeckt ist, oder ein überbelichtetes Bild, wenn sie dem Tageslicht ausgesetzt ist.

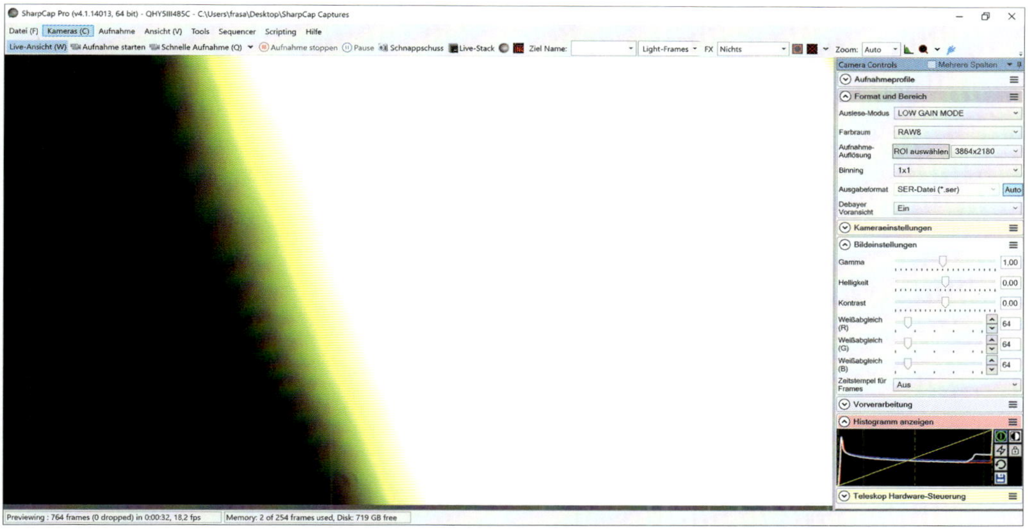

Abbildung 10.13: Die Programmoberfläche von SharpCap, nachdem die Kamera ausgewählt und damit gestartet wurde. Der Mond erscheint unscharf und stark überbelichtet.

Stellen Sie den Mond im Sucher ihres Teleskops ein. Versuchen Sie nun, den Mond im Kamera-Aufnahmefenster zu platzieren. Über den Fokussierknopf ihres Teleskops stellen Sie den Mond scharf. In der Regel liegt der Fokus der Teleskope relativ weit draußen. Es ist also sehr wahrscheinlich, dass Sie eine Verlängerungshülse benötigen, um die Kamera fokussieren zu können.

Auf der rechten Seite befindet sich das Panel **Camera Controls**. Hier können Sie zahlreiche Einstellungen vornehmen. Auf den ersten Blick wirkt das vielleicht etwas unübersichtlich oder gar überwältigend – aber keine Sorge, ich leite Sie Schritt für Schritt durch die wichtigsten Funktionen.

Testen Sie die Software ruhig einmal am Tag an einem weit entfernten Objekt, zum Beispiel an einem Baum oder Kirchturm. Machen Sie sich dabei aber bewusst, dass Sie nachts andere Einstellungen benötigen werden, da astronomische Objekte deutlich lichtschwächer sind.

In der rechten Programmleiste finden sich verschiedene Einstellungsbereiche. Der zweite von oben heißt **Format und Bereich** (Abbildung 10.14).

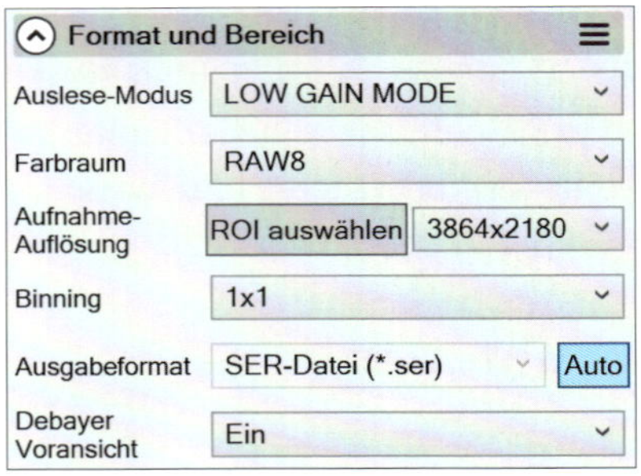

Abbildung 10.14: Das Fenster »Format und Bereich«

Wählen Sie die Einstellungen wie im Screenshot gezeigt:

- Farbraum: **RAW8**
- ROI: das größte Verhältnis im Drop-down-Menü
- Binning: **1×1**
- Ausgabeformat: **SER-dATEI (*.SER)**, dazu die Auswahl **Auto** deaktivieren
- Debayer Voransicht: **Ein**

ROI steht für »Region of Interest«. Sie können hier einen Teilbereich des Gesichtsfeldes der Kamera auswählen – entweder in den vorgegebenen Verhältnissen des Drop-down-Menüs oder über das Bedienfeld **ROI**. Wenn Sie dieses aktivieren, erscheint ein rot umrandetes Kästchen im Videobild, das Sie mit der Maus in Position und Größe verändern können. Für den Anfang nehmen wir das gesamte Gesichtsfeld der Kamera.

Das Ausgabeformat sollte idealerweise auf *SER* stehen. Das ist ein sehr hochwertiges Videoformat für die Astrofotografie. Alternativ können Sie auch das Ihnen wahrscheinlich bekanntere Format AVI wählen.

Im zweiten Bedienfeld **Kameraeinstellungen** sind besonders zwei Parameter wichtig: die Belichtung und die Verstärkung (Abbildung 10.15).

Die *Belichtung* gibt an, welche Belichtungszeit ein einzelnes Bild eines aufgenommenen Videos haben soll. Wählen Sie Werte zwischen 1 und 30 ms. In diesem Bereich wird das Seeing effektiv eingefroren. Kürzere Belichtungszeiten führen allerdings auch zu dunkleren Bildern.

Die *Verstärkung* (englisch: Gain) ist vergleichbar mit dem ISO-Wert bei normalen Kameras. Es handelt sich um eine Vorverstärkung des Kamerasignals. Merken Sie sich: Je geringer der Gain, desto dunkler das Bild und desto höher der Dynamikumfang – also die Fähigkeit, helle und dunkle Bildanteile gleichzeitig darzustellen. Je höher der Gain, desto heller das Bild, aber die Dynamik ist stark reduziert. Helle Bereiche werden dann schnell überbelichtet; man spricht vom »Ausbrennen«.

Mit den Werten für Belichtung und Verstärkung gilt es nun so zu experimentieren, dass das Bild gut belichtet ist, gleichzeitig aber keiner der Werte in die Extreme geht.

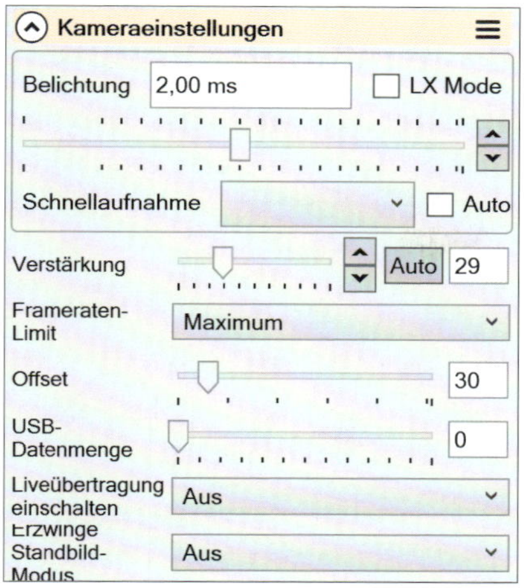

Abbildung 10.15: Im Menüfenster »Kameraeinstellungen« werden Belichtungszeit und Verstärkung (Gain) eingestellt.

Fixieren Sie zunächst die Belichtung – zum Beispiel auf 10 ms. Erhöhen Sie nun den Gain, bis das Bild des Objekts ausreichend gut belichtet auf dem Bildschirm erscheint. Im Zweifel lassen Sie das Objekt lieber einen Hauch dunkler erscheinen, als Ihr Bauchgefühl es Ihnen sagt.

Sie können außerdem das Histogramm zu Rate ziehen. Dieses sehen Sie im unteren Fenster **Histogramm anzeigen** oder Sie blenden ein Histogramm über **Tools • Histogramm** ein (Abbildung 10.16).

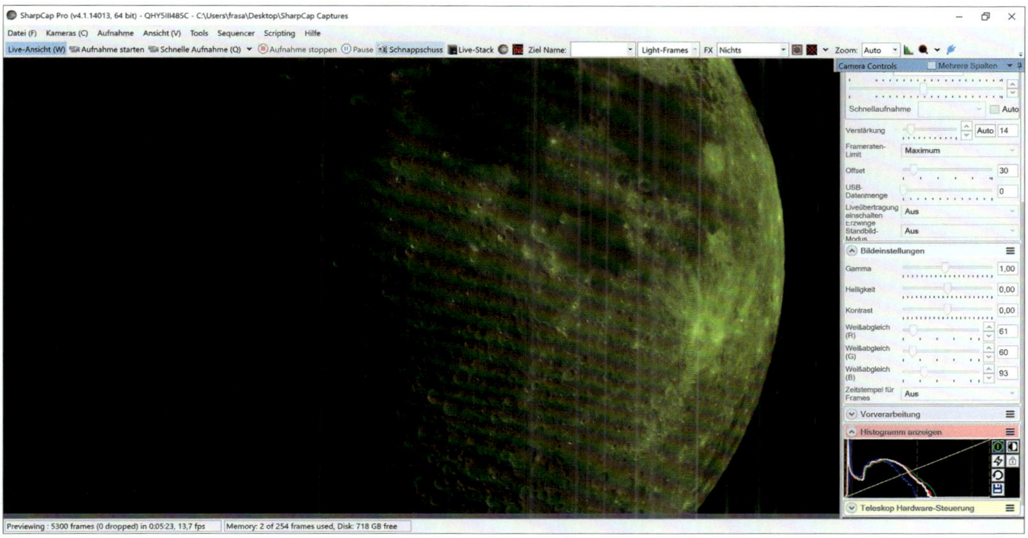

Abbildung 10.16: Sie können sich das Histogramm über das Menü auf der rechten Programmseite anzeigen lassen.

Achten Sie darauf, dass das Histogramm nie ganz rechts anschlägt. Lassen Sie immer etwas Platz bis zum rechten Rand – aber seien Sie auch nicht zu vorsichtig.

Das Histogramm ist ein Werkzeug, mit dem Sie sich etwas beschäftigen sollten, da es sehr viele Informationen enthält. Die X-Achse des Histogramms repräsentiert die verschiedenen Helligkeitswerte: Ganz links, beim Wert 0, liegt der Schwarzpunkt, und ganz rechts der Weißpunkt. Dazwischen sind alle Helligkeitswerte als Graustufen verteilt.

Die Y-Achse repräsentiert die Anzahl der jeweiligen Werte. Ein hoher Ausschlag bedeutet also, dass es viele Pixel mit der Helligkeit X gibt.

Das Histogramm wird bei Monokameras mit einer weißen Linie dargestellt, bei Farbkameras gibt es jeweils ein Histogramm für die Grundfarben Rot, Grün und Blau.

Um sich mit dem Histogramm etwas vertraut zu machen, experimentieren Sie am besten mit den Farbwerten im Menüpunkt **Bildeinstellungen**. Farbkameras neigen dazu, ein grünstichiges Bild anzuzeigen. Erhöhen Sie daher leicht die Werte für Rot und Blau und beobachten Sie im Histogramm, wie sich die Buckel der jeweiligen Farben verändern.

Wenn alle drei Buckel deckungsgleich übereinanderliegen, erscheint das Bild farbneutral (Abbildung 10.17).

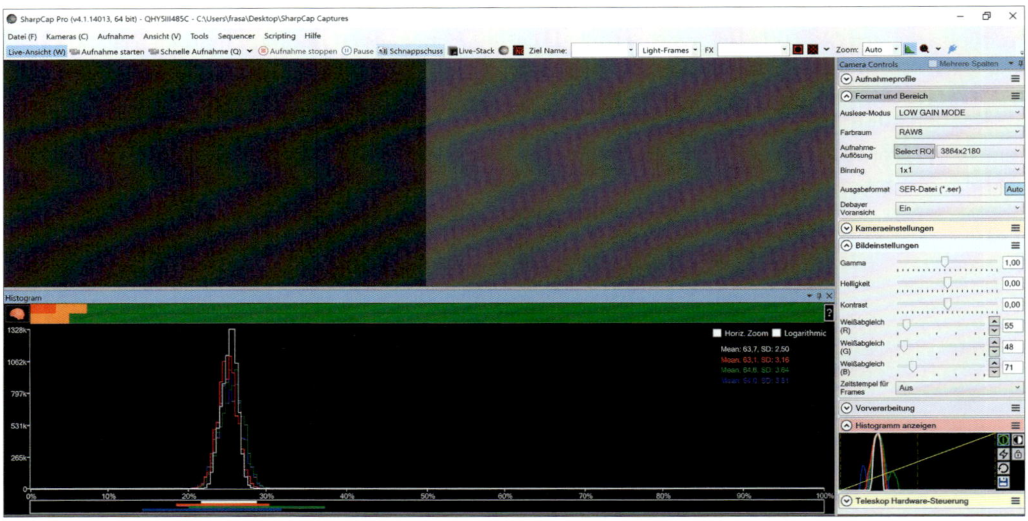

Abbildung 10.17: Über die Bildeinstellungen passen Sie die Rot-, Grün- und Blau-Werte an, um einen farblich neutralen Bildeindruck zu erzielenn

Für unsere eigentliche Aufnahme spielt das keine Rolle, da wir die Farben ohnehin in der Nachbearbeitung anpassen. Für Ihr persönliches Wohlbefinden kann es jedoch hilfreich sein – und es hilft auch, das Histogramm besser zu verstehen.

Bevor Sie Ihr erstes Video aufnehmen, stellen Sie noch ein, wo dieses gespeichert werden soll. Im Programmfenster ganz links oben wählen Sie den Eintrag **Datei** und darunter

SharpCap-Einstellungen. Im sich dann öffnenden Fenster können Sie im Reiter **Dateinamen** den Speicherort sowie den Titel Ihrer Videos selbst festlegen. Standardmäßig werden Ihre Videos in einem Ordner auf dem Desktop abgelegt (Abbildung 10.18).

Sie haben es vielleicht schon bemerkt: SharpCap ist eine sehr umfangreiche Software mit vielen Einstellmöglichkeiten. Ich zeige Ihnen bisher nur das Nötigste, um erfolgreich Aufnahmen vom Mond und den Planeten zu machen.

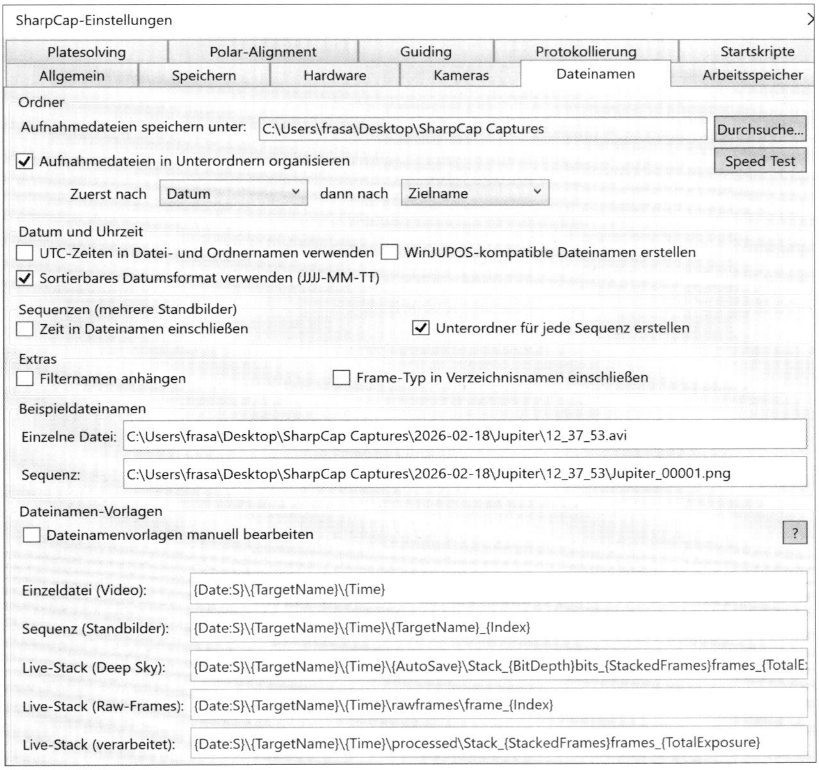

Abbildung 10.18: Das Fenster »SharpCap-Einstellungen«

Überprüfen Sie erneut den Fokus und stellen Sie den Mond anhand eines Kraters, des Mondrandes oder des Terminators so scharf wie möglich ein. Nun können Sie Ihr erstes Video aufnehmen. Drücken Sie die Taste **Aufnahme starten**. Es öffnet sich das Aufnahmefenster mit verschiedenen Optionen (Abbildung 10.19). Geben Sie im Feld **Zielname** zunächst einen aussagekräftigen Namen ein, zum Beispiel »Mond« (für einige Targets stehen im Drop-down-Menü Objekte zur Vorauswahl bereit).

Unter **Aufnahmelimit auswählen** stehen Ihnen verschiedene Möglichkeiten zur Verfügung. Für den Anfang empfehle ich, Videos mit fester Länge aufzunehmen – zum Beispiel 30- oder 60-sekündige Aufnahmen. Wählen Sie dazu die Option **Zeitlimit** und geben Sie die gewünschte Länge im Format hh:mm:ss ein, für ein 30-sekündiges Video also 00:00:30

Im unteren Bereich können Sie sogenannte Sequenzen erstellen, also mehrere Aufnahmen hintereinander. Für den Einstieg ist das jedoch nicht notwendig.

Schneller starten Sie die Aufnahme über die Schaltfläche **Schnelle Aufnahme (Q)**. In einem Drop-down-Menü können Sie dort die gewünschte Aufnahmedauer bequem auswählen – gemessen entweder in der Anzahl der Einzelbilder (Frames) oder in Sekunden.

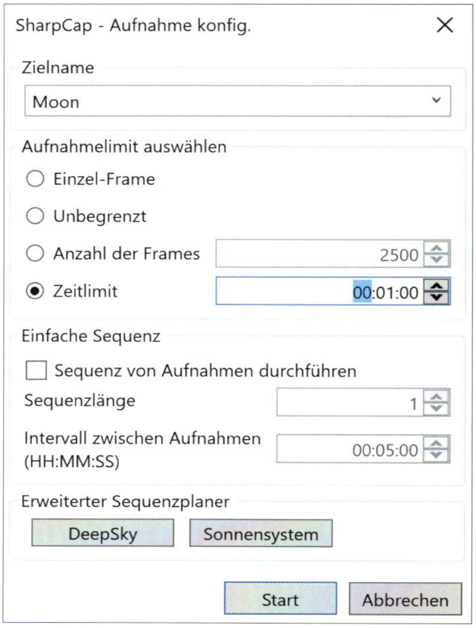

Abbildung 10.19: Das Aufnahmekonfigurationsfenster

Sie können die Aufnahme jederzeit über die Schaltfläche **Aufnahme Stoppen** unterbrechen. Diese wird aktiviert, sobald die Aufnahme läuft. Ist die eingestellte Zeit abgelaufen, endet die Aufnahme automatisch.

Starten Sie nun Ihre erste Aufnahme.

Ein paar Tipps für eine erfolgreiche Aufnahme:

- Fotografieren Sie nur Objekte, die ausreichend hoch (mindestens 20 Grad) über dem Horizont stehen. Nicht nur das Seeing (die Luftunruhe) ist in Horizontnähe deutlich schlechter – es tritt dort auch ein Phänomen auf, das sich *Dispersion* nennt. Es führt dazu, dass der Mond oder die Planeten einen blauen oder orangenen Rand bekommen. Man kann das mit einem sogenannten ADC (Atmospheric Dispersion Corrector) gut korrigieren. Machen Sie sich jedoch zunächst mit der Planetenfotografie vertraut, bevor Sie in weiteres Zubehör investieren. Auch Dunst in der Atmosphäre macht sich bei geringer Objekthöhe störend bemerkbar.
- Seeing ist das A und O. Die besten Bedingungen herrschen meist kurz nach Sonnenuntergang – und dann wieder in den frühen Morgenstunden. Das Hauptproblem: Die Um-

gebung heizt sich tagsüber stark auf. In den Abendstunden beginnt sie, diese Wärme wieder abzugeben, was zu Luftverwirbelungen führt. Kurz nach Sonnenuntergang stellt sich jedoch für eine gewisse Zeit ein thermisches Gleichgewicht ein – das Seeing ist dann vergleichsweise ruhig. In den Morgenstunden hat die Umgebung ihre Wärme vollständig abgegeben, was erneut für stabile Bedingungen sorgt.

- Stellen Sie das Teleskop bereits in der Dämmerung auf und warten Sie, bis es sich an die Umgebungstemperatur angepasst hat. Andernfalls entstehen im Teleskop Luftverwirbelungen, die die Aufnahme unscharf machen.
- Die Kollimation – also die exakte Justierung der Spiegel im Teleskop – ist entscheidend für eine scharfe Abbildung. Vor jeder Beobachtung sollten Sie insbesondere bei Spiegelteleskopen die Kollimation mit einem Justierlaser überprüfen. Nach einem Transport kann sich die Ausrichtung leicht verschoben haben – und selbst kleine Abweichungen beeinträchtigen die Bildqualität deutlich.

Sobald die Aufnahme fertig ist, wird dies durch einen Hinweis im Programmfenster angezeigt (Abbildung 10.20). Der Hinweis erscheint grün hinterlegt oberhalb des eigentlichen Vorschaubildes und enthält auch nochmal die wichtigsten Parameter und den Ablageort. Sie haben ihr erstes Video eines Himmelskörpers gemacht! Wiederholen Sie den Vorgang mehrfach, wechseln Sie dabei die Ansicht oder warten Sie ab, bis sich die Atmosphäre beruhigt hat, um noch detailreichere Aufnahmen zu erstellen. Im nächsten Schritt werden Sie dann aus einem Video ein fertiges Bild erstellen.

Abbildung 10.20: Wenn die Videosequenz durchgelaufen ist oder manuell gestoppt wurde, erscheint ein Hinweis im Programmfenster.

10.5.2 Nachbearbeitung in der Software

In der Bearbeitung von Planetenvideos kommen üblicherweise verschiedene Programme für unterschiedliche Zwecke zum Einsatz. Eine beliebte Software ist zum Beispiel *Autostakkert*, die aus den aufgenommenen Videos ein hochwertiges Einzelbild erstellt. *Registax* wird anschließend oft zum Schärfen der Planetenbilder verwendet, während *PIPP* zur Vorbearbeitung und Optimierung der Videodaten dient.

Bei Aufnahmen des Jupiters kommt zudem häufig *WinJupos* zum Einsatz. Mit dieser Software lassen sich die Bilder derotieren, denn Jupiter rotiert so schnell, dass er bereits während einer einzelnen Aufnahme merklich unscharf werden kann.

In den letzten Jahren hat sich außerdem *AstroSurface* etabliert. Dieses Programm vereint viele der zuvor genannten Arbeitsschritte in einer einzigen Software, sodass man nicht mehr zwischen mehreren Programmen wechseln muss. Auch wenn AstroSurface bislang noch nicht so weit verbreitet ist und viele Planetenfotografen ihre gewohnten Routinen beibehalten, werden wir in diesem Kurs damit arbeiten. Aus meiner Sicht liefert es sehr gute Ergebnisse.

Laden Sie AstroSurface von der Website *www.astrosurface.com* herunter. Wie schon bei anderen Programmen, die in diesem Buch vorgestellt wurden, handelt es sich nicht um eine installierbare Software. Sie erhalten ein komprimiertes Paket in Ihrem Download-Ordner, das Sie zunächst entpacken müssen. Im entpackten Ordner befindet sich eine ausführbare Datei. Klicken Sie diese an, und das Programmfenster öffnet sich.

Links oben wählen Sie über **Files • Open File SER-AVI RAW Digital** Ihr aufgenommenes Video aus (Abbildung 10.21). Sie können das Video im Player-Menü mit der Taste **Play** einmal abspielen.

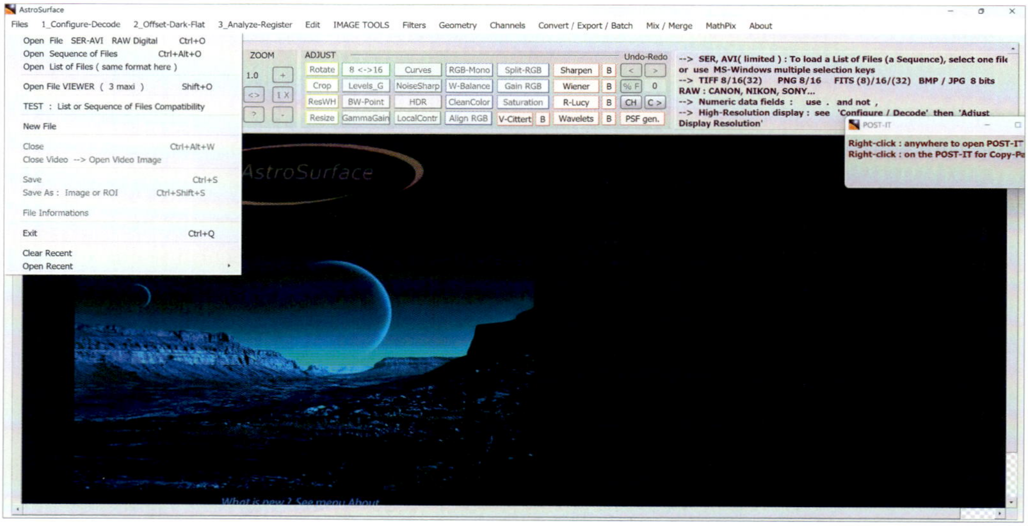

Abbildung 10.21: Über das Menü »Files« lässt sich das SER-Video öffnen.

Neben dem Video öffnet sich ein Fenster mit der Bezeichnung »Decoder for Video and Files« (Abbildung 10.22). Dort finden Sie einige Informationen zu Ihrem Video.

Ganz rechts befinden sich verschiedene Schaltflächen. Über die Schaltfläche **Register** gelangen Sie zum eigentlichen Kern der Bildbearbeitung: dem Erstellen eines finalen Summenbildes aus den vielen Einzelbildern, die im Video enthalten sind. Klicken Sie also auf **Register** (nicht auf **RegisterDS**). Daraufhin öffnet sich ein weiteres Fenster namens »Analyze and Register«.

In diesem Fenster sind die einzelnen Arbeitsschritte, die für die Bearbeitung notwendig sind, bereits mit gelben Zahlen markiert (Abbildung 10.23). Gehen wir diese nacheinander durch.

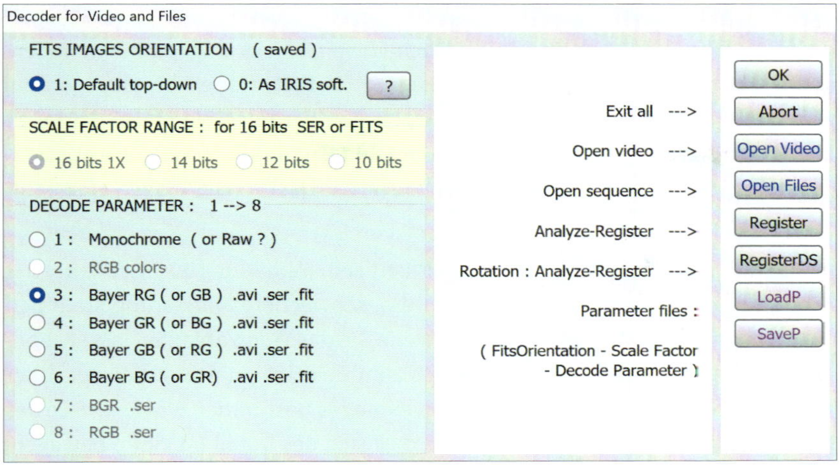

Abbildung 10.22: Das Fenster »Decoder for Video and Files«

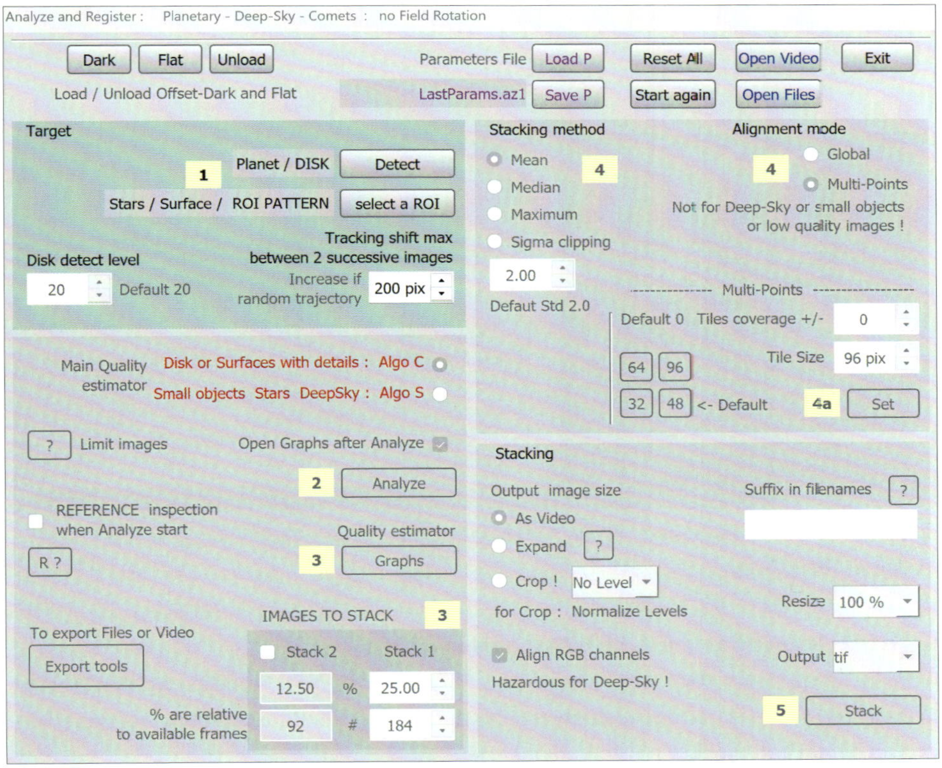

Abbildung 10.23: Das Fenster »Analyze and Register«

Schritt 1: Target

Wenn Sie einen Planeten oder den Mond als Vollscheibe (Full Disk) aufgenommen haben, wählen Sie die Option **Planet / DISK** und klicken auf **Detect**. Haben Sie dagegen ein Monddetail aufgenommen, zum Beispiel einen Krater, dann wählen Sie **Stars / Surface / ROI PATTERN** und klicken auf **select a ROI**. Im ersten Fall erkennt die Software automatisch den Himmelskörper, im zweiten Fall ziehen Sie mit der Maus im Videobild ein Rechteck um ein markantes Detail.

Ihr Objekt sollte nun mit einer grünen Fläche markiert sein (Abbildung 10.24). Die innere, stärkere Markierung definiert ihr Objekt, die äußere, schwächere Markierung stellt den Bereich dar, um den sich das Objekt verschiebt. Wenn Sie das Video ablaufen lassen, können Sie sich ein Bild davon machen wie weit sich zum Beispiel ein Krater bewegt. Über den Wert **Tracking shift max between 2 successive images** bestimmen Sie die Größe des äußeren, grünen Feldes. Innerhalb dieses Feldes darf sich das Detail im Video bewegen, damit es ordnungsgemäß registriert wird. Bei nicht nachgeführten Aufnahmen sollte dieser Wert entsprechend erhöht werden.

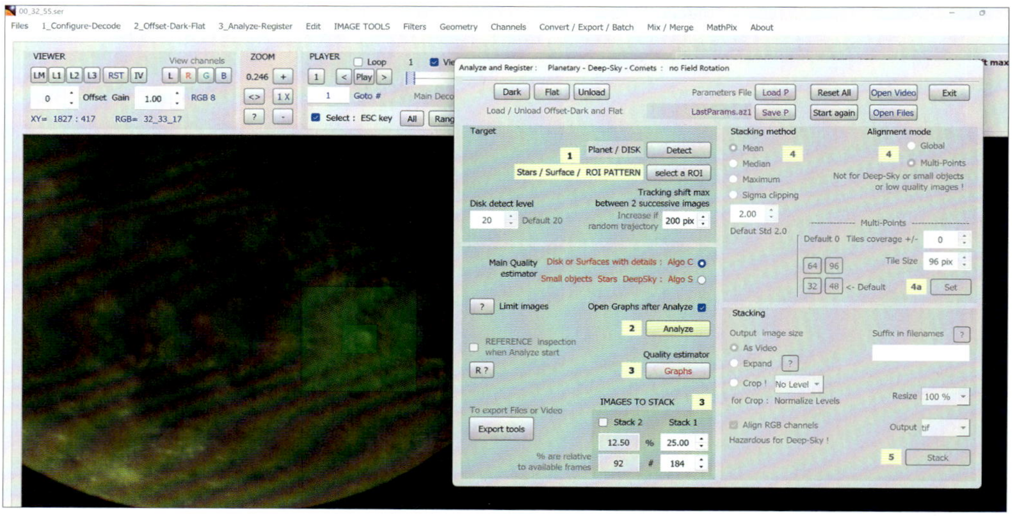

Abbildung 10.24: Unter Punkt 1 definieren Sie die Region of Interest, den relevanten Bildbereich für das zu erfassende Objekt.

Schritt 2: Algorithmus für die Bildanalyse wählen

Wählen Sie zunächst einen Algorithmus aus. Für den Mond oder Planeten wählen Sie **Algo C**. Drücken Sie die Schaltfläche **Analyze**, und die Analyse der Bilddaten beginnt (zu erkennen an einem gelben Fortschrittsbalken).

Schritt 3: Sortierung und Selektion

Nach einiger Zeit öffnet sich das Fenster **Quality estimator**. Dieses Fenster gibt Auskunft über die Qualität der einzelnen Bilder in Ihrem Video (Abbildung 10.25).

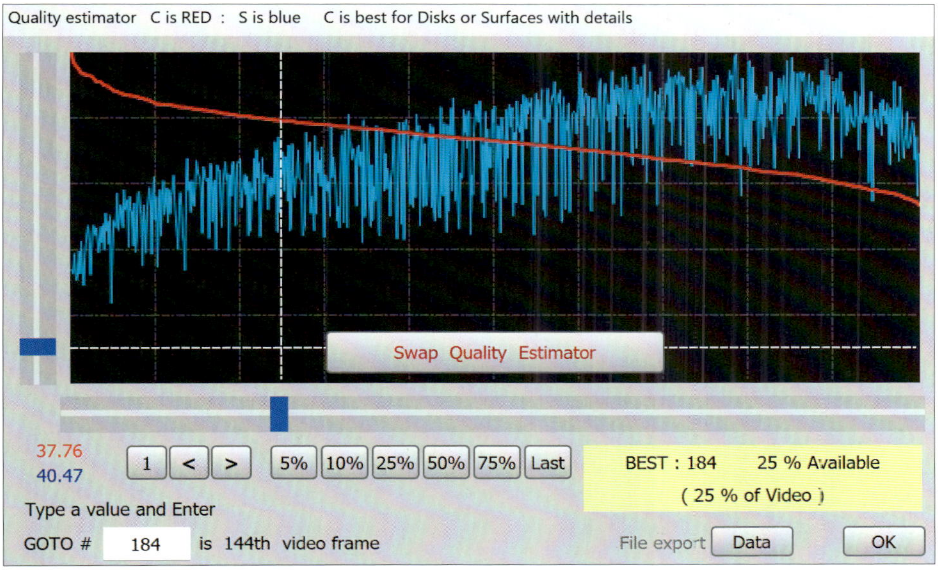

Abbildung 10.25: Der Quality Estimator sortiert und selektiert die Einzelaufnahmen aus Ihrem Video.

Der blaue Graph zeigt jedes Einzelbild in der Reihenfolge der Aufnahme. Ein hoher Ausschlag bedeutet gute Qualität, ein niedriger Ausschlag schlechte Qualität. Die rote Linie sortiert die Bilder zusätzlich von »gut« nach »schlecht«. Sie sehen dabei in der Regel eine S-Kurve: links die besten Bilder, rechts die schlechtesten.

Die Standardeinstellung der Software ist so gewählt, dass 50 % der Bilder gestackt werden – selbstverständlich die besten. Damit gehen wir einen Kompromiss ein: Würden wir nur die allerbesten Bilder verwenden, hätten wir zwar sehr scharfe Einzelaufnahmen, aber insgesamt zu wenig Signal. Das Ergebnis wäre ein verrauschtes Summenbild, das sich später nur schlecht schärfen lässt. Mit 50 % erreichen wir dagegen ein rauschärmeres Summenbild, das sich in den folgenden Schritten sehr gut nachbearbeiten und schärfen lässt. Bestätigen Sie nun mit **OK**.

Schritt 4: Stacking und Alignment

Die »Stacking Method« belassen Sie auf **Median**, das ist die Standard-Methode für das Stapeln der Bilder.

Wählen Sie im Feld »Alignment Mode« die Option **Multi-Points**. Diese Methode ist deutlich genauer als die globale Ausrichtung. Nur wenn Ihr Planet oder Mond sehr klein im Bild erscheint, reicht auch die Einstellung **Global** aus. Gehen wir hier aber davon aus, dass in Ihrer Aufnahme bereits einige Details sichtbar sind.

Schritt 4a: Multi-Points

Bei »Multi-Points« können Sie alle Grundeinstellungen übernehmen und mit **Set** bestätigen. Kurz darauf erkennen Sie im Vorschaubild, dass die einzelnen Messpunkte (Multi-Points) automatisch gesetzt wurden. Diese erscheinen als Kästchen mit einer vorgegebenen Größe (**Tile Size**).

Sollte Ihnen dieses Muster zu fein erscheinen, erhöhen Sie den Wert für **Tile Size**. Wenn dagegen nur sehr wenige, sehr große Kästchen angezeigt werden, verkleinern Sie den Wert entsprechend (Abbildung 10.26).

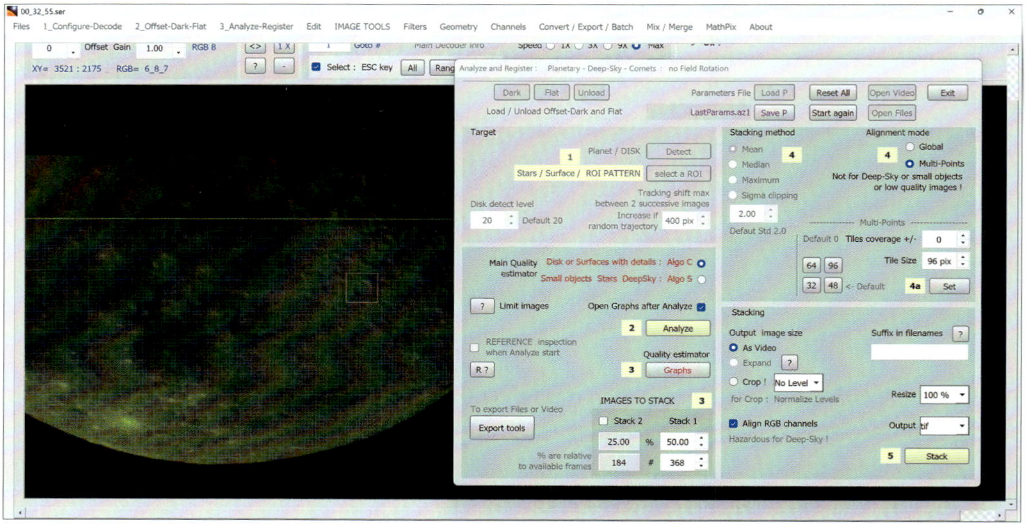

Abbildung 10.26: Nach Schritt 4 erscheint über der Mondoberfläche ein Kästchenmuster.

Schritt 5: Stacking

Im letzten Fenster nehmen Sie lediglich eine Änderung vor: Stellen Sie das Ausgabeformat von **png** auf **tif** um. TIFF ist ein weit verbreitetes und äußerst robustes Bildformat, das sich hervorragend für die anschließende Schärfung und finale Bearbeitung eignet (Abbildung 10.27). Das Häkchen bei **Align RGB Channels** sollte standardmäßig gesetzt sein. Ist dies nicht der Fall, setzen Sie bitte den Haken.

Alle anderen Werte lassen Sie unverändert und klicken dann auf **Stack**.

Nachdem der Fortschrittsbalken durchgelaufen ist, öffnet sich ein neues Fenster mit dem nun gestackten Bild. Sie können das Stacking-Fenster mit einem Klick auf die Schaltfläche **Exit** schließen. Im Fenster des geöffneten Summenbildes klicken Sie anschließend auf **Edit**. Daraufhin öffnet sich die Benutzeroberfläche für die finale Bearbeitung (Abbildung 10.28).

Abbildung 10.27: Aktivieren Sie »Align RGB channels« und wählen Sie die Bildgröße entsprechend dem Ausgangsvideo. Wählen Sie »tif« als Output-Bildformat.

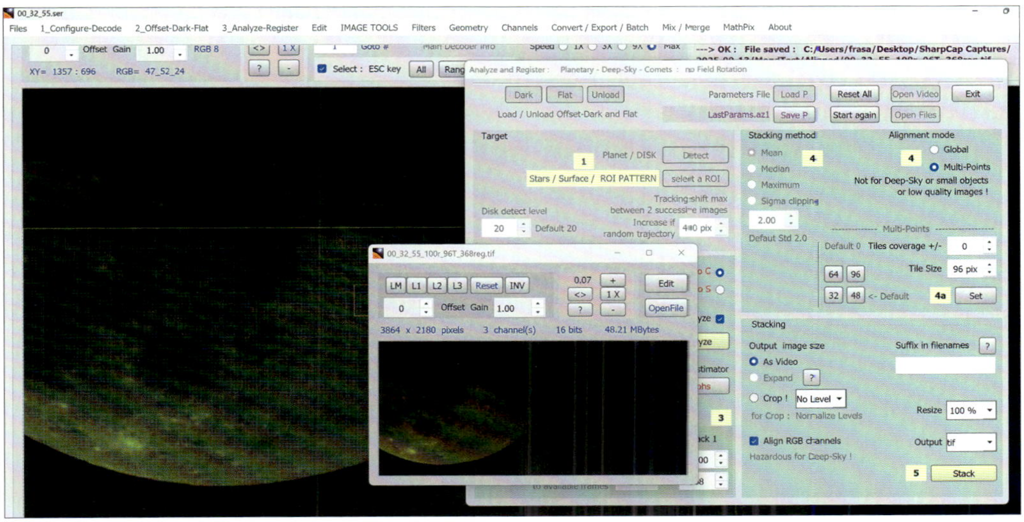

Abbildung 10.28: Nach erfolgtem Stacking öffnet sich ein weiteres Kontextmenü. Darüber lässt sich das gestackte Bild öffnen. Das Menü »Adjust and Register« können Sie nun schließen.

Finale Bearbeitung

Praxistipps für die finale Bearbeitung

Bevor wir nun ins Detail gehen, möchte ich Ihnen ein paar Tipps aus der Praxis mitgeben:

- **Tipp 1: Regler behutsam einstellen**

  Sie werden vermutlich den Drang verspüren, manche Regler bis zum Anschlag aufzudrehen. Mein Rat: Tun Sie das nicht. Schieben Sie den Regler lieber so weit, bis Sie einen ersten »Wow«-Effekt sehen – und drehen Sie ihn dann ein kleines Stück zurück. Dies ist einer der wichtigsten Ratschläge, die ich Ihnen für die Bildbearbeitung geben kann.

- **Tipp 2: Bildbearbeitung ist kein Ersatz für Aufnahmequalität**

  Vielleicht möchten Sie alle Regler ausprobieren, die ich Ihnen in diesem Buch nicht im Detail erkläre. Tun Sie das ruhig – Experimentieren ist ein hervorragender Weg, um zu lernen. Aber bedenken Sie: Schnell werden Sie an einen Punkt kommen, an dem Sie nach immer mehr Bearbeitung greifen, im Glauben, dies sei der Schlüssel zu großartigen Bildern. Lassen Sie sich gesagt sein: Der entscheidende Schritt geschieht bereits bei der Aufnahme – durch die richtigen Bedingungen und durchdachte Entscheidungen am Teleskop. Die Bildbearbeitung ist wichtig, aber sie ersetzt keine gute Aufnahme.

Über den Bereich **ZOOM** im oberen Programmfenster können Sie mit den Schaltflächen **+** und **–** in das Bild hinein- und herauszoomen. Die Schaltfläche **1 X** zeigt Ihnen den Maßstab, bei dem das Bild in seiner tatsächlichen Größe angezeigt wird – so, wie es auch in einem Bildbetrachter oder auf einer Website erscheinen würde. Dies dient Ihnen als Referenz. Trotzdem empfiehlt es sich, stärker hineinzuzoomen, um die Wirkung der einzelnen Bearbeitungsschritte besser beurteilen zu können.

Beginnen Sie im Bereich **Adjust** mit der Schaltfläche **W-Balance**. Es öffnet sich ein Fenster, in dem Sie der Einfachheit halber auf **Auto** klicken. Alternativ ziehen Sie mit der Maus ein Fenster auf, dann wird dieser Bereich als Weißabgleich verwendet (Abbildung 10.29). Die Farben sollten nun einigermaßen natürlich wirken. Probieren Sie hier ein wenig aus und entscheiden Sie sich danach, was Ihnen am meisten zusagt. Die Mondoberfläche sollte tendenziell eher grau erscheinen und nicht gelblich oder grünlich. Mit dem Häkchen bei **Preview** können Sie zwischen dem vorherigen und dem bearbeiteten Zustand umschalten. Bestätigen Sie mit **Ok**, und dieser Schritt ist abgeschlossen.

Zur finalen Bearbeitung muss das Bild zunächst zugeschnitten werden. Besonders wenn keine aktive Nachführung des Teleskops stattgefunden hat, entstehen am Rand größere überlappende Bereiche. Im Hauptfenster der Software finden Sie im Bereich »ADJUST« den Button **Crop**. Klicken Sie darauf, dann öffnet sich ein Menü. Nun können Sie mit gedrückter linker Maustaste ein Auswahlfenster im Bild aufziehen, das zeigt, wie der Zuschnitt (Crop) aussehen wird. Zusätzlich lässt sich dieses Auswahlfeld über die vier angeordneten Felder vergrößern oder verkleinern (»Adjust limits«), indem Sie die Pfeiltasten nach oben oder unten verwenden. Wenn Sie mit der Auswahl zufrieden sind, klicken Sie auf den Button **Crop** – das Bild wird entsprechend beschnitten (Abbildung 10.30).

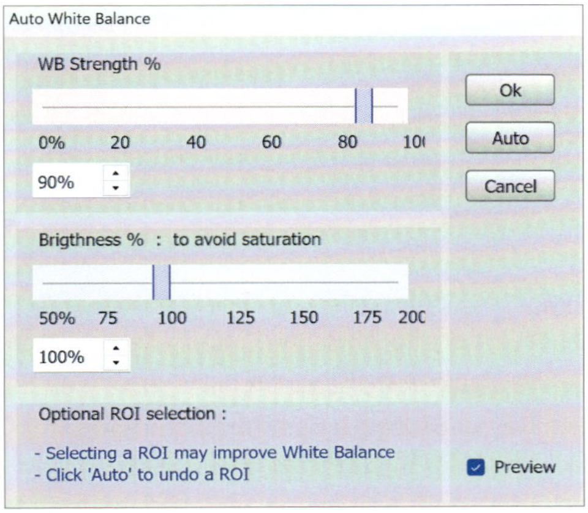

Abbildung 10.29: Über das Kontextfenster »Auto White Balance« lässt sich der Weißabgleich einstellen.

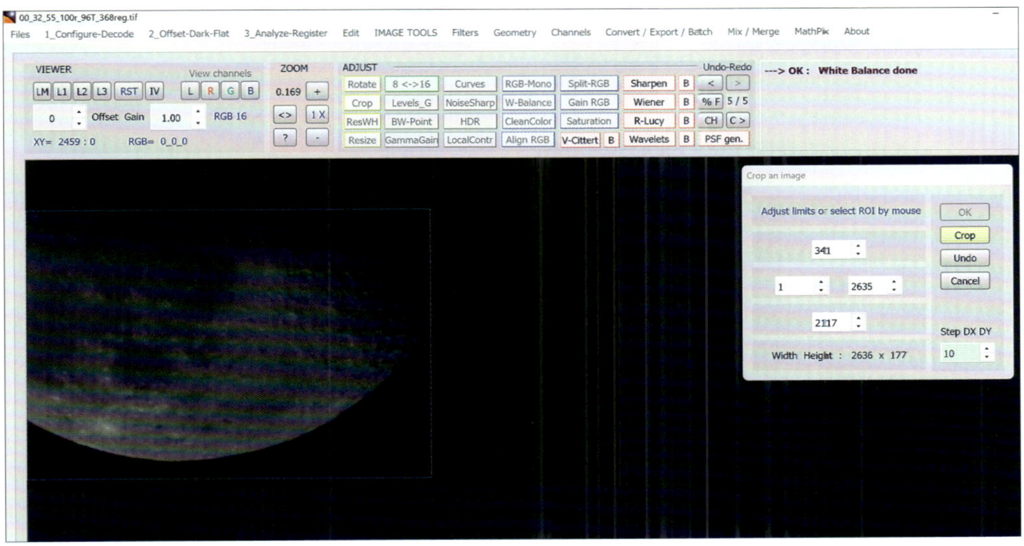

Abbildung 10.30: Mit dem Crop-Tool kann das Bild zugeschnitten werden.

Nachdem Sie erfahren haben, was Lucky Imaging ist, sind Sie vielleicht zunächst enttäuscht von der geringen Schärfe der Details, die Sie in Ihrem Bild bislang erreicht haben. Doch keine Sorge – die eigentliche Magie passiert beim Schärfen der Aufnahmen.

Ein besonders mächtiges Werkzeug zur Schärfung von Planeten-, Mond- und Sonnenaufnahmen sind die sogenannten *Wavelet-Filter*. Diese unterteilen das Bild in verschiedene Frequenzbereiche: Kleine Details entsprechen hohen Frequenzen, größere Strukturen den tiefen Frequenzen. Mit Wavelets können Sie gezielt bestimmte Bereiche schärfen – oder auch weichzeichnen, was einer Rauschunterdrückung gleichkommt.

Da Mondaufnahmen meist wenig Rauschen aufweisen, eignen sie sich hervorragend für diese Art der Nachbearbeitung.

Öffnen Sie im Bereich »ADJUST« die Wavelet-Filterung über den Button **Wavelets**. Es erscheint ein Fenster, das auf den ersten Blick überwältigend wirken kann: Die zahlreichen Regler, Fachbegriffe und Werte sorgen bei vielen Einsteigern zunächst für Verwirrung. Doch keine Sorge – der Einstieg ist einfacher, als es aussieht.

Lassen Sie uns mit den wichtigsten Reglern beginnen. Links unten, grün hinterlegt, finden Sie die Einstellungen für die hohen Frequenzen. Über die Plus- und Minus-Tasten, den Schieberegler oder die Pfeiltasten können Sie die Strukturgröße einstellen – also, welche feinen Details geschärft werden sollen. Mit dem Regler **Strength** bestimmen Sie, wie stark die Schärfung angewendet wird.

Um die Wirkung zu beurteilen, ziehen Sie mit der Maus eine kleine Vorschau-Box zum Beispiel rund um einen Krater. Spielen Sie dann mit den Reglern. Für Einsteiger wirkt das anfangs vielleicht nicht ganz intuitiv – das ist völlig normal. Stellen Sie den Regler **Strength** einmal auf maximal 66 und variieren Sie dann die Größe. Sie bekommen mit der Zeit ein Gefühl dafür.

Der Trick besteht darin, die Schärfung so weit zu treiben, dass das Bild noch natürlich wirkt. Unnatürlich erscheint es, wenn zu starke Kontraste entstehen, also Bildbereiche nahezu weiß oder tiefschwarz werden.

Wiederholen Sie das Ganze mit den Reglern für **LF** (Low Frequencies, tiefe Frequenzen). Hier empfiehlt es sich, die Stärke gleich zu Beginn auf einen sehr niedrigen Wert zu setzen.

Sobald Sie ein Gefühl für diese Schärfungsmethode entwickelt haben, probieren Sie die Presets oben links aus. Klicken Sie nacheinander auf die Schaltflächen **H1** bis **H4** und danach auf **M1** und so weiter. Beobachten Sie, wie sich das Bild verändert – und ebenso, welche Einstellungen sich in den einzelnen Feldern anpassen (Abbildung 10.31).

Wenn Sie mit dem Ergebnis zufrieden sind, klicken Sie auf **Do All**, um die Einstellungen auf das gesamte Bild zu übertragen.

Gerade beim Schärfen von Bildern sind Erfahrung und Übung entscheidend. Sie werden etwas Zeit brauchen, um den Punkt zu finden, an dem das Bild optimal geschärft ist, ohne übertrieben zu wirken. Doch genau darin liegt der Reiz. Nehmen Sie sich diese Zeit – es lohnt sich.

Abschließend möchten Sie vielleicht noch die Helligkeit oder den Kontrast des Bildes anpassen. Dafür bietet AstroSurface zahlreiche Möglichkeiten.

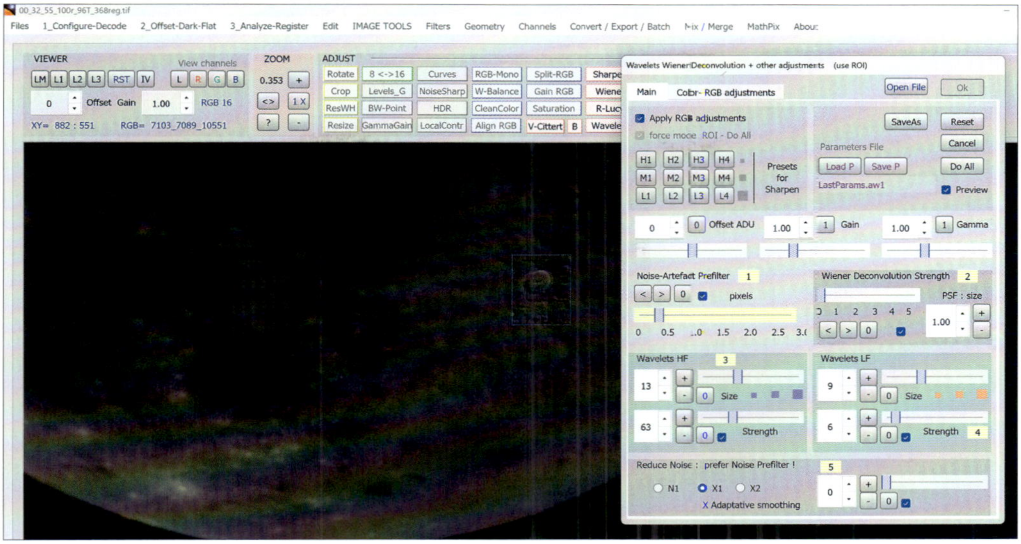

Abbildung 10.31: Das mächtigste Werkzeug bei der Mond- und Planetenfotografie ist die Wavelet-Schärfung.

Zunächst passen wir die Helligkeit an, denn das Beispielbild ist zu dunkel dargestellt. Öffnen Sie im Bereich »ADJUST« die Funktion **BW-Point**.

Wählen Sie bei gedrückter Maustaste einen geeigneten Bereich für den Schwarzpunkt aus. In meinem Beispiel habe ich dazu den Himmelshintergrund verwendet (Abbildung 10.32). Klicken Sie anschließend auf **Set Black**. Möglicherweise verändert sich dabei der Farbton noch leicht.

Nun wählen Sie den hellsten Bereich im Bild aus und klicken auf **Set White**. Das Bild wird deutlich heller, ohne dass Bereiche vollständig ausfressen oder rein weiß erscheinen. Sollte es dennoch zu überbelichteten Stellen kommen, korrigieren Sie den Weißpunkt vorsichtig mit dem Schieberegler.

Nach diesem Schritt sollte das Bild sowohl hinsichtlich der Helligkeit als auch in der Farbwiedergabe neutral und ausgewogen erscheinen.

Eine bewährte Methode zur Kontraststeigerung ist die sogenannte Gradationskurve. Wählen Sie dazu im Bereich »ADJUST« den Button **Curves**. Es öffnet sich erneut ein Werkzeugfenster, und wie zuvor sollten Sie mit der Maus eine ROI auswählen. Auch hier gibt es verschiedene Möglichkeiten zur Veränderung der Werte. Am einfachsten ist es jedoch, den Regler für den Kontrast leicht nach rechts zu schieben. Die Gradationskurve, die im Ausgangszustand eine gerade Linie ist, wird dadurch sanft in eine S-Kurve gezogen (Abbildung 10.33). Beobachten Sie im Vorschaufenster, wie dadurch dunklere Bereiche noch etwas dunkler und hellere Bereiche etwas heller werden. Gehen Sie dabei vorsichtig vor und übertreiben Sie es nicht. Wenn Sie mit dem Ergebnis zufrieden sind, wenden Sie die Einstellung auf das gesamte Bild an, indem Sie auf den Button **Do All** klicken.

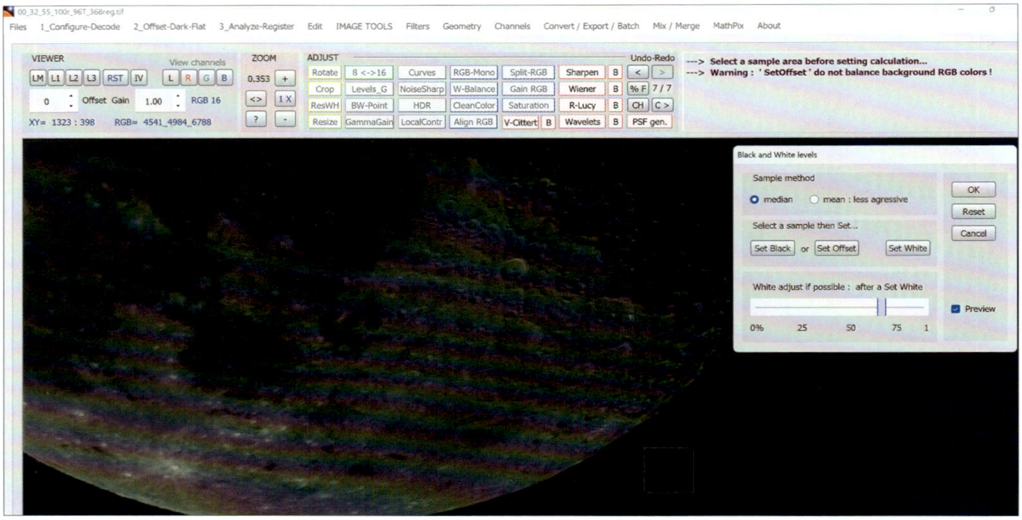

Abbildung 10.32: Der Schwarz- und Weißpunkt bestimmt die Helligkeitsverteilung im Bild.

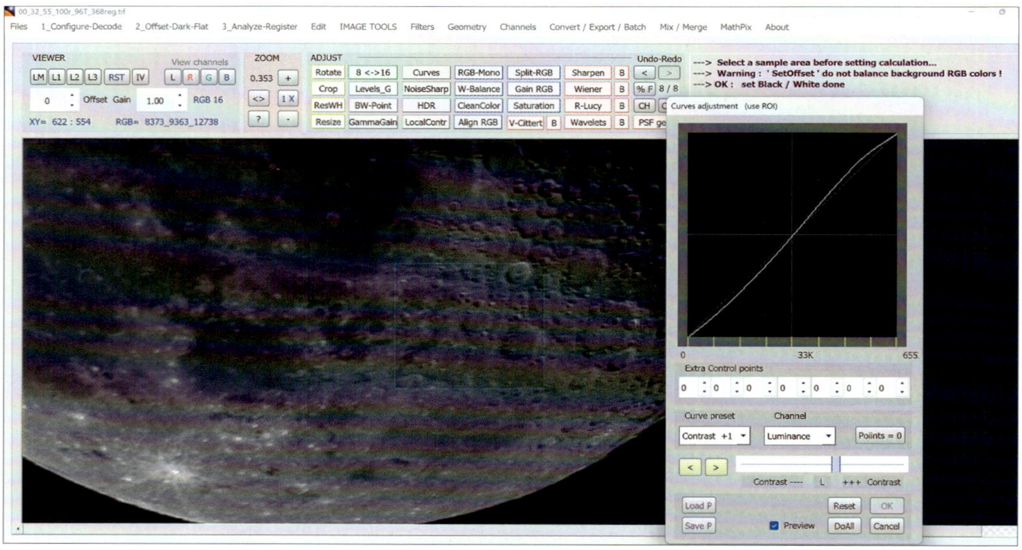

Abbildung 10.33: Mit dem Kurvenwerkzeug lässt sich sehr feinfühlig und elegant der Kontrast eines Bildes einstellen.

Sie sehen, es gibt viele Möglichkeiten, Ihr Bild weiter zu optimieren. Die hier vorgestellten Werkzeuge sind sehr wirkungsvoll und für den Einstieg vollkommen ausreichend. Wie bereits erwähnt, werden Sie etwas Übung benötigen und eigene Erfahrungen sammeln müssen, um sich in der Bildbearbeitung sicher zu fühlen.

Zum Schluss können Sie das fertige Bild abspeichern. Unter **Files • Save** oder **Save As** haben Sie die entsprechenden Optionen (Abbildung 10.34). Ich persönlich speichere meine Bilder immer in zwei Formaten. Zum einen als TIFF-Datei. TIFF ist ein unkomprimiertes, hochwertiges Dateiformat, das sich gut eignet, um später noch einmal an die Bearbeitung zu gehen. Zusätzlich speichere ich das Bild als JPG. Dieses Format ist komprimiert und ideal für die Veröffentlichung im Internet oder den Versand per E-Mail. Wenn Sie ein Bild also auf einer Plattform hochladen oder per E-Mail verschicken möchten, ist JPG die richtige Wahl.

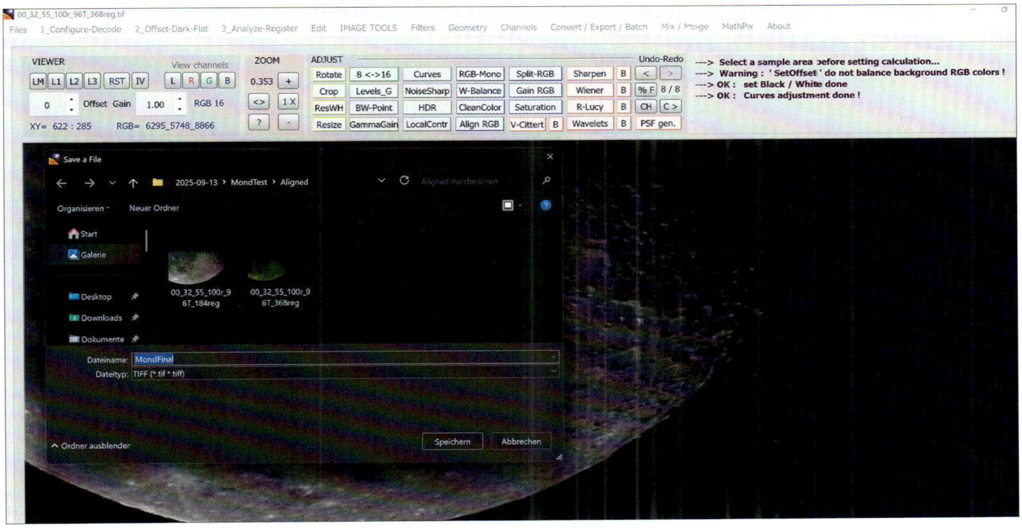

Abbildung 10.34: Speichern Sie Ihre Bilder grundsätzlich als verlustfreies TIFF und ggf. als komprimiertes JPEG ab.

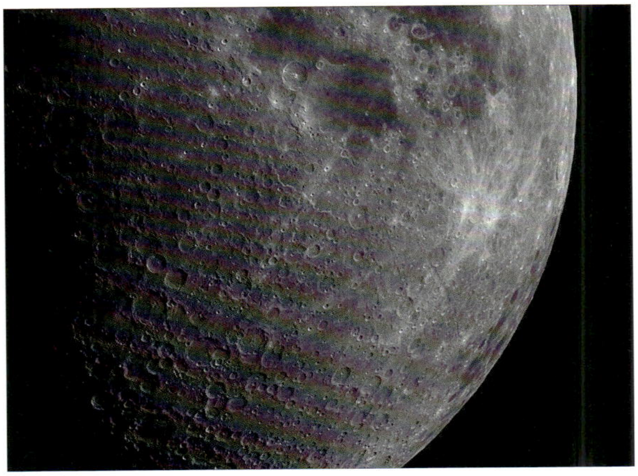

Abbildung 10.35: Der Mond, aufgenommen mit einem 200/1200-Dobson-Teleskop von einem städtischen Balkon aus. Für das Endbild wurden 50 % der Frames einer einminütigen Aufnahme gestackt und anschließend wie beschrieben bearbeitet.

10.6 Steigende Anforderungen in der Planetenfotografie

Die grundsätzliche Technik zur Fotografie von Mond, Sonne und Planeten haben Sie nun kennengelernt. Mond und Sonne (natürlich nur mit geeignetem Filter!) sind dankbare Objekte, denn sie besitzen eine große Winkelausdehnung am Himmel und zeigen bereits in kleinen Teleskopen beeindruckende Details. Zudem sind sie sehr hell, sodass sich mit kurzen Belichtungszeiten problemlos rauscharme Aufnahmen erstellen lassen.

Bei den Planeten hingegen steigen die Anforderungen deutlich. Um feine Strukturen auf Jupiter, Saturn oder Mars sichtbar zu machen, sind große Brennweiten und möglichst viel Öffnung des Teleskops von Vorteil. Gleichzeitig bewegen sich die Planeten bei hohen Vergrößerungen sehr schnell durch das Bildfeld der Kamera. Eine präzise Nachführung wird daher wichtig, damit während der Videoaufnahme genügend scharfe Einzelbilder gesammelt werden können.

Wer sich intensiver mit der Planetenfotografie beschäftigt, merkt daher schnell, dass leistungsfähigere Teleskope und stabile Montierungen einen großen Unterschied machen können. Entsprechend wächst mit steigenden Ansprüchen häufig auch der Bedarf an aufwendigerer – und meist auch kostspieligerer – Ausrüstung. Besitzer von Dobson-Teleskopen können hier einen ersten Schritt gehen, indem sie ihr Instrument auf einer sogenannten Äquatorialplattform (EQ-Plattform) betreiben. Diese ermöglicht eine einfache Nachführung und erleichtert damit auch die Aufnahme von Planetenvideos erheblich.

Kapitel 11

Unendliche Weiten: Entdecken Sie den tiefen Himmel

Da draußen warten ganze Welten auf uns. In der Amateurastronomie bezeichnen wir Objekte, die nicht mehr zu unserem Sonnensystem gehören, als Deep-Sky-Objekte – was so viel bedeutet wie »Tiefer Himmel« oder »Weiter Himmel«. Die faszinierende Welt der Galaxien und Gasnebel beginnt also erst an den äußeren Grenzen unseres Sonnensystems.

Die Sonde Voyager 1 der US-Weltraumbehörde NASA wurde im September 1977 von der Erde aus ins All gestartet und trat eine Reise zu den äußeren Planeten an. Wie ihre baugleiche Zwillingsschwester Voyager 2 erkundete und fotografierte sie Jupiter und Saturn. Die bis dato besten Bilder von Uranus und Neptun stammen ebenfalls von Voyager 1.

Am 25. August 2012 verließ die Sonde offiziell das Sonnensystem und befindet sich seither im interstellaren Raum (interstellar = »zwischen den Sternen«) (Abbildung 11.1).

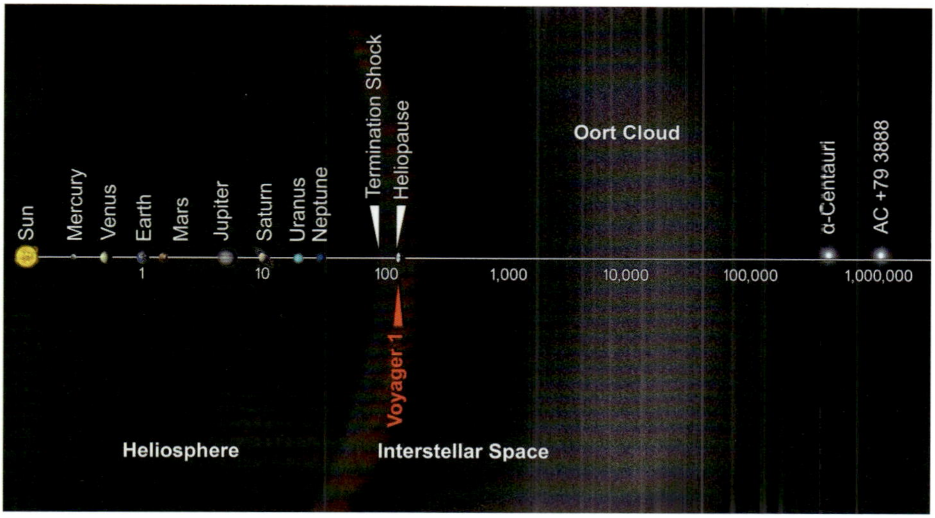

Abbildung 11.1: Die zurückgelegte Strecke von Voyager 1, gemessen in Astronomischen Einheiten. Jede Entfernungsangabe ist das Zehnfache der vorherigen! Quelle: NASA, https://science.nasa.gov/resource/oort-cloud-and-scale-of-the-solar-system-infographic/

Sie ist das erste von Menschen geschaffene Objekt, das unser Sonnensystem verlassen hat – und wird voraussichtlich noch lange Zeit das einzige bleiben. Derzeit ist Voyager 1 rund 25 Milliarden Kilometer von der Erde entfernt; jährlich kommen etwa 540 Millionen Kilometer hinzu.

Trotzdem würde Voyager 1 bei ihrer aktuellen Geschwindigkeit etwa 74.600 Jahre benötigen, um den nächstgelegenen Fixstern Proxima Centauri zu erreichen – einen Stern, der etwas mehr als vier Lichtjahre von der Erde entfernt ist. Die Entfernungen im Weltraum sind gigantisch, und dennoch bewegen wir uns hier noch in unserer kosmischen Nachbarschaft.

Die Deep-Sky-Objekte umfassen alle Himmelsobjekte, die nicht zu unserem Sonnensystem gehören – unabhängig davon, wie weit sie von der Erde entfernt sind. Sterne zählen üblicherweise nicht zu den Deep-Sky-Objekten, da sie selbst in großen Teleskopen lediglich als punktförmige Lichtquellen erscheinen, während Deep-Sky-Objekte eine erkennbare räumliche Ausdehnung am Himmel besitzen. Typischerweise zählen jedoch Sternhaufen, Gasnebel, Galaxien und weitere exotische Erscheinungen zu den klassischen Deep-Sky-Objekten.

Im Teleskop lassen sich zahlreiche dieser Objekte beobachten; einige wenige sind sogar mit bloßem Auge sichtbar. Allerdings ist die Sicht auf Gasnebel und Galaxien für viele Einsteigerinnen und Einsteiger in die Astronomie zunächst ernüchternd. Selbst in vergleichsweise großen Teleskopen erscheinen sie oft nur als schwache, nebelhafte Lichtflecken – Details sind schwer zu erkennen (Abbildung 11.2). Viele Astronomiebegeisterte sind von farbenprächtigen, detailreichen Aufnahmen verwöhnt, wie sie aus der Astrofotografie bekannt sind. Solche Bilder sind jedoch nur durch Langzeitbelichtungen möglich.

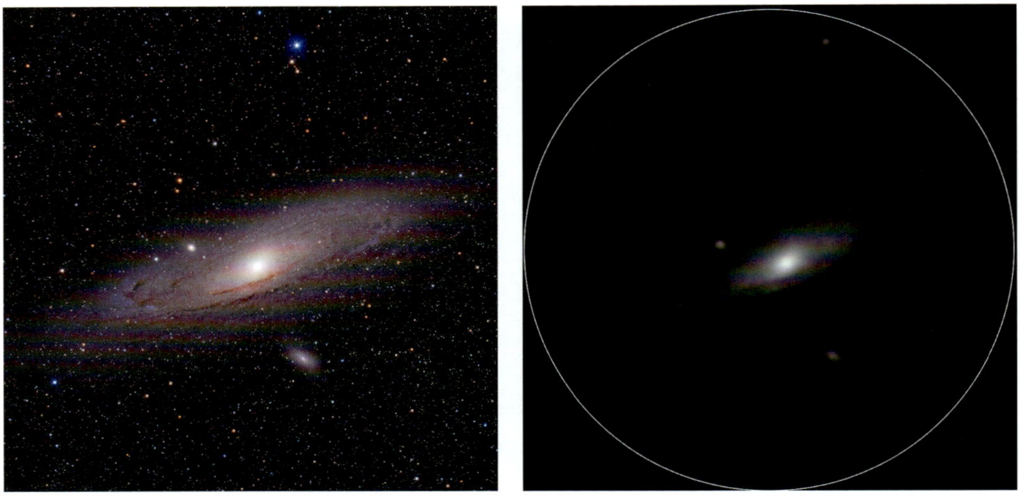

Abbildung 11.2: Die Andromedagalaxie Messier 31. Links eine Fotografie, rechts der simulierte Anblick in einem Amateurteleskop.

Trotzdem hat das Aufsuchen, Beobachten – und vielleicht sogar das Zeichnen – dieser Deep-Sky-Objekte einen ganz eigenen Reiz. Machen Sie sich bewusst: Das Licht, das Sie auf Ihrer Netzhaut wahrnehmen, war unter Umständen Hunderte, Tausende oder sogar Millionen von Jahren unterwegs, um Sie zu erreichen. Allein dieser Gedanke verleiht der Beobachtung eine ungeheure Tiefe und Faszination.

In diesem Kapitel lernen Sie zunächst die verschiedenen Arten von Deep-Sky-Objekten kennen. Sie erfahren, wo sich diese Objekte befinden, wie sie entstanden sind und in welchen Entfernungen sie zur Erde stehen. Um sie am Himmel zu finden, lernen Sie zunächst eine bewährte Methode kennen: das sogenannte Starhopping. Dabei hangelt man sich – bildlich gesprochen – von Stern zu Stern, bis man das gesuchte Objekt erreicht. Natürlich gibt es noch weitere Hilfsmittel zur Orientierung am Himmel, und auch hier kann moderne Computertechnik eine wertvolle Unterstützung bieten.

Also: Auf zu den unendlichen Weiten des Deep Sky!

11.1 Die Objekte des Deep Sky

Es gibt verschiedene Arten von Deep-Sky-Objekten, die sich in ihrer Natur teils grundlegend unterscheiden. Viele dieser Objekttypen sind zugleich unterschiedliche Stadien im Lebenszyklus eines Sterns – von den riesigen Molekülwolken, aus denen neue Sterne entstehen, bis hin zu den Überresten eines Sterns, nachdem dieser in einer Supernova explodiert ist.

11.1.1 Offene Sternhaufen und Kugelsternhaufen

Sterne – auch unsere Sonne – entstehen aus gigantischen Wolken aus Gas und Staub. Wenn eine solche Gaswolke unter ihrer eigenen Schwerkraft kollabiert, steigen Dichte und Druck so stark an, dass in ihrem Inneren neue Sterne regelrecht kondensieren. Das bedeutet auch: Sterne entstehen niemals einzeln, sondern stets in Gruppen. Der Strahlungsdruck der neugeborenen Sterne bläst die übrige Gaswolke auseinander, und nach einiger Zeit bleibt ein Sternhaufen zurück – mit Hunderten bis Tausenden von Sternen.

In unserer Heimatgalaxie, der Milchstraße, können wir Tausende von Sternhaufen beobachten, einige davon sogar mit bloßem Auge. Man spricht in diesem Zusammenhang von offenen Sternhaufen, um sie von den deutlich älteren Kugelsternhaufen abzugrenzen. Offene Sternhaufen bestehen aus relativ jungen Sternen und haben meist eine lockere, unregelmäßige Struktur – kein Haufen gleicht dem anderen.

Zu den bekanntesten offenen Sternhaufen zählen die Plejaden (Messier 45), die wir zwischen Herbst und Frühjahr als das sogenannte Siebengestirn am Himmel erkennen können. Auch Messier 44, die Krippe (Praesepe) im Sternbild Krebs, ist unter dunklem Landhimmel als nebliges Fleckchen sichtbar. Wenn Sie mit einem Fernglas das Band der Milchstraße entlangwandern, werden Sie Dutzende solcher offenen Sternhaufen entdecken. Mit einem Teleskop lassen sich diese Haufen in ihre Einzelsterne auflösen – und vielleicht erkennen Sie sogar den einen oder anderen Stern farbig.

Abbildung 11.3 zeigt den Doppelsternhaufen, auch »h und χ (Chi) Persei« genannt. In dunklen, klaren Herbstnächten kann dieses Objekt bereits mit bloßem Auge erkennbar sein. Im Fernglas oder Teleskop sind Hunderte von einzelnen Sternen zu erkennen.

Abbildung 11.3: Der »Doppelsternhaufen« im Sternbild Perseus

Offene Sternhaufen bestehen überwiegend aus jungen, heißen, bläulichen Sternen. Hier und da findet sich auch ein rötlich leuchtender Riesenstern. Solche Sternhaufen befinden sich typischerweise im Band der Milchstraße, das bei uns vom Frühsommer bis zum Winterende gut sichtbar ist.

Kugelsternhaufen hingegen sehen nicht nur anders aus als offene Sternhaufen, sie haben auch eine ganz andere Natur. Kugelsternhaufen erscheinen tatsächlich kugelförmig, daher ihr Name. Sie enthalten nicht nur Tausende, sondern oft Hunderttausende von Sternen. Und während offene Sternhaufen vor allem junge Sterne beherbergen, zählen Kugelsternhaufen zu den ältesten bekannten Objekten im Universum.

Diese gewaltigen Sternansammlungen befinden sich in einem kugelförmigen Halo, der das Zentrum unserer Milchstraße umgibt. Das bedeutet: Wenn wir in Richtung des galaktischen Zentrums im Sternbild Schütze blicken, können wir viele dieser Kugelsternhaufen beobachten. Das Halo reicht jedoch weit über die sichtbare Milchstraße hinaus, weshalb wir Kugelsternhaufen auch außerhalb des Milchstraßenbandes entdecken – etwa in den Sternbildern Bärenhüter oder Herkules.

Der größte am Nordhimmel sichtbare Kugelsternhaufen ist Messier 13 im Sternbild Herkules. Unter sehr dunklem Himmel ist er im Frühjahr als schwaches, nebliges Fleckchen zu erkennen. Auf der Südhalbkugel kann man im Sternbild des Zentauren sogar die »Mutter aller Kugelsternhaufen« beobachten: Omega Centauri, ein wahrhaft beeindruckendes Objekt, das 10 Millionen Sterne beherbergt. Im Zentrum dieses Sternhaufens vermuten Forscher ein schwarzes Loch mit ca. 40.000 Sonnenmassen.

Kugelsternhaufen lassen sich im Teleskop meist gut beobachten. In größeren Instrumenten können sie bis in ihre Einzelsterne aufgelöst werden, während sie in kleineren Teleskopen oft nur als verwaschene, kugelige Lichtflecken erscheinen.

Abbildung 11.4: Der Kugelsternhaufen Omega Centauri

Die kryptischen Bezeichnungen der Deep-Sky-Objekte

Die Bezeichnung von Deep-Sky-Objekten erfolgt nach sogenannten Katalogen. Typischerweise besteht der Name aus einer Abkürzung für den jeweiligen Katalog, gefolgt von einer Nummerierung. Der älteste und bekannteste Katalog ist der von Charles Messier, einem französischen Astronomen des 18. Jahrhunderts, der systematisch nach Kometen suchte. Bei seinen Beobachtungen stieß er immer wieder auf neblige Fleckchen, die Kometen in den damaligen Teleskopen zum Verwechseln ähnlich sahen. Um Enttäuschungen bei möglichen Neuentdeckungen zu vermeiden, notierte er die Koordinaten dieser Objekte und listete sie auf.

Der sogenannte Messier-Katalog umfasst insgesamt 110 Einträge. Viele der bekanntesten Himmelsobjekte, etwa die Andromedagalaxie (M31), tragen eine solche Messier-Nummer. Eine systematische Ordnung ist im Messier-Katalog allerdings nicht zu erkennen.

Anders ist es beim New General Catalogue (NGC), dessen Einträge nach Rektaszensionskoordinaten geordnet sind. Der NGC-Katalog wurde im Jahr 1888 von dem dänisch-irischen Astronomen Johan Ludvig Emil Dreyer veröffentlicht. Grundlage seiner Arbeit waren unter anderem die Beobachtungen von William Herschel, der in diesem Buch bereits mehrfach erwähnt wurde.

In den Jahren nach der Veröffentlichung wurden dem NGC-Katalog noch zwei sogenannte Index-Kataloge (IC) hinzugefügt. Der NGC-Katalog umfasst 7.840 Objekte, der IC-Katalog fügt weitere 5.386 Objekte hinzu.

Typisch ist auch, dass ein Himmelsobjekt in mehreren Katalogen verzeichnet ist. So trägt beispielsweise der Große Orionnebel sowohl die Bezeichnung Messier 42 als auch NGC 1976.

Im Laufe der Jahrzehnte sind unzählige weitere Kataloge entstanden, oft spezialisiert auf bestimmte Objektarten. Die Objekte aus den Katalogen M, NGC und IC werden Ihnen jedoch am häufigsten begegnen. Weitere bekannte Kataloge sind zum Beispiel der Sharpless-Katalog, der mit Sh 2 abgekürzt wird – gefolgt von einer Objektzahl, etwa Sh 2-244.

Dunkelnebel wurden von Edward Barnard katalogisiert und tragen ein einfaches »B«, gefolgt von der entsprechenden Katalognummer – zum Beispiel B 33. Reflexionsnebel hingegen wurden von Sydney van den Bergh erfasst und folgen der Abkürzung »vdB« plus Katalognummer, etwa vdB 152.

Viele Deep-Sky-Objekte haben sogenannte Trivialnamen, zum Teil sogar mehrere. Dabei handelt es sich häufig um Namen mit Bezug zum Sternbild, in dem sich das Objekt befindet. So zum Beispiel beim Großen Orionnebel M42 oder bei M31, der Andromedagalaxie (früher auch Andromedanebel genannt). Andere Objekte wurden nach ihrem Aussehen benannt – etwa der Schwanennebel Messier 17, der auch als Omeganebel bekannt ist (siehe Abbildung 11.5 im nächsten Abschnitt).

11.1.2 Galaktische Nebel

Beim Blick in die Milchstraße mit dem Teleskop fallen immer wieder neblige Fleckchen auf, die keine Sternhaufen sind. Dabei handelt es sich um sogenannte galaktische Nebel. Der Begriff »Nebel« sagt allerdings nichts über die tatsächliche physikalische Natur dieser Objekte aus. Er stammt aus der Zeit der ersten Teleskopbeobachtungen, als Deep-Sky-Objekte lediglich als verschwommene, lichtschwache Flecken am Himmel erschienen. Diese Bezeichnung hat sich jedoch bis heute gehalten – selbst in der professionellen Astronomie.

Diese Objekte werden häufig auch als Gasnebel bezeichnet, da sie aus riesigen Regionen überwiegend leuchtenden Wasserstoffgases bestehen. Wasserstoff ist chemisch betrachtet das einfachste und zugleich häufigste Element im Universum: Sein Atom besteht aus einem Proton und in der Regel einem Elektron. Da interstellare Gaswolken zu einem großen Teil aus Wasserstoff bestehen, bilden sie das Rohmaterial für die Entstehung neuer Sterne.

Wenn junge, heiße Sterne nach ihrer Entstehung genügend energiereiche Strahlung aussenden, wird das umliegende Wasserstoffgas stark angeregt oder sogar ionisiert. Bei der Ionisation werden Elektronen vollständig aus den Wasserstoffatomen herausgelöst. Freie Elektronen können sich anschließend wieder mit Protonen verbinden – ein Prozess, der als Rekombination bezeichnet wird. Dabei fallen die Elektronen stufenweise auf niedrigere Energieniveaus zurück und senden Licht aus.

Doch auch ohne vollständige Ionisation kann das Gas zum Leuchten gebracht werden: Trifft energiereiche Strahlung auf ein Wasserstoffatom, kann ein Elektron lediglich auf ein höheres Energieniveau angehoben werden. Wenn es anschließend wieder zurückfällt, wird ebenfalls ein Photon (Lichtteilchen) ausgesendet.

Besonders auffällig ist dabei die typische rote Farbe des Wasserstoffs. Erinnern Sie sich an die Spektren der Sonne und der Sterne in Kapitel 8? Die sogenannte H-Alpha-Linie des Wasserstoffs bei einer Wellenlänge von 656 Nanometern entsteht, wenn ein Elektron vom dritten auf das zweite Energieniveau fällt. Sie ist im sichtbaren Bereich meist die hellste Emissionslinie und verleiht vielen Gasnebeln ihre charakteristische rötliche Färbung. Aufgrund des ionisierten Wasserstoffs werden solche Gasnebel auch H-II-Regionen genannt.

Bekannte Beispiele für solche Gasnebel sind der Große Orionnebel (Messier 42) und der Nordamerikanebel (NGC 7000) im Sternbild Schwan, der von dem deutschen Astronomen Max Wolf entdeckt wurde. Zur Abgrenzung gegenüber anderen Nebeltypen spricht man hier auch von Emissionsnebeln, da diese Objekte tatsächlich selbst Licht aussenden (emittieren).

Abbildung 11.5 zeigt den Gasnebel Messier 17 im Sternbild Schütze. Der Anblick im Teleskop erinnert entfernt an einen Schwan oder an den griechischen Buchstaben Omega. Aus diesem Grund wird M17 auch als Schwanen- oder Omeganebel bezeichnet. Das rot leuchtende Wasserstoffgas ist nur auf Fotografien zu erkennen, beim Anblick im Teleskop erscheint der Nebel milchig grau.

Es ist jedoch nicht ausschließlich Wasserstoff, der in diesen Nebeln zum Leuchten angeregt wird. Auch Elemente wie Sauerstoff und Stickstoff können durch die energiereiche Strahlung angeregt werden. Dennoch dominiert meist der Wasserstoff, weshalb das rote Leuchten typischerweise überwiegt.

Gasnebel sind Geburtsstätten junger Sterne. Oft befindet sich ein offener Sternhaufen, dessen Sterne den Nebel überhaupt erst zum Leuchten bringen, im Zentrum dieser Region – wie etwa im berühmten Adlernebel (Messier 16). H-II-Regionen sind für die Astronomie besonders interessant, weil sich hier die Sternentstehung in verschiedenen Entwicklungsstadien beobachten lässt – gewissermaßen ein Blick auf die Geburtsstätten neuer Sterne.

Abbildung 11.5: Der Gasnebel Messier 17

Die tatsächliche Größe eines Gasnebels variiert stark: Sie reicht von wenigen Dutzend bis zu mehreren Hundert Lichtjahren. Die Entfernung zur Erde liegt ebenfalls zwischen einigen Hundert und mehreren Zehntausend Lichtjahren. Für uns Beobachter auf der Erde erscheinen Gasnebel daher unterschiedlich groß – von wenigen Bogensekunden bis zu einem Grad am Himmel. Die scheinbare Größe hängt sowohl von der tatsächlichen Ausdehnung des Nebels als auch von seiner Entfernung zum Sonnensystem ab. Sowohl der Große Orionnebel als auch die Gasnebel im Sternbild Schwan liegen relativ nahe an unserer Sonne – daher erscheinen sie besonders groß und hell.

11.1.3 Planetarische Nebel und Supernova-Überreste

Zwei weitere Arten von Emissionsnebeln sind relativ häufig in der Milchstraße anzutreffen: die planetarischen Nebel und die Supernova-Überreste. Beiden ist gemeinsam, dass sie – wie auch die H-II-Regionen – aus Gas bestehen, das durch energiereiche Strahlung zum Leuchten angeregt wird, ähnlich dem Prinzip einer Leuchtstoffröhre.

Planetarische Nebel sind Überreste sterbender Sterne. Sobald ein Stern in etwa der Größe unserer Sonne seinen Wasserstoffvorrat verbraucht hat, beginnt ein faszinierender Prozess, der ihn durch verschiedene Entwicklungsstadien führt. Physikalisch ist dieser Zyklus sehr komplex. Vereinfacht gesagt: Zunächst bläht sich der Stern auf, und seine Oberfläche kühlt ab. Es entsteht ein sogenannter Roter Riesenstern. Auch unserer Sonne steht ein solches Szenario bevor. Dabei werden voraussichtlich die inneren Planeten, einschließlich der Erde, verdampfen.

Wie bitte, die Sonne wird sterben?

Keine Sorge, Sie müssen sich noch nicht um Ihren kosmischen Nachlass kümmern. Die Sonne ist Schätzungen zufolge etwa 4,6 Milliarden Jahre alt und befindet sich derzeit im mittleren Abschnitt ihres Lebens. Es wird noch rund 5 Milliarden Jahre dauern, bis sie sich in einen Roten Riesen verwandelt. In dieser Phase wird sie Merkur und Venus verschlingen und sich bis fast an die Erdbahn ausdehnen. Sie haben also noch reichlich Zeit, um Ihre Angelegenheiten in Ruhe zu regeln.

In einem späteren Stadium stößt der Stern seine äußeren Hüllen ab. Zurück bleibt der heiße, dichte Kern – ein Weißer Zwerg. Dieser kompakte Stern strahlt intensiv im UV-Bereich und bringt das zuvor abgestoßene Gas zum Leuchten. Es entsteht ein planetarischer Nebel.

Diese Nebel erscheinen häufig ringförmig oder konzentrisch. Frühe Astronomen hielten sie im Teleskop fälschlicherweise für kleine Planeten – daher der irreführende Name, obwohl planetarische Nebel mit Planeten nichts zu tun haben.

Bekannte Beispiele sind der Ringnebel (Messier 57) im Sternbild Leier und der Hantelnebel (Messier 27) im Sternbild Füchschen. Planetarische Nebel sind vergleichsweise klein – sowohl in ihrer tatsächlichen Ausdehnung als auch in ihrer scheinbaren Größe am Himmel. Ihre Farben sind häufig leuchtend blau, teils aber auch ein Mix aus Blau und Rot. Das deutet auf die Emission sowohl von Wasserstoff (rot) als auch von Sauerstoff (blau) hin.

Auch Supernova-Überreste sind die Überbleibsel sterbender Sterne – allerdings endet das Leben dieser Sterne auf wesentlich spektakulärere Weise. Sterne mit mehr als acht Sonnenmassen kollabieren am Ende ihrer Lebenszeit unter ihrer eigenen Schwerkraft. Der Strahlungsdruck, der im Inneren des Sterns über Jahrmillionen hinweg das Gewicht der äußeren Schichten ausgeglichen hat, reicht nun nicht mehr aus. Das sogenannte hydrostatische Gleichgewicht bricht zusammen.

Die enorme Masse stürzt in sich zusammen und trifft auf den dichten Kern des Sterns. Dabei entsteht eine gewaltige Schockwelle, die den Stern regelrecht auseinanderreißt. Eine Supernova ist geboren – eine Explosion von solch gewaltiger Energie, dass sie für kurze Zeit heller als eine ganze Galaxie leuchten kann. Würde eine solche Supernova in unserer Milchstraße stattfinden, wäre sie sogar am Taghimmel sichtbar.

Im Zentrum der Explosion bleibt ein extrem massereiches Objekt zurück: ein Neutronenstern. In besonders massereichen Fällen kann die Materie sogar so stark verdichtet werden, dass ein Schwarzes Loch entsteht. Die sichtbaren Überreste der Explosion – das herausgeschleuderte Gas und Staub – bilden einen sogenannten Supernova-Überrest, kurz SNR (auf Englisch: supernova remnant).

Diese Überreste können am Himmel enorme Ausdehnungen erreichen. Ein bekanntes Beispiel ist der Cirrusnebel im Sternbild Schwan, auch bekannt als Veil Nebula oder Cygnus Loop (Abbildung 11.7). Seine Struktur erstreckt sich über eine Fläche, die etwa sechs

Vollmonde umfasst. Stellen Sie sich einen gewaltigen, platzenden Luftballon vor, dann erkennen Sie vielleicht die sphärische Gestalt dieser Nebellandschaft.

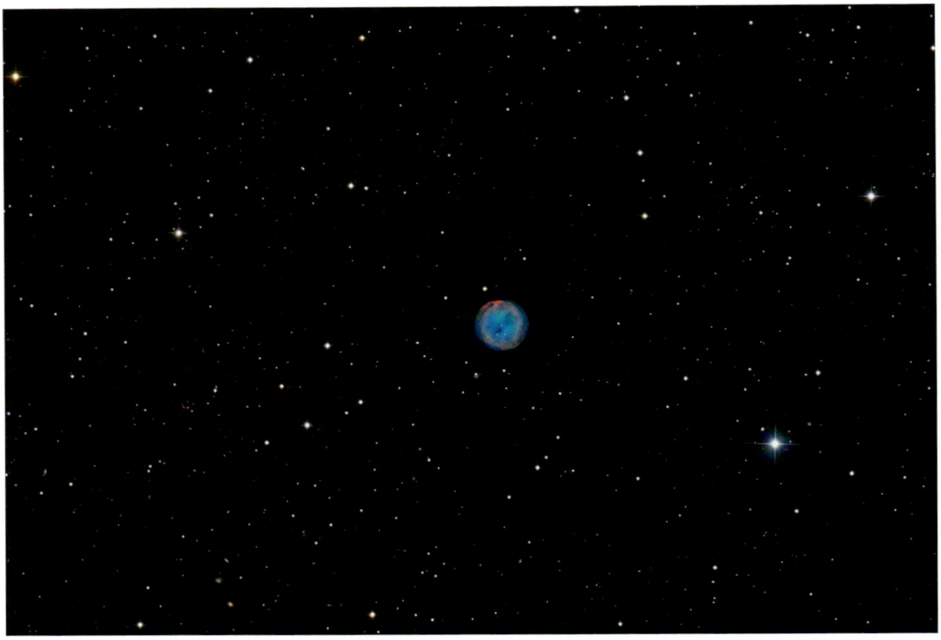

Abbildung 11.6: Der Eulennebel, Messier 97, im Sternbild Großer Bär

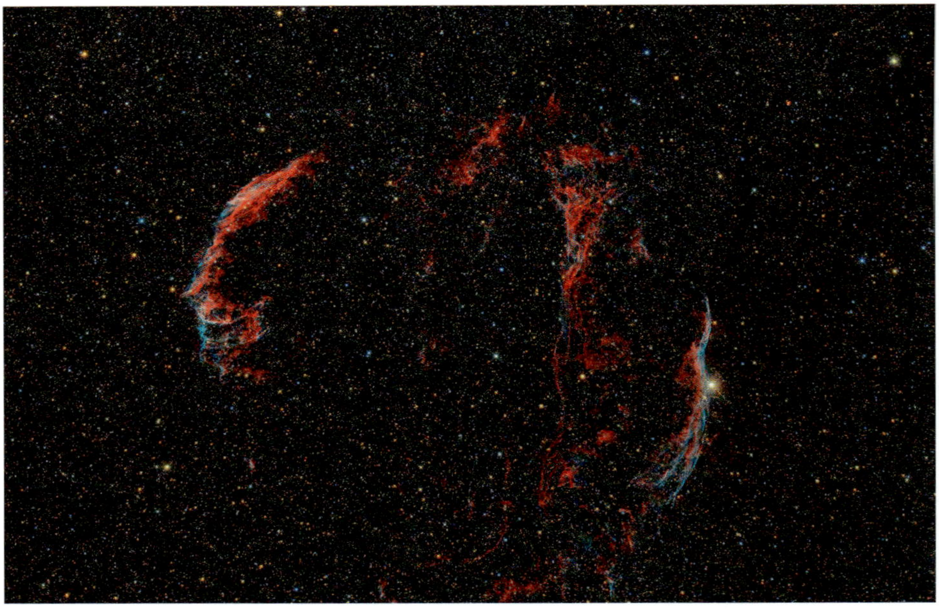

Abbildung 11.7: Der Cirrusnebel im Sternbild Schwan

Ein weiterer berühmter Supernova-Überrest ist der Krebsnebel (Messier 1) im Sternbild Stier. Heute gilt als gesichert, dass dieser Nebel der Überrest einer Supernova ist, die sich im Jahr 1054 ereignet hat und in chinesischen Chroniken dokumentiert wurde. Aufnahmen des Krebsnebels über mehrere Jahrzehnte zeigen eindrucksvoll, wie sich das Gas vom Zentrum des Nebels aus kontinuierlich ausdehnt.

Ein weiteres bemerkenswertes Ereignis war die Supernova des Jahres 1987, bekannt als SN 1987A. Sie ereignete sich in einer Nachbargalaxie unserer Milchstraße, der Großen Magellanschen Wolke. Mithilfe des Hubble-Weltraumteleskops und später des James-Webb-Teleskops konnte auch hier ein Supernova-Überrest nachgewiesen und erforscht werden.

11.1.4 Dunkelnebel und Reflexionsnebel

Eine weitere Kategorie von Nebeln bilden die nicht selbstleuchtenden Nebel. Dazu zählen zum einen die Dunkelnebel, die das Licht der dahinterliegenden Sterne verschlucken, und zum anderen die Reflexionsnebel, die das Licht eines oder mehrerer Sterne streuen.

Dunkelnebel sind bereits mit bloßem Auge in der Milchstraße zu erkennen. Die dunklen Bänder, die das helle Band der Milchstraße durchziehen und marmorieren, sind genau solche Gas- und Staubansammlungen, in denen sich neue Sterne bilden. Ihre Zusammensetzung aus organischen Molekülen – darunter Kohlenstoffverbindungen und Silikate – sorgt dafür, dass sichtbares Licht nicht hindurchdringen kann. Sie erscheinen deshalb als dunkle, sternarme Regionen innerhalb der Milchstraße.

Dunkelnebel können gewaltige Ausmaße annehmen. Ein bekanntes Beispiel ist der Kohlensack – ein riesiger Dunkelnebel, der jedoch nur von der Südhalbkugel aus sichtbar ist. Es gibt aber auch sehr kompakte, stark lichtundurchlässige Dunkelnebel, die man als Globulen bezeichnet.

Einer der bekanntesten Dunkelnebel ist der Pferdekopfnebel (Barnard 33) im Sternbild Orion. Seine markante Silhouette, die an einen Pferdekopf erinnert, hebt sich dunkel vor dem leuchtenden Hintergrund einer H-II-Region ab (Abbildung 11.8).

Reflexionsnebel sind häufig in unmittelbarer Nähe von Dunkelnebeln zu finden. Sobald ein Stern sehr nahe an einem Dunkelnebel steht – oder sogar in ihm geboren wurde –, wird sein Licht an den feinen Staubpartikeln der Nebelwolke gestreut. Es entsteht ein Reflexionsnebel, der typischerweise bläulich leuchtet, da kurzwelliges blaues Licht stärker gestreut wird als rotes. Bekannte Reflexionsnebel findet man zum Beispiel rund um die Sterne der Plejaden oder im Umfeld des Sterns Antares im Sternbild Skorpion.

In Abbildung 11.9 erkennt man eine farbenfrohe Deep-Sky-Landschaft. Das gelb-rote Licht des Riesensterns Antares sorgt für den gelben Reflexionsnebel, und der junge, heiße Stern ρ (Rho) Ophiuchi erzeugt den blau leuchtenden Reflexionsnebel.

Abbildung 11.8: Um den Stern Alnitak im Gürtel des Orion befindet sich eine leuchtende H-II-Region, von der sich der Pferdekopfnebel abhebt.

Abbildung 11.9: Reflexionsnebel im Sternbild Skorpion

11.1.5 Galaxien

Wenn Sie sich den Katalog von Charles Messier ansehen, werden Sie feststellen, dass sich unter den nebeligen Fleckchen, die er mit seinem Teleskop entdeckte, nicht nur Gas- und Reflexionsnebel befinden, sondern auch eine beachtliche Anzahl an Galaxien. Die Teleskope, die Messier im 18. Jahrhundert zur Verfügung standen, waren jedoch nicht leistungsfähig genug, um zwischen Nebeln innerhalb unserer Milchstraße und fernen Galaxien zu unterscheiden.

Bereits Immanuel Kant, der berühmte deutsche Philosoph, stellte in jener Zeit die kühne Theorie auf, dass sogenannte Spiralnebel – aufgrund ihrer spiralförmigen Struktur so benannt – eigenständige »Welteninseln« außerhalb unserer Milchstraße sein könnten. Andere Forscher hingegen vertraten die gegenteilige Ansicht: Sie glaubten, diese Spiralnebel seien Teil unserer Galaxis.

Diese Kontroverse ging als Great Debate in die Astronomiegeschichte ein. Ihren Höhepunkt erreichte sie am 26. April 1920 in einem öffentlichen Streitgespräch zwischen den Astronomen Harlow Shapley und Heber Doust Curtis im U.S. National Museum in Washington, D.C. Shapley vertrat die These, dass Spiralnebel innerhalb der Milchstraße liegen, während Curtis argumentierte, dass es sich um eigenständige Sternsysteme weit außerhalb unserer Galaxie handelt. Das eigentliche Problem zu Beginn des 20. Jahrhunderts waren nicht mehr die Teleskope – große Observatorien gab es bereits –, sondern die fehlenden Möglichkeiten, Entfernungen zu Spiralnebeln zuverlässig zu messen.

Nur vier Jahre später, 1924, gelang dem US-Astronomen Edwin Hubble der entscheidende Durchbruch. Er beobachtete veränderliche Sterne vom Typ der Cepheiden in der Andromedagalaxie (Messier 31). Die US-Astronomin Henrietta Leavitt hatte einige Jahre zuvor die sogenannte Perioden-Leuchtkraft-Beziehung dieser Sterne entdeckt und damit eine Methode zur Bestimmung kosmischer Entfernungen geschaffen. Hubble wandte diese Methode auf die Cepheiden in M31 an – und bewies damit, dass es sich bei der Andromedagalaxie um eine eigenständige Sterneninsel außerhalb der Milchstraße handelt.

Machen Sie sich bewusst: Diese revolutionäre Erkenntnis liegt gerade einmal etwa 100 Jahre zurück. 1920 gab es bereits Autos, Flugzeuge, Radio, Telefon und elektrischen Strom – zumindest in den wohlhabenderen Schichten der Bevölkerung. Auf dem Land fuhren viele Menschen in Europa und den USA jedoch noch mit Pferdekutschen. In dieser Zeit machte Hubble eine Entdeckung, die unser gesamtes Weltbild veränderte.

Heute wissen wir, dass Galaxien riesige Strukturen sind, bestehend aus Milliarden von Sternen, Gas und Staub, weit entfernt im Universum. Einige wenige Nachbargalaxien können wir sogar mit bloßem Auge erkennen, zum Beispiel die Große und die Kleine Magellansche Wolke, die beide am Südhimmel als diffuse, nebelartige Wolken sichtbar sind. Die Große Magellansche Wolke (LMC) ist rund 163.000 Lichtjahre entfernt, die Kleine Magellansche Wolke (SMC) etwa 200.000 Lichtjahre.

Die bekannte Andromedagalaxie liegt bereits 2,5 Millionen Lichtjahre entfernt und gehört dennoch zu unserer direkten Nachbarschaft, der sogenannten Lokalen Gruppe, einem Verbund aus mehreren Galaxien, zu dem auch unsere Milchstraße zählt.

Die derzeit am weitesten entfernte bekannte Galaxie trägt den Namen MoM-z14. Sie ist etwa 13,53 Milliarden Lichtjahre entfernt. Das bedeutet, dass ihr Licht seit 13,53 Milliarden Jahren unterwegs ist, bevor es uns erreicht – wir blicken also buchstäblich in die Frühzeit des Universums zurück. Ein Blick in die Tiefe des Kosmos ist zugleich eine Zeitreise.

Galaxien sind faszinierende Objekte. Ihre Spiralstruktur ist jedoch nicht immer gleich ausgeprägt. Es gibt verschiedene morphologische Typen: klassische Spiralgalaxien mit geschwungenen Armen, Balkenspiralgalaxien mit einem markanten Zentralbalken, elliptische Galaxien ohne erkennbare Spiralarme und linsenförmige Struktur, sowie irreguläre Galaxien ohne feste Form oder Symmetrie. Diese vier Typen begegnen Ihnen am häufigsten, obwohl die moderne Astrophysik heute deutlich feinere Klassifizierungen kennt.

Zudem unterscheidet man Galaxien je nach ihrer Lage im Raum relativ zu unserer Blickrichtung. Wenn wir auf eine Galaxie »von oben« oder »von unten« schauen, erkennen wir ihre Spiralarme in voller Pracht – man spricht dann von einer Face-on-Galaxie. Zwei wunderschöne Beispiele hierfür sind Messier 51 im Sternbild Jagdhunde und Messier 101 im Großen Bären.

Abbildung 11.10: Die Galaxie M101 im Sternbild Großer Bär wird auch als »Feuerrad-Galaxie« bezeichnet.

Schauen wir dagegen »von der Seite« auf eine Galaxie, sehen wir meist nur eine schmale, längliche Scheibe mit einer zentralen Verdickung, dem sogenannten Bulge. In diesem Fall spricht man von einer Edge-on-Galaxie. Bekannte Vertreter sind NGC 891 im Sternbild Andromeda und die Nadelgalaxie NGC 4565 im Sternbild Haar der Berenike. Zwischen den beiden Extremen – Face-on und Edge-on – gibt es zahlreiche Zwischenwinkel.

Diese Bezeichnungen beschreiben allerdings nur den perspektivischen Blickwinkel auf eine Galaxie. Die eigentliche astronomische Klassifikation geht auf Edwin Hubble zurück, der mit seinem »Hubble-Tuning-Fork-Diagramm« ein bis heute genutztes Ordnungssystem entwickelte.

11.2 Deep-Sky-Objekte durch Starhopping auffinden

Sicher sind Sie nun gespannt darauf, den tiefen Weltraum selbst mit Ihrem Fernglas oder Teleskop zu erkunden. Zunächst jedoch ein wichtiger Hinweis: Auch wenn Sie in diesem Buch zahlreiche farbige und detailreiche Aufnahmen von Galaxien und Gasnebeln sehen, werden diese Objekte im Teleskop – ganz wie zu Zeiten Charles Messiers – meist nur als graue, nebelartige Fleckchen erscheinen. Doch mit etwas Übung lassen sich durchaus feine Strukturen und Details erkennen. In Kapitel 12 führe ich Sie Schritt für Schritt an die Astrofotografie heran. Mit etwas Geduld werden Sie dort vielleicht schon Ihre ersten farbigen Gasnebel sichtbar machen können. Doch zunächst konzentrieren wir uns noch auf die rein visuelle Betrachtung.

Deep-Sky-Objekte sind bis auf wenige Ausnahmen mit dem bloßen Auge nicht sichtbar. Das bedeutet auch: Sie können nicht einfach mit dem Sucherfernrohr direkt auf sie zielen. Genau deshalb gilt die Deep-Sky-Beobachtung als die anspruchsvollste Disziplin der Amateurastronomie.

Um Galaxien, Gasnebel oder Sternhaufen zu finden, müssen Sie sich an den umliegenden, sichtbaren Sternen orientieren. Ihre Orientierung am Nachthimmel sollte mittlerweile so weit fortgeschritten sein, dass Sie mithilfe einer Sternkarte Sternbilder und markante Konstellationen sicher identifizieren können.

Nehmen wir als Beispiel Messier 13, den berühmten Kugelsternhaufen im Sternbild Herkules. Unter sehr guten Bedingungen kann man ihn mit bloßem Auge erkennen, in Vorstadtnähe jedoch nicht. Der Herkules bildet ein auffälliges Viereck aus vier Sternen. Die westlichen Sterne dieses Kastens heißen Eta und Zeta Herculis. Wenn Sie diese Linie mit dem Sucherfernrohr Ihres Teleskops absuchen, stoßen Sie etwa bei einem Drittel der Strecke zwischen Eta und Zeta auf Messier 13 (Abbildung 11.11) – ein faszinierender Anblick im Okular!

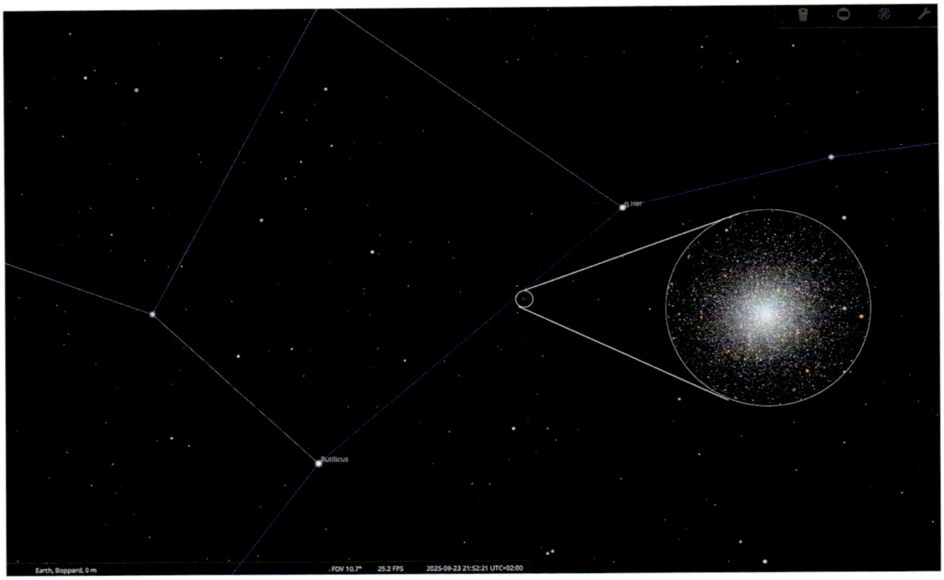

Abbildung 11.11: Messier 13 lässt sich mittels »Starhopping« leicht finden.

Eine Galaxie, die sich relativ leicht finden lässt, ist Messier 101 im Sternbild Großer Bär. Suchen Sie den bekannten Großen Wagen und nehmen Sie die beiden hinteren Sterne der Deichsel: Alkaid und Mizar. Bilden Sie ein gleichschenkliges Dreieck mit der Basis zwischen diesen beiden Sternen – an der Spitze dieses Dreiecks befindet sich M101, eine schwach leuchtende Spiralgalaxie (Abbildung 11.12).

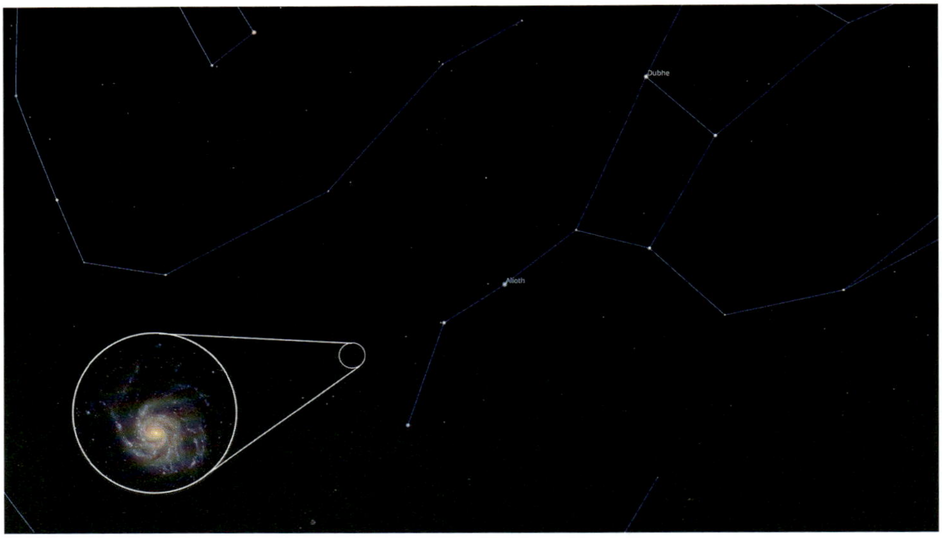

Abbildung 11.12: M101, die Feuerradgalaxie

Gasnebel sind schwieriger aufzufinden, da sie nur wenig Kontrast zum Himmelshintergrund bieten. Ein spannendes Objekt für den Sommer ist der Schmetterlingsnebel IC 1318 im Sternbild Schwan. Lokalisieren Sie den Stern Sadr – er liegt südlich des hellen Deneb – und richten Sie Ihr Sucherfernrohr leicht nordöstlich von Sadr aus. Bei geringer Vergrößerung erkennen Sie dort einen schwach nebeligen Schleier (Abbildung 11.13).

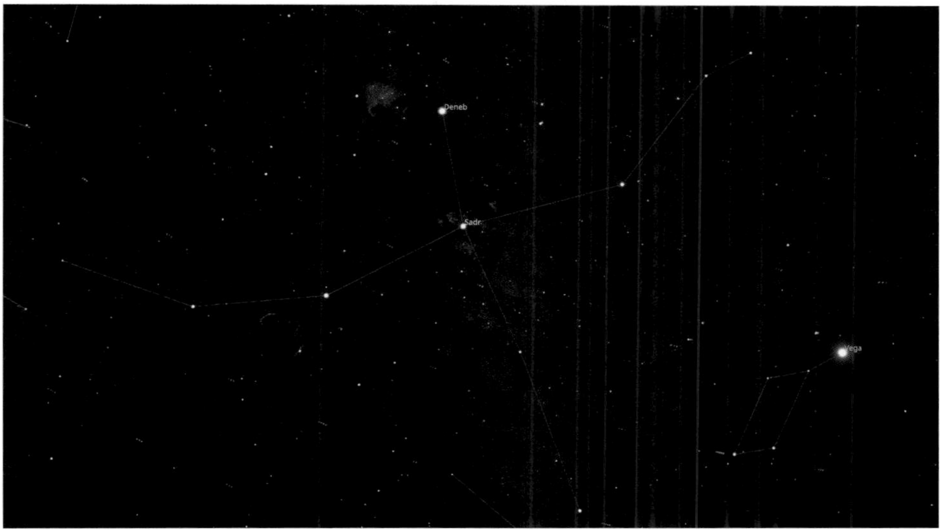

Abbildung 11.13: Das Sternbild Schwan ist voll von Gasnebeln und offenen Sternhaufen. Unmittelbar neben dem Stern Sadr ist der Schmetterlingsnebel IC 1318 zu finden.

Im Herbst fällt es nicht schwer, das markante Himmels-W der Kassiopeia zu finden. Der äußerste rechte Schenkel dieses W ist Ihr Ausgangspunkt, um den offenen Sternhaufen NGC 7789 aufzuspüren. Bilden Sie von dort aus einen rechten Winkel und wandern Sie etwa ein Drittel der Strecke nach rechts (Abbildung 11.14) – dort lässt sich der auffällige Sternhaufen bereits im Sucher erkennen.

Im Winter schließlich beherrscht das mächtige Sternbild Orion den Nachthimmel. Der linke Schulterstern ist der rötlich leuchtende Beteigeuze, den Kopf des Orion markiert Lambda Orionis. Verbinden Sie gedanklich diese beiden Sterne in einer Linie, die leicht nach Südosten verläuft. Folgen Sie dieser Linie weiter, stoßen Sie auf den beeindruckenden Rosettennebel NGC 2237 – ein großflächiger Gasnebel, der bei sehr dunklem Himmel wunderschön im Teleskop erscheint.

Die zuvor beschriebenen Beispiele waren relativ einfach. In der Praxis ist das Auffinden vieler Deep-Sky-Objekte jedoch deutlich aufwändiger. Häufig ist eine sorgfältige Vorbereitung mit Sternkarten nötig. Dabei hangelt man sich buchstäblich von Stern zu Stern, vergleicht fortlaufend mit der Karte und nähert sich so schrittweise dem Zielobjekt. Genau davon leitet sich der Begriff Starhopping ab – man »hüpft« von Stern zu Stern.

Abbildung 11.14: Eine gedachte Linie führt zum offenen Sternhaufen NGC 7789 in der Cassiopeia.

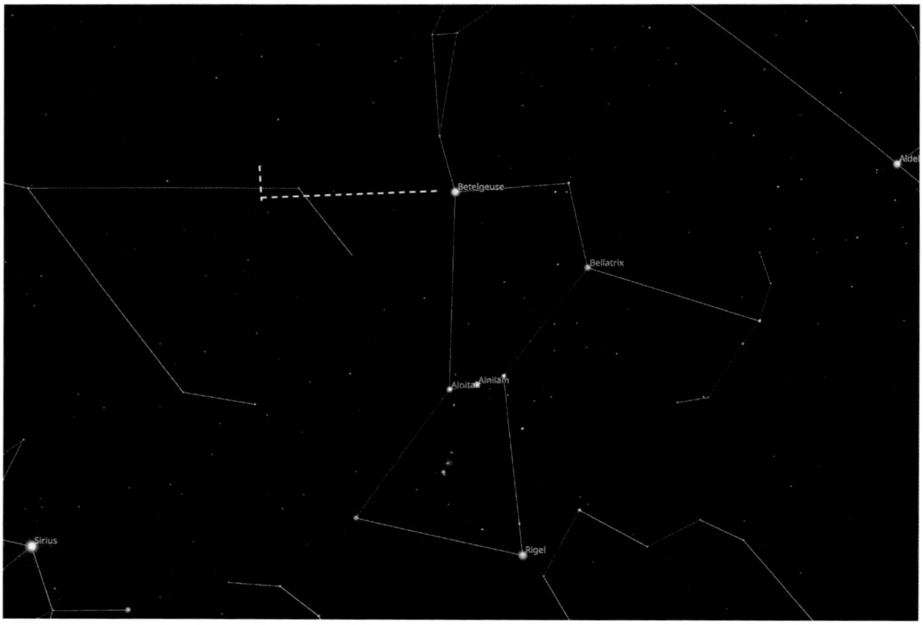

Abbildung 11.15: Der Rosettennebel NGC 2237 ist leicht zu finden, wenn man das Sternbild Orion als Aufsuchhilfe verwendet.

Am Beispiel des planetarischen Nebels M27 – auch bekannt als Hantelnebel – soll das Prinzip exemplarisch erklärt werden.

Ausgangspunkt für unsere Hopping-Tour ist der helle Stern Altair im Sternbild Adler. Altair bildet gemeinsam mit Vega und Deneb das sogenannte Sommerdreieck. Einige Grad nördlich von Altair befindet sich das kleine, aber auffällige Sternbild Pfeil (Sagitta) (Abbildung 11.16). Es ist recht unscheinbar, doch bei genauem Hinsehen erkennt man tatsächlich eine pfeilartige Struktur. Die Pfeilspitze wird vom Stern Gamma Sagittae gebildet.

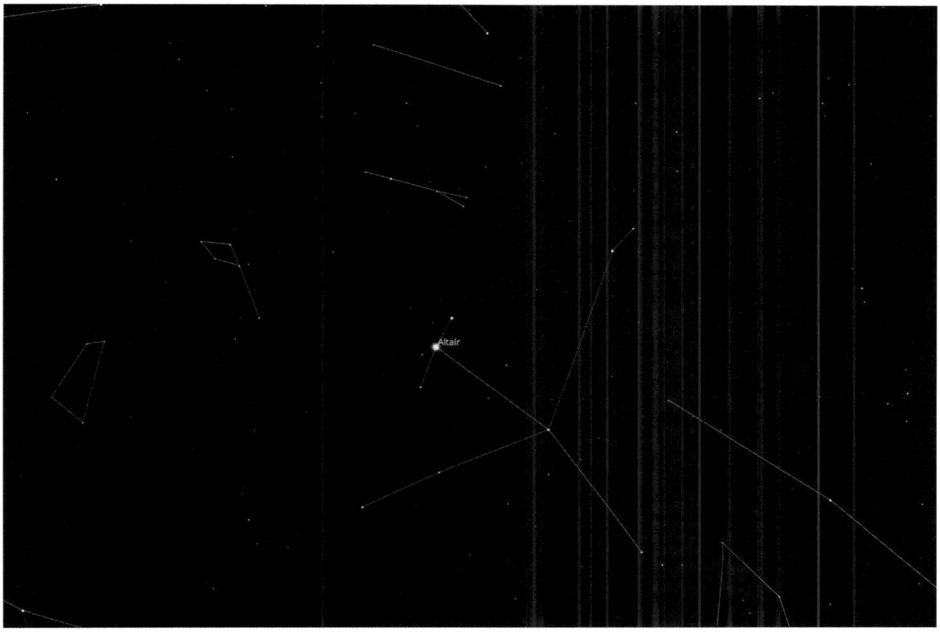

Abbildung 11.16: Nördlich des Sternbilds Adler befindet sich das Sternbild Pfeil (Sagitta). Der helle Stern Altair dient Ihnen als Ausgangspunkt des Starhoppings.

Von Gamma Sagittae aus bewegen Sie sich ein Stück nach Norden. Dort suchen Sie nach einer Sternformation, die je nach Blickrichtung an den Buchstaben »M« oder »W« erinnert. Direkt südlich des mittleren Sterns dieser Formation befindet sich der Hantelnebel M27 (Abbildung 11.17).

Beim Starhopping sind ein wenig Fantasie und Kreativität gefragt. Was auf der Sternkarte logisch und eindeutig wirkt, sieht unter dem echten Sternenhimmel mitunter ganz anders aus. Es gilt, Sternmuster zu erkennen, mit der Karte zu vergleichen und sich vorsichtig vorzutasten. Dabei hilft es, charakteristische Sternformationen zu nutzen und sich immer wieder neu zu orientieren.

Eine gute Hilfe ist eine mobile App wie Stellarium Mobile, mit der Sie den Himmel in Echtzeit simulieren und Sternbilder nachvollziehen können. Alternativ können Sie sich eine Sternkarte ausdrucken und neben das Teleskop legen. Wichtig ist: Geduld zahlt sich aus –

und mit etwas Übung wird das Starhopping zu einer der lohnendsten Methoden, Deep-Sky-Objekte auf eigene Faust zu entdecken.

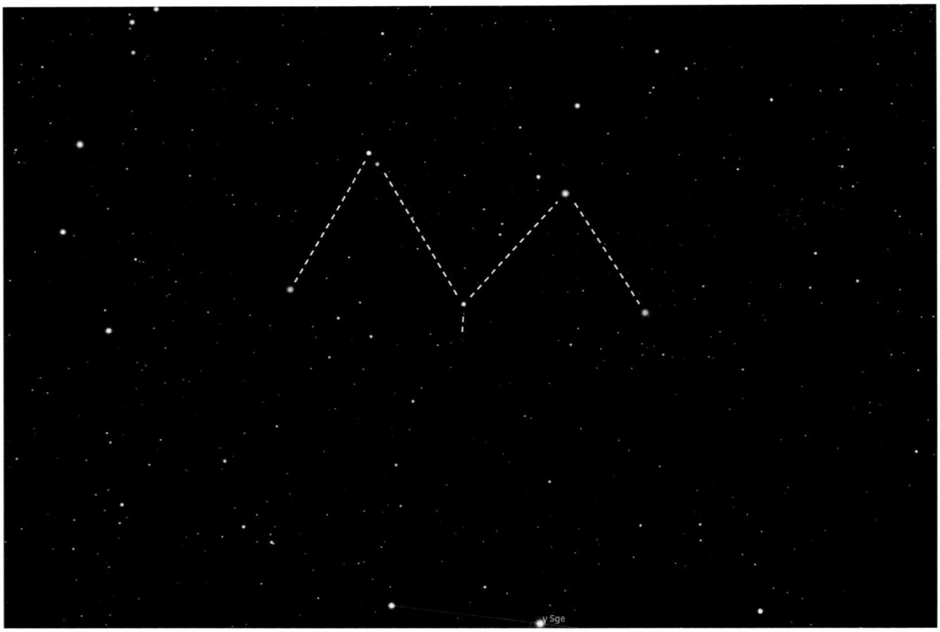

Abbildung 11.17: So finden Sie den Hantelnebel M27.

Nebel besser beobachten mit Kontrastfiltern

Um Gasnebel im Okular kontrastreicher beobachten zu können, lohnt sich der Einsatz spezieller Filter. Diese erhöhen den Kontrast zwischen dem Nebel und dem Himmelshintergrund – und können die Sichtbarkeit bestimmter Nebelstrukturen deutlich verbessern. In manchen Fällen ist der Unterschied geradezu verblüffend.

Allerdings funktionieren diese Filter nur bei Gasnebeln, also Emissions- und planetarischen Nebeln. Bei Sternhaufen oder Galaxien zeigen sie keine Wirkung oder können das Bild sogar verschlechtern. Deshalb lässt sich der Einsatz solcher Filter nicht pauschal empfehlen – er ist immer vom Beobachtungsziel abhängig.

Größere Dobson-Teleskope, wie sie häufig von ambitionierten Hobby-Astronomen verwendet werden, verfügen oft über drehbare Filterhalterungen. Damit lassen sich verschiedene Filter in Sekundenschnelle vor das Okular schwenken – ein großer Komfortgewinn beim direkten Vergleich unterschiedlicher Filterwirkungen.

Die Einsteigerteleskope, die ich Ihnen in diesem Buch vorgestellt habe, sind in der Regel nicht mit solchen Vorrichtungen ausgestattet. Hier wird der Filter stattdessen direkt in das Okular eingeschraubt – für diesen Zweck verfügen die meisten Okulare über ein entsprechendes Innengewinde an der Steckhülse. Das Ein- und Ausschrauben kann zwar umständlich sein, ist aber mit etwas Übung gut zu bewältigen.

Der wohl gängigste Filter zur Beobachtung von Gasnebeln ist der sogenannte UHC-Filter (Ultra High Contrast). Er ist ein hervorragender Allroundfilter für viele Nebelarten. Je nach Größe (1,25 oder 2 Zoll) und Hersteller kostet ein solcher Filter im Astrofachhandel zwischen etwa 50 und 100 Euro.

Starhopping mit dem Telrad-Finder

Der Telrad-Finder (auch Radiant-Sucher) ist ein äußerst praktisches Hilfsmittel, um Deep-Sky-Objekte zielsicher am Himmel aufzufinden. Dabei handelt es sich um ein einfaches, aber effektives Leuchtpunkt-Visier, das konzentrische Zielkreise in den Nachthimmel projiziert – ganz ohne Vergrößerung. Diese Kreise erleichtern es enorm, bestimmte Himmelsregionen präzise anzusteuern.

In der Software Stellarium können Sie sich die Telrad-Kreise als Overlay einblenden lassen. So ist es möglich, die Mitte oder einen der Ringe genau auf einen Referenzstern zu legen und von dort aus das gesuchte Objekt durch einfaches Verschwenken des Teleskops anzusteuern. In Abbildung 11.18 sehen Sie ein Beispiel für die Anwendung dieser Methode in der Praxis: Hier habe ich den mittleren Kreis auf die unteren Kastensterne des Sternbilds Leier gelegt. Im inneren Kreis befindet sich der Ringnebel M57, der dann im Okular des Teleskops zu sehen sein sollte.

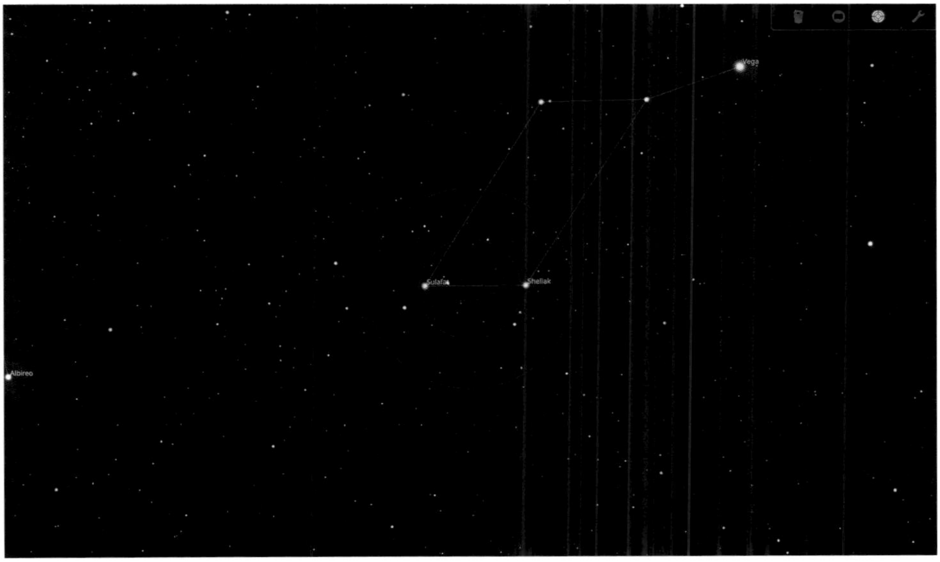

Abbildung 11.18: In Stellarium lassen sich die Telrad-Teilkreise simulieren.

Falls Sie lieber mit einem klassischen Sternatlas arbeiten als mit einer App oder Software, empfehle ich Ihnen den Deep-Sky-Reiseatlas von Philipp Noack und Michael Feiler. Dabei handelt es sich um ein robustes, laminiertes Ringbuch, das sich ideal für den nächtlichen Einsatz unter freiem Himmel eignet – selbst bei feuchter Witterung. Auf den zahlreichen übersichtlichen Sternkarten sind neben Deep-Sky-Objekten auch Doppelsterne und veränderliche Sterne verzeichnet – inklusive der konzentrischen Telrad-Kreise, was die gezielte Objektfindung erheblich erleichtert.

11.3 Deep-Sky-Objekte mit elektronischer Unterstützung auffinden

Auch wenn das Starhopping mit Sternkarten durchaus großen Spaß machen kann, geht es heutzutage deutlich bequemer: Teleskope lassen sich mit digitalen Suchsystemen nachrüsten, die das Auffinden selbst lichtschwacher Himmelsobjekte zum Kinderspiel machen. Die Funktionsweise dieser Technologien unterscheidet sich zwar im Detail, beruht jedoch meist auf denselben Prinzipien – nämlich auf der Lagebestimmung des Teleskops und dem Abgleich mit digital hinterlegten Objektkatalogen.

Für klassische Dobson-Teleskope, wie ich sie in Abschnitt 2.4 vorgestellt habe, bietet die Firma Omegon ein Nachrüst-Set mit der Bezeichnung Push+ Go Standalone Encoder System an. Ein Encoder ist ein elektronisches Bauteil, das die Stellung eines Drehgebers – zum Beispiel eines Potentiometers – erfassen kann. Beim Push+-System werden solche Encoder nachträglich an der Azimut- sowie an der Höhenachse des Teleskops angebracht.

Mithilfe einer App muss man das System anschließend lediglich kalibrieren. Das bedeutet: Man zentriert einen hellen Stern im Okular und gibt in der Software an, welchen Stern man gerade beobachtet. Diesen Vorgang wiederholt man mit einem zweiten Stern. Danach weiß das Teleskop, in welche Richtung es ausgerichtet ist. Über die App lassen sich nun gezielt Himmelsobjekte auswählen. Durch manuelles Nachführen richtet man das Teleskop so aus, dass ein Fadenkreuz in der App exakt auf dem gewählten Objekt liegt. Wenn Sie dann durch das Okular blicken, werden Sie das Objekt auch dort sehen können.

Push+ von Omegon ist entweder als Nachrüst-Set für verschiedene Dobson-Teleskope erhältlich oder als bereits fertig ausgestattetes Komplettsystem. Darüber hinaus gibt es auch eigenständige Push+-Montierungen, die Sie mit einem Teleskop Ihrer Wahl kombinieren können (Achtung, nur für Android-Smartphones!).

Encoder zur Lagebestimmung eines Teleskops bringen immer gewisse Herausforderungen mit sich. Zunächst wäre da die Genauigkeit der Encoder selbst. Hier gibt es teils erhebliche Unterschiede in der Auflösung, die sich auch deutlich im Preis widerspiegeln. Hochauflösende Encoder sind kostspielig.

Ein weiteres Problem liegt in der Atmosphäre: Sie verzerrt den Sternenhimmel immer ein wenig – besonders in Horizontnähe ist dieser Effekt deutlich sichtbar. Solche Verzerrungen kann ein Encoder nicht erfassen oder ausgleichen, was zu fehlerhaften Positionsangaben führen kann.

Ein alternativer Lösungsansatz setzt daher auf den Abgleich der Teleskopposition mithilfe eines Fotos. Wenn Sie den Sternenhimmel fotografieren, kann geeignete Software die Positionen der abgebildeten Sterne analysieren. In der Fachsprache wird das als Plattenlösung bezeichnet, im Englischen spricht man von Platesolve. Manchmal ist auch von einer astrometrischen Lösung oder einfach von Astrometry die Rede.

Der Teleskophersteller Celestron verfolgt mit seiner StarSense-Technologie genau diesen Ansatz. Ein kleines Sucherfernrohr ist dabei mit einer Kamera ausgestattet, während eine spezielle Software fortlaufend das Blickfeld des Suchers durch eine astrometrische Lösung analysiert. So lässt sich fast in Echtzeit die genaue Ausrichtung des Teleskops am Himmel bestimmen. Der Nachteil: Celestron StarSense funktioniert ausschließlich mit Teleskopen dieses Herstellers.

In der Maker-Szene hat sich in den letzten Jahren eine herstellerunabhängige Alternative etabliert: der PiFinder. Er basiert auf einem Raspberry-Pi-Minicomputer. Allerdings ist der Selbstbau im Vergleich zu anderen DIY-Projekten recht aufwendig und komplex – zu umfangreich, um ihn in diesem Buch sinnvoll unterzubringen. Weitere Informationen zum PiFinder-Projekt finden Sie auf der Website: *www.pifinder.io*

Der PiFinder ist jedoch auch fertig montiert erhältlich. In der voll montierten Version kostet das Gerät rund 549 Euro. Ein Bausatz zum Selberzusammenbauen liegt ebenfalls bei etwa 300 Euro – der Raspberry Pi ist darin allerdings noch nicht enthalten.

Als kostenfreie und einfache Alternative möchte ich Ihnen in diesem Buch eine ganz andere Lösung vorstellen, die ganz ohne zusätzliche Technik auskommt: die Starhopper-App.

Starhopper ist eine sogenannte Web-Anwendung. Das bedeutet: Es handelt sich nicht um eine App, die auf dem Smartphone installiert werden muss, sondern um ein Programm, das direkt im Internetbrowser aufgerufen wird, sich aber wie eine App verhält.

Bevor Sie starten können, müssen Sie Ihr Smartphone am Teleskop befestigen. Dabei sollte das Gerät möglichst stabil und parallel zum Teleskop-Tubus ausgerichtet sein, mit der Oberseite in Blickrichtung des Teleskops. Im Internet finden Sie Dateien für den 3D-Druck entsprechender Smartphone-Halterungen (Abbildung 11.19). Mit etwas Bastelgeschick lässt sich jedoch auch eine eigene Lösung bauen – etwa aus Holz oder durch die Kombination einer einfachen Kunststoffhülle mit Klettband und etwas Moosgummi. Wichtig ist nur: Das Smartphone sollte sich beim Antippen nicht bewegen.

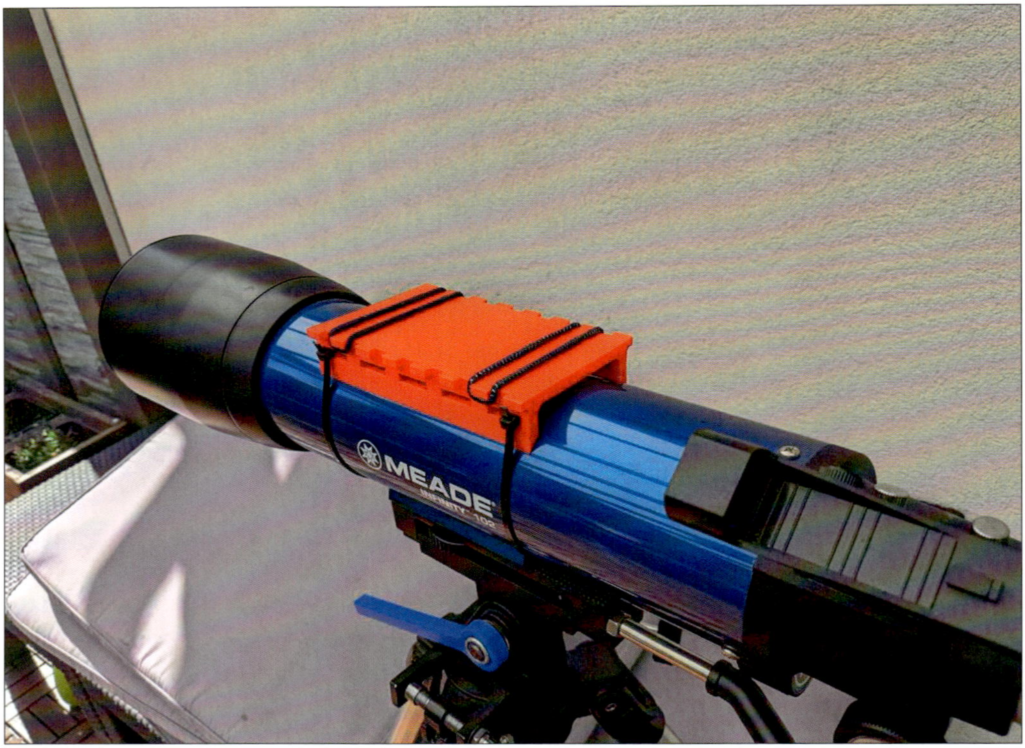

Abbildung 11.19: Eine Smartphone-Halterung aus dem 3D-Drucker. Milan Michalicek (milanko78), CC BY SA 3.0: www.thingiverse.com/thing:6221911

Sie erreichen die Web-App unter folgender Adresse: *https://artyom-beilis.github.io/astro-hopper.html*

Nach dem Öffnen erscheint zunächst ein Bildschirm mit einer Schnellanleitung (Quick Start Guide), den Sie schließen können, denn die Funktionsweise erkläre ich Ihnen im Folgenden Schritt für Schritt (siehe Abbildung 11.20). Mit dem Häkchen »Don't show on startup« verhindern Sie, dass der Guide bei jedem Start erneut angezeigt wird.

Bringen Sie zunächst einen hellen, Ihnen bekannten Stern mittig ins Gesichtsfeld Ihres Teleskops. Idealerweise sollte dieser Stern in der Nähe des Himmelsobjekts liegen, das Sie beobachten möchten. Möchten Sie beispielsweise den Großen Orionnebel aufsuchen, wählen Sie dafür Beteigeuze oder Rigel.

Sobald sich der Stern mittig im Okular befindet, tippen Sie in der App links oben auf **Align**. Anschließend tippen Sie auf den entsprechenden Stern in der Sternkarte der Web-App. Nach etwa drei Sekunden springt die Ansicht um – der gewählte Stern wird markiert und zentriert.

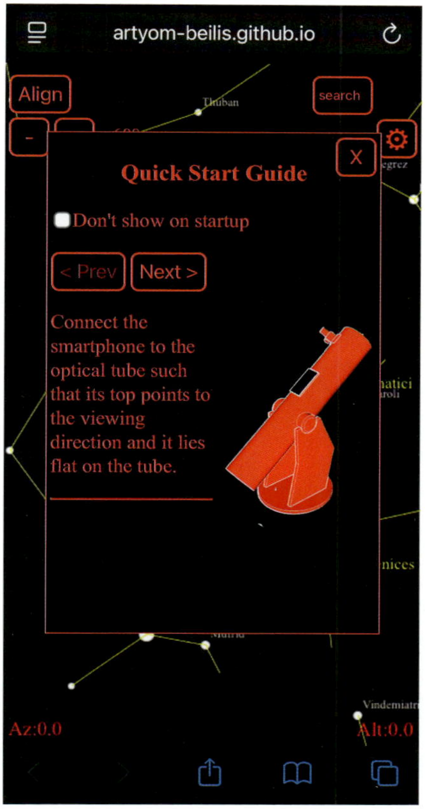

Abbildung 11.20: Der Startbildschirm von Starhopper mit dem Quick Start Guide

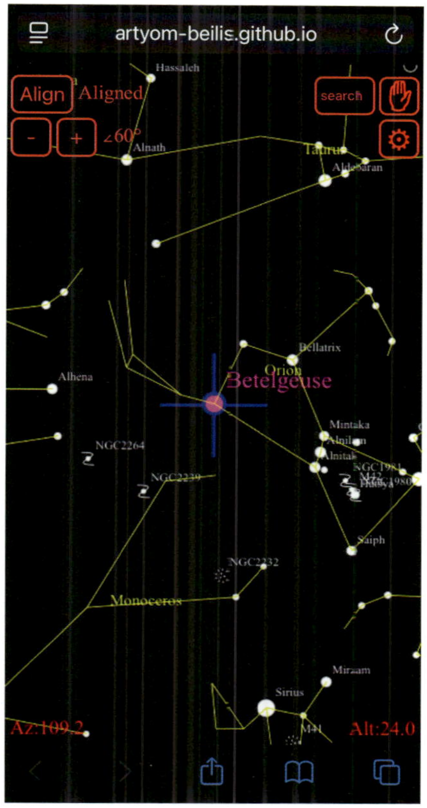

Abbildung 11.21: Die Markierung zeigt an, dass der Stern Betelgeuse (Beteigeuze) als Referenzstern ausgewählt wurde.

Was tun, wenn der Stern nicht in der Sternkarte angezeigt wird?

Die App nutzt die Lagesensoren Ihres Smartphones, um die Sternkarte auszurichten. Falls die Anzeige völlig danebenliegt, müssen Sie die Sensoren möglicherweise zunächst kalibrieren. Dazu bewegen Sie das Smartphone in einer »Acht«-Bewegung. Danach sollte sich die Genauigkeit verbessern.

Wenn der Stern noch immer nicht im angezeigten Feld erscheint, tippen Sie auf das Handsymbol und verschieben Sie die Sternkarte manuell, bis der Stern sichtbar wird. Wiederholen Sie anschließend den Ausrichtungsvorgang wie beschrieben.

Bewegen Sie nun Ihr Teleskop, dann sehen Sie, wie sich das Zielfadenkreuz auf der Sternkarte mitbewegt. Richten Sie das Teleskop so aus, dass sich das gewünschte Objekt unter dem Fadenkreuz befindet – danach sollte es auch im Okular sichtbar sein.

Tipp: Verwenden Sie Okulare mit einem möglichst großen Gesichtsfeld (zum Beispiel 20 mm oder mehr). Die Genauigkeit der App ist nicht mit professionellen GoTo-Systemen vergleichbar, ein großzügiges Sichtfeld hilft dabei, das Objekt dennoch sicher zu finden.

Sie können auch die Suchfunktion der App nutzen. Tippen Sie dazu auf das Feld **Search** und geben Sie die Objektbezeichnung ein – zum Beispiel M42 (Abbildung 11.22).

Zusätzlich sehen Sie am unteren Bildschirmrand Richtungsangaben wie »17° Down« und »23° Right«. Sobald beide Werte auf null stehen, haben Sie Ihr Ziel erreicht.

In der Ansicht erscheint nun ein grüner Kreis mit einer Linie. Die Linie zeigt an, in welche Richtung Sie das Teleskop bewegen müssen (Abbildung 11.23).

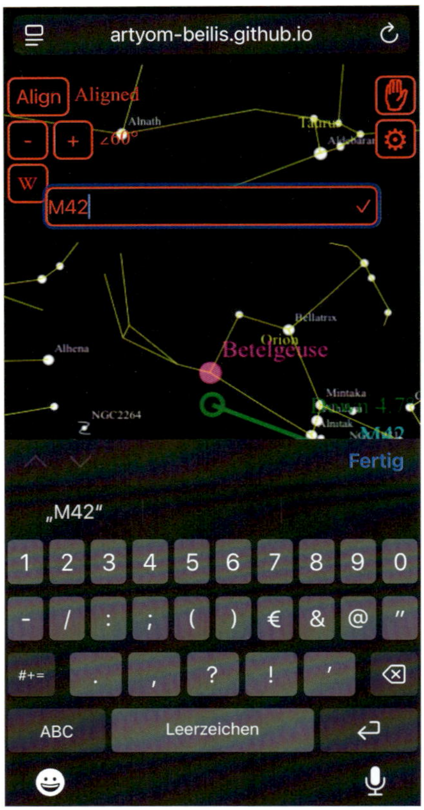

Abbildung 11.22: Über die Sucheingabe können Sie Deep-Sky-Objekte z. B. nach Katalogbezeichnungen suchen.

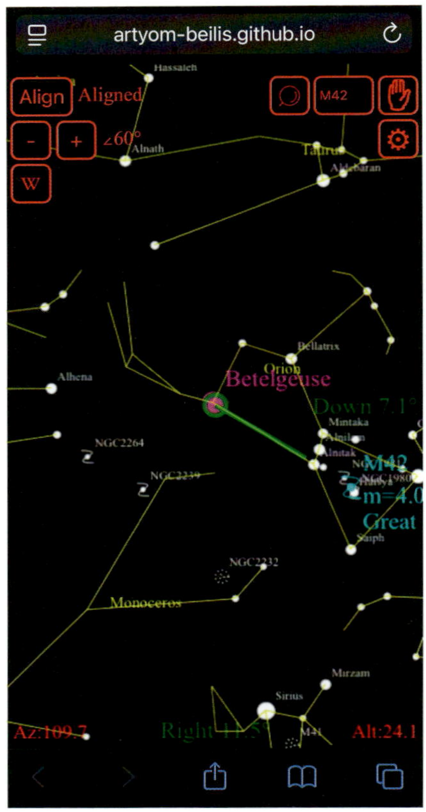

Abbildung 11.23: Aktuelle Position des Teleskops und Zielrichtung

Über das Zahnradsymbol gelangen Sie in das Einstellungsmenü der App. Dort können Sie verschiedene Filter anpassen – zum Beispiel, bis zu welcher Helligkeitsgrenze Sterne oder Deep-Sky-Objekte angezeigt werden sollen. Zudem lässt sich die Schriftgröße verändern. Besonders praktisch ist die Option **Keep Screen On**: Wenn Sie dieses Kästchen aktivieren, verhindert die App, dass sich der Bildschirm Ihres Smartphones automatisch abschaltet (Abbildung 11.24).

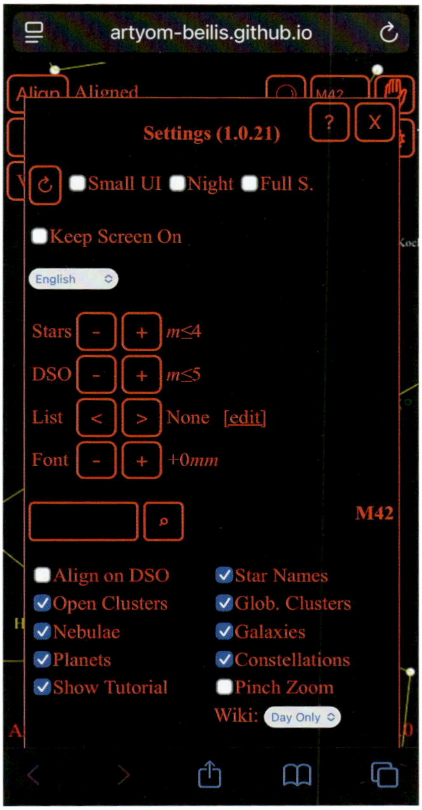

Abbildung 11.24: Das Einstellungsmenü der App

Viel mehr Funktionen bietet die App nicht – doch genau das macht sie so unkompliziert. Die Genauigkeit der Lagesensoren ist zwar begrenzt und kann schwanken. Mal funktioniert die App besser, mal schlechter. Aber dafür, dass sie kostenfrei ist und sich in wenigen Minuten einrichten lässt, liefert sie erstaunlich gute Ergebnisse.

Bei geringer Vergrößerung sollten sich angepeilte Objekte in der Regel immer im Gesichtsfeld des Okulars befinden. Vermeiden Sie jedoch große Schwenks über den Himmel hinweg. Wenn Sie ein Objekt in einer weit entfernten Region am Himmel suchen möchten, sollten Sie das Alignment vorher erneut durchführen.

In diesem Kapitel haben wir gemeinsam einen Vorstoß in die Tiefen des Weltalls unternommen. Sie haben nicht nur theoretische Hintergründe zu Gasnebeln und Galaxien kennengelernt, sondern auch erfahren, wie Sie diese erfolgreich mit Ihrem Teleskop beobachten können.

Die Beobachtung des Deep Sky gilt nicht umsonst als die Königsdisziplin der astronomischen Himmelsbeobachtung – sie erfordert Geduld, Technik und einen geschulten Blick. Mit dem Wissen, das Sie nun besitzen, sind Sie bestens gerüstet, um sich selbstständig auf die Suche nach fernen Nebeln, Sterneninseln und kosmischen Wundern zu machen.

Sie haben bereits eine Menge über das Weltall und das faszinierende Hobby der Astronomie gelernt. Wenn Sie in einer klaren Nacht Ihr Teleskop ausrichten und den Blick in die Tiefe des Universums wagen, dürfen Sie sich mit Recht als Amateurastronom oder Amateurastronomin bezeichnen.

Kapitel 12

Der Startracker – so gelingen Ihnen beeindruckende Fotos des Nachthimmels

Vielleicht geht es auch Ihnen so: Sie waren beim Blick durchs Teleskop ein wenig enttäuscht – hatten sich mehr Farben, mehr Details erhofft? Dann wird sich bei Ihnen früher oder später der Wunsch regen, den Nachthimmel selbst zu fotografieren.

In diesem Kapitel sammeln Sie erste praktische Erfahrungen mit der Astrofotografie – mithilfe handelsüblicher DSLM- oder Kompaktkameras. Ich führe Sie nicht nur in die Grundlagen der Aufnahme ein, sondern auch in die notwendige Bildbearbeitung, die sich deutlich von der typischen Fotobearbeitung bei Tageslicht unterscheidet.

Reisen wir also weiter in die Tiefen des Weltalls – zu den verborgenen, leuchtenden Schätzen von Gasnebeln und fernen Galaxien.

Schon in meiner Kindheit sammelten sich nach und nach einige Bücher zum Thema Astronomie in meinem Regal. Eines davon trug den Titel »Astronomie ganz einfach« – ein Werk, das ganz ähnlich aufgebaut war wie dieses Buch, das Sie gerade in den Händen halten. Es vermittelte theoretisches Wissen, kombinierte dieses aber mit einfachen Bau- und Bastelprojekten, durch die der Leser an die praktische Astronomie herangeführt wurde.

Besonders in Erinnerung geblieben ist mir eine Bauanleitung für eine sogenannte Barndoor-Montierung – eine einfache Holzkonstruktion, mit der man eine Kamera der scheinbaren Himmelsdrehung nachführen konnte. So waren Langzeitbelichtungen möglich, bei denen die Sterne punktförmig und nicht als Striche abgebildet wurden.

Als Kind jedoch habe ich mich nie an solche Projekte herangewagt. Mir fehlte nicht nur das nötige Werkzeug, sondern auch die Erkenntnis, dass man Bauanleitungen nicht strikt befolgen muss – sondern dass eigene Abwandlungen oft sogar sinnvoll und lehrreich sind.

In diesem Kapitel möchte ich Ihnen zeigen, wie Sie eine solche Barndoor-Montierung selbst bauen können – allerdings in einer modernisierten Version: elektrisch angetrieben durch einen Schrittmotor. Schrittmotoren kommen auch in heutigen Teleskopmontierungen zum Einsatz, und es lohnt sich, deren Funktionsweise und Ansteuerung zu verstehen – vor allem für den ambitionierten Hobbyastronomen.

Zum Schluss gehen wir dann auf die Bildaufnahme und die anschließende Bildverarbeitung ein.

Doch bevor wir mit dem Bau beginnen, möchte ich nicht verschweigen, dass Sie heute bereits sehr gute fertige Fotomontierungen kaufen können – mit deutlich höherer Präzision und Stabilität. Und dennoch: Der eigene Bau einer Barndoor-Montierung, kombiniert mit der Ansteuerung über einen Mikrocontroller, ist ein spannendes Projekt, das nicht nur lehrreich, sondern auch erstaunlich kostengünstig ist.

Abbildung 12.1: Die Milchstraße im Sternbild Ophiuchus zeigt bereits auf Fotografien mit einem 50-mm-Objektiv beeindruckende Nebellandschaften.

Astrofotografie ohne Spezialausrüstung

Die Fotografie des Nachthimmels ist heute sogar ohne Sternnachführung möglich. Mit einer DSLR oder DSLM, einem Zeitauslöser und einem Stativ lassen sich bereits beeindruckende Bilder aufnehmen. Möglich wurde das durch eine Entwicklung der Kamerasensoren, die etwa Mitte der 2010er-Jahre einsetzte. Damit einher ging ein regelrechter Boom in der Astrofotografie.

Im Rheinwerk Verlag ist dazu ein Buch erschienen mit dem Titel »Astrofotografie – Spektakuläre Bilder ohne Spezialausrüstung« (*www.rheinwerk-verlag.de/5512*). Verfasst wurde es von Katja Seidel, und es ist bereits in der dritten Auflage erhältlich. In verschiedenen Projekten lernen Sie dort unter anderem die Fotografie von Sternstrichspuren, Aufnahmen zur Blauen Stunde, die Abbildung der Milchstraße oder das Erstellen von Zeitrafferaufnahmen kennen.

Sehen Sie dieses Buch gerne als Ergänzung oder Erweiterung zu diesem Kapitel.

12.1 Was ist ein Startracker?

Startracker sind einfache Montierungen, mit denen sich Kameras und leichte Objektive dem Sternenhimmel nachführen lassen. Damit kann man Langzeitbelichtungen der Milchstraße, von Sternbildern und – in gewissen Grenzen – auch von Deep-Sky-Objekten machen.

Ein Startracker unterscheidet sich in mehreren Punkten von einer klassischen Teleskopmontierung. Zum einen ist er wesentlich kleiner, da er keine großen Lasten tragen muss. Meist handelt es sich lediglich um eine einzelne Achse, die mit einem Motor nachgeführt wird. Die Deklinationsachse wird in der Regel nicht aktiv nachgeführt, sondern ist nur drehbar gelagert. Es handelt sich also nicht um ein vollständiges Achsenkreuz wie bei größeren, äquatorialen Montierungen.

Zudem verfügen Startracker meist nicht über eine sogenannte GoTo-Funktionalität – das bedeutet, sie werden manuell und mit einem gewissen Augenmaß (»Pi mal Daumen«) auf den Himmel ausgerichtet.

Die meisten Modelle haben einen internen Akku, der die Stundenachse (Rektaszension) motorisch nachführt. Eine externe Stromversorgung ist dadurch nicht nötig. Es gibt auch einige wenige Modelle, die rein mechanisch funktionieren (Abbildung 12.2).

Abbildung 12.2: Der MiniTrack LX Quattro der Firma Omegon ist ein rein mechanischer Startracker – hier abgebildet in der Luxusvariante mit Polsucher und Polhöhenwiege. Quelle: Omegon, Astroshop

Zwei sehr verbreitete Modelle sind der SkyGuider Pro der Firma iOptron sowie der Star Adventurer von Skywatcher (Abbildung 12.3). Beide Startracker unterscheiden sich kaum in ihrer Qualität und ihrem grundsätzlichen Aufbau. Je nach Zubehör zahlt man für eines der beiden Modelle etwa 360 bis 650 Euro. Sie werden in unterschiedlichen Sets angeboten – mal ist ein Stativ enthalten, mal eine elektronische Hilfe zum Einnorden der Montierung, und es gibt auch Varianten mit einem kleinen Gegengewicht, mit dem sich sogar bereits kleine Linsenfernrohre nachführen lassen.

Abbildung 12.3: Der SkyGuider Pro von iOptron (links) und der StarAdventurer von Skywatcher (rechts). Quelle: Astroshop

Den SkyGuider Pro hatte ich selbst längere Zeit in Verwendung und war von der Nachführgenauigkeit sehr angetan.

In den letzten Jahren sind noch weitere Modelle auf den Markt gekommen. Eine besonders einfache Nachführung verspricht der NOMAD des chinesischen Herstellers MoveShootMove. Dabei handelt es sich im Grunde um einen kleinen motorisierten Teller, auf den ein Kugelkopf montiert werden kann, um die Kamera zu befestigen. Preislich liegt der NOMAD in der einfachsten Ausführung bei etwa 220 bis 250 Euro.

Noch einfacher, wenn auch nicht unbedingt günstiger, ist der Omegon MiniTrack LX Quattro – eine rein mechanische Nachführung, die über eine gespannte Feder angetrieben wird (Abbildung 12.2). Der Vorteil liegt auf der Hand: Diese kleine Montierung lässt sich wirklich überall auf der Welt einsetzen – ganz ohne Stromversorgung oder Akkus. Das Handling und die Nachführgenauigkeit reichen für weitwinklige Aufnahmen der Milchstraße völlig aus. Für größere oder langbrennweitigere Objektive genügt der LX Quattro meiner Meinung nach allerdings nicht mehr, dafür ist er zu ungenau.

Abbildung 12.4: Der NOMAD-Startracker in der einfachsten Variante, dem Starter Kit. Quelle: www.moveshootmove.com

In diesem Kapitel soll es jedoch nicht um käuflich erwerbbare Startracker gehen – ich stelle sie Ihnen lediglich der Vollständigkeit halber vor. Wenn Sie aber keine Freude am Selbstbau haben, kann ich Ihnen einen dieser Startracker wärmstens ans Herz legen.

12.2 Der Bau einer Barndoor-Montierung

Barndoor-Montierungen sind seit Mitte der 1970er-Jahre bekannt. Der US-amerikanische Amateurastronom George Haig veröffentlichte 1975 in der bekannten Astronomiezeitschrift *Sky & Telescope* einen Artikel über eine solche einfache Montierung.

Das Funktionsprinzip ist leicht verständlich: Zwei Bretter werden über ein Scharnier miteinander verbunden und durch einen Gewindetrieb mit konstanter Geschwindigkeit auseinanderbewegt (Abbildung 12.5). Richtet man diese Konstruktion exakt parallel zur Erdachse aus, lässt sich die Erdrotation ausgleichen. Eine darauf montierte Kamera kann so dem Sternenhimmel nachgeführt werden, was Langzeitbelichtungen ohne Strichspuren ermöglicht.

Da die Konstruktion an die Flügel eines Scheunentors erinnert, hat sich im Englischen der Begriff »Barndoor« durchgesetzt. Im Deutschen ist selten auch die Bezeichnung »Astro-

Frust« gebräuchlich, vermutlich deshalb, weil die Genauigkeit nicht besonders hoch ist und man zumindest in den 1980er Jahren eine solche Montierung meist von Hand nachführen musste. Eine andere, seltene Bezeichnung ist »Scotch Mount« (schottische Montierung).

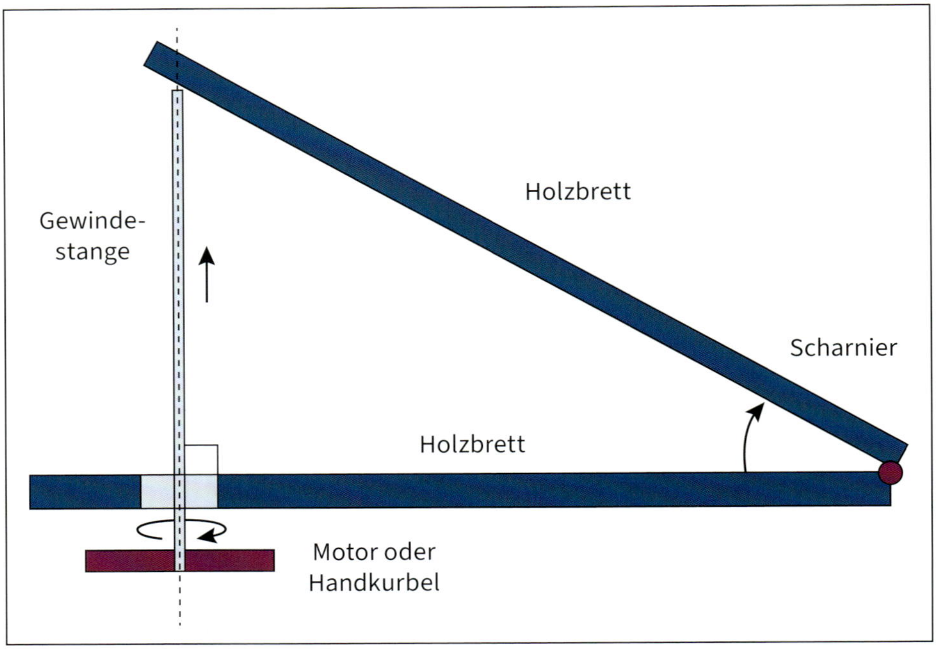

Abbildung 12.5: Das Prinzip der Barndoor-Montierung

Das Besondere an der Barndoor-Montierung ist, dass die Position des Gewindeantriebs in einer genau berechneten Entfernung vom Scharnier liegen muss. Nur so kann die Steigung des Gewindes korrekt berücksichtigt werden und die Nachführung exakt mit der Erdrotation übereinstimmen.

Da wir die Geschwindigkeit des Motors später ohnehin noch feinjustieren können, kommt es bei der Konstruktion nicht auf den Millimeter an. Gewisse Toleranzen sind zudem zu erwarten – schließlich werden wir mehr oder weniger sauber arbeiten, aber nicht mit Industriegenauigkeit. Üblicherweise befindet sich die Schraube etwa 22 bis 25 Zentimeter vom Scharnier entfernt – ein Bereich, der sich in der Praxis bewährt hat.

Übrigens hat die Barndoor-Montierung einen regelrechten Ritterschlag erhalten: Anfang der 2000er-Jahre baute der US-Astronaut Don Pettit auf der Internationalen Raumstation ISS aus vorhandenen Materialien eine improvisierte Barndoor-Montierung (Abbildung 12.6). Sein Ziel war es, bessere Fotos von den Stadtlichtern der Erde zu machen – und das mit beeindruckendem Erfolg.

Abbildung 12.6: Der Astronaut Don Pettit an Bord der ISS. Als Antrieb für seine Barndoor-Montierung diente ein Akkuschrauber. Quelle: NASA, https://commons.wikimedia.org/wiki/File:Don_pettit_operates_barn_door_tracker_aboard_ISS.jpg

12.2.1 Diese Teile benötigen Sie

Für den Bau einer Barndoor-Montierung benötigen Sie nur wenige Materialien, die Sie problemlos im Baumarkt erhalten. Die von mir verwendeten Holzteile stammen aus dem Zuschnittbereich – oft gibt es dort eine Restekiste mit preisgünstigen Stücken. Fragen Sie ruhig einen freundlichen Mitarbeiter, mit etwas Glück werden Ihnen die Teile direkt auf das gewünschte Maß zugeschnitten.

Ich habe Multiplexplatten verwendet. Dieses Material ist stabil und formbeständig, neigt jedoch dazu, beim Sägen oder Bohren leicht zu splittern. Hier hängt es auch vom Werkzeug und von ihrem handwerklichen Geschick ab, wie sauber die Schnitte und Bohrungen später werden. Alternativ eignen sich sogenannte Siebdruckplatten – beschichtete Multiplexplatten, die nicht nur optisch ansprechend sind, sondern auch eine höhere Witterungsbeständigkeit bieten.

Grundsätzlich sollten Sie ein Holz wählen, das sich gut bearbeiten lässt, ausreichend stabil ist und gleichzeitig kein unnötiges Gewicht mitbringt. Schließlich möchten Sie Ihre Barndoor-Montierung später bequem transportieren können.

Für den Bau habe ich eine Stichsäge sowie eine Bohrmaschine mit verschiedenen Bohrern verwendet. Holzbohrer sind in der Regel als Set mit Durchmessern von etwa 2 mm bis 10 mm erhältlich – damit lassen sich die meisten Arbeiten problemlos erledigen.

Für einige Bohrungen werden jedoch deutlich größere Durchmesser benötigt. Hierfür eignen sich sogenannte Forstnerbohrer besonders gut. Sie ermöglichen saubere, präzise und ausrissarme Bohrungen, selbst bei größeren Lochdurchmessern.

Zusätzlich benötigen Sie eine Metallsäge oder alternativ ein Multifunktionswerkzeug (z. B. mit Trennscheibe), um Gewindestangen oder Metallteile zu kürzen. Schraubendreher und Inbusschlüssel gehören selbstverständlich ebenfalls zur Grundausstattung.

- Holzbretter (2 Stück sowie ein paar Reststücke), ca. 18 × 32 × 1,5 cm: Multiplex-Birke, Siebdruckplatte oder Buchensperrholz
- Scharnier (sog. Klavierband) mit 15-mm-Flügeln in der Länge entsprechend der Breite der Holzbretter (muss vermutlich zugeschnitten werden)
- M8-Gewindestange (meist 1 Meter im Baumarkt, muss zugeschnitten werden)
- 4 × Hettich-Eckverbinder 12 × 12 × 35 (im Baumarkt oder online bei *https://shop-diy.hettich.com*)
- 2 × Schraube M3 × 30 (als Pivot-Lager)
- 2 × Stoppmutter M3
- 4 × Schraube M3 × 10 (Motorbefestigung)
- 8 × Senkkopfschraube M5 × 40
- 8 × Flügelmutter M5 (alternativ normale Muttern)
- 1 × flexible Wellenkupplung 4 mm auf 8 mm
- 1 × Gewinde-Einsatz M8
- 1 × Gewinde-Einsatz ¼" (Alternativ 3/8")
- Diverse Holzschrauben
- Aluminiumrohr 6 mm (meist 1 Meter im Baumarkt, muss zugeschnitten werden)
- NEMA17-Schrittmotor plus Kabel

12.2.2 Der Bau der Barndoor-Montierung

Die nun folgende Bauanleitung basiert auf einem Blogeintrag von Daniel Berrangé. Schauen Sie sich seinen Beitrag ebenfalls an, um den Aufbau besser zu verstehen und gegebenenfalls anzupassen. Sie werden an einigen Stellen Abweichungen feststellen: *https://fstop138.berrange.com/2014/01/building-an-barn-door-mount-part-1-arduino-stepper-motor-control/*

Wichtig ist, dass Sie das Funktionsprinzip nachvollziehen – so können Sie bei Bedarf auch eigene Änderungen umsetzen. Der Blogeintrag ist in fünf Teile untergliedert und beginnt mit den elektronischen Komponenten. Ich zeige Ihnen hingegen zunächst den mechanischen Aufbau.

Bereiten Sie zunächst zwei Bretter vor. Sie können sich diese im Zuschnitt Ihres Baumarktes zuschneiden lassen oder – falls entsprechendes Werkzeug vorhanden ist – selbst auf die richtige Länge bringen.

Beide Bretter haben eine Dicke von 15 mm, eine Breite von 180 mm und eine Länge von 330 mm (Abbildung 12.7).

Abbildung 12.7: Die Bretter für die Barndoor

Legen Sie die beiden Bretter exakt übereinander. Markieren Sie von einer Stirnseite aus auf der Mittellinie (also bei 90 mm Breite) in einem Abstand von 250 mm eine Bohrung (Abbildung 12.8). Diese Markierung wird später für die Gewindestange benötigt. Sie können hier mit einem kleinen Holzbohrer einfach durch beide Bretter bohren, womit gewährleistet ist, dass die Bohrungen genau übereinander liegen.

Kennzeichnen Sie anschließend ein Brett eindeutig mit »oben« und das andere mit »unten«.

Im Folgenden arbeiten wir zunächst am oberen Brett.

Rund um die zuvor markierte Bohrposition markieren Sie ein Quadrat mit den Abmessungen 80 mm × 80 mm. In dieses Quadrat wird später ein beweglich gelagertes Inlay eingesetzt (Abbildung 12.9).

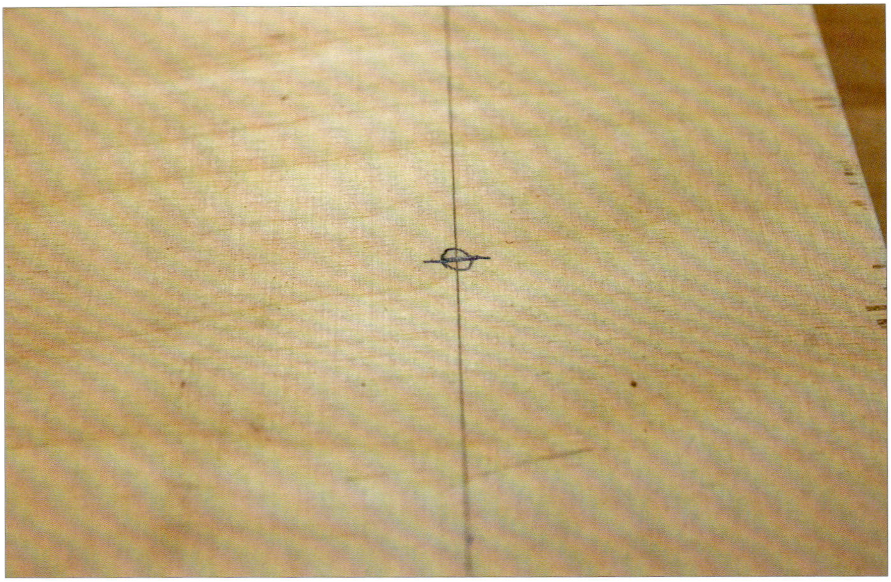

Abbildung 12.8: Markierung für die Bohrung des Gewindetriebs

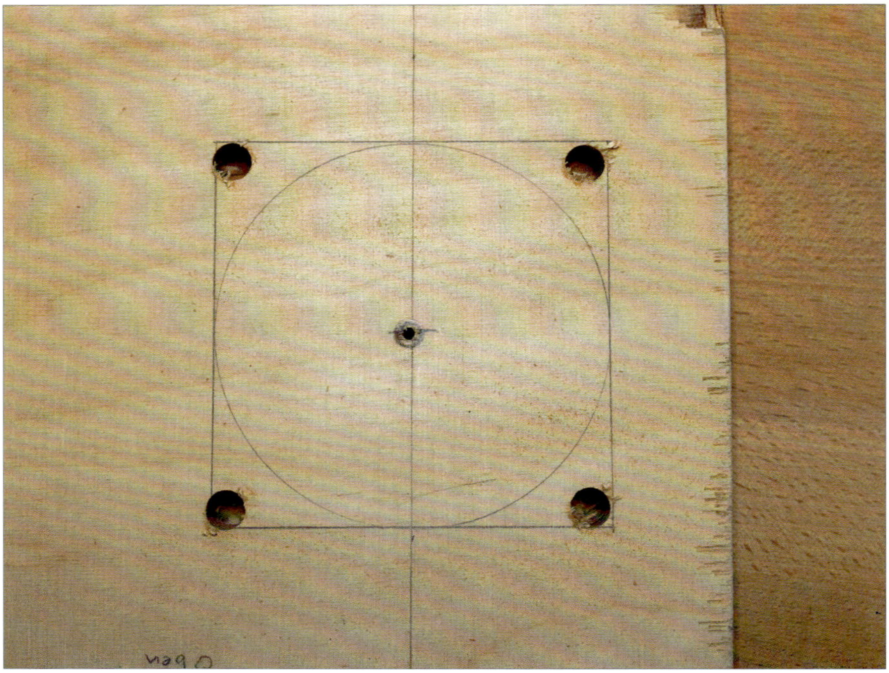

Abbildung 12.9: Mit einem Zirkel und einem Geodreieck gezeichnetes Inlay

Bohren Sie in jede der vier Ecken dieses Quadrats ein Loch, sodass Sie mit der Stichsäge ansetzen können. Sägen Sie anschließend das Quadrat mit der Stichsäge sauber aus.

Wenn Sie Wert auf eine saubere Verarbeitung legen, können Sie die Schnittkanten anschließend mit Schleifpapier oder einem Schleifer glätten (Abbildung 12.10).

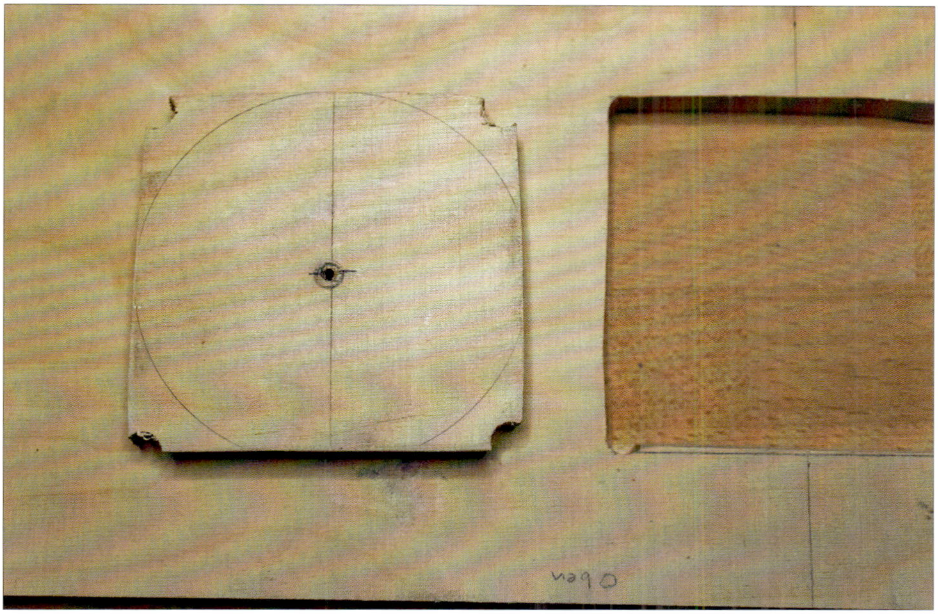

Abbildung 12.10: Das Inlay wird mit einer Stichsäge ausgesägt, anschließend werden die Ränder sauber geschliffen.

Bohren Sie nun in die Mitte der ausgesägten 8 × 8 cm ein Loch. Der Durchmesser richtet sich danach, ob Sie eine M8-Mutter oder einen M8-Gewindeeinsatz verwenden möchten.

Ich habe mich für einen Gewindeeinsatz entschieden; dieser benötigt ein Loch mit einem Durchmesser von 10 mm.

Falls Sie stattdessen eine Mutter verwenden, empfiehlt es sich, diese zusätzlich mit Epoxidharz oder einem sehr starken Kleber zu fixieren, damit sie sich später nicht mitdrehen kann (Abbildung 12.11).

Nun wird das Inlay beweglich gelagert. Legen Sie das obere Brett auf einen Tisch und setzen Sie das Inlay in den quadratischen Ausschnitt ein. Markieren Sie mit einem Geodreieck die Achse, um die sich das Inlay später bewegen soll. Diese Achse liegt mittig und parallel zur Brettkante (Abbildung 12.12).

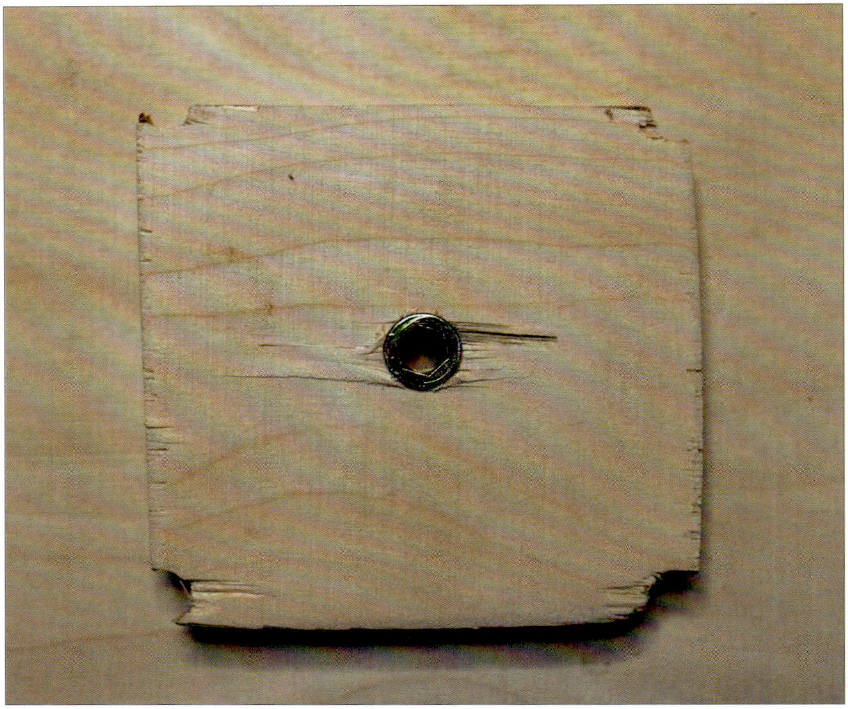

Abbildung 12.11: Ein M8-Gewindeeinsatz dient als Führung des Gewindetriebs.

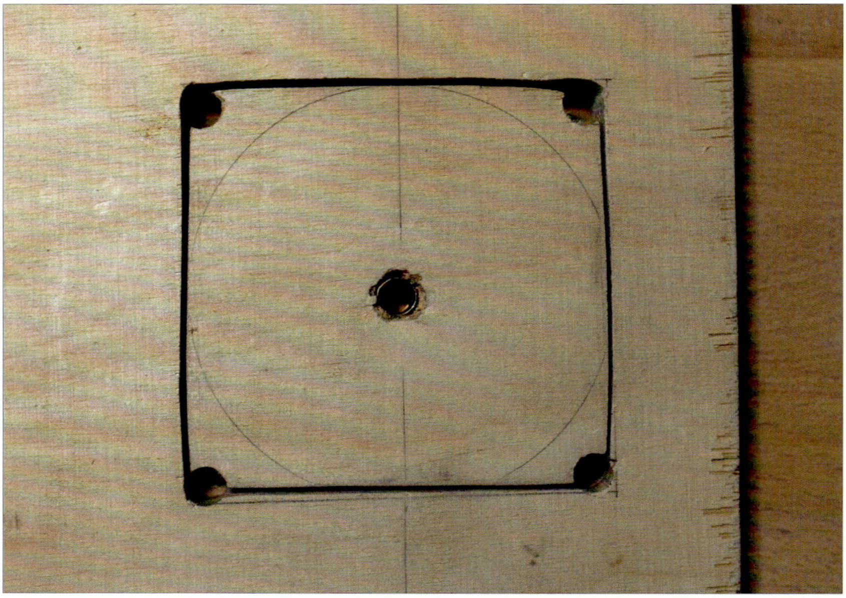

Abbildung 12.12: Das Inlay wieder in Position gelegt – mit einem Geodreieck wird die Kippachse markiert.

Nehmen Sie vier Eckverbinder und legen Sie diese zunächst nur probeweise an. Wenn die Position passt, befestigen Sie die Eckverbinder mit Holzschrauben am oberen Brett.

Durch die Eckverbinder wird jeweils eine M3-Schraube mit 25 mm oder 30 mm Länge geführt. In der Mitte können Sie zwei Unterlegscheiben aus Teflon oder Metall als Abstandshalter einsetzen. Anschließend sichern Sie die Schraube mit einer Mutter.

Ziehen Sie die Mutter nur so weit an, dass das Inlay weiterhin leichtgängig beweglich bleibt – die Lagerung darf nicht klemmen (Abbildung 12.13).

Abbildung 12.13: Die Lagerung des Inlays mit Eckverbindern. Hier muss noch etwas mit Schleifpapier nachgearbeitet werden, damit das Inlay frei beweglich ist.

Sägen Sie aus Holzresten erneut ein 8 × 8 cm großes Stück heraus. Dieses dient als Aufnahme für den Kugelkopf, auf dem später die Kamera montiert wird. Bohren Sie mittig ein Loch – der Durchmesser hängt davon ab, ob der Kugelkopf mit einer 1/4-Zoll-Schraube oder einer 3/8-Zoll-Schraube befestigt wird. Die meisten Kugelköpfe besitzen eine 3/8-Zoll-Aufnahme; der von mir gewählte, recht günstige Kugelkopf hingegen hat eine 1/4-Zoll-Aufnahme. Daher habe ich mich für eine 7-mm-Bohrung entschieden.

Damit die Schraube später festgezogen werden kann, bohren Sie von einer Seite mit einem sogenannten Forstnerbohrer eine größere Aussparung in das Holzstück. Achten Sie dabei darauf, nicht versehentlich komplett durchzubohren (Abbildung 12.14).

Abbildung 12.14: Eine kleine Holzplatte dient als Montageblock des Kugelkopfs. Hier die Unterseite, in die später die Fotogewindeschraube eingeführt wird, die den Kugelkopf hält.

Legen Sie die kleine Holzplatte auf die obere Platte der Barndoor. Die genaue Position ist nicht fest definiert. Achten Sie jedoch darauf, ausreichend Abstand zu halten – einerseits zum Rand, an dem später das Scharnier montiert wird, andererseits zur Kippvorrichtung des Gewindetriebs. Vertrauen Sie hier auf Ihr Augenmaß.

Legen Sie die kleine Platte an die gewünschte Position und bohren Sie vier Löcher mit jeweils 5 mm Durchmesser durch beide Holzplatten. Diese Bohrungen dienen der späteren Fixierung der kleineren Holzplatte.

Ich habe mich entschieden, diese Platte mit 5-mm-Zylinderkopfschrauben zu befestigen. Alternativ können Sie auch Senkkopfschrauben verwenden. Auf der Oberseite der kleinen Holzplatte lassen sich zur Befestigung entweder normale Muttern oder Flügelmuttern einsetzen. Flügelmuttern haben den Vorteil, dass sie sich auch ohne Werkzeug schnell lösen lassen – ideal, wenn der Kugelkopf montiert oder abgenommen werden soll.

Falls Sie wie ich Zylinderkopfschrauben verwenden, müssen Sie die Bohrungen an der Unterseite der Barndoor-Oberplatte mit einem größeren Bohrer leicht aufweiten, damit die Schraubenköpfe versenkt werden können. Auch hier gilt: Bohren Sie vorsichtig und keinesfalls komplett durch die Platte.

Die Arbeiten an der Oberplatte sind bis auf die Montage des Kugelkopfs abgeschlossen. Weiter geht es mit der Unterplatte der Barndoor.

Abbildung 12.15: Die Aufnahmeplatte für den Kugelkopf. Nicht sichtbar sind die Vertiefungen für die Zylinderköpfe auf der Unterseite.

Zunächst bohren Sie ein Loch für die Gewindeaufnahme des Fotostativs. Diese hat einen Durchmesser von etwa 11 mm – entsprechend habe ich ein 11-mm-Loch gebohrt (Abbildung 12.16).

Abbildung 12.16: Die Bohrung für den Gewindeeinsatz. Im Nachhinein hat sich erweisen, dass diese besser in Richtung des Scharniers versetzt wird.

Ich habe das Loch ursprünglich mittig in die untere Platte gesetzt. Das ist jedoch nicht ganz ideal. Besser ist es, die Bohrung leicht versetzt in Richtung jener Seite anzubringen, auf der später das Scharnier montiert wird. Dadurch verbessert sich die Stabilität der gesamten Konstruktion, da der Schwerpunkt günstiger liegt. Der Gewindeeinsatz wird mit einem Inbusschlüssel (meist mitgeliefert) in das Holz getrieben (Abbildung 12.17).

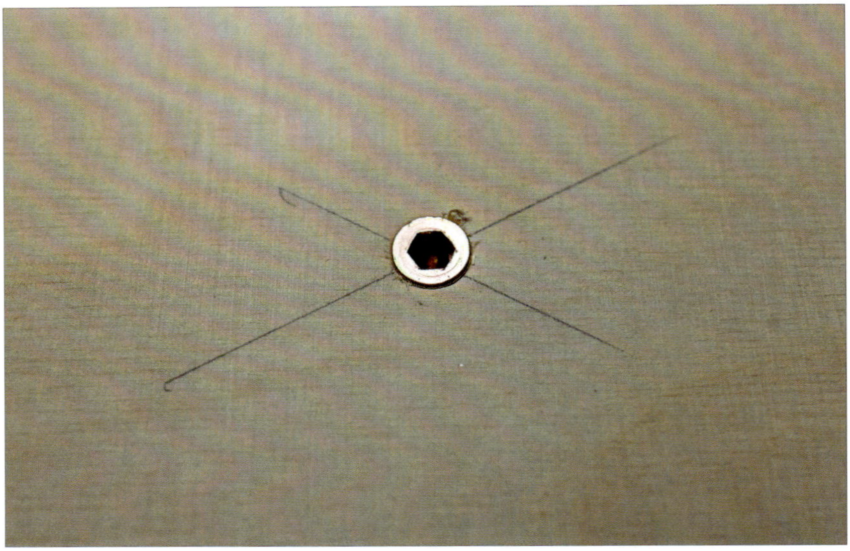

Abbildung 12.17: Der Gewindeeinsatz wird mit einem Inbus und einer guten Portion Kraft ins Holz getrieben.

Als Aufnahme für den Motor dient erneut ein etwa 8 × 8 cm großes Holzstück aus Resten – es können auch 10 × 10 cm sein, hier haben Sie etwas Spielraum. Legen Sie das Holzstück mittig an die Stelle, an der Sie ganz zu Beginn ein kleines Loch durch die Unterplatte gebohrt haben. (Sie erinnern sich: Wir hatten beide Platten durchbohrt, um den Gewindetrieb exakt ausrichten zu können.)

Bohren Sie nun mit einem 5-mm-Bohrer vier Löcher in die Ecken des Holzstücks – durch beide Platten hindurch. Diese Bohrungen dienen der späteren Befestigung der Motoraufnahme.

Auch hier liegt die Wahl bei Ihnen, ob Sie zur Befestigung Senkkopfschrauben oder Zylinderkopfschrauben verwenden. Ich habe mich für Zylinderkopfschrauben entschieden und halte das für die bessere Lösung. Dafür müssen die Bohrlöcher allerdings erneut leicht aufgeweitet werden, diesmal auf der Innenseite der oberen Barndoor-Platte.

Fixieren Sie anschließend die Motorplatte ruhig bereits jetzt. Auch wenn wir sie später noch einmal abnehmen werden, ist die Vormontage für den nächsten Arbeitsschritt durchaus sinnvoll.

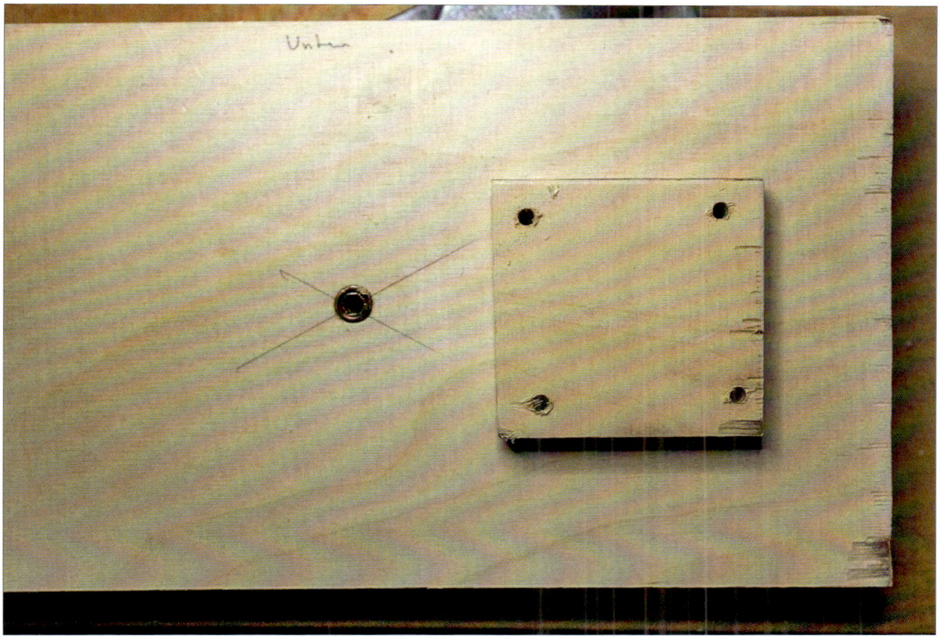

Abbildung 12.18: Vier Löcher zur Befestigung der Motoraufnahme

Abbildung 12.19: Die Motoraufnahmeplatte, montiert mit M5-Zylinderkopfschrauben und fixiert mit Flügelmuttern

Jetzt bohren Sie ein größeres Loch, durch das später die Motorkupplung passen muss. Ich habe mich für einen Durchmesser von 25 Millimetern entschieden. Holzbohrer in dieser Größe sind eher unüblich, deshalb habe ich das Loch mit einem Forstnerbohrer gebohrt.

Bohren Sie durch beide Platten hindurch – also durch die Barndoor-Platte und den Motorblock. Die zu Beginn gesetzte kleine Bohrung dient dabei als zentrierte Führung.

Abbildung 12.20: Das große Loch ist der Wellenkupplung geschuldet. Bohren Sie es mit einem Forstnerbohrer durch beide Holzplatten hindurch.

Bevor die finale Montage erfolgt, verbinden Sie nun die beiden Bretter miteinander. Dazu legen Sie das Scharnier an der vorgesehenen Stirnseite an und befestigen es mit Holzschrauben.

Ich habe im Baumarkt kein Scharnier gefunden, das exakt 18 cm lang war. Daher musste ich ein längeres Scharnier kaufen und dieses mit einer Metallsäge auf die passende Länge kürzen.

Achtung: Beim Kürzen von Metallscharnieren besteht Verletzungsgefahr. Arbeiten Sie hier vorsichtig und verwenden Sie gegebenenfalls Handschuhe. Arbeiten Sie mit einem Dremel-Werkzeug oder sogar mit einer Flex, achten Sie unbedingt auf den Funkenflug. Nach dem Schneiden sollten die Schnittkanten sorgfältig geglättet werden – das sorgt nicht nur für ein sauberes Ergebnis, sondern verhindert auch Verletzungen bei der späteren Montage.

Abbildung 12.21: Die Bretter werden mit dem Scharnier verbunden.

Kürzen Sie zunächst die Gewindestange mit einer Metallsäge auf eine Länge von etwa 180 mm. Diese Länge hat sich als sinnvoll erwiesen, da sie ausreichend Verstellweg bietet, ohne unnötig viel überzustehen (auch hier bitte die Sicherheitshinweise beachten!). Drehen Sie die Gewindestange danach in die Gewindeführung des oberen Bretts.

Um den Schrittmotor sicher zu befestigen, gehen wir nun Schritt für Schritt vor. NEMA17-Motoren besitzen an der Frontseite vier standardisierte Gewindebohrungen (Abbildung 12.22). Diese sind quadratisch angeordnet und haben einen Abstand von 31 mm zueinander. Es handelt sich um M3-Gewinde, Sie benötigen also vier M3-Schrauben zur Montage. Dieses Maß ist weit verbreitet, beispielsweise bei Computergehäusen, sodass sich passende Schrauben oft in der heimischen Schraubenkiste finden lassen. Alternativ erhalten Sie sie problemlos im Baumarkt oder im Onlinehandel.

Übertragen Sie zunächst den 31-mm-Lochabstand sorgfältig auf Ihren Motorblock. Bohren Sie anschließend 3-mm-Löcher in den zuvor ausgesägten Motorblock. Senken Sie die Bohrungen passend zur Kopfgröße Ihrer Schrauben an, damit diese sauber im Material verschwinden. Viele NEMA-Motoren werden mit Metallhalterungen geliefert, in denen die passenden Bohrungen bereits vorhanden sind. Nutzen Sie diese als praktische Schablone – das erleichtert das Anzeichnen erheblich.

Achten Sie darauf, die Schrauben vollständig zu versenken. Zum einen sind sie meist kürzer als die Materialstärke des Motorblocks, zum anderen dürfen sie bei der späteren Montage keinesfalls überstehen. Eine bündige Oberfläche sorgt hier für Stabilität und saubere Passung (Abbildung 12.23).

Abbildung 12.22: Die NEMA17-Motoren sind mechanisch alle baugleich. Sollte ein Montagewinkel beiliegen, können Sie diesen als Schablone verwenden.

Abbildung 12.23: Mit dem Montagewinkel wurden die Bohrungen angezeichnet. Nach dem Bohren wurden die Löcher geweitet und versenkt.

Bevor Sie den Motor endgültig montieren, befestigen Sie die Wellenkupplung auf der Motorwelle (Abbildung 12.24). Ziehen Sie die beiden Madenschrauben gleichmäßig an, sodass die Kupplung fest und sicher sitzt. Erst danach setzen Sie den Motor ein und verschrauben ihn endgültig (Abbildung 12.25).

Abbildung 12.24: Die Wellenkupplung wird mit zwei Madenschrauben an der Motorwelle befestigt.

Abbildung 12.25: Der Motorblock wird fest mit dem NEMA17-Motor verschraubt und kann anschließend an der Barndoor befestigt werden.

Für die finale Montage ist nun etwas Augenmaß gefragt. Zum einen wird der Motorblock mit der Barndoor verbunden, zum anderen muss die Flexkupplung mit der Gewindestange gekoppelt werden.

Drehen Sie die Gewindestange zunächst etwa fünf Zentimeter in die Führung ein. Verbinden Sie anschließend die Gewindestange mit der Wellenkupplung des Motors (Abbildung 12.26). Achten Sie darauf, dass die Verbindung sauber sitzt und kein Schlupf entsteht.

Abbildung 12.26: Die Wellenkupplung ist fixiert, der ganze Motorblock wird nun an die Unterseite der Barndoor geschoben.

Schieben Sie nun die gesamte Einheit vorsichtig nach oben, bis Sie alles an der unteren Platte der Barndoor befestigen können. Falls es nicht auf Anhieb klappt, müssen Sie etwas variieren nach Augenmaß.

Nach der Montage wird Ihnen auffallen, dass die Barndoor deutlich geöffnet steht. Das ist völlig normal und lässt sich kaum vermeiden. Die Barndoor schließt sich später durch einen Rücklauf des Motors (Abbildung 12.27).

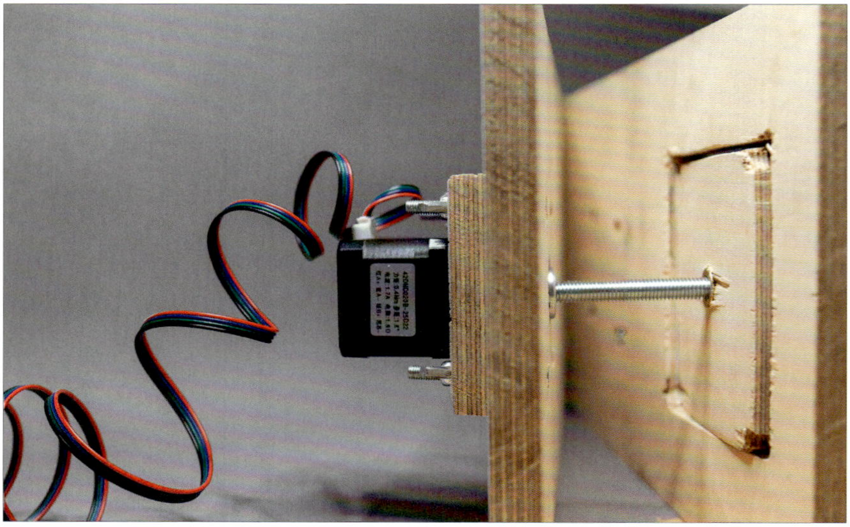

Abbildung 12.27: Die fertig montierte Motoreinheit. Die Barndoor steht deutlich geöffnet.

Der mechanische Aufbau ist nun abgeschlossen – die Barndoor-Montierung steht. Jetzt beginnt der spannende Teil: Wir erwecken das System zum Leben. Im nächsten Schritt kümmern wir uns um die Elektronik und die Software zur präzisen Ansteuerung des NEMA17-Motors.

12.2.3 Die Steuerung des Schrittmotors – Hardware und Code

In den 1970er- und 1980er-Jahren waren Barndoor-Montierungen meist rein mechanisch aufgebaut. Die Gewindestange musste in einer exakt definierten Position angebracht werden, anschließend drehte man sie per Hand – mithilfe eines Hebels – einmal pro Minute um 360 Grad. Sie können sich vorstellen, dass diese Tätigkeit auf Dauer sowohl körperlich als auch mental anstrengend war. Daher stammt auch der im deutschsprachigen Raum verbreitete Spitzname »Astrofrust«.

Natürlich gab es bereits in den 1970er-Jahren Motoren, und es lag nahe, eine Barndoor zu motorisieren – was selbstverständlich auch getan wurde. Heute ist das deutlich einfacher und günstiger, insbesondere durch den Einsatz von Schrittmotoren. Schrittmotoren sind in der Astronomie weit verbreitet. Kaum eine moderne Teleskopmontierung arbeitet noch mit Servomotoren. Auch in Bereichen wie 3D-Druck oder Robotik setzen Maker-Projekte nahezu ausschließlich auf Schrittmotoren. Es ist daher nur konsequent, dass wir uns in einem technisch orientierten Astronomiebuch detailliert mit der Ansteuerung eines solchen Motors beschäftigen.

Der hier verwendete NEMA17-Motor ist ein absoluter Standard und findet breite Anwendung. Wenn Sie im Internet nach Bauanleitungen im Bereich Astronomie suchen, werden Sie diesem Motortyp immer wieder begegnen. Diese Motoren sind kostengünstig und bieten zugleich ein beachtliches Drehmoment. Für ihre Ansteuerung existieren zahlreiche Anleitungen und fertige Schaltungen.

12.2.4 Diese Teile benötigen Sie zum Bau einer Schrittmotorsteuerung

Folgende Teile werden benötigt, um eine Schrittmotorsteuerung zu basteln. Alle Teile sind im Online-Handel erhältlich. Als Werkzeug sollten Sie ein Multimeter und einen Lötkolben zur Hand haben, sowie kleine Schraubendreher.

- Arduino UNO R3 (mit ATmega-Chip)
- Schrittmotortreiber A4988 mit Kühlkörper
- 400-Pin-Breadboard
- 5,5 × 2,1 mm DC-Buchse
- Kunststoffgehäuse, ca. 180 × 80 × 50
- Rundtaster 2-polig, 16 mm
- Kondensator 100 µF 25V
- Jumperkabel-Set, 40 mm, Varianten M2M und F2M

- Kleinteile wie Schrumpfschlauch und Elektroklemmen
- 12-V-Powerbank zur Stromversorgung

Zur Steuerung verwenden wir erneut einen Mikrocontroller. In diesem Projekt kommt ein Arduino Nano zum Einsatz – ein weit verbreiteter Controller mit solider Elektronik. Für unsere Zwecke ist er besonders geeignet, da er sich problemlos mit 12 Volt betreiben lässt. Diese 12-Volt-Hohlstecker sind in der Astronomie quasi Standard und werden für viele Geräte wie Kameras oder Montierungen verwendet.

Kaufen oder selber bauen?

Ich möchte nicht verschweigen, dass es fertige Controller für Schrittmotoren zu kaufen gibt – und das vergleichsweise günstig.

Selbst habe ich einen solchen Controller bislang nicht getestet. Mir ist jedoch bekannt, dass andere Astronomen entsprechende Lösungen erfolgreich in ihren Projekten einsetzen. Daher erfolgt dieser Hinweis ausdrücklich ohne eigene Praxiserfahrung.

Wer Freude am Basteln hat und mehr über die Steuerung von Schrittmotoren lernen möchte, wird jedoch besonders davon profitieren, eine eigene Steuerung aufzubauen. Genau darin liegt schließlich der Mehrwert dieses Projekts.

Ein Beispiel für einen solchen Controller ist dieser: *https://amzn.to/4tDuY2Z*

Einen Schrittmotor können wir allerdings nicht direkt an den Arduino anschließen. Motoren werden grundsätzlich über sogenannte Motortreiber betrieben, die wiederum vom Arduino angesteuert werden. Der Grund dafür liegt in der Trennung der Stromkreise: Der Motor arbeitet mit 12 Volt und teilweise höheren Strömen, während die Logik des Mikrocontrollers mit 5 Volt betrieben wird. Die Pins eines Mikrocontrollers schalten dabei zwischen »High« (5 Volt, logisch 1) und »Low« (0 Volt, logisch 0). Diese Signale steuern den Motortreiber.

Ein sehr verbreiteter Treiber für Schrittmotoren ist der A4988 (Abbildung 12.28). Er ist für wenige Euro erhältlich und gilt als robust und leicht zu handhaben. Ein Nachteil besteht darin, dass der Motor hörbare Geräusche erzeugt. Für unsere Anwendung ist das jedoch unerheblich – bei 3D-Druckern spielt dieser Aspekt eine größere Rolle.

Der A4988 ist eine etwa daumennagelgroße Platine mit insgesamt 16 Pins – acht auf jeder Seite. In der Mitte befindet sich der Treiberchip, der idealerweise mit einem kleinen Kühlkörper versehen wird. Falls keiner im Lieferumfang enthalten ist, sollten Sie einen passenden Kühlkörper direkt mitbestellen. Auf der Oberseite befindet sich zudem ein kleines Potenziometer – eine Metallschraube, mit der sich der maximale Motorstrom einstellen lässt.

Betrachten wir nun die Pin-Belegung (Draufsicht, das Potentiometer zeigt nach unten, siehe Abbildung 12.29).

Abbildung 12.28: Der A4988-Schrittmotortreiber mit passendem Kühlkörper aus Aluminium.

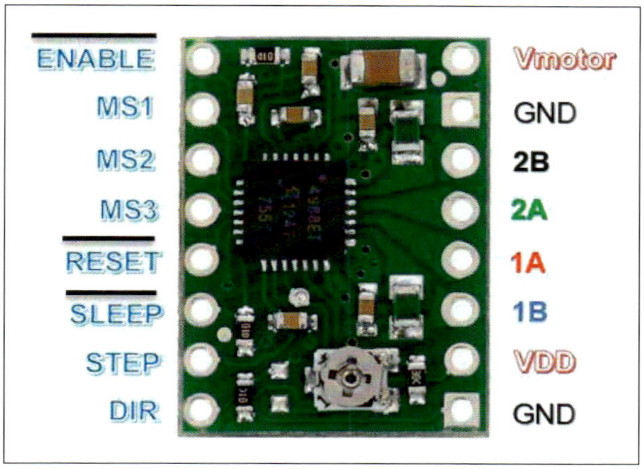

Abbildung 12.29: Die Pin-Belegung des A4988 in der Draufsicht.

Für uns sind insbesondere die Pins »STEP« und »DIR« relevant. »DIR« steht für *Direction* (Drehrichtung), »STEP« für den einzelnen Schrittimpuls.

»Vmotor« (oder »Vmot«) ist der positive Pol der Motorstromversorgung (12 Volt), »GND« der zugehörige Minuspol. Die Pins »2B«, »2A«, »1A« und »1B« sind die Anschlüsse für das vieradrige Motorkabel. »VDD« versorgt die Logik des Treibers mit 5 Volt, »GND« ist wiederum der entsprechende Masseanschluss.

In Abbildung 12.30 sehen Sie die verbreitete Anschlusskonfiguration aller Komponenten. Eine ähnliche Darstellung finden Sie in zahlreichen Online-Anleitungen. Das Schaltbild zeigt symbolisch ein Breadboard, also ein Steckbrett, das häufig für Prototypen verwendet wird. Für erste Tests ist ein Breadboard ideal geeignet. Für die finale Schaltung empfiehlt es sich jedoch, die Verbindungen direkt herzustellen, da die Steckverbindungen auf dem Breadboard mechanisch nicht besonders zuverlässig sind und sich lösen können.

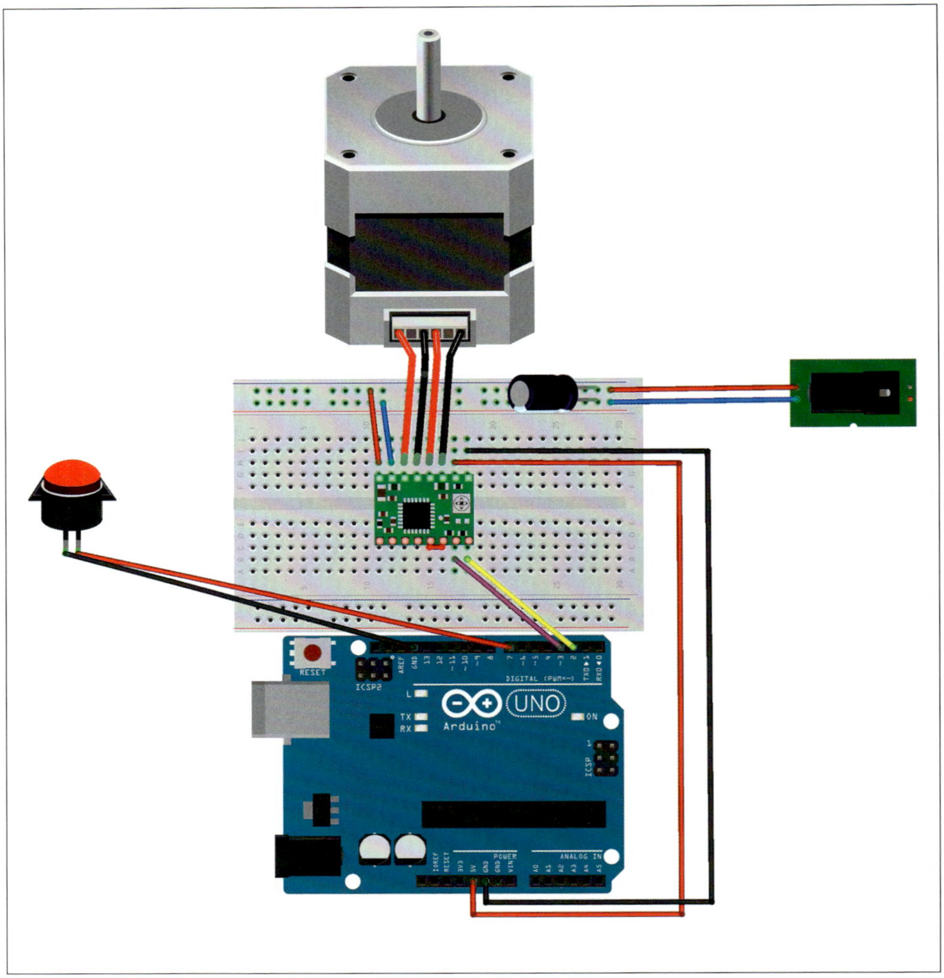

Abbildung 12.30: Die Standardkonfiguration einer Schaltung mit A4988-Treiber und einem Arduino UNO. Grafik erstellt mit Fritzing.

Der Pluspol des Hohlsteckers wird mit der Plus-Rail des Breadboards verbunden, der Minuspol mit der entsprechend gekennzeichneten Minus-Rail. Überprüfen Sie vor dem Anschließen unbedingt die Polung mit einem Multimeter. Wenn die rote Messleitung mit dem Pluspol und die schwarze mit dem Minuspol verbunden ist, sollte die Spannung im

Display ohne Minuszeichen angezeigt werden. Zeigt das Multimeter hingegen beispielsweise –12 V an, sind die Leitungen vertauscht.

In die Versorgungs-Rails wird nun ein Elektrolytkondensator mit 100 Mikrofarad eingesetzt. Das lange Beinchen gehört in die Plus-Rail, das kurze Beinchen in die Minus-Rail. Zusätzlich ist der Minuspol am Kondensator durch eine weiß-graue Markierung gekennzeichnet. Der Kondensator stabilisiert die 12-Volt-Versorgung und schützt den Motortreiber vor Spannungsspitzen. Die Schaltung funktioniert zwar theoretisch auch ohne diesen Kondensator, davon ist jedoch dringend abzuraten.

Von der Plus-Rail führen Sie nun ein Jumperkabel zum Pin »VMOT« des A4988, von der Minus-Rail ein weiteres zum »GND«. Damit ist die Motorstromversorgung hergestellt.

Anschließend werden die vier Leitungen des Schrittmotors angeschlossen. Dabei bilden jeweils zwei Leitungen eine Spule. Am A4988 gehören die Pins »1A« und »1B« zu einer Spule sowie »2A« und »2B« zur anderen. Häufig sind die Kabel am NEMA17-Motor bereits so angeordnet, dass die Paare korrekt nebeneinanderliegen. Allerdings halten sich nicht alle Hersteller an dieselbe Farbzuordnung.

Um sicher festzustellen, welche Leitungen zusammengehören, können Sie folgendermaßen vorgehen: Nehmen Sie den Motor in die Hand und verbinden Sie testweise jeweils zwei der vier Leitungen miteinander (Abbildung 12.31).

Abbildung 12.31: Ein sehr einfacher Test, um festzustellen, welche Spulen des Motors zusammengehören

Drehen Sie anschließend die Motorwelle von Hand. Wenn Sie die beiden Enden einer Spule kurzgeschlossen haben, spüren Sie einen deutlich erhöhten Drehwiderstand. Ohne kurzgeschlossene Leitungen lässt sich die Welle dagegen frei drehen. Die beiden Kabel, bei denen dieser Widerstand auftritt, gehören zu einer Spule und werden gemeinsam an »1A« und »1B« oder an »2A« und »2B« angeschlossen.

Verbinden Sie nun entsprechend Ihrem Testergebnis die Motorleitungen mit den passenden Pins des A4988 auf dem Breadboard.

Als Nächstes kümmern wir uns um die 5-Volt-Versorgung der Treiberplatine. Der Pin »VDD« des A4988 wird mit dem 5-V-Pin des Arduino verbunden, »GND« des Treibers mit einem »GND«-Pin des Arduino. Diese Pins liegen beim Arduino Nano nebeneinander, sodass die Zuordnung eindeutig ist.

Auf der Logikseite des A4988 verbinden Sie nun die Steuerleitungen: Der Pin »DIR« wird mit dem digitalen Ausgang »D2« des Arduino verbunden, der Pin »STEP« mit »D3«. Über »DIR« steuern wir später die Drehrichtung, über »STEP« die einzelnen Schrittimpulse.

Eine kleine, aber entscheidende Verbindung wird leicht übersehen: Die Pins »RESET« und »SLEEP« müssen miteinander verbunden werden. Häufig geschieht das auf dem Breadboard mit einem kurzen Draht als Brücke. Nur wenn diese beiden Pins verbunden sind, arbeitet der Treiber korrekt.

Für unsere Testschaltung schließen Sie zusätzlich einen Taster an: Eine Seite des Schalters wird mit dem digitalen Pin »D7« des Arduino verbunden, die andere mit »GND«. Damit können wir später die Funktion der Software prüfen.

Bevor Sie jedoch die Stromversorgung anschließen, ist ein wichtiger Schritt erforderlich: die Einstellung des maximalen Motorstroms am A4988. Dies geschieht über die kleine Potenziometer-Schraube auf der Treiberplatine. Eine falsche Einstellung kann entweder zu Leistungsverlust oder zur Überhitzung von Motor und Treiber führen – nehmen Sie sich für diesen Schritt daher ausreichend Zeit.

Um den maximalen Strom einzustellen, der durch den Schrittmotortreiber fließen darf, wird am Potenziometer eine Referenzspannung (*Vref*) eingestellt. Eine Spannung? Ja – denn Stromstärke, Widerstand und Spannung stehen über das Ohmsche Gesetz in direktem Zusammenhang.

Lesen Sie zunächst den Nennstrom Ihres Motors auf dem Typenschild oder im Datenblatt ab. In meinem Fall beträgt dieser 1,7 A. Auf den kleinen Shunt-Widerständen des A4988 ist der Widerstandswert aufgedruckt – gegebenenfalls benötigen Sie eine Lupe. In der Regel sind dort 0,1-Ohm-Widerstände verbaut, erkennbar an der Kennzeichnung »100«. Findet sich stattdessen die Aufschrift »50«, handelt es sich um 0,05-Ohm-Widerstände.

Die Referenzspannung berechnet sich nach folgender Formel:

$$V_{ref} = \text{Nennstrom} \times 8 \times \text{Widerstand}$$

In meinem Beispiel ergibt das:

$$1{,}7\,\mathrm{A} \times 8 \times 0{,}1\,\Omega = 1{,}36\,\mathrm{V}$$

Für eine Barndoor-Montierung benötigen wir jedoch nicht das maximale Drehmoment des Motors. Um auf der sicheren Seite zu bleiben und Motor sowie Treiber thermisch zu entlasten, stelle ich einen etwas geringeren Wert als 1,36 V ein.

In der Praxis gehen Sie folgendermaßen vor:

Verbinden Sie zunächst ausschließlich die 5-Volt-Logikversorgung des A4988 mit dem Arduino (auch die Brücke zwischen »RESET« und »SLEEP« sollte stecken). Die 12-Volt-Motorversorgung bleibt noch getrennt. Schließen Sie den Arduino über die USB-Buchse an ein Netzteil oder einen Laptop an.

Verbinden Sie nun die schwarze Messleitung (Minus) des Multimeters mit einem »GND«-Pin des Arduino. Mit der roten Messleitung können sie nun durch Kontakt am Potenziometer des A4988 die Spannung ablesen (Abbildung 12.32). Mit einem kleinen Schraubenzieher können sie die Spannung rauf- oder runterdrehen. Das Potenziometer reagiert etwas empfindlich, also nehmen Sie sich Zeit und Ruhe für die Messung.

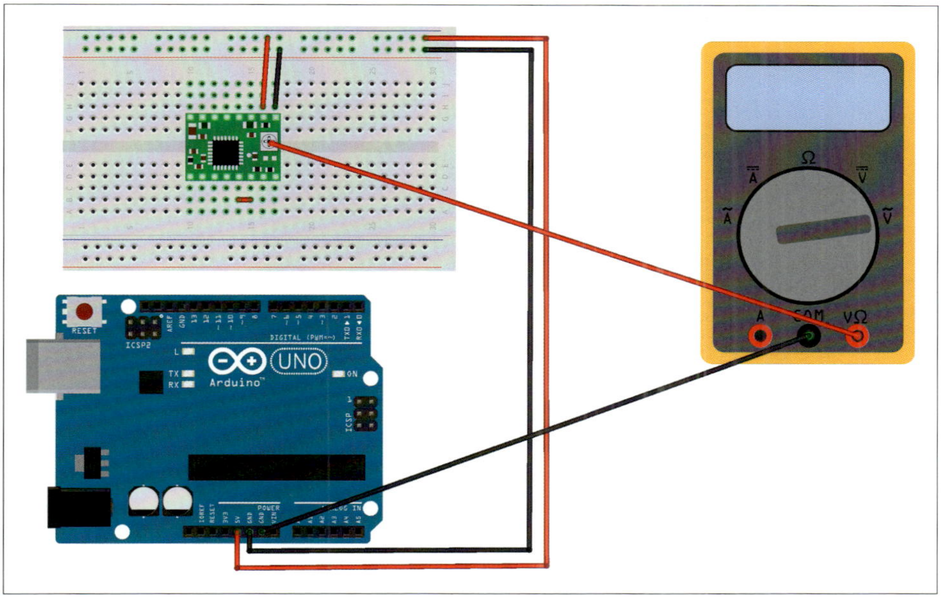

Abbildung 12.32: Aufbau der Testschaltung zum Einstellen des Vref-Wertes. Grafik erstellt mit Fritzing.

12.2.5 Der Code zur Steuerung des Schrittmotors

Nun benötigen wir nur noch den passenden Code – also ein kleines Programm, mit dem wir den Motor zum Laufen bringen. Falls Sie die Arduino IDE noch nicht installiert haben (zum Beispiel, weil Sie das Projekt aus Kapitel 3 nicht gebaut haben), laden Sie sie von der Arduino-Website herunter und installieren Sie sie auf Ihrem Computer.

Schließen Sie den Arduino mit einem passenden USB-Kabel an Ihren Rechner an und starten Sie die Arduino IDE. Wählen Sie im Drop-down-Menü den Eintrag **Arduino Uno** aus. Die Arduino IDE wird regelmäßig aktualisiert, und auch das Verhalten von Windows- und macOS-Systemen kann leicht variieren. Sollte Ihr Arduino im Drop-down-Menü nicht direkt zur Auswahl stehen – etwa weil Sie das Programm oder das Board zum ersten Mal verwenden –, wählen Sie den Eintrag **Wähle ein anderes Board und einen anderen Port** . Dort können Sie Ihr Board auswählen und die passende Verbindung herstellen. Falls die Verbindung nicht sofort klappt, bleiben Sie gelassen – in den meisten Fällen ist lediglich der falsche Port ausgewählt oder das USB-Kabel nicht korrekt verbunden.

Alternativ finden Sie im Menü **Werkzeuge** die Untermenüs **Board** sowie **Port**. Auch über diese beiden Einträge lässt sich das richtige Board auswählen und der entsprechende Port einstellen.

Nach kurzer Zeit sollte die Verbindung stehen (Abbildung 12.33).

Geben Sie nun den folgenden Code in das Hauptfenster ein und laden Sie ihn anschließend mit dem Upload-Button (Pfeil nach rechts) auf den Arduino. Im nächsten Schritt betrachten wir den Code dann Schritt für Schritt.

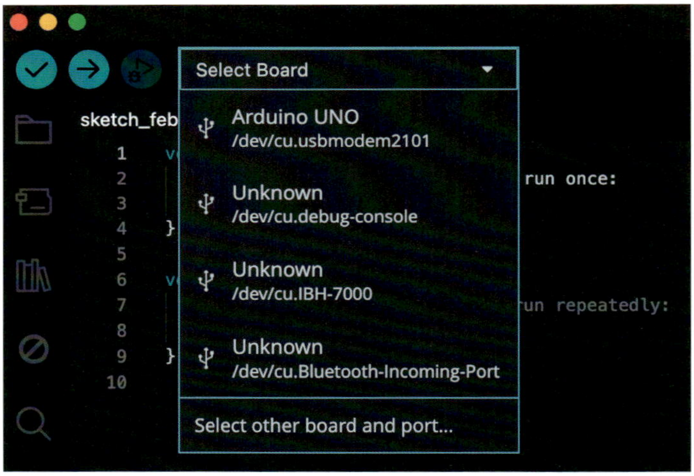

Abbildung 12.33: Wählen Sie »Arduino UNO« aus dem Drop-down-Menü aus. Ggf. müssen Sie den COM-Port noch auswählen. Ganz rechts unten im Programmfenster sehen Sie den aktuellen Status.

Sie können den vollständigen Code im Reiter **Materialien** auf der Webseite zum Buch herunterladen: *www.rheinwerk-verlag.de/6124*

Im Folgenden gehen wir gemeinsam die Programmteile durch und ich erkläre Ihnen die Funktionsweise des Sketchs.

```
// Pins
const int dirPin   = 2;   // DIR am A4988
const int stepPin  = 3;   // STEP am A4988
const int btnPin   = 7;   // Taster nach GND
```

Die ersten Zeilen des Codes dienen der Vorbereitung und Definition einiger Konstanten, die später im eigentlichen `void loop` verwendet werden. In den ersten drei Zeilen werden Konstanten für die Eingänge – also die Pins 2, 3 und 7 des Arduino – definiert, die wir mit den Anschlüssen »DIR« und »STEP« sowie dem Taster verbunden haben.

Die Verwendung von Variablen oder Konstanten ist in allen Programmiersprachen üblich und stellt eine enorme Vereinfachung dar, insbesondere dann, wenn später Änderungen vorgenommen werden sollen. Statt mehrere Codezeilen anpassen zu müssen, genügt es, den Wert einer einzigen Variablen zu ändern.

```
// Geschwindigkeiten
// Tracking: 0.872 rpm -> 345 ms pro Step (bei 200 Steps/U)
const unsigned long TRACK_DELAY_MS  = 345;
// Rücklauf: 10 rpm -> 30 ms pro Step
const unsigned long REWIND_DELAY_MS = 30;
// Richtungen (ggf. HIGH/LOW tauschen, wenn es falsch herum läuft)
const int DIR_TRACK  = HIGH;
const int DIR_REWIND = LOW;
```

In diesem Abschnitt werden die Geschwindigkeiten in Konstanten gespeichert. Die Geschwindigkeit eines Schrittmotors wird im Wesentlichen durch die Wartezeit zwischen den einzelnen Schritten bestimmt. Je kürzer die Pause zwischen zwei Impulsen, desto schneller dreht sich der Motor. Der Rücklauf ist daher zehnmal so schnell wie der eigentliche Vorlauf. Die hier gewählten Werte gelten für Motoren mit 1,8° Schrittweite (Der Standard für NEMA17-Motoren). Das Delay von 345 ms ergibt sich aus der Entfernung vom Scharnier zur Gewindestange. Dieser Wert muss ggf. geringfügig verändert werden.

Zum Schluss werden die Drehrichtungen festgelegt, indem entsprechende Variablen auf HIGH oder LOW gesetzt werden. Sollte sich der Motor in die falsche Richtung drehen, können Sie entweder die Verdrahtung des Motors ändern oder deutlich einfacher die Werte für `HIGH` und `LOW` im Code vertauschen.

```
void setup() {
  pinMode(dirPin, OUTPUT);
  pinMode(stepPin, OUTPUT);
  pinMode(btnPin, INPUT_PULLUP);    // interner Pull-Up
  digitalWrite(dirPin, DIR_TRACK); // Start: Tracking
}
```

Dieser Abschnitt ist beinahe selbsterklärend: Hier werden die Modi der Pins festgelegt, die weiter oben als Variablen definiert wurden. Die Variablen für die Pins 2 und 3 werden als `OUTPUT` deklariert. Das bedeutet, dass sie Signale nach außen weitergeben. Die Variable für Pin 7 hingegen wird als `INPUT` definiert, da es sich um den Taster handelt, von dem wir eine Information erhalten möchten.

Die Option `PULLUP` bedeutet, dass intern ein kleiner Widerstand zugeschaltet wird. Erfahrenen Elektrobastlern wird aufgefallen sein, dass ein Taster üblicherweise mit einem zusätzlichen Widerstand in die Schaltung eingebaut wird. Dieser sogenannte *Pull-up-Widerstand* sorgt für einen definierten Signalzustand, wenn der Taster nicht gedrückt ist. Durch die interne Pull-up-Funktion kann auf den externen Widerstand verzichtet werden, was die Schaltung vereinfacht.

Die letzte Zeile in diesem Programmteil legt die Startrichtung des Motors fest – in unserem Fall zunächst auf Tracking. Würden wir diese Richtung nicht ausdrücklich definieren, könnte es passieren, dass der Motor beim Einschalten einen beliebigen Zustand annimmt, beispielsweise direkt in den schnellen Rücklauf schaltet. Genau das gilt es natürlich zu vermeiden.

```
void stepOnce() {
  digitalWrite(stepPin, HIGH);
  delayMicroseconds(20);            // kurzer STEP-Puls
  digitalWrite(stepPin, LOW);
}
```

Der Abschnitt `void stepOnce` ist eine kleine Hilfsfunktion für unseren Schrittmotor. Hier wird festgelegt, dass ein sehr kurzer elektrischer Impuls (hier 20 Mikrosekunden) genau einen Schritt des Motors auslöst. Jedes Mal, wenn diese Funktion aufgerufen wird, bewegt sich der Motor also ein winziges Stück weiter. Im Prinzip ist das eine technisch sehr saubere Formulierung eines einzelnen Schrittes, der später im Programm ausgelöst wird.

```
void loop() {
  bool rewind = (digitalRead(btnPin) == LOW); // gedrückt?
  if (rewind) {
    digitalWrite(dirPin, DIR_REWIND);
    stepOnce();
    delay(REWIND_DELAY_MS);
  } else {
    digitalWrite(dirPin, DIR_TRACK);
    stepOnce();
    delay(TRACK_DELAY_MS);
  }
}
```

Jetzt folgt der eigentliche `loop`-Teil des Programms – also jener Abschnitt, der ständig wiederholt wird, solange der Arduino läuft. Dieser Teil ist gewissermaßen das Herz unseres Programms. Man könnte auch sagen: sein Motor. Wobei das bei einer Motorsteuerung natürlich eine charmante Doppeldeutigkeit ist.

In dieser Schleife wird fortlaufend der Zustand unseres Tasters abgefragt. Das geschieht mithilfe einer booleschen Variablen namens `rewind`. Ist diese Bedingung erfüllt – also meldet der Taster ein `LOW`-Signal –, wird der Rücklauf des Motors gestartet. Mithilfe der zuvor definierten Variablen werden dann Drehrichtung, Geschwindigkeit und Taktung entsprechend gesetzt und ausgeführt.

Ist die Bedingung hingegen nicht erfüllt, läuft der Motor im normalen Tracking-Modus weiter. Die zugrunde liegende Logik ist denkbar einfach und basiert auf einer klassischen »if-else«-Struktur: Ist der Taster `LOW`, drehe rückwärts. Andernfalls drehe vorwärts.

Ich bin selbst immer wieder erstaunt, wie schlicht das eigentliche Programm im Kern sein kann. Den meisten Raum nehmen nicht die Abläufe ein, sondern die saubere Definition und Vorbereitung der Input und Output-Ports.

Nachdem Sie den Sketch mit der Arduino IDE auf den Arduino übertragen haben, wird das Programm sofort aktiv. Der Mikrocontroller startet automatisch neu und beginnt unmittelbar mit der Ausführung des Codes. Es ist kein zusätzlicher Startbefehl notwendig – das Hochladen entspricht gewissermaßen dem Einschalten des Systems.

Schließen Sie nun den Schrittmotor an den Motortreiber an und verbinden Sie den Treiber mit der externen 12-Volt-Stromquelle. Der Arduino selbst bleibt weiterhin über das USB-Kabel mit dem Computer verbunden. Über diese Verbindung erhält er seine stabile 5-Volt-Versorgung für die Logik. Wichtig ist hier das Verständnis: Der Motor wird aus der 12-Volt-Quelle gespeist, die Steuersignale hingegen kommen vom Arduino mit 5 Volt. Leistung und Logik sind also sauber getrennt.

Sobald beide Spannungen anliegen, sollte der Motor beginnen, gleichmäßig zu takten. Dieses »Ticken« entspricht exakt den Schrittimpulsen, die der Arduino erzeugt. Jeder Impuls bewegt den Motor um einen kleinen, exakt definierten Winkel weiter. Sie hören und sehen damit direkt das Prinzip der Schrittmotorsteuerung in Aktion: Impuls, Pause, Impuls, Pause.

Betätigen Sie nun den Taster, sollte der Motor sofort die Richtung wechseln und deutlich schneller laufen. Lassen Sie den Taster los, kehrt das System automatisch wieder in den langsamen Tracking-Modus zurück.

Dreht sich der Motor in die falsche Richtung, müssen Sie lediglich die beiden Konstanten `DIR_TRACK` und `DIR_REWIND` vertauschen, indem Sie `HIGH` und `LOW` tauschen.

Nun haben wir im Grunde alles sauber aufgebaut. Sie könnten die Schaltung in dieser Form in ein Gehäuse einbauen – und die Barndoor wäre einsatzbereit.

Allerdings ist das mit einem Breadboard alles andere als ideal. Es ist keine elegante oder dauerhafte Lösung, um eine Schaltung in ein Gehäuse einzubauen. Für Testaufbauten ist es ideal – für den mobilen Einsatz jedoch nur bedingt geeignet. Zu schnell würden die Jumperkabel rausrutschen oder sogar der Kondensator.

Gleichzeitig möchte ich den Aufbau so einfach wie möglich halten und bewusst auf geätzte Platinen verzichten. Daher habe ich mich entschieden, alle Verbindungen direkt mit Jumperkabeln an die Pins des Motortreibers zu verbinden. Lediglich der Kondensator sollte idealerweise auf einer Lochrasterplatine angebracht sein, ich habe diesen in die Kabelverbindung der Stromversorgung eingelötet. Besonders elegant ist das nicht, aber sehr pragmatisch.

Ich bereite also ein Gehäuse vor, in das ich mehrere Öffnungen einbringe: eine Bohrung für den Taster, eine Aussparung für den USB-Port sowie eine weitere Öffnung für den 12-Volt-Anschluss. Zusätzlich muss natürlich das Motorkabel nach außen geführt werden.

Abbildung 12.34: Das Kunststoffgehäuse erhält diverse Bohrungen, bevor alle Steckverbindungen gesetzt werden.

Im nächsten Schritt verbinden wir alle Pins des Arduino mit den entsprechenden Anschlüssen des A4988.

Verwenden Sie dafür Male-Female-Jumperkabel: Das weibliche Ende stecken Sie auf die Pins des A4988, das männliche Ende auf die Stiftleiste des Arduino.

Nehmen Sie sich Abbildung 12.30 nochmals zur Hilfestellung und verbinden Sie die Pins entsprechend diesem Schaltplan. Da Sie ja nicht mehr auf dem Breadboard arbeiten, können Sie die Pins »Reset« und »Sleep« am A4988 direkt mit einem Jumperkabel verbinden. Alternativ gibt es auch kleine Jumperstecker im Elektronikzubehör, die Sie verwenden können. Das ist noch etwas eleganter.

Die Motorkabel am NEMA17 haben in der Regel einen Stecker, der sich direkt auf die Pins »A1«, »A2«, »B1«, »B2« des A4988 schieben lassen. Ansonsten löten Sie diese Kabel an. Kritisch ist die 12-V-Versorgung. Hier müssen Sie ja den Kondensator noch parallel einbringen. Sie können eine kleine Lochrasterplatine nehmen oder den Kondensator direkt an die Kabel löten, die aus dem 12-V-Hohlstecker kommen. Ich habe es so gemacht, muss aber zugeben, dass diese Lösung keinen Schönheitspreis gewinnt.

Nachdem alles verdrahtet ist, sieht der Aufbau wie folgt aus (Abbildung 12.35).

Abbildung 12.35: Die fertig verdrahtete Steuerung. Eleganter wäre es, mit einer Lochrasterplatine oder sogar einer geätzten Platine zu arbeiten.

Nach einem finalen Test, ob alles wie erwartet funktioniert, können Sie das Gehäuse schließen. Nun ist die Barndoor samt Steuerung einsatzbereit.

Verbinden Sie anschließend die Kamera mithilfe eines Kugelkopfs mit der Montageplatte und befestigen Sie die Barndoor auf einem stabilen Fotostativ.

Zur besseren Ausrichtung auf den Himmelspol habe ich entlang des Scharniers ein kleines Aluminiumrohr aufgeklebt. Durch dieses Rohr lässt sich der Polarstern anvisieren. So kann die Barndoor relativ genau auf den Himmelsnordpol ausgerichtet werden. Sie können auch einen Strohhalm oder einen kleinen Laser verwenden.

Abbildung 12.36: Ein kleines Alurohr dient als Polsucher.

12.2.6 Verbesserungen und bekannte Probleme mit der Barndoor

- Wenn Sie sich die Anleitung von Daniel Berrangé im Internet angesehen haben, ist Ihnen vielleicht aufgefallen, dass er auch den Motorblock beweglich gelagert hat. Ich habe aus Gründen der Einfachheit darauf verzichtet. Die Kupplung gleicht einen gewissen Winkel aus, der automatisch entsteht, wenn sich die Barndoor immer weiter öffnet. Ab einem bestimmten Punkt wird dieser Winkel jedoch zu groß und der Antrieb schwergängig. Es liegt bei Ihnen, ob Sie diese Modifikation ebenfalls umsetzen möchten.
- Mit zunehmender Öffnung der Barndoor verändert sich außerdem die Geometrie. Streng genommen müsste die Geschwindigkeit des Motors mit steigendem Öffnungswinkel leicht angepasst werden, um die Nachführung exakt zu halten. Die ideale Bewegung einer Barndoor folgt einer trigonometrischen Funktion, da sich der Abstand zwischen Drehpunkt und Gewindestange kontinuierlich verändert. In der Praxis ist der dadurch entstehende Fehler bei kurzen Belichtungszeiten meist vernachlässigbar. Bei längeren Brennweiten oder sehr langen Belichtungen kann er jedoch sichtbar werden. Hierfür habe ich bislang keine Lösung implementiert. Ein versierter Programmierer könnte jedoch einen geeigneten Arduino-Sketch entwickeln, der diese Korrektur berücksichtigt.

- Der Motortreiber A4988 ist sehr einfach aufgebaut und für unsere Zwecke vollkommen ausreichend. Es gibt jedoch modernere Treiber, die deutlich ruhiger laufen, beispielsweise den TMC2209. Die Verdrahtung unterscheidet sich geringfügig, ist im Prinzip jedoch sehr ähnlich. Anleitungen dazu finden sich im Internet.

  Der Code muss entsprechend angepasst werden. Falls Sie nicht bereits Erfahrung mit der Programmierung eines Arduino haben, kann ein KI-Modell Ihres Vertrauens hier wertvolle Unterstützung leisten.
- Etwas unkomfortabel ist die doppelte Stromversorgung: Zum einen benötigen Sie 12 V für den Motor, zum anderen erfolgt die Versorgung des Arduino über ein USB-Kabel. Sicherlich gibt es elegantere Lösungen. In meinem Aufbau hat jedoch keine alternative Variante zuverlässig funktioniert.
- Die Projekte in diesem Buch sind bewusst einfach und pragmatisch gehalten. Erfahrene Bastler oder Maker werden sicherlich Möglichkeiten finden, Details eleganter oder effizienter zu lösen. Sehen Sie das als Einladung zum Weiterentwickeln – und als Motivation, eigene Ideen umzusetzen.
- Unter Umständen muss die Geschwindigkeit über die Variable `TRACK_DELAY_MS` feinjustiert werden. Das könnte man elegant lösen durch ein Potenziometer. Dazu müsste aber sowohl die Schaltung als auch der Sketch angepasst werden.

12.3 Astrofotografie mit der Barndoor-Montierung (oder einem Startracker)

Astrofotografie gilt als die Königsdisziplin der Amateurastronomie. In den vergangenen Jahrzehnten hat sich dieses »Hobby im Hobby« rasant entwickelt – nicht zuletzt dank des enormen technischen Fortschritts.

Etwa ab Mitte der 2000er- bis frühen 2010er-Jahre wurden digitale Spiegelreflexkameras zunehmend leistungsfähiger und dadurch auch für Astrofotografen interessant. Zunächst fanden sie vor allem in der Deep-Sky-Fotografie am Teleskop Verwendung und ersetzten nach und nach die damals weit verbreiteten, jedoch sehr teuren CCD-Kameras.

Mitte der 2010er-Jahre folgte ein weiterer technologischer Durchbruch: Neue, deutlich empfindlichere Sensoren ermöglichten es, vergleichsweise kurze Belichtungszeiten – oft im Bereich von etwa 30 Sekunden – zu nutzen und dennoch beeindruckende Ergebnisse zu erzielen. Damit wurden erstmals auch mit einer feststehenden Kamera und einem Weitwinkelobjektiv eindrucksvolle Aufnahmen der Milchstraße möglich.

Abbildung 12.37 zeigt einen Meteor der Perseiden, aufgenommen mit einer spiegellosen Canon EOS R und einem 24-mm-Weitwinkelobjektiv. Solche stimmungsvollen Aufnahmen des Sternenhimmels mit einem irdischen Vordergrund sind für viele der Einstieg in die Astrofotografie.

Abbildung 12.37: Ein Meteor der Perseiden

12.3.1 Die richtige Kamera und geeignete Objektive

Die Spiegelreflexkameras sind heute weitgehend von spiegellosen Kameras abgelöst worden, die im Fachjargon DSLMs genannt werden (DSLM = Digital Single Lens Mirrorless). Dieser Kameratyp zeichnet sich durch einige Merkmale aus, die für die Astrofotografie von Bedeutung sind. Dazu gehören:

- große und damit vergleichsweise rauscharme Sensoren, etwa im sogenannten Vollformat (36 × 24 mm) oder im APS-C-Format
- ein Dateiformat, das nur geringer interner Bildverarbeitung unterzogen wird (RAW-Format)
- die Möglichkeit, Wechselobjektive zu verwenden
- ein M-Modus zur manuellen Einstellung von Belichtungszeit, ISO-Wert und Blende
- die Möglichkeit der Langzeitbelichtung (intern meist bis zu 30 s, erweiterbar mittels eines Fernauslösers im sogenannten Bulb-Modus)
- die manuelle Verstellung des Fokus am Objektiv (Pflicht, da der Autofokus am Nachthimmel versagt)

Diese Kameras werden allgemein als *Systemkameras* bezeichnet – im Gegensatz zu Kompaktkameras, die die meisten der oben genannten Eigenschaften nicht aufweisen. Beliebt sind mittlerweile auch Bridgekameras, die eine Brücke zwischen System- und Kompaktkameras darstellen. Einige dieser Bridgekameras sind für unsere Zwecke ebenfalls geeignet. Ich werde mich hier jedoch auf DSLMs beschränken, da diese am besten geeignet sind.

Was die Herstellerfrage angeht, gibt es immer wieder Glaubenskriege. Aus heutiger Sicht sehe ich keine Marke als klar überlegen an, wenn es um Astrofotografie geht. Lange Zeit war allerdings Canon der absolute Platzhirsch. Bis in die 2010er-Jahre ließ sich das technisch gut begründen, mittlerweile haben jedoch auch andere Hersteller deutlich aufgeholt. Dennoch ist es so, dass sich Canon in der Astrofotografie etabliert hat. Viele bleiben ihr Leben lang bei einer Marke, da man im Laufe der Zeit einiges an Objektiven und Zubehör ansammelt und zudem eine gewisse emotionale Bindung aufbaut. Auch ich fotografiere seit Jahrzehnten mit Canon-Kameras und kenne mich daher im Portfolio dieses Herstellers gut aus. Im Folgenden eine Aufstellung verschiedener Kameraserien, die für die Astrofotografie sehr gut geeignet sind:

- Canon R-Serie, hier besonders die R6 und Folgemodelle (Vollformat) oder etwas günstiger die R7 oder R10
- Sony A7-Serie (Vollformat) oder A6400/A6600 (APS-C)
- Nikon Z6-Serie und Nachfolger oder Nikon Z50 (APS-C)
- Fujifilm X-T4 (APS-C)

Es handelt sich dabei um aktuelle Modellserien. Auf dem Gebrauchtmarkt werden Sie aber auch ältere Modelle finden, die ebenfalls sehr gut geeignet sind für die Astrofotografie. So ist zum Beispiel die Canon 6D (eine DSLR aus dem Jahre 2013) die am häufigsten in der Astrofotografie verwendete Spiegelreflexkamera überhaupt. Auch die kleinere Canon 600D ist nach wie vor sehr beliebt, sowie die Nikon D5300 und D750. Für den Einstieg ist eine gebrauchte Kamera eine sehr gute Wahl.

Abbildung 12.38: Die EOS R in einer speziellen Astro-Edition erschien 2019 in limitierter Auflage.

12.3.2 Vollformat oder APS-C?

Vollformatkameras sind technisch betrachtet im Vorteil. Die größeren Sensoren ermöglichen bei vergleichbarer Auflösung größere Pixel, was zu einem rauschärmeren Bild beitragen kann. APS-C-Kameras sind jedoch keineswegs nur die zweite Wahl: Sie sind meist deutlich günstiger, kompakter und für den Einstieg in die Astrofotografie sehr gut geeignet. Der Nachteil von Vollformat liegt vor allem im Preis, denn sowohl die Kameras als auch hochwertige Objektive sind oft erheblich teurer. Daher meine Empfehlung: Beginnen Sie mit der Kamera, die Ihnen zur Verfügung steht – auch mit einer APS-C-Kamera lassen sich beeindruckende Aufnahmen erzielen.

Astromodifikation – das Licht des Wasserstoffs einfangen

Sie werden früher oder später über den Begriff *Astromodifikation* stolpern. Wenn Sie nach einer geeigneten DSLM suchen, werden Sie vielleicht sogar spezielle Astrokameras finden, wie die Canon EOS Ra (*a* wie *Astro*) (Abbildung 12.38) oder die 2026 erschienene OM-3 Astro. Auch auf dem Gebrauchtmarkt werden Ihnen möglicherweise astromodifizierte Kameras angeboten. Was verbirgt sich dahinter?

Kamerasensoren sind nicht nur im sichtbaren Licht empfindlich, sondern reichen auch in den unsichtbaren Bereich des elektromagnetischen Spektrums hinein, etwa in die UV-Strahlung am blauen Ende oder in die Infrarotstrahlung am roten Ende. Da die Optiken farblich meist nur für das sichtbare Licht korrigiert sind, würden Bildfehler entstehen, wenn man dieses Licht ungehindert auf den Sensor gelangen ließe. Insbesondere im roten Bereich wird daher mithilfe eines Sperrfilters bei bestimmten Wellenlängen der Durchlass der Kamera begrenzt. Das führt allerdings auch dazu, dass das Licht der Wasserstofflinie bei 656,3 nm weitgehend abgeschnitten wird.

Bei der Astromodifikation wird der fest verbaute Filter durch einen solchen ersetzt, der das Licht dieser Wasserstofflinie durchlässt. Diese Modifikation wird meist von kleinen Betrieben oder privat geführten Kleingewerben angeboten. Allerdings erlischt dadurch in der Regel die Herstellergarantie, und der automatische Weißabgleich der Kamera funktioniert nicht mehr wie gewohnt.

Objektive für die Astrofotografie

Was die Wahl der Objektive angeht, ist die richtige Entscheidung nicht ganz einfach. Für Milchstraßenaufnahmen sind Weitwinkelobjektive im Brennweitenbereich um die 24 mm ideal. Ein Vorteil ist zudem, dass dieser Brennweitenbereich gewisse Ungenauigkeiten in der Nachführung eher verzeiht. Gasnebel oder Galaxien werden allerdings nur sehr klein dargestellt.

Ich empfehle Ihnen dennoch: Beginnen Sie mit kurzen Brennweiten und steigern Sie sich mit wachsender Erfahrung.

Bei Objektiven kann man sehr viel Geld ausgeben. Gerade Modelle etablierter Hersteller wie Canon, Nikon oder Sony übertreffen preislich die Kamerabodys oft deutlich. Daher sind Dritthersteller sehr beliebt – und das Gute ist: Gerade für die Astrofotografie gibt es hier qualitativ hochwertige und vergleichsweise günstige Alternativen. Besonders zu erwähnen ist der Hersteller Samyang, der seine Objektive in verschiedenen Ländern auch unter den Namen Rokinon (USA) oder Walimex (Deutschland) vertreibt.

Klassiker und in der Astrofotografie sehr beliebt sind das Samyang (Walimex Pro) 24 mm 1.4 sowie das 135 mm 2.0. Ich selbst habe in der Vergangenheit überwiegend mit Objektiven des Herstellers Sigma fotografiert, hier besonders mit Modellen der Art-Serie. Das Sigma Art 20 mm, 40 mm, 50 mm und 135 mm sind in diesem Zusammenhang besonders zu nennen.

In diesem Thema kann man sich leicht verlieren. Für den Anfang gilt auch hier der Rat: Benutzen Sie das, was Sie bereits haben oder einfach und günstig erwerben können. Nach oben sind die Möglichkeiten ohnehin offen.

Abbildung 12.39: Objektive für die Tages- und Astrofotografie von unterschiedlichen Herstellern (Brennweiten zwischen 14 mm und 200 mm)

Sonstiges Zubehör

Die meisten Kameras ermöglichen es, bis zu 30 s lange Reihenaufnahmen ohne zusätzliches Zubehör zu erstellen. Ein feststellbarer Auslöser ist jedoch in der Regel notwendig. Auch ein Timer beziehungsweise Fernauslöser ist sehr hilfreich. Hier bieten sich erneut Drittanbieter wie etwa Hama an.

Insbesondere im Herbst und Winter kann es schnell passieren, dass sich Tau auf den Objektiven bildet. In diesem Fall kann ein Objektivheizband sehr hilfreich sein. Das Band in Abbildung 12.40 lässt sich mit einer Powerbank betreiben und kann in drei Stufen eingestellt werden.

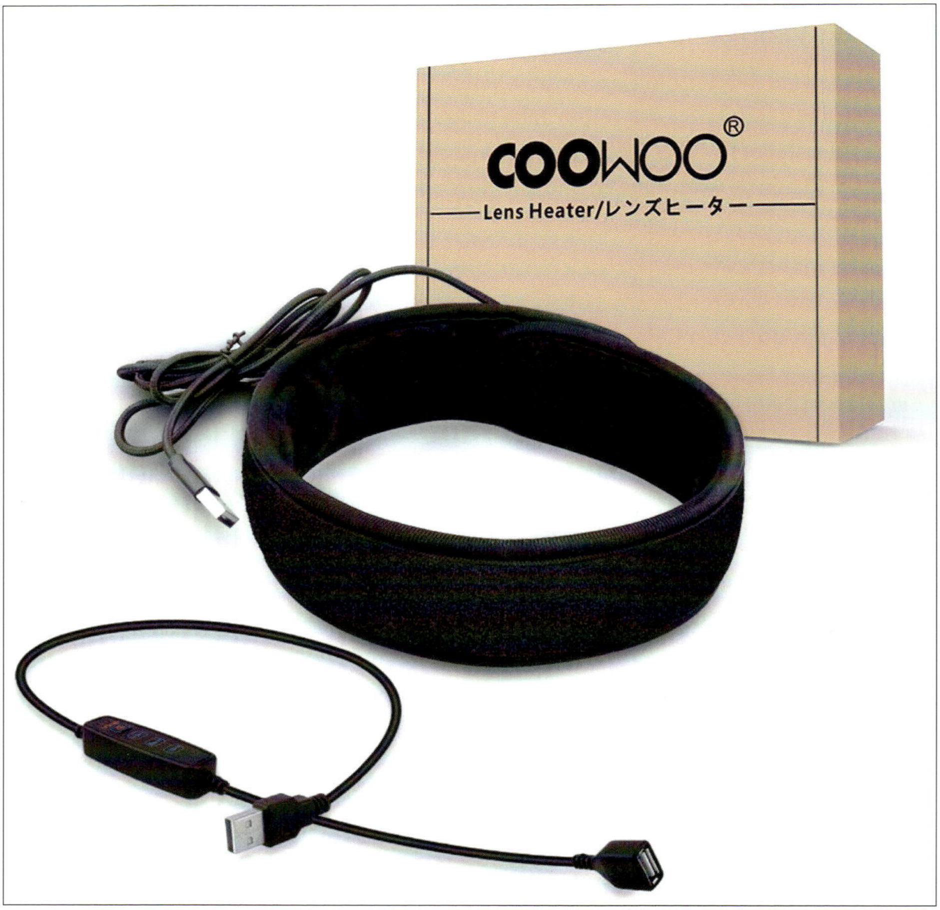

Abbildung 12.40: Eine Objektivheizung kann vor Taubeschlag schützen.
Quelle: https://www.amazon.de/COOWOO-Objektivw%C3%A4rmer-Temperaturregler-Teleskop-Feuchtigkeit/dp/B07MHWRXLY

12.3.3 Die Aufnahme der Bilder

Sie sollten sich für die Astrofotografie ein möglichst dunkles Plätzchen suchen und vorzugsweise in mondlosen Nächten fotografieren. Zu Testzwecken oder um Übung zu erlangen, können Sie selbstverständlich davon abweichen. Lassen Sie sich jedoch gesagt sein: Die äußeren Bedingungen sind – abgesehen von der Technik – entscheidend.

Bauen Sie Ihre selbstgebaute Barndoor-Montierung (oder Ihren Startracker) auf dem Stativ auf und richten Sie diese auf den Himmelspol aus. Bei der Barndoor können Sie grob über das Scharnier den Polarstern anpeilen oder wie vorgeschlagen über ein kleines Sucherröhrchen. Achten Sie darauf: Wenn Sie nach Norden schauen und die Barndoor vor sich aufgebaut haben, muss das Scharnier links sitzen. Mithilfe des Neigers am Stativ können Sie die Polhöhe bequem einstellen.

Abbildung 12.41: Die Barndoor im Einsatz

Montieren Sie die Kamera auf der Barndoor mithilfe eines Kugelkopfs und richten Sie sie anschließend auf das gewünschte Objekt. Beginnen Sie zunächst mit Brennweiten zwischen 24 mm und 50 mm und wählen Sie Ziele in der Milchstraße – im Winter beispielsweise das Sternbild Orion oder den Fuhrmann, im Herbst Cassiopeia oder Cepheus, im Sommer den Schwan oder Schützen und im Frühjahr den Löwen.

Stellen Sie das Objektiv in den manuellen Modus und verstellen Sie den Fokus gefühlvoll von Hand. Beobachten Sie dabei im Display der Kamera die Sterne. Die meisten Kameras bieten eine Zoom-Ansicht zum Fokussieren an – nutzen Sie diese unbedingt. Der richtige Fokus ist erreicht, wenn die Sterne möglichst klein erscheinen. Kurz vor oder hinter dem perfekten Fokus zeigen Sterne häufig einen sichtbaren grünlichen oder magentafarbenen Saum. Das kann ein hilfreicher Indikator sein.

Stellen Sie die Kamera in den manuellen oder in den B-(Bulb-)Modus. Wählen Sie als Dateiformat RAW und deaktivieren Sie im Kameramenü sämtliche Einstellungen, die bereits Einfluss auf Ihre Aufnahmen nehmen könnten, etwa automatische Rauschunterdrückung oder kamerainterne Schärfung. Bei Canon können Sie in den Menüs den Bildstil »Neutral«

wählen; bei anderen Herstellern gibt es vergleichbare Einstellungen. Der Weißabgleich ist nicht entscheidend, da er in der Nachbearbeitung korrigiert wird. Um jedoch konsistente Ergebnisse zu erhalten, können Sie ihn auf 5.600 Kelvin beziehungsweise Tageslicht einstellen (Abbildung 12.42).

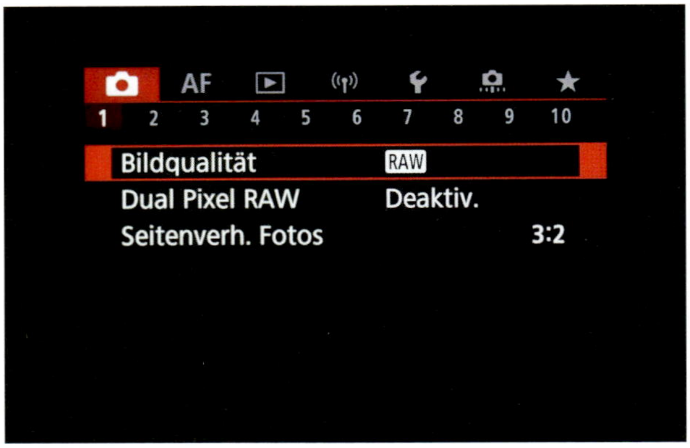

Abbildung 12.42: Stellen Sie die Bildqualität auf RAW und schalten Sie sämtliche automatischen Funktionen wie etwa Rauschunterdrückung aus.

Die Blende des Objektivs kann anfangs vollständig geöffnet werden. Häufig verbessert sich die Abbildungsleistung der Sterne jedoch deutlich, wenn Sie leicht abblenden. Das hängt stark von der jeweiligen Offenblende ab. Bei einer maximalen Blendenöffnung von f/4 würde ich nicht weiter abblenden. Bei einer Offenblende von f/2,8 kann ein Abblenden auf f/4 hingegen eine spürbare Verbesserung bringen. Bedenken Sie jedoch: Je weiter die Blende geschlossen wird (höhere Blendenzahl), desto weniger Licht gelangt auf den Sensor.

Wählen Sie moderate ISO-Werte. Ihr Instinkt wird Ihnen möglicherweise sagen, dass in der Nacht sehr hohe ISO-Werte sinnvoll sind. Doch weder extrem hohe noch sehr niedrige ISO-Werte sind zielführend. Ein Bereich zwischen ISO 800 und 3200 ist meist sinnvoll – abhängig von der Dunkelheit des Nachthimmels.

Bevor Sie mit den eigentlichen Aufnahmen beginnen, müssen Sie gegebenenfalls noch die Geschwindigkeit der Nachführung feinjustieren. Dazu kann es erforderlich sein, den Arduino mit Ihrem Computer zu verbinden und den Sketch entsprechend anzupassen.

Die Geschwindigkeit, mit der sich der Motor drehen muss, hängt von der Steigung des Gewindes der Gewindestange sowie von der Entfernung der Gewindestange vom Scharnier ab. In unserer Anleitung beträgt die Entfernung vom Scharnier zum Gewinde 25 cm. Die Motorgeschwindigkeit ist in etwa so kalkuliert, dass der Motor eine Umdrehung pro Minute ausführt, was tatsächlich etwas zu schnell ist. Das bedeutet, dass das Delay im Arduino-Sketch etwas erhöht werden muss.

Bei solchen Holzarbeiten kann es jedoch immer vorkommen, dass sich kleine Ungenauigkeiten einschleichen. Daher denke ich, dass 300 ms ein guter Startwert ist.

Um die Einstellung zu überprüfen, richten Sie einen hellen Stern im Kameradisplay aus. Die meisten Kameras können Hilfslinien wie Fadenkreuze oder Ähnliches einblenden. Wählen Sie den höchsten möglichen Zoom in der Live-Vorschau Ihrer Kamera und beurteilen Sie, ob der Stern seine Position ausreichend hält.

Schalten Sie die Nachführung kurz aus. Dann sollten Sie deutlich erkennen, wie sich der Stern bewegt. Wenn Sie die Nachführung anschließend wieder einschalten, sehen Sie ebenso klar die Wirkung der Nachführung.

Erhöhen oder verringern Sie nun die Delay-Zeit im Arduino-Sketch schrittweise um jeweils 10 ms und beobachten Sie die Wirkung. Stellen Sie auf diese Weise die Geschwindigkeit so ein, dass der Stern möglichst exakt nachgeführt wird. Das müssen Sie zum Glück nur einmal machen.

Nun können Sie mit der eigentlichen Belichtung beginnen. Ich kann Ihnen nicht pauschal sagen, welche Belichtungszeiten mit Ihrer Ausrüstung möglich sind. Hier müssen Sie sich schrittweise herantasten.

Mit einem 24-mm-Objektiv sollten 30 s Einzelbelichtungszeit problemlos möglich sein, gegebenenfalls auch etwas mehr. Bei 50 mm sind es vielleicht nur etwa 15 s. Es hängt von der Präzision der Barndoor ab und auch davon, wie exakt diese ausgerichtet ist.

Erwarten Sie keine Wunder und freuen Sie sich, wenn längere Belichtungszeiten möglich sind. Oft hilft bereits ein Blick auf das fertige Bild im Display bei hoher Vergrößerung. Wirklich zuverlässig erkennen Sie jedoch erst am Computer, ob Ihre Sterne tatsächlich punktförmig sind.

Seien Sie hier etwas nachsichtig mit sich und Ihren Ansprüchen an eine Selbstbaulösung. Belichten Sie nun insgesamt so lange wie möglich. Investieren Sie gut eine halbe bis ganze Stunde Gesamtbelichtungszeit in ein Objekt, sodass Sie am Ende einige Dutzend Aufnahmen haben, die Sie weiterverarbeiten können.

Bilder, die eigentlich gar keine Bilder sind: Flats, Darks und Bias

Wenn Sie sich mit der Astrofotografie beschäftigen, werden Sie nicht ausschließlich dieses Buch als Quelle nutzen. Es gibt zahlreiche Fachbücher zu diesem Thema und noch mehr Artikel sowie YouTube-Videos, die sich ausführlich damit befassen. Ich selbst betreibe seit Jahren einen YouTube-Kanal, der sich ausschließlich mit Astrofotografie beschäftigt: *https://www.youtube.com/astrophotocologne*

Dabei werden Sie über viele Fachbegriffe stolpern und sehr schnell auch von *Flats* und *Darks* lesen oder hören. Flats sind sogenannte *Flat Frames* (Flachbilder), Darks sind *Dark Frames* (Dunkelbilder). Diese sogenannten Kalibrierbilder dienen dazu, kameraspezifische Eigenschaften zu korrigieren.

Digitale Kameras erzeugen selbst dann ein Signal, wenn gar kein Licht auf den Sensor fällt – allein durch thermische Effekte. Dieses Signal wird als *Dunkelstrom* (engl. *Dark Current*) bezeichnet und addiert sich zu den eigentlichen Signalen, die das Sternenlicht erzeugt. Um dieses Signal isoliert zu erfassen und später aus den Bildern herauszurechnen, erstellt man Aufnahmen mit geschlossenem Objektivdeckel – und zwar mit derselben Belichtungszeit und ISO-Zahl wie bei den eigentlichen Aufnahmen, die konsequenterweise *Light Frames* oder kurz *Lights* heißen. In der Software werden diese Dunkelbilder später den Lights zugeordnet und automatisch abgezogen.

Flats benötigt man, um Variationen in der Ausleuchtung des Objektivs oder leichte Unterschiede in der Empfindlichkeit einzelner Pixel auszugleichen. Dazu fotografiert man eine möglichst gleichmäßig ausgeleuchtete Fläche. Astrofotografen verwenden hierfür meist spezielle Leuchtmittel, sogenannte Flatfield-Folien. Ein einfacher Lifehack ist jedoch die Verwendung eines weißen T-Shirts oder Stoffes, den man vor das Objektiv spannt und gegen den Dämmerungshimmel fotografiert.

Zum Schluss benötigen Sie noch Bias-Bilder. Das sind Aufnahmen – ähnlich wie Dark Frames – bei geschlossenem Objektivdeckel, jedoch mit der kürzesten Belichtungszeit, die Ihre Kamera erlaubt. Damit erfasst man das Grundsignal der Kamera, den sogenannten *Bias* oder *Offset*.

Die Anwendung dieser Bilder kann zu einer deutlichen Verbesserung der Aufnahmen führen, ist für Anfänger jedoch meist unnötig komplex. Insbesondere das Erstellen der Flat Frames ist eine Wissenschaft für sich und würde Einsteiger von den ohnehin schon großen Herausforderungen zu Beginn dieses Hobbys eher ablenken.

Wenn Sie nun eine Serie von Bildern aufgenommen haben, geht es im nächsten Schritt darum, daraus ein einziges ausgearbeitetes Bild zu erstellen. Auch das ist in der Astrofotografie etwas Besonderes und unterscheidet sich vermutlich von vielem, was Sie bisher über Fotografie gelernt haben.

Also: Auf geht's in die Welt der digitalen Bildbearbeitung von Astrofotos.

12.4 Astrofotos bearbeiten mit »Siril«

In diesem Abschnitt des Buches möchte ich Ihnen einen Crashkurs in der astronomischen Bildverarbeitung geben. Vielleicht betreiben Sie Fotografie als Hobby und sind mit gängigen Programmen zur Bildbearbeitung vertraut. Lassen Sie mich gleich vorwegsagen: Astrofotos zu bearbeiten ist etwas grundlegend anderes als die Bearbeitung normaler Fotografien.

Das beginnt bereits damit, dass wir es nicht mit einem einzelnen Bild zu tun haben, sondern mit einer Langzeitbelichtung, die in viele einzelne Aufnahmen unterteilt ist. Aus diesen Einzelbildern muss zunächst ein gemeinsames Summenbild erzeugt werden. Mathematisch geschieht dies durch eine Mittelwertbildung: Die Einzelbilder werden addiert und die Summe anschließend durch die Anzahl der Bilder geteilt. Im allgemeinen Sprachgebrauch hat sich dafür der Begriff *Bildaddition* eingebürgert. Ebenfalls häufig verwendet wird der Ausdruck *Stacking* (vom englischen *stack* = »Stapel«), der die Stapelung der Einzelaufnahmen beschreibt.

Nach dem Stacken erhalten wir ein sogenanntes *Summenbild*, oft auch *Master* genannt. Dieses besitzt jedoch eine weitere Eigenart, die aus der klassischen Fotografie völlig ungewohnt ist: Das Bild erscheint zunächst nahezu schwarz. Um es auf dem Bildschirm sichtbar und ästhetisch darstellbar zu machen, muss es mathematisch transformiert werden. Dieser Schritt wird in der Astrofotografie als *Stretching* bezeichnet (vom englischen *to stretch* = »dehnen«), da dabei die sehr feinen Helligkeitsunterschiede im Bild auseinandergezogen und sichtbar gemacht werden.

Stacking und Stretching sind zwei essenzielle Schritte der astronomischen Bildverarbeitung. Im Folgenden werden diese – zusammen mit weiteren grundlegenden Bearbeitungsschritten – systematisch vorgestellt.

Insbesondere das Stacken von Astrofotos erfordert spezielle Software, die auf die Bedürfnisse der Astrofotografie zugeschnitten ist. Die einzelnen Arbeitsschritte zeige ich Ihnen exemplarisch anhand der frei verfügbaren Software Siril.

12.4.1 Download und Installation

Zunächst laden und installieren Sie Siril. Sie finden das Programm unter *https://www.siril.org*. Bereits auf der Startseite werden Ihnen die Downloadoptionen für die verschiedenen Betriebssysteme angezeigt. Wählen Sie für Windows-Computer die 64-Bit-Version oder – falls Sie ein Apple-Gerät verwenden – die entsprechende Version für macOS.

Auf eine detaillierte Beschreibung der einzelnen Installationsschritte verzichte ich an dieser Stelle, da diese selbsterklärend sind und Sie vermutlich nicht zum ersten Mal eine Software aus dem Internet herunterladen und installieren. Nach der erfolgreichen Installation sollte ein neues Desktop-Icon erscheinen, über das Sie Siril starten können.

12.4.2 Arbeitsverzeichnis einrichten

Bevor wir mit der eigentlichen Bildbearbeitung beginnen, müssen noch einige wenige Vorbereitungen getroffen werden. Wichtig ist, dass Siril immer mit einem sogenannten Arbeitsverzeichnis arbeitet. Dieses wird im Programmfenster links oben durch ein großes, grün hinterlegtes Haus-Symbol angezeigt.

Legen Sie zunächst auf Ihrem Rechner einen Ordner mit einem aussagekräftigen Namen an, beispielsweise *Orion*. Innerhalb dieses Ordners erstellen Sie einen Unterordner mit dem Namen *lights*. In diesem Ordner legen Sie die einzelnen Bilder Ihrer Fotosession ab. Es ist sehr wichtig, dass sie den Ordner mit *lights* benennen, da Siril nach diesem Ordner suchen wird. Über das Haus-Symbol in Siril wählen Sie anschließend den Ordner *Orion* als Arbeitsverzeichnis aus (Abbildung 12.43).

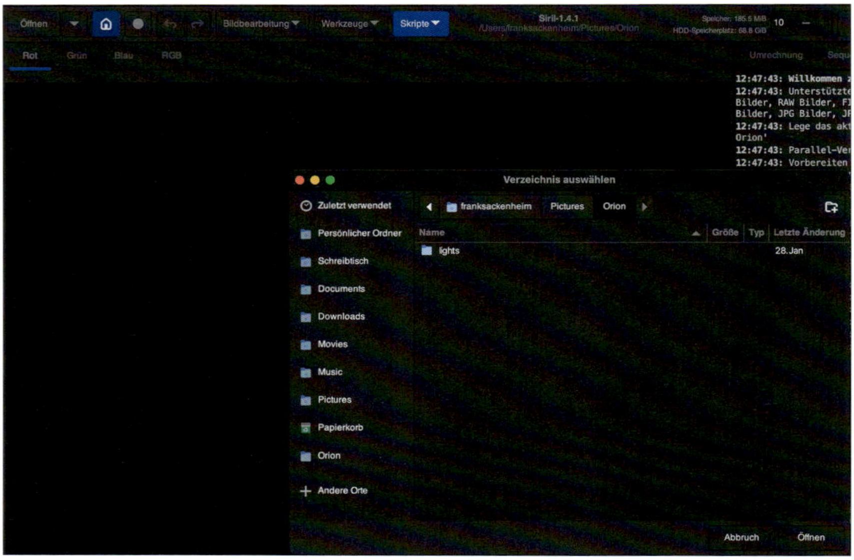

Abbildung 12.43: Das Arbeitsverzeichnis einrichten

12.4.3 Skripte anwenden

Zusätzlich benötigen wir einige Skripte. Skripte sind Zusatzmodule, die den Funktionsumfang einer Software erweitern und Arbeitsschritte automatisieren, die im normalen Programmumfang nicht enthalten sind.

Öffnen Sie dazu im Drop-down-Menü **Skripte** den Punkt **Skripte laden**. Es öffnet sich ein Fenster, in dem verschiedene Skripte angezeigt werden. Geben Sie im Suchfeld den Begriff »OSC_Preprocessing_WithoutDBF« ein und haken auch dieses Skript an. Alternativ zur Suchfunktion können Sie im Skriptfenster auch manuell nach unten scrollen, bis Sie das entsprechende Skript gefunden haben (Abbildung 12.44).

Nachdem das Skript ausgewählt wurde, klicken Sie auf **Anwenden** und warten, bis in der Konsole auf der rechten Seite die erfolgreiche Installation bestätigt wird. Anschließend können Sie das Fenster wieder schließen. Wenn Sie sich vergewissert haben, dass Ihr Home-Ordner der Ordner ist, in dem sich Ihre Bilder befinden, und dass diese wiederum in einem Unterordner mit dem Namen *lights* liegen (die exakte Schreibweise ist hierbei wichtig), können Sie den Stacking-Vorgang starten.

Gehen Sie dazu im Menü auf **Skripte** und dort ins Untermenü **Siril-Skriptdateien** und wählen Sie das Skript **OSC_Preprocessing_WithoutDBF** aus. Sobald Sie das Skript starten, sehen Sie in der Konsole auf der rechten Seite, wie verschiedene Befehle abgearbeitet werden. Nach einigen Sekunden oder wenigen Minuten – abhängig von der Anzahl der Bilder und der Rechenleistung Ihres Computers – erscheint in der Konsole eine Meldung, dass der Stack erfolgreich abgeschlossen wurde, inklusive der benötigten Rechenzeit (Abbildung 12.45).

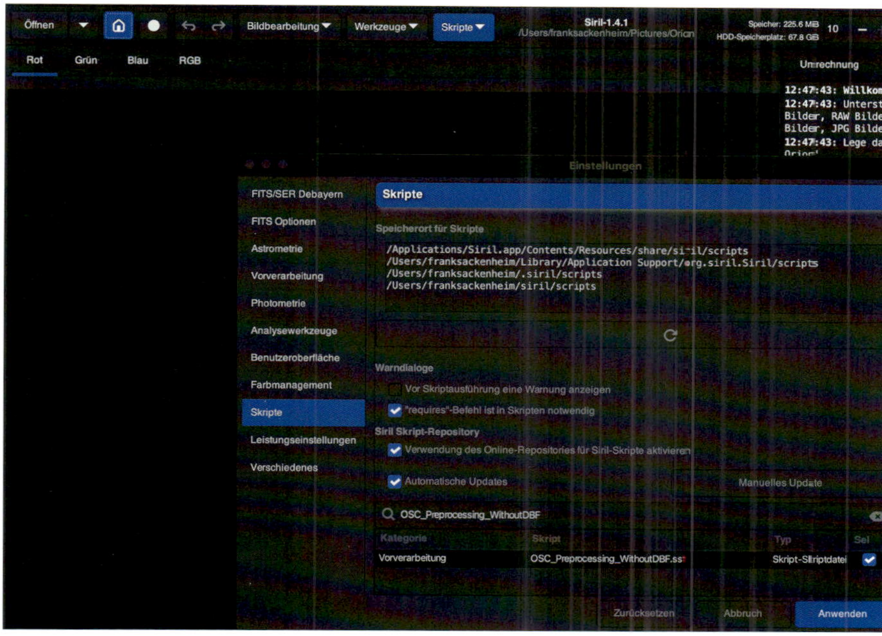

Abbildung 12.44: Zusätzliche Skripte einbinden

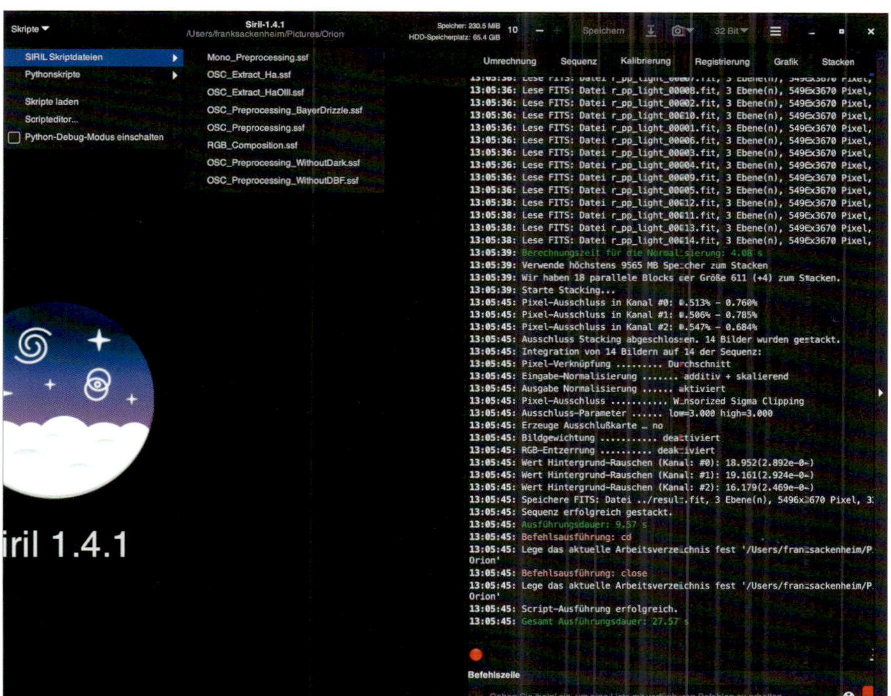

Abbildung 12.45: Das Skript ausführen

Gehen Sie nun im Programmfenster ganz links oben auf **Öffnen**. Siril öffnet daraufhin automatisch den Ordner, in dem sich das gestackte Bild befindet, nämlich das Home-Verzeichnis Ihres Projekts. Das Ergebnis trägt den Namen *result.fit*. Öffnen Sie diese Datei (Abbildung 12.46).

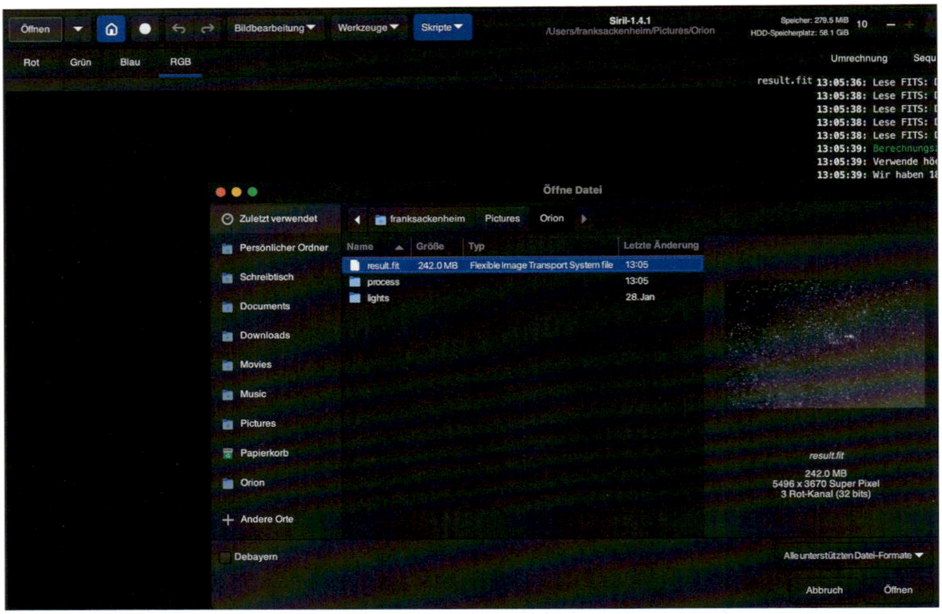

Abbildung 12.46: Das gestackte Bild öffnen

12.4.4 Das gestackte Bild anzeigen

Nun erleben Sie exakt das, was viele Anfänger zunächst völlig irritiert: Das Bild erscheint nahezu komplett schwarz, höchstens die hellsten Sterne sind schwach zu erahnen. Keine Sorge – das ist völlig normal. In der Astrofotografie sprechen wir hier von einem *linearen Bild*.

In der unteren Bedienleiste von Siril finden Sie ein Klappmenü, in dem bereits der Begriff **Linear** angezeigt wird. Öffnen Sie dieses Menü und wählen Sie die Option **Auto-Stretch** aus. Das Bild verändert nun seine Darstellung, und Sie erkennen möglicherweise bereits das aufgenommene Objekt (Abbildung 12.47).

Es kann sein, dass das Bild nun stark grünlich erscheint. Deaktivieren Sie in diesem Fall neben dem Darstellungsmodus das Kettensymbol für Rot, Grün und Blau.

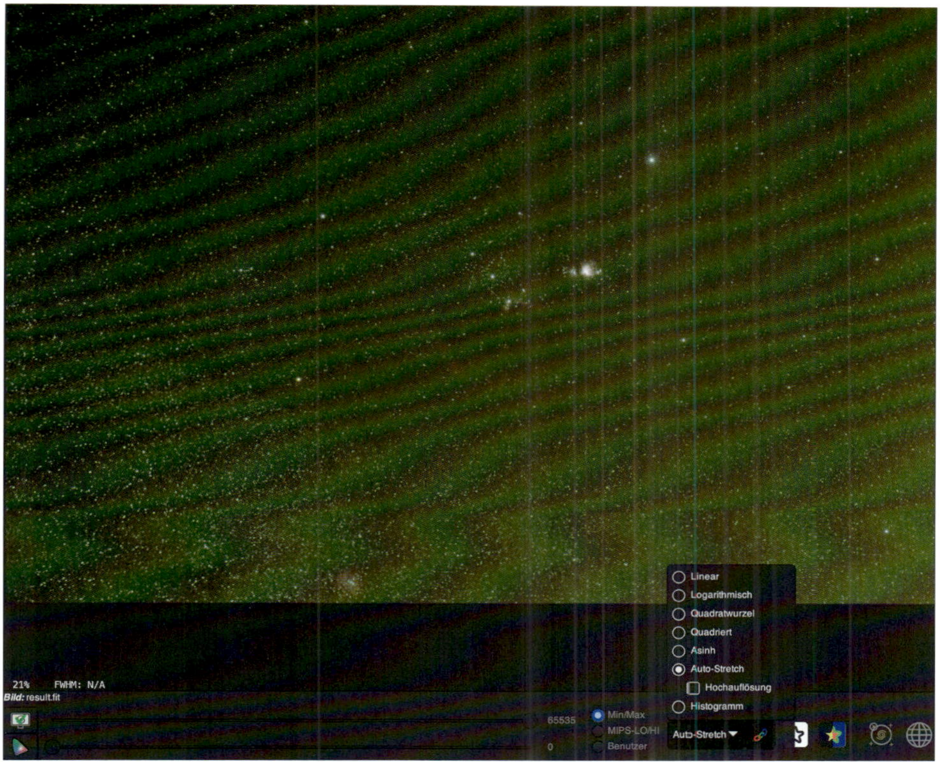

Abbildung 12.47: »Auto-Stretch« anwenden

Abbildung 12.48: Das deaktivierte Kettensymbol

Dadurch werden die Farbkanäle unabhängig voneinander skaliert, und das Bild erscheint deutlich neutraler und farblich ausgewogener. Im Fachjargon spricht man von einem *Unlinked Stretch*, die einzelnen Farbkanäle (Rot, Grün und Blau) werden also individuell gestretcht (Abbildung 12.49).

Wichtig für Ihr Verständnis ist: Bei all dem handelt es sich bislang nur um eine Bildschirmdarstellung. Wenn Sie das Bild schließen und erneut öffnen, sehen Sie wieder ein schwarzes, lineares Bild. Das eigentliche Ziel der Bildbearbeitung besteht darin, diese Darstellung dauerhaft in das Bild zu überführen – genau das bezeichnet man als *Stretching*. Bevor wir dazu kommen, ist jedoch noch ein weiterer wichtiger Vorbereitungsschritt notwendig.

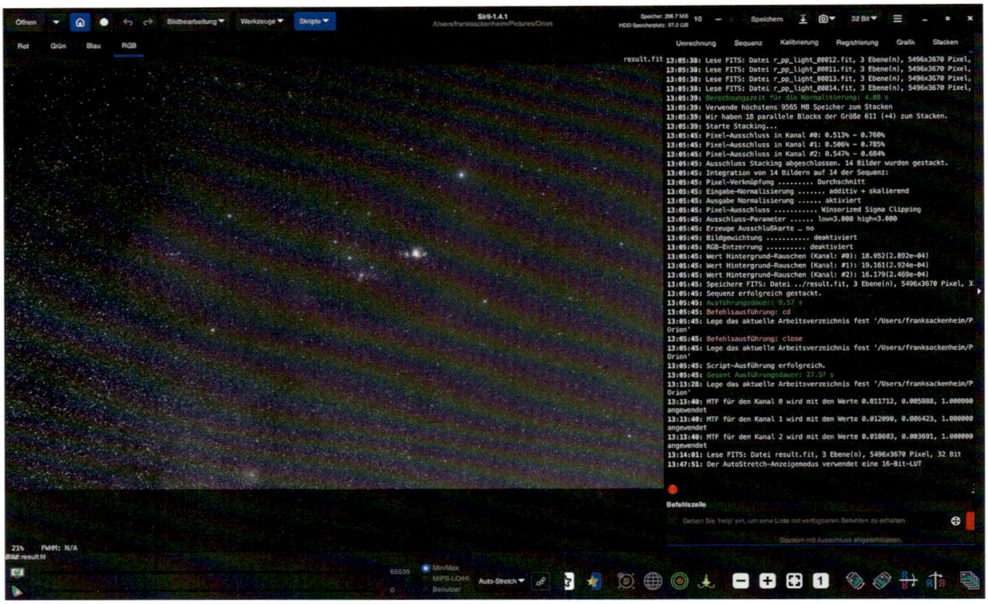

Abbildung 12.49: Beim »Unlinked Stretch« erscheint das Bild in realistischeren Farben.

Möglicherweise erkennen Sie in Ihrem Bild einen grauen, manchmal auch gelblichen oder andersfarbigen Schleier, der das gesamte Bild überlagert oder als Vignette beziehungsweise Helligkeitsverlauf auftritt. Dabei handelt es sich um einen sogenannten *Gradienten*. Dieser entsteht durch Fremdlicht, etwa durch Lichtverschmutzung oder den Mond. Um das volle Potenzial Ihres Bildes auszuschöpfen, entfernen wir diesen Störgradienten im nächsten Schritt.

12.4.5 Gradienten entfernen

Für die Entfernung des Störgradienten ist es zunächst wichtig, das Bild etwas zu beschneiden. Durch das Stapeln der Einzelbilder entstehen an den Bildrändern häufig ausgefranste Bereiche, die mehr oder weniger deutlich sichtbar sind. Diese Randartefakte können die folgenden Bearbeitungsschritte stören und sollten daher entfernt werden.

Ziehen Sie dazu mit gedrückter linker Maustaste ein Auswahlfeld auf. Beginnen Sie links oben mit etwas Abstand zur Bildecke und ziehen Sie das Feld nach rechts unten auf. Lassen Sie anschließend die Maustaste los und klicken Sie mit der rechten Maustaste in die markierte Fläche. Es erscheint ein Kontextmenü, in dem Sie den Punkt **Beschneiden** auswählen. Das Bild wird nun entsprechend zugeschnitten. Im Englischen spricht man hierbei von einem *Crop*.

Nun geht es an die eigentliche Gradientenentfernung. Wählen Sie im Drop-down-Menü **Bildbearbeitung** den Punkt **Hintergrund-Extraktion** aus. Es öffnet sich ein neues Fenster. Wählen Sie dort im oberen Drop-down-Menü als Methode **RBF** aus (Abbildung 12.51).

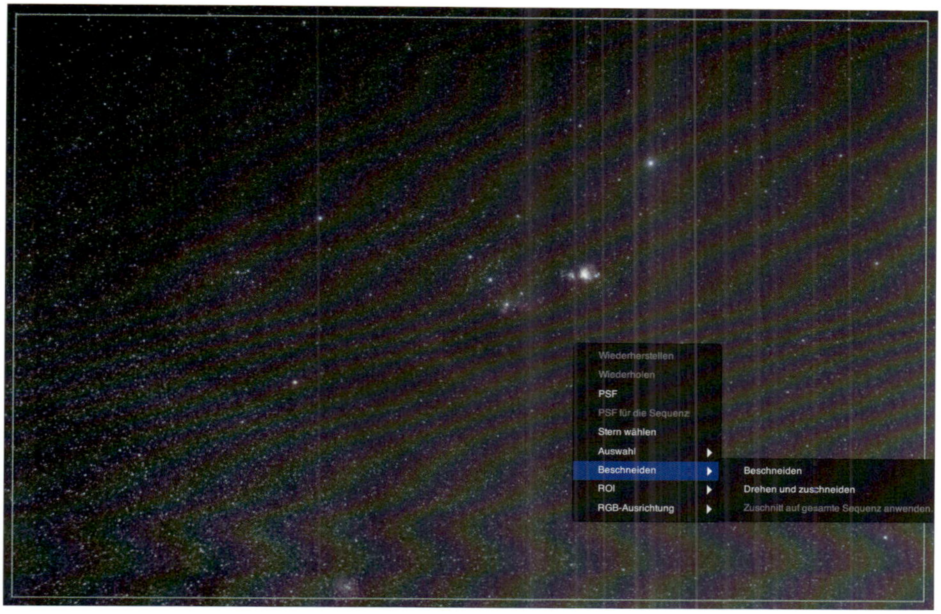

Abbildung 12.50: Das Bild beschneiden

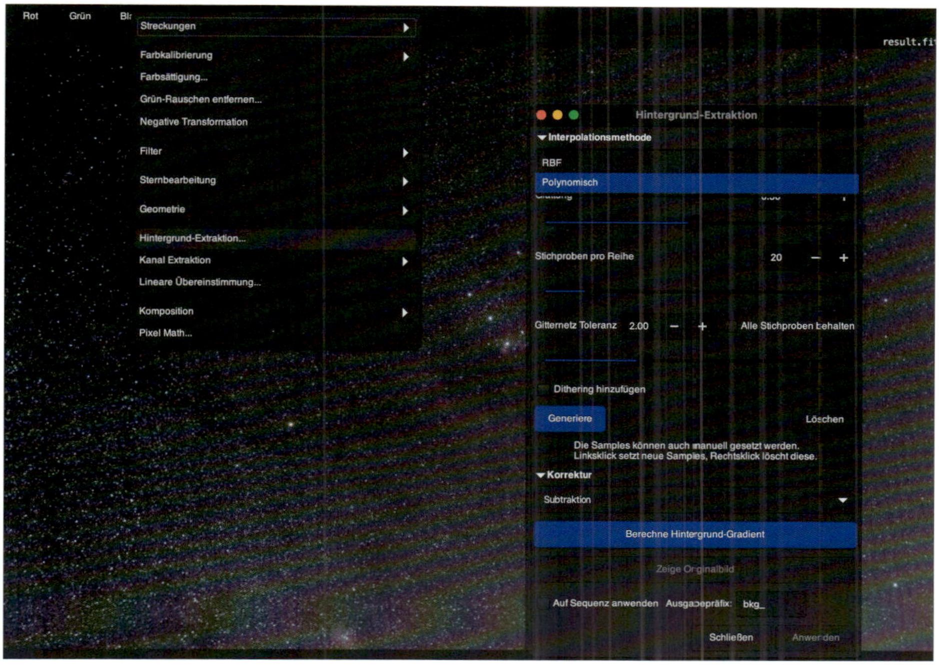

Abbildung 12.51: Wechseln Sie in der Hintergrund-Extraktion von »Polynomisch« zu »RBF«.

Nun besteht Ihre Aufgabe darin, im Bild Messpunkte in Form kleiner Kästchen zu setzen. Diese Punkte repräsentieren Stellen, an denen der Hintergrund gemessen wird.

Klicken Sie dazu in Bereiche des Bildes, die möglichst wenig Sterne enthalten und frei von Objekten wie Gasnebeln oder Galaxien sind. Sollten Sie versehentlich einen Messpunkt ungünstig platziert haben, können Sie diesen durch einen Klick mit der rechten Maustaste auf das entsprechende Kästchen wieder entfernen.

Setzen Sie insgesamt etwa 20 bis 30 solcher Messpunkte, und zwar gleichmäßig über das gesamte Bild verteilt. Versuchen Sie dabei, die Geometrie des Gradienten abzubilden (siehe Abbildung 12.52). Verläuft der Gradient beispielsweise von links nach rechts oder von oben nach unten, sollten die Punkte entsprechend symmetrisch verteilt werden. Bei eher runden Gradienten ist es sinnvoll, die Punkte gleichmäßig von den Bildecken in Richtung Bildmitte zu setzen.

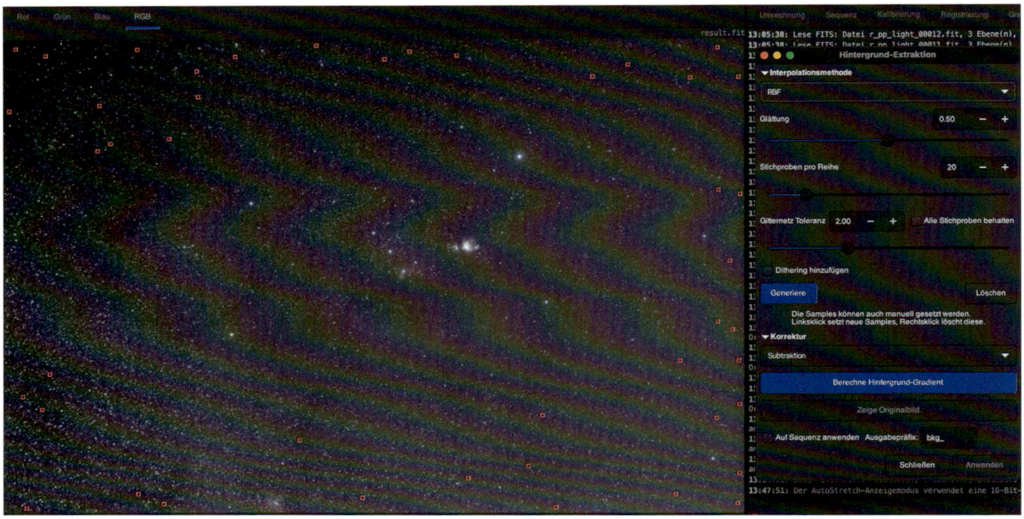

Abbildung 12.52: Messpunkte (Samples) setzen

Idealerweise werden die Samples in sternarme Flächen des Bildes gesetzt. Halten Sie sich fern von hellen Sternen und auch vom eigentlichen Objekt, also zum Beispiel einem Gasnebel oder einer Galaxie. Es erfordert etwas Übung und Verständnis, ein Bild zu lesen und die Messpunkte sinnvoll zu setzen.

Sobald ausreichend Messpunkte gesetzt sind, klicken Sie auf die Schaltfläche **Berechne Hintergrund-Gradient**. Beurteilen Sie anschließend die Wirkung des Werkzeugs im Bild. Haben Sie den Eindruck, dass an bestimmten Stellen noch ein Restgradient sichtbar ist, können Sie dort weitere Messpunkte ergänzen und den Vorgang erneut ausführen. Umgekehrt gilt: Wenn Sie den Eindruck haben, dass zu viel vom Hintergrund entfernt wurde, entfernen Sie einige Messpunkte und berechnen den Gradienten erneut.

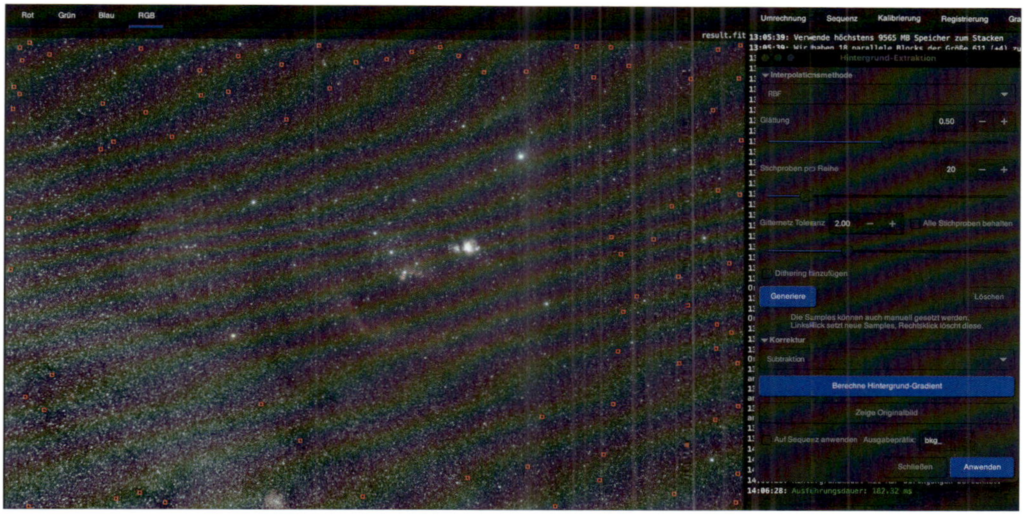

Abbildung 12.53: Nach Anwendung der RBF-Methode sind Verläufe im Bild verschwunden.

Die Gradientenentfernung ist ein sehr mächtiges Werkzeug und hat großen Einfluss auf die Qualität des späteren Ergebnisses. Gleichzeitig erfordert sie etwas Übung und ein grundlegendes Verständnis ihrer Wirkungsweise. Wenn Sie mit dem Ergebnis zufrieden sind, schließen Sie das Fenster und fahren mit dem nächsten Schritt fort, der Farbkorrektur.

12.4.6 Farben korrigieren

Die Farbkorrektur wird Ihnen zunächst vermutlich unverständlich erscheinen. Schließlich sind Sie es gewohnt, dass Fotos aus Ihrer Kamera bereits farblich korrekt wirken. Tatsächlich ist es so, dass innerhalb einer Digitalkamera – und sogar innerhalb normaler Fotografie-Apps – im Hintergrund zahlreiche automatisierte Prozesse ablaufen, von denen Sie normalerweise nichts mitbekommen müssen.

Ich vergleiche das gerne mit dem Film *Die Matrix*: Dort gaukeln Maschinen den Menschen eine heile Welt vor, damit diese ungestört existieren können. Mit der Astrofotografie haben Sie diese Matrix verlassen. Sie sehen die Welt nun so, wie sie sich physikalisch tatsächlich darstellt: dunkel, kontrastarm und überwiegend grün. Doch es gibt Hoffnung – es sind nur noch wenige Schritte bis zu einem ansprechenden Astrofoto.

Wählen Sie im Drop-down-Menü **Bildbearbeitung** den Punkt **Farbkalibrierung** und im Untermenü erneut **Farbkalibrierung**. Es öffnet sich ein neues Fenster (Abbildung 12.54). Suchen Sie nun im Bild zunächst einen Bereich mit möglichst wenigen Sternen, der überwiegend aus Himmelshintergrund besteht. Das Auswahlfeld muss nicht groß sein. Ziehen Sie mit gedrückter linker Maustaste ein Auswahlfeld über diesen Bereich auf.

Abbildung 12.54: Bei der Farbkalibrierung geht es zunächst darum, den Himmelshintergrund neutral darzustellen.

Bewegen Sie anschließend den Mauszeiger in das Bedienfenster und klicken Sie im oberen Bereich auf **Verwende aktuelle Auswahl**. Betätigen Sie danach einmal die Schaltfläche **Hintergrund-Neutralisation** (Abbildung 12.55). Die Idee hier ist, dass man Siril eindeutig einen Bereich zuweist, der Himmelshintergrund enthält. Macht man das nicht, zieht Siril zur Berechnung das ganze Bild heran, was insbesondere dann problematisch ist, wenn das Bild Gasnebel enthält.

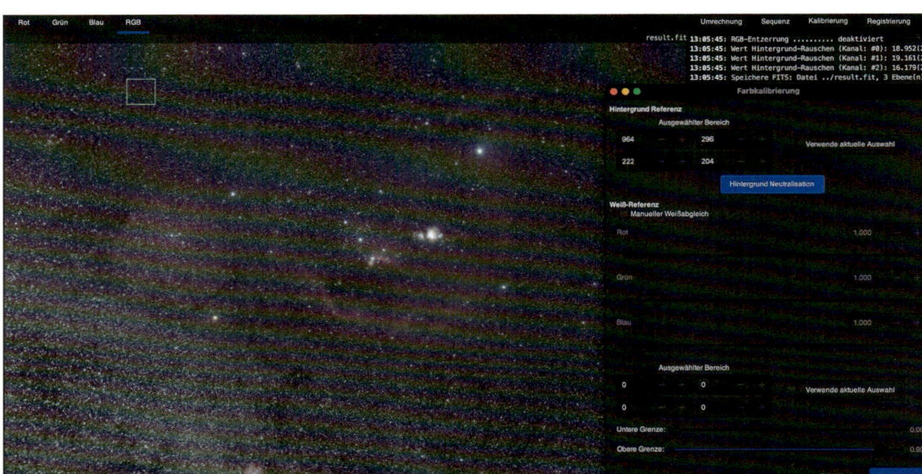

Abbildung 12.55: Eine kleine Auswahl zur Berechnung des Himmelshintergrunds

Suchen Sie nun einen Bereich im Bild mit vielen Sternen. Ziehen Sie erneut mit gedrückter linker Maustaste ein Auswahlfeld über dieses Sternfeld. Seien Sie dabei nicht zu vorsichtig – das Feld darf ruhig etwas größer sein. Wählen Sie nun im unteren Bereich des Bedienfeldes zur Weiß-Referenz den Punkt **Verwende aktuelle Auswahl** und klicken Sie anschließend auf die blaue Schaltfläche **Anwenden** (Abbildung 12.56).

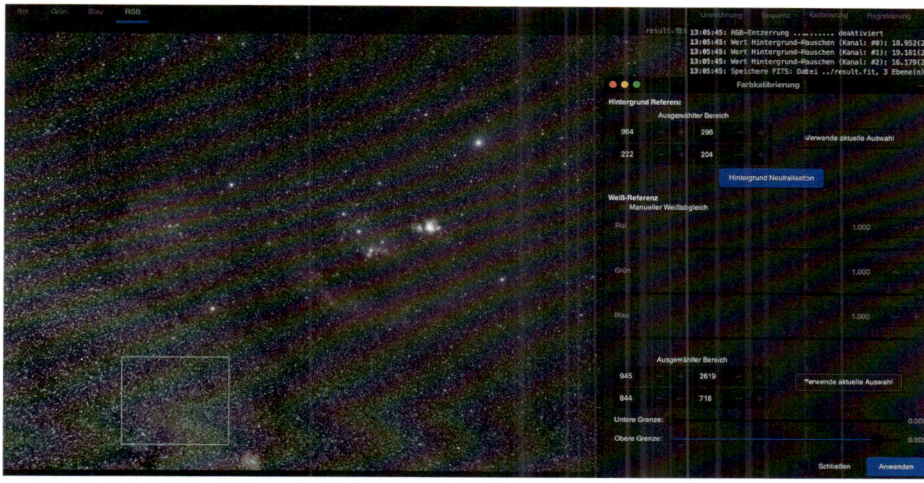

Abbildung 12.56: Den Weißpunkt berechnen

Wenn Sie nun in der unteren Bedienleiste das **Kettensymbol** wieder aktivieren, sodass die Farbkanäle wieder gekoppelt sind (RGB), sollte das Bild weitgehend farblich neutral erscheinen (Abbildung 12.57). Ein leichter Grünstich ist häufig noch vorhanden. Dieser ist normal und wird in einem späteren Schritt weiter korrigiert.

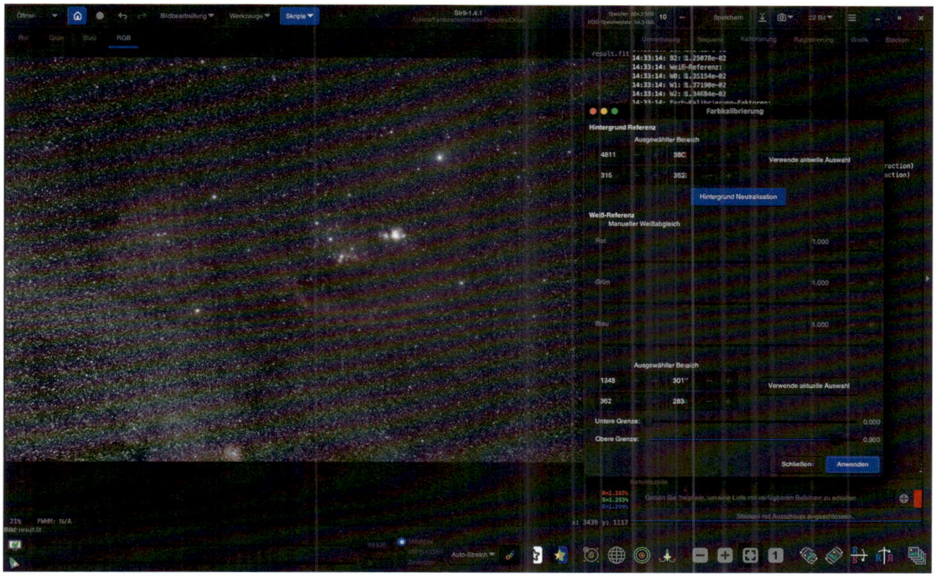

Abbildung 12.57: Das farbkalibrierte Bild

12.4.7 Abschließende Bildbearbeitung

Sie sind nun auf der Zielgeraden. Es geht jetzt an den wichtigsten Schritt der gesamten Bildbearbeitung: die permanente Streckung des Bildes, um die vorhandenen Details sichtbar und ansprechend darzustellen. Zuvor nehmen wir jedoch noch eine kleine, aber sinnvolle Korrektur vor und erhöhen die Farbsättigung.

Wählen Sie im Drop-down-Menü **Bildbearbeitung** den Menüpunkt **Farbsättigung**. Stellen Sie die Stärke mithilfe des Schiebereglers oder der Plus- und Minus-Tasten auf etwa 0,3 ein. Den Hintergrundfaktor setzen Sie auf ungefähr 0,1. Der Hintergrund dieses Parameters ist folgender: Der reine Himmelshintergrund soll möglichst nicht farblich verstärkt werden. Durch den Hintergrundfaktor werden die dunkelsten etwa zehn Prozent des Bildes von der Sättigung ausgenommen.

Bestätigen Sie den Vorgang mit der Schaltfläche **Anwenden** (Abbildung 12.58).

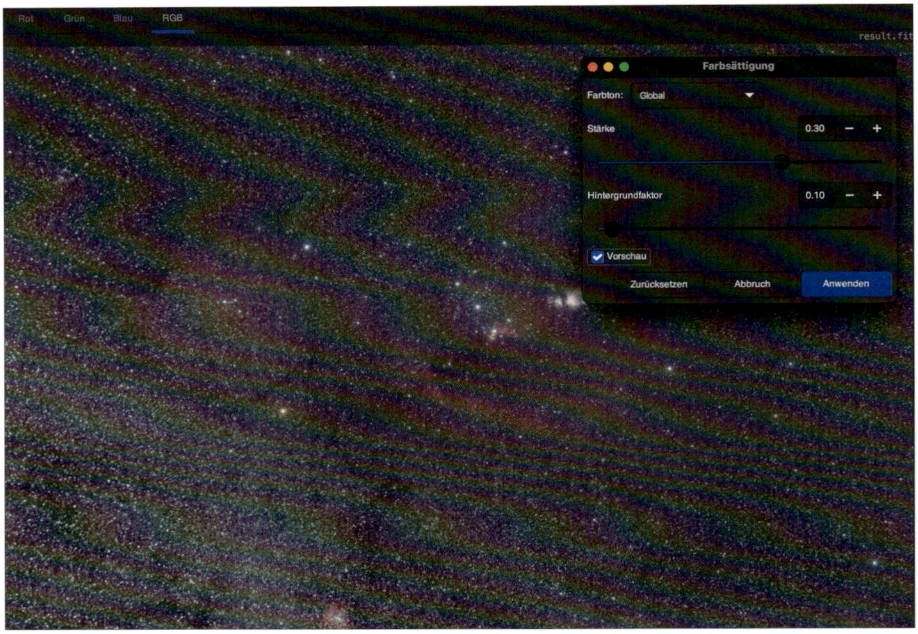

Abbildung 12.58: Die Farbsättigung erhöhen

Stellen Sie nun die Bildschirmdarstellung in der unteren Bedienleiste wieder auf **Linear**. Das Bild wird dadurch erneut sehr dunkel erscheinen. Das ist korrekt und notwendig für den nächsten Schritt.

Das eigentliche Stretching, also die Histogramm-Transformation des Bildes, erfolgt in mehreren Schritten. Wählen Sie im Drop-down-Menü **Bildbearbeitung** den Menüpunkt **Stretchverarbeitung** und dort das Untermenü **Asinh-Transformation**. Es öffnet sich ein neues Bedienfeld. Ziel dieser Transformation ist es, die Farben des Bildes möglichst gut zu erhalten, da sie bei einer zu aggressiven Streckung sonst schnell ausbleichen würden.

Stellen Sie zunächst den **Schwarzpunkt** auf einen Wert zwischen 0,005 und 0,01 ein. Erhöhen Sie anschließend den **Streckfaktor** so weit, dass die Sterne farblich sichtbar werden. Befindet sich ein Deep-Sky-Objekt im Bild, sollte auch dieses gerade eben in Farbe erkennbar sein. Allgemeingültige Zahlenwerte lassen sich hier nicht angeben, da das Ergebnis stark vom Motiv, vom Himmelshintergrund und von den Aufnahmedaten abhängt.

Der Schwarzpunkt kontrolliert dabei, wie dunkel der Hintergrund bleibt, während Sie mit dem Streckfaktor bestimmen, wie stark die Bildinhalte hervorgehoben werden. Hier ist etwas Ausprobieren und Fingerspitzengefühl gefragt. Wenn Sie mit dem Ergebnis zufrieden sind, bestätigen Sie den Vorgang mit der Schaltfläche **Anwenden** (Abbildung 12.59).

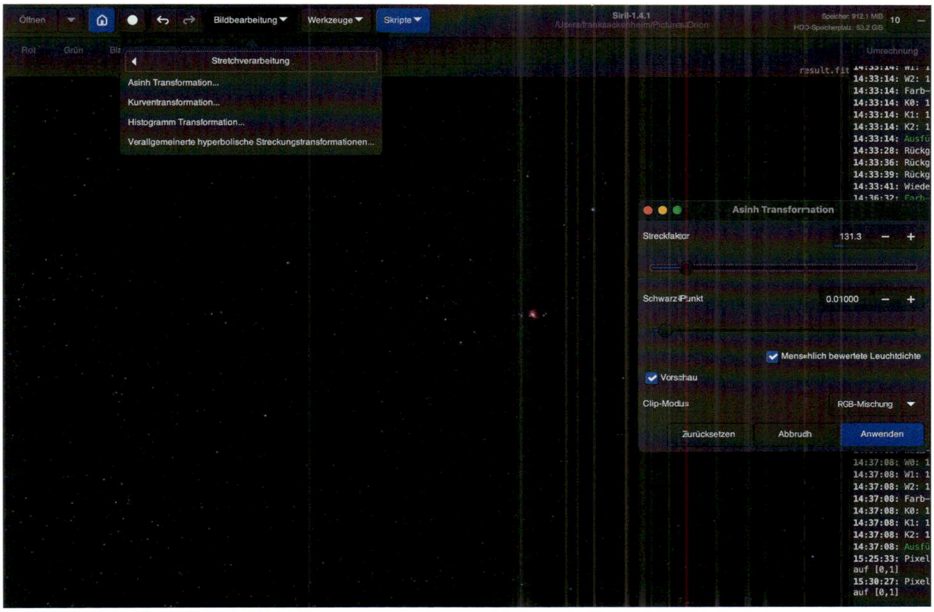

Abbildung 12.59: Der Asinh-Stretch

Der Asinh-Stretch in Siril kann als initialer Stretch betrachtet werden. Der Schritt ist optional, er führt zu deutlich farblicheren Ergebnissen. Nun folgt der finale Stretch. Wählen Sie erneut im Drop-down-Menü **Stretchverarbeitung** dieses Mal den Punkt **Histogramm-Transformation**. Es öffnet sich ein Menüfenster, das von der Darstellung des sogenannten Histogramms dominiert wird. Das Histogramm ist eine grafische Darstellung der Helligkeitsverteilung in Ihrem Bild (Abbildung 12.60). Die Verteilung lässt sich hier auch verändern.

Typisch für ein Astrofoto ist ein sehr starker Anstieg des Histogramms im linken Bereich, den Tiefen. Dieser Anstieg, oft als *Peak* bezeichnet, sollte in Ihrer Ansicht schmal und spitz sein. Unterhalb des Histogramms befinden sich drei dreieckige Regler, die Sie mit der linken Maustaste verschieben können.

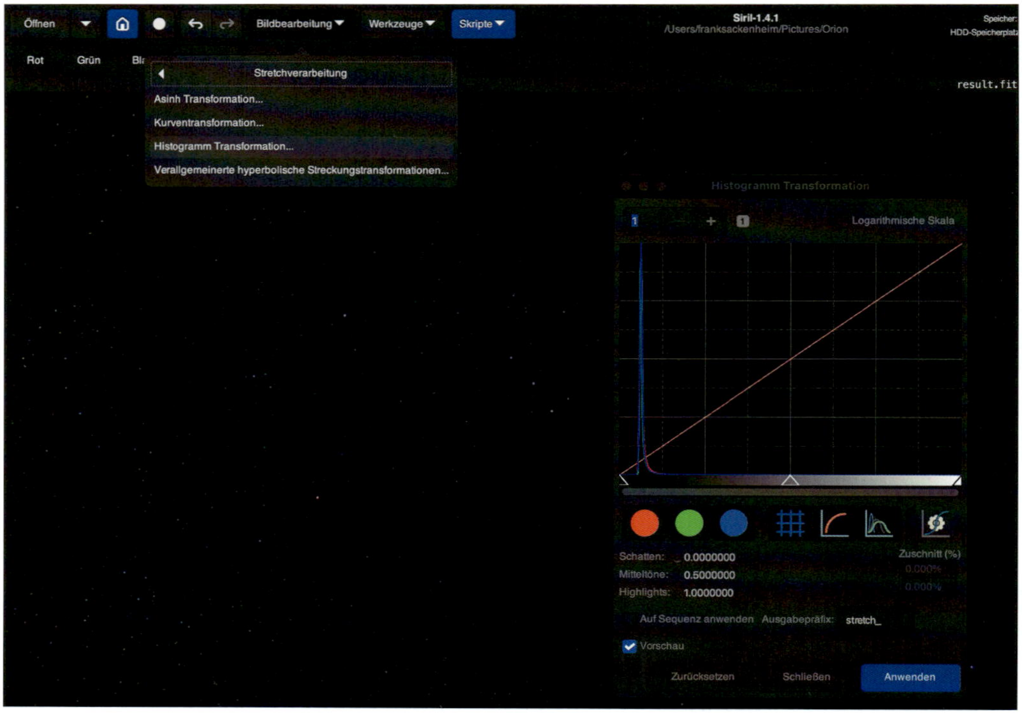

Abbildung 12.60: Das Histogrammfenster

Beginnen Sie mit dem mittleren Regler, dem Mitten- oder Gamma-Regler, und ziehen Sie ihn nach links. Beobachten Sie dabei, wie sich die orangefarbene Linie von einer geraden Linie in eine Kurve verwandelt. Diese Linie ist der Grund, warum wir unbearbeitete Astrobilder als *linear* bezeichnen. Durch die Anwendung einer Kurve werden dunkle Bildbereiche deutlich stärker angehoben als helle. Genau dieser Effekt sorgt letztlich für ein ansprechendes Astrofoto.

Ziehen Sie den mittleren Regler ruhig beherzt nach links, sodass die Kurve einen steilen Anstieg bekommt. Beobachten Sie, wie das Bild deutlich heller wird und Sterne sowie Deep-Sky-Objekte sichtbar werden. Gleichzeitig wird Ihnen auffallen, dass der Himmelshintergrund zu hell wird und das Bild einen milchigen Eindruck bekommt.

Greifen Sie nun den linken Regler, den Schwarzpunkt, und ziehen Sie ihn vorsichtig nach rechts. Ziel ist es, dass das Histogramm insgesamt gestreckt erscheint – daher auch der Begriff *Stretching* – und der Schwarzpunkt gerade am Fuß des Histogrammbuckels liegt (Abbildung 12.61). Achten Sie unbedingt darauf, den Schwarzpunkt nicht so weit nach rechts zu ziehen, dass Teile dieses Buckels abgeschnitten werden. Dieses sogenannte *Clipping* würde Bildinformationen unwiederbringlich zerstören.

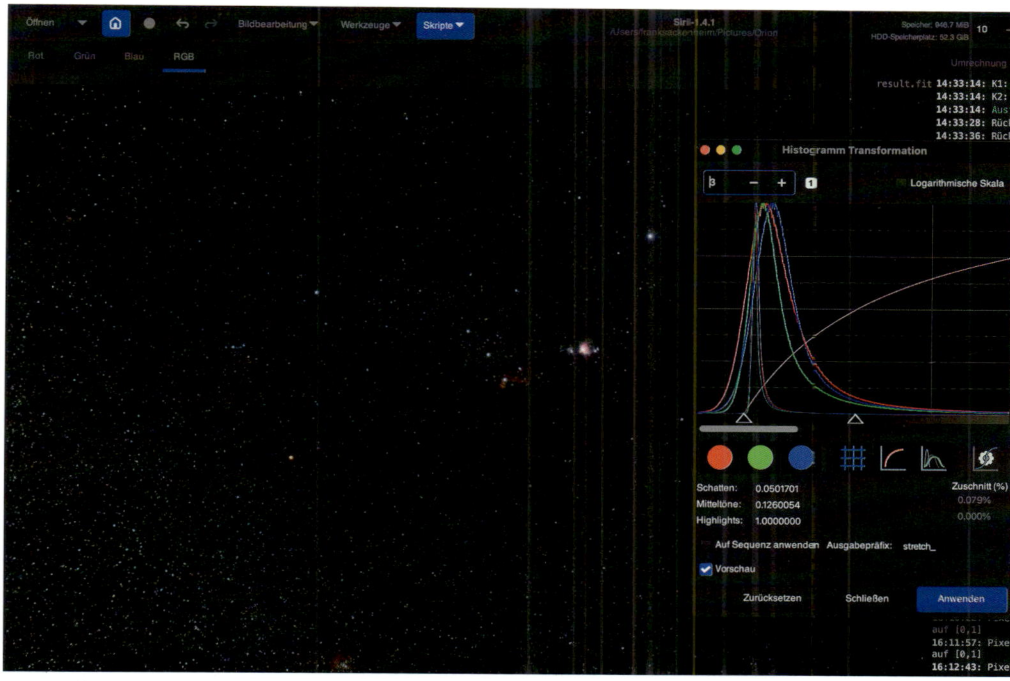

Abbildung 12.61: Durch die Transformation des Mittenreglers wird das Histogramm gespreizt, mit dem Schwarzpunkt wird der Helligkeitsanstieg gekontert. Nun endlich schälen sich die Sterne und Gasnebel aus dem Bild heraus.

Orientieren Sie sich grob an dieser Vorgabe, beobachten Sie aber immer auch das Bild selbst. Der Himmelshintergrund sollte weder pechschwarz noch milchig hell sein. Beides wirkt unnatürlich. Wenn Sie mit dem Ergebnis zufrieden sind, bestätigen Sie den Vorgang mit der Schaltfläche **Anwenden**. In manchen Fällen ist es sinnvoll, diesen Schritt ein zweites Mal mit einer deutlich flacheren Kurve zu wiederholen. Kontern Sie jede zusätzliche Streckung immer mit einer erneuten Anpassung des Schwarzpunktes.

Sie haben damit einen der kritischsten und zugleich wichtigsten Schritte der astronomischen Bildbearbeitung gemeistert.

Sollte das Bild nun noch einen leichten Grünstich aufweisen, wählen Sie im Dropdown-Menü **Bildbearbeitung** den Punkt **Grünrauschen entfernen**. Bestätigen Sie das sich öffnende Fenster mit einem Klick auf **Anwenden**. Der verbleibende Grünstich sollte nun verschwunden sein.

Nun können Sie Ihr Bild abspeichern. Ich empfehle grundsätzlich, das Ergebnis zweimal zu sichern: einmal im hochwertigen 16-Bit-TIFF-Format und einmal im komprimierten 8-Bit-JPEG-Format. TIFF-Dateien eignen sich für eine verlustfreie Archivierung, für eine spätere Weiterbearbeitung oder für den Druck. JPEG ist ein komprimiertes Format, das sich besonders für die Darstellung und Verbreitung von Bildern im Internet eignet.

Im rechten oberen Bereich des Programms finden Sie in der Bedienleiste den Menüpunkt **Speichern**. Wenn Sie diesen verwenden, wird das aktuelle Bild überschrieben. Davon rate ich dringend ab. Bildbearbeitung lebt von Erfahrung, und möglicherweise möchten Sie das Bild zu einem späteren Zeitpunkt mit neuen Kenntnissen erneut bearbeiten.

Wählen Sie stattdessen die danebenliegende Schaltfläche, die wie ein Download-Symbol aussieht. Es öffnet sich ein neues Menü. Vergeben Sie unter **name** einen aussagekräftigen Namen, beispielsweise *Orion*. Wählen Sie im rechten unteren Drop-down-Menü unter **Unterstützte Bild-Formate** zunächst TIFF aus. Klicken Sie auf **Speichern**. In dem sich öffnenden Dialogfenster wählen Sie **16-bit integer (unsigned)** und bestätigen erneut mit **Speichern** (Abbildung 12.62).

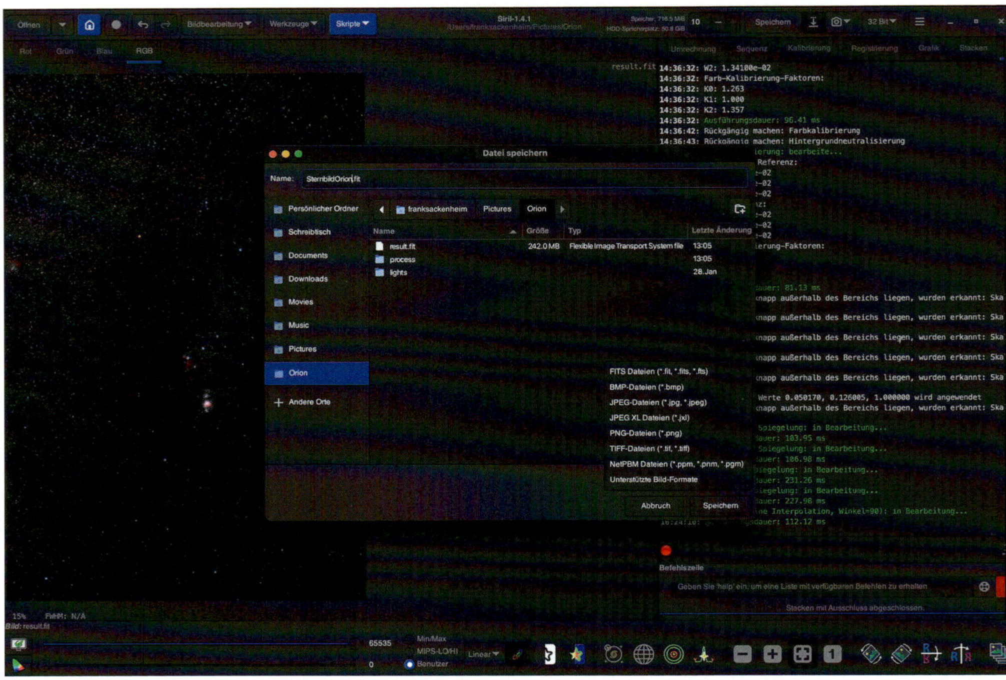

Abbildung 12.62: Die Bilddatei speichern

Wiederholen Sie diesen Vorgang anschließend und wählen Sie nun als Dateiformat JPEG. Lassen Sie im Dialogfenster die Komprimierung auf 100 % eingestellt und klicken Sie auf **Speichern**.

Sie haben nun wirklich etwas Besonderes geleistet: Ihr erstes eigenes Astrofoto (Abbildung 12.63). Vielleicht fühlen Sie sich ein wenig erschöpft und denken, dass dieser Prozess deutlich komplexer war, als Sie erwartet haben. Gleichzeitig mischt sich in diese Erschöpfung oft Neugier oder sogar Euphorie, denn das, was Sie hier sehen, übersteigt meist alles, was man visuell durch ein Teleskop wahrnehmen kann. Nicht ohne Grund übt die Astrofotografie eine so große Faszination aus.

Abbildung 12.63: Das Sternbild Orion in der Wintermilchstraße, 30 Minuten belichtet mit einer Canon EOS Ra und einem 50-mm-Objektiv bei Blende 2,8. Man erkennt den großen Orionnebel M42, den Pferdekopfnebel, großflächige H-II-Regionen sowie den Rosettennebel im Sternbild Einhorn am äußersten linken Bildrand.

Kapitel 13

Elektronisch assistierte Astronomie (EAA) und Smart-Teleskope: Werden Sie zum Profi!

Mit zunehmender Erfahrung in der Astronomie wächst vielleicht auch in Ihnen der Wunsch, mehr aus Ihrem Teleskop herauszuholen – das volle Potenzial und die Lichtsammelleistung der Optik effizient zu nutzen. Deep-Sky-Objekte möchten Sie nicht länger nur als neblige Fleckchen wahrnehmen, sondern als detailreiche, farbige Erscheinungen, wie Sie sie bereits auf zahlreichen Abbildungen gesehen haben. Dann hat Sie möglicherweise das Fieber der Astrofotografie gepackt.

Heute gibt es unzählige Wege, in die Welt der Astrofotografie einzusteigen. Einer davon ist die elektronisch assistierte Beobachtung, kurz EAA (Electronically Assisted Astronomy). Doch EAA ist mehr als nur ein Teilbereich der Astrofotografie – es ist eine Philosophie: mit vergleichsweise einfachen Mitteln Dinge sichtbar zu machen, die im Okular in dieser Form nicht zu erkennen sind. Dabei geht es nicht um perfekte Aufnahmen, sondern um das unmittelbare Erleben – beinahe in Echtzeit.

Technisch hat diese Entwicklung in den sogenannten Smart-Teleskopen ihren vorläufigen Höhepunkt gefunden. Diese Geräte nehmen automatisch kurz belichtete Aufnahmen auf, verarbeiten sie intern und erzeugen daraus ein fertiges Bild – ganz ohne komplexe Nachbearbeitung. Astrofotografie bzw. EAA ist damit beinahe zum Kinderspiel geworden.

Die Möglichkeit, mit einfachen Mitteln – etwa einem Einsteigerteleskop und einer vergleichsweise günstigen Kamera – farbige Aufnahmen von Deep-Sky-Objekten zu machen, ist das Ergebnis einer technischen Entwicklung, die sich über viele Jahre vollzogen hat. Die Idee, eine Videokamera an ein Teleskop zu montieren, ist beinahe so alt wie die Videotechnik selbst. Doch lange Zeit war die Empfindlichkeit der Kameras schlichtweg nicht ausreichend – bestenfalls konnte man damit den Mond filmen.

Heutige CMOS-Kameras, selbst im unteren Preissegment, sind jedoch so empfindlich, dass sich nicht nur der Mond und die Planeten fotografieren oder filmen lassen, sondern sogar lichtschwache Deep-Sky-Objekte. Dabei wird eine Vielzahl kurz belichteter Einzelbilder aufgenommen, die dann rechnerisch miteinander kombiniert werden. Man spricht dabei von *Addieren* oder *Stacken* (englisch to stack = »stapeln«).

Während in der klassischen digitalen Astrofotografie das Stacken meist nachträglich am Computer erfolgt, geschieht dies bei der EAA live. Das bedeutet: Das Teleskop wird auf ein

Objekt ausgerichtet, die Kamera wird fokussiert, und anschließend nimmt sie fortlaufend kurze Belichtungen auf, die direkt übereinandergelegt werden. Das beobachtete Objekt schält sich dabei nach und nach aus dem Bildrauschen heraus – und schon nach wenigen Minuten sehen Sie ein kontrastreiches, rauscharmes und oft farbiges Bild des Deep-Sky-Objekts.

Abbildung 13.1 zeigt ein Set-up zur EAA: ein 6″-Newton-Teleskop, eine äquatoriale Montierung sowie eine kleine Planetenkamera. Zum leichteren Fokussieren wurde ein Fokussiermotor am Okularauszug angebracht. Nicht abgebildet ist der Laptop zur Aufnahme.

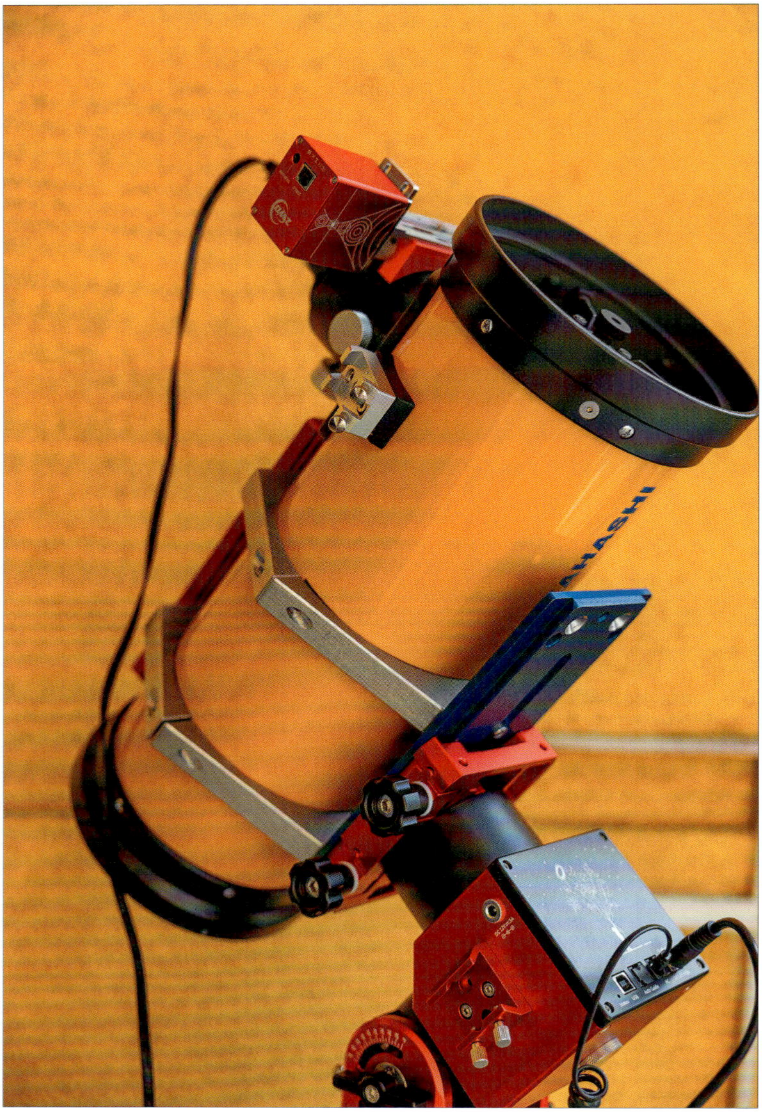

Abbildung 13.1: Ein Set-up zur EAA

13.1 Wie funktioniert EAA im Detail?

Wer bereits erste Erfahrungen mit Lucky Imaging gesammelt hat, wird sich auch in die EAA-Technik schnell einfinden: Technisch unterscheidet sie sich nicht grundlegend von dem Verfahren, das Sie schon in Kapitel 10 kennengelernt haben. Benötigt werden ein Teleskop, eine Astrokamera, ein Laptop und die Software SharpCap.

13.1.1 Das Teleskop

Für die EAA benötigen Sie kein speziell entwickeltes Astrofotografie-Teleskop. Der besondere Reiz dieser Beobachtungsform liegt gerade darin, mit überschaubarem Aufwand und vorhandener Ausrüstung faszinierende Ergebnisse zu erzielen.

Wenn Sie bereits ein Teleskop besitzen, können Sie damit prinzipiell sofort loslegen. Besonders beliebt bei Einsteigern ist nach wie vor der klassische Dobson, der viel Öffnung für vergleichsweise wenig Geld bietet. Allerdings stößt ein manuell geführter Dobson beim Livestacking von Deep-Sky-Objekten an seine Grenzen, zumal durch die verwendeten Kameras das Blickfeld deutlich kleiner ist als bei der Beobachtung durch ein Okular. Die Objekte verschwinden innerhalb von Sekunden aus dem Blickfeld, wenn das Teleskop nicht nachgeführt wird.

Für die EAA ist daher eine motorisierte Nachführung beinahe Pflicht – sie sorgt dafür, dass das Himmelsobjekt zuverlässig im Bildausschnitt bleibt und erlaubt die nötigen Kurzzeitbelichtungen ohne ständige Korrekturen. Besitzer eines Dobson-Teleskops können mit einer sogenannten EQ-Plattform nachrüsten. Diese kann entweder fertig gekauft oder mit etwas Geschick selbst gebaut werden. Eine solche Plattform erlaubt eine grobe äquatoriale Nachführung, die für viele EAA-Anwendungen bereits ausreichend ist – vor allem bei kurzen Belichtungszeiten.

Die EQ-Plattform, eine Nachführung für Dobsons

Eine EQ-Plattform ist eine speziell konstruierte Vorrichtung, um Dobson-Teleskope zumindest für eine begrenzte Zeit nachzuführen. Solche Plattformen bestehen aus einem Unterbau, meist aus einer stabilen Holzplatte, und einem darauf montierten Tisch – ebenfalls oft aus Holz. Dieser Tisch ruht auf Kreissegmenten mit einem speziellen Profil und ist in einem Stehlager drehbar gelagert. Mithilfe eines Motors wird die Achse des Stehlagers angetrieben, sodass der Dobson sanft der Erdrotation folgt (Abbildung 13.2).

Die genaue Funktionsweise und der konstruktive Aufbau einer solchen Plattform würden den Rahmen dieses Buches sprengen. EQ-Plattformen sind im Handel erhältlich, sind jedoch teuer. Darum werden sie häufig von handwerklich versierten Bastlern selbst gebaut. Eine umfassende Sammlung an Informationen rund um die Funktionsweise und den Selbstbau solcher Plattformen findet sich auf der Internetseite von Reiner Vogel: *www.reinervogel.net*

Ein neues und recht spannendes Projekt habe ich selbst ins Leben gerufen: *https://moma13570.github.io/eq-plattform*

Abbildung 13.2: Diese selbst gebaute EQ-Plattform trägt Dobsons bis zu 10" Öffnung.

Ideal ist aber eine äquatoriale Montierung mit Nachführung, wie sie bei vielen Einstiegs- oder Mittelklasse-Teleskopen zum Einsatz kommt. Auch einfache GoTo-Montierungen leisten hier gute Dienste. Sie erhöhen nicht nur den Bedienkomfort, sondern ermöglichen durch die kontinuierliche Nachführung auch längere Gesamtbelichtungen – ein klarer Vorteil für detailreichere EAA-Bilder.

Wichtig ist darüber hinaus die mechanische Qualität des Teleskops. Ein stabiler Okularauszug ist essenziell, um die Kamera präzise fokussieren zu können. Die Anforderungen an den Fokus liegen bei der elektronischen Beobachtung oft höher als bei der rein visuellen Nutzung.

Die in Kapitel 2 vorgestellten Teleskope eignen sich prinzipiell alle gut für die EAA. Unter Umständen ist hier aber ein Punkt erreicht, an dem Sie in ein Teleskop sowie eine Montierung investieren wollen, die eher auf die Astrofotografie ausgelegt sind.

13.1.2 Die Montierung

Wenn Sie noch tiefer in die EAA einsteigen möchten, könnte nun der richtige Zeitpunkt sein, über eine echte äquatoriale Montierung nachzudenken. Diese ermöglicht präzise Nachführung und damit deutlich längere Belichtungszeiten – ist aber leider auch mit höheren Kosten verbunden.

In diesem Zusammenhang spielt auch die Größe des Teleskops eine wichtige Rolle: Je größer und schwerer das Gerät, desto stabiler und leistungsfähiger muss die Montierung sein.

Für kleine Linsenteleskope reicht oft eine sogenannte Reisemontierung aus, die ich Ihnen bereits in Kapitel 12 vorgestellt habe. Beliebte Modelle in dieser Kategorie sind der Star Adventurer von Skywatcher oder der SkyGuider Pro der Firma iOptron. Beide Montierungen sind inklusive Stativ bereits für knapp unter 500 Euro erhältlich. Ursprünglich wurden sie dafür entwickelt, spiegellose Kameras (DSLM) samt Fotolinsen nachzuführen, doch auch kleine Linsenteleskope lassen sich für EAA-Zwecke auf diesen kompakten Trackern montieren.

Für Refraktoren mit etwa 80 mm Öffnung – oder gar für kleine Spiegelteleskope – ist ein solcher Startracker allerdings nicht mehr ausreichend. In diesem Fall wird eine vollwertige äquatoriale Montierung benötigt, etwa die Skywatcher EQ5 Pro SynScan. Diese ist nicht nur deutlich tragfähiger, sondern verfügt auch über eine sogenannte GoTo-Steuerung, mit der sich Himmelsobjekte gezielt und automatisch anfahren lassen (Abbildung 13.3).

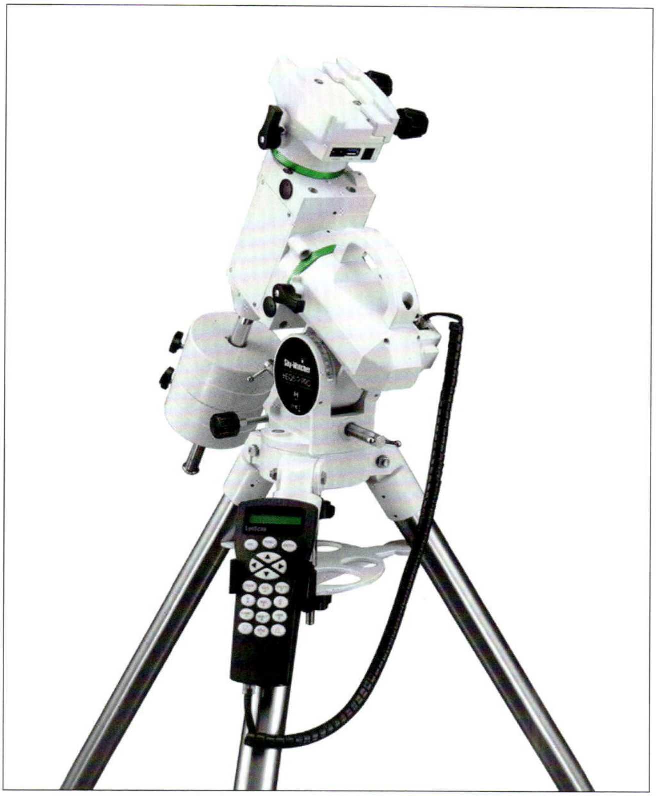

Abbildung 13.3: Die Skywatcher HEQ5-R Pro SynScan GoTo ist eine Montierung der gehobenen Mittelklasse und klar auf die Astrofotografie ausgerichtet. Quelle: Sky-Watcher, Astroshop

Wenn Sie jedoch planen, einen 8- oder 10-Zoll-Dobson zu montieren, stoßen einfache Lösungen schnell an ihre Grenzen. Hierfür benötigen Sie eine schwere Montierung wie die Skywatcher EQ6-R. Sie trägt auch große Teleskope zuverlässig und gehört bereits zu den Spitzenmodellen im Bereich der professionellen Astrofotografie. Allerdings bringt sie fast 35 Kilogramm auf die Waage und kostet derzeit rund 2.000 Euro.

13.1.3 Kameras für die EAA

Die Kameras, die sich für die EAA eignen, unterscheiden sich kaum von jenen, die ich Ihnen in Kapitel 10 für die Planetenfotografie vorgestellt habe. Meist handelt es sich um kompakte Modelle in Okularform mit vergleichsweise kleinen Sensoren. Eine aktive Kühlung ist für die EAA nicht zwingend erforderlich – insbesondere nicht bei kurzen Belichtungszeiten oder moderaten Himmelsbedingungen.

Sollten Sie also bereits eine Kamera für die Mond- und Planetenfotografie besitzen, können Sie damit direkt in die elektronisch assistierte Beobachtung einsteigen.

Ein besonders empfehlenswerter Sensor, der sich sowohl für Mond- und Planetenaufnahmen als auch für die EAA eignet, ist der Sony IMX678. Er bietet eine hohe Empfindlichkeit, geringe Rauschwerte und feine Pixelstruktur – ideal für detailreiche Aufnahmen bei kurzen Belichtungszeiten.

Abbildung 13.4: Die QHY5III678 ist eine kleine Allroundkamera für Mond- und Planetenfotografie sowie die EAA. Quelle: QHYCCD, Astroshop

Dieser Sensor ist unter anderem in folgenden Kameramodellen verbaut:

- ZWOASI678MC
- QHY5III678C
- Omegon veLOX 678C (international bekannt als Touptek G3M678C)

Etwas anspruchsvoller – vor allem was Größe, Datenmenge und Handhabung betrifft – sind Kameras mit den Sensoren IMX533 und IMX585. Diese Chips bieten eine hohe Empfindlichkeit und ein größeres Gesichtsfeld, was sie besonders attraktiv für die Deep-Sky-EAA macht. Der IMX585 ist derzeit einer der beliebtesten Sensoren in der Astrofotografie. Der IMX533 ist sehr gut für Deep-Sky-Objekte geeignet, jedoch aufgrund seiner relativ großen Pixel nur eingeschränkt für die Planetenfotografie.

13.1.4 Software für die EAA

Zur Aufnahme von Deep-Sky-Objekten mithilfe der Live-Stacking-Methode eignet sich die bereits in Kapitel 10 vorgestellte Software SharpCap. Sie verfügt über ein eigenes Modul namens Live Stack, das speziell für die EAA entwickelt wurde.

Wie bei der Planetenfotografie werden zunächst die grundlegenden Kameraeinstellungen vorgenommen, allerdings mit einigen Unterschieden. Die Belichtungszeiten liegen bei der EAA nicht im Millisekundenbereich, sondern typischerweise zwischen 5 und 30 Sekunden, abhängig davon, wie gut Ihr Teleskop nachgeführt ist. Testen Sie zunächst, wie lange Sie belichten können, bevor die Sterne eiförmig auseinandergezogen werden.

Die Gain-Einstellung richtet sich nach dem Himmelsobjekt und dem gewünschten Dynamikumfang. Zu hohe Werte reduzieren den Dynamikumfang und riskieren Übersteuerung bei hellen Bildbereichen; zu niedrige lassen das Ausleserauschen stärker ins Gewicht fallen, was besonders bei kurzen Einzelbelichtungen schwache Signale im Rauschen versinken lässt.

Als Dateiformat kommt bei der EAA in der Regel kein Videoformat zum Einsatz, sondern das astronomische Einzelbildformat FITS, das sich für die anschließende Weiterverarbeitung eignet.

Sind die Grundeinstellungen erledigt, wird das gewünschte Objekt angefahren und sorgfältig fokussiert. Nutzen Sie dazu die Zoomfunktion in SharpCap und stellen Sie den Fokus so ein, dass die Sterne möglichst klein erscheinen (Abbildung 13.5). Bei einem Newton-Teleskop können Sie außerdem die sogenannten Spikes, also die Beugungskreuze an den Fangspiegelstreben, als Hilfsmittel nutzen. Bei hellen Sternen erscheinen doppelte Spikes, wenn der Fokus nicht stimmt. Eine sehr genaue Methode zur Fokussierung bietet eine Fokussiermaske, die vor dem Teleskop angebracht wird. Solche Bahtinov-Masken sind im Fachhandel erhältlich oder lassen sich im 3D-Druck herstellen. Achten Sie jedoch darauf, die Maske vor der eigentlichen Belichtung wieder zu entfernen.

Wenn das Objekt zentriert und der Fokus eingestellt ist, können Sie mit dem Livestacking beginnen. Wählen Sie dazu unter **Tools** die Funktion **Live-Stacking (Deep-Sky)**. Es öffnet sich ein Fenster, und SharpCap beginnt sofort damit, die einzelnen Bilder der Kamera zu stacken, wodurch das Signal-Rausch-Verhältnis steigt und immer mehr Details sichtbar werden. Sie können live verfolgen, wie sich das Objekt auf dem Bildschirm zunehmend aus dem Rauschen herausschält (Abbildung 13.6).

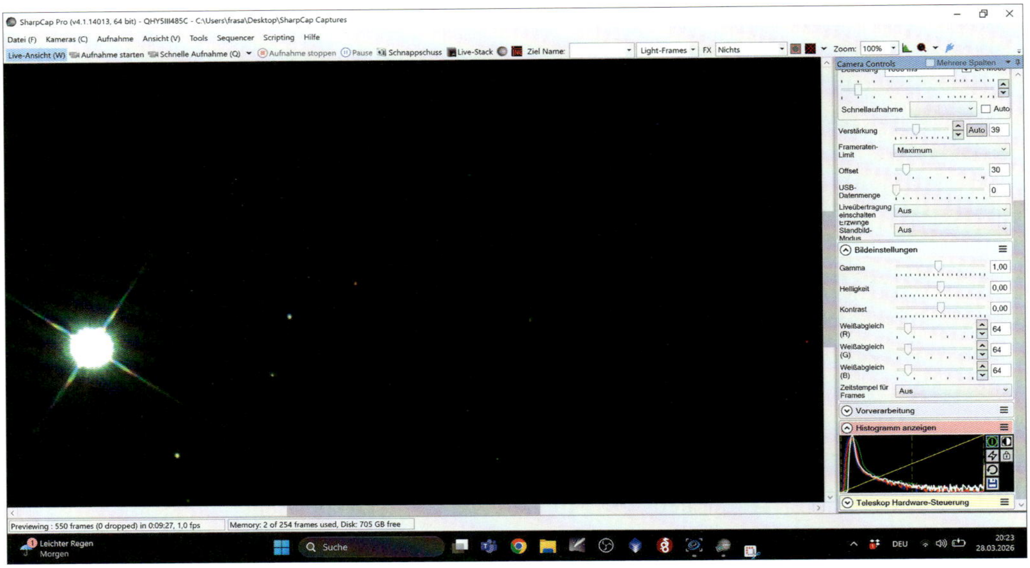

Abbildung 13.5: Bei einer Zoom-Ansicht von 100 % lässt sich der Fokus gut beurteilen.

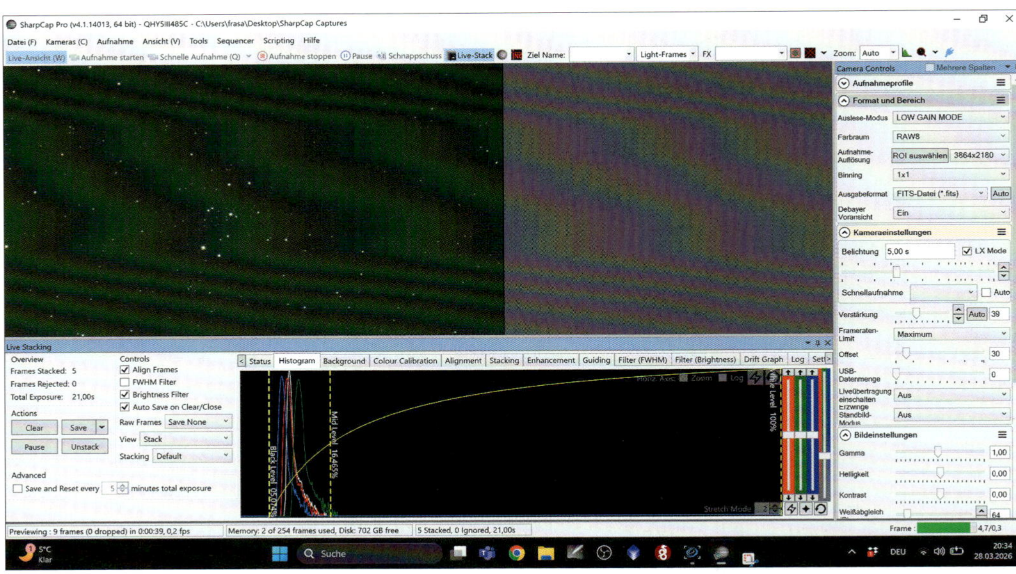

Abbildung 13.6: Die Bedienoberfläche von SharpCap während einer EAA-Session – das Live-Stack-Modul ist am unteren Bildrand sichtbar.

Wenn Sie mit dem Ergebnis zufrieden sind, können Sie das Bild speichern. Klicken Sie dazu im Live-Stacking-Fenster unter dem Menüpunkt **Actions** auf **Save**. Im Untermenü stehen verschiedene Optionen zur Auswahl: Sie können das Bild beispielsweise so speichern, wie es aktuell auf dem Bildschirm angezeigt wird – mit automatisch angepasster Streckung –, oder es als 32-Bit-Rohbild sichern.

Es empfiehlt sich in jedem Fall, das Bild anschließend einer Bildbearbeitung zu unterziehen. Hierfür eignet sich die Software Siril sehr gut; orientieren Sie sich dabei am Bildbearbeitungsablauf aus (Kapitel 12).

Probieren Sie das Livestacking ruhig selbst einmal aus. Sie werden erstaunt sein, was sich mit dieser Technik bereits erreichen lässt. Vielleicht haben Sie bereits bemerkt, dass das Livestacking-Modul in SharpCap viele Funktionen bietet, auf die ich hier nicht weiter eingehe. So können beispielsweise sogenannte Dark Frames und Flat Frames erstellt und mit den Aufnahmen verrechnet werden. Damit lassen sich bunte Fehlpixel (Hotpixel) eliminieren oder Abschattungen ausgleichen, die durch Staubpartikel auf dem Kamerasensor entstehen. Eine vollständige Anleitung zum Livestacking-Modul entnehmen Sie der Dokumentation von SharpCap: *https://docs.sharpcap.co.uk/4.1/*

13.2 Was ist ein Smart-Teleskop?

Smart-Teleskope sind die logische Weiterentwicklung der EAA. Sie vereinen alle benötigten Komponenten in einem einzigen Gerät und automatisieren sowohl die Bildgewinnung als auch die Bildverarbeitung vollständig.

Die französische Firma Vaonis war Ende der 2010er-Jahre einer der ersten Hersteller von Smart-Teleskopen. Erst vor Kurzem, im Herbst 2025, hat Vaonis mit dem Vespera II X ein Modell auf den Markt gebracht, das transparent gestaltet ist und damit zeigt, wie ein Smart-Teleskop im Inneren aufgebaut ist (Abbildung 13.7).

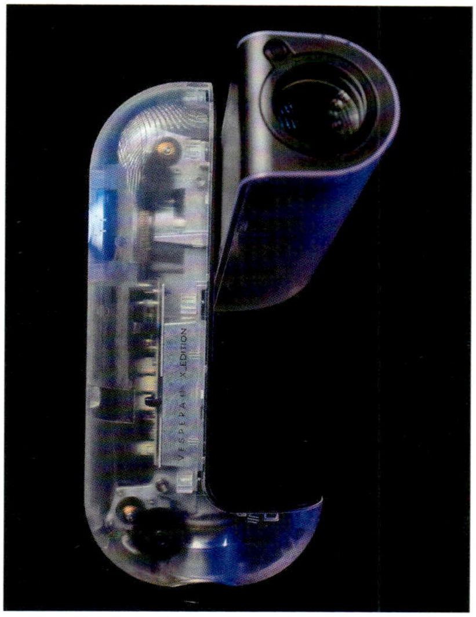

Abbildung 13.7: Das Vaonis Vespera II in der limitierten Edition »X«

Die meisten Smart-Teleskope verfügen über eine azimutale Gabelmontierung. In einem der Arme ist die eigentliche Optik untergebracht, am Ende des Arms befindet sich der Bildsensor. Dabei handelt es sich um Bildsensoren, wie sie auch von erfahrenen Astrofotografen eingesetzt werden. Eine integrierte Prozessoreinheit übernimmt die Steuerung. Die Bedienung erfolgt einfach per WLAN über ein Tablet oder Smartphone. Die Hersteller liefern dafür eigene Apps, die eine intuitive und benutzerfreundliche Bedienung ermöglichen – mit dem Ziel, den Nutzerinnen und Nutzern ein optimales Nutzungserlebnis (auch »User Experience« genannt) zu bieten.

Die Preise für ein solches Smart-Teleskop bewegen sich etwa zwischen 500 € und 5.000 €. Ebenso variiert die Öffnung dieser Teleskope stark – typischerweise zwischen 30 mm und 150 mm. Es liegt auf der Hand, dass die Größe der Öffnung ein entscheidender Faktor ist: Größere Öffnungen bedeuten mehr Lichtsammelvermögen und höhere Auflösung. Andererseits spricht die Transportabilität oft für kleinere Öffnungen.

Kein Wunder also, dass sich insbesondere die kompakten, leichteren Smart-Teleskope großer Beliebtheit erfreuen – auch wenn sie in puncto Auflösung nicht mit größeren Geräten mithalten können.

Ich gebe Ihnen im Folgenden einen Überblick über die derzeit erhältlichen Smart-Teleskope, geordnet nach ihrer Öffnung.

13.2.1 Worin unterscheiden sich die einzelnen Modelle?

Die kleinsten Smart-Teleskope haben Öffnungen von etwa 30 mm. Derzeit besonders bekannt sind das DWARF 3 Smart Telescope des chinesischen Herstellers DwarfLab sowie das Seestar S30 (und das Seestar S30 Pro) von ZWO, ebenfalls mit Sitz in China (Abbildung 13.8).

Abbildung 13.8: Das DWARF 3 der Firma DwarfLab und das Seestar S30 Pro der Firma ZWO ASI zählen zur kompakten Einstiegsklasse der Smart-Teleskope.

Das Marketing von DwarfLab erweckt dabei eher den Eindruck, als handele es sich weniger um ein klassisches Teleskop, sondern vielmehr um ein Lifestyle-Gadget für Outdoor-Enthusiasten. Andere Hersteller von Smart-Teleskopen setzen hingegen stärker auf ein technisch-wissenschaftlich orientiertes Publikum – mit nüchternen Spezifikationen und ohne jugendliche Lifestyle-Inszenierung.

Allerdings wird auch das Seestar S30 mit ähnlich ästhetischen Bildern beworben. Es ist jedoch Teil des umfangreichen Produktportfolios von ZWO, einem Unternehmen, das seit vielen Jahren fest in der klassischen Astrofotografie-Szene etabliert ist.

Beide Teleskope werden nicht nur für die nächtliche Astronomie, sondern auch für Tagesaufnahmen beworben. Besonders hervorgehoben wird ihre Reisetauglichkeit – in manchen Fällen sogar als handgepäcktauglich.

Mit beiden Geräten lassen sich großflächige Deep-Sky-Objekte wie Nebel oder größere Galaxien sehr gut fotografieren. Auch der Mond und die Sonne können damit eindrucksvoll abgebildet werden (bei Sonnenbeobachtung selbstverständlich mit geeignetem Filter). Spätestens bei der Planetenfotografie wird jedoch deutlich, dass die begrenzte Auflösung dieser kleinen Geräte ihre Grenzen hat.

In der 50-mm-Klasse konkurrieren vor allem das Seestar S50 von ZWO und das in Frankreich produzierte Vaonis Vespera II miteinander. Letzteres ist zusätzlich in mehreren Varianten erhältlich: als »Pro«-Version, als spezielle »Solar«-Edition und zuletzt auch in der bereits gezeigten »X«-Version mit transparentem Gehäuse (Abbildung 13.9).

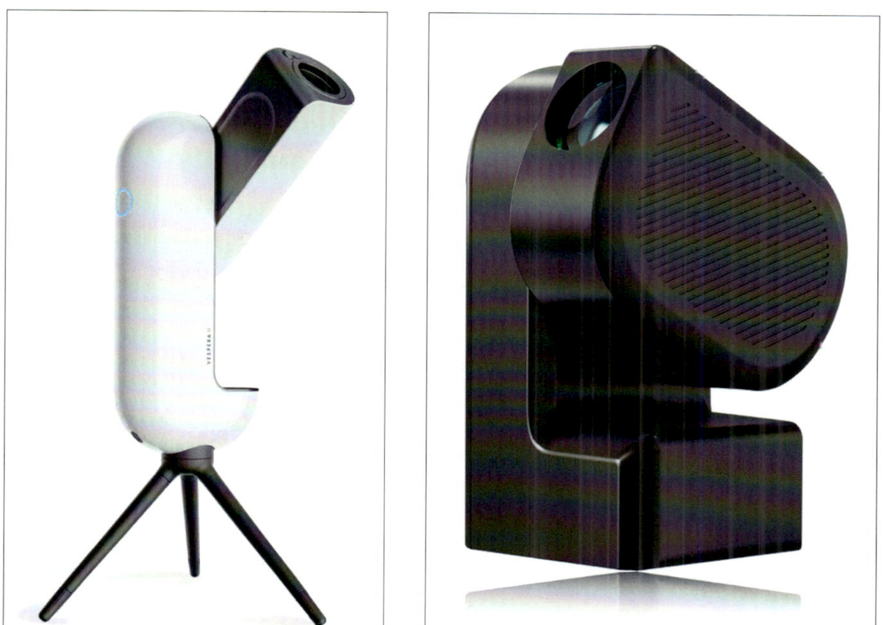

Abbildung 13.9: Das Seestar S50 (rechts) ist derzeit das beliebteste Smart-Teleskop, obwohl die Abbildungsqualität des Vaonis Vespera II (links) sichtbar besser ist.

Man muss allerdings sagen, dass das Seestar S50 derzeit das beliebteste Smart-Teleskop auf dem Markt ist – und in puncto Verkaufszahlen alle anderen Modelle deutlich hinter sich lässt. Es hat für einen regelrechten Boom gesorgt, was sicherlich auch daran liegt, dass es preislich das attraktivste Smart-Teleskop ist.

Das Vaonis Vespera, insbesondere die Pro-Version, verfügt jedoch über hochwertigere Optiken, leistungsstärkere Sensoren und wird in Europa gefertigt – dort, wo in der Regel strengere Produktionsstandards gelten als in China. Ob diese Vorteile den deutlich höheren Preis rechtfertigen, ist sicherlich Ansichtssache und hängt stark von den persönlichen Ansprüchen ab.

Ich bin der Meinung: Wenn Sie etwas höhere Erwartungen an Bildqualität, Langlebigkeit und Verarbeitung haben, werden Sie mit den Teleskopen von Vaonis vermutlich länger Freude haben.

Im Bereich um 100 mm Öffnung hat sich der Markt spürbar verschlankt. Lange Zeit hat Vaonis hier das Stellina-Smart-Teleskop beworben, doch mittlerweile scheint die Produktion eingestellt zu sein. Offensichtlich konzentriert sich Vaonis derzeit auf die kleineren Modelle.

Ein weiterer Pionier im Bereich der Smart-Teleskope ist der Hersteller Unistellar. Interessanterweise stammen sowohl Unistellar als auch Vaonis aus Marseille in Frankreich, auch wenn es augenscheinlich keine Verbindung zwischen den beiden Unternehmen gibt.

Unistellar geht mit seinen Teleskopen eigene Wege: Zum einen gibt es die »Odyssey«-Serie mit 85 mm Öffnung, die ganz klar den klassischen Smart-Teleskop-Markt bedient und auf möglichst einfache Bedienung setzt. Darüber hinaus bietet Unistellar mit der »Expert«-Klasse (114 mm Öffnung) eine Produktlinie an, die die Brücke zur professionellen Astrofotografie schlägt. Zur Expert-Klasse gehören das eVscope und das Equinox. Bei diesen Teleskopen kann – oder muss – man beispielsweise die Optiken justieren und den Fokus manuell einstellen (Abbildung 13.10).

Auf den ersten Blick wirkt es vielleicht unverständlich, warum fehlende Automatismen einen Mehrwert darstellen sollen. Doch gerade die Möglichkeit zur Kollimation verspricht, dass man die Leistungsfähigkeit des Teleskops selbst in der Hand hat und gezielt optimieren kann.

Ein weiteres Alleinstellungsmerkmal der Unistellar-Geräte ist das elektronische Okular. Dadurch kann man tatsächlich durch das Teleskop hindurchschauen – etwas, das viele Nutzerinnen und Nutzer als besonders reizvoll empfinden. Insgesamt ergeben sich so vier verschiedene Varianten im Angebot von Unistellar.

Das größte mir bekannte Smart-Teleskop ist das Origin des US-amerikanischen Herstellers Celestron (Abbildung 13.11). Celestron gehört seit Jahrzehnten zu den führenden Unternehmen in der Amateur-Teleskop-Branche. Damit unterscheidet sich das Unternehmen deutlich von den jungen Start-ups der letzten Jahre, die meist durch Crowdfunding-Kampagnen finanziert wurden.

Abbildung 13.10: Das eVscope des Herstellers Unistellar verfügt über ein elektronisches Okular, mit dem die Objekte in Echtzeit betrachtet werden können. Quelle: Unistellar, Astroshop

Abbildung 13.11: Das Celestron Origin ist mit ausgefahrenem Stativ ca. 140 cm groß. Quelle: Celestron, Astroshop

Das Origin basiert auf einer Optik, die seit Langem auch bei professionellen Astrofotografen geschätzt wird: dem sogenannten RASA-Teleskop (Rowe-Ackermann-Schmidt-Astrograph). Dabei handelt es sich um ein Teleskop mit 150 mm Öffnung, aber nur 335 mm Brennweite, was zu einem sehr schnellen Öffnungsverhältnis von f/2,2 führt. Mit diesem Teleskop lassen sich bereits Details in Galaxien zeigen.

Das Origin ist jedoch alles andere als ein transportables Gadget für unterwegs. Es ist ein ernstzunehmendes Teleskop – nicht nur aufgrund seiner optischen Eigenschaften, sondern auch wegen seiner Größe und seines Gewichts. Zwar erreichen Sie mit dem Origin vermutlich die beste Bildqualität aller Smart-Teleskope, doch sowohl der hohe Preis als auch die anspruchsvollere Handhabung werden häufig als Nachteile genannt.

In Tabelle 13.1 finden Sie einen Vergleich einiger auf dem Markt erhältlichen Smart-Teleskope.

	DWARF3	**Seestar S50**	**Vespera II**	**eVscope**	**Origin**
Typ	Refraktor	Refraktor	Refraktor	Reflektor	Reflektor
Öffnung	35 mm	50 mm	50 mm	114 mm	152 mm
Brennweite	150 mm	250 mm	250 mm	450 mm	335 mm
Preis	529 €	622 €	1590 €	4.500 €	5.200 €
Info	Sehr kompakt	Bestseller	Hohe Qualität	Mit Okular	Beste Auflösung
Zielgruppe	Einsteiger	Einsteiger	Ambitioniert	Enthusiasten	Enthusiasten

Tabelle 13.1: Vergleich der verbreiteten Smart-Teleskope (Stand 2026)

Abbildung 13.12: Größenvergleich der Smart-Teleskope. V. l. n. r.: DWARF 3, Seestar S50, Vespera II, eVScope, Origin

13.2.2 Was kann ich realistischerweise von einem Smart-Teleskop erwarten?

Mit einem Smart-Teleskop können Sie ohne großen technischen Aufwand beeindruckende Aufnahmen von Galaxien (Abbildung 13.13), Gasnebeln und Sternhaufen (Abbildung 13.14) machen. Auch Aufnahmen des Mondes und der Sonne (Abbildung 13.15) sind mit den meisten Geräten möglich. Bei den Planeten werden Sie jedoch erst ab einer Öffnung von etwa 100 mm akzeptable Details erkennen können. Ich selbst hatte die Gelegenheit, drei der derzeit auf dem Markt verfügbaren Smart-Teleskope zu testen. Das DWARF 3 des Herstellers DwarfLab, das Vespera II von Vaonis und das Celestron Origin.

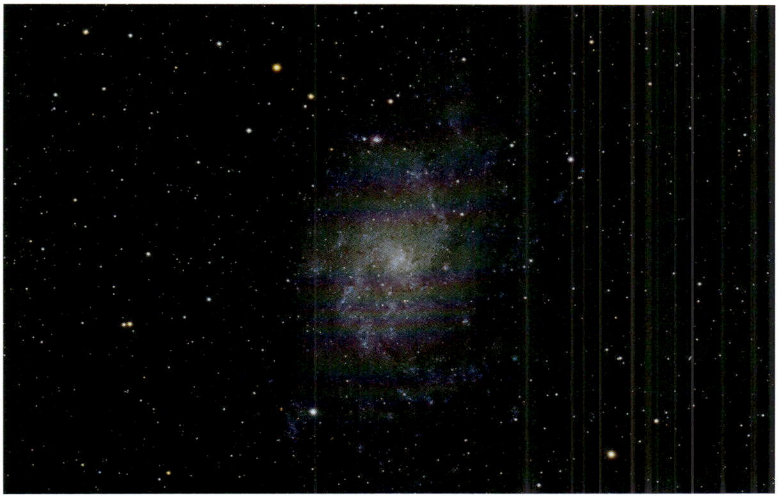

Abbildung 13.13: Die Spiralgalaxie Messier 33, aufgenommen mit dem Celestron Origin. Das Bild wurde professionell bearbeitet, dennoch ist es erstaunlich, dass Teleskope heute ohne weiteres Zutun solche Bilder aufnehmen können.

Abbildung 13.14: Der offene Sternhaufen der Plejaden, aufgenommen mit dem DWARF 3. Die Bildbearbeitung erfolgte automatisch in der Cloud der Firma DwarfLab.

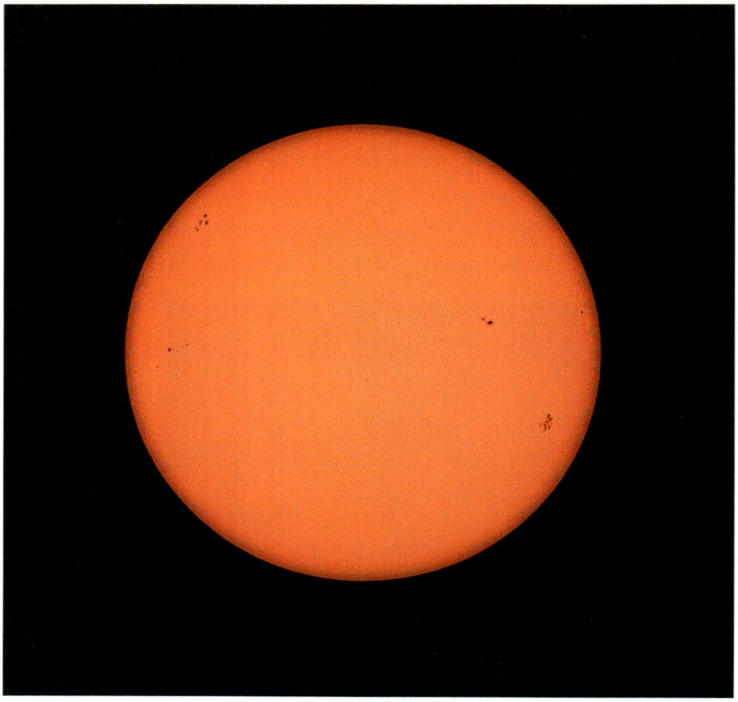

Abbildung 13.15: Die Sonne, aufgenommen mit dem DWARF 3 und einem speziellen Sonnenfilter, der magnetisch vor dem Teleskop befestigt wird. Mit nur einem Knopfdruck lassen sich solche Bilder erzeugen, die bereits Sonnenflecken zeigen.

Man muss ganz klar sagen: Für den Wow-Effekt sind diese Teleskope genial. Sobald man aber höhere Ansprüche an die Abbildungen stellt, stößt man schnell an Grenzen. Das liegt daran, dass man erst mit etwas Erfahrung in der Astrofotografie lernt, Feinheiten zu beurteilen – etwa die Tiefe einer Aufnahme (also wie gut lichtschwache Details erkennbar sind) oder die Auflösung (der Detailgrad des Bildes). Bei Planeten ist die Auflösung auch für Laien leicht nachvollziehbar, bei Deep-Sky-Objekten muss man dagegen schon geübter sein, um die Unterschiede zu bemerken.

Machen Sie sich klar: Ein 200/1200-Dobson, den ich Ihnen in diesem Buch mehrfach vorgestellt habe, ist den Smart-Teleskopen bei der optischen Leistung deutlich überlegen. Zudem können Sie mit elektronisch assistierter Astronomie (EAA) Aufnahmen erstellen, die qualitativ weit besser sind als die der Smart-Teleskope. Allerdings ist das mit mehr technischem Wissen verbunden, erfordert Erfahrung und ist deutlich weniger komfortabel.

Nichtsdestotrotz sind Smart-Teleskope immens beliebt – und damit haben sie ihre Daseinsberechtigung. Viele Amateurastronomen sagen sogar, dass den Smart-Teleskopen die Zukunft gehört. Ob sich jedoch größere Modelle durchsetzen werden, steht im wahrsten Sinne des Wortes in den Sternen.

13.3 Deep-Sky-Objekte mit dem Smart-Teleskop aufnehmen

Die Verwendung eines Smart-Teleskops erfordert nur geringe Vorkenntnisse. Die Schnittstelle zwischen dem Teleskop und dem Anwender ist stets eine App, die von den Herstellern zum Download bereitgestellt wird. Diese Apps sind auf einfache Bedienung ausgelegt und führen den Nutzer Schritt für Schritt durch den Prozess, der nötig ist, um ein Objekt zu fotografieren. Ich möchte Ihnen anhand des DWARF 3 der Firma DwarfLab zeigen, wie unkompliziert die Anwendung eines Smart-Teleskops ist.

Jedes Smart-Teleskop sollte auf einem stabilen Stativ aufgestellt werden (Abbildung 13.16). Außerdem ist es wichtig, dass Ihr Smart-Teleskop waagerecht ausgerichtet ist, um die spätere Orientierung zu erleichtern. Eine spezielle Ausrichtung nach Himmelsrichtungen ist hingegen nicht notwendig. Nach dem Einschalten des Smart-Teleskops muss es mit der App verbunden werden. In den meisten Fällen erfolgt dies über eine WLAN-Verbindung, die das Teleskop automatisch aufbaut. In den Einstellungen Ihres Tablets oder Smartphones wählen Sie dieses WLAN aus. Das DWARF 3 bietet außerdem eine Verbindung via Near Field Communication (NFC) an. Dazu müssen Sie ihr Smartphone lediglich an den Einschalter des Smart-Teleskops halten, und die Verbindung wird automatisch hergestellt.

Abbildung 13.16: Das Smart-Teleskop sollte erschütterungsfrei auf einem stabilen Fotostativ montiert sein.

Danach öffnen Sie die App auf Ihrem Smartphone oder Tablet. Wichtig für das Smart-Teleskop ist die Kenntnis Ihrer geografischen Position. Smart-Teleskope nutzen dazu die GPS-Informationen, die Ihr Smartphone oder Tablet bereitstellt. Sollte dies einmal nicht möglich sein, müssen Sie ihren Beobachtungsort händisch eingeben.

Im Fotomodus des DWARF 3 stehen Ihnen verschiedene Aufnahmemodi zur Auswahl. Neben Funktionen für die Tageslichtfotografie sowie für Mond- und Sonnenaufnahmen gibt es auch das Untermenü **Deep Sky**.

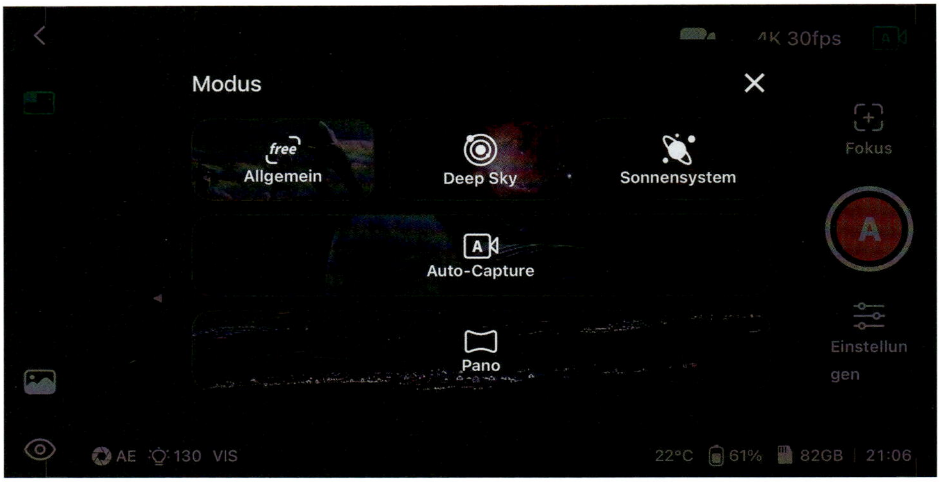

Abbildung 13.17: Im DWARF 3 stehen Ihnen verschiedene Aufnahmemodi zur Verfügung.

Wenn Sie dieses auswählen, haben Sie zwei Möglichkeiten, Objekte auszuwählen: den Himmelsfinder und einen Himmelsatlas. Der Himmelsfinder macht Ihnen Vorschläge zu Objekten, die zum aktuellen Zeitpunkt am Himmel sichtbar sind. Wenn Sie sich bereits etwas auskennen, wählen Sie stattdessen den Himmelsatlas. Es öffnet sich eine sehr detaillierte Sternkarte, ähnlich der Ansicht aus Planetariumsprogrammen wie etwa Stellarium. Sie können durch diese Sternkarte navigieren und ein Objekt auswählen, das Sie fotografieren möchten. Tippen Sie mit dem Finger auf das gewünschte Objekt, zentrieren Sie den Bildausschnitt nach Belieben und klicken Sie anschließend auf das kleine Kamerasymbol (Abbildung 13.18).

Das Smart-Teleskop startet daraufhin zunächst eine Initialisierung: Es fokussiert sich selbst und orientiert sich am Nachthimmel, indem es verschiedene Positionen anfährt. Nach Abschluss dieser Initialisierung fährt es das gewünschte Objekt an und zentriert es so im Kameragesichtsfeld, wie Sie es zuvor im Himmelsatlas festgelegt haben. Sobald das Teleskop das Objekt nachführt, wird dies mit einer entsprechenden Meldung angezeigt.

Im Menü **Einstellungen** können Sie anschließend noch verschiedene Parameter festlegen, etwa den Filter, der für die Aufnahme verwendet werden soll. Zur Auswahl stehen ein visueller Filter, der eher für Tageslichtaufnahmen geeignet ist, ein Astro-Filter, der auch das Licht der Hα-Linie passieren lässt, sowie ein Dual-Band-Filter, der ausschließlich das Licht des ionisierten Wasserstoffs und Sauerstoffs durchlässt. Letzteren sollten Sie nur dann verwenden, wenn es sich bei dem Objekt um einen Emissionsnebel handelt (Abbildung 13.19).

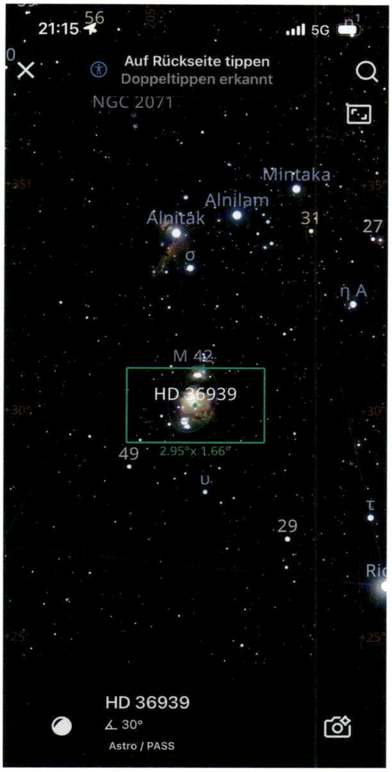

Abbildung 13.18: Der Himmelsatlas erlaubt es, Objekte auszuwählen und den Bildausschnitt festzulegen.

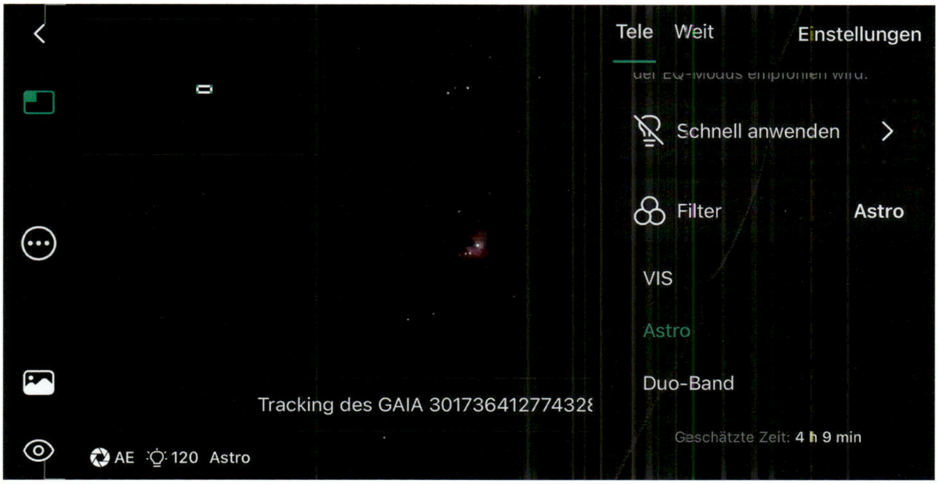

Abbildung 13.19: Die App zeigt an, dass das Tracking aktiv ist. Zudem können Sie verschiedene Aufnahmeeinstellungen vornehmen, etwa die Wahl eines geeigneten Filters.

Nun können Sie einfach den roten Auslöseknopf drücken, und die Aufnahme beginnt. Ähnlich wie beim Livestacking in SharpCap können Sie live verfolgen, wie ein Bild nach dem anderen gestackt wird und sich das Objekt nach und nach immer detailreicher auf dem Bildschirm abzeichnet (Abbildung 13.20).

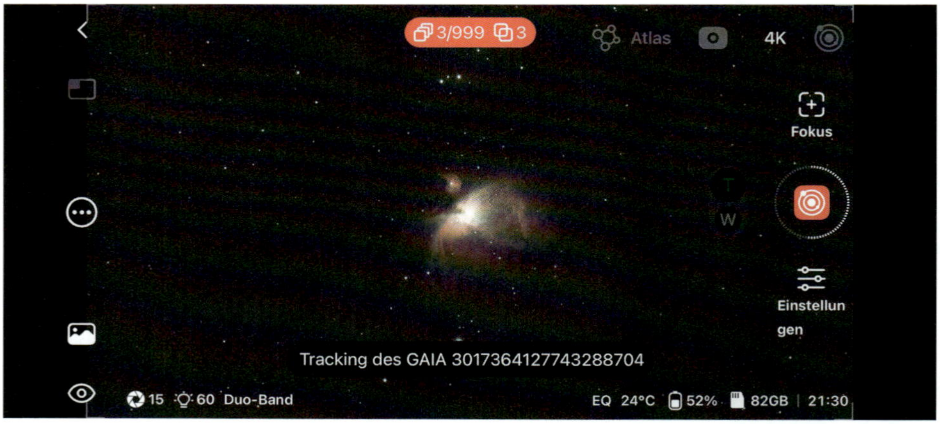

Abbildung 13.20: Während der Aufnahme können Sie die Entwicklung des Bildes live mitverfolgen. Oben wird Ihnen angezeigt, wie viele Bilder bereits gestackt wurden und wie viele aussortiert wurden.

Wie lange Sie ein Objekt belichten, hängt von Ihren Zielen und den Wetterbedingungen ab. Helle Deep-Sky-Objekte wie der Orionnebel, die Plejaden oder andere offene Sternhaufen sind oft schon nach etwa einer Stunde gut belichtet. Die meisten Objekte profitieren jedoch von deutlich längeren Belichtungszeiten – zwei Stunden oder mehr sind keine Seltenheit. Hier gilt das Motto: The sky is the limit – im übertragenen Sinne sogar doppelt.

Viele Käufer eines Smart-Teleskops gehen fälschlicherweise davon aus, dass Umweltbedingungen keine Rolle spielen. Doch auch bei Smart-Teleskopen hängt die Bildqualität stark von der Dunkelheit des Nachthimmels ab. Oder anders gesagt: Wenn Sie unter lichtverschmutztem Himmel fotografieren, müssen Sie deutlich länger belichten als unter einem sehr dunklen Landhimmel ohne störendes Mondlicht.

Wenn Sie entschieden haben, dass Ihre Belichtungszeit ausreicht, können Sie die Aufnahme beenden, indem Sie erneut auf den roten Auslöseknopf drücken. Das Bild wird nun automatisch gespeichert. Sie haben nun die Möglichkeit, das Bild mit der internen Bildverarbeitung zu bearbeiten oder es später am Computer weiterzuverarbeiten. Je nach vorher gewählten Einstellungen finden sich anschließend entsprechende Dateien in den Ordnern Ihres SmartTeleskops.

Im nächsten Schritt geht es darum, die Rohbilder vom Teleskop auf Ihren Computer zu übertragen, um sie dort weiterzuverarbeiten. Die unterschiedlichen Hersteller setzen beim Dateitransfer teils auf unterschiedliche Methoden.

Einige bieten die Möglichkeit, einen USB-Stick direkt ins Teleskop einzustecken und über die App die Dateien vom Teleskop auf den Stick zu übertragen. Andere erlauben es, das Smart-Teleskop via USB-Kabel mit einem Rechner zu verbinden, woraufhin es als externe Festplatte erkannt wird. Auf diese Weise können die Daten per Drag and Drop vom Teleskop auf die eigene Festplatte kopiert werden.

Bereits im vorherigen Kapitel habe ich Ihnen einen Arbeitsablauf (Workflow) für die astronomische Bildverarbeitung vorgestellt. Dieser lässt sich ebenso auf Aufnahmen anwenden, die mittels EAA oder mit einem Smart-Teleskop entstanden sind.

Die meisten Smart-Teleskope stellen neben dem fertigen Bild auch den Roh-Stack zur Verfügung. Mit diesem kann es direkt in der Bildbearbeitung losgehen. Das Stacken der Bilder können Sie sich in Siril somit sparen und unmittelbar mit dem Zuschneiden oder der Gradientenentfernung beginnen.

Viele Smart-Teleskope bieten zudem die Möglichkeit, die kompletten Einzelbilder zu speichern. Häufig muss diese Option jedoch in den Voreinstellungen des Teleskops aktiviert werden, da sie zusätzlichen Speicherplatz benötigt.

Diese Einzelbilder können Sie beispielsweise in Siril selbst stacken. Für einige der bekanntesten Smart-Teleskope stellt Siril sogar spezielle, herunterladbare Skripte bereit, die den Prozess automatisieren.

Durch eine eigene, sorgfältige Nachbearbeitung lässt sich aus den Daten oft noch deutlich mehr herausholen als durch die interne Bildverarbeitung des Teleskops allein (Abbildung 13.21).

Abbildung 13.21: Der Orionnebel nach 60 Minuten Belichtungszeit mit dem DWARF 3. Dieses Bild wurde bearbeitet.

Der hier gezeigte Ablauf einer Deep-Sky-Aufnahme mit einem Smart-Teleskop unterscheidet sich je nach Hersteller nur geringfügig. Die Bedienoberflächen der mir bekannten Smart-Teleskope sind meist recht intuitiv gestaltet – wobei ich das aus der Perspektive eines erfahrenen Astrofotografen beurteile. Daher empfehle ich Ihnen, sich mithilfe der Dokumentation mit den Funktionen Ihres Smart-Teleskops vertraut zu machen. Viele Hersteller haben außerdem YouTube-Tutorials erstellt, die Ihnen die Funktionsweise Ihres Geräts Schritt für Schritt erläutern.

Smart-Teleskope bieten einen leichten Einstieg in die Astrofotografie, insbesondere in die komplexe Deep-Sky-Astrofotografie. Sie haben dabei die Möglichkeit, alle Schritte automatisiert ablaufen zu lassen oder die Ergebnisse später durch gezielte Bildbearbeitung weiter zu verfeinern. Auf diese Weise kann ein Smart-Teleskop zum Sprungbrett für den Einstieg in die anspruchsvollere Deep-Sky-Astrofotografie werden.

Kapitel 14

Wohin geht die Reise? Vom Anfänger zum fortgeschrittenen Amateurastronomen

Wir sind gemeinsam am letzten Kapitel dieses Buches angekommen. Wenn Sie bis hierher gelesen haben, sind Sie längst kein Anfänger mehr. Sie haben die Grundlagen verstanden, erste Erfahrungen gesammelt – und vielleicht schon die eine oder andere klare Nacht bewusst erlebt. Sie stehen nicht mehr am Anfang, sondern mitten in einem Hobby, das mit jedem Blick in den Himmel größer wird. Doch das ist erst der Anfang. Lassen Sie uns nun einen Blick darauf werfen, was ambitionierte Hobbyastronomen heute leisten – und welche Möglichkeiten sich Ihnen eröffnen, wenn Sie Ihren Weg unter dem Sternenhimmel weitergehen.

Wenn Sie sich länger mit der Astronomie beschäftigen, werden Sie ganz automatisch versuchen, Ihren Horizont zu erweitern. Das kann durch den Besuch einer Volkssternwarte oder eines Planetariums geschehen, vor allem aber durch die zahlreichen Quellen im Internet. Es gibt Foren, Facebook-Gruppen und sogar Discord-Server, die sich mit dem Thema Astronomie beschäftigen. National wie international existiert eine große Gemeinschaft, mit der Sie sich austauschen können. Auch YouTube ist in den letzten zehn Jahren zu einem wichtigen Informationsportal geworden, denn viele haben entdeckt, dass sich ein visuelles Hobby hervorragend über bewegte Bilder vermitteln lässt.

Wenn Sie die Möglichkeiten ausloten, die Ihnen zur Verfügung stehen, werden Sie erstaunt feststellen, wie unterschiedlich die Menschen sind, die dieses Hobby ausüben – und wie individuell sie ihre Interessen darin entfalten. Ich möchte Sie in diesem letzten Kapitel ein wenig in diese Welt hineinführen und Ihnen zeigen, was heute alles möglich ist. Vermutlich werden auch Sie früher oder später feststellen, dass sich innerhalb der Astronomie ganz eigene Schwerpunkte entwickeln.

In diesem Buch haben Sie beispielsweise verschiedene Bauanleitungen kennengelernt. Viele Hobbyastronomen lieben es, Geräte selbst zu bauen – zum einen, weil es oft eine kostengünstige Alternative darstellt, zum anderen, weil es schlicht Freude bereitet und das Verständnis für das eingesetzte Equipment steigert. Der Schwerpunkt liegt dabei häufig auf dem Bau von Teleskopen, bekannt unter dem Begriff *Amateur Telescope Making*, kurz ATM. Doch auch im Bereich Montierungen und Steuerungen sind viele Amateurastronomen äußerst ambitioniert. Hier verbinden sich Feinmechanik und Elektronik auf faszinierende Weise.

Ein vergleichsweise neuer und spannender Bereich ist der 3D-Druck, der in vielen Anwendungen das klassische Arbeiten mit Holz oder Metall ergänzt oder sogar ersetzt und stark in die Maker-Szene hineinreicht. Gerade hier spielen auch der Bau und die Programmierung elektronischer Schaltungen eine wichtige Rolle – Themen, die ebenfalls in diesem Buch ihren Platz gefunden haben.

Abseits des praktischen Aspekts übt jedoch auch die Theorie eine große Anziehungskraft aus. Das Wissen über die Prozesse im Universum, die Frage nach dem Wie – und vor allem nach dem Warum – lässt viele Menschen nicht los und erfüllt sie mit Faszination und Ehrfurcht. Zahlreiche Bücher, Vorträge und Dokumentationen beleuchten sowohl die Geschichte der Astronomie als auch aktuelle Forschungsergebnisse und technologische Entwicklungen großer Teleskope oder der Raumfahrt.

In der beobachtenden Astronomie hat die Astrofotografie heute einen sehr großen Stellenwert. Zwar gibt es nach wie vor viele Amateure, die den visuellen Eindruck am Teleskop bevorzugen, doch insgesamt hat sich der Schwerpunkt deutlich in Richtung Fotografie verschoben. Viele Hobbyastronomen verbinden jedoch beides miteinander – insbesondere Smart-Teleskope haben hier neue Möglichkeiten eröffnet.

Haben Sie bereits ein Gefühl dafür, wohin Ihre persönliche Reise gehen könnte? Hat Sie eher die Theorie der Planeten, Monde und fernen Galaxien begeistert? Oder sind Sie eher praktisch veranlagt und fühlen sich in der Maker-Welt zu Hause? Vielleicht waren es die kleinen Python-Skripte oder Elektronikbasteleien, die Ihnen besondere Freude bereitet haben – oder doch die Bildbearbeitung von Astrofotografien mit spezieller Software.

Was auch immer Ihr Schwerpunkt sein wird: Am Ende dieses Buches möchte ich Ihnen noch einige Ausblicke mit auf den Weg geben.

14.1 Der Öffnungswahn – je größer, desto besser!?

In den Sommermonaten finden weltweit zahlreiche »Teleskoptreffen« statt. In lockerer Atmosphäre kommen begeisterte Astronomie-Enthusiasten für ein Wochenende zusammen, campen und beobachten gemeinsam den Nachthimmel (Abbildung 14.1).

Die bekannteste Star-Party im deutschsprachigen Raum ist sicherlich das Internationale Teleskoptreffen Vogelsberg (ITV), das traditionell um den Mai-Neumond stattfindet. Ebenfalls sehr bekannt ist das Internationale Teleskoptreffen (ITT) auf der Emberger Alm in Österreich, zu dem Astronomen aus Deutschland, Österreich, der Schweiz und dem benachbarten Ausland anreisen.

Auf solchen Teleskoptreffen werden Sie mitunter riesige Dobson-Teleskope sehen, die nicht selten Spiegelgrößen von 16 bis 24 Zoll aufweisen. Für Amateurteleskope ist das bereits beeindruckend groß – Transport und Aufbau sind ohne Auto kaum zu bewerkstelligen. Viele dieser Dobson-Teleskope stammen aus der Werkstatt ambitionierter Bastler und wurden selbst gebaut. Es gibt sogar einige Hobbyastronomen, die ihre Spiegel eigenhändig schleifen, wenngleich dieser Teil bei den meisten Dobson-Teleskopen fertig gekauft wird.

Abbildung 14.1: Dobson-Teleskope unterschiedlicher Größe auf dem Bayerischen Teleskop-Meeting 2016. Quelle: Peter Maier, CC BY SA 4.0, https://de.wikipedia.org/wiki/Datei:Bayerisches_Teleskopmeeting_auf_dem_Osterberg,_Pfünz_%28Oberbayern,_Naturpark_Altmühltal%29,_Dobson-Teleskope,_Foto_Peter_Maier.jpg

Wenn Sie einmal durch einen solch riesigen Dobson geschaut haben, werden Sie schnell vom Anblick der Objekte fasziniert sein – seien es Planeten oder ferne Deep-Sky-Objekte. Das weckt nicht selten den Wunsch, selbst ein so großes Teleskop zu besitzen.

Aus eigener Erfahrung kann ich jedoch sagen: So beeindruckend der Blick durch ein 20- oder gar 24-Zoll-Teleskop auch sein mag – die Handhabung ist alles andere als praktisch. Solche Instrumente werden nicht in einem Stück transportiert, sondern müssen vor Ort auf- und später wieder abgebaut werden, bei den ganz großen Geräten nicht selten von mehr als einer Person. Der Einblick ist häufig nur über eine Leiter möglich, und ein schneller Wechsel zwischen verschiedenen Objekten will gut überlegt sein.

Dobson-Teleskope mit 14 oder maximal 16 Zoll Öffnung hingegen sind noch gut transportabel, vergleichsweise schnell auf- und abgebaut und liefern – je nach Qualität der Optik – auch hier bereits einen faszinierenden Anblick. Mehr Öffnung ist also nicht automatisch besser, zumindest nicht, wenn man Beobachtungsfreude und praktischen Aufwand gegeneinander abwägt.

In der Astrofotografie spielt die Öffnung ebenfalls eine wichtige Rolle – hier treten die Unterschiede jedoch noch deutlicher zutage. Während manche mit einem kompakten Smart-Teleskop arbeiten, setzen andere auf Newton-Teleskope oder Schmidt-Cassegrain-Systeme mit 10 oder 11 Zoll Öffnung.

Die Vorteile großer Öffnungen liegen auf der Hand: Das Auflösungsvermögen eines Teleskops hängt direkt vom Durchmesser der Optik ab, und größere Flächen sammeln mehr Licht. Gleichzeitig steigen jedoch die Anforderungen an die Montierung und die Genauigkeit der Nachführung erheblich. Auch finanziell bewegt man sich schnell in einer anderen Liga – eine hochwertige Astrofoto-Ausrüstung überschreitet nicht selten die Marke von 10.000 €.

Neben diesen technischen Aspekten spielt selbstverständlich auch hier die Praxis eine entscheidende Rolle. Ambitionierte Astrofotografen betreiben ihre Ausrüstung häufig stationär im eigenen Garten, etwa in einer kleinen Sternwartenhütte. So entfällt der ständige Auf- und Abbau, und die Technik kann optimal justiert bleiben (Abbildung 14.2).

Beim Thema Öffnung scheiden sich daher die Geister. Physikalisch betrachtet ist eine größere Öffnung stets im Vorteil. Aus praktischer Sicht jedoch bieten kleinere Teleskope oft deutlich mehr Flexibilität – und nicht selten auch mehr Freude.

Abbildung 14.2: Für viele Hobbyastronomen ein Traum: die eigene Sternwarte im Garten. Entweder als Rolldachhütte in Gartenhaus-Optik oder mit einer beweglichen weißen Kuppel, ganz wie die großen Profisternwarten. Quelle: Astroshop

14.2 Deep-Sky-Astrofotografie wie die Profis

Egal, ob Sie Planetenfotografie mit dem Dobson betreiben, mit einem Smart-Teleskop oder per EAA in die Astrofotografie einsteigen oder mit einer DSLM und einem Weitwinkelobjektiv die Milchstraße aufnehmen – die Königsdisziplin der Astrofotografie sind lang belichtete Aufnahmen von Deep-Sky-Objekten durch ein Teleskop.

Dieses Themengebiet ist so umfangreich und komplex, dass man allein darüber ein ganzes Buch schreiben könnte. Gleichzeitig ist in den vergangenen Jahren ein deutlicher Anstieg an Menschen zu beobachten, die sich der Astrofotografie zugewandt haben. Sie bildet heute einen der größten Bereiche innerhalb der Hobbyastronomie.

Allein der Anspruch an die Ausrüstung ist hoch. Teleskope müssen äußerst stabil gebaut sein und über eine hochwertige Optik verfügen. Korrekturlinsen zur Minimierung von Abbildungsfehlern sind nahezu Pflicht – etwa ein Komakorrektor bei Newton-Teleskopen oder ein Bildfeldebner (*Field Flattener*) bei Linsenteleskopen. Es gibt sogar spezielle Optiken, die gezielt für die hohen Anforderungen der Astrofotografie entwickelt wurden: sogenannte Astrografen (Abbildung 14.3).

Abbildung 14.3: Eine professionelle Deep-Sky-Fotoausrüstung, basierend auf einem Astrografen. Mit so einer Kombination sind beeindruckende Aufnahmen möglich. Die Anschaffungskosten sind allerdings auch erheblich.

Auch die Montierung muss von hoher Qualität sein und einen präzisen, gleichmäßigen Lauf gewährleisten. Zusätzlich wird meist über eine zweite, kleinere Optik ein sogenanntes *Autoguiding* durchgeführt. Dieses sorgt dafür, dass das Objekt auch über mehrere Minuten hinweg exakt im Bildfeld des Teleskops gehalten wird.

Zur Bildaufnahme kommen häufig eigens gekühlte Astrokameras zum Einsatz. Sowohl die Größe des Sensors als auch die Pixelgröße sind dabei gezielt auf die Anforderungen der Deep-Sky-Astrofotografie abgestimmt.

Die Steuerung der Aufnahme erfolgt über spezielle Programme, die wie ein Dirigent sämtliche Prozesse koordinieren: von der Einnordung der Montierung über die Positionierung des Objekts im Gesichtsfeld, die automatische Fokussierung und das Autoguiding bis hin zur eigentlichen Belichtung. Für diesen Zweck gibt es auch kompakte Mini-Computer, die direkt an der Montierung betrieben und bequem per App gesteuert werden können.

Sind alle Aufnahmen im Kasten, beginnt die Bildbearbeitung – so wie Sie es in Kapitel 12 bereits kennengelernt haben. Der dort vorgestellte Workflow war jedoch bewusst einfach gehalten. In der Praxis sind viele Bearbeitungsroutinen noch deutlich umfangreicher und erfordern Erfahrung sowie Fingerspitzengefühl.

Moderne Astrofotografie fordert den Anwender somit gleichermaßen in Optik, Mechanik, Informatik und in einem grundlegenden Verständnis der Signalverarbeitung moderner Kamerasensoren.

Die Ergebnisse, die engagierte Amateure heute erzielen, erreichen jedoch ein Niveau, das frühere professionelle Sternwartenaufnahmen teils übertrifft. Und trotz – oder vielleicht gerade wegen – dieser technischen Komplexität verzeichnet die Astrofotografie großen Zulauf. Das liegt einerseits an der immer leistungsfähigeren Technik, andererseits daran, dass das notwendige Wissen heute leichter zugänglich ist. Bücher mit konkreten Anleitungen, zahlreiche Blogbeiträge, Video-Tutorials und der schnelle Austausch über soziale Netzwerke erleichtern den Einstieg erheblich.

Mein YouTube-Kanal und der Discord Server »Darkmatters«

Seit vielen Jahren betreibe ich einen der erfolgreichsten deutschsprachigen YouTube-Kanäle zum Thema Astrofotografie, mit besonderem Schwerpunkt auf der Deep-Sky-Astrofotografie. Auf »Astrophotocologne« finden sowohl Einsteiger als auch fortgeschrittene und erfahrene Astrofotografen praxisnahe Inhalte zur Bildaufnahme und Bildverarbeitung.

Neben ausführlichen Tutorials gehören auch Testberichte zu Astrofotografie-Equipment sowie eine monatliche Vorschau lohnender Deep-Sky-Objekte zum festen Bestandteil des Programms: *www.youtube.com/astrophotocologne*

Darüber hinaus betreibe ich gemeinsam mit anderen Astrofotografie-Enthusiasten seit einigen Jahren den Discord-Server »Darkmatters«. Dort findet ein reger Austausch zu sämtlichen Themen der Astrofotografie statt. Jeden Dienstagabend gibt es ein Online-Meeting mit Vorträgen aus der Community sowie einen monatlich stattfindenden virtuellen Stammtisch.

Viele der im Buch vorgestellten Projekte – etwa das Sky Quality Meter oder der Bau einer All-Sky-Kamera – wurden innerhalb dieser Community entwickelt oder weiter verbessert. Aufgrund der Plattformstruktur ist Discord besonders attraktiv für Programmierer und technisch versierte Maker, sodass Themen wie Softwareentwicklung, Elektronik und 3D-Druck dort ebenfalls eine große Rolle spielen.

Wenn Sie Unterstützung zu den im Buch vorgestellten Projekten suchen oder direkt mit mir in Kontakt treten möchten, ist der Discord-Server eine gute Anlaufstelle: *https://discord.gg/darkmatters*

Die Aufnahme der Bilder ist mittlerweile so weit automatisiert, dass man das Teleskop während der Belichtung völlig unbeaufsichtigt lassen kann. Aufnahmeprogramme wie N.I.N.A. (Nighttime Imaging 'N' Astronomy) führen den kompletten Aufnahmevorgang mithilfe logischer Skripte durch, das ganze kann über ein Netzwerk (und somit auch übers Internet) ferngesteuert werden.

Die Entwicklung geht inzwischen sogar so weit, dass Amateurastrofotografen ihre Teleskope nicht mehr im eigenen Garten aufstellen, sondern an entfernten Standorten – sogenannten Remote-Sternwarten. Weltweit gibt es kommerzielle Anbieter regelrechter Teleskopfarmen, die gegen eine monatliche Gebühr Stellplätze und Infrastruktur zur Verfügung stellen, um dort – unter meist deutlich besseren äußeren Bedingungen – Remote-Astrofotografie betreiben zu können.

Während dies vor zehn Jahren noch nahezu ausschließlich wohlhabenden Astrofotografen vorbehalten war, sind die Preise mittlerweile so weit gesunken, dass sich heute beinahe jeder, der dieses ohnehin nicht günstige Hobby betreibt, einen Remote-Standort leisten kann – wenn nicht allein, dann in kleinen Gruppen.

Es gibt sogar Astrofotografen, die ihre Smartteleskope auf solchen Farmen betreiben. Eine neue, faszinierende Welt der Astrofotografie.

14.3 Professionelle Hard- und Software

In diesem Buch haben wir einige einfache Codes verwendet – etwa zur Ansteuerung von Mikrocontrollern oder für kleine Python-Programme zur Durchführung astronomischer Berechnungen. Ambitionierte Amateurastronomen gehen hier jedoch noch einen Schritt weiter. Nicht wenige der heute verfügbaren Astronomieprogramme wurden ursprünglich von Amateuren entwickelt. Zwar handelt es sich dabei häufig um professionelle Programmierer, doch die Projekte entstehen meist in der Freizeit.

Durch das Aufkommen der künstlichen Intelligenz (KI) wird es zunehmend einfacher, auch mit weniger Vorkenntnissen Programme oder Skripte zu erstellen.

Auch Maker-Beiträge haben in den letzten Jahren deutlich zugenommen, und insbesondere der 3D-Druck ist unter Hobbyastronomen sehr beliebt. In diesem Bereich entstehen immer mehr kommerzielle Lösungen, die über eigene Webshops vertrieben werden. Parallel dazu werden zahlreiche Projekte auf Open-Source-Plattformen veröffentlicht und frei zugänglich gemacht.

Gerade die Kombination aus mikrocontrollergesteuerten Gadgets und 3D-Druck eröffnet neue Möglichkeiten. Im klassischen Teleskopbau kommen zwar weiterhin traditionelle Werkstoffe wie Holz und Metall zum Einsatz, doch bei Adaptern und kleineren Komponenten wurden diese inzwischen häufig ersetzt.

So ist beispielsweise der Markt für All-Sky-Kameras heute stark vom Eigenbau geprägt.

14.4 Der Amateurastronom – Schnittstelle zwischen Forschung und Hobby

Der Begriff »Amateurastronom« wird heute nicht mehr so häufig verwendet wie noch in den 1980er-Jahren, als er ein feststehender Ausdruck war. »Amateur« ist mittlerweile leider negativ konnotiert, meint ursprünglich jedoch etwas sehr Positives: eine Person, die eine Tätigkeit mit großer Leidenschaft ausübt.

Dem gegenüber stehen die professionellen Astronomen mit ihren gigantischen Forschungsteleskopen und Observatorien auf der ganzen Welt. Um professioneller Astronom zu werden, absolviert man in der Regel ein Physikstudium und spezialisiert sich im weiteren Verlauf auf die Astronomie. Wissenschaftliche Karrieren sind heute äußerst anspruchsvoll, und der Weg an die Spitze der Forschung ist mit vielen Entbehrungen verbunden.

Abbildung 14.4: Knapp 47 Stunden Belichtungszeit flossen in dieses Bild der Galaxie NGC 4945 im Sternbild Centaurus. Dabei kamen zwei bisher unbekannte Objekte zum Vorschein, wovon eines als planetarischer Nebel klassifiziert werden konnte. Quelle: Capella Observatory

Für professionelle Astronomen ist Beobachtungszeit an einem der großen Teleskope auf Hawaii, La Palma oder in Chile ein besonders kostbares Gut. Oft stehen nur wenige Stunden zur Verfügung, um ein Objekt intensiv zu untersuchen. Amateurastronomen hingegen befinden sich in einer gewissen Luxusposition: Sofern das Wetter mitspielt, können sie ihre eigenen Teleskope jederzeit auf ein Objekt richten – und so lange beobachten oder belichten, wie sie möchten.

In bestimmten Bereichen sind dadurch fruchtbare Kooperationen zwischen Amateuren und Profis entstanden. Astrofotografen können beispielsweise durch extrem lange Gesamtbelichtungszeiten – 20 Stunden und mehr – sehr lichtschwache Strukturen am Himmel sichtbar machen. Dazu zählen etwa Ausläufer von Galaxien, sogenannte Sternströme, die durch gravitative Wechselwirkungen entstanden sind. Auch sehr lichtschwache planetarische Nebel oder Supernova-Überreste werden heute nicht selten von Amateuren entdeckt; die endgültige Klassifizierung und wissenschaftliche Bestätigung erfolgt jedoch weiterhin durch professionelle Institute. Eine interessante Anlaufstelle im Internet bietet die Seite *https://planetarynebulae.net/EN/pnst.php*.

Auch bei der systematischen Beobachtung sich bewegender Objekte im Sonnensystem leisten Amateure durch die Astrometrie – die präzise Positionsbestimmung von Himmelskörpern – einen wichtigen Beitrag. Infos finden Sie auf der englischsprachigen Seite des Minor Planet Centers unter *https://www.minorplanetcenter.net/iau/info/Astrometry.html*.

In Deutschland ist die Fachgruppe Kleine Planeten der Vereinigung der Sternfreunde VDS eine Anlaufstelle: *https://sternfreunde.de/astronomie-als-hobby/die-vds-fachgruppen/kleine-planeten/*

Ein weiterer bedeutender Bereich ist die Fotometrie, also die exakte Messung von Sternhelligkeiten. Sie spielt eine zentrale Rolle bei der Beobachtung veränderlicher Sterne und bei der Untersuchung von Exoplaneten-Transits. International ist die AAVSO (American Association of Variable Star Observers) die Anlaufstelle für die professionelle Beobachtung veränderlicher Sterne: *www.aavso.org*

Ebenso engagieren sich Amateurastronomen in der Spektroskopie. Zwar nicht mit einem einfachen Spektroskop, wie es in diesem Buch vorgestellt wurde, doch das zugrunde liegende Prinzip bleibt dasselbe. Mit hochwertigen Spektrographen an ihren Teleskopen tragen sie beispielsweise zur Überwachung von Supernovae bei. Auch hier ist die Vereinigung der Sternfreunde eine sehr gute Anlaufstelle im deutschsprachigen Raum: *https://sternfreunde.de/astronomie-als-hobby/die-vds-fachgruppen/spektroskopie/*

Ein weiteres Feld, das stark von Amateurastronomen geprägt ist, ist die systematische Beobachtung von Meteoren sowie die Suche nach Meteoriten. Die in diesem Buch vorgestellte All-Sky-Kamera reicht qualitativ zwar nicht aus, um in professionellen Netzwerken eine zentrale Rolle zu spielen, doch sie bietet einen Einstieg und einen ersten praktischen Zugang zu diesem Themenbereich. Der Arbeitskreis Meteore bildet die Themen Meteore, Halo-Erscheinungen und Polarlichter ab: *https://www.meteoros.de/*

Sie sehen also: Was vielleicht wie ein leichter Einstieg in das Hobby Astronomie wirkt, kann bereits der erste Schritt in Richtung einer semiprofessionellen Zusammenarbeit sein. Und alles beginnt mit Ihrer ersten Nacht unter den Sternen.

14.5 Abschließende Gedanken

In diesem Buch haben Sie nun hoffentlich das nötige Rüstzeug erhalten, um die Faszination des Hobbys Astronomie selbst zu erleben. Astronomie ist ein Hobby, das viele Menschen – so auch mich – ein Leben lang begleitet. Selbst nach über vierzig Jahren lerne ich ständig Neues dazu. Ich habe im Laufe der Zeit mehr als nur ein Teleskop besessen und durfte den Sternenhimmel an ganz unterschiedlichen Orten unseres Planeten entdecken.

Wenn also einmal etwas nicht so klappt, wie es in diesem Buch beschrieben ist – oder wenn Sie ganz eigene Entdeckungen und Empfindungen machen –, dann ist auch das ein Teil dieses faszinierenden Hobbys.

Auch in Bezug auf Ausrüstung und Interessen ist die Astronomieszene ausgesprochen vielfältig. Der eine liebt Refraktoren, der andere Reflektoren. Manche beobachten am liebsten klassisch durchs Okular, andere widmen sich ganz der Astrofotografie. Es gibt sogar Hobby-Astronomen, die an wissenschaftlichen Projekten mitarbeiten, veränderliche Sterne messen oder neue Himmelsobjekte entdecken – und ihnen Namen geben.

Seien Sie also offen für Ihren ganz persönlichen Weg in der Astronomie. Und lassen Sie sich nicht entmutigen, wenn einmal nicht alles glatt läuft – das gehört dazu. Ich wünsche Ihnen viele bereichernde Erlebnisse unter dem Sternenzelt und viele Nächte voller Staunen, Entdeckungen und Freude.

Und denken Sie immer daran: Der Mensch ist in der Lage, ins Universum hinauszublicken – und sich dabei Fragen über den eigenen Ursprung zu stellen. Wer weiß, vielleicht schaut gerade in diesem Moment jemand auf einem fernen Planeten ebenso in den Himmel und stellt sich dieselbe Frage: *Ist da draußen noch jemand?*

Index

G

H

I

J

K

L

M

N

S

T

U

V

W

Y

Z